"复旦大学中国周边外交研究丛书"系
复旦大学中国与周边国家关系研究中心、
国家领土主权与海洋权益协同创新中心研究项目

Fudan University Series on China's Neighboring Diplomacy Studies
are the research projects supported by
the Center for China's Relations with Neighboring Countries（CCRNC）
at Fudan University and the Collaborative Innovation Center of
Territorial Sovereignty and Maritime Rights（CICTSMR）..

《近代中国的周边外交》
由复旦大学中国与周边国家关系研究中心资助出版。
特此致谢！

The publication of
Neighoring Diplomacy in Moden China
was made possible through a generous grant from
the Center for China's Relations with Neighboring
Countries（CCRNC）at Fudan University

复旦大学中国周边外交研究丛书
Fudan University series on China's Neighboring Diplomacy Studies

丛书主编
石源华　祁怀高

近代中国的周边外交

China's Neighboring Diplomacy in Modern Time

石源华　等　著

中华书局

图书在版编目(CIP)数据

近代中国的周边外交/石源华著. —北京:中华书局,2019.9
(复旦大学中国周边外交研究丛书)
ISBN 978-7-101-13946-4

Ⅰ.近… Ⅱ.石… Ⅲ.中外关系-研究-近代 Ⅳ.D822

中国版本图书馆 CIP 数据核字(2019)第 144024 号

书 名	近代中国的周边外交
著 者	石源华 等
丛 书 名	复旦大学中国周边外交研究丛书
责任编辑	张荣国
出版发行	中华书局
	(北京市丰台区太平桥西里 38 号 100073)
	http://www.zhbc.com.cn
	E-mail:zhbc@ zhbc.com.cn
印 刷	北京市白帆印务有限公司
版 次	2019 年 9 月北京第 1 版
	2019 年 9 月北京第 1 次印刷
规 格	开本/710×1000 毫米 1/16
	印张 33¾ 插页 2 字数 500 千字
印 数	1-2000 册
国际书号	ISBN 978-7-101-13946-4
定 价	98.00 元

目　录

增订版自序

  笔者对于中国周边外交的研究是 20 多年前从历史问题开始的。"近代中国与周边国家关系研究"是 1996 年笔者获准立项的上海市哲学社会科学中长期规划项目。前后经历 8 年之久,完成《近代中国周边外交史论》。2003 年底,通过专家鉴定,继续进行增补和修订,然后交付出版。其间,又经历相关部门的审稿,前后两次,终于 2006 年由上海辞书出版社出版。2008 年,获上海市第七届哲学社会科学优秀著作二等奖,得到社会和学术界的肯定。

  该书出版后,已经十多年过去了。中国周边外交出现了完全崭新的局面,其国家定位经历了从发展中国家外交剥离、提升为"周边是首要"定位、再跃升为中国外交总格局中"重中之重"定位的变化,越来越重要。中共十八大以来,习近平总书记提出了一系列中国周边外交的新思路和新设计,科学评估了中国周边外交面临的新环境和新挑战,肯定了中国战略机遇期有望继续延长,确定了中国周边外交的新定位,提出了中国周边外交的新理念,设计了中国周边外交的新战略,形成了实施中国周边外交的新路径,开创了中国周边外交的新局面和中国外交史上思想空前活跃、对外影响空前巨大的新时代。在这样的背景下,对于近代中国周边外交历史的了解和研究也变得越来越重要,使本书的增订再版成为必要。

  十多年来,笔者与中国周边外交研究结下了更深的情缘。2010 年起,笔者承担上海市社科重大项目暨国家社科后期资助项目"中华民国外交史研究",民国时期的周边外交是该书的研究重点和主要特色之一。2013 年,该项目最终成果《中华民国外交史新著》由社会科学文献出版社出版,2014 年获上海市第十二届哲学社会科学优秀著作一等奖,2015 年再获教育部第七届哲学社会科学优秀著作一等奖,在学术界产生重要影响。同时，笔者也承担了其他重要项目的周边外交部分，主要有复旦大学倪世雄教授主持的教育部重大项目"我国的地缘政治及其战略"，承担了"中国东北亚地缘政策"子课题；上海社会科学院金永明研究员主持的中国太平洋学会重大项目"东海争端问题的史地考证"，承担了"中日琉球争端问题"子课题；中国社会科学院学部委员张蕴岭研究员主持的国家新闻出版总署重大项目"改革开放以来的中外关系"，承担了"中国和周边国家关系"子课题等，均已结项，拓展了笔者对于中国周边外交和周边国情研究的视野和思路。

2012 年，笔者参与教育部"2011 项目"中国国家领土主权与海洋权益协同创新中心的培育工作。2014 年，该协同创新中心获教育部认定。笔者担任该协同创新中心副主任兼复旦大学分中心主任。2013 年 10月，复旦大学批准建立中国与周边国家关系研究中心，笔者担任主任，对接该协同创新中心开展活动。自此，笔者领导的团队根据该协同创新中心的分工，重点开展对于中国周边外交的研究，设计并推进了中国周边外交研究的十大板块，取得了重要进展，在学术界产生了重要影响，也使笔者对中国周边外交的研究进入了新的阶段：一是主编"复旦大学中国周边外交研究丛书"，计划出版 11 种著作，本书增订版亦为其中之一。二是主编《中国周边外交学刊》（以书代刊），"瞄准中国国家领土主权与海洋权益重大问题，努力推进对中国周边国家之间的政治、安全、经济、外交、文化关系的理论研究、战略研究、个案研究和综合研究，培育中国周边外交研究的新园地"，每年出版 2 辑。三是编撰出版《中国周边外交年度研究报告》，每年邀请国内著名专家参加"复旦大学中国周边外交研讨会"，在此基础上形成研究报告，每年出版 5 种。四是开展中国周边国家国情研究，编制和出版《中国周边国家概况》，根据我们提出的"大周边"概念，包括传统的东北亚、东南亚、南亚、中亚次区域，再加上西亚和南太平洋次区域国家和特殊邻国美国，组织全国相关领域专家编制出版 64 个国家及其对华关系概况，是中国周边外交研究的重要学科建设成果。五是组织编撰边海问题和中国周边外交的政策咨询报告，为中国周边外交和国家安全献计献策，取得不俗的成绩。六是主办"复旦大学中国周边外交研究论坛"，邀请国内外知名专家和官员演讲，已举行近 70 场报告会，为全面了解中国周边国家如何看待中国提供了很好的平台，深受师生喜爱。

七是围绕中国周边外交主题举办或合办国际学术会议 10 次,国内学术会议 26 次,内部圆桌会议近 40 次,内容涉及中国周边外交理论、战略、政策、顶层设计研究;中国周边次区域研究;中国周边国别和国情研究;"一带一路"、海洋事务、跨界民族、宗教安全、全球公域、人文交流、朝核问题等重大热点问题研究。八是发起建立"中国—东盟学术共同体",我们和东盟国家的著名学术机构文莱大学亚洲研究中心、柬埔寨皇家研究院人文与社会科学研究所、印度尼西亚大学东盟研究所、老挝国立大学亚洲研究中心、马来西亚马来亚大学中国研究所、缅甸仰光大学国际关系系、菲律宾大学迪利曼分校亚洲研究中心、泰国朱拉隆功大学东盟研究中心、越南社会科学翰林院东南亚研究所以及新加坡南洋理工大学拉惹勒南国际研究院(暂未签约)共同组建,拟将该共同体办成中国与东盟十国间高水平、非官方学术合作机制。九是与《世界知识》编辑部合作设立"中国周边外交重大问题研讨"专栏(封面重点专题报道),已刊出 15 期,让中国周边外交通过与主流媒体合作走向大众。十是从理论层面提出和建设"中国周边学"新概念和新学科,核心目标是"研究和解决从富裕起来到强起来的中国如何与周边国家友好相处、合作共赢、治理地区,建设命运共同体,并实现和展示中国强大后仍不称霸的庄严承诺",组织和动员了全国近百位专家参与研讨、评论,研究成果结集出版了《中国周边学研究文集》,①正有待于进一步深入研究和推介,并期待《中国周边学概论》早日问世,使之真正成为一门新学科。

在《近代中国周边外交史论》出版后的十多年时间里,笔者继续研究近代中国周边外交的各种重要问题,陆续撰写了一些学术论文,主要有《论新中国 50 年来的周边外交政策》、②《论中国共产党三代领导人的周边外交思想》(与陈莉菲合作)、③《中国周边外交政策的变迁与走向》、④《论战后国民政府的周边外交政策》、⑤《论近代中日琉球交涉及战后琉球

① 世界知识出版社 2019 年版。
② 《当代中国史研究》2000 年第 5 期;中国人民大学《中国外交》2001 年第 1 期。
③ 《毛泽东邓小平理论研究》2001 年第 3 期;《复旦学报》2001 年增刊;中国人民大学《中国外交》2001 年第 12 期。
④ [日]岛根大学东北亚研究中心:《东北亚研究》2001 年第 2 辑。
⑤ 中国社会科学院近代史研究所主编:《划时代的历史转折——"1949 年的中国"国际学术会议论文集》,四川人民出版社 2002 年版,第 446—465 页。

独立运动》、①《国民政府外交部对日和约初步审议述论》②等,体现了历史研究与现状研究相结合、偏重历史领域更多些的特点。2013 年以后,随着中国周边外交重要性的不断提升以及笔者工作重点的转移,笔者对于中国周边外交的研究开始集中于当代周边外交问题,先后发表了《未来十年中国周边环境的新挑战与周边外交新战略》(与祁怀高合作)、③《中国周边安全挑战与大周边外交战略》(与祁怀高合作)、④《"搁置外交"与中国周边外交的几点思考》、⑤《"一带一路"与中国周边合作全覆盖》、⑥《"一带一路"与中韩关系的新定位——推动韩国成为"一带一路"沿线战略支点国家》、⑦《中美兼容共存:东亚的核心政治架构》、⑧《中共十八以来中国周边外交的历史性新进展》、⑨《中国周边外交的新问题和新思考》、⑩《特朗普时代东北亚安全格局的变与不变》、⑪《构建周边命运共同体的历史使命与现实意义》、⑫《开展中国周边学研究刻不容缓》、⑬《改革开放 40 年中国周边外交的回顾与展望》⑭等。2015 年开始,笔者应《世界知识》编辑部邀请,在该杂志开辟"周边外交新视点"专栏,每月一篇,就中国周边外交的理论问题、前沿问题、热点问题发表评论,迄今已经刊出 55 篇,表达了笔者对于中国周边外交的关注、观察、思考和建言,对于引导公共舆论、宣传中国国策、提出政策建议进行了新的尝试。

---

① 蔡建国等:《东亚和平与发展》,同济出版社 2008 年版,第 309—330 页。

② 《聊城大学学报》2014 年第 5 期;《中国社会科学文摘》2015 年第 3 期。

③ 《中国社会科学内部文稿》2013 年第 3 期。获上海市第十二届哲学社会科学内部研究优秀成果奖。

④ 《世界经济与政治》2013 年第 6 期。获上海市第十二届哲学社会科学论文二等奖。

⑤ 李宇平主编:《中国与周边国家关系》(台北中研院近代史研究所同名国际学术研讨会论文集),台北稻乡出版社 2014 年版,第 317—336 页。

⑥ 复旦大学中国与周边国家关系研究中心编:《中国周边外交学刊》2015 年第二辑。

⑦ [韩]韩国今明智库、复旦大学政党建设与国家发展研究中心合编:《国家改革和东亚发展》,韩国今明智库 2015 年版,第 351—402 页。

⑧ 《人民日报·学术前沿》2015 年 10 月下(总 84 期)。

⑨ 复旦大学中国与周边国家关系研究中心编:《中国周边外交学刊》2016 年第一辑。

⑩ 祁怀高编:《中国周边外交研究报告(2016—2017)》序言,世界知识出版社 2017 年版。

⑪ 《人民论坛·学术前沿》2018 年 5 月上。

⑫ 《东北亚论坛》2018 年第 4 期。

⑬ 复旦大学中国与周边国家关系研究中心编:《中国周边外交学刊》2018 年第一辑。

⑭ 复旦大学中国与周边国家关系研究中心编:《中国周边外交学刊》2018 年第二辑。

2016 年,笔者出版了《中国周边外交十四讲》,①分为历史和现状两大部分,对于本人 20 年的中国周边外交研究作了总结。同年,出版了《中共十八大以来中国周边外交研究报告》,②广受关注。2017 年 8 月 30 日,中共中央党史研究室科研管理部撰文《习近平总书记外交思想相关图书选介》,将本书列为"最近我国外交政策成果"的 5 种代表性著作之一。中国共产党新闻网、人民网、新华网等网站转载,向全党推介。2018 年 10 月,该书被中国社会科学院评价研究院评为第一届中国智库学术成果"优秀著作奖"。近年来,由我主持的《新中国周边外交史研究》(上海市社科纪念新中国成立七十周年系列重点项目)已经结项。《十八大以来党中央实施周边外交的新理念、新思路、新战略研究》(国家社科基金专项工程重大项目)将在年内结项。我主持的重要项目还有《中华人民共和国周边外交编年史》(8 卷本),已被列为国家新闻出版总署"十三五"国家重点图书出版物。经复旦大学批准,我中标了复旦大学"双一流"建设"传世之作"精品项目《中国周边外交七十年史(1949—2019)》(多卷本),有待今后努力。

笔者在回顾和整合上述研究成果和思考从事新的重大项目研究时,深感当代中国周边外交的研究与历史研究有着密切的关系,笔者的不少意见和观点都是从前期的历史研究引向现实问题思考的,而要完成承担的两个重大项目也离不开对于历史问题的深入思考与潜心研究。为此,更感到修订增补旧著的必要,促使我下决心启动并完成了此项工作。

希望本书的增订再版能有助于国人了解中华民族过去那段落令人心酸的屈辱历史和中国近代重大周边外交问题的来龙去脉,为改革开放新时代的中国外交官和日益增多的涉外人员提供一部深度介绍近代中国周边外交史的指导性读物,为解读和认识今日中国周边外交问题提供历史借鉴和参考。本书也将为大学和研究机构的老师和研究人员提供一部较有理论深度的、观点新颖的教学研究参考书,成为相关专业的博士、硕士研究生了解和学习近代中国周边外交史的基础性著作,推动中国周边外交史的教学和研究水平的提升。

---

① 社会科学文献出版社 2016 年版。
② 社会科学文献出版社 2016 年版。

在撰写和增订本书的过程中,笔者经历了专业学科的转换。笔者在历史学科工作20余年,转向国际政治和外交学领域的教学和研究也近20年了,虽然笔者研究中外关系的主方向前后并没有变化,但学科的转换和兼跨,使笔者有条件探索从新的角度和方法进行研究。在研究方法上注重历史学研究方法和政治学研究方法的结合,在史论结合的史学传统研究基础上,努力引入政治学的研究方法和国际关系、外交学的相关理论,探索并提出一些新概念,使研究的视野更为宽阔,更具理论色彩,逻辑更为严密,体系更为完整,形成了本书的若干新特色。

首先,将近代中国周边外交放在远东国际关系变迁的大背景下进行考察,提出了远东国际关系变化的"四阶段论",即以大中华帝国为中心的远东国际关系体系、远东殖民统治体系、远东民族独立运动与列强殖民统治并存体系、冷战时代远东国际关系体系,进而分析近代中国周边外交在不同历史阶段的不同特点,探寻每个历史阶段中国与周边国家关系的基本构架和思路。在第一阶段,中国以其先进的技术、文化和超群的综合国力,成为亚洲文明互相传播的中心、桥梁和中转站,中国周边外交的基本特征是多层次的"朝贡体系";在第二阶段,由于列强东侵,中国陷身强敌环伺包围之下,成为弱肉强食的对象,中国周边外交的基本特征是"以夷制夷",间亦采取"搁置外交",在列强侵华的隙缝中谋取自身的生存和利益;在第三阶段,由于两次世界大战的爆发,国际格局发生重大变化,出现远东殖民统治与被压迫民族反殖民统治并列的复杂局面,中国周边外交的基本特征是中国反帝反封建的新民主主义革命与周边弱小民族反帝反殖独立运动互相援助、互相呼应;在第四阶段,由于美苏冷战时代和中国全面内战的制约和影响,中国周边外交的基本特征是外交服从于内政,外交施策出现一系列重大失误。

其次,将近代中国周边外交研究与当今中国周边外交环境与外交需求相联系,着重研究那些对于当今外交依然发生重大影响的内容,如列强霸占中国领土、挑起边界冲突、煽惑中国边地动乱、中国民族问题与边疆动乱、华侨国籍与各国排华风潮、中外领土或边界争议问题等等,这些问题都与当今中国实施稳定和平的周边外交有着密切的关系。近代中国周边外交的发展经历了一个历史的过程,其结果对于新中国周边环境的形成和亚洲政策的制订具有深刻的影响。新中国与退居台湾的原国民党政权曾分属于美、苏两个不同的阵营,两方对于中国周边外交的实施是有原则区别的,但也不可避免地存在着某种历史的延续性,研究近代中国与周边国家的关系,尤其是近代中国历届政府的周边外交政策,对于理解新中国周边外交政策的实施以及中国与周边国家间若干历史问题的处理,具有重要的意义。本书将《50年来新中国周边外交政策的历史演变(1949—2000)》和《中共十八大以来中国周边外交的历史性新进展》两篇已刊论文作为附录收入,希望能使读者对中国与周边国家关系的历史与现状有一个清楚而连贯的理解。

第三,对于近代中国周边外交的历史地位与作用,中国史学界传统的观点是一路跌落直至中华人民共和国成立才得以改观。笔者不赞成这种观点,力图通过具体的史实,阐释近代中国的国际地位及中国周边外交的地位,呈现着“V”字形的轨迹:在晚清是由上而下的快速下降运动,八国联军之役后跌至最低谷;进入民国后,特别是一次世界大战后出现了缓慢的攀升运动,至开罗会议达到高潮,以后由于中国内战地位又有所下降。这与列强的入侵、远东国际格局的变化、殖民地民族解放运动的兴起以及中国自身的变化有关。[①] 第一次世界大战的结局大大削弱了列强在华势力,列强各国再也无法形成统一的对华政策,巴黎—华盛顿会议为中国拓展外交提供了活动舞台,中国加入国际联盟,使该联盟成为中国开展外交活动、改变中国国际地位的重要活动场所。北京政府的“修约外交”、广州、武汉政府的“革命外交”、南京政府的“改订新约外交”等,以不同的方式推进了废除不平等条约运动,使中国与周边国家的关系发生了某些变化。中苏废除一切不平等条约的举措,不仅使列强对华不平等条约体系被撕开了一个缺口,而且使中国与北方强邻苏联建立了平等关系。德国的战败,使其丧失了在华享有的特权。第一次大战结束后,北京政府推行缔约新政策,没有再与任何一国签署新的不平等条约。第二次世界大战的结局更使中国和周边环境发生了重要的变化,中国人民经过14年的苦战,击败了近代以来对中国威胁最大的敌国日本,不仅收复全部失地,而且确保了朝鲜的独立地位;中国远征军和受降军出兵缅甸和扬威越南,大大提升了中国在周边国家中的地位;中美、中英等一系列平等新约的签

---

① 参见石源华:《中华民国外交史》绪论,上海人民出版社1995年版,第7—8页。

署,标志着中国与各世界大国建立了国际法意义上的平等关系,使中国能够在更高的、更平等的层次上与相关各国公正处理中国的周边外交问题;中国加大了援助周边被压迫民族独立运动的力度,推动了周边民族独立国家的建立,对于日后中国与这些国家的外交关系产生了重要的影响。本书对中国历届政府周边外交的功过得失进行了具体的剖析,包括对于袁世凯处理边疆危机的政策、北洋政府的"修约外交"、南京政府的"改订新约外交"、"抗日外交"、太平洋战争后的"大国外交"对于周边外交的影响、以及中国历届政府推行的"以夷制夷"策略和在边界冲突、领土争议中的"悬案政策"等,提出了一些新的观点和评价。

第四,近代中国与周边国家关系史的研究,历来重视中国与日本、俄罗斯、印度等亚洲大国以及侵入中国周边地区的殖民国家英国、法国、美国、德国、意大利等大国关系的研究,已有的研究成果相对比较丰硕。本书则重视在此基础上对于中国与朝鲜、菲律宾、越南、缅甸、泰国等小国关系的研究。在史料较为贫乏的情况下,力图说明双边关系发展的有利因素和不利因素,较为全面地反映了双边关系的历史全貌。笔者还将历史上曾为中国藩属或属地、后来为列强侵占、或在强国支持下已经独立的琉球和蒙古与中国的关系单独列章叙述,详尽考订了近代以来中蒙、中琉关系发生变化的历史过程,分析了这种情况的发生是列强侵略和中国积弱的结果,同时也与中国外交的失策有关。笔者并兼及中国与尼泊尔、锡金、不丹等小国和南洋地区关系的研究,虽然比较简略,但努力使本书较为全面地反映近代中国与周边国家关系发展的全貌。

第五,本书特别关注周边国家和被压迫民族的反帝独立复国运动,并将它们视为近代中国与周边国家关系的重要组成部分,尤其是对于朝鲜、越南、印度的独立运动及其与中国的关系作了独到的研究。如对于韩国独立运动,本书在大量专题研究的基础上,分析了韩国独立运动的三大派系——金日成等领导的参加东北抗日联军活动的朝鲜革命者、与中共领导的八路军、新四军共同战斗的朝鲜独立同盟与朝鲜义勇军、以及在国民党统治区活动的韩国临时政府与韩国光复军在中国的活动情况以及他们与国共两党的密切关系,阐明了韩国独立运动与中国朝野的密切联系,从中可以更加深刻地理解中国与现今南北朝鲜的历史渊源关系。对于越南独立运动,本书注意从中国官方的援助体系、独立运动的活动地域与活动特点以及与国内的联系等方面比较中国援韩与援越政策的不同特点。对于印度独立运动,本书注重分析中印民族独立运动在政治、文化等多方面互相援助、互相支持的史实,同时也分析了印度民族独立运动中出现的民族主义思潮及其日后对于中印关系的负面影响等。

第六,本书还将近代中国的澳、港、台问题列为中国周边外交的重要内容之一。澳门、香港、台湾均为中国领土,由于西方列强和日本对于中国的侵略和战争,这些地方分别受到葡萄牙、英国、日本的殖民统治,为了收复这些失地,中国历届政府都进行了不断的交涉和努力。笔者比较详尽地叙述了中葡澳门问题、中英香港问题、中日台湾问题的形成过程和交涉经过,具体说明了澳门、香港、台湾如何沦丧于列强之手,又如何经过长期曲折的努力和奋斗,经由不同的途径与方式,使这些故土重归中国版图。

第七,本书还注意分析和研究近代重要的政治领导人的周边外交思想和策略,给予适度的评价。袁世凯执政的北京政府处于"共和"取代"帝制"的时代。袁世凯作为从旧政治营垒中转向新政府的封建保守派领袖,其外交措置不能不受到时代的限制和影响,带来消极的作用,并对后世外交产生负面的影响。然而,亦不能简单地全盘否定袁氏主政期间的北京政府外交。如袁世凯最早提出"联合欧美,抵御日本"方针,在中国周边外交问题处理中产生了重大的影响,又如袁世凯继承了清政府"以夷制夷"方针应对中日"二十一条"交涉,使日本对于中国的罪恶用心未能全部如愿。再如袁世凯在西藏问题交涉中,采取搁置方式,坚持原则,以待有利时机再予解决,都不失为弱国应对强国外交中的有益尝试,为日后中国周边外交的开展提供了具有参考价值的经验。[①] 孙中山在领导中国民族民主革命时,十分关注周边被压迫民放的解放运动。他的周边外交思想一方面继承了儒家"兴灭国,继绝世"的抑强扶弱的中华固有传统思想,视援助周边被压迫民族为中国当然责任;另一方面又主张三民主义,鼓吹民族主义,以解放周边弱小民族为其奋斗目标。孙中山的周边外交思想为日后中国国民党所继承。中国国民党以三民主义为最高纲领,以民族为该党奋斗旗帜,其党内不乏真心支持远东各弱小民族独立运

----

① 参见石源华:《中华民国外交史新著》第一卷,社会科学文献出版社 2014 年版,第 128—134 页。

动的有识之士,包括蒋介石在内的一些人还夹杂着担当亚洲被压迫民族领袖的念头。中国国民党执政后,根据内外形势变化,采取灵活的方针,明里暗里支持朝鲜、越南、印度、缅甸、菲律宾等周边被压迫民族的反帝独立运动,谱写了中国周边外交史上有声有色的新篇章。①

　　第八,在研究过程中,笔者十分重视第一手档案资料的收集和使用。曾有机会赴台北阅读中国国民党党史会所收藏的中国国民党特别档案,该档案完整保存了有关中国国民党与周边国家民族独立运动党派与团体关系的历史档案,包括中韩、中菲、中越、中印、中缅、中泰、中琉关系等专门卷宗。抗日战争期间,由国民政府外交部主管与中国建有外交关系国家的外交事务,而由中国国民党中央党部主管与中国没有外交关系的国家及周边正在争取独立国家的外交事务,因此,有关中国与周边弱小国家关系的外交档案完整收藏在中国国民党党史会。同时还查阅了收藏在台北"国史馆"和中研院近代史研究所档案馆的外交档案,本书所使用的相关档案史料不少是首次被公布与使用,值得重视与关注。但由于收集到的档案的局限,本书各部分在使用档案资料方面存在不平衡的情况,中俄(苏)、中日关系部分较多地移用了拙著《中华民国外交史》的相关部分。另外,有关中国与周边重要国家关系史研究的力作,如刘芝田著《中菲关系史》、林承节著《中印人民友好关系史》、高伟浓著《走向近世的中国与"朝贡"国关系》等已有研究成果,成为本书的重要参考资料,特予说明,并向作者致谢!

　　本书能得以完成,首先要感谢上海市哲学社会科学基金会当年对于本课题的立项与支持。其次,要感谢台湾中正文教基金会理事长秦孝仪先生、原中国国民党党史会主任陈鹏仁先生、秘书长邵铭煌先生、台北中研院近代史研究所张启雄研究员,由于他们的支持和帮助,我得以五次赴台湾查阅中国国民党党史馆、"国史馆"、中研院近代史研究所档案馆完整收藏的相关档案,对于本课题的完成起了关键的作用。本课题的学术鉴定工作得到了复旦大学庄锡昌教授、金光耀教授、上海外国语大学胡礼忠教授、胡正豪教授、南京政治学院上海分院张云教授的大力支持,他们提出了大量中肯的、重要的审查意见,对于本书的修改与最后定稿起了重

────────────

① 参见石源华:《中华民国外交史新著》第一卷,第414—416页。

要的作用。暨南大学高伟浓教授专门为我寄来了他的研究成果,谨表示诚挚的谢意!笔者还要感谢中国国家主权和海洋权益协同创新中心同意将本书列为"复旦大学中国周边外交研究丛书"增订再版。当年,复旦大学博士研究生蔡建、朱耀辉参加了本书的部分撰写工作,依据我拟定的写作思路、详细提纲及提供的主要档案资料,蔡建撰写了第二、四、十章的初稿,朱耀辉撰写了第九、十三章的初稿。全书由我修改定稿。博士研究生仇发华协助编撰了本书的主要参考资料目录。中共上海市委党校陈莉菲副教授协助了部分资料收集和编撰工作。石心怡参加了全书电脑录入工作。

　　本书的修订增补工作由石源华独力完成。中华书局张荣国编辑担任了本书增订版责任编辑,并根据他的建议,将本书更名为《近代中国的周边外交》。张弛、陈妙玲协助了本书增订再版的部分编务工作。在此一并表示衷心的感谢。

石源华

新江湾寓所

2019 年 7 月

第一章 远东国际关系的变迁与近代中国的周边外交

第一节 "朝贡体系"与中国周边外交

秦始皇统一中国,建立大一统的中华帝国,标志着古代远东国际关系体系开始形成,至汉唐盛世进而定型、成熟,历时二千余年经久不衰。与西方世界曾经多次出现的超级帝国以及世界权力和文明中心不断由东向西发生地区性转移的状况不同,数千年来中华帝国始终占居远东国际关系体系的中心,其地位从未发生过动摇。因此,也有人把中华帝国视为一个"独立的世界体系",即"把过去的中国看为最高权力中心,是个独立的帝国体系"。[1]

根据北京大学宋成有教授的考订,对于古代远东国际关系体系至少有如下一些说法,如日本学者西定生的"册封关系体制说"、堀敏一的"东亚世界体系说"、谷川道雄的"古代东亚世界说"、安部健夫的"四方天下说"、栗原朋信的"内臣外臣礼法说"、藤间生大的"东亚世界说"、信夫清三郎的"华夷秩序说"、滨下武志的"中华帝国朝贡贸易体系说"、韩国学者全海宗的"朝贡制度说"、美国汉学家费正清的"中华世界秩序说"、中国大陆学者何芳川的"华夷秩序说"、香港学者黄连枝的"天朝礼治体制说"、台湾学者张启雄的"中华世界帝国体系说"等,其界定众说纷纭,但都肯定远东国际关系体系是一个独立的具有世界影响的体系,"这个体系以华夷观念来区分中心部位与半边缘、边缘部位在文化礼教上的差别,

---

[1] 陈洁华:《21世纪中国外交战略》,时事出版社2001年版,第23—24页。

通过前者对后者的册封或后者对前者的朝贡为纽带,编组成中原王权君临其上,周边国家或民族皆为其藩屏的区域国际社会"。①

大中华帝国为中心的远东国际关系体系,是以中国为中心的世界地理概念为其理论基础的。中国传统的历史疆域初定于汉唐时期,推广于元朝,最后定型于清朝,古代中国的范围东邻太平洋,东南迄台湾及其附属岛屿钓鱼岛、赤尾屿等,西跨葱岭,西北至巴尔喀什湖北岸,北接西伯利亚,东北至外兴安岭和库页岛,南至南海群岛等。

古代中国的地缘特征首先是领土广阔,自成一体。古代中国陆上面积约 1300 万平方公里,海洋国土约 300 万平方公里,由于周边或是生存环境恶劣的林海雪原,或是千里绵延的沙漠戈壁,或是人烟稀少的世界屋顶,或是浩瀚无际的汪洋大海,形成相对封闭的地缘环境,使中国成为世界诸多文明古国中唯一持久的大帝国,中国的历代统治者都自称是"天朝上国"。②

古代中国的另一地缘特征是中国处在亚洲的中心地位,它可以从东南西北四个方向吸收邻邦的技术、文化等,又可将自身的技术、文化传播到四邻,成为整个亚洲文明互相传播的中心、桥梁和中转站。北亚不可能跳越中国与南亚进行交流,西亚也难以跳越中国与东亚进行交流。长期以来,中国一直实行开放政策,虽然由于周边环境险恶,对外联系困难重重,但仍通过陆地和海上的"丝绸之路",与周边国家进行交流,使中国在与亚洲东南西北各方的交流中获得巨大利益,同时也为亚洲各国的发展作出了贡献。

古代中国的第三个地缘特征是中国本土与东南西北边地互相在宗教、民族、文化、风土、历史等方面有很大差异,而这些边地与相邻的周边国家非常亲近,有的甚至完全是同文同族,互相间的交流没有障碍,易于形成水乳交融的关系。

中国作为古代的亚洲强国,长期繁荣,综合国力超群,技术领先,远居

---

① 宋成有:《东北亚传统国际体系的变迁——传统中国与周边国家及民族的互动关系述论》,台北中研院东北亚区域研究演讲系列 6,2002 年版,第 2—4 页。

② 汉朝时,中国疆域东和南至海,西至巴尔喀什湖、费尔干纳盆地和葱岭,北至大漠,西南到云南、广西等地。唐朝在此基础上有所扩大,使东北方向延伸至黑龙江以北的外兴安岭、库页岛一带。元朝的版图不仅包括汉唐所辖区域,而且包括西藏、蒙古、西域等地。至清朝中国疆域基本定型。参见楼耀亮:《地缘政治与中国国防战略》,天津人民出版社 2002 年版,第 71 页。

各国之上，有条件以巨大的人力、物力、财力，长期地、大规模地进行诸如张骞两通西域、郑和七下西洋这样的全亚洲范围，甚至走出亚洲与世界交流的壮举，非其他一般国家所能取代。"以中国为中心"不仅是一个地理概念，而且还是一个政治概念，即所谓"天朝居中驭外"。中国的封建统治者处理外交问题的总原则是"天朝上国主义"，视所有的外国人为蛮夷戎狄，除了朝贡关系外，不承认其他任何形式的中外关系。大中华帝国为中心的远东国际关系体系，是以中国为中心向四周辐射，进行文明的交流与传播的，中国与东南西北各地的交流方式与重点各有特色。

对于西亚和西南亚，中国更多地是与其进行频繁的、对等的文明交流。西亚和西南亚是人类三大宗教的诞生地，曾经出现过雅典帝国、阿拉伯帝国、印度帝国这样盛极一时的大帝国，产生在这一地区的印度文明、阿拉伯文明、波斯文明与中华文明同为世界的四大古文明。中国主要通过中国新疆—波斯—阿拉伯—印度和中国云南—西藏—印度的陆上"丝绸之路"，将西亚和西南亚文明吸收到中国，又将中华文明传播至西亚和西南亚，通过他们远播欧洲、非洲诸国。唐代以后，随着中国经济重心的南移，东南海上成为中国与西亚和西南亚交流的主要通道，出现"海上丝绸之路"，不仅交往频繁、定期，交流品种、数量增多，而且参与交流的国家也大为增加。迄今仍可在当年的海运中心泉州见到无数阿拉伯文化、印度文化、以色列文化以及伊斯兰文化的遗迹。[①]西亚和西南亚文明经过陆、海两路导入中国后，经过实验、改良、改造、融合，成为中华文明的重要组成部分，内容涉及宗教、艺术、建筑、医学、数学、文学、服装、农业、技术、天文等等，中国与西亚和西南亚双方都从对等的经济文化交流中获取了很大的政治经济利益。

对于北亚，由于生活在该地的匈奴、西突厥、女真、蒙古、满族等主要少数民族都是游牧民族，文明发展程度低于中原民族。中国古代国防的基本战略是以武力抵御北方来犯之敌，一是修建绵延不断的长城，化游牧民族之所长为其所短，将它们阻挡在农耕社会的边境线之外；二是为了"北守"而"西进"，在与北方民族争夺蒙古高原的同时，"西进"河西走廊

---

① 笔者曾有机会参观泉州的"海上航运博物馆"和各宗教的墓葬地，对于当年中西交流的盛况留有很深的印象。

及西域地区,包抄对方的后防,保障"丝绸之路"之要冲和中原大地之安全。① 中国与北亚的文明交流时常伴随着武力冲突与摩擦,甚至战争。当中原王朝发生内部纷争、分裂或内战时,常常会给北方游牧民族造成武力入侵中原地区机会。他们通过战争在中原地区建立统治政权,获取中国丰富的物质,吸收中国的文明,再以中原为基础向其他地域扩张领土。尤其是蒙古族建立的元朝与女真族建立的清朝,不仅一扫当时中国的分裂局面,而且取得了比中原王朝更大的对外军事和外交成果,奠定了今天中国疆域的基础。与西亚和西南亚与中国交流时只是部分接受中华文明不同,北亚少数民族入侵中原后,从政治、经济、文化乃至人才方面全盘接受中华文明。中原王朝在与北亚进行交流时,往往处于被动的、防御的、甚至是反侵略的特殊状态,但中国文明却以此种特殊的形态顽强地在北亚以及更广泛的地区得到深入的传播。北方诸强族占居中原后在对外扩张中所取得的成果,最后几乎全部为中国所继承。

对于东亚和东南亚,中国与朝鲜、印度支那两个半岛、日本岛国以及东南亚海上诸国的交流也有着不同的特点。在两个半岛,中国在历史上曾多次将朝鲜和越南纳入中国版图而直接实施统治,随后又与之建立了最为密切的藩属关系,从而积极地、全盘地向该地区传播中华文明。朝鲜半岛和越南由于与中国的密切关系而得以迅速发展,国力超过邻国,朝鲜曾成为中国向日本传播文明的通道和桥梁,越南也成为进而向整个印支半岛和南洋地区传播中国先进文化的国家。中国与日本国的关系源远流长,中国向日本传播文明主要是通过日本派往中国的留学生、学问僧以及遣隋使、遣唐使等实现的。在中日交流史上,日本曾向中国派遣了大量的留学人员,学习中国的语言、宗教、哲学、建筑、艺术、政治管理、土地制度、农业品种和技术、手工业乃至生活方式,中国文明被全盘导入日本,促进了日本的发展和进步,至今依然发生着重要的影响。中国与东南亚诸国的关系,包括菲律宾、泰国、马来、东印度、印尼、缅甸、北文莱等,除传统的

---

① 楼耀亮《地缘政治与中国国防战略》认为,古代中国数千年的国防战略思想是"北守南融"。北守,即以武力抵御北方来犯之敌;南融,即通过人口迁徙、文化传播以及各族间的战争,控制、融合并开发南方各地。河西走廊与西域地区历来是中原王朝与北方民族争夺的重点。谁控制了这一地区,谁就拥有战略主动权。秦汉以后的历代中原王朝无不通过"西进"来达到"北守"的目的。参见该书第77页。

朝贡关系外,最重要的特点是中国向这些地区的移民,他们是中国文明向这些地区传播的使者。在中外交往史上,由于中国国内的政治动乱和政治压迫,曾出现四次大规模的中国向南洋移民的高潮:第一次是东汉末年黄巾农民起义失败后,起义人士流亡南洋;第二次是蒙古人入侵,宋朝遗臣及难民流亡南洋;第三次是清兵入侵,明朝遗臣及难民流亡南洋;第四次是太平天国失败后,起义者流亡南洋等。中国移民在向东南亚移民地过程中,将中华文明包括先进的生产方式和生活方式随之传播到他们的移居地。①

在以大中华帝国为中心的远东国际关系体系之下,中外交往的基本体制是多层次的朝贡关系。所谓"朝贡关系",是指古代中国与外国交往时所形成的政治、外交、军事、经济、文化交往的制度和秩序。周边国家或民族受中原王朝册封,并须向中原王朝赠呈礼物,称为"朝贡",中原王朝向被册封的周边国家或民族还赠礼物,称为"回赐"。《国语·周语》即有"五服"之说:"邦内甸服,邦外侯服,侯卫宾服,夷蛮要服,戎狄荒服。甸服者祭,侯服者祀,宾服者享,要服者贡,荒服者王。""五服"即是五个不同的政治地域构成的"朝贡体系",以京城为中心,半径 500 里圈内为甸服,甸服圈以外 500 里为侯服,其他服圈依次类推,各服均按规定履行不同的义务,越往外关系越松散。中国历代王朝基本沿袭"五服"的思想,只是将"服"的概念逐步演变为环形结构的统治体系,并延伸至中华疆域以外的周边国家,形成与这些国家和地区的藩属关系和朝贡体系。由"朝贡"的级别、规模、频率的不同构成双边宗藩关系的亲疏。日本学者信夫清三郎曾对清代各国对华朝贡次数统计如下:

> 清王朝朝贡制度所规定的各朝贡国的贡期是,朝鲜每年、琉球每隔一年,安南每三年、六年或四年,苏禄每五年,老挝和缅甸每十年,荷兰每八年(后改为五年)一次,西洋(葡萄牙等)不定期。但是,实际实行的贡期又是怎样呢?举例来说,琉球在 1662 年至 1805 年 144 年间为 70 次,1806 年至 1859 年 54 年间为 45 次,也就是进入 19 世

---

① 陈洁华《21 世纪中国外交战略》认为:中国向两个半岛传播文明的模式是"直接统治、全盘输出"型,向日本传播文明的模式是"政府交流"型,向南洋各国传播文明的模式是"移民型"。参见该书第 45—47 页。

纪就成了六年进贡五次这样一种比例。还有暹罗在 1662 年至 1776 年 115 年间为 11 次,而在 1777 年至 1853 年 77 年间则为 38 次,即平均两年一次,相当于制度所定次数(三年一次)的一点五倍。再说缅甸,到 1787 年为止,不过 3 次,而在 1788 年至 1853 年 66 年间则为 13 次,即平均五年一次,相当于制度所定次数(十年一次)的两倍。分别来看是这种情况。再看对清朝朝贡的总数,1662 年至 1761 年的一个世纪间是 216 次,但 1762 年至 1861 年的一个世纪间则是 255 次。总之,对清朝的朝贡,以 1800 年前后为起点,大约半个世纪间,次数是增加了。①

朝贡体系是一种朝贡国和受贡国双方相互受益的制度。对于中原王朝来说,朝贡制度的政治意义大于经济意义,而对于朝贡国来说,经济意义大于政治意义,所以会出现实际朝贡次数远多于定制次数的情况,甚至出现朝贡国为增加朝贡贸易数量而千方百计寻求增加入贡次数和贡船数量的情况。② 中原王朝具有薄来厚往的气概和来者不拒、去者不追的包容性,周边国家和民族则享有自主的内政和外交权力。"朝贡关系"兼有政治、军事、经贸、文化的多重意义,成为支撑以大中华帝国为中心的远东国际关系体系的基本体制。

此种体制酝酿于公元前 11 世纪,该体系的意识形态基础——华夏观念,至周初已经定型;该体系的基本操作方式——册封与朝贡渐成惯例;该体系的基本格局——周王朝居中心地位,周边国家置于半边缘或边缘位置,形成一连串依次排开的同心圈;该体系的运作机构——《周礼》所设六官之一的秋官司寇,专司朝聘问事务,出现固定的外交官署等。两汉时期,该体制基本形成,两汉帝国凭借其经济、文化和军事优势,雄踞远东国际关系体系的中心部位,形成凝固朝贡体制的巨大圆心。其后,经历了魏晋南北朝的动荡变迁,形成大陆王权中心多极化和周边国家通贡方式多元化的新特点。至盛唐时期,朝贡体制趋于成熟。唐帝国雄踞东方,是与阿拉伯帝国并列的世界级强国,周边的新罗、百济、日本等也进入完善国家制度的发展阶段,中国与周边国家的关系日益密切,一般仍以政治关

---

① [日]信夫清三郎:《日本外交史》上册,商务印书馆 1980 年版,第 29—30 页。
② 参见本书第十章相关部分。

系为先导,辅之以经济贸易关系,而文化关系有了长足的发展,成为推动政治经济关系发展的重要动力。自北宋至清朝,历时 900 年,朝贡体制日益精细化,尤其是明清两代,该制度的实施更加周密和规范化,却无法挽回由盛转衰的总走向。其基本原因是中原王朝经历辽、金、元、清多次更迭,华夷秩序逐渐淡化,中原王朝的凝聚力下降;周边国家自立自强,离心力增加,再加上欧洲势力之东来,以朝贡体制为核心和远东国际关系体系便难以为继了。①

对于以中华帝国为中心的朝贡制度的评价,中国史学界尚有争议,中国学者与周边国家学者间更有不同的认识和看法。然而,以大中华帝国为中心的远东国际关系体系在亚洲相对稳定地维系了数千年之久,却是一个不争的历史事实。它与后来西方列强实施的殖民制度有着根本的区别,如美国学者费正清所指出:"在清政府的心目中,纳贡的地位就是给外国人在特定条件下以经商权,使皇帝对外国朝觐者的权威合法化。但是并非附庸关系,也并不表示要求清朝保护。"②对于这个制度的功过非常值得研究。

第二节　远东殖民统治体系与中国周边外交

16 世纪以后,由于世界航海业的发展,开辟新航路,发现新大陆,掠夺殖民地,海洋不再是阻拦人类联系的障碍,世界变成了一个相互联系、不可分割的整体。由于欧洲资本主义率先发展,西方工业文明很快超越东方农业文明,在世界政治中占据了统治地位。西班牙和葡萄牙最早称霸世界。19 世纪初,英国建立了势力范围遍及世界的日不落帝国,欧美列强群雄纷起,出现以欧洲为中心的世界政治格局。俄罗斯也在短短的二三个世纪内迅速膨胀为地跨欧亚、濒临三洋的庞大帝国。稍后,在历史上曾经与中国有过密切关系的日本经历了"明治维新"改革,实现"脱亚入欧",加入了西方列强侵略亚洲的行列,也成为给亚洲人民带来深重灾

---

① 宋成有将朝贡体制的变化划分为五个阶段,即体系的酝酿、体系的雏形、体系的发展、体系的成熟、体系的衰落。参见《东北亚传统国际体系的变迁——传统中国与周边国家及民族的互动关系述论》。

② [美]费正清:《剑桥中国晚清史(1800—1911 年)》上卷,中国社会科学出版社 1983 年版,第 44 页。

害的殖民主义国家。与此同时,中国的综合国力却开始跌落,在欧美列强和日本的联合进攻之下,中国结束了历史上的辉煌时代,进入了"日之将夕"、江河日下的"衰世"。中华帝国趋于瓦解,以大中华帝国为中心的远东国际关系体系也随之发生裂变。

从 16 世纪开始,最早侵入中国的是欧洲的列强葡萄牙和荷兰。1514年,葡萄牙人首航广东屯门岛,1553 年,赖占中国澳门。1622 年,荷兰人占领澎湖,1624 年,占领台湾。其结果是荷兰殖民者被中国逐出台湾,葡萄牙却以卑鄙的手段将澳门据为己有。中国的周边国家相继成为列强鲸吞蚕食的目标,首先是南亚大国印度,接着是菲律宾、日本、朝鲜、越南、缅甸、泰国均成为列强染指的范围。16 世纪末开始,俄罗斯越过乌拉尔山,东进西伯利亚。1649 年,俄国修筑鄂霍次克城,俄国成为横跨波罗的海至太平洋的欧亚大国。17 世纪中叶,俄国向中国的贝加尔湖地区和黑龙江流域扩展,向以大中华帝国为中心的远东国际关系秩序发起有力的挑战,虽然曾遭到明、清两朝统治者的步步为营的抵抗,但总的趋势是中国方面节节败退,俄国人逐步将其领域推进至黑龙江边。

以 1840 年的中英鸦片战争为标志,列强开始了大举进军中国的时代。经过两次鸦片战争、中法战争、中日战争、八国联军战争,清政府在对外交往中被迫与世界主要资本主义国家英国、法国、美国、俄国、德国、意大利、瑞典、挪威、比利时、西班牙、丹麦、荷兰、奥地利以及明治维新后崛起的日本等签署了不平等条约,成为一个半殖民地半封建的国家。中国不再是亚洲或世界的强国,成为被帝国主义列强瓜分的半殖民地半封建的弱国。

以大中华帝国为中心的远东国际关系体系面临挑战,中国周边环境严重恶化。英、法、美、日等国通过鸦片战争打开中国大门后,逐渐将中国原有的朝贡国家或邻国一一占据为其殖民地。1858 年,印度在经历了无数次流血反抗之后,最终沦为英国的殖民地,成为"英国王冠上的一颗宝石"。在此前后,英国以印度为基地向东、北、西北三个方向扩张,分别于1846 年、1864 年、1887 年侵占和控制了尼泊尔、不丹和锡金,使三国成为英国的势力范围。1826 和 1852 年,英国通过两次侵缅战争,占据缅甸为其殖民地。1862 年,法国开始进攻越南,1884 年通过中法战争,占据越南为其殖民地。同时法国还入侵柬埔寨和老挝,并于 1863 年和 1893 年控制了这两个王国。1898 年,美国战胜西班牙,占据菲律宾为其殖民地。

日本也加入了列强国家进攻中国周边国家或掠取中国领土的行列,进攻台湾,占据琉球,并通过中日甲午战争,迫使中国割让台湾及澎湖列岛,使朝鲜脱离与中国的藩属关系,并为其日后并占朝鲜打下了基础。1854年,沙俄进入中亚锡尔河畔,花了30年时间,占领了当时中亚三个穆斯林国家——浩罕、布哈拉、希瓦,入侵土库曼地区,并开始在中国东北与清政府频频发生冲突。其他中国的邻国,印尼为荷兰占据,暹罗(泰国)、阿富汗成为英法、英俄势力争夺的国家,亦已丧失了独立的地位。到20世纪来临之时,巡视中国周边,原先与中国友好的朝贡国和邻国已荡然无存,取而代之的是虎视眈眈的列强国家成为中国的邻国,而且继续不怀好意地企图染指中国的边地,不断挑起各种争端,中国的疆域面临被肢解的危险。正如康有为所指出的:"俄北瞰,英西睒,法南瞵,日东眈,处四强邻之中而为中国,岌岌哉!"①

由于列强的东侵,以大中华帝国为中心的远东国际关系体系逐步让位于列强远东殖民体系,中国周边外交的对象,已不再是昔日的朝贡邻国,而是这些邻国的宗主国——飞扬跋扈的帝国主义列强,这给近代中国的周边外交带来很多新的难题,使中国的周边外交常常陷入困境。

远东殖民体系之下中国周边外交面临的最大难题,是列强环视鲸吞中国的领土,以及对于中国边地的侵犯和特殊利益的攫取。1842年,英国首开其端,迫使清政府签署《南京条约》,割让香港,并获得在广州、厦门、福州、宁波、上海五口的自由贸易权,随后在近代中国历史上一次又一次出现边疆领土危机。抵御列强的侵略,保卫中国的领土成为近代中国周边外交的主要任务之一。

1858年、1860年、1864年,沙俄使用军事扩张和政治讹诈的手段,强迫清政府签署《瑷珲条约》、《北京条约》和《中俄勘分西北界约记》,加上1881年签署的《中俄伊犁条约》,窃取了中国东北和西北150多万平方公里的领土,②并继续向外蒙古和中国东北、新疆地区渗透其势力范围,形

---

① 汤志钧编:《康有为政论集》(上册),中华书局1981年版,第156页。
② 1858年《中俄瑷珲条约》,中国丧失黑龙江以北外兴安岭以60多平方公里的领土。1860年《中俄北京条约》,中国丧失乌苏里江以东40万平方公里的领土。1864年《中俄勘分西北界约记》,中国丧失巴尔喀什湖以东和以南44万平方公里领土。1881年《中俄伊犁条约》,中国丧失7万余平方公里领土。参见楼耀亮:《地缘政治与中国国防战略》,第3页;厉声:《中俄伊犁交涉》,新疆人民出版社1995年版,第188—189页。

成近代中国历史上第一次边疆领土危机。

以 1895 年的中日甲午战争和俄、德、法三国"干涉还辽"事件为标志，形成中国近代历史上第二次边疆领土危机，列强各国掀起了瓜分中国的狂潮。1895 年，日本通过《马关条约》割取了中国的台湾（包括澎湖列岛）和辽东半岛（后在俄、德、法三国"干涉"下，清政府增加 3000 万两白银赎还）。随即，英、俄、法、德各自圈定了在华势力范围，沿海大批领土被划为各国的租借地或租界，中国漫长的海岸线已无一处可以作为自己的海军基地和港口。①

当 1912 年中华民国建立时，近代中国出现第三次边疆领土危机。英国策动西藏分裂势力的"独立"活动，沙俄策动外蒙古分裂势力的"独立"活动，并出兵侵占了唐努乌梁海地区，日本则在中国东北和内蒙古地区策动"满蒙独立运动"。北京政府在敌强我弱、军事上无法抗争、政治上处于弱势的情况下，以与沙俄妥协的方式确保了中国对外蒙古的宗主权，以不承认英藏签约的方式将西藏问题搁置，以等待有利时机再予解决，以外交斗争和争取国际支持的方式避免"满蒙独立"的出现，渡过了此次危机。除唐努乌梁海为沙俄侵占外，至少在名义上中国的疆土未受重大损失。

1931 年日本侵略者发动九一八事变，侵占中国东北三省，扶植伪满洲国，近代中国出现第四次边疆危机。中国国民政府所执行的"依赖国联外交"并不能阻挡日本对于中国东北领土的扩张，但中国政府始终没有承认日本所扶植的"满洲国"的任何合法性，并成功地在其"建国"之初，阻止除萨尔瓦多外的世界所有国家承认这个日本的傀儡政府，中国这种不妥协的态度使自己后来成为日本敌国的美国、苏联之朋友，并为收回东北失土奠定了基础。

1937 年 7 月，日本发动全面侵华战争，以侵占全中国和迫使中国臣服为其主要目标，不仅使中国的边疆出现第五次危机，而且使中华民族面临亡国灭族的危险，中国人民奋起抵抗，开展全民族全面的抗日战争，终于取得了胜利，不仅将日本驱逐出境，而且收复了东北和台湾，保证了朝鲜在战后的独立地位。

---

① 1898 年 2 月，德国强租胶州湾，划山东为其势力范围。3 月，俄国强租旅顺、大连，划东北为其势力范围。4 月、5 月，英国强租香港九龙半岛和山东威海卫，并划长江中下游为其势力范围。1899 年，法国强租雷州湾，称两广、云南、贵州为其势力范围。

近代中国的第六次边疆危机出现在中国抗日战争胜利前后。由于美、英、苏背着中国签署《雅尔塔密约》，以出卖中国权益来换取苏联对日参战，迫使中国国民政府在 1945 年 8 月 14 日签署的《中苏友好同盟条约》中承认了外蒙古采取"公民投票"的方式决定"独立"，最终导致面积达 150 万平方公里的外蒙古脱离中国版图。①

边界冲突是远东殖民体系下中国周边外交面临的第二大难题。由于中国周边国家已为列强占据，他们常常依仗自身的实力，或直接出面，或唆使、挑拨所占居或者控制的附属国或殖民地与中国争夺边地，甚至操纵他们挑起与中国的武装冲突，成为近代中国周边外交的重大问题。

中日间岛争执是日本挑起中朝边界争端的典型案例。1905 年，日本挟日俄战争胜利之余威，在朝鲜半岛设置统监府，成为朝鲜李氏王朝的太上皇。日本政府以保护韩人为名，利用过去中朝之间的边界争议，挑起了所谓"间岛"领土争议，图谋侵占中国领土。1907 年 8 月，日本内阁秘密决定："先派遣相当的官宪前往该地，以不引人注目的方式，逐步确立我之统治地位"。② 据此，日本政府"在延边地区非法建立区、社、村行政机构，并在各重要地区设立 14 个日本宪兵分遣所，附以韩国警察，武装人数达 270 名之多"。③ 1909 年 9 月，中日签署《图们江中韩界务条款》，中国虽然维护了对延边地区的主权，但也承认了日本设立领事馆、附设司法警察的既成事实。④ 1920 年 10 月，日本更以"珲春事件"为借口，公然出兵延边地区，⑤随后，该地便长期处于日本非法设置的警察署和强行派遣的

① 1945 年 10 月 20 日，外蒙古举行"公民投票"，投票采用记名法，选票上须填写名字，再表示赞成或反对独立。24 日公布投票结果，共有 493291 人参加投票，483291 人赞成独立，其他弃权。次年 1 月 5 日，外蒙古正式宣布独立，同日，中国国民政府发布文告，承认外蒙古独立。

② ［日］外务省编：《日本外交文书》第 40 卷，第 2 册，第 84 页。

③ 杨昭全、何彤梅：《中国—朝鲜·韩国关系史》，天津人民出版社 2001 年版，第 729 页。

④ 该条约亦称《间岛条约》，主要内容是：以图们江为中韩两国国界，其江源地方自定界碑起以迄石乙水为界；中国开放龙井村、局子街、头道沟、百草沟四地，准各国人民居住贸易，日本国可于各该埠设立领事馆或分馆；中国仍准韩民在图们江北垦地居住，但须服从中国法权，归中国地方官管辖；韩民与中国人一律相待，但日本领事享有观审权等。王铁崖主编：《中外旧约章汇编》第 2 册，三联书店 1982 年版，第 26 页。

⑤ 珲春事件，指 1920 年 10 月 2 日，韩国独立党人从俄国境内的双城子潜入中国东北珲春，焚烧日本领事馆及街市，击毙日本警察等 10 余人，日军以此为借口，出动兵力万余，占领珲春及延边 5 县，焚烧韩国侨民家房地 1000 余户，惨杀侨民 2100 人，华人 200 人，并在所到之处擅设日本警察署，引起中日重大交涉。

军事联络员的监视和管辖之下,随时面临日本军事干涉的危险,1931 年九一八事变发生,日本军队完全侵占该地区,直至战后才由中国政府收回。

中英片马争执是英国挑起中缅边界争端的典型案例。片马位于中缅边境北段,是滇西的重要门户,通往四川和西藏的必经之路,自古以来就是中国的领土。1900 年,英国趁中国发生义和团运动,清政府无暇西顾之机,对片马地区实施武力侵占,引起中英间长期交涉。1911 年辛亥革命爆发,英国乘机加强了对于片马的控制,并修筑片马通往西藏的道路。随后,英国虽然承认片马属于中国领土,但是长期占而不退,使该地的归属问题成为中缅间的悬案。

中蒙北塔山冲突是苏联制造中蒙边界争端的重要案例。北塔山位于新疆迪化(今乌鲁木齐)东北 200 公里,是新疆北部阿尔泰山的要道,战略地位非常重要。早在 1940 年,苏联就在其出版的地图中将该地划入外蒙古范围,面积达 8.5 万平方公里。外蒙古独立后,该地冲突频起。1947 年 6 月,在苏联飞机的掩护下,外蒙古军队大举进犯中国北塔山驻军,酿成重大外交事件。中国国民政府外交部为此向苏联政府提出严重抗议,中蒙关系也由此进入全面紧张的阶段。

由于列强包围着中国,在敌强我弱的形势下,近代中国在与周边国家的边境冲突和边地争端中往往处于不利的地位。中国历代统治者迫于帝国主义和殖民主义强权,虽然难以取得理想的交涉结果,但一般也不轻易让步;通过妥协与抗争,与列强诸国周旋,使争端成为悬案,以待有利时机的来临,是中国常常使用的方法。事实证明,这种办法不失为"弱国外交"的一种有益的方式。

挑动中国离心势力的叛乱活动,制造中国政局混乱,是远东殖民地体系下中国周边外交的第三大难题。由于历史的原因以及中国封建统治者对于地处中国边远地区少数民族的残暴压迫与剥削,尤其是列强对于中国离心势力的挑拨和煽惑,导致中国中央政府与边远地区民族政权间的矛盾和冲突加剧,少数民族分裂主义分子成为列强扩充势力、削弱中国的工具。在近代中国历史上,与以帝国主义列强为背景的各种民族分裂势力和离心势力进行斗争,是一项长期的历史任务,是中国周边外交的重要内容。

西藏是列强在中国策动离心势力制造动乱的主要地区之一。在西藏活动的主要是英、俄两国,在日俄战争后,又以英国为主。1888和1903年,英国曾发动两次侵藏战争,将西藏划为其势力范围,并与沙俄争相笼络、拉拢、收买西藏宗教领袖,扶植亲英集团,干涉中国内政,制造西藏动乱。辛亥革命前后,英国殖民主义者直接策动西藏分裂主义分子宣告"独立",并以强力阻止和干预北京政府的军事征讨行动,迫逼中国接受所谓的"西姆拉条约",在遭到中国拒绝后,单独与西藏当局非法签约,导致西藏长期与中央政府保持某种若即若离的关系,西藏问题亦成为中英间的悬案,历经数十年而不得解决。

新疆是以维吾尔族为主的中国多民族聚居区,长期以来成为英、俄帝国主义争夺势力范围的角斗场所。早在19世纪下半叶,英、俄即与新疆的民族分裂主义的阿古柏政权分别签约,企图阻止清朝军队进剿阿古柏政权。随即,英、俄又先后在新疆伊犁和帕米尔争夺势力范围。[1] 20世纪30年代中期,苏联政府也未能脱离大国沙文主义的影响,它与新疆地方势力盛世才结盟,使新疆在当时实际成为苏联领土的"延伸"。中国国民政府既无力控制新疆,驱逐外国势力出境,又要争取苏联对于中国抗日战争的政治、经济和军事支持,必须保持与苏联的良好关系,在此两难的境况下,只能实行韬光养晦,等待时机。[2]

外蒙古自1907年日俄签署密约后成为沙俄的势力范围。[3] 辛亥革命前后,沙俄策动外蒙古分裂势力制造了所谓的"大蒙古国",并对北京政府的军事征讨计划横加指责,最终迫使中国同意签署《中俄蒙恰克图协约》,承认外蒙古"自治"以及沙俄在外蒙古的特殊利益。苏俄新政府建立后,如法炮制,扶植外蒙古分裂势力建立"蒙古人民共和国",并在抗日战争结束前后,通过美、英、苏背着中国秘密签署《雅尔塔协定》并逼迫中国签署《中苏友好同盟条约》,最后导致外蒙古通过"公民投票",脱离中国版图。

---

[1]　参见高鸿志:《英国与中国边疆危机(1637—1912)》,黑龙江教育出版社1998年版,第148—171页。

[2]　1943年,中国国民政府利用盛世才的"倒戈",迫使苏联势力退出新疆。后来中华人民共和国完整无缺地接收了新疆。

[3]　1907年7月30日,日俄签署密约,划定北满为俄国势力范围,南满为日本势力范围,俄国承认日本与韩国间依现行条约为基础的共同政治关系,日本则承认俄国在外蒙古的特殊利益。

满蒙指中国东北南部和内蒙古东部地区,经 1912 年日俄密约划定该地区为日本的势力范围。以日本军部为代表的侵略势力曾数度指使由清朝宗室亲贵组成的宗社党,勾结内蒙古分裂主义势力,阴谋建立所谓的"满蒙王国",甚至策动建立内蒙古匪帮部队,骚扰地方治安。1931 年九一八事变后,日本终于扶植清廷废帝溥仪,建立了伪满洲国,分裂中国的国土,该政权成为国际公认的日本傀儡政权。

面对列强对中国的强势进攻和侵略扩张,在近代中国一次又一次的边疆危机高潮中,中国历届政府的应对方针是一个值得研究和总结的重要问题。

武力抵御列强的侵略和进攻,曾经是中国官方主要的应对方针。康熙皇帝抵御沙俄对中国东北地区的进攻,郑成功驱逐荷兰殖民者出台湾,是早期中国抵御列强侵略、保卫中国领土的成功案例。在某种意义上来说,近代发生的两次鸦片战争、中英西藏战争、中法越南战争、中日甲午战争等,保卫中国领土不受侵犯和完整统一,都是战争目标之一。然而,随着中国综合国力的日渐衰落,军事抵抗能力的逐渐丧失,武力抗击列强的结果是中国领土的不断沦丧,中国政府对于边疆地区的控制能力的日益减弱。第一次鸦片战争的结果是中国被迫割让香港成为英国的殖民地;第二次鸦片战争使沙俄乘虚而入,割据了中国东北和西北大片国土;中英西藏战争使英国的侵略势力大举入侵西藏,为日后西藏地区的动乱种下恶根;中法越南战争使中国西南门户洞开,使越南沦为法国的殖民地;中日甲午战争,更是使中国被迫割让台湾,使朝鲜成为日本的势力范围,使中日琉球问题交涉无形中止等。

以中日甲午战争为界,武力抵抗不再成为中国政府应对列强策动边疆危机的主要方略。如北京政府在对抗民国初年的边疆危机中,虽然也有武力征伐之行和之议,但往往虎头蛇尾;如中国军队平定西藏叛乱的举措曾经节节胜利,但一旦英国抗议和威胁,立即就偃旗息鼓了;面对外蒙古"独立"局面的出现,虽然一度"征蒙论"四起,也是雷声大雨点小,最终不了了之。南京国民政府统治时期,面对不断出现的边疆争端和冲突,包括像九一八这样大规模的外敌入侵,也基本上没有采取大规模武力抵抗的方针,这是由中国当时的综合国力和基本国策决定的。直到抗日战争爆发后,才从根本上改变了应对方针,实现全民族全面的抗日战争。在很长的历史时期中,政治解决和和平谈判成为中国政府处理边疆危机的主要手段。如中国与日本曾经长达八年时间的艰难交涉,最终使日本退出山东,恢复中国对山东的主权。

"以夷制夷",即利用列强共同控制中国并在对华利益上存在矛盾和冲突的格局,驱使一个强国对付另一个强国,使他们互相牵制、制衡、甚至削弱,以避免一国独霸中国和中国领土完整受到影响,是近代中国周边外交的主要策略。"以夷制夷"的策略,既是中国历代王朝对付边疆或内部少数民族的传统思想的继续,又是近代西方力量均衡理论影响中国外交的反映,更是近代中国统治者为挽救外交危局、在列强的隙缝中求取生存的应付之道。无论是晚清,还是民国时代,这个策略在中国政府处理边疆危机中得到了广泛的运用。

邓小平曾指出:从鸦片战争以来,欺负中国的十几个列强国家中,"从中国得利最多的是两个国家,一个是日本,一个是沙俄,在一定时期,一定问题上也包括苏联"。[①] 中国"以夷制夷"的打击对象也主要是这两个国家。在晚清,虽然曾经出现过"联日制俄"的主张,但为时甚短,占主导地位的始终是"联俄制日",其始作俑者是执掌晚清外交大权 30 年的李鸿章。他认为:"与其让于日不能助我以抗俄,则我失于日,而又将失之于俄;何如稍让于俄,而我得因借俄以摄日。"[②]他不仅代表清政府与俄国签署《御敌互相援助条约》,即"中俄密约",希望借俄之力来制约日本,而且劝说当时中国的藩属国朝鲜李氏王朝,"似宜用以毒攻毒,以敌制敌之策,乘机次第与泰西各国立约,借以牵制日本"。[③] 李鸿章的外交实践留下了失败的记录。

第一次世界大战爆发后,日本异军突起,成为侵略中国的急先锋,也很自然地成为中国实施"以夷制夷"策略的首要打击对象。虽然在民国时期,也曾经出现过"联日抗英美"和"联日抗苏"的主张,如北洋时期的段祺瑞和南京国民政府时期以及汪伪政府时期的汪精卫集团等,但是"联合英美,抵御日本"和"联苏反日"始终占居中国外交的主流。从袁世凯主持对日"二十一条"交涉,到巴黎—华盛顿会议关于山东问题交涉,

---

① 《邓小平文选》第 3 卷,人民出版社 1993 年版,第 292—293 页。
② 王彦威、王亮辑:《清季外交史料》第 24 卷,北平外交史料编纂处 1934 年刊印,第 5—6 页。
③ 王彦威、王亮辑:《清季外交史料》第 16 卷,第 14—17 页。

从南京政府在九一八事变后的"依赖国联外交",到对日战争时期的"南联英美,北结苏俄"外交,在在体现了中国"以夷制夷"外交实施的必要性和可能性。以有利于中国的方式将各国势力引入东亚的权力均衡之中,以打击中国的主要敌手,始终是中国周边外交的主要目标。

由于国际形势的变化,中国国际地位的提升,民国时代实施该外交策略所收取的实效,与晚清时代相比较已有所区别。但其作为弱国防御外交的本质并没有变化,列强加入中国的"制夷"行列,自有其自身的国家利益和对华目的,在平时,它们往往以牺牲中国的利益换取列强间的相对和平;在战时,它们常常是让中国为它们的利益而战,而决不肯全力支持中国,尤其是真正帮助中国强大起来。近代中国周边外交史上留下了诸多失败的记录。

在近代,由于被列强所包围,在敌强我弱的形势下,中国在与周边国家的边境冲突和边地争端中往往处于不利的地位。中国历代统治者迫于帝国主义和殖民主义强权,虽然难以取得理想的交涉结果,但一般也不会轻易让步;通过妥协与抗争,与列强诸国周旋,使这些争端成为悬案,以待有利时机的来临。一有合适时机,必再提旧事,重新进行交涉,力争较好的交涉结果。"搁置外交"是弱势中国在处理边疆危机时时常使用的方法。

在中英西藏问题交涉中,北京政府不承认"西拉姆条约","搁置"西藏问题,是一个成功的案例。在长达数十年的时间里,中英间曾就西藏问题进行过无数次正式和非正式的交涉,始终未能达成一致,中国政府锲而不舍地坚持西藏属于中国的原则立场,也不惜暂时承受西藏"半独立"的现状,这是中国在无实力解决西藏问题的情况下,无可奈何地接受现状。抗日战争期间,国民政府曾企图利用有利的国际条件推进西藏问题的解决,未获成功。而当中国人民解放军进军西藏之时,历史条件终于成熟,西藏完整地回到祖国的怀抱。

南京国民政府处理 30 年代中期新疆"半独立"状态的经历,是不同类型的又一成功的案例。当苏联势力与新疆盛世才集团相结合,全面控制新疆之时,国民政府采取隐忍不发的"搁置外交",静观局势的发展,既不承认苏联与新疆地方政府合作的合法性,也不采取强制措施反对苏联和新疆地方政府的结合,以免局势失控。当 1943 年新疆地方军阀盛世才与苏联发生分裂,国民政府立即果断地利用盛世才向中央政府"倒戈"的机会,断然派遣军队进入新疆,彻底更换行政长官,迫使苏联势力退出了新疆。这为新中国后来完整无缺地接收新疆创造了条件。

事实证明,弱国在没有力量解决某些重大争端时,暂时"搁置",等候历史机遇的出现,或争取有利弱国局面的形成,不失为"弱国外交"的一种有益的方式。

在中国贫弱局面没有根本改变,综合国力没有大幅度提升的情况下,中国收复失地的努力将不得不依赖于世界大局的变化和国际机遇的降临。两次世界大战的爆发和中国的参战,给中国收复失地和改善边疆局势带来了机会。

第一次世界大战结束后,巴黎—华盛顿体系恢复了几个列强"共管"中国的局面,使中国仍然处在列强共同控制之下,但也给中国改善自身国际地位提供了某些条件。在此背景之下,中国政府经过外交努力,收回战争期间已落入日本之手的山东权益,以及威海、胶州租借地和若干外国租界,并为收复旅大、九龙、广州湾租借地形成一定的声势。对于维护中国领土完整和国家统一,具有积极意义。

太平洋战争爆发后,中国成为世界反法西斯同盟的发起国和"四强国家"之一。不仅使中国国际地位大增,而且也为收复失地创造了必要条件。中美、中英新约等签署废除了中外不平等条约,使中国收复了丢失半个世纪之久的租借地(九龙除外)、租界,清除了列强在华势力范围,维护了国家的统一和完整。著名的开罗会议通过宣言,决定战后日本归还侵占中国的领土东北、台湾及澎湖列岛,让朝鲜独立。同时,战争也为中国周边国家的独立运动创造千载难逢的历史机遇。在中国的积极支持和努力下,亚洲的殖民统治体系先于世界其他地区彻底崩溃,朝鲜、越南、缅甸、印度、菲律宾等列强的殖民地国家先后获得独立,大大改善了中国的周边环境,远东殖民地统治体系彻底瓦解,这是中国参加抗战取得的历史性的胜利。

然而,由于美、苏、英"雅尔塔体系"的制约、美苏冷战局面的形成,中国国内国共斗争的影响,中国国民政府并没有能最大限度利用参加这次战争以及中国的"四强地位"给中国带来的收复失地的机会,在政策上发生了一些重要的失误,丧失了收复失地的历史机遇。如中国未能适时地提出收复琉球或让琉球独立复国的要求,甚至在罗斯福总统在开罗会议上主动问及琉球归属问题时,中国政府仍未有明确的表示,当战争结束前后,琉球地区出现要求独立和回归中国的运动时,也没有确定明确的政策,给予积极的应对和支持,坐失良机。在收复香港和澳门问题上,也未能抓住机遇,采取积极的应对措施。同时,中国国民政府对于周边国家的民族独立运动出于紧急的国内因素考虑,未能给予积极有力的支持。中国没有应美国之邀,适时出兵占领日本,而是热衷于国共战争,也对战后清算日本侵略罪行,彻底清除日本军国主义的残余影响,造成了不可挽回的负面影响。这些历史性的失误留给后人的将是无可挽回的损失和遗憾。

第三节　远东被压迫民族独立运动与中国周边外交

帝国主义侵略和压迫中国及周边国家的历史,也是中国和周边被压迫民族反抗帝国主义和殖民主义斗争的历史。两次世界大战的爆发,使中国面临的国际格局发生了重要的变化,世界民族解放运动随之而起,汹涌澎湃,中国的国际地位开始了自下而上缓慢的攀升运动。中国的周边外交也进入了列强殖民统治与被压迫民族反殖民统治并列的时代。在中国开展新民主主义革命运动的同时,周边弱小民族的民族独立运动也此起彼落,形成互相声援,互相支持的斗争格局。中国朝野对于周边弱小民族独立运动的支持,构成近代中国周边外交的一种特殊形态。同样,周边国家的民族解放运动也为中国国际地位的攀升提供了帮助和支持。

第一次世界大战期间,爆发了俄国十月革命,殖民地民族革命风起云涌,在世界范围内出现了两大新思潮:一是列宁主义,认为欧战暴露了资本主义的内在矛盾,主张以社会主义来消灭资本主义,将帝国主义战争转变为世界无产阶级革命,由此,指导和领导了以第三国际为代表的世界无产阶级革命和殖民地、半殖民地被压迫民族解放运动。二是威尔逊主义,认为应以和平的方式和渐进理性的改革,来解决资本主义内部的矛盾和问题,以国际法处理国际冲突,免除社会主义革命的威胁,维持自由资本主义世界秩序,由此,指导和领导了以国际联盟为代表的资本主义对世界秩序的调整。这两大新思潮都对中国及其周边国家的共产主义运动和民族主义运动产生了巨大的影响。

在两大世界性思潮的影响下,朝鲜爆发了三一独立运动,中国爆发了五四爱国运动,印度出现了国大党领导的第一次不合作运动,荷属东印度掀起了反对荷兰殖民者的斗争,土耳其则发生了民族资产阶级领袖基马尔领导的反对英法占领的武装斗争,均为规模宏大的群众运动,风暴遍及各国,影响震动世界,猛烈冲击了帝国主义和殖民主义的统治,形成了东方革命运动的高潮。随后,中国、荷属印度、朝鲜、印度支那等相继成立了共产主义政党,无产阶级作为独立的政治力量登上政治舞台,东方被压迫民族的反帝反殖斗争成为世界革命运动的重要组成部分。在第三国际的领导下,中国的资产阶级革命运动与周边国家的民族独立运动互相支持,互相帮助,构成中国与周边国家关系的一个重要特征。如中国的五四运动、五卅运动、北伐战争、土地革命、抗日战争等都得到了周边国家的共产主义者、民族主义者的热情支持和欢呼,无数周边国家的革命者参加了中国革命的行列,为中国人民的民族解放事业奋勇奋斗,甚至献出了自己宝贵的生命。中国人民也以各种方式支持和帮助周边国家的民族解放运动,从资产阶级维新派康有为、梁启超、资产阶级革命派孙中山、蒋介石到无产阶级革命派毛泽东、李大钊等,都对周边国家的民族解放运动倾注了满腔的热情与关注,印度、朝鲜、越南、菲律宾、缅甸等国的民族独立运动都曾得到中国朝野的支持和帮助。

第一次世界大战的结局大大削弱了列强在华势力,列强各国再也无法形成统一的对华政策,北京公使团的"太上皇"风光一去不再复还。在威尔逊主义的指导下,巴黎—华盛顿会议为中国拓展外交提供了活动舞台,国际联盟也成为中国改变国际地位的重要活动场所。中国向"两会"及国联提出了全面修改与各国签订的不平等条约的要求,并促使华盛顿会议讨论了若干问题,形成了对于中国较前有利的结果。北京政府的"修约外交"、广州、武汉政府的"革命外交"、南京国民政府的"改订新约外交"等,以不同的方式推进了修改不平等条约运动,使中国与周边国家的关系发生了某些变化。苏俄三次对华宣言的发表、《中俄解决悬案大纲协定》的签署以及中苏大使级外交关系的建立,废除了中俄间一切不平等条约,不仅将列强对华不平等体系撕开了一个缺口,而且使中国与北方强邻苏联建立平等关系。中国关税自主的实现,也使中国与周边国家的关系发生了有利于中国的某些变化。

第二次世界大战期间,由于中国成为世界反法西斯阵营的重要成员,也是对日本法西斯最早抵抗、坚持时间最长、作出牺牲和贡献最大的国家,给中国改变国际地位创造了条件,中国不仅被承认为"四强"之一,成为联合国的发起国和常任理事国之一,而且也使中国的周边环境发生了重要的变化,使中国的周边外交取得了重大进展。

首先,中国人民经过 14 年艰苦卓绝的对日抗战,终于击败了近代以来对中国威胁最大的敌国日本。中国由此而废除了中日间签署的一切不平等条约,将日本法西斯苦心经营数十年的侵略势力全部从中国领土上驱逐出去,在中国各地的日本战俘和侨民近 300 万人被全部遣送归国,收复了中国的失地东北四省,台湾及澎湖列岛,解除了中国周边最大的威胁。同时,还确定了朝鲜的独立地位,清除了日本在东南亚等中国其他周边国家的势力范围,这一历史性的胜利,使中国的周边环境发生了有利于中国的重大变化。

其次,作为联合国盟军的重要成员,中国积极承担大国责任,支持周边国家的抗日反帝斗争和民族独立运动,为亚洲反殖民主义事业作出了具有世界意义的历史贡献。中国远征军和驻印军先后两次入缅作战,与日本法西斯军队开展殊死决战,不仅为保卫缅甸,重开滇缅公路,击败日本军队作出了重要的贡献,而且扩大了中国在缅甸的政治影响,对于缅甸战后的独立起了积极的作用。战后,中国受降军又根据盟军总部的命令,进入越南北纬 17 度线以北地区接受日本军队投降,不仅挫败了法国殖民者为重返越南而制造的金融风波和军事挑衅,顺利完成了受降使命,而且通过签署《中法协定》,确保了中国关于在越华侨待遇、越南过境国际通运以及滇越铁路的重要权益。中国军队的三度出国作战和执行任务,使饱受欺负和屈辱的中国人扬眉吐气,大振国威,开创了中国近代史上的开天辟地之壮举,在近代中国与周边国家关系史上谱写了闪光的篇章。

第三,中国与英、美签署了平等新约,随后,巴西、比利时、挪威、加拿大、瑞典、荷兰、法国、瑞士、丹麦、葡萄牙等在华享有特权的国家相继全部与中国签订新约,百年来中国的废除不平等条约运动由此而告完成。虽然这些签约国并非都与中国的周边外交有关,但他们放弃了在中国的驻兵权、势力范围、租界、租借地等直接影响中国周边外交的特权(当然也还遗留香港、澳门等问题未解决）。更加重要的是，中美、中英等新约的签订标志着中国与各世界大国建立了国际法意义上的平等关系，不仅振奋了中国人民的抗日斗志，加快了世界反法西斯战争的进程，而且提升了中国的国际地位，使中国能在一个更高的、更平等的层次上与相关各国公正处理周边外交问题。

第四，中国加大了援助周边弱小民族开展独立运动的力度，努力争取成为亚洲被压迫民族的领袖国家。第二次世界大战期间，亚洲地区各被压迫民族积极参加反法西斯战争，同时也为争取自身的民族独立和复国进行了英勇的斗争，中国朝野以各种形式积极支持这些民族的独立运动，重庆和延安都成为战时亚洲各民族开展独立复国运动的领导中心。印度、朝鲜、越南、菲律宾、缅甸等地的独立复国运动在战时都有相当的规模和声势，并且与中国国共两党发生了密切的关系。中国国民党除由外交部处理与中国的正式外交关系的国家的外交事务外，决定由中国国民党中央秘书处接洽与办理尚未恢复独立国家的民族独立运动的援助事宜，从政治上、军事上、经济上给予各弱小民族独立运动以各种形式的支持和帮助。中国共产党亦同样重视对于周边弱小民族独立运动的联系与支持，曾在延安举行东方各民族反法西斯代表大会，成立东方各民族反法西斯大同盟，领导和支持各民族的独立复国斗争。1942年初，中共中央设立海外工作委员会，不仅号召海外侨胞支持和帮助东南亚周边国家的反法西斯战争，而且领导各地侨胞开展敌后游击战争，直接参加当地的反法西斯战争。[1] 1943年11月，中国在开罗会议上极力支持要充分考虑弱小国家和被压迫民族的愿望，适时给予南亚、东南亚和东北亚殖民地国家以独立地位，促使开罗会议明确宣布战后朝鲜独立的国际法地位。战争结束时，中国周边一大批殖民地国家走上的道路。中国支持周边弱小民族独立运动的重要历史，构成战时中国与周边国家关系的重要内容，而且对日后中国与这些国家的外交关系产生了重要的影响。

第五，中国抗日战争的伟大胜利，彰显了中国人民与世界人民在世界反法西斯斗争中的合作与友谊。世界反法西斯战争是各国爱好和平人民共同的伟大事业。中国抗战得到了全世界人民，当然也包括周边国家人

---

[1]　黄小坚等：《海外侨胞与抗日战争》，北京出版社1995年版，第330页。

民的宝贵支持。苏联曾给予中国抗战大量的战争贷款和军火支持,苏联军事顾问团和志愿航空队直接参加了中国抗战,血洒中国长空。印度柯棣华大夫率领医疗队来到中国战场,实行救死扶伤。朝鲜义勇队和韩国光复军在中国战场诞生,与中国军民并肩作战,成为参加中国抗战的国际纵队。越南抗日反法志士长期在中越边境从事抗日独立斗争。日本在华反战同盟等也加入了中国人民反抗日本侵略者的战斗行列,他们都为夺取中国抗日战争的胜利作出了无私的贡献。中国与周边国家人民在战争中结成的战斗友谊,将成为人类社会和平发展的共同精神财富和推进周边合作的政治资源,也将成为中国在新的历史时期建设合作共赢的"亚洲命运共同体"的巨大动力。

第六,中国抗战的胜利改变了战前国际体系和政治力量对比,对形成以联合国为主体的战后国际新秩序包括亚洲新秩序起了无可取代的作用。九一八事变后,面对日本侵略中国东北,中国政府曾经实行"依赖国联主持公道"的外交新方针,遭到彻底失败,使中国对第一次世界大战后建立的国联机制的无能和无效有了深切的认识和体验。太平洋战争期间,中国是最早批评国联机制失效,提出重建世界秩序构想和联合国组织主张的国家。1942 年,中国提出构建未来国际组织的设想,并签署《联合国家宣言》、《中美英苏四强宣言》,后参加开罗会议、联合国筹备会议,积极参加战后世界秩序的重塑,与美、英、苏等国共同创建联合国。中国用巨大的民族牺牲为战争胜利作出了伟大贡献,奠定了作为联合国安理会常任理事国的大国地位。中国周边的列强殖民地体系由此彻底崩溃,形成了中国周边民族独立国家体系的新秩序。①

第四节　冷战时代的开始与中国周边外交②

世界反法西斯战争的胜利和美苏冷战的开始,使中国实施周边外交政策的内外环境发生了重大的变化。

由于第二次世界大战使日本战败,在华占有重要权益的英、法等国实

---

① 参见石源华:《抗战深刻影响战后国际秩序》,《中国社会科学报》2015 年 7 月 7 日。
② 本节内容参见石源华:《论战后国民政府的周边外交政策》,中国社会科学院近代史研究所编:《划时代的历史转折——"1949 年的中国"国际学术会议论文集》,第 446—465 页。

力大降,远东殖民体系瓦解,晚清以来形成的列强包围、鲸吞、瓜分中国的格局结束,给中国实施周边外交造成前所未有的有利局面,也为亚洲被压迫民族的独立事业创造了空前有利的条件。他们积极参加世界反法西斯战争,不仅为夺取战争的最后胜利作出了巨大的贡献,而且也改变了自身的阶级结构和社会结构,教育和提高了人民的民族觉悟,为驱除殖民统治者、实现民族独立准备了必要的条件。世界的新霸主美国正打着反对殖民主义的旗帜,排斥英、法、荷等在亚洲的殖民势力,而战后以苏联为首的社会主义阵营的出现以及它们所进行的反帝反殖斗争,鼓舞了亚洲被压迫民族解放运动的高涨。在这样的历史背景下,朝鲜、越南、缅甸、菲律宾、印尼、印度等中国周边殖民地半殖民地国家经过艰苦的斗争先后取得独立,或正在开展独立复国运动,战后在美军占领下的琉球也出现了要求独立和回归中国的运动。中国与这些新独立或正在争取独立国家间的外交交涉和活动,构成战后国民政府周边外交的重要特色。

美、英、苏根据各自的战略构想形成的远东雅尔塔体系,标志着美国在亚洲和中国的势力占据了主导的地位。随着美、苏冷战格局的形成和发展,美、苏对峙成为支配远东战略格局的主要因素。中国尽管取得了"四强"名号,却被置于远东问题的决策程序之外,不仅没有以战胜国的地位得到应有的补偿,而且还蒙受了重大的权益损失。此种状况也影响和制约着中国周边外交的制订和实施。中国国民政府曾经试图超越美苏之冲突,推行独立的周边外交政策,结果却仍不可避免地沦为美国远东政策的附庸。

抗日战争结束后,中国国内阶级矛盾随之上升至主要地位,国民政府与执行扶蒋反共政策的美国政府联合,采取各种手段,抢夺抗战胜利果实,导致国共内战的发生和升级。国民政府始终将对付共产党放在首位,导致该政府不能以全力处理周边外交问题。战后中国国民政府的周边外交政策受到国内政治的严重制约,国民党当局为了在内战中集中兵力击败中国共产党,其周边外交政策在政治上屈从远东雅尔塔体系,在全球战略上追随美国政府,尤其是在美、苏矛盾尖锐化后,更是成为美国在远东的主要盟友和推行反苏反共战略的工具。尽管它在主观上也想支持和帮助周边新独立的国家而提升中国在亚洲国家中的地位与威望,但在实际施行时却是尽力避免军事力量的分散,能不出兵者尽量不出兵,能避免冲突者尽量避免冲突,能撤兵者尽快撤兵,以致失去了出兵日本、惩处战争罪犯、索取赔款等的有利时机,放弃了收复香港、澳门,争取琉球独立或回归中国等中国经过努力有可能实现的外交目标,未能尽到支持印度支那和朝鲜人民早日独立等应尽的国际义务。对于战后亚洲邻邦国出现的排华风潮虽也进行了若干交涉,却显得苍白无力,没有尽到保护侨胞的政府责任。随着国民政府在内战中节节败退,其对于周边国家的政治影响力和威望也呈江河日下之势。

战后国民政府的周边外交政策综合反映了各种因素之影响与制约,蒋介石后来曾在《苏俄在中国》一书中作了概括,其要点是:

一、应以维持正义的立场,为联合国忠实的支持者;

二、对日本不采取报复主义,应以宽大政策为促进对日和约而努力;

三、力谋与苏俄和平共存之道;

四、依照开罗会议宣言,努力助成韩国的独立与统一,以保障东亚的和平和安全;

五、希望泰国恢复战前固有的独立平等地位;

六、为尊重盟邦主权,恪守国际信义,我远征军在缅甸战场的任务一经完成,立即撤回本国;

七、派遣军队入越南接受北纬16度以北地区之日军投降,对越南没有领土和其它要求,唯望其民族自治和独立,一俟受降完成,地方秩序安定以后,所有国军全部撤回本国;

八、对于划入中国战场之香港,不愿借招降为机会,忽视国际的合作,因此不派兵接收香港。[①]

中国国民政府依据中国周边五种不同类型的国家,即同盟国、战败国、新独立国家、原有独立国、正在争取独立国家,实施了不同的外交政策。

苏联是中国的战时盟国。战后,中国国民政府的对苏政策,蒋介石曾概括为"力谋与苏联和平共存之道",即避免与苏联发生冲突,防止苏联

---

① 蒋介石:《苏俄在中国——中国与俄共三十年经历纪要》,台北中央文物供应社1956年版,第134—135页。

支持中国共产党，以便集中力量解决国内所谓的"共产党问题"。在中国国共内战全面爆发前，中苏交涉主要集中在苏军从东北撤军、苏军拆迁东北工业设备、中苏东北经济合作等问题上。中国国民政府对于美苏在远东的冲突，一方面取"与美方密切合作"的态度，另一方面又企图"保持超越立场，作为美苏桥梁，乃至运用两者关系"。① 国共全面内战爆发后，国民政府完全倒向美国，并在对美外交中玩弄"苏联牌"，"以苏压美"，诱使美国政府重视和提升国民政府在美苏冷战中的战略地位，以获取更多的美国军事和经济援助。1946 年 2 月和 5 月，蒋介石先后两次拒绝斯大林邀请他访问莫斯科或在中苏边境适当地点会面的建议，以讨好美国，诱使美国重视和提升国民政府在美苏冷战中的战略地位。1948 年底和 1949 年初，国共两党进行了具有深远意义的辽沈、平津、淮海三大战役，双方力量对比发生了很大的变化，国民政府已处于覆灭的前夕，国民党高层更提升了反苏宣传，宣扬中共在内战中的胜利，就是苏联对美国的胜利。认为这种形势继续发展，终将导致美苏间的原子弹战争，中国内战可从"国际"中寻找出路。② 国民政府虽与苏联维持着外交关系，但双方环绕着"张莘夫事件"、"中长路问题"、"旅大问题"、"外蒙古问题"、"新疆问题"等冲突频起，关系日益紧张。③ 中苏间的"和平共存"已成为一种形式，国民政府实际上已将苏联视为战略上的敌国。随着国民政府败迹的明显及其反苏论调的升级，苏联政府对于国民政府所提出的种种交涉、抗议，逐渐采取沉默或蔑视的态度，并将其对华交涉的重点移向中国共产党，以实现对华关系的"转轨"。

中国国民政府对战败国日本的政策可以用"以德报怨"来概括。蒋介石企图运用所谓"不念旧恶"的东方道义，争取 120 万日本投降军队帮助其实现战后国内的政治目标，这一战略企图对国民政府的对日方针产生了重要的影响。中国主动放弃了驻兵日本的权力，是战后中国在外交上最为重大的失误；在日本天皇制存废问题上，中国官方主张废除天皇制而保留天皇，认为天皇对于稳定日本国内政局，防止"共产主义侵蚀"，极为有效，该主张得到美国支持，日本天皇得以保留，为战后日本的民主化

① 《国民政府府军字第 97 号代电》，台北"国史馆"藏。
② 石源华：《中华民国外交史》，第 691、737 页。
③ 《人民日报》1950 年 2 月 17 日。

建设留下了遗憾。在战争赔款问题上,中国官方虽然作了多方努力,曾向远东委员会提出种种要求,终因各国利害不同,争执不一,特别是美国对日政策的变化和苏联坚持日本在东北的产业为其战利品,而使中国的主张无一实现。① 在对日管制问题上,中国代表积极参加了远东委员会和盟国管制委员会的工作,对于实现日本的"非军事化"和"民主化"起了一定的作用。随着美苏冷战的加剧和中国国内战局的变化,美国政府改而执行扶植日本在远东抗衡苏联的政策,国民政府虽也批评和反对美国的扶日政策,但这种批评交涉既无军事占领为支撑,又无政治实力为依托,非常软弱无力。随着国民政府在内战中进一步失败和对美国政府援助的依赖日益加剧,最终在对日政策上也成为美国远东政策的附庸。

中国国民政府出于支持亚洲兄弟民族争取独立地位的一贯立场,以及提升自身在亚洲事务中的发言权和政治地位,争取周边安全环境,以利于解决国内问题的战略需要等方面考虑,对于周边新独立国家印度、韩国、缅甸、菲律宾采取了支持和扶助的政策,对于这些国家的独立建国起了相当积极的作用。同时,也根据《中苏友好同盟条约》的有关规定,承认外蒙古举行公民投票宣布独立。中国与周边新独立国家的关系总体上是友好的,但也因历史或种族的原因而出现一些新问题。如中蒙北塔山边境冲突、中印西藏问题交涉、中菲排华问题交涉等,国民政府在处理这些问题时,做了一些工作,表明了中国方面的原则立场,但成效不明显,使这些问题成为历史悬案,留给了后人。随着美、苏冷战的升级,分崩离析的中国国民政府还试图与积极追随美国的韩国、菲律宾政府,建立"太平洋反共联盟"。这一反共外交努力虽以失败而告终,但无疑是朝鲜战争爆发后形成的亚洲对华反共包围圈的最初设想。

中国国民政府对于亚洲原已存在的独立国泰国和尼泊尔也奉行和平友好的外交政策。中国与泰国签署了《中泰友好条约》,奠定了两国友好相处的基本原则,在两国政府的努力下,一度出现的泰国排华风潮得以缓和,两国的贸易关系有所发展,这在近代中泰关系史上是前所未有的。尼泊尔是南亚文明古国,长期以来与中国保持友好关系。1945 年 11 月,尼

---

① 中国实际得到的战争赔偿除合法没收中国境内的日本公私产业外,只得到极小部分先期拆迁设备,价值 2207 万美元,另有 18 艘日本军舰。参见中国驻日代表团日本赔偿及归还物接收委员会编:《在日办理赔偿归还工作综述》,1949 年刊印。

泊尔由伯达尔塞尔任总理,次年11月,国民政府派遣特例赴尼,赠其大绥宝鼎勋章及陆军上将衔,尼泊尔还赠廓尔喀右手勋章给中国庆贺特使,标志着中国和尼泊尔的传统友谊得到了进一步的巩固和发展。

中国与正在争取独立的越南的关系有些特殊。战时中国官方曾积极支持越南各党派争取独立复国的斗争。日本投降后,根据盟军统帅部第一号命令,中国派遣陆军第一方面军进入越南,接受北纬16度以北日军投降,既未将法国人祝为交涉对象,也未考虑将越南交回法国,这给中国支持和帮助越南独立的良好机会。但很快中国受同盟国对法越方针的影响,也与中国国民政府集中力量打内战的政策有关。国民政府改而实行同盟国让法国重返印度支那的方针,放弃了支持越南独立的立场。1946年2月,中法达成协议,赴越接受日本军队投降的中国军队自3月撤退,由法国军队接防,恢复其对越南的殖民统治。旋即越南人民的抗法战争爆发,国民政府却将从越南撤退的军队直接调往中国东北内战前线,对于越南独立运动采取置身事外的立场。

除此以外,中国还在南洋各地恢复设置领事馆,包括新加坡、巴达维亚、爪哇的总领事馆,槟榔屿、吉隆坡的领事馆,并派遣荷印宣慰专使赴南洋洋各地活动,行程万里,增强了太平洋战争后与祖国失去联系的华侨与祖国间的联系,并围绕着战后南洋各地出现的排华风潮,进行了一系列保护侨胞利益的外交活动,扩大了中国在这一地区的政治影响力。

战后中国国民政府的周边外交政策是在战后美苏冷战和中国国共内战的大背景下形成的,同时也是近代以来中国与周边国家关系发展的结果。这些政策的实施及其结果,对于新中国周边环境的形成和亚洲政策的制订具有深刻的影响。新成立的中华人民共和国政府与退居台湾的国民党当局分属于当时存在的美苏两个不同的阵营,两方对于周边国家的外交政策是有原则区别的,但也不可避免地存在某种历史的延续性。加强对于近代中国与周边国家关系史,尤其是近代中国历届政府的周边外交政策研究,对于理解新中国周边外交格局的形成、亚洲外交政策的实施以及中国与周边国家间若干历史问题的处理都具有重要的意义。

第二章　中国与俄罗斯(苏联)的关系

第一节　大中华帝国体系的最先挑战者

统一的俄罗斯国家形成于 15 世纪末 16 世纪初。瓦西里三世执政时,俄国的疆域"北达白海,南至奥卡河,西及德聂伯尔河上游,东抵北乌拉尔山的支脉",总面积约 280 万平方公里。① 其东南方向是喀山汗国,正东和东北方向是西伯利亚汗国。1598 年,俄军灭亡西伯利亚汗国,向贝加尔湖地区和黑龙江流域扩展势力。

贝加尔湖地区本属中国管辖,贝加尔湖在中国史书中称为"北海",贝加尔湖便由北海一词转音而来。俄国在进占叶尼塞河以后,便不断派军队南下侵占贝加尔地区。1654 年,俄国在尼布楚河口建立了尼布楚城(涅尔琴斯克),并不顾清政府的抗议,公然由西伯利亚衙门任命阿法纳西·帕什科夫为"达斡尔地区"军政长官,指派他管辖中国的达斡尔地区和黑龙江。② 叶尼塞河上游和贝加尔湖地区被俄国侵占后,中国蒙古和黑龙江流域的广大地区,成为俄国继续侵略的目标。在 17 世纪上半叶,他们不断派人侵入贝加尔湖以东地区,对该地区的蒙古诸部落威胁利诱,试图使该地区脱离中国而归顺沙皇,但没有成功。

俄国对黑龙江的了解要晚于对蒙古的了解。黑龙江流域土地广袤、物产丰饶的传说刺激着俄国人的贪欲。从 1638 年起,俄国统治者开始不断派人前往打探。1643 年 11 月初,瓦西里·波雅尔科夫率领的 90 人队

---

① 黄定天:《东北亚国际关系史》,黑龙江教育出版社 1999 版,第 3 页。
② [苏]苏联科学院远东研究所:《十七世纪俄中关系》第 1 卷第 2 册,商务印书馆 1978 年版,第 290 页。

伍翻过外兴安岭到达精奇里江的支流勃艮塔河,进入中国土地,1645 年返回。1649 年底,哈巴罗夫率队东进,1650 年,侵入乌尔喀河口以下黑龙江沿岸一带,占领了达斡尔人的雅克萨城。1651 年,侵入乌苏里江以下600 里的黑龙江左岸赫哲人居住的乌扎拉村。村民一边反抗,一边派人向清朝政府驻宁古塔章京海色求援。1652 年 4 月,海色奉命率领清军600 人向盘踞在乌扎拉村的俄军发动进攻,由于海色过于轻敌而招致失败。乌扎拉村战斗是中俄两国军队第一次交战,虽遭失败,但使俄国殖民者看到了中国军民抵抗外来侵略的决心和力量。沙俄侵略者并不死心,又任命哈巴罗夫的部下斯捷潘诺夫为“大阿穆尔—新达斡尔地方长官”,令其在黑龙江地区筹备 3000 人两年的口粮,并设法在黑龙江沿岸的精奇里江口、雅克萨和额尔古纳河口修建城堡。

在乌扎拉村战斗后,清朝政府认识到骚扰东北边疆的并非打家劫舍的零星强盗,而是装备精良、旨在侵吞中国边地的俄国远征军,为此,在宁古塔设置昂邦章京,任命沙尔虎达为首位昂邦章京,组建了一支 700 人的抗俄队伍。1654 年,该部首次遭遇斯捷潘诺夫匪帮,并予俄军以重创。1658 年,两军主力再次遭遇,俄军大败,斯捷潘诺夫毙命。1659 年,沙尔虎达去世,其子巴海继任宁古塔昂邦章京。次年,巴海率军挺进黑龙江下游,彻底扫荡俄军残余。自 1649 年到 1658 年的 10 年间,先后入侵黑龙江的 1500 余名俄国哥萨克被全部剪除。

明末清初,沙俄政府屡屡派人与中国蒙古各部落进行接触,试图策动蒙古诸部脱离中国统治。同时,不断派人进入中国,试图与中国建立联系。1618 年 9 月,伊凡·彼特林受沙皇米哈伊尔·费奥多罗维奇的派遣,出使中国,到达北京。彼特林在北京仅仅逗留了四天,然后即携带中国地图一幅和中国大明皇帝致俄国沙皇的国书返回俄国。[①] 这是有史记载的中俄两国第一次正式使节往来。

1654 年 2 月,沙皇阿历克塞·米哈伊洛维奇派遣费多尔·伊萨利维奇·巴依科夫出使北京。1656 年 3 月,巴依科夫使团到达北京。他在北京逗留半年,却未能见到中国皇帝,原因有二:第一,清政府对俄国印象不佳。就在巴依科夫使团在京表示愿意与清朝建立外交关系之时,以哈巴

---

① ［苏］苏联科学院远东研究所:《十七世纪俄中关系》第 1 卷第 1 册,第 72—78 页。

罗夫—斯捷潘诺夫为首的哥萨克匪帮却在我国领土黑龙江流域大肆侵扰。正如苏联学者雅科夫列娃所说:"俄罗斯访问中国的使团失败的主要原因,在于在阿穆尔河所形成的某种政治局面,这种政治局面引起了清帝国和沙皇政府的竞争。"①第二,清朝皇帝以"天下共主"自居,视其他国家和民族为"夷狄之邦"。巴依科夫不肯按照中国的传统礼仪向中国皇帝行跪拜礼,又严守沙皇的训令不肯将国书交给清朝大臣转呈。结果连国书也没能递交,礼品被退回。

1673 年,沙俄政府决定再次向中国派遣外交使团。经过两年准备,1675 年 3 月,尼古拉·加弗里罗维奇·斯帕法里率领 150 人的庞大使团出使中国,1676 年 6 月抵达北京。斯帕法里递交了国书,受到康熙皇帝的接见。但在会谈中清政府要求俄军停止在黑龙江流域的侵扰,并把此前叛逃的鄂温克王公根特木尔引渡回中国,俄国使节避而不谈此事,提出释放战俘和建立经济贸易关系。会谈没有取得成果。9 月,斯帕法里离开北京回国。斯帕法里出访北京的目的虽未达到,但对中国的城乡概貌、经济、地理、民俗、商业、军事等作了综合性的实地考察,掌握了宝贵的资料。这些资料为后来俄国对中国的进一步入侵提供了帮助。

俄国哥萨克早期对中国东北地区的侵略主要有两条路线。一条路是从雅库茨克出发,越过外兴安岭向南推进。另一条路是以叶尼塞斯克为基地,逐步向东南方向渗透,即"在外贝加尔建立堡垒","然后逐步地向黑龙江地区扩张势力"。②清朝政府对俄国扩张野心的估计并不充分,在剪除了斯捷潘诺夫匪帮的势力之后,清军便从沿江一带撤出,忽视了东北边疆的防务。俄军乘机从叶尼塞斯克向南推进,沿途建立了楚库柏兴、尼布楚、雅克萨等侵略据点。

尼布楚原为中国蒙古族茂明安部落的居住地。1653—1654 年,俄军开始在此修建城堡。1658 年,达斡尔地区俄督军阿法纳西·帕什科夫亲自率领军队在此建筑涅尔琴斯克堡,实行军事占领。尼布楚成为俄国在黑龙江中下游进行殖民扩张的中心。雅克萨原是达斡尔头人阿尔巴西的居住地。1650 年,被哈巴罗夫占领,后来哈巴罗夫及斯捷潘诺夫的势力

---

① [苏]雅科夫列娃:《1689 年第一个俄中条约》,商务印书馆 1973 版,第 99 页。
② 黄定天:《东北亚国际关系史》,第 30 页。

被清军消灭,此处成为一座空城。1665 年,俄籍波兰人切尔尼戈夫斯基因为发动叛乱和抢劫国库受到俄国政府通缉,他纠集 84 名同党逃窜到黑龙江下游,来到阿尔巴津堡塞的废墟(雅克萨旧址),重建城堡。1666 年,投靠尼布楚。1672 年,因为重占雅克萨有功而被特赦,被任命为阿尔巴津总管。1674 年,俄国政府正式把雅克萨划归尼布楚辖区。1676 年,俄国政府又把尼布楚升格为督军区,俄国军队以尼布楚和雅克萨为中心不断地向中国纵深方向发展。

1671 年和 1682 年,康熙皇帝两次亲临东北巡视,并派副都统郎谈赴雅克萨实地考察。1683 年,郎谈回到北京,上报康熙:"攻取罗刹甚易,发兵三千足矣"。这坚定了康熙以武力驱逐俄军的决心。1683 年夏,清军将领萨布素率领 1000 余名士兵,溯黑龙江而上。1685 年 6 月,兵临雅克萨城下,经过激烈的战斗,俄军投降,清军放火烧毁雅克萨,退回瑷珲。然而不久,俄军又卷土重来,重新占领雅克萨。1686 年,清军从瑷珲出发再次开赴雅克萨。俄军凭借城堡坚固,固守不出,清军对雅克萨展开了长期的围困。雅克萨危如累卵。

两次雅克萨之战,使得俄国政府认识到用武力侵占黑龙江地区已不可能实现,转而要求与清政府举行边界谈判。得到此消息,清朝军队撤除围困,准备与俄国进行谈判。早在清军开赴雅克萨之前,康熙皇帝就直接致信沙皇,表示愿意和平解决边界争端。1686 年,沙皇任命宫廷内务官费多尔·阿列克谢耶维奇·戈洛文为全权大使,率团赴尼布楚就边界问题与中国进行谈判。1688 年,清朝政府也派出了阵容强大的谈判代表团。这是清朝开国以来第一次正式派出有权签约的使团,领侍卫内大臣索额图为谈判首席代表,葡萄牙传教士徐日升和法国传教士张诚担任译员。1689 年 8 月 22 日,筹备三年之久,历经曲折的中俄谈判终于在距尼布楚城 200 俄丈的帐篷中举行。

9 月 7 日,经过艰苦谈判,签订《中俄尼布楚条约》,共六款,包括中俄东段边界的划分、越界侵略和逃人的处理、中俄贸易往来的规定等。关于边界的划定,条约规定清政府将尼布楚周围及其以西原来属于中国的领土让给俄国,外兴安岭和乌第河之间的地区暂时搁置,留待以后再议。中国在领土问题上作出了重大的让步,但促使俄国撤出了长期霸占的雅克萨,承认黑龙江流域和乌苏里江流域是中国的领土,制止了沙俄对于黑龙江流域的进一步侵略。① 条约签订后,清政府准备全力对付蒙古准噶尔部叛乱,集中精力进行国内的统一战争。

《中俄尼布楚条约》签订后,清政府在条约规定的边界线以及黑龙江下游、乌苏里江以东的广大边境地区增设了一些城防驿站,进行有效管辖。由于清政府信守条约的规定,俄国又忙于欧洲的争斗,无力向东扩张,使得中俄东段边界地区保持了一个半世纪的和平与安宁。

第二节　晚清政府的对俄外交

19 世纪中叶,以英国为首的资本主义列强在 20 年里对中国连续发动了两次鸦片战争,急剧地改变了中国历史发展的方向和进程。清王朝在中国统治 200 多年后,进入了"垂暮之年"。第一次鸦片战争后,外国势力的影响还仅限于关内沿海各地,第二次鸦片战争后中国关外也被拖入了世界资本主义市场,逐步成为资本主义国家倾销商品和掠夺原料的半殖民地。更为严重的是,在此期间,俄国利用中国的内忧外患,趁火打劫,迫使清政府签订了《中俄瑷珲条约》和《中俄北京条约》,中国丧失领土之大,受害之深,在近代国际关系史上是罕见的。

18 世纪末至 19 世纪中叶,俄国农奴制逐步解体,资本主义迅速发展,但其实力比之英、法等列强国家仍相差甚远,无法与英、法在远东竞争。于是,俄国别出蹊径,充分利用与中国接壤的地理优势,疯狂吞噬垂涎已久的中国东北土地。早在 1825 年,沙皇尼古拉一世上台伊始,就多次派出各种名目的考察队,潜入黑龙江流域搜集情报,占领据点,并任命"沙皇远征政策的积极推行者"——图拉省省长穆拉维约夫为东西伯利亚总督。② 1848 年 3 月,穆拉维约夫赴西伯利亚履新,把吞并黑龙江地区作为"在西伯利亚活动中高于一切的中心任务"。

1849—1850 年,穆拉维约夫连续上书沙皇,系统阐述了俄国"必须占据阿穆尔河口和河口对面的萨哈林岛(与河相对部分)及阿穆尔左岸之理由"。③ 提出要利用中国皇权更替、英国从南方入侵之机,夺取中国黑

---

① 李斋芳:《中俄关系史》,台北联经出版事业公司 2000 年版,第 54—57 页。
② 黄定天:《东北亚国际关系史》,第 116 页。
③ [俄]巴尔苏科夫:《穆拉维约夫——阿穆尔斯基伯爵》第 2 卷,商务印书馆 1974 年版,第 46 页。

龙江流域的大片土地,与英国争夺势力范围。1850 年 7 月,他支持俄国海军军官涅维尔斯科伊率舰侵入黑龙江口。8 月,非法占领黑龙江口附近的庙街,以沙皇的名字将庙街改称为尼古拉耶夫斯克。①

为了彻底吞并黑龙江地区,穆拉维约夫做了大量的准备。第一、他在伊尔库茨克建立了中俄关系的档案馆和陈列馆,组建皇家地理学会西伯利亚分会,尽可能多地为占领黑龙江地区提供情报和资料依据。第二、积极筹措经费,他不顾西伯利亚连年荒歉,竭力压低粮食收购价格,筹集军粮和经费。第三、组建庞大的地方军,在不到一年的时间里,外贝加尔哥萨克军迅速扩充至 48169 人。② 此外,因为中国东北江河密布,海域辽阔,港口众多,他还组建了一支西伯利亚区舰队,并从欧洲调来两艘巡航战舰,加强该区舰队的实力。③

1853 年 10 月,克里米亚战争爆发,俄国不再顾忌英、法的干涉。1854 年 5 月 30 日,穆拉维约夫奉沙皇之命,率各种船筏 75 艘、士兵千余人,沿石勒喀河而下,侵入中国水域,并率队强行通过瑷珲,直奔下游海口而去,于 25 日到达阔吞屯。④ 清政府对俄国的入侵行为极为愤慨,但此时正值清政府在南方镇压太平天国吃紧之时,东北旗兵几乎悉数征调入关,无力抗击俄军的侵略。为避免南北两线作战,清政府下令瑷珲守军"不可肇衅,致生事端"。⑤ 继第一次强行闯入黑龙江地区成功之后,1855 年,沙俄军队又发动了第二次入侵,以"假道行兵"、"防堵英夷"为借口,大量向黑龙江地区运送哥萨克军队和军火,并乘机运送大批俄籍移民,在阔吞屯到庙街长达 300 多公里的地带建立了五个移民村。于是,在中国的黑龙江沿岸"出现了一个个的俄国村庄、粮食和国家物资仓库。"⑥1855 年夏,黑龙江下游大部分地区实际上已被俄国控制。

对于俄国的入侵,清朝政府不断提出抗议。1855 年 9 月 21 日,复派富尼扬阿前往阔吞屯与穆拉维约夫进行交涉。穆拉维约夫声称占领黑龙江下游和河口一带是为了防止敌人从海上袭击,"若非俄国采取防御措

---

① 黄定天:《东北亚国际关系史》,第 117 页。

② [俄]巴尔苏科夫:《穆拉维约夫——阿穆尔斯基伯爵》第 1 卷,第 296 页。

③ [俄]巴尔苏科夫:《穆拉维约夫——阿穆尔斯基伯爵》第 2 卷,第 56 页。

④ 《筹办夷务始末(咸丰朝)》第 8 卷,中华书局 1979 版,第 4 页。

⑤ 《筹办夷务始末(咸丰朝)》第 8 卷,第 6 页。

⑥ [俄]巴尔苏科夫:《穆拉维约夫——阿穆尔斯基伯爵》第 1 卷,第 436 页。

施,敌舰早已长驱直入,侵入贵国和我国的腹地了",并大力鼓吹阿穆尔河是两国之间的天然疆界,明火执仗地提出了领土要求。① 富尼扬阿断然拒绝,坚持《中俄尼布楚条约》所规定的划界条款,即中俄东界"自(外)兴安岭山梁至东海为界,山阳地面为中国所属,山阴地面俱系俄国所属",②谈判无果而终。

1856 年 3 月,俄国在克里米亚战争中失败,"失之东隅,收之桑榆",沙皇亚历山大二世下令"阿穆尔航行继续进行"。同年 10 月,第二次鸦片战争爆发,俄国认为时机已到,于 1857 年委派海军上将普提雅廷为专使,赴北京"办理两国交涉一切事件"。普提雅廷到京后,再次提出俄中两国"不能以兴安岭为两国边界,当以黑龙江为界,"③为清政府拒绝。清政府通知黑龙江地方当局:"如果该夷折回黑龙江,即着奕山据理拒绝,仍照前议。"④1858 年初,英、法侵占广州,再次逼迫清政府签订不平等条约,俄国决定抓住机会与中国方面进行谈判。5 月 22 日,穆拉维约夫来到海兰泡城与奕山谈判。穆拉维约夫声称"必须按阿穆尔和乌苏里江划定两国边界,因为这是两国之间最方便的天然疆界"。其理由是:"因为中英正在交战,英国很可能会公开露出他们占据阿穆尔河口和以南沿海地区的野心;只有我国根据所订条约声明上述地区系归我国所领有时,才能遏止英国的侵犯",强调这是"为了双方的利益"。⑤ 奕山"据理正言,与之辩论",指出:"两国分界,即以格尔毕齐河、(外)兴安岭为限,议定遵行,从无更改。今若照伊等所议,断难迁就允准,以全和好。"⑥双方针锋相对,唇枪舌剑,相持不下。26 日,穆拉维约夫提出最后通牒,并于当日夜间指挥部队炫耀武力,对奕山施加压力。从瑷珲隔江"瞭望夷船,火光明亮,枪炮声音不断……势在有意寻衅。"⑦27 日,奕山被迫接受要求。28日,《中俄瑷珲条约》签订。签字之前,奕山曾要求将条约文本送北京经清政府批准后再签字画押,但穆拉维约夫生怕变故,坚决不允,奕山只得

① [俄]巴尔苏科夫:《穆拉维约夫——阿穆尔斯基伯爵》第 2 卷,第 136—137 页。
② 《筹办夷务始末(咸丰朝)》第 12 卷,第 8 页。
③ 《筹办夷务始末(咸丰朝)》第 18 卷,第 33 页。
④ 《筹办夷务始末(咸丰朝)》第 20 卷,第 1 页。
⑤ 黄定天:《东北亚国际关系史》,第 122 页。
⑥ 《筹办夷务始末(咸丰朝)》第 25 卷,第 11—12 页。
⑦ 《筹办夷务始末(咸丰朝)》第 25 卷,第 13—14 页。

在条约上签字。

《中俄瑷珲条约》主要内容有两点:1.黑龙江、松花江左岸,由额尔古纳河至松花江海口,作为俄罗斯国所属之地;右岸顺江流至乌苏里河,作为大清国所属之地。由乌苏里河往彼至海所有之地,此地如同接连两国交界明定之间地方,作为大清国、俄罗斯国共管之地。黑龙江、松花江、乌苏里河,此后只准大清国、俄罗斯国行船,各别外国船只不准由此江、河行走。黑龙江左岸,由精奇里河以南,至豁尔莫勒津屯,原住之满洲人等,照旧准其各在所住屯中永远居住,仍着满洲国大臣官员管理,俄罗斯人等和好,不得侵犯。2.两国所属之人互相取和,乌苏里河、黑龙江、松花江居住两国所属之人,令其一同交易,官员等在两岸彼此照看两国贸易之人。①条约彻底推翻了《中俄尼布楚条约》的规定,沙俄从中国割取了黑龙江以北、外兴安岭以南的 60 多万平方公里的领土;乌苏里江以东约 40 万平方公里的土地划归中俄"共管",给中国造成了巨大的领土损失。

面对如此巨大的损失,清政府心有不甘,迟迟不肯批准这个条约,但又不敢宣布否认这个条约,只是把奕山革职了事。当时,太平天国在中原腹地使得清朝统治者狼狈不堪,英法联军又攻占了大沽口进抵天津,清政府内外交困,无力对付俄国。《瑷珲条约》签订半个月后,清政府分别与英国和法国签订了《天津条约》。俄使普提雅廷以"调停有功",也同清政府签订《中俄天津条约》,攫取了除赔款以外和英、法《天津条约》一样的特权。

1859 年 4 月,中俄互换《中俄天津条约》。俄国节外生枝,突然提出所谓《补续和约》,进一步向清政府讹诈领土,遭清政府驳回。随后,俄国政府派伊格纳切夫赴华,一是敦促清政府尽快批准《瑷珲条约》,二是进而要求"以乌苏里江为两国交界",将江东两国共管的土地据为己有。伊格纳切夫在北京迁延半年有余,未达目的。遂于 1860 年 5 月离开北京,前往英、法侵略军盘踞的上海。伊格纳切夫在上海向英、法军队提供了关于白河沿岸清军防务情报,以及俄国东正教传教士私自测绘的北京详图,并指明了城防的薄弱之处。10 月中旬,他乘英法联军攻陷塘沽和大沽,威逼北京,咸丰皇帝逃往热河,留下恭亲王奕䜣与英、法谈判之际,匆匆返

————————————

① 　步平等编著:《东北国际约章汇释(1689—1919)》,黑龙江人民出版社 1987 年版,第 55 页。

回北京。一方面伙同英、法向清政府施加压力,另一方面又以"调停人"的身份讨好清政府。中英、中法《北京条约》签订之后,伊格纳切夫成功地诱使清政府于1860年11月14日签订了《中俄续增条约》(亦称《中俄北京条约》)。条约规定:"此后两国东界,定为由什勒喀、额尔古纳河两河会处,即顺黑龙江下流至该江、乌苏里河会处,其北边地属俄罗斯,其南边地至乌苏里河口,所有地方属中国。自乌苏里河口而南,上至兴凯湖,两国以乌苏里及松阿察二河作为交界。其二河河东之地,属俄罗斯国,河西之地属中国。自松阿察河之源,两国交界逾兴凯湖直至白棱河,自白棱河口顺山岭至瑚布图河口,再从瑚布图河口顺珲春河和海中间之岭至图们江口,其东皆属俄罗斯国,其西皆属中国。两国交界与图们江之会处及该江口相距不过二十里。"①依据这个条约,俄国不仅迫使清政府接受了《瑷珲条约》的内容,而且将乌苏里江以东约40万平方公里的土地由两国共管变成了沙俄独占。这样,沙俄"从中国夺取了一块大小等于法、德两国面积的领土和一条同多瑙河一样长的河流。"②强占中国约100万平方公里的领土,黑龙江和乌苏里江两条中国内河变成了中俄之间的界河。随后,沙俄加剧了对于中国新疆地区的侵略和扩张。1864年,又以"勘界"为手段,割占了中国西部的大片土地,清政府共计丧失44万平方公里领土。③

在19世纪末的最后几十年里,俄国在东北亚的扩张放慢了脚步,一是新占领的大片领土需要开发和巩固,二是此时俄国的主要精力是在欧洲与英国和法国进行激烈的争斗。1885年之后,俄国与英、法的矛盾有所缓和,又开始把注意力转到了东北亚地区。

1891年,俄国开始修建西伯利亚铁路,遇到铁路如何穿过黑龙江流域的问题。中日甲午战争为俄国将该铁路直接穿过中国东北到达海边提供了机会。甲午战争后,日本从中国割让辽东半岛,对俄国在东北的势力构成了威胁,俄国联合法国和德国进行干涉,迫使日本把辽东半岛还给了中国。"干涉还辽"有功的俄国利用中国举借外债支付日本赔款之机,于

---

① 步平等编著:《东北国际约章汇释(1689—1919)》,第66页。

② 《马克思恩格斯选集》第2卷,人民出版社1972年版,第37页。

③ 复旦大学历史系编写组:《沙俄侵华史》,上海人民出版社1986年版,第159—175页。

1895 年 7 月 6 日,联合法国与清政府签订了为数 4 亿法郎的贷款合同。①
1895 年 12 月 5 日,俄国与法国成立了由法国资本支持、受俄国控制的华
俄道胜银行。这个银行除了加强俄国在华经济影响外,也是"为执行同
建成西伯利亚大铁路有密切关系的措施的有用的工具"。② 12 月 9 日,沙
皇批准了维特制定的关于铁路穿越中国东北北部的计划,并电令俄国驻
华公使喀西尼向清政府交涉。1896 年 4 月中下旬,喀西尼两次要求清政
府允许西伯利亚铁路通过中国东北,均遭清政府拒绝。恰值此时,作为清
廷参加俄皇加冕典礼特使的李鸿章抵达圣彼得堡。俄国遂利用清朝对日
本的恐惧和急于寻求外援的心情,以订立针对日本的中俄秘密同盟协定
为诱饵,兼使贿赂手段,使李鸿章最终同意沙俄借地筑路。1896 年 6 月 3
日,中俄在莫斯科秘密签订《御敌互相援助条约》,即所谓《中俄密约》。
条约规定日本如果进攻俄国远东或中国与朝鲜领土,缔约国双方"互相
援助";战时"中国所有口岸"对俄国军舰开放;为使俄国便于运输部队至
彼威胁地域,中国允许俄国越过黑龙江、吉林达海参崴建一条铁路,该路
的建造和经营由"华俄道胜银行承办"等。③ 1896 年 9 月 8 日,双方签订
《中俄合办东省铁路公司合同章程》。④ 根据另外签订的《中俄银行合
同》,中国政府以库平银 500 万两加入华俄道胜银行。然后,由该行组织
中国东省铁路公司,负责建造、管理东清(中东)铁路一切事宜。《章程》
规定自该公司路成运行之日起,以 80 年为限,铁路所得利益全归该公司;
80 年期满,所有铁路及铁路一切产业悉归中国政府,无须给价;又自开车
之日起,36 年后,中国政府有权给价收回。⑤ 1896 年 12 月 4 日,双方又签
订《东清铁路公司章程》,规定经过中国政府许可,公司可采掘与铁道有
关或无关之炭矿,经营中国之别项矿业及商、工业;公司委任警察部执行
保护铁道及附属地段内之安宁秩序,并得制定铁路警察规则。⑥ 这样,俄
国不仅获得在中国东北筑路占地的特权,还获得了在该路沿线采矿、经

---

① 王绳祖主编:《国际关系史》第 3 卷,世界知识出版社 1995 年版,第 224 页。

② 王绳祖主编:《国际关系史》第 3 卷,第 80 页。

③ 王铁崖主编:《中外旧约汇编》第 1 册,三联书店 1957 版,第 650 页。

④ 王铁崖主编:《中外旧约汇编》第 1 册,第 672—674 页。

⑤ 步平等编著:《东北国际约章汇释(1689—1919)》,第 130 页。

⑥ 王绳祖主编:《国际关系史》第 3 卷,第 226 页。

商、开厂和设置警察等特权。随着中东铁路的修建,俄国对中国东北的影响日益加深,进一步加剧了俄国与其他帝国主义国家的矛盾。

1899 年,中国山东境内出现义和团运动。清政府始则镇压,继以安抚,试图利用义和团的力量达到遏制帝国主义侵华的目的,这种行为引发了列强的危机感,最终出现了八国联军联合侵华的局面。俄国除参加八国联军攻掠北京之外,乘机独占了整个东北地区。1900 年 7 月,俄军 17 万人从东、北、西三个方向同时向中国东北发动进攻。10 月 6 日,三方军队在沈阳会师,东北三省主要城市都被俄国占领。11 月 26 日,俄军总司令阿列克谢耶夫逼迫被俄军拘禁的盛京将军增祺认可《奉天交地暂且章程》。主要内容是:奉天的清兵一律缴械、遣散,各种军械全部交俄军处理;奉天将军可设马、步巡捕,人数、武器另行酌定,俄军驻扎盛京等地;俄国在盛京设总管;营口等处由俄官"暂为经理"等。① 按照这个章程,盛京将军成了傀儡,东三省名存实亡。俄国《新时代》杂志狂妄地把东三省改称为"黄俄罗斯"。②《奉天交地暂且章程》签订后,俄国一直秘而不宣。1901 年 1 月 3 日,伦敦《泰晤士报》披露了章程内容,立即在列强中引起强烈反响。

在列强的强烈反对和干预下,沙俄不得已宣布该章程作废,转而同中国商定正约。1900 年 9 月 7 日,《辛丑条约》签订,俄国获赔偿最多。10 月 5 日,俄国在列强压力下,表示愿意把东北交还中国,分期撤走俄军。1902 年 4 月 8 日,中俄签订《交收东三省条约》,主要内容是:"自条约签订之日起,俄国分三期撤出东北,即最迟在 1903 年 10 月 8 日完全撤出;随着俄军撤出,中国军队逐渐进驻以至完全取代;俄国应交还新民—山海关,新民—营口的铁路。"③俄国被迫撤出东北,反映了他和其他帝国主义国家的矛盾和冲突,特别是与意在东北扩张势力的日本的利益冲突。

19 世纪 60 年代末,俄国在中亚的势力已扩展到帕米尔高原,不仅在阿富汗与英国发生了激烈的争夺,而且在中国的西北边陲与英国的扩张势力迎头相撞。第二次鸦片战争后,陕西、甘肃和新疆的回民爆发反对清政府统治的起义,先后在新疆地区建立了若干地方政权。他们拥兵割据,

① 王铁崖主编:《中外旧约章汇编》第 1 册,第 978—979 页。
② 王绳祖主编:《国际关系史》第 3 卷,第 295 页。
③ 步平等编著:《东北国际约章汇释(1689—1919)》,第 242 页。

相互攻杀,使得西北地区陷于动荡不定之中。这种混乱局面给沙俄与英国侵略新疆地区提供了可乘之机。1864年,南疆西部的喀什噶尔、叶尔羌、和田等地的封建主,展开了争夺该地区控制权的斗争。喀什噶尔的回教封建主金相印在久攻清兵据守的疏勒城不下之际,遣使向浩罕汗国求助。浩罕统治者派部将阿古柏率领军队入侵新疆。1865年1月,阿古柏越过边界,夺取喀什噶尔,兼并邻近的地区,公然称"汗"为王,盘踞南疆。阿古柏入侵新疆前,曾长年与俄军作战,他的浩罕背景和反俄倾向,使他的侵华行动一开始就受到英国的支持。在英国的支持下,阿古柏继攻占阿克苏、库车之后,又在1869年攻陷了库尔勒和喀喇沙尔,宣称他所控制的地区为"哲德沙尔汗国"(意为"七城之国")。1870年,阿古柏占领乌鲁木齐。1871年,又攻占吐鲁番。

沙俄为了阻遏阿古柏占据伊犁和英国在中亚势力的扩大,决定先发制人,攻占伊犁。1871年,俄国军队以"安靖边界"为名,侵入伊犁地区。俄国外交部照会清政府,声称俄占伊犁只是"代为克复"。① 俄国公使倭良嘎里还说:"本国愿将所得伊犁地面交还贵国,特须在其地安缉,并设官治理"。② 但实际上,沙俄撤销了清朝地方政府的一切机构,把伊犁全区划归阿拉木图巡抚管辖,妄想永远霸占。1872年5月,清政府派遣署理伊犁将军荣全前往新疆,交涉接收伊犁事宜。俄方代表坚持在清政府恢复对新疆的统治之前不能交还伊犁。同时提出重划边界、赔偿俄出兵新疆的"损失"等无理要求。于是,总理衙门转而在北京与俄国驻华公使谈判。俄国驻华公使也持同样的立场,要求先解决中俄边界等问题,再议交伊犁,即所谓"先议后交",企图以占领伊犁为手段,迫使清政府作出新的让步。清政府以"交还伊犁与商谈各事,皆目前应办之事",主张改"先交后议"为"边交边议"。③ 俄国驻华公使毫无诚意,仍然宣称俄国所为乃"权宜派兵驻守,候关内肃清,乌鲁木齐、玛纳斯各城克复之后,即当交还"。④ 俄国的真实想法是,当时清政府内外交困,无力消灭阿古柏等国内外武装势力,提出中国收复新疆,作为交还伊犁的前提条件,伊犁就可

① 《筹办夷务始末(同治朝)》第87卷,台北文海出版社1988年版,第6页。

② 《筹办夷务始末(同治朝)》第87卷,第14页。

③ 《筹办夷务始末(同治朝)》第87卷,第9—10页。

④ 王绳祖主编:《国际关系史》第3卷,第202页。

"永世不归还中国"。

历时近一年的中俄交收伊犁交涉和阿古柏在新疆的肆意横行,使清政府认识到新疆问题的解决和收回伊犁主权,"断非空言所能有济,必须中国兵力足以震慑,先发制人,方能操纵自如,杜其觊觎之渐","挽回大局"。① 1875 年 3 月 19 日,左宗棠受命为钦差大臣,督办新疆军务。1876 年 7 月 28 日,左宗棠的北路大军进抵乌鲁木齐附近。8 月 18 日,清军收复乌鲁木齐。11 月初,占领玛纳斯,结束北路的战斗。1877 年 4 月,俄土战争爆发,英、俄的注意力由中亚转向巴尔干。左宗棠趁势挥军南下,5 月 15 日攻占吐鲁番,阿古柏服毒自杀。左宗棠西征取得了决定性的胜利。

清政府在收复新疆后,立即着手与俄国重开交收伊犁谈判。俄国仍然坚持"必须将边界各案办结,以见中国真心和好,方能咨请本国派员会商"。② 鉴于俄国不肯派代表赴伊犁谈判,1878 年 6 月,清廷决定派吏部左侍郎崇厚出使俄国,索还伊犁。1878 年 10 月 2 日,崇厚不顾总理衙门的反对,擅自与俄国代表在克里米亚的利瓦吉亚签署《中俄交收伊犁条约》。③ 崇厚"违训越权",清政府遂以"奉命出使,不候谕旨,擅自起程回京"的罪名,拘禁崇厚,并处"斩监侯"。1880 年 2 月 29 日,清政府正式声明拒绝承认崇厚所签之约,另派驻英法公使曾纪泽为中国驻俄公使,赴俄另谋新约。俄国见《交收伊犁条约》成为废约,便故伎重演,增兵西伯利亚,调动庞大舰队驶往远东,进行武力威胁。为此,清政府谕令左宗棠、李鸿章、曾国荃、刘坤一等督抚加强边防,积极备战,支持外交谈判。

曾纪泽在圣彼得堡以"百折不回"的毅力,反复与俄方折冲。1881 年 2 月 24 日,两国政府在圣彼得堡签订《中俄伊犁条约》,包括解决伊犁问题的《改订条约》和《改订陆路通商章程》两部分。④《中俄伊犁条约》大体上收回了中国权益,但也对俄国做了一些让步。随后,两国又在 1882—1884 年间先后签订《伊犁界约》、《喀什噶尔界约》、《科塔界约》、《塔尔巴哈台西南界约》和《中俄续勘喀什噶尔界约》等勘界文件。通过

---

① 《筹办夷务始末(同治朝)》第 88 卷,第 37—38 页。
② 王绳祖主编:《国际关系史》第 3 卷,第 205 页。
③ 王铁崖主编:《中外旧约章汇编》第 1 册,第 360—364 页。
④ 王铁崖主编:《中外旧约章汇编》第 1 册,第 381—390 页。

《中俄伊犁条约》和五个子约，俄国一共割占了塔城、喀什噶尔以西等地7万多平方公里的中国领土。《中俄伊犁条约》仍然是一个不平等条约，使中国的领土与经济主权进一步沦丧。但是，单纯就这次中俄交涉而言，还是较为成功的。自第一次鸦片战争以来，纯粹由于中国方面的努力，推翻前约，收回部分主权的事，在中国近代对外关系史上还是第一次。

19世纪末20世纪初，英国和俄国还在中国的西藏展开了争夺势力范围的斗争。英国人对西藏的窥视由来已久，1876年的《中英烟台条约》使得英国取得了进入西藏的权利。① 1888年，英国发动第一次侵藏战争。1890—1893年，又发动第二次侵藏战争，并与清政府签订条约，在西藏地区获得了大量的特权。英国入侵西藏后，藏民对英国恨之入骨，并对清政府胁迫地方当局屈从英国的要求极为不满，西藏地方统治者便产生了亲俄倾向。俄国也早就觊觎西藏，曾经多次派人进入西藏探路。俄国利用其境内布里雅特蒙古人与藏族信奉同一黄教的关系，以派人学经为名，向西藏内部进行渗透。布里雅特僧侣到西藏三大寺修学的很多，其中一名叫德尔智的喇嘛当上了达赖十三世的经师。他充当俄国的间谍，怂恿达赖投靠俄国。1900年10月和1901年6月，达赖先后两次派他率领所谓"西藏代表团"访问圣彼得堡，表示"亲善"。② 1904年，达赖在德尔智等70余武装的布里雅特蒙古人裹挟下，秘密北上，企图去俄国面见沙皇，并经青海、甘肃、内蒙，抵达外蒙首府库伦。后因清廷对其行踪严密注视，再加沙俄在日俄战争中失利，达赖对俄信念动摇而未能成行。1905年，俄国在日俄战争中败北，开始收缩势力，英国忙于应付德国在欧洲的挑战，也无力再在西藏与沙俄争雄。1907年8月31日，两国在彼得堡签订协定，全面调整了双方在波斯、阿富汗和中国西藏地区的关系。这个协定标志着英国和俄国争夺西藏的斗争告一段落。

第三节　北京政府的对俄（苏）外交

中国辛亥革命爆发后，中国边疆政局震荡，在英国阴谋分裂西藏的同

---

① 王绳祖主编：《国际关系史》第3卷，第321页。
② 牙含章：《达赖喇嘛传》，人民出版社1984年版，第157—158页。

时,沙俄加紧了对中国外蒙古地区的侵略,其主要活动是策动外蒙古独立(第三章叙述)。

1917年,俄国十月革命爆发,俄国政局动荡不定,新旧势力在国内进行着激烈的斗争,引起了中俄关系的一系列新的变化。列强各国均对俄国革命持反对态度。由于苏俄新政府与德国签订和平条约,协约国派出军队直接干涉俄国革命。北京政府在日本的鼓动下,于1918年3月25日,与日本互换《中日共同防敌换文》,并分别签订中日陆军和海军共同防敌军事协定。① 8月,北京政府出动一个混成旅团,参与对苏俄革命的干涉,这支军队在俄国国内形势明朗后,于1920年4月撤回国内。② 北京政府追随日本对苏俄的外交政策,继续承认旧俄驻华使节,在苏俄政府已宣布废弃沙俄政府与外国签订的一切不平等条约和放弃庚子赔款的情况下,依然按期将三分之二赔款(其余三分之一因中国参战缓交)交付旧俄驻华公使,俄国旧党势力也在中国继续合法存在。③ 1920年前后,旧俄势力在国内争夺权力的斗争中彻底失败,北京政府才开始重新考虑与旧俄的关系。

1920年9月2日,北京外交部向总统提出:旧俄使领"既失代表之资格,又无办事之能力","对于我国,往往遇事提出抗议,或运动他国公使出面干涉,外交上诸感困难,亟应妥筹办法,以期根本解决"。④ 9月23日,由徐世昌颁布大总统令,宣布即日停止驻华之俄国公使、领事等待遇。⑤ 随即,北京政府又训令各省以"代管"方式清理俄国在华权益。

首先是收回俄国租界和领事裁判权。1920年9月25日和28日,外交部驻天津、汉口交涉员分别接收天津、汉口俄租界,并代为保管租界当局档案。由于旧俄政府派驻中国各地的领事馆已不被承认,原旧俄地方领事行使的领事裁判权等特权也概交由中国各地外交交涉员代行。10月30日,北京政府进而颁布《管理俄人条例》,规定:在华俄人应服从中国现行与将来颁布之法律与章程,凡带有违禁品者应受地方警察当局之

---

① 薛衔天、黄纪莲等编:《中苏国家关系史资料汇编(1917—1924)》,中国社会科学出版社1993年版,第32—42页。
② 《民国日报》1920年4月30日。
③ 石源华:《中华民国外交史》,第217页。
④ 薛衔天、黄纪莲等编:《中苏国家关系史资料汇编(1917—1924)》,第134页。
⑤ 薛衔天、黄纪莲等编:《中苏国家关系史资料汇编(1917—1924)》,第135页。

检查,若违犯法律及扰乱公共安宁,或有是种违犯之嫌疑者,得依法讯惩,并可使其离境,或受官方之看守等,实际取消了俄国的领事裁判权。①

其次是收回中东铁路权益。欧洲大战前,沙俄驻防哈尔滨、中东路沿线各地的军队计9万人。十月革命后,驻防中东路的军队也分为以皇室贵胄、驻哈尔滨总领事兼中东路总办霍尔瓦特为首领的旧党和苏俄共产党领导的工兵代表苏维埃,新旧两党的激烈争斗,造成了中东路路政和北满局势的混乱,引起了列强干涉的危险,也为北京政府收回路权提供了机会。② 1917年底,俄国新旧两党的斗争加剧,旧党无法控制中东路局面,列强为了维护自身的利益,遂由英国驻华公使代表协约各国,敦请中国出兵。1917年12月25日,吉林当局奉北京政府之命,出动一支7000的军队,将倾向新党的军队4000余包围缴械,并于28日"将该党车载出境",哈埠及沿路各站俄营房"归吉军驻扎"。③ 自此,北京政府收回了铁路守备权。但是,旧俄势力仍不肯轻易退出。4月30日,霍尔瓦特宣布由他代表旧俄临时政府对于侨居铁路界内之俄人"行使统治权"。5月1日,北京外交部发表声明,宣布中东铁路治安由中国设法维持,霍氏不能在中国境内行使其统治权,更不能在中国境内招兵;并就此向旧俄驻华公使提出抗议。④ 1920年3月11日,中东路俄国从业员发起同盟罢工,要求霍尔瓦特交出权力。北京政府一面出兵弹压,一面以中东路督办鲍贵卿名义照会霍氏,通知他"克日将中东路一切政权悉行解除,由中国照章分别办理"。⑤ 霍尔瓦特只得去职。中东路及哈尔滨至长春铁路管理权暂时由中国收回。

随后,北京政府又收回了中东路的其他权益,包括司法、市政、警政权等。关于司法权,1920年10月初,北京政府派司法部次长张一鹏去北满,封闭了那里的俄国法院。次年1月31日,北京政府颁布大总统令,公布《东省特别区域法院编制条例》,规定在该特别区域内设立中国高等审判厅、地方审判厅及分厅,独立行使职务,上诉机关为北京大理院。关于

---

① [美]波赖:《最近中国外交关系》,上海正中书局1935年版,第112、115页。
② 陈志奇主编:《中华民国外交史料汇编》第二卷,台北渤海堂文化事业有限公司1996年版,第649—651页。
③ 石源华:《中华民国国外交史》,第212页。
④ 《中俄关系史料——东北边防》(一),台北中研院近代史研究所1960年刊印,第181—182页。
⑤ 何汉文:《中俄外交史》,中华书局1935年版,第304—305页。

市政权,北京政府在停止旧俄使领待遇后,将哈尔滨和中东路其他各处市政机关收归中国管辖。1921 年 2 月,北京政府宣告,这些市政机关均归滨江道尹及其属员管辖,并委滨江道尹为哈尔滨市政局长。2 月 15 日,各市政机关开始悬挂中国国旗。关于警政权,1920 年 3 月,在霍尔瓦特去职后,中国地方当局即解散俄国警察,另行设置护路警察队。1921 年 1 月,颁布《东省特别区警察编制大纲》和《东省铁路路警处组织大纲》,不仅铁路区域的警察,并且市政局的警察都统归中国管辖。1923 年 8 月,北京政府下令地方当局,撤销中东路地亩处,收回被旧俄当局非法占去的土地。①

中国代管俄国在华权益遭到了旧俄驻华使领的阻挠,旧俄驻华公使库达摄夫恳求各国驻华公使监管在华俄国权益,不受中国侵损,俄国使领的请求得到了列强的支持,他们担心俄国在华权益的消灭,会影响西方列强整体在华利益。1920 年 10 月 11 日,北京公使团照会北京外交部,要求中方担保对于俄国在华权益采取的措施,"为纯粹暂时性质的办法","不能形成一种永久的修正",俟俄国将来政府成立经各国承认时,再行议定一切。北京政府表示"所有现行各措置,自属临时性质,一俟经中国承认之合法政府在俄国成立时,当将重新考量之。"②尽管北京政府对于北京公使团作了"临时措施"的承诺,但从总体上说,各国的外交干涉未能阻止北京政府对于旧俄在华权益的清理和接收,③为后来中苏谈判打下了良好的基础。

十月革命胜利后,摆在刚诞生的苏俄政府面前的一项重要任务,是要建立一种与旧国际关系相对立的新国际关系,"这种关系是一切被压迫民族有可能摆脱帝国主义的压迫"。④ 1917 年 12 月 3 日,苏俄政府发布政策声明,表示永远放弃沙俄殖民主义政策,废除沙俄与东方各国缔结的一切不平等条约,承认大小民族的平等和主权,坚定不移的援助被压迫民族的解放斗争。⑤ 基于这一政策,苏俄政府建立不久,向当时北京驻俄公

---

① 薛衔天、黄纪莲等编:《中苏国家关系史资料汇编(1917—1924)》,第 360—367 页。
② 石源华:《中华民国外交史》,第 219 页。
③ 陈志奇主编:《中华民国外交史料汇编》第二卷,第 653 页。
④ 《列宁全集》第 31 卷,人民出版社 1957 年版,第 433 页。
⑤ 王绳祖主编:《国际关系史》第 4 卷,第 11 页。

使表示,愿意和中国政府谈判,在废除帝俄在华特权,在取消不平等条约的基础上建立两国邦交关系。1918年7月,苏俄外交人民委员格·瓦·契切林将同一内容的通知送交北京政府。但是,当时由皖系军阀段祺瑞所控制的北京政府对此置之不理。

1919年中国在巴黎和会上收回山东权益的外交失败,爆发了伟大的"五四"爱国运动。7月25日,苏俄政府以副外交人民委员加拉罕的名义发表了"致中国国民及南北政府宣言",即《苏俄政府第一次对华宣言》。[①]宣言表示:1.废除沙俄与中国、沙俄与第三国所缔结的旨在奴役中国的一切不平等条约和密约;2.放弃沙俄在中国的领事裁判权;3.放弃庚子赔款的俄国部分;4.放弃帝俄在中国的租界及其他一切特权。宣言表示愿同中国人民全权代表磋商缔结条约及谈判其他一切问题,建议中国立即派代表到苏俄进行会谈,以便早日恢复正常关系。[②] 1920年3月,《苏俄政府第一次对华宣言》由北京政府公布,立即得到中国人民的热烈欢迎和拥护。尽管北京政府不愿同苏俄建立邦交关系,但是为了应付全国人民的普遍要求和观察苏俄的实际状况,北京政府派出了代表团去苏俄。代表团经外蒙古、西伯利亚于1920年5月到达莫斯科,受到苏俄方面的热诚欢迎和高规格礼遇,苏俄政府同代表团就两国关系问题交换了意见。代表团回国前夕,列宁接见了代表团,重申发展中俄邦交的愿望。

1920年9月27日,苏俄政府再次以加拉罕名义发表第二次对华宣言。宣言全称《俄罗斯苏维埃联邦社会主义共和国对中国政府的宣言》。宣言内容和第一个宣言基本精神相同,但对废除不平等条约和放弃在华特权说得更为具体,提出了八点具体建议,作为缔结中俄新约和建立正常关系的基础。主要内容是:1.苏俄政府废除俄国各前政府与中国所缔结的一切条约,放弃帝俄在中国侵占的领土与租界;2.两国政府立即采取切实可行的办法,建立正常的贸易及经济关系,并缔结互惠专约;3.中国政府不给俄国反革命的个人或团体以任何的赞助,并不容其在中国境内活

---

① 该宣言有两个文本,一是经过伊尔库茨克送达北京的法文本,一是载于1919年8月26日《消息报》的俄文本,前者有将中东铁路无偿归还中国的规定,后者没有,这在以后的中苏谈判中引起了争议。

② 程道德等编:《中华民国外交史资料选编(1919—1931)》,北京大学出版社1985年版,第165—167页。

动,中俄协定缔结后,中国须将留在中国境内的反抗苏俄的军队及团体解除武装,加以拘留,并引渡给苏俄政府,将其武器、供应品和财产交付给苏俄政府;4.居住在中国境内的俄国侨民不享有任何治外法权,应该服从中国境内现行的各种法律,居住在俄国境内的中国侨民,亦应服从俄国的现行法律;5.中国、苏俄协定缔结后,中国政府应立即与帝俄驻华外交代表断绝关系,驱逐其出境,并将中国境内属于俄国公使、领事之房产、档案及其他财产移交给苏俄政府;6.苏俄政府放弃庚子赔款的俄国部分,但中国政府不得将此款拨给帝俄领事或其他任何人;7.中俄协定缔结后,两国应立即恢复正常外交关系,互派外交及领事代表;8.中东铁路问题,由中俄两国制定专约解决,并邀请远东共和国参加该约。①

苏俄政府在发表两次对华宣言的同时,还先后派出一系列外交使团来华活动。1920年4月,远东共和国成立。6月初,远东共和国派优林以全权代表名义使华。1921年初,中苏就松花江通航、设立领事代表、废除俄侨在中东路治外法权等问题取得初步协议。然而,1921年6月,远东共和国军队追击白卫恩琴匪帮,攻占外蒙古恰克图;7月5日,苏俄与远东共和国联军攻入库伦,白匪溃散;7月11日,外蒙古建立君主立宪政府。② 鉴于苏俄在外蒙古的所为,谈判无法进行下去。9月6日,优林的使命结束,离开北京回西伯利亚。

1921年10月中旬,在苏俄政府的一再提议下,北京政府同意苏俄政府派一商务代表团来华。10月24日,苏俄派遣裴克斯使团来华,其使命是就外蒙古问题和中东路问题同北京政府谈判。1921年12月12日,裴克斯到达北京,谈判进行到1922年5月,苏俄政府公布了1921年11月5日与外蒙古独立当局非法签订的《俄蒙友好条约》,③北京政府向裴克斯代表团提出强烈抗议,怒斥苏俄行为"与以前帝俄政府对华政策,实无二致",中断了谈判。④

1922年7月26日,苏俄任命副外交人民委员阿·阿·越飞为全权代

① 复旦大学历史系中国近代史教研组编:《中国近代对外关系史资料选辑(1840—1949)》下卷第一分册,上海人民出版社1977年版,第17—20页。
② 王聿均:《中苏外交的序幕——从优林到越飞》,台北中研院近代史研究所1978年版,第185页。
③ [美]波赖:《最近中国外交关系》,第132页。
④ 石源华:《中华民国外交史》,第224页。

表使华。越飞与裴克斯不同之处,在于他具有谈判解决包括外蒙古问题和中东路问题在内的中俄悬案的权限。越飞来华使命,一是谋求中苏复交,二是与南方的孙中山谋求合作。1922 年 8 月 12 日,越飞抵达北京。此时,顾维钧由驻英公使升任北京政府外交总长。8 月 15 日至 30 日,顾维钧和越飞举行四次会谈。但双方在中东铁路和外蒙古问题上意见严重分歧。关于中东铁路,北京政府认为根据苏俄第一次对华宣言中所说"愿将中东铁路无条件归还中国",应无偿归还一切权益,而越飞则否认对华宣言中有"苏俄政府愿将中东铁路及利益无偿归还中国"的词句。关于外蒙古问题,北京政府认为应该恢复到外蒙古取消自治时的情形,但越飞则坚持应该按照 1915 年《中俄蒙恰克图条约》的规定,即:承认中国的宗主权;中俄两国承认外蒙古为中国领土之一部分,外蒙古实行自治。由于双方意见分歧太大,谈判至 12 月陷入僵局。

1923 年 7 月,苏联政府决定派遣代理外交人民委员列·米·加拉罕为全权代表来中国。加拉罕是两次对华宣言的签署人,他来华受到中国人民的热烈欢迎。1923 年 9 月 2 日,加拉罕到达北京。9 月 6 日,发表公告,亦称之为"第三次对华宣言"。宣言谴责沙俄和其他帝国主义一起,"蚕食中国人民的主权和权利,掠夺他们的财富";指出 1919 和 1920 年两次对华宣言的原则和精神,"仍然是我们对华关系的指导基础",对中国人民和中国政府致力于解决俄中间的一切问题和建立两国人民间的友谊,表示有极大兴趣;表示愿意"制订完全尊重主权,彻底放弃从别国人民那里夺得一切领土和其他利益的政策。"[1]这时,北京政府看到苏维埃政权已进一步巩固,并同不少国家建立了贸易关系,加上苏俄两次对华宣言的巨大影响,国内要求同苏维埃俄国尽快建立邦交的呼声强烈,遂决定成立中俄交涉督办公署,任命王正廷为督办,与加拉罕进行谈判。

9 月 7 日,加拉罕会见北京外交总长顾维钧,要求在正式谈判之前,中国先承认苏联,顾维钧则坚持先解决两国一切悬案,然后再承认苏联。[2] 双方在承认和谈判的顺序问题上争执不下,但并不妨碍加拉罕和中俄交涉督办王正廷之间交换意见。次年 3 月上旬,苏联同意先签订一

---

[1]　石源华:《中华民国外交史》,第 225 页。
[2]　王绳祖主编:《国际关系史》第 4 卷,第 336 页。

项草约,其中详细规定日后商订正约的主要原则,中国立即承认苏联。3月14日,双方签署《中苏解决悬案大纲协定》15条、《暂行管理中东路协定》11条、声明书7种和公函两封。① 但由于王正廷签署该草案,事先并未取得北京政府内阁同意,外交总长顾维钧大为恼火,说王正廷是"失职行为"。② 顾维钧提出三点修正意见:1.草案未声明取消苏俄与外蒙所订的条约,"这就是默认了苏俄与外蒙的条约";2.协议草案规定,"一旦中国同意撤军条件,苏俄军队将立即撤离",而不是明确规定苏联军队应无条件从外蒙撤军;3.草案规定俄国在中国境内教堂之不动产移交给苏联政府接收,恐其他国家日后援例,在中国内地置产。③ 顾维钧拒绝承认草案有效,要求惩办王正廷。北京政府撤销中俄交涉督办公署,将中苏谈判移交外交部办理,以便修改条约草案。3月16日,加拉罕给王正廷发出了限期签字的紧急照会,声称"对于贵国政府批准阁下与鄙人已签字之协定,愿待候三日;由本日起计算,期满后,该协定对鄙人即不能约束。""交涉破裂及协定失败,其责任应由贵国政府单独负之,一切随此而生之结果,其责亦在贵国政府。"④19日,加拉罕又照会北京政府外交部,提出苏方已认为"谈判业已终了","苏俄政府坚拒重新讨论业已议定并签字之各项协定",并声明中国政府与苏俄政府恢复正式邦交以前,不能与苏俄政府重开谈判。⑤ 中苏谈判的中断,引起了全国各界人民强烈的不满。广州、上海、北京等地的社会团体纷纷发表宣言,要求立即承认苏俄,签订协定。北京的知识分子普遍认为,"协议草案是中国外交史上最好的协议。"⑥北京学联致函顾维钧说,"倘先生犹执迷不悟,则敝会一息尚存,誓必力争。赵家楼故事可为殷鉴!"⑦顾维钧家中也确实有人送去炸弹,结果误炸了顾家的管家和厨师。⑧ 正当中苏谈判出现波折的时候,国际上出现了有利于苏联的局势,英国、意大利、挪威、希腊、瑞典诸国先后同苏

① 王绳祖主编:《国际关系史》第4卷,第337页。
② 《顾维钧回忆录》第一卷,中华书局1983—1994年版,第334—335页。
③ 《顾维钧回忆录》第一卷,第334—336页。
④ 《东方杂志》第21卷第8号。
⑤ 《外交公报》第36号。
⑥ 《顾维钧回忆录》第一卷,第340页。
⑦ 《晨报》1924年3月22日。
⑧ 《顾维钧回忆录》第一卷,第342—343页。

联建交。与此同时,北京政府风闻苏联将同南方孙中山的广州政府和奉天张作霖政府建立外交关系,大为恐慌,急于寻找打破僵局的路子。正如王正廷所说:"外察大势,内审国情,觉此案实不能再事迟疑。"①

经过顾维钧和加拉罕之间函件秘密往来和会谈,1924 年 5 月 31 日,《中俄解决悬案大纲协定》正式签订。协定包括 7 个声明书,2 封函件,1 个议定书。其主要内容是:1.两国之平日使领关系应即恢复;2.两国政府允于本协定签字之后一个月内,举行会议,按照后列条文之规定,商订一切悬案之详细办法,予以施行;3.两国政府同意将中国政府与前俄帝国政府所订立之一切公约、条约、协定、议定书及合同等项概行废止,另本平等、相互、公平之原则,及 1919 与 1920 两年苏联政府各宣言之精神,重订条约、协约、协定等项;4.两国政府声明,以后无论何方政府,不订立有损害对方缔约国主权及利益之条约及协定;5.苏联政府承认外蒙古为完全中华民国之一部分,及尊重在该领土内中国之主权,一俟有关撤退苏联政府驻外蒙古军队之问题,即撤兵期限及彼此边界安宁办法商定,即将苏联政府一切军队由外蒙古尽数撤退;6.两国政府互相担任在各该国境内,不准有为图谋以暴力反对对方政府而成立之各种机关或团体之存在及举动,并允诺彼此不为与对方国公共秩序、社会组织相反对之宣传;7.两国政府允将彼此疆界重新划定,在疆界未划定以前,允仍维持现有疆界;8.两国政府允许两国边界江湖及他种流域上之航行问题,按照平等、相互之原则,在前条所定之会议中规定之;9.两国政府允在前条所定之会议中将中东铁路问题解决等。② 同时,双方签订《暂行管理中东路办法》,对中东铁路组织机构、理事会和监事会的组成,路局正副局长、正副处长及各级人员的录用,铁路的财政预算及决算批准权限等做了若干原则规定。从此中苏两国恢复了外交关系。

但是张作霖的奉天地方当局对此持反对态度。在各国领事怂恿下,张作霖声明在他同苏联代表未商订办法前,中东铁路不准有任何变动。为了使中苏协定得以实施,加拉罕遂派代表去奉天与张作霖代表私下磋商。费时三个月,于 1924 年 9 月 24 日奉系军阀以东三省自治政府名义

---

① 薛衔天、黄纪莲等编:《中苏国家关系史资料汇编(1917—1924)》,第 268 页。
② 褚德新、梁德主编:《中外约章汇要(1689—1949)》,黑龙江人民出版社 1991 年版,第 515—526 页。

与苏联政府订立《奉苏协定》。①《奉苏协定》内容和《中俄解决悬案大纲协定》有关条文基本相同,只是关于中东铁路 10 名理事任命办法以及中俄经营东三省铁路期限有所变动。1925 年 3 月 12 日,北京政府将《奉苏协定》追认为中俄协定之附件。②

《中俄解决悬案大纲协定》的签订是现代中苏关系史上一件大事,中苏两国由此建立了大使级外交关系,中国方面派李家鏊为驻莫斯科代办,苏联政府任命加拉罕为驻华大使。这一历史性事件在近代中外关系史上意义重大,是鸦片战争之后中国同外国缔结的又一个平等条约,沉重打击了帝国主义压迫中国的不平等条约体系,推动了 20 年代中国人民废除不平等条约运动的发展。

但是协定并没有完全解决外蒙古问题和中东铁路问题。关于外蒙古问题,《协定》没有废除承认外蒙古为独立国家、同意苏军驻扎外蒙古的《苏蒙条约》,只是规定双方另行再议。关于中东铁路问题,协定规定该路设议决机关理事会,理事 10 人,中苏各半,设理事长 1 人,由中方担任,副理事长 1 人,由苏方担任。监事会由 5 人组成,中方 2 人,苏方 3 人。设局长 1 人,由苏方担任,副局长 2 人,中苏各一,其他各级人员两方平均分配。③ 苏方在该路人事配备上占有明显优势,控制了路局行政管理大权,埋下了日后矛盾冲突的祸根。

《中俄协定》的签署虽为两国政府间的正式关系奠定了一个基础,但在这之后,国民政府在广州建立,中苏联系的中心实际上已由北京移到广州。苏联政府支持国民政府兴师北伐、统一中国的政策,遭到了奉、直军阀的忌恨。北京政府与莫斯科的关系没有平稳地得到发展,而是陷入停滞不前的困境。当遍及大江南北的革命浪潮日益高涨之际,北京政府的反苏立场日趋明显。1926 年 6 月,张作霖入主北京,中苏关系顿时紧张起来。7 月 31 日,北京政府外交部向苏联提出召回加拉罕的要求。苏联外交部答复须候中国正式政府成立后,方可交涉。8 月 12 日,北京外交部再次电令驻苏代办郑延禧催促苏方撤换加拉罕。9 月 20 日,加拉罕离开北京,大使馆馆务交由临时代办齐内尔赫负责。加拉罕的离华是北京

① 王绳祖主编:《国际关系史》第 4 卷,第 339 页。
② 曹锡珍:《中苏外交史》,世界知识出版社 1951 年版,第 25 页。
③ 王铁崖主编:《中外旧约章汇编》第 3 册,第 430—432 页。

政府对苏关系恶化的重要标志。

　　北京政府的反苏行动仍在加剧。1927年3月1日,安国军副司令张宗昌在南京浦口以携带"赤化宣传品"为名扣押了驶往汉口途中的苏联商轮"巴米亚列宁那"号,拘捕了6名苏联船员和在船上的3名苏联外交信使,以及武汉国民政府顾问鲍罗廷的妻子。① 3月5日,苏联驻华代办向北京政府外交部提出抗议,"要求立即下令释放此船并所拘之人,任其开至目的地,如危及俄人生命财产,当惟中国政府是问,并保留要求赔偿损失之权"。北京政府驻苏代办奉命答复苏联政府,声明所扣人船有查办之必要,不能释放,并准备将被扣之人交付司法审判,严厉处置,甚至连美国籍的鲍罗廷夫人也不愿放过。

　　4月6日,北京政府又一手制造了搜查苏联驻华大使馆事件,并以苏联使馆容留共产党,违反国际公法和《中俄协定》为由,向苏联驻华代办提出抗议。消息传到莫斯科,苏联政府作出强烈反应。苏联各城市举行了大规模的游行示威,抗议北京军警的暴行。4月9日,苏联副外交人民委员李维诺夫召见中国驻苏代办郑延禧,严重抗议北京政府违反国际公法,并提出四项要求:中国军警立即自苏驻华使馆武官室等处撤退;立即释放被捕之苏俄使馆馆员及经济调查处职员;交还自武官室内携去之各文件;将军警携去之物交还原主等,声明在未得满意答复以前,将撤回驻华大使。② 4月16日,北京政府外交部照会苏联政府,称"此次中国军警搜查俄旧兵营,系因乱党在内组织机关,图谋推翻政府,扰乱治安,此实违反国际公法和中俄协定",不得已乃根据国家自卫之发动而实行搜查。搜查结果,获得重要乱党及党员起事时所用旗帜、钤印、名单及各种证据文件,其他多数军械及各种机关枪子弹,及私与乱党通谋之证据文件等,此皆在苏俄大使馆管辖下或有密切关系各机关内所得"。指责苏联大使馆"庇护乱党,图谋扰乱治安及推翻驻在政府",不仅拒绝接受苏联政府提出的四项要求,而且表示将"审问检察犯人及对象",作出"相当处置",③态度十分强硬。在此情况下,苏联代办齐内尔赫于4月19日率30

---

① 何汉文:《中俄外交史》,第374—375页。
② 胡礼忠、金光耀、沈济时:《从尼布楚条约到叶利钦访华——中俄中苏关系300年》,福建人民出版社1994年版,第180页。
③ 《中华民国史资料丛稿·大事记》第13辑,中华书局1984年版,第85页。

余名使馆人员离京回国。随即,北京政府组织特别法庭,委派何丰林为审判委员长,首先审问在苏联使馆内捕获的中国人,并判处李大钊、路友于等20人死罪,处绞刑,舒启昌等4人徒刑12年,李云贵等6人徒刑2年。[①] 接着又将在苏联使馆捕获的俄人15名以及在浦口拘押的鲍罗廷夫人和苏联外交人员3名一并交付京师高等审判厅审理。7月12日,审判出现戏剧性结局。北京高等审判厅主任推事何㒚,宣布对鲍夫人等不予起诉,无罪释放,其余15人仍交预审,一直关押到北京政府垮台,被释放回国。[②] 宣判当日,何㒚提出辞呈,出京赴津,避不露面。同时,鲍罗廷夫人也很快从北京消失了。

搜查苏联使馆事件的发生,标志着北京政府已经奉行彻底的反苏政策。随后,北京政府与苏联政府间已实际处于断交状态,但还保持着若干联系,北京政府驻苏代办依然留驻莫斯科,苏联派驻中国东三省各地的领事也没有撤销。

第四节　广州、武汉政府的对苏外交

"以俄为师"是孙中山晚年外交思想与外交活动的重要特征,是孙中山对他所一向倚重的西方大国的幻想破灭之后提出的。孙中山致力革命几十年,又长期旅居、流亡海外,一生与外人关系密切。就政治关系而言,以日本为重;就政治理想而言,数美国为最;就合作模式而言,以德国为佳。在长期的革命实践中,孙中山曾设想过种种方式,希望能得到日本和西方各国的支持,帮助中国走上资本主义发展道路,却一次又一次遭到失败。

孙中山曾寄希望于明治维新后的日本,认为中日两国为"同文同种"的"兄弟之邦","应亲善携手,共御他国侵掠政策"。但"日本小气,只是口惠而实不至",[③]孙中山一生追求"大亚洲主义"的理想,直到临终之前最后一次路经日本,还继续发出呼吁,主张"日本应助中国废除不平等条约",[④]然而他见到的事实却是日本步步紧逼,疯狂推行"大陆政策",欲变

---

① 石源华:《中华民国外交史》,第264页。

② 胡礼忠、金光耀、沈济时:《从尼布楚条约到叶利钦访华——中俄中苏关系300年》,第181页。

③ 陈旭麓、郝盛潮主编:《孙中山集外集》,上海人民出版社1990年版,第292页。

④ 《国父全集》第2册,台北中国国民党党史会1973年版,第763—771页。

中国为其独占附属国,这不能不使他抱恨终生。同样,孙中山视美国为中国的"老师",他的革命理想中诸多成分,如主张民主制度、国际组织、政治改革等在很大程度上渊源于美国。然而,辛亥革命以来,美国政府对于孙中山的误解、排斥、诽谤却远远多于对他的同情和支持。1911年武昌起义爆发后,美国认为"孙先生维持局面之能力不甚确定",因而奉行支持袁世凯的政策,指责孙中山与日本人交往是"中了日人之计"。① 1917年当孙中山举起护法大旗,中国出现南北对峙时,美国政府仍然认为北京政府代表较大部分的中国,且得自袁世凯,为法统的、事实上的政府,决定不理会"那个在南方或在日本有危险性的领袖。"1921年5月5日,孙中山就任中华民国非常大总统,发表对外宣言,呼吁列强承认,但美国仍然把南方政府视为"叛乱团体"。② 1922年6月,当广州发生陈炯明炮轰总统府事件后,美国政府的有关文件竟视之为"一大喜讯",美国驻华公使舒尔曼甚至主张"为孙逸仙博士安排一个光荣的退路"。③ 这使孙中山对美国的期望破灭。

由于第一次世界大战后,中德关系发展正常,孙中山也曾谋求德国政府对于中国革命的支持,孙中山曾设想了一个宏大的计划:

> 借德人才学问,以最速时间,致中国于富强,此步达到,则以中国全国之力,助德国脱离华塞条约之束缚。如德国政府能视中国为一线之生机,中国亦必视德国为独一之导师。以德国今日废置之陆海军人才及制造机器,组织军队各等计划及经验,悉移来中国,为中国建树一强固的国家,互于资助,则彼前战败而失去种种权利,必可由助成中国之富强而恢复之也。

孙中山指令正在德国的邓家彦推进这一计划,并称如能成功,"则功业亦当在四万万人之上矣"。④ 但是这一构想并未得到德国方面的任何响应。

就在孙中山一再遭到挫折,彷徨无计之时,新生的苏维埃政权向他伸

---

① 王纲领:《欧战时期的美国对华政策》,台北学生书局1988年版,第220—221页。

② 《美国对外关系文件》1921年,第340页。

③ 《美国对外关系文件》1921年,第724页。

④ 《致邓家彦书》(1923年8月18日),《总理全书》(十),第1133—1135页。

出了援助之手。他曾十分形象地描述过这种绝处逢生的状况："中华民国就像是我的孩子,他现在有淹死的危险,我向英国和美国求救,他们站在岸上嘲笑我。这时候飘来苏俄这根稻草。因为要淹死了,我只好抓住它。"①开始时,孙中山把苏俄的援手看作是"救命稻草",但在与苏俄有了更多接触之后,他对苏俄革命有了新的认识。列宁关于殖民地和民族革命学说对他产生了很深的影响,从而使孙中山逐渐确立了"以俄为师"的思想。

孙中山逐渐与苏俄新政府建立了联系。1918 年夏天,孙中山致电列宁,祝贺十月革命的胜利和苏俄新政府的成立。② 10 月 31 日,列宁委托苏俄外交人民委员齐契林复信孙中山表示感谢,并在信中热切希望中国兄弟与俄国劳动阶级"共同进行斗争"。1920 年秋,经陈独秀介绍,孙中山在上海会见了共产国际远东局驻华代表维经斯基。次年 4 月,又在广州接见了远东共和国通讯社驻广州记者斯达扬诺维奇和俄罗斯通讯社远东分社社长 A·霍多罗夫,表达了他对苏俄局势的关注和与苏俄进行联络的希望。1921 年 6 月 14 日,孙中山收到了苏俄外交人民委员齐契林来信。8 月 28 日,他复信齐契林,介绍了中国的局势,希望与苏俄领导人"获得私人的接触",并表示"我非常注意你们的事业,特别是你们苏维埃的组织,你们军队和教育组织"。③ 12 月,列宁委托共产国际代表马林在桂林与孙中山作了三次长谈。与马林的会谈对孙中山未来的政策产生了很大的影响。孙中山接受了马林提出的改组国民党、创办军官学校以及与中国共产党合作等建议。孙中山"以俄为师"的政策主张逐步明朗化。1922 年 1 月 4 日,孙中山发表演说,称"法、美共和国皆旧式的,今日惟俄国为新式,吾人今日当造成一最新式的共和国。"④后来,孙中山更明确指出"我党今后之革命,非以俄为师,断无成就",并称国民党改组必须以俄为模范,学习苏俄的方法、组织及训练。

同时,苏俄政府对于孙中山的联络和援助也加快了步伐。1923 年 1 月 16 日,正出使中国北京的苏俄副外交人民委员、使华全权代表越飞以"养病"为名,南下上海。经李大钊、林伯渠与国民党人张继等联络介绍,

① 陈旭麓、郝盛潮主编:《孙中山集外集》,第 299 页。
② 广东省哲学社会科学所历史研究室等编:《孙中山年谱》,中华书局 1980 年版,第 230 页。
③ 《孙中山选集》下卷,人民出版社 1956 年版,第 434—436 页。
④ 《孙中山选集》下卷,第 434—436 页。

孙中山在上海寓所与越飞进行会谈。据上海工部局《警务日志》1923 年
1 月 23 日记载:越飞偕秘书史瓦尔茨于 1 月 22 日在莫里哀路 29 号孙公
馆与孙中山共进午餐。当日孙公馆的其他来访者,还有国民党干事长张
继。据报告,孙中山与越飞谈话中讨论了达到下述三项目的的途径和方
法:1.迫使日本撤出东北;2.保证废除在中国的治外法权;3.促使中国与苏
俄缔结联盟。[①] 越飞提出如果孙中山及其同志同意:1.立即公开承认苏维
埃为俄国的合法政府;2.与苏俄政府公开签订盟约;3.答应不禁止在中国
进行布尔什维克宣传,那么苏俄将给予国民党以道义和财政援助。孙中
山说拟考虑前两个条件,但拒绝就第三条作出让步,因而出现了一些分
歧。[②] 但经过双方的进一步磋商,达成协议,并于 1923 年 1 月 26 日发表
《孙文越飞宣言》。内容如下:

　　一、孙逸仙博士以为共产组织,甚至苏菲埃制度,事实均不能引
用于中国,因中国并无使此项共产制度或苏菲埃制度可以成功之情
况也。此项见解,越飞君完全同感。且以为中国最要最急之问题,乃
在民国的统一之成功,与完全国家的独立之获得。关于此项大事业,
越飞君并确告孙博士,中国当得俄国国民最挚热之同情,且可以俄国
援助为依赖也。

　　二、为明了此等地位起见,孙逸仙博士要求越飞君再度切实声明
1920 年 9 月 27 日俄国对中国通牒列举之原则。越飞君为此向孙博
士重行宣言,即俄国政府准备且愿意依据俄国抛弃帝政时代中俄条
约(连同中东铁路等合同在内)之基础,另行开始中俄交涉。

　　三、因承认全部中东铁路问题,只能于适当之中俄会议解决,故
孙逸仙博士以为现在中东铁路之管理,事实上现在只能维持现况,且
与越飞同意,现行铁路管理法,只能由中俄两政府不加成见,以双方
实际之利益与权利适时改组。同时孙逸仙博士以为此点应与张作霖
将军商洽。

　　四、越飞君正式向孙博士宣称(此点孙自以为满意)俄现政府决

①　薛衔天、黄纪莲等编:《中苏国家关系史资料汇编(1917—1924)》,第 669 页。
②　译自上海工部局《警务日志》,1923 年 1 月 24 日,薛衔天、黄纪莲等编:《中苏国家关系史资料汇
　　编(1917—1924)》,第 669 页。

·55·

无亦从无意思与目的,在外蒙古实施帝国主义之政策,或使其与中国分立。孙博士因此以为俄国军队不必立时由外蒙撤退,缘为中国实际利益与必要计,中国北京现政府无力防止因俄兵撤退后白俄反对赤俄阴谋与敌抗行为之发生,以及酿成较现在尤为严重之局面。①

这个宣言的发表,标志着孙中山联俄政策的正式确立。8月16日,孙中山派出以蒋介石为团长的"孙逸仙博士代表团",赴苏联考察军事、政治和党务。9月2日,蒋介石一行到达莫斯科,受到苏联党、政、军领导机关的热情接待。25日,蒋介石应邀出席共产国际执委会会议,作了关于中国革命运动状况和国民党内部情况的报告,希望共产国际派人帮助中国革命。10月6日,应孙中山邀请,苏联顾问团首席政治顾问鲍罗廷来到广州。孙中山很快任命鲍为国民党组织训练员。10月19日,孙中山任命廖仲恺、李大钊、汪精卫、戴季陶、张继5人为国民党改组委员。25日,正式聘请鲍罗廷为国民党中央执行委员会顾问。11月29日,公布了由鲍罗廷起草,经孙中山审定的《国民党改组宣言》和《国民党章程草案》,完成了国民党改组的准备工作。

1924年1月20日至30日,国民党"一大"在广州举行。大会通过了《中国国民党第一次全国代表大会宣言》。②该宣言一针见血地指出:"使中国丧失独立陷于半殖民地之地位",是由于帝国主义"武力的掠夺与经济的压迫"所造成的。中国长期内乱的根子也在于帝国主义"列强在中国利益相冲突,乃假手于军阀。杀吾民以求得逞。""军阀之专横,列强之侵蚀。日益加厉,令中国深入半殖民地之泥犁地狱。"因此,中国民族要自求解放,必须免除帝国主义的侵略。为了实现上述目标,国民党一大明确制定了联俄反帝的对外政策,内容如下:

一、一切不平等条约,如外人租借地、领事裁判权,外人管理关税权,以及外人在中国境内行使一切政治权力侵害中国主权者,皆当取消,重订双方平等互尊主权之条约。

---

① 中国国民党宣传部编:《中国国民党宣言汇刊》,薛衔天、黄纪莲等编:《中苏国家关系史资料汇编(1917—1924)》,第670页。
② 该宣言由孙中山委托苏联顾问鲍罗廷起草,中国共产党人瞿秋白翻译,汪精卫润色,对孙中山的三民主义作了重新解释,使其在新的历史条件下与联俄、联共、扶助农工的三大政策相联系,标志着孙中山的旧三民主义向新三民主义的转变。

二、凡自愿放弃一切特权之国家，及愿废止破坏中国主权之条约者，中国皆将认为最惠国。

三、中国与列强所订其它条约有损中国之利益者，须重新审定，务以不害双方主权为原则。

四、中国所借外债，当在使中国政治上，实业上不受损失之范围内，保证并偿还之。

五、庚子赔款，当完全划作教育经费。

六、中国境内不负责之政府，如贿选僭官之北京政府，其所借外债，非以增进人民之幸福，及以维持军阀之地位，俾得行使贿买，侵吞盗用，此等债款，中国人民不负偿还之责任。

七、召集各省职业团体（银行界、商会等）社会团体（教育机关等），组织会议。筹备偿还外债之方法，以求脱离因困顿于债务而陷于国际的半殖民地之地位。①

宣言所提出的反对帝国主义，争取民族独立的原则，成为广东、武汉革命政府推行革命外交的依据。

"联俄"是孙中山在政治外交上的历史性选择，是他晚年外交思想和外交活动的主要特征，将直接影响和决定中国国民党改组后的外交方针。其一，孙中山的"联俄"并非赞成苏俄的共产主义，而是认同苏俄当时实行的"新经济政策"，认为该政策与民生主义可以兼容。其二，孙中山的"联俄"与"联日"、"联美"、"联欧"并行，"联俄"并非意味着孙中山放弃争取美、英、法、德、日诸国对于其事业的支持。列宁关于民族殖民地问题提纲和西方国际关系平衡理论对于孙中山同样具有重要的影响，这从孙中山对于苏、德两国同时寻求合作和支持、临终前在日本发表"大亚洲主义"演说、陈友仁奉命与美、英驻沪代表联络与游说②等，可见一斑。"单独对英"方针的提出与实施，是英国对中国国民革命采取敌视态度和压

---

① 《孙中山选集》下卷，第518—519页。

② 孙中山晚年的英文秘书陈友仁是孙中山联俄政策的积极推动者和实际联络人。1923年1月，他在陪同孙中山与越飞会谈的同时，受孙中山之命，拜访英国驻上海总领事，通报会谈情况，争取英国正确对待孙中山领导的南方革命政府，保持友好和合作的态度。陈友仁的这些交涉活动，直接导致2月中旬，孙中山由沪抵港时，破例受到英国香港总督的接待。参见钱玉莉：《陈友仁传》，河北人民出版社1999年版，第54—57页。

迫政策的结果,并非孙中山的本意。其三,孙中山的"联俄"思想具有两重性,向左走,可与中国共产党反帝反封建的民主革命纲领相吻合,"共产主义是三民主义的好朋友",在此基础上可与中共联合,实行"联俄、联共、扶助农工"的三大政策,共同进行国民革命运动;向右走,则可理解为"联俄"、"联共"是一种政治策略手段,在情势变迁时可随意变更,形成中国国民党右派反共反俄的理论基础。以后的"四一二政变"以及"改订新约运动",亦是以孙中山为旗帜进行的,甚至抗日战争期间叛国投敌的汪精卫集团也打着孙中山倡导的"大亚洲主义"旗帜,歪曲孙中山主张,掩饰、美化其卖国理论。①

国民党的外交政纲得到了苏联政府的热情支持和响应。大批苏联政治、军事顾问来到广州,除鲍罗廷外,加伦、喀拉觉夫、切列沙多夫、科密、西曼诺夫、罗兰、史维多夫等都担任过广州政府重要的军事职务。他们不仅将苏联的党代表制度和政治工作制度推行到黄埔军校和国民革命军之中,而且直接帮助筹划、指挥了两次东征和北伐革命战争,为推进国民革命运动的发展起了重要作用。

为了迅速实现北伐,苏联帮助国民政府整编了国民革命军,并提供了大量的武器装备。据不完全统计,1925 年运抵广州的军火,仅子弹就值 56.4 万卢布。1926 年,北伐开始前,苏联又将大批军火分四次运到广州,其中步枪 18000 支,机枪 100 挺,子弹 1200 万发,火炮 24 门,炮弹 1000 发,飞机 15 架。② 加伦将军亲自制定了北伐军事计划,依据广东的财政支付能力确定北伐军所需的军费,部署北伐的军事行动。同时,根据北伐开始后南方各省份有可能出现的局势,合理安排了国民革命军防守广东和进行北伐的兵力分配。他帮助确定的北伐的作战方针是:首先攻打湖南、湖北,消灭吴佩孚,然后再攻打江西,消灭孙传芳,不失时机地夺取武汉,然后三路汇合,直取沪、宁,并迅速北上讨伐张作霖,统一中国。③

1926 年 7 月 1 日,广州国民政府发表北伐宣言。9 日,正式出师北

---

① 对于孙中山"联俄"主张的分析,参见石源华:《中华民国外交史新著》第一卷,第 317—318 页。

② 吴东之主编:《中国外交史——中华民国时期(1911—1949)》,河南人民出版社 1990 年版,第 168 页。

③ [苏]А·Н·卡尔图恰娃:《加伦在中国(1924—1927)》,中国社会科学出版社 1983 年版,第 211—224 页。

伐。在整个北伐期间,苏联政府从外交、军事、物质、道义等各方面给与了国民政府巨大的支持和帮助。北伐开始后,苏联政府不断发表声明,支持国民革命军北伐,苏联报纸详细报道北伐经过,苏联人民不断举行集会,庆祝北伐的胜利。同时,苏联在帝国主义对北伐进行干涉时,发表声明支持国民政府,谴责帝国主义的干涉。1926 年 11 月,共产国际执行委员会第七次扩大会议在莫斯科召开。会议专门讨论了中国革命问题,通过了《中国问题决议案》。随后,斯大林又在中国委员会会议上做了《论中国革命的前途》的报告,从理论上论述了中国革命的性质、任务、政策和前途。共产国际的决议和斯大林的报告,为中国国民革命的开展提供了理论指导。主要内容有:1.提出了帝国主义干涉中国革命的严重性,强调"假他人之手进行干涉——这是现在帝国主义干涉的根本特点"。[①] 2.明确指出,中国当前的关键问题是农民问题。"在目前革命发展的过渡时期,哪个阶级毅然抓住这个问题给以彻底的答复,这个阶级就是革命的领袖","如果不把土地革命和民族解放事业同等对待,国民政府将不能在革命中保持政权,也不能完全战胜外国帝国主义和国内反动派。"[②]3.提出"在中国,是武装的革命反对武装的反革命,这是中国革命的特点之一和优点之一"。[③] 正是在苏联的外交、军事、理论等各方面的支持下,北伐战争迅速取得了胜利。

为了巩固胜利成果,苏联顾问鲍罗廷建议在武汉成立中国国民党中央委员会及国民政府委员会临时联席会议,以主持大计。但蒋介石、张静江等人却在南昌召开会议,决定中央党部和国民政府暂驻南昌,挑起了"迁都之争"。在苏联顾问、国民党左派和中国共产党的斗争之下,蒋介石被迫同意迁都武汉。1926 年 12 月,广州政府迁都武汉,史称"武汉国民政府"。武汉国民政府在苏联顾问的支持下,继续推行反帝革命外交,重点批评英国的对华新政策,掀起了全国性的取消不平等条约运动高潮,挫败了帝国主义"共同干涉"中国国民革命的阴谋,以群众性的革命举动收回了汉口、九江的英国租界,强硬反制列强对于南京事件的抗议,轰轰

---

① 《斯大林选集》上卷,人民出版社 1979 年版,第 486 页。
② 《共产国际有关中国革命的文献资料(1919—1928)》,中国社会科学出版社 1981 年版,第 279—280 页。
③ 《斯大林选集》上卷,第 487 页。

烈烈的国民革命运动引起了帝国主义的极端痛恨和恐慌。帝国主义一方面直接干涉国民革命,制造了一个又一个惨案,另一方面加紧在国民党内部物色新的代理人,蒋介石、汪精卫先后背离国共合作的国民革命阵营。

1927 年 4 月 12 日,蒋介石在上海发动政变,屠杀中共和工农革命群众,各帝国主义国家逐渐断绝了与武汉国民政府的关系。1927 年 7 月 15 日,汪精卫在武汉进行"分共",公开背离孙中山先生的"联俄、联共、扶助农工"的新三民主义,轰轰烈烈的国民革命终于失败,中苏关系也走入了低谷。

第五节 国民政府初期的对苏外交

当北京政府搜查苏联大使馆之际,南方的国民政府内部也正在酝酿着一场事变,矛头直接针对中国共产党及苏联顾问。蒋介石推行反苏政策并非偶然,他虽然得到孙中山的信任,并于 1923 年亲自赴苏考察,但他并不拥护孙中山的联俄、联共、扶助农工的三大政策。他从苏联考察回来后得出这样的结论:"俄党殊无诚意可言……决不信吾党可与之始终合作,以互策成功者也。"①只是由于当时孙中山立场坚定,态度鲜明,而蒋介石羽翼未丰,故而隐忍不发。到 1926 年初,蒋介石已跻身于广州革命政府最高层,开始寻找机会对共产党开刀。1926 年 3 月 20 日,蒋介石以图谋反叛为名扣留了中山舰,逮捕舰长李之龙,宣布广州全城戒严,命令在黄埔军校和国民革命军中工作的共产党员 50 余人退出。这便是震动一时的"中山舰事件"。苏联代表虽然认为这一事件"是一次针对苏联和中国共产党代表的小型暴动",②但是为了维护国共合作的统一战线,避免破裂,主张退让妥协,迁就安抚蒋介石,这使蒋介石的气焰更加嚣张。1926 年 5 月,蒋介石在国民党二届二中全会上提出"整理党务案",实现了把国民党党政大权集中在一人之手的目标。蒋介石后来回忆说:"这是我们中国国民革命成败的关键,也就是本党和共产党消长的分水岭。"③

① 罗家伦主编:《革命文献》第 9 辑,台北中央文物供应社 1968 年版,第 70—71 页。
② [苏]切列潘诺夫:《中国国民革命军的北伐:一个驻华军事顾问的札记》,中国社会科学出版社 1981 年版,第 374 页。
③ 胡礼忠、金光耀、沈济时:《从尼布楚条约到叶利钦访华——中俄中苏关系 300 年》,第 184 页。

1927年4月12日,蒋介石在上海发动政变,查封革命组织,屠杀共产党人和革命者,并于4月18日建立了南京国民政府。年底,南京国民政府和武汉国民政府实现"统一"。这个新政府完全抛弃了孙中山的联俄反帝的外交政策,一方面加紧与西方列强勾结,一方面推行反共反苏政策。1927年12月11日,中国共产党在广州发动起义,成立苏维埃政府。起义失败后,南京政府利用这一事件掀起了反苏浪潮。12月13日,蒋介石在上海发表讲话,声称:"此次广东共产党作乱与外交有极大关系,我们不得不复位外交的方针,我军已看到各地方有苏俄领事署做共产党的政治机关,又有苏联远东银行做共产党的金融机关,我以为在革命未成功之前,一定要对俄绝交,待至革命成功后,再来设法恢复邦交。"[1]12月14日,南京政府发布对苏联断绝邦交令,指责苏联操纵广州起义,"国民政府统治下各省之苏俄领事馆及其国营商业机关,常为宣传赤化、藏匿共党之所","为维持治安,预防蔓延起见,势难再事姑容,以遗党国无穷之祸,应即将驻在各省之苏维埃社会联邦共和国领事一律撤销承认,所有各省的苏俄国营商业机关应一律停止营业,以杜乱源而便彻究"。[2]

苏联政府对此作出了强烈的反应。16日,苏联政府复照南京政府,声明苏联驻华领事是根据1924年的中俄协定派驻的,并得到北京政府的承认,"南京政府毫不能置喙"。[3]苏联政府也从未承认过南京政府,不承认南京政府撤销领事承认的通告。但南京政府对苏联的复照充耳不闻,12月15日,南京外交部制定具体处置办法四条:1.由各地交涉员向苏领事声明撤销承认,并限期离境;2.所有苏联国营商业机关一律停止营业;3.详细核查苏联侨民数目,无正当职业或形迹可疑者,随时侦查拘禁,驱逐出境;4.苏籍侨民俱应领外侨执照。[4]随即,命令广东、湖北、江苏各省特派交涉员会同地方官宪立即实施该规定。在这种背景下,苏联领事不得不撤回。中苏关系降落到1924年中俄协定签订以来的最低点。

然而,尽管中苏关系趋于全面冷却,但在中国东北仍保留着苏联外交机构及商业机关,中苏之间在一定范围和程度上依然维持着外交关系。

---

① 罗家伦主编:《革命文献》第16辑,第109页。

② 何汉文:《中俄外交史》,第384—385页。

③ 胡礼忠、金光耀、沈济时:《从尼布楚条约到叶利钦访华——中俄中苏关系300年》,第187页。

④ 石源华:《中华民国外交史》,第359页。

1928年12月,张学良宣布东北"易帜",南京政府在形式上统一了中国,其反苏政策也进一步推进到了东北。不久在东北的中东路问题上与苏联发生了冲突与战争。

1924年5月及9月,苏联政府与北京政府及奉系地方政府先后签订了《中俄解决悬案大纲协定》及《奉俄协定》,规定中东路由中苏共同经营,纯系商业性质,中苏合办,主权属于中国,所涉主权各事务如司法、民政、军务、警务、市政、税务、土地等均归中方管理。[①] 但事后苏方并未完全履行协定,中东路的实际管理权又掌握在苏方正职局长手中,致使东北地方当局与苏方在华机构之间龃龉不断,争斗频仍。张学良宣布东北"易帜"后,颇想干一番事业,包括从外国手中收回部分权利。1929年3月1日,中东路督办兼理事长吕荣寰就中东路问题向苏联提出了严重交涉,要求苏方局长的各种命令、公函及其他文件,非由华籍副局长会同签字,不得生效。但这一提案遭到了苏联的断然拒绝,于是,张学良决定用武力解决中东路问题。

1929年5月27日,张学良以苏方在中国煽动"赤化"为由,派兵搜查苏联驻哈尔滨总领事馆,拘捕使馆人员39人。苏方一方面提出抗议照会,一方面采取报复措施,捣毁了苏联境内的几处中国领事馆,逮捕了一批华侨。7月7日,蒋介石召集张学良等在北平磋商对策,鼓励张学良采取断然措施,驱逐苏方人员,清除"共产主义"出东北。7月10日,东北地方当局派出武装人员,强行接收中东路,查封沿线苏联国营商业机关,解散该路各职工联合会,接管该路电信机构。16日,中东路中方理事长吕荣寰下令完全接管中东路,免去苏方局长各职,改委中方副局长兼代,解雇苏方高级职员59人并立即遣送回国。以后几天里,东北当局又逮捕了大批苏联侨民。

苏联方面作出了强烈反应。13日,苏联外交部向中国政府提交抗议照会,谴责中国单方面违背1924年协定,提出了三项要求:1.立即举行双边会谈,处理与中东路有关各项问题;2.中方立即取消最近强行接收中东路的各项命令;3.立即释放被捕之苏方人员及侨民,同时停止对苏方人员

---

① 复旦大学历史系中国近代史教研组编:《中国近代对外关系史资料选辑(1840—1949)》下卷第1分册,第21—29页。

及机构之处理,限中方三天内作出圆满答复,否则,苏联政府将被迫采取其他手段以保护苏联人民的合法权益。[1] 16 日,南京外交部复照辩称:近年来,"苏联方面有煽动中国人民破坏社会反对中国政府各种有组织之宣传及工作,使中国政府不得不采取适当之措置,以维持中国社会之安宁"。要求苏联政府释放所有被拘押之 1000 余名华侨,且不得任意迫害旅俄侨商及团体,则中国政府当恢复事件中被捕之苏方人员的行动自由,希望苏方"尊重中国之法律及主权,不为违反事实之提议"。[2] 7 月 18 日,苏联政府认为中国政府实际上拒绝了苏方建议,宣布断绝两国外交关系,召回其驻华外交及商务官员,中断两国间之铁路交通,责令中国驻苏外交人员立即撤离俄境,但保留 1924 年中俄协定赋予之俄方权利。[3] 同时,苏联加紧在中苏边界进行军事部署。中国政府在接到苏方绝交声明后,亦于 7 月 19 日宣布与苏绝交。20 日,蒋介石向全国官兵发表通电,称苏联"蔑视我国,以为可任其欺凌宰割。此而可忍,现尚存在之不平等条约,更何以废除,中国之独立平等,永无希望",指令东北军立即进入紧急防卫状态,准备全力"抗俄"。[4]

7 月下旬,双方军队加紧向边境结集,国境线上两国军队的摩擦冲突时有发生。张学良连电蒋介石,称苏军压境已"非东省独立所能应付,应请中央预定方策,详为指示,俾中央与地方联贯一气",要求中央在各方面直接援助。蒋则电嘱张"坚持不屈",为"军事应急作准备"。[5] 8 月 6 日,苏联下令组建远东特别集团军,加伦将军出任总司令,兵力增至 5 个师。15 日,张学良下达对苏动员令,在东、西两线部署了 2 个军约 6 万人的兵力。从 9 月底起,苏军在飞机及坦克大炮的掩护下,向中国军队发起全面攻势,至 11 月底,张学良的军队遭到重创,伤亡、被俘达 2 万余人。

在败局已定的情况下,中国政府于 11 月 25 日致电《非战公约》签字

---

[1] 复旦大学历史系中国近代史教研组编:《中国近代对外关系史资料选辑(1840—1949)》下卷第 1 分册,第 176—180 页。

[2] 复旦大学历史系中国近代史教研组编:《中国近代对外关系史资料选辑(1840—1949)》下卷第 1 分册,第 181—182 页。

[3] 复旦大学历史系中国近代史教研组编:《中国近代对外关系史资料选辑(1840—1949)》下卷第 1 分册,第 182 页。

[4] 程道德等编:《中华民国外交史资料选编(1919—1931)》,第 540—541 页。

[5] 《张学良文集》(1),新华出版社 1992 年版,第 206 页。

国,请求主持公道。但时值资本主义世界经济危机爆发,各国政府自身难保,且列强各国在中国又有着盘根错节、交错复杂的利害关系。它们尽管不愿失去这个反苏机会,但对中国以武力收复外人在华利权也同样感到担忧,对中苏冲突采取旁观政策。为打消列强顾虑,避免各国"误解",张学良称此次事件并非因中方破坏条约、单方面收回中东路所致,对中外已订各约,"吾人决无破坏",也"决不愿破坏之",中东路事件,"实缘俄人利用中东路为宣传赤化之根据地,吾人不得不为自卫之处置"。[①] 12 月 3日,美、英、法等国呼吁中苏双方切实负起《非战公约》所要求之责任义务,和平解决中东路问题。但苏联政府坚称苏军的行动是为保卫其领土及主权利益采取的不得已的措施,"绝非违背巴黎公约任何义务",中东路事件应该由中苏两国自行解决,并对尚不愿与苏建交的美国政府是否具备出面劝告调停的资格,表示质问和"惊异"。[②]

张学良见国际干预无望,只得改变态度,谋求与苏联议和。12 月 3日,东北当局特派代表蔡运升与苏方代表西曼诺夫斯基在双城子谈判,达成《双城子议定书》:中方应允免去中东路理事会理事长吕荣寰之职,苏方重新推定人员出任中东铁路局局长及副局长,双方恪守 1924 年《中俄协定》及《奉俄协定》各项条款,东北当局"亟愿尽力协助排解中苏冲突,并消除继续复杂化之一切原因"。[③] 议定书完全满足了苏联的先决条件,中东路事件开始按照苏联的要求解决。其后,两国代表继续在伯力进行谈判,12 月 22 日,双方签订《中苏伯力会议议定书》。主要内容是:中东铁路恢复 7 月 10 日前状态,被免职、解雇或驱逐之苏方人员恢复原职;在国交全部恢复前,可先行恢复苏联驻东三省及中国驻苏远东地区之领事馆、商业机关;释放在对方国被俘、被捕之本国公民,立即恢复中苏两国边境地区和平状态,双方随即撤兵;1930 年 1 月 25 日在莫斯科举行中苏会议,以协商恢复国交、通商及中东路利权各具体问题等。[④] 至此,历时五个月的中东路事件告一段落。

这场冲突对南京政府的外交发生了重要影响。中东路事件导致中苏

---

① 《张学良文集》(1),第 209 页。
② [美]马士・宓亨利:《远东国际关系史》(下),商务印书馆 1975 年版,第 729—730 页。
③ 王铁崖主编:《中外旧约章汇编》第 3 册,第 736—737 页。
④ 褚德新、梁德主编:《中外约章汇要(1689—1949)》,第 546 页。

断交,使中、苏、日在东北亚地区的某种均势发生了有利于日本的变化。中苏对抗正是日本侵略者期待已久的,整个危机期间,日本一直坐山观虎斗,尽享渔人之利。此外,中国武力收回中东路及中苏战争的爆发也给西方列强在答复中国政府收回治外法权等要求时找到了借口,它们担心中国以同样的手段收回各种利权,在华利害关系的一致性,驱使它们无形中结成了对付中国收回利权运动的"统一战线",国民政府的改订新约、收复国权的外交也因此益加艰难。

值得关注的是,中苏中东路战争期间,还发生苏军乘机军事占领黑瞎子岛,久占不还事件,后来苏联又将黑瞎子岛完全划入苏联版图,引起中苏间数十年的外交争执和交涉。黑瞎子岛地处黑龙江、乌苏里江汇合处,北临黑龙江,东南临乌苏里江,西南连接两江的河汊通江子,又名"抚远三角洲",因早年常有被称为"黑瞎子"的熊出现,俗称"黑瞎子岛"。全岛由93个小岛组成,面积324.48平方公里。该岛自古以来就是中国的领土,唐、辽、元、明、清都曾经在此设治。1860年签署的《中俄北京条约》仍确认该岛属于中国版图。1861年6月,沙俄从订立《中俄勘分东界约记》时起,开始觊觎该岛,并采取了一系列侵略行动,但都未为中国政府所承认。1910年,清政府设立抚远州(两年后改县)管辖该岛。中东路战争停战后,按照《中苏伯力会议议定书》,苏联红军开始撤回国内,但黑瞎子岛上的苏军却没有撤退,导致该岛为苏军侵占。随后发生九一八事变,中国政府无力顾及于此,该岛归属问题遂成中苏两国领土悬案。①

《中苏伯力会议议定书》暂时缓和了两国的矛盾,但两国恢复邦交等问题并没有解决,两国原定1930年1月25日在莫斯科举行会议,但由于中国国内爆发新军阀中原大战以及苏联政府的故意拖延,日期一改再改。

① 新中国成立后,仍为苏军占领,成为中苏东部边界谈判中最后存在的争议问题。直至2004年,中俄签署《中俄国界东段补充协定》,两国达成共识,确定黑瞎子岛335平方公里(该岛因黑龙江、乌苏里江主流泥沙积淀,不断扩大),划归中国171平方公里,划归俄罗斯164平方公里。2014年4月,俄罗斯国家杜马和中国人大分别批准该协定。2008年10月14日,中俄在黑瞎子岛举行两国国界东段界桩揭幕仪式,两国外交部换文确认该协定正式生效。两国决定将该岛建设成为中俄合作示范区。2011年10月底,笔者有幸访问考察黑瞎子岛。经中国国务院批准,黑龙江省将以建设对俄合作示范区为奋斗目标,经过十年的努力将该岛建设成为生态保护良好、人员自由往来、货物顺畅进出、经贸文化交融、通关设施完备、双方过境无障碍的中俄友好的友谊城、跨境旅游的自由区、对俄经贸合作的先行区和东北亚区域开放合作的新亮点。本段内容参见石源华:《中华民国外交史新著》第一卷,第408—409页。

直到 1930 年 5 月 9 日，南京政府全权代表莫德惠才抵达莫斯科，与苏联代表加拉罕举行预备会议。两国代表在会议议题等问题上争执很大，中国要求将中东路问题列为首要问题，但苏联认为此问题在《伯力议定书》中已经解决，故而不愿再谈，却提出了通商问题、黑龙江与松花江航行问题、外蒙古独立问题、新疆中苏边界划界以及因中东路纠纷苏联出兵赔偿问题，双方意见相左，达不成协议。南京政府所确定的与会原则是：1. 中东路问题以收回为原则，方式是以钱赎买。2. 通商问题以平等为原则，双方承认关税自主。3. 复交问题，以苏联停止在华之赤化政治活动、承认外蒙古为完全中华民国之一部分为条件。① 双方的会谈从 1930 年 10 月 11 日开始，一直到 1931 年 10 月 7 日，共进行 25 次。在中东路如何估价、以何种货币赎路、中东路如何管理等问题上没有达成一致意见。1931 年九一八事变发生，东三省完全被日本占领，南京政府事实上已经不能保持对于中东路的主权。苏联政府乘机宣布结束会谈，等东北问题解决之后再举行中苏会议。中苏莫斯科会议遂不了了之。

　　日本对中国东北的侵略，引起了远东国际关系的重大变化，也为中苏关系的恢复提供了契机。苏联政府出于维护远东和平的战略考虑，对中国人民表示同情，对日本的侵略进行了揭露和谴责。1931 年 9 月 24 日，苏联外交人民委员李维诺夫发表声明："苏联在道义上、精神上、感情上完全同情中国，并愿作一切必要的帮助。"② 苏联国内的《真理报》《消息报》等连续发表消息和评论，向中国人民表示同情并谴责日本帝国主义对中国的侵略阴谋。苏联各地的工人举行集会、游行、示威等活动，抗议日本帝国主义对中国的侵略。鉴于苏联对中国的同情、支持，中国国内要求恢复中苏关系的声浪越来越高。东北群众团体及上海学生联合会联合向南京政府要求立即恢复中苏邦交，"联俄抗日，以武力收复失土"。③ 国民政府鉴于中国的反日战略、国内的舆论以及对国际联盟调解中日冲突的失望，开始考虑恢复中苏外交关系，特别是 1932 年美国总统罗斯福上台后决定承认苏联，更使得南京政府内的亲英美派积极活动起来。1932 年 6 月 6 日，国民党中央政治会议作出决定，立即着手与苏联进行秘密谈

---

① 何汉文：《中俄外交史》，第 423 页。
② 《申报》1931 年 9 月 26 日。
③ 《晨报》1932 年 5 月 16 日。

判,恢复两国邦交。① 同时,九一八事变后,日本破坏中东路的正常运行,派兵干涉路局事务,又唆使伪吏制造事端,扩大冲突,加速了日苏之间的对立,苏联政府也期望同中国早日恢复正常的外交关系。

中苏复交谈判在瑞士的日内瓦举行,南京政府坚持先订约后复交的原则,致使谈判迟迟没有取得进展。日本闻讯后,多方进行活动,试图阻止中苏复交。10 月,日本政府派松冈洋右赴莫斯科与李维诺夫会谈,提议订立《日苏互不侵犯条约》。南京政府闻讯后,遂放弃先订约后复交的立场。1932 年 12 月 12 日,中苏双方代表互换照会,并向世界各国宣布:自即日起,中苏两国正式恢复正常的外交与领事关系。中国派颜惠庆为驻苏大使,苏联派鲍格莫洛夫为驻华大使。

恢复与苏联的邦交,这是中国政府自九一八事变以来为争取国际外援而迈出的重要一步。宋子文说:"余对中俄两国恢复正规之外交和商务关系极为满意,深信定能于实施远东和平上大有助力。"前外交部长伍朝枢更是直接指出:"与俄复交,为外交上运用之阵容,使日人注意侵略东北之心,有所顾忌。"②

然而,中苏恢复邦交后,两国关系却没有得到明显的改善。苏联政府一方面谴责日本对中国的侵略,对中国表示同情和支持,另一方面,为了避免自身卷入战争,又对日本的侵略扩张采取某种实用主义的态度,引起中苏间严重交涉。苏联虽不承认日本建立的"满洲国",但接受了"满洲国"新任命的中东路督办李绍庚。当时任日本驻哈尔滨总领事的森岛守人在回忆录中说:"唯有苏联与其它国家不同,在事实上承认了满洲国"。③ 1933 年 5 月 2 日,苏联外交人民委员李维诺夫向日本驻苏大使太田建议,愿将中东路售与日本或"满洲国",④引起南京政府的强烈抗议。5 月 9 日,南京外交部向苏联政府抗议说,根据《中俄协定》、《奉俄协定》,"两缔约国政府承认对中东铁路之前途,只能由中俄两国取决,不许第三

---

① 胡礼忠、金光耀、沈济时:《从尼布楚条约到叶利钦访华——中俄中苏关系 300 年》,第 197 页。
② 石源华:《中华民国外交史》,第 425 页。
③ [日]森岛守人:《阴谋、暗杀、军刀——一个外交官的回忆》(中译本),黑龙江人民出版社 1980 年版,第 88—89 页。
④ 吉林省社会科学院:《满铁史资料》第 2 卷第 4 册,中华书局 1979 年版,第 1218 页。

者干涉"。① 但苏联辩称:中国政府在过去 18 个月已不再是苏联在中东铁路上的实际共营者,由于种种与苏联无关的原因,他们失去行使履行中俄协定和俄奉协定的权利与义务的可能,故而只能与"满洲国"谈判买卖中东铁路。② 随后,中国政府先后四次向苏联提出抗议,苏联政府均置之不理,并与"满洲国"进行谈判,直至 1935 年 3 月 12 日,双方草签中东路买卖合同。23 日,签订了正式协定,路价一亿四千万日元。③ 中东铁路出售给日本,使得日本完全控制了东北的经济命脉。苏联以低价出售此铁路,经济上虽然有所损失,但政治上受益很大,此一交易使得苏联与日本的矛盾有所缓和,暂时避免了与日本在远东发生正面冲突。但苏联这样做不仅违反了十月革命后苏俄政府两次对华宣言精神,破坏了 1924 年的《中俄协定》和《奉俄协定》,而且在事实上承认了伪满洲国,极大地损害了自身的国家形象。苏联的这一行动,理所当然地遭到了中国各界的抗议和国际公正舆论的谴责。

在新疆和外蒙古问题上,中苏也存在严重的分歧。1933 年,苏联帮助新疆边防督办盛世才击败亲南京政府的张培元部以及马仲英部,巩固了对新疆的统治,并推行"反帝、亲苏、民主、清廉、和平、建设"六大政策,成立新疆民众反帝联合会,一批共产党人担任了政府部门和文教宣传机构的公开职务,新疆地区的抗日民族统一战线首先得以建立。苏联的经济势力随之进入新疆,新疆成为南京政府无法管辖之地,南京政府视之为苏联对于新疆的侵略。1935 年 3 月,驻苏大使颜惠庆奉命向苏联外交人民委员李维诺夫探询苏联的态度。李维诺夫答称,苏联援助盛世才,只是因为马仲英有日本的背景,苏联不容许日本侵入新疆或外蒙古,苏联在新疆只有商务经济利益,而没有任何政治野心。并声称苏联顾问曾经屡次劝说盛世才服从中央,"但如盛世才本人愿意处于半独立状态,则决非苏联所能为力"。④

---

① 复旦大学历史系中国近代史教研组编:《中国近代对外关系史资料选辑(1840—1949)》下卷第 1 分册,第 21—29 页。

② 苏联《真理报》1933 年 5 月 12 日,吉林省社会科学院:《满铁史资料》第 2 卷第 4 册,第 1220—1222 页。

③ 复旦大学历史系中国近代史教研组编:《中国近代对外关系史资料选辑(1840—1949)》下卷第 1 分册,第 187—190 页。

④ 吴东之主编:《中国外交史——中华民国时期(1911—1949)》,第 386—387 页。

同样,外蒙古问题也是阻碍中苏关系发展的障碍。由于苏联的关系,南京政府根本无法行使对于外蒙古的宗主权。日本二二六事件发生后,苏联为防备日本向北扩张,于 1936 年 3 月 12 日与外蒙古签订了《苏蒙议定书》,主要内容是:任何一方遭到日本侵略时,双方以全部力量进行互助,[①]这一协定使得苏联进一步加强了对外蒙古的控制。4 月 7 日和 11 日,国民政府外交部二次向苏联提出抗议,指出"苏联政府不顾其对于中国政府所为之诺言,而擅与外蒙签订上述议定书,此种行为,侵害中国之主权",违反中苏协定之规定等。[②]

1933 年 3 月和 4 月,中国驻苏大使和苏联驻华大使虽然都已到任,但中苏关系却由于上述种种阻碍处于一种若有若无的状态。然而,随着日本侵略中国的不断扩大和深入,英国和美国等西方国家采取袖手旁观政策,中国面临的民族危机越来越严重,南京政府开始重新考虑对苏政策,而将双方争执的问题暂时搁置起来。同时,日本在中国东北的侵略扩张,也对苏联构成了很大的威胁,日苏间的矛盾和摩擦不断增加,改善对华关系也成为苏联加强远东防务的迫切需要。

1934 年夏天,蒋介石派遣清华大学教授蒋廷黻,率领一个非正式的代表团访问苏联。1935 年 10 月,又在南京建立了中苏友好文化协会。由孙科任主席。日本策动华北事变后,行政院副院长孔祥熙于 10 月份秘密会见苏联驻华大使,告之日本已向中国提出建立反苏军事同盟,如果蒋介石同意签订军事同盟,他们将不反对蒋介石政府在北方各省的主权,暗示中国和日本有妥协的可能性。同月 20 日,蒋介石在孔祥熙的陪同下,会见苏联驻华大使。蒋介石表示:中国希望改善中苏关系,因为中苏两国受到来自同一个地方的威胁和同样的危险,赞成签订中苏贸易协定和互不侵犯条约,并暗示愿意与苏联签订秘密军事协定。当时苏联政府认为"南京政府的一切打算都是建立在其它强国同日本的战争上,而南京政府不认为自己有同日本作战的可能。"[③]因此,苏联在口头上没有拒绝中国的建议,但在行动上却相当谨慎。

1936 年 11 月,日本和德国签订《反共产国际协定》,苏联面临着欧、

---

① 《国际条约集(1934—1944)》,世界知识出版社 1961 年版,第 57—58 页。

② 《中央日报》1936 年 4 月 12 日。

③ 石源华:《中华民国外交史》,第 520 页。

亚法西斯东西夹击的危险。12月，中国西安事变和平解决，中国国民党在中国共产党及全国抗日舆论的推动下逐渐转向抗日。在这种情况下，中苏之间建立稳定合作关系的可能性有所增强。1937年4月，苏联政府从多方面获悉蒋介石政府准备抗日，对蒋介石的信任有所增加，命令苏联驻华大使向南京政府提出共同防御外患的建议。苏联驻华大使表示，中国强则为远东和平之重要保障，中国弱则为远东战争之导火线，因而建议：1."以中国政府名义邀请太平洋各关系国开一国际会议，商定集体互助协定。苏联方面允于接到邀请后，即正式通知愿意参加。"2.如上述努力不能达成结果，则中苏签订互不侵犯协定。3.中苏订立互助协定。为表示诚意，苏联愿意向中国提供5000万元军需品援助。但南京政府外交部长王宠惠认为，此事"关系我国存亡至深至巨"，"不宜轻于拒绝，也不宜仓促赞成"。① 随后，中苏间的谈判由蒋介石代表孔祥熙与苏联驻华大使鲍格莫洛夫断断续续地进行，由于双方均存有戒心，谈判迟迟没有取得实质性进展。

第六节　抗日战争与对苏外交

1937年7月7日，日本发动全面侵华战争，南京政府开始实行全民族全面的抗日战争。南京政府不仅急切希望得到苏联的物质援助，而且还希望迅速与苏联建立军事合作关系，以抵御日本的侵略。苏联作为一个在远东有直接利害关系的国家，也积极主张制裁日本，支持中国，希望通过援助中国的抗日战争来拖住日本，使苏联避免两线作战的不利形势。但苏联又考虑到自身的险恶环境，不愿与中国建立军事合作关系，公开对日本表示敌视态度，只同意订立互不侵犯条约。

八一三事变后，中苏的外交谈判进程得以加速。1937年8月21日，两国在南京缔结《中苏互不侵犯条约》。该条约斥责以战争为解决国际纠纷之方法，缔约国双方约定不得单独或联合其他一国或多数国对另一国进行任何侵略；当缔约国一方受到第三国侵略时，缔约国另一方不得向

---

① 秦孝仪主编：《中华民国重要史料初编——对日抗战时期》战时外交（二），台北中国国民党党史会1981年版，第325—326页。

侵略国提供任何直接或间接的援助;条约有效期为 5 年等等。① 南京政府虽然没有达到签订互助条约以使苏联参加对日作战的目标,但在抗战全面爆发而西方国家又袖手旁观之际,中苏互不侵犯条约的签署仍然是国民政府联苏抗日外交方针的一大成果。它体现了苏联对中国抗战的支持,对日本的侵略是一个沉重的打击。国民政府外交部发言人称:"此举不独对于中苏两国间之和平多加一重保障,且为太平洋各国以不侵犯之保证共谋安全之嚆矢。"②

战时,中国国民政府的对苏外交有两个重点:其一,争取苏联直接或间接对于中国抗战的军事援助;其二,是劝说苏联直接出兵对日作战。第一个目标基本得到了实现。在 1938 年 3 月到 1939 年 6 月期间,苏联先后向中国提供三笔贷款,共计 2.5 亿美元(其中 1938 年 3 月一笔为 5000 万美元,1938 年 7 月一笔为 5000 万美元,1939 年 6 月一笔为 1.5 亿美元),③中国方面共动用约 1.73 亿美元。这些贷款不附带任何条件和抵押,给中国的抗战事业以很大的帮助。此外,苏联还以低于市价 20% 的价格供应中国急需的飞机、大炮、坦克及其他军需物资,中国则以茶、羊毛等农副产品和锡、锑、钨等工矿产品偿付。从 1937 年 10 月到 1939 年 9 月期间,苏联向中国提供了 985 架飞机、82 辆坦克、1300 多门火炮、14000 多挺机枪以及大批弹药和军事装备。同时,苏联还派出大批军事顾问和组织航空志愿队来中国协助对日作战。从 1937 年 11 月起,苏联向中国派遣了 700 名飞行员,组成航空志愿队,直接参加对日军的战斗,给日本的空军、海上运输船只和地面部队以有力的打击。④ 苏联对中国抗日战争的支持,为中国的民族解放事业作出了重大的贡献。

除此之外,苏联还不断强化它在远东地区的战备。1931 年,苏联在远东地区的兵力仅 6 个师。1937 年,苏日双方的兵力和兵器部署是:苏军 20 个狙击师(不包括 3 个骑兵师和海军),日军 7 个师;作战飞机:苏军 1560 架,日军 250 架;坦克:苏军 1500 辆,日军 150 辆,日本处于明显劣

① 褚德新、梁德主编:《中外约章汇要(1689—1949)》,第 606—610 页。
② 《中央日报》1937 年 8 月 30 日。
③ 王铁崖主编:《中外旧约章汇编》第 3 册,第 1135—1139 页。
④ 〔苏〕德波林主编:《第二次世界大战史》第 2 卷,上海译文出版社 1981 年版,第 117—119 页。

势。① 强大的红军驻扎在苏联远东地区,迫使日本不得不在中国东北地区配备重兵,从而牵制了日军在中国其他战场兵力的配置,间接支持了中国的抗战。1939 年 9 月 22 日,蒋介石在致斯大林的电报中说,"自中国抗战以来,日本之未敢以全部兵力加诸中国者,实由贵国在我东北边境牵制之力为多。"②

同时,中国国民政府一直企图推动苏联出兵参战。一旦苏日开战,既可减轻中国战场的压力,也可使苏日相互抵消军力,消除苏联"赤化中国"的威胁。这一目标却未能实现。1937 年 10 月 22 日,蒋介石电令中国驻苏代表向苏联当局探询:如果布鲁塞尔会议失败,我国用军事抵抗到底,苏联是否有参战之决心? 什么时期能够参战? 11 月 11 日,斯大林答复:"苏联希望日本削弱,但目前苏联尚未到与日本开战时机",强调"若苏联向日本开战,日人民必以为苏联亦系分润中国之利益者,刺激日本国民之反抗,激成日全国民之动员,结果反助日本之团结";"目前中国打仗,苏联当尽力帮助,若即时与日开战,必使中国失去世界同情之一半"等。③ 12 月,斯大林又直接致电蒋介石,说明"假使苏联不因日方挑衅,而即刻对日出兵,恐将被认为是侵略行动,是将日本在国际舆论的地位马上改善","此将予中国与苏联以不利";表示"只有在九国或其中主要一部,允许共同应付日本侵略时,苏联就可以立刻出兵","世界同情不归日本。"④苏联的解释当然不能满足中国方面的要求,蒋介石继派遣杨杰之后,又派遣孙科赴苏活动,重点仍在说服斯大林让苏联红军参加对日作战。蒋介石甚至把日本通过德国传递的中日和谈条件送给斯大林,暗示如中国不能得到苏联的充分支持,将和日本实现和平,加入轴心国,对苏联政府施加压力。1938 年 10 月,蒋介石通过杨杰与斯大林交涉,认为"中国深觉两国订立互相协定之时机业已成熟",要求"苏联应对远东之侵略者作最有效的制裁,而对我国作进一步之接近";强调"一则国联既议决各会员国有权施行第 16 条,则苏联正可实行向日对我之诺言(即谓如国联议决,则苏可出兵),二则目前欧局既可暂望安定,不必有西顾之

---

① 王绳祖主编:《国际关系史》第 5 卷,第 201 页。

② 秦孝仪主编:《中华民国重要史料初编——对日抗战时期》战时外交(二),第 347 页。

③ 秦孝仪主编:《中华民国重要史料初编——对日抗战时期》战时外交(二),第 334—336 页。

④ 秦孝仪主编:《中华民国重要史料初编——对日抗战时期》战时外交(二),第 339—340 页。

忧,趁此时机宜与远东侵略者之日本以教训,使他日德国亦无能为患",继续催促苏联对日作战。[①] 然而,苏联援华自有明确的目标,那就是利用中国来拖住日本,使日本陷入中日战争的泥潭无法脱身,以避免两线作战的威胁。国民政府的意图不符合苏联的远东战略利益,自然不可能如愿以偿。

1939 年,欧洲局势发生骤变。该年春夏,苏联与英、法进行了长达四个多月的谈判,试图构建集体安全体系,没有结果,德、意法西斯气势汹汹,日本也在远东对苏不断挑衅。5 月,苏联和日本在诺门坎发生了大规模的武装冲突。来自东、西两头的战争威胁困扰着莫斯科。8 月 23 日,苏联为摆脱困境,推迟战争,并打击英、法的阴谋,与德国订立《苏德互不侵犯条约》。同时,也开始调整远东政策,改善同日本的关系,以诱使日本之南进。日本在诺门坎战争失利后,深感苏联在远东军事实力强大,苏联援助中国抵抗日本侵略的政策,使得日本"迅速解决中国事变"的设想难以实现,决定调整其对苏政策。对于苏日关系的这种发展趋向,南京政府感到十分不安。

1940 年 7 月初,日本政府向苏联提出签订《苏日中立条约》的建议,并于 10 月份开始谈判。1941 年 3 月,日本外相松冈洋右访问莫斯科,直接与斯大林、莫洛托夫会谈。苏日高级会谈惊动了中国国民政府当局,重庆当局为了破坏日苏会谈,利用各种场合和机会强调中苏友好,官方报纸不断的登载苏联向中国提供援助的报道,抱怨和贬低英、美在援华抗日方面的作用。[②] 但是国民政府的这些行动并没有阻止苏联与日本签订条约。1941 年 4 月 13 日,苏联与日本出于各自的需要,在莫斯科签订《苏日中立条约》。[③] 条约规定,维护两国间的和平友好关系,互相尊重缔约国另一方的领土完整和不可侵犯;当缔约国一方成为一国或两国以上的军事行动对象时,缔约国另一方须在该纠纷的整个过程中保持中立。条约附有一项宣言,声明苏联须尊重满洲国领土完整不可侵犯性,日本须尊重蒙古人民共和国领土完整与不可侵犯性。

对苏联来说,《苏日中立条约》的签订是其外交策略的成功,在苏联

---

① 《蒋介石致驻苏大使杨杰密电》(1938 年 10 月 1 日),《民国档案》1985 年第 1 期。

② [苏]瓦·崔可夫:《在华使命:一个军事顾问的笔记》,新华出版社 1980 版,第 84—85 页。

③ 《国际条约集(1934—1944)》,第 303—304 页。

面临德国法西斯进攻的严重威胁下,利用矛盾,避免了两线作战,有利于保障苏联东部的和平与安全。但条约关于伪满洲国和蒙古领土和主权的宣言,无论苏联的动机如何,都构成了对中国主权的侵害。对此,中国国民政府声明:"中国政府与人民,对于第三国间所为妨碍中国领土与行政完整之任何约定,决不能承认",苏日宣言对中国"绝对无效"。① 苏联政府则辩称与日订约,只是为了苏联和平,援华抗战政策"毫无变更"。在这种情况下,为了继续争取苏联的援助,国民政府决定不作恶化中苏关系之举,至少使这一关系保持在现有水平上,指示就"苏日条约"本身"对苏不作其它批评,以免造成反苏印象,为敌利用"。政府还指示新闻界不得攻击苏联,也不要对苏日签订条约一事加以渲染。② 事实上,《苏日中立条约》签订以来,"苏联对我各种武器之接济一切如常,均无异于往时",条约之目的在于"限制日本追随德国进攻苏联",只有增加中国"在太平洋上地位之重要,而绝无妨害我国抗战之全局";"是以日苏条约,就整个局势而言,对于我国抗战,与其谓有害,无宁谓有益矣"!③

1941 年 6 月 22 日,苏德战争爆发,苏联由于卫国战争的实际需要,援华物资不断削减,直至停止援助。另一方面,也由于美国援华大大加强,占据主导地位,苏联在国民政府外交中的地位急骤下降,中苏关系随之降温。

中苏间的正面冲突始于新疆问题。1942 年 7 月,国民政府利用新疆地方实力派盛世才的"倒戈",策动反苏行动,逮捕了新疆政府中的亲苏人员,迫使苏联驻哈密的红八团撤退。国民政府制定了收复新疆主权方略,提出"乘日寇北进攻苏联,或苏对德军事惨败,或其它我之国际地位更有利时机,向苏联提出解决两国外交悬案","中央有力部队开入新疆各要点,以武力确实控制之,肃清新省一切不稳分子,收复主权"等。④ 苏联政府为此停止了对于新疆的一切援助,并明里暗里支持新疆各族人民的"三区革命",⑤引起国民政府的疑忌和仇视,双方交涉不断,争执升温。

① 秦孝仪主编:《中华民国重要史料初编——对日抗战时期》战时外交(二),第 390 页。

② 中国社会科学院近代史研究所编:《胡适任驻美大使期间往来电稿》,中华书局 1978 年版,第 79 页。

③ 《蒋介石论苏日中立条约》(1941 年 4 月 24 日),《档案史料与研究》1993 年第 2 期。

④ 秦孝仪主编:《中华民国重要史料初编——对日抗战时期》战时外交(二),第 438—440 页。

⑤ "三区革命"指新疆伊宁、塔城、阿山三区的新疆人民发动的反对国民党统治的武装斗争。

国民政府在国内不断掀起反共高潮,挑动反苏行动,削减对苏贸易,也激起苏联的不满。苏联政府不仅撤回了驻华军事顾问团,而且对国民政府采取公开批评态度。1943—1944 年,苏联报刊上连篇累牍出现批判中国国民政府的文章,批评蒋介石不将全部兵力用于抗日作战,而用重兵包围中共领导的解放区,抨击国民党军队在豫湘桂战役中一触即溃,一败千里,向盟国呼吁改组中国政府。苏联政府还不断在国际事务中贬低国民政府。当美国政府欲将中国列入世界"四强"行列时,一再遭到苏联政府的反对和阻难。1943 年 10 月,苏联曾经反对中国参加签署《普遍安全宣言》。11 月,又拒绝罗斯福总统提出举行美、英、苏、中四国首脑会议的建议。1944 年夏秋间,当筹备建立联合国的敦巴顿橡胶园会议举行时,苏联政府再次拒绝与中国代表坐在一起,会议不得不分为两个阶段举行,先是美、英、苏三国会议决定几乎所有重大问题,再举行美、英、中会议,实际上是向中国通报三大国之重要决定,让中国代表团签字同意。至 1944 年下半年,中苏关系降到抗日战争以来的最低点。

在抗战后期的国际关系中,随着战争胜利的日益接近,中国作为美、苏之间建立和保持战后世界政治均势的一个重要因素的地位,正日甚一日地显现出来。这就决定了这一时期的中苏关系已不再是一般意义上的两国外交往来,而是越来越多地受制于美、苏两国的全球战略及其相互间关系的发展,中国政府的对苏外交带有十分鲜明的被动性。

1945 年上半年,欧洲战场已是胜利在望,彻底击溃日本以及随之而来的远东国际关系的变动正日益成为盟国首脑们考虑的突出问题。美国为了减少损失,加快结束战争,积极寻求莫斯科对日宣战。但要实现苏联对日作战,必须在一定程度上满足苏联的要求。苏联从 1943 年以来曾多次明确向美表示,要以恢复帝俄时代在中国东北的某些权益作为对日出兵的条件。① 美国担心,如果中苏不能达成谅解,那么,苏联出兵中国东北很可能威胁战后蒋介石政权对全国的"统一"和统治,甚至进而改变中国的政治色彩,这将使美国多年来培植亲美的蒋介石领导中国的计划化作泡影。形势的紧迫使华盛顿感到劝导和鼓励中苏直接谈判有必要和重要,达成一项对中苏双方都有约束力的协定已属刻不容缓。

---

① 王永祥:《雅尔塔密约与中苏日苏关系》,台北东大图书公司 2003 年版,第 52—53 页。

1945年2月4日至11日,罗斯福、丘吉尔与斯大林在雅尔塔举行会晤。在商讨远东问题时,斯大林正式提出了关于苏联对日出兵的政治条件。4月11日,三巨头签订《雅尔塔协定》。规定苏联将于欧战结束后两至三个月内对日宣战,其条件为:1.外蒙古(即"蒙古人民共和国")维持现状。2.恢复1904年日俄战争前俄国在中国东北等地的权益,包括库页岛南部及邻近一切岛屿交还苏联,大连商港国际化,苏联在该港的优越权益予以保证,并恢复对旅顺港的租用以作苏海军基地,连接旅大之中东、南满铁路由中苏共同经营,苏联的优越权益须予保证;3.千岛群岛交与苏联。① 雅尔塔秘密协定是三国首脑在没有中国政府参加的情况下决定中国命运的协定。

5月8日,德国投降,苏联出兵问题迅速提上日程。5月底至6月初,杜鲁门派霍普金斯特使访问莫斯科。莫洛托夫外长就对华政策作了详细阐释,主要观点是:1.斯大林"毅然决然地"重申了以前的承诺,即他"将尽一切努力促进中国在蒋介石领导下的统一",在战后,蒋的领导地位应继续保持下去,因为中国没有其他人(包括中共)有足够力量来统一中国,苏联还将支持蒋的政权对东北及新疆等地行使主权,他欢迎蒋的代表同苏军一起进入东北以行使这种权力,苏联对中国没有领土要求,苏军为打击日军而进入中国任何地区都将尊重中国主权。2.苏联继续支持美国对华"门户开放"政策,斯大林特别表示美国是战后唯一能够以自己的能力援助中国的国家,而苏联则将忙于恢复和巩固国内经济。3.苏联军队将于8月初完成对日战争的军事部署,但出兵问题当以中国政府是否接受雅尔塔协议为必要条件。② 由于时间紧迫,斯大林希望中国外交部长宋子文能在7月1日前抵达莫斯科,进行中苏谈判。

6月9日,杜鲁门总统接见宋子文,向他转达了苏联"斩钉截铁"的态度,并电令在重庆的赫尔利,在6月15日将雅尔塔密约内容正式通知蒋介石,"并且尽一切努力争取获得他的赞同"。③ 蒋介石面对苏、美、英三大国业已达成的协议,虽然强烈不满,却无法彻底加以拒绝。其对苏交涉

① 复旦大学历史系中国近代史教研组编:《中国近代对外关系史资料选辑(1840—1949)》下卷第2分册,第204—205页。
② [美]舍伍德:《罗斯福与霍普金斯》下册,商务印书馆1980年版,第570—571页。
③ 《杜鲁门回忆录》第1卷,三联书店1974年版,第191页。

的思想是:1.在租借旅顺问题上持强硬的反对态度;2.将外蒙古问题定位在允其"高度自治",在中苏谈判中"最好不提";3.借助苏联的影响,解决中共问题。① 6 月 30 日,宋子文一行抵达莫斯科,与苏联开始商订两国友好同盟条约的谈判。

中苏莫斯科谈判从 6 月 30 日开始至 8 月 14 日结束,由于对《雅尔塔协定》条文的具体解释上,双方基本立场相距甚远,分歧重重,以致谈判断断续续。主要分歧集中在外蒙古独立问题、旅大问题、战利品问题等。7 月 26 日,中、美、英三国通过《波茨坦公告》,敦促日本投降,但日本决定垂死挣扎。8 月 6 日,美国投掷原子弹。8 日,苏联政府宣布对日作战。9 日,百万红军兵分 3 路,越过中苏边界,向盘踞在中国东北的日本侵略军发起进攻。同日,美国又向长崎投下另一枚原子弹。10 日至 11 日,中共中央发出各解放区举行全国规模反攻及我人民抗日武装挺进东北的命令。8 月 10 日,日本外相通知苏联驻日大使马立克:"日本政府同意接受有苏联参加的今年 7 月 26 日的公告(《波茨坦公告》)中的条件"。② 形势的急剧发展,使蒋介石如坐针毡,惶恐不安。美国当局也感到,既然苏军已控制中国东北,中苏间就必须立即达成协议,方能限制苏军的活动。

8 月 12 日,宋子文、王世杰急电蒋介石报告说,原有争议的问题"确已无法照钧示办到。吾等一致认为中苏条约必须缔立,倘再迁延,极易立即引起意外变化"。③ 8 月 14 日,中国外交部长王世杰和苏联外交人民委员莫洛托夫在莫斯科签署了《中苏友好同盟条约》。苏联虽然对中方的要求作了一些让步,但《雅尔塔协定》给予苏联的权益基本得以实现。主要内容是:两国在对日战争中,"彼此互给一切必要之军事及其它援助与支持","不与日本单独谈判","缔结停战协定或和约";战后"共同密切合作","彼此给予一切可能之经济援助","不缔结反对对方的任何同盟","不参加反对对方的任何集团";苏联政府承诺支持国民政府,尊重中国对东三省的完全主权和承认中国对该地区领土和行政的完整,并无意干涉新疆的内部事务;苏军在战胜日本三个月后,全部从东北撤退;中国政府声明于日本战败后,如外蒙古人民经投票公决愿意独立,则中国政

---

① 王永祥:《雅尔塔密约与中苏日苏关系》,第 109 页。
② [苏]鲍里索夫:《苏中关系(1945—1980)》,三联书店 1982 年版,第 12—13 页。
③ 秦孝仪主编:《中华民国重要史料初编——对日抗战时期》战时外交(二),第 649 页。

府愿承认其独立,苏联政府声明将尊重外蒙古独立后之政治独立与领土完整;宣布大连为对国际开放的自由港,中国政府同意将港口工事及设施之一半无偿租与苏联,但大连不包括在旅顺之苏军海军基地范围内,仅在对日作战时受该军事基地统制;中苏共同使用旅顺口为海军基地,设立中苏军事委员会负责共同使用事项,在该基地区域内,苏联有权驻扎海陆空军,并负责基地区域之防护,民事行政属于中国,中国政府关于旅顺市主要行政人员之任免应征得苏联军事当局同意;中东铁路和南满铁路合称为中国长春铁路,由中苏共同所有、共同经营,中国对经由长春铁路运送之所有苏联进出口货物及运往旅大之物资设备一律免征关税及其他任何捐税,期限 30 年等。①

苏联以恢复沙俄在华权益作为参加对日作战的条件,暴露了其大国沙文主义面目,对中苏关系产生了消极的影响。对于国民政府来说,它虽然失去了某些国家主权利益,却获得了苏联对它在国内统治地位的支持和保证,而这正是该政府当时在国内政治斗争中所急于企求的。蒋介石在宋子文赴苏之前就提示说,此次中苏谈判"最要紧者"为"政治问题"。②当年参与谈判的国民政府外交部卜道明对于国民政府为何在日本即将投降的消息已经传出的情况下仍然签署这一条约,作了如下辩说:

> 在此情况下,苏联当可凭借武力实现其全部愿望,那时中苏间将发生种种权益和领土的纠纷,不能想象,中国若提出交涉,美国将因中国拒绝了"雅尔塔密约",未与苏联成立条约,对中国不予援助,而对苏联,则因"雅尔塔密约"的存在,反有支持苏联实现其全部要求的义务。中国在国际上的孤立,将注定交涉之失败。

> 反之,中国若与苏联预先签订一项条约,用条约来限制"雅尔塔密约"的流弊,约束苏方的行动,并对日后苏联可能违约的行动预先把握一种交涉的立场,那时中国不仅进退有所依据,而且美国对中苏间可能发生的纠纷不能坐视无睹,而应予中国以声援。③

条约的缔结既可以阻止苏联永久占领中国东北,又可以阻止苏联把东北

---

① 褚德新、梁德主编:《中外约章汇要(1689—1949)》,第 683—689 页。

② 秦孝仪主编:《中华民国重要史料初编——对日抗战时期》战时外交(二),第 569—571 页。

③ 卜道明:《中苏条约》,《我们的敌国》,台北中央日报社 1952 年版,第 132—133 页。

交给中国共产党的军队,从这个意义上讲,重庆政府对这个结果是喜过于忧。①

第七节　国共内战与中苏关系

1945 年 8 月 14 日,日本宣布无条件投降。按照当初盟国的协议和 8 月 14 日签订的《中苏友好同盟条约》,东北日军由苏军受降,行政权由中国接管。但是由于东北的战略地位十分重要,不仅成为国共两党必争之地,而且也成为美苏在远东争夺势力范围的重要地区,从而使得东北的受降变得十分复杂。

根据中苏协议,国民政府积极推行"独家接收东北"的政策。为了接收东北主权,颁令将东北划为九省,设立国民政府主席东北行营,委任熊式辉为主任,杜聿明为保安司令长官,张家璈为经委主任,蒋经国为外交特派员,并任命东北九省省政府主席。② 然而,当时东北并无国民党一兵一卒,为了与共产党争夺东北,蒋介石求助于美国帮助国民党军队向东北挺进,请求美军派遣飞机和军舰运送国民党军队前往东北。同时,中国共产党也十分注重接收东北,反对蒋介石"独家接收"的政策。1946 年 4 月 12 日,《解放日报》社论指出,东北是中国一部分,东北的主权属于中国人民而不属于一党一派,东北主权的接收机构不得有党派之歧视,不得由一党一派包办,而应由各民主党派与东北人民共同参加。1945 年 8 月中下旬,驻守在冀热辽地区的八路军抽调 13000 余人兵分 3 路出兵东北、热河,8 月 30 日,攻克山海关,9 月 5 日,经锦州进入沈阳,同时解放了热河全境,占领了承德。9 月 18 日,以彭真、陈云为首的中共中央东北局到达

---

① 1949 年 9 月 27 日,中国国民政府驻联合国代表向联合国提出名为《由于苏联违反 1945 年 8 月中苏友好同盟条约及联合国宪章之结果所形成之对中国政治独立与领土完整以及对远东之和平威胁》的提案,即"控苏案"。1952 年 2 月 1 日,联合国大会通过"控苏案"的修正案,指责苏联"对于中国国民政府在东北各省(满洲)重建中国国家权力之努力,横加阻挠,并以军事及经济上之援助给予中国共产党以反叛国民政府",判定苏联"未履行 1945 年 8 月 14 日中国与苏维埃社会主义共和国联邦所签订之《中苏友好同盟条约》"。1953 年 2 月 25 日,台湾国民党当局宣布废止《中苏友好同盟条约》及其附件,并保留对于因苏联违反该约及其附件所受之损害,向苏联提出要求之权。

② 薛衔天编:《中苏国家关系史资料汇编(1945—1949)》,社会科学文献出版社 1996 年版,第 1—3 页。

沈阳,中共中央(还)抽出 13 万部队、2 万干部由山东、河北等地进入东北。

10 月 1 日,苏联驻华大使彼得罗夫告知国民政府,苏联军队已经开始从东北撤退,并将于 11 月底撤退完毕。苏联将派马林诺夫斯基元帅与中方代表谈判东北接收问题。由于当时国民政府在东北尚无力量阻止人民武装力量的发展,请求苏联缓期撤兵,称苏联如按规定期限撤出东北,政府"将陷于非常困难的境地"。苏联政府同意推迟苏军从东北撤出的期限。11 月 30 日,中苏双方达成协议。苏方协助中方空运军队至长春、沈阳两地,其他地方中方可先派警察,苏军延至 1946 年 1 月 3 日撤退。① 苏联虽答应蒋介石的请求,其内心并不愿蒋介石控制东北,但鉴于《中苏友好同盟条约》的限制,它只能暗中给中国共产党以帮助。同时,苏联坚决反对美国助蒋运兵东北,并希望美国尽速从华北撤兵,防止美国势力趁机渗入东北。1945 年 12 月,苏、美、英三国外长在莫斯科举行会议并通过决议,三国重申不干涉中国内部事务,承认必须停止中国内战,实行中国国民政府各级机构的统一和民主化。但在撤兵问题上,美、苏两国却互相猜疑,只达成了一个抽象而又空洞的决议,苏、美两国军队应在如期完成义务及责任的情况下,尽早撤离中国。由于美、苏两国的相互猜忌,苏联红军撤出东北的日期一再推迟。② 直到 1946 年 5 月 31 日,苏联红军才完全撤出东北。

日本在九一八事变之后,在中国东北进行了大量投资,建立了以军事工业为主体的工业体系。早在中苏谈判时,蒋介石就电示宋子文:"关于东北原有各种工业及机器,皆应归我国所有,以为倭寇对我偿还战债之一部分,此应与苏切商或声明者也。"宋氏曾电复称:"斯大林允予同情考虑"。③ 抗战结束后,如何处置日本在东北的工业设备,成为有关各方关注的重要问题。1945 年 9 月 3 日,国民政府向美、苏两国提交一份备忘录,指出:"自九一八事变以来,中国因日本之侵略,遭受重大之损失。为

---

① [苏]鲍里索夫:《苏中关系(1945—1980)》,第 17 页。

② 第一次推迟到 1946 年 1 月 3 日,后来又推迟到 2 月 1 日,最后推迟到 4 月底。5 月 31 日,除旅顺和大连外,苏军全部撤回国内。

③ 《蒋介石致宋子文电》(1945 年 8 月 7 日),秦孝仪主编:《中华民国重要史料初编——对日抗战时期》战后中国(一),第 241 页。

抵偿此种损失之一部分起见,中国政府决定没收日本在华之公私财产,以及日本在华之一切事业。拟请贵国予以支持"①但是苏联政府却另有考虑,一方面,担心美国趁日本失败之际,协助中国的经济建设,也不希望中国利用日本的现成设备建设现代化的强大军事工业体系,在战略上对苏联构成威胁;另一方面,苏联西伯利亚的开发和建设,以及远东军队的维持,也需要日本的工业设施。1945 年 11 月 17 日,苏联政府向中国国民政府提出:1,日本在东北所经营的工厂企业应作为苏军的战利品;2,伪满洲国及中国人所经营的工厂企业交还中国政府;3,日本和伪满合办的工厂企业由中苏两国政府正式谈判解决之。② 中国政府一再表示:对于苏联认为日本在东北的一切事业资产皆为红军战利品一节,不能承认。1946 年 1 月 13 日,东北行营经济委员会发表公告,宣告凡是在东北各省境内之一切敌产皆为中国国民政府所有。但是当时东北还在苏军的控制之下,国民政府除了表示抗议之外,无能为力。对于苏联独占中国东北的企业设备,美国也大为不满,国务卿贝尔纳斯表示,"苏联以东北企业为其战利品,实为逾越国际公法之外"。1946 年 2 月 9 日,美国照会中、苏两国:"1,东北工业由中苏共管,乃违反门户开放原则。2,日本在国外的财产应由盟国组织日本赔偿委员会作最后分配之决定"。③ 然而,苏联方面实际上从 1945 年 9 月起,就开始大量拆迁日本在东北的工业设施。据盟国日本赔偿委员会美国代表日后的报告估计,战后苏联从东北运走的工厂设备的价值共 8.58 亿美元。④ 1946 年冬,东北工业会及东北日侨联络处的调查表明,苏联拆迁日本工业设施造成的损失共 12.36 亿美元,并指出尚有未查明及无法证实确切损失的约占百分之五十,全部损失超过 20 亿美元。⑤ 除拆运机器设备外,苏军还将东北银行中所有的现金、有价证券和贵重金属几乎全部取走,数额巨大。⑥

在苏联大量拆迁东北工业设施的同时,还向国民政府提出在中国东

①　石源华:《中华民国外交史》,第 645 页。

②　[日]古屋奎二:《蒋总统秘录》第 14 册,台北中央日报社 1976 年版,第 47 页。

③　[日]古屋奎二:《蒋总统秘录》第 14 册,第 47 页。

④　蒋介石:《苏俄在中国——中国与俄共三十年经历纪要》,台北黎明文化事业股份有限公司 1982 版,第 178 页。

⑤　吴相湘:《俄帝侵略中国史》,台北正中书局 1954 年版,第 503—504 页。

⑥　具体数字参见薛衔天编:《中苏国家关系史资料汇编(1945—1949)》,第 302—303 页。

北地区进行经济合作的要求。1945 年 11 月 24 日,马林诺夫斯基向经济委员会主任张家璈提出一个清单,共列举了 154 个企业,约占东北重工业的 80%以上,建议由中苏合办。并把该问题与苏军从东北撤退一事联系在一起,声称若该项经济合作问题不能获得解决,就不能预测苏军从东北撤退的日期。对此,国民政府态度比较强硬,一是坚持东北工业设备不能视为苏联的战利品,二是中苏经济合作商议,必须在苏军完全从东北撤出后才能开始。从 1946 年 1 月份起,有关此事的谈判转移到重庆,国民政府坚决反对把撤军一事与经济合作联系在一起,坚持中苏经济合作商议必须在苏军完全撤出之后进行,认为在苏军继续占领东北的情况下,"此种商谈,不是自由商谈"。① 由于中方的坚持,苏联政府迫使中国同意合办东北企业的计划最终破产。

抗日战争胜利之后,中国面临着两种命运的决战。此时,苏联政府对中国的政策也面临着抉择。早在 1945 年 5 月,抗日战争结束之前,斯大林就表明了他对战后中国的看法。他认为蒋介石是中国领导人中最好的,统一中国的将是蒋介石。他认为中共不是真正的共产党人,没有能力统一中国。② 日本宣布投降后,当蒋介石邀请毛泽东赴重庆谈判时,斯大林便以"菲利波夫"的名义致电中共中央,要求毛泽东赴重庆谈判。认为中国没有发展起义的前景,中共应当寻求与蒋介石妥协,解散自己的军队,参加蒋介石政府。③ 苏联对中国共产党及其领导的革命事业的这种认识,使得苏联政府在抗战结束初期与蒋介石政府保持着合作状态。

苏联表示支持国民政府主要有两方面原因:第一,苏联为了获取在我国东北的某些权益和外蒙古独立而采取支持国民政府态度,以便换取国民政府在外蒙古独立问题和东北权益问题上的让步。为此,苏联向蒋介石保证,对中国道义上与物质上的援助,完全供给中国中央政府;第二,苏联表示支持国民政府的另一个原因是它对中国共产党的力量信心不足,对中共的性质也有怀疑。斯大林曾对美国人说,中国共产党是"人造奶油"式的共产党。并利用自己的影响力,屡次敦促中国共产党与蒋介石妥协。

---

① 石源华:《中华民国外交史》,第 648 页。
② [苏]瓦·崔可夫:《在华使命:一个军事顾问的笔记》,第 34—35 页。
③ 中共中央党史研究室编:《中共党史大事年表》,人民出版社 1981 年版,第 78 页。

基于这样的认识,苏联对华政策既企图保持它在东北的利益,又企图使国民政府改变亲美政策,或至少在苏、美之间保持中立。为此,苏联根据《雅尔塔协定》和《中苏友好同盟条约》,与国民政府进行了合作。如支持马歇尔赴华调停,依约向国民政府移交东北大城市主权,从东北撤军,不和进入东北的中共军队发生公开的、官方的联系等等。1945 年 9 月 15日,苏军总司令马林诺夫斯基派代表飞抵延安,要求中共中央命令部队不要公开进入沈阳、长春、哈尔滨等东北中心城市,到远离这些城市的农村去发展力量。后来,又敦促已经进入沈阳和长春的中共部队撤离。[①]1945 年底,蒋经国去莫斯科拜会斯大林,斯大林曾表示希望蒋介石能够亲自访问苏联,或者在中苏边境上的适当地点举行会谈。后来,苏联方面再次通过其驻华大使馆人员向蒋介石发出同一邀请,遭到蒋介石拒绝。蒋介石后来回忆说:"我经过郑重考虑之后,认为这是我国外交政策成败的一个决定关头,我如接受其邀请访俄,则今后外交政策只有俄共对华一贯政策,就是国共合作,共同组织联合政府,向苏俄一面倒。"[②]

但是,随着苏联与国民政府围绕着国民党军队在大连、营口登陆受阻、苏军拆迁工业设备、中苏经济合作计划以及苏军自东北撤军等问题不断发生摩擦,特别是由于国际上美、苏冷战逐渐爆发与升级,苏联政府的对华政策逐渐发生变化。1947 年,美国杜鲁门主义的出笼标志着美苏冷战的开始。随着美、苏在世界范围内展开激烈的斗争,中国作为远东地区的重要国家,成为美、苏激烈争夺的对象。中国内战爆发后,美国奉行援蒋反共的政策,支持蒋介石统一中国,苏联则渐渐的改变其对华政策,开始更多地支持中国共产党。

苏联支持中国共产党,一方面是因为随着中国共产党力量的不断壮大,斯大林开始意识到他对中国革命的形势估计错了。1948 年 2 月,斯大林在与南斯拉夫和保加利亚共产党领导人谈话时,承认自己在中国革命问题上犯了错误。他说:"当时,我不相信中国共产党人会取胜。我那时认为美国人将全力以赴扑灭中国的起义……他们回去后,毛便开始发

---

① 薛衔天:《中苏关系史(1945—1949)》,四川人民出版社 2003 年版,第 9 页。

② 蒋介石:《苏俄在中国——中国与俄共三十年经历纪要》,台北中央文物供应社 1956 年版,第150 页。

动一场革命大攻势,最后取得了胜利。你们看,我也会犯错误。"①另一方面,是由于毛泽东等中共领导人并不反对苏联维护其在远东的利益。在苏联看来,中共取得中国统治地位对于苏联远东利益并无妨碍。苏联开始猛烈抨击美国的援蒋内战政策,指责美国干涉中国内政,在远东问题上执行强硬的抗美政策。对国民政府虽然仍维持着正常的外交关系,但随着国民政府败迹的明朗,苏联政府对于国民政府所提出的交涉、抗议,逐渐采取沉默或蔑视的态度,并将对华政策的重点逐步转向中国共产党。

首先,继续在东北向中共军队提供军事装备。早在苏军进入中国东北后,苏联军方即向中共军队提供了数量巨大的从日军那里俘获的军事装备。据苏军元帅华西列夫斯基回忆:"中国人民解放军得到了巨额缴获来的武器装备,仅我们两个方面军(指远东第一方面军和远东第二方面军)转交给中国人民解放军的就有:3700 门大炮、迫击炮和掷弹筒,600辆坦克,861 架飞机,约 12000 挺机枪,80 个各种军用仓库,以及松花江分舰队的一些舰艇,苏军司令部还使全部武器保持完好以适于作战之用。"②东北抗联负责人周保中夫人王一知也回忆说:

> 原东北抗联领导人周保中随苏军到达长春不久,华西列夫斯基元帅去看他,周保中第一句话就说:"我要扩军,你要支持武器。"元帅诙谐地说:"可尽你的力量拿,你要多少,就拿多少,你拿走后剩下的归我。"他又说:"中苏友好条约又没有规定将战利品交国民党。所以我只能给它武器库房,交给他长春市。"他答应:"我立刻通知苏军把守的武器库,让他们只要见到你周保中批的条子,立即帮助你们运。"于是我们一刻未停,向东北 11 个大中城市的卫戍副司令(全部为抗联军官)下达了十万火紧的命令:"抢运武器,扩充军队。"苏军的运输队夜以继日地帮助我们往外运(武器)。抢运武器,在当时来讲,几乎成了无声的命令。③

国共全面内战爆发后,苏联方面继续向中共军队提供装备,其来源发生很

---

① [南斯拉夫]卡德尔:《卡德尔回忆录》(中译本),新华出版社 1981 年版,第 130 页。
② 薛衔天:《中苏关系史(1945—1949)》,第 111—112 页。
③ 王一知:《"八一五"前后的东北抗日联军》,中共中央党史征集委员会编:《辽沈战役》上,人民出版社 1988 年版,第 163 页。

大变化。据俄罗斯专家研究:"1946 年 12 月之前,苏方转交给中共军队的武器多是从日本关东军和伪满洲国军队手中缴获的,但此后在东北暗中提供给中共的,则是苏联自己的武器、装备和各种器材。而且,这些都是按照联共(布)中央政治局的决议和斯大林的指示、命令,由苏联有关部门以各种方式提供的,其数量甚为庞大。但这些资料尚未解密,所以尚未能公布之。"[1]这些军火装备对于中国的解放战争起了积极的作用。

其次,和东北解放区建立和发展贸易往来关系。1946 年 12 月 21 日,苏联政府改变了不与中共发生公开关系的立场,其对外贸易机构同中国东北人民民主行政委员会签订合同,苏联开始向东北解放区供应商品以及军用医院、民用医院、学校设备等,还转交战利品和苏军从日本侵略者手中没收的粮食。当国民党军队占领东北南部,辽东半岛食品供应急剧恶化之时,苏联从符拉迪沃斯托克等地向大连港提供粮食、食油、食糖、罐头等,由当地民主政权以固定价格分售给中国居民,苏方承担了粮食的运输、保管、配售所需的一切费用。[2] 1848 年 2 月 27 日,双方签署第二次《对苏贸易合同》。1949 年 7 月,以中共中央政治局委员高岗为首的东北民主政府商业代表团抵达莫斯科,与苏方签署了为期 1 年的第三次易货协定。中方以大豆、食油、玉米、大米等商品换取苏方的工业设备、汽车、煤油、布匹、纸张、药品及医疗器材等商品。随着解放战争的胜利进展,中苏贸易额逐年上升,1947 年苏联对东北出口为 1800 万卢布,1948 年增至 7400 万卢布,1949 年增至 1 亿卢布;1947 年苏联自东北进口为 4500 万卢布,1948 年增至 7700 万卢布,1949 年增至 1 亿 500 万卢布。[3] 中苏贸易的发展,对于巩固东北解放区及支持全国解放战争起了重要作用。

第三,帮助东北解放区恢复和发展交通。东北的铁路在抗战结束时和国共内战中遭受两次巨大破坏,尤其是国民党军队在败退时对铁路破坏更加严重。应中共方面请求,1948 年 6 月,苏联政府派出铁路专家小组来到东北。该小组包括维修工程师 50 人,技师 52 人,技术员和熟练工

---

① 王永祥采访俄罗斯科学院远东研究所列多夫斯基教授记录,参见王永祥:《雅尔塔密约与中苏日苏关系》,第 473 页。

② [苏]鲍里索夫:《苏中关系(1945—1980)》,第 23—24 页。

③ [苏]鲍里索夫:《苏中关系(1945—1980)》,第 23—24 页;薛衔天:《中苏关系史(1945—1949)》,第 327—329 页。

人 220 人,配有必要的抢修设备,如抢修列车、潜水站、起重机和其他机械,并从苏联运来金属构件、钢轨、桥桩、钢梁等大批材料,帮助中国抢修铁路。截至 12 月 15 日,修复东北最重要的铁路线 15000 公里,以及总长为 9000 多米的 120 座大中型桥梁,其中包括 987 米的松花江二号大桥、320 米的饮马河大桥、440 米的松花江大桥等 12 座大型桥梁,恢复了自苏联边境至大连和旅顺口的直达铁路运输。苏联专家还帮助中方组建了 4 个铁道兵旅,总计 3 万人,培训了各种专门技术人才,建立了若干重要的铁路修建机构、材料供应基地及修理和制造铁路设备的工厂。[①] 不仅恢复了东北的铁路交通,而且为日后的新中国铁路建设事业培养了大批干部。在航运方面,苏联远东外贸运输公司哈尔滨公司协助中方,开辟了松花江航线。苏联帮助在哈尔滨、佳木斯、富锦、街津口等增建、修建了码头。1947 年 5 月起,由苏联阿穆尔轮船公司拨出驳船和拖船,在松花江上的中国各港口和苏联的哈巴罗夫斯克(即伯力)、布拉戈维申斯克(即海兰泡)、共青城等港口间进行定期货运。

第四,帮助东北、华北解放区的卫生防疫工作。1947 年底,在东北南部和华北人口稠密的新解放区鼠疫横行,由于缺医少药,严重威胁人民生命安全和新开辟解放区的生存和稳定。苏联政府应中方邀请派遣由巴罗扬教授率领的防疫队,配备实验室及预防治疗用品来到疫区,成功地制止了鼠疫的蔓延。1949 年春,察哈尔省张家口地区鼠疫再次横行。苏联政府用专机及时送来包括医生、动物学家和其他专家组成的防治鼠疫考察团,无偿提供了 400 万支预防疫苗、100 公升免疫血清,以及成套药品、细菌研究实验室等,及时制止了鼠疫,帮助当地培养了大批卫生干部,从另一方面支持了中国人民的解放战争。[②]

第五,帮助新中国的国家政权建设。人民解放军横渡长江,发起向全国进军,新中国的建立已经是指日可待。派遣苏联专家,帮助新中国的国家政权建设,成为新时期苏联政府对华政策的重要内容。1949 年 8 月,苏联政府应中共中央之邀,派遣大批苏联专家来华,首批就有 250 人。他

[①] [苏]鲍里索夫:《苏中关系(1945—1980)》,第 28—29 页;薛衔天:《中苏关系史(1945—1949)》,第 333—335 页。

[②] [苏]鲍里索夫:《苏中关系(1945—1980)》,第 26—27 页;薛衔天:《中苏关系史(1945—1949)》,第 331 页。

们一部分人负责草拟关于国家管理体制、各部委的职能和章程的建议,送交中共中央作为组建国家机关的参考;一部分人参加组建国民经济管理系统各工作部门;还有一部分人被直接派往大企业,组织修复工作,领导企业管理和经营。苏联专家的工作和经验,对新中国的政权建设起了很大的作用。

同时,中国共产党中央也加强了与苏联方面的联系。1947 年 10 月,毛泽东写信给斯大林,介绍中国解放战争进入新阶段的战况。1948 年 2 月,斯大林派米高扬到西柏坡,转达斯大林和苏共全体政治局委员的问候,并祝愿中共尽快取得胜利,毛泽东则通过米高扬向斯大林详细介绍了中国革命的情况。为了与苏共中央保持理论思想上的一致,中共中央参加了由联共(布)中央发起的对南斯拉夫共产党联盟"民族主义"的批判。1948 年 7 月 10 日,中共中央作出《关于南斯拉夫共产党状况的决议》,批判以铁托为首的南共已经陷入资产阶级民族主义和资产阶级政党的泥潭,目的是向斯大林表明:中共不会成为第二个南共,毛泽东也不会成为第二个铁托,消除斯大林对于中国革命的疑虑,争取实现与苏联的战略结盟。[①]

1949 年元旦之际,国民党政权已是摇摇欲坠,为了挽救败局,蒋介石发起了一场和平攻势。1 月 8 日,南京政府照会苏、美、英、法,请求四国出面调停国共之争。2 天后,斯大林把这份照会转给了毛泽东,并附上了苏联草拟的复文,征求中共的意见。毛泽东在此之前已经向全世界表明了中国共产党的立场:将革命进行到底! 因此,在收到斯大林的电报后,毛泽东回答道:"我们认为苏联政府对南京政府要求苏联调停中国内战的照会应作如下之答复:即苏联政府自来是,现在仍然愿意看到一个和平的、民主的和统一的中国,但是用何种方法达到中国的和平、民主和统一,这是中国人民自己的事,苏联政府根据不干涉他国内政的原则,未便参与中国内战双方之间的调停工作。"[②]斯大林接受了中共的意见,于 1 月 17 日复照国民党政府,拒绝参加调停。

1949 年 6 月,刘少奇率中共代表团秘密访问苏联,向斯大林通报中

---

① 薛衔天:《中苏关系史(1945—1949)》,第 317—318 页。

② 外交部外交史编辑室编:《新中国外交风云》第 1 辑,世界知识出版社 1990 年版,第 19 页。

共对于形势的看法以及建国设想等问题。同月,毛泽东发表《论人民民主专政》,公开宣布在外交上向苏联"一边倒"。中共代表团在莫斯科就中苏两党关系、新中国内外政策、苏联给予新中国三亿美元贷款、援建空军及上海防空、派遣苏联专家、创办中国人民大学及文化交流等问题达成了一致意见,中苏战略结盟关系基本形成。[①]

　　1949年10月1日,中华人民共和国成立。随即,周恩来致函苏联驻北京总领事齐赫文斯基,提议建立中苏外交关系。10月2日,苏联外交部副部长葛罗米柯致电周恩来总理,声明苏联政府决定建立苏联与中华人民共和国之间的外交关系,并互派大使。同日,葛罗米柯向国民政府驻莫斯科代办声明:"由于中国发生的事件已造成中国的军事、政治与社会生活的深邃变化的结果,中华人民共和国业已成立,中国中央人民政府已经组成,位于广州的阎锡山先生的政府已停止在中国行使权力,并已变成广州省政府而失去代表中国与外国保持外交关系的可能性",苏联政府"认为与广州的外交关系已经断绝,并已决定由广州召回其外交代表"。[②]10月12日,苏联前驻华代办从广州撤到香港,断绝了与蒋介石的关系。中苏关系由此翻开了新的一页。

---

① 薛衔天:《中苏关系史(1945—1949)》,第372—389页。
② 《解放日报》1949年10月4日。

第三章　中国与蒙古的关系

第一节　中蒙关系的历史演变

外蒙古曾是中国领土的一部分。清朝的史志曾这样描述清朝和蒙古的关系:"国家龙飞东海,列圣肇基,显庸创制,始立八旗,复镶八旗。丕应徯志,兆姓归往,蒙古万里,尽入版图。正号纪元,遂成帝业。凡蒙古汉人输诚先服者,亦各编为八旗,列在亲信。"①

1206年,蒙古族首领铁木真统一蒙古各部,建立蒙古汗国,登大汗位,称成吉思汗。后进占黄河流域,先后灭西辽、西夏、金、大理,并在吐蕃(今西藏)设治直接管理,同时向西远征亚、欧广大地区。1271年,由忽必烈定国号为元。1279年,灭南宋,其版图东北至日本海,北至今俄罗斯西伯利亚北极圈内,西北接窝阔台(成吉思汗三子)汗国、察合台(成吉思汗二子)汗国、钦察(成吉思汗孙拔都建)汗国和伊尔(成吉思汗孙旭烈兀建)汗国,西南接尼波罗、印度、缅甸、越南,东南至海。元朝尽管只存在98年,但影响深远,它结束了古代中国自然的、大规模的领土形成与拓展过程,结束了中原与广大南部(特别是西南)地区反复出现的地区割据现象,结束了全国性行政组织结构创新性演进过程,使构成中国居民的各民族成员绝大多数融入中华民族,形成了古代中国历史上空前大一统的多民族国家。继起的明朝在北方与蒙古鞑靼、兀良哈、瓦剌各部建立了不同程度的藩属关系。清朝在统一全国的过程中,臣服了蒙古科尔沁、喀尔喀等部,并使包括察哈尔、土默特、鄂尔多斯等部在内的漠南蒙古全部入其

① 鄂尔泰等修:《八旗通志》卷一,东北师范大学出版社1985年版。

版图。接着又战胜了漠西卫拉特蒙古，尤其是其中最为强盛的准噶尔部，青海和硕特部亦称藩臣服，蒙古各部均入清朝版图。[①] 清廷以戈壁沙漠为界，将蒙古分为两部分，北部为外蒙古，南部为内蒙古，并在外蒙古设有库伦办事大臣、乌里雅苏台将军、科布多参赞大臣和阿尔泰办事大臣分别进行治理。

外蒙古的"独立"始于沙俄对于外蒙古的蓄意煽惑。1860 年，沙俄通过《中俄北京条约》取得了在蒙古通商和在库伦设立领事馆的权利。1862 年，沙俄通过《中俄陆路通商章程》，取得了俄商在蒙古全境免税贸易的特权。1881 年，沙俄又通过《中俄伊犁条约》得以在科布多和乌里雅苏台设立领事馆，其侵略势力全面渗入外蒙古。日俄战争后，沙俄在中国东北的扩张受到日本限制，更将侵略重点转向外蒙古。

沙俄对于外蒙古的侵略，首先是出于其远东战略目标的考虑。沙俄对远东的扩张，以西伯利亚铁路为唯一命脉，如若中国在外蒙古置省，则西伯利亚铁路有被中国打断之虞。外蒙古的地理位置决定了它在沙俄的远东军事战略中占有至关重要的地位。其次，是俄国商业资本集团的鼓吹和推动。沙俄商业势力虽然依据中俄不平等条约进入了外蒙古，但由于俄国资本薄弱，其实力不足以与中国商人相抗衡，俄中在外蒙古的贸易逆差年年递增，使俄国商人不得不把相当数量的白银运往外蒙古。据俄国海关统计：1891 年至 1908 年间，由俄国输出到蒙古的货物总值只增加22%，而同期由蒙古输入俄国的货物总值却增加 566%。1908 年，俄蒙贸易的进出口总值是 800 万卢布，而同期中蒙贸易的进出口总值是 5000 万卢布。[②] 俄国资产阶级强烈要求沙俄政府采取积极的对蒙政策，以扩展俄商在外蒙古境内的特殊利益。再次是日俄勾结，瓜分远东利益。1907 年，日俄签订第一次密约，除划分两国在东三省和朝鲜的利益外，将外蒙古划为沙俄的势力范围。沙俄去除了后顾之忧，对外蒙古的扩张政策更趋积极。

晚清，沙俄参谋本部及西伯利亚、远东两军区派出数个考察团赴外蒙古，测量地形，绘制地图，考察自然资源及民族与社会状况；伊尔库茨克总

---

① 马大正主编：《中国边疆经略史》，中州古籍出版社 2000 年版，第 16—18 页。
② ［苏］兹拉特金：《蒙古人民共和国史纲》，商务印书馆 1972 年版，第 106 页。

督府经常举行关于蒙古问题的特别会议；沙俄政府工商部举行了讨论蒙古事务的特别联合会议；俄国各工商团体密切配合政府行动，许多俄国巨商亲自出马，到蒙古进行所谓"商业考察"；沙俄官方刊物也不断鼓吹俄罗斯在蒙古有"特殊使命"，戈壁沙漠是帝国远东和东南部"天然境界"等。沙俄特别注重在外蒙古上层王公贵族中扶植亲俄集团。他们对于外蒙古活佛、喇嘛"多所遗赠，表示亲睦"，力结他们的"欢心"。1908年，俄国新任驻华公使廓索维慈在赴任途中，特地到库伦向活佛赠送价值2万元的金银珠宝、钟表、望远镜等物；对于外蒙古王公贵族则施以带有苛刻条件的贷款进行控制；甚至俄商在外蒙古的免税贸易特权，也被用来作为扶植亲俄势力的手段，以此诱惑部分外蒙古富商、贵族改入俄国籍，获取商业巨利。[①] 长此以往，部分外蒙古活佛及王公贵族渐渐萌生疏清亲俄之意，沙俄则进而怂恿、煽惑外蒙古活佛自做君主，断绝与中国的臣属关系。

外蒙古的"独立"也与清政府推行新政有关。为了应付沙俄对中国北部边疆的严重威胁，1910年，清政府任命三多接任库伦办事大臣，改过去对蒙古的禁垦政策为移民屯边，改禁止蒙汉通婚为奖掖汉人赴蒙垦荒，并在外蒙古实施"新政"：其基本内容为"殖民、设官、驻军"，时人记载如下：

> 三多莅任不久，中央各机关催办新政之文电，交驰于道，急于星火，而尤以内阁及军谘府为最。于是设兵备处，设巡防营，设木捐总分局，设卫生总分局，设车驼捐局，设宪政筹备处，设交涉局，设垦务局，设商务调查局，设实业调查局，设男女小学堂。除原有之满蒙大臣衙门、章京衙门、印房、宣化防营、统捐、巡警、邮政、电报各局外，库伦一城新添机关20余所。所有各机关之开办费及经常应需之费，悉数责令蒙古供给，蒙官取之蒙民，蒙民不堪其扰，相率逃避，近城各旗为之一空。[②]

清政府的原意本是为了加强外蒙古与内地的联系，殖民是为了垦荒实边，设官是为了管理垦民，驻军是为了防御沙俄，其目标都不在防蒙，而是为

---

① 参见石源华：《中华民国外交史》，第36页。
② 陈崇祖：《外蒙古近世史》第1篇，台北文海出版社1965影印本，第5页。

了抗俄,但实行的结果却严重违反了蒙人的权益,蒙人痛陈:"始而开荒屯垦,继而设省置县,每念执政者之所谓富强之术,直如吾蒙古之致使之伤。"①这些措举之欠当,引起蒙人误解和离心,成为外蒙古"独立"运动的内部因素。

沙俄利用蒙人中的不满情绪,抵制和反对清政府新政,扬言:"中国近来在蒙古所进行之政策,如移民、练兵等,于两国邦交颇示危险现象,致使俄国于疆界上不能不筹必要之保护。"②1911 年 6 月 15 日,沙俄暗中怂恿并操纵外蒙古各王公及上层喇嘛在库伦举行会盟大典。在俄国驻库伦总领事操纵下,召开秘密会议讨论脱离中国问题。以杭达多尔济亲王为首的亲俄派认为:鉴于中国革命已经开始,这是脱离中国的大好机会,力主"联俄",并决定派遣代表团去彼得堡,向沙俄求援。8 月 15 日,杭达多尔济亲王率团抵达彼得堡。次日,向沙俄外交大臣递交了博克多格根活佛致沙皇的信,提议签订承认外蒙古独立的条约及关于贸易、铁路、建筑、邮政等协定,乞求沙皇的"保护"。③ 8 月 17 日,沙俄政府召开远东问题特别会议,一方面确认蒙古问题对于俄国"具有重大意义",支持蒙人反对中国政府,"完全符合我国利益";另一方面,鉴于近东局势紧张,军事上无力兼顾,顾虑列强各国可能进行干涉,确定不对外蒙古进行直接的军事干涉。沙俄政府决定以北京和库伦之间的居间人身份,阻止清廷在外蒙古推行"新政",同时在军事上进行必要的准备,以便选择时机扶植外蒙古"独立"。④ 8 月 8 日,沙俄驻华公使廓索维慈照会清廷外交部,抗议清廷在外蒙古实施"新政","致使俄国于疆界上不能不筹必要之保护。"9 月 13 日,清政府在沙俄压力下,下令缓办外蒙古"新政",并与外蒙古磋商条件,但沙俄的 800 马队已进驻库伦,并陈兵 4000 于恰克图边界,遥为声援。三多严厉责问哲布尊丹巴,并得其允,电俄阻止续派军队,实际上,俄军并未停止派兵行动,杭达多尔济也滞留俄国,静观局势的发展。⑤

---

① 谭惕吾:《内蒙之今昔》,商务印书馆 1935 年版,第 124 页。

② 外交部文书科编:《外交部交涉节要》(1912 年 8 月),吕一燃编:《北洋政府时期蒙古地区历史资料》,黑龙江教育出版社 1999 年版,第 1 页。

③ [苏]兹拉特金:《蒙古人民共和国史纲》,第 111—112 页。

④ [苏]兹拉特金:《蒙古人民共和国史纲》,第 114 页。

⑤ 李毓澍:《外蒙古撤治问题》,台北中研院近代史研究所 1976 年再版,第 3 页。

第二节　中俄外蒙古问题交涉

辛亥革命爆发后,清廷全力忙于镇压革命军起义,全国政局动荡。俄国外交部立即训令驻华公使,策动外蒙古独立运动。11 月中旬,俄国军队护送杭达多尔济亲王等返回库伦,并为其提供 5000 支步枪、7500 万发弹药、15000 把军刀。11 月 30 日,杭达多尔济等人以库伦活佛哲布尊丹巴名义向清廷驻库伦办事大臣三多递交最后通牒,限三日出境。旋即由俄蒙军队包围办事大臣衙门,解除清军武装,将三多等人押送出境。12 月 1 日,沙俄操纵下的所谓"外蒙王公委员会"发表《告民众书》,宣布蒙古为"独立国"。① 12 月 16 日,所谓的"大蒙古国"正式成立,以哲布尊丹巴为"皇帝",以"共戴"为年号,任命车林齐密特为"内务大臣"、杭达多尔济亲王为"外交大臣"、达赖王为"兵部大臣"、土谢图汗为"财政大臣"、那木萨赖公为"司法大臣"等。次年 1 月 3 日,札萨克图汗在俄国领事策动下,宣布乌里雅苏台"独立",并限令清廷驻乌里雅苏台将军奎芳五日内离境。奎芳无力抵抗,被俄兵以"保护"为名押解出域。外蒙古西部重镇科布多则没有响应库伦"独立"。科布多参赞大臣傅润据城自守。5 月起,库伦当局派兵攻打该城,守军坚守要塞顽强抵抗,期待新疆方面援军来到。新疆援军本已奉令出发,但在沙俄政府的强硬干涉下,北京政府又下令停止前进。8 月 6 日,该城因"援军未至,弹药告竭"而失陷。库伦当局基本控制了外蒙古全境。

外蒙古宣告"独立"后,沙俄的对蒙政策面临着抉择:如若"任其自然演变",则外蒙古"既无一统御之人,又乏资力,且少军队",必"不久又为中国所征服,而再入其版图",这将"限制我国家之运命";如若"取蒙古为保护国",则"易使人知我有吞并亚细亚之野心,亦非得策";最终的决策是采取一种过渡形式,由沙俄居间"调停",促成中蒙缔结条约,承认外蒙古"自治",即在形式上承认中国对外蒙古有"宗主权",由俄国实际控制外蒙古。沙俄将外蒙古的这种"自治"视为"替我们煮了一碗好汤"慢慢

---

① ［苏］兹拉特金:《蒙古人民共和国史纲》,第 114 页。

下咽,逐步从对外蒙古"担任保护之责",发展为"非将外蒙加以合并不可"。①

　　1911 年 12 月 31 日,沙俄驻华代办奉命向北京政府提出解决外蒙古问题的三项条件:1.不驻兵外蒙古界内;2.不移民外蒙古界内;3.不干涉外蒙古内政;俄国承认中国在外蒙古之主权等。② 利用北京政府急于平息外蒙古"独立"事件的心情,不断向北京政府施加压力。另一方面,又就此方针与日、英等国进行交涉。7 月,俄、日在彼得堡签署第三次密约。9 月,沙俄又与英国在伦敦缔结密约。沙俄在外蒙古的侵略行径取得了英、日两国的谅解。

　　沙俄策动外蒙古"独立"之时,清政府已临穷途末路,但仍命中国驻俄公使陆征祥两次向沙俄政府提出抗议。1912 年 1 月 1 日,南京临时政府成立,孙中山在《就职宣言》中宣告:"所谓独立者,对于满清为脱离,对于各省为联合,蒙古、西藏意亦如此";"合汉蒙回藏诸地为一国,即合汉满蒙回藏诸族为一人,是曰民族统一",③表明了新生的共和国对于外蒙古问题的立场。但由于新政权实际统治区未及北部边疆,以及自身尚未被各国承认,未能与沙俄进行交涉。

　　北京临时政府一成立,外蒙古问题立即被摆上议事日程。袁世凯采取的方针是先稳定内蒙古,再谋解决外蒙古。当时,内蒙古少数王公在外蒙古"独立"影响下,也企图附和库伦当局。1912 年 4 月 22 日,袁世凯颁布关于共和政府不设理藩专部的大总统令,宣布取消帝政时代的藩属名称,"视蒙藏、回疆与内地各省平等"。④ 表明北京政府执行与清王朝不同的民族政策。8 月,北京政府颁布《蒙古待遇条例》,规定蒙古各部"与内地一律","不以藩属待遇","对于蒙古行政机关亦不用理藩、殖民、拓殖等字样";内外蒙古汗、王公、台吉原有之世爵、封号、管辖治理权"一律照旧","津饷从优支给";蒙古各部之对外交涉及边防事务归中央政府办理,但其中关系地方重要事件者,"得随时交该地方行政机关参议,然后

---

① 张启雄:《外蒙主权归属交涉》,台北中研院近代史研究所 1995 刊印,第 68—69 页。
② 张忠绂:《中华民国外交史》(一),台北正中书局 1945 年版,第 19 页。
③ 《临时政府公报》1912 年 2 月 1 日。
④ 《临时政府公报》1912 年 4 月 24 日。

施行"；任用蒙人为京外文武各职等。① 随即，北京政府任命蒙人为蒙藏事务局长，并对内蒙古各地参加叛乱者实行宽大政策：凡降兵来归者，"其原有之产业，仍准享有"；原无产业者，"设法安置，俾遂其生"。② 这些措施稳定了一度动荡不定的内蒙古局势。

对于外蒙古问题，北京政府面临的局面要困难和复杂得多。针对沙俄对于外蒙古问题的插手，北京政府曾企图撇开沙俄，直接与库伦当局谈判。1912 年 8 月，袁世凯两次致电库伦活佛哲布尊丹巴，恩威并重，一方面晓之以情，称"外蒙同为中华民族，数百年，俨然一家"，"各蒙与汉境唇齿相依，犹堂奥之于庭户，合则两利，离则两伤"；"本大总统与贵呼图克图，在一身则如手足，在一室则成弟昆，利害休戚，皆所与共"；"务望大扩慈心，熟观时局，刻日取消独立，仍与内地联为一国，则危机可免，邦本可固"；另一方面也施之以威，警告说："贵喇嘛号令所及者，仅图、车、赛音三部，且闻尚未尽服。阅时稍久，人怨财匮，大众离心，虽悔何及？"表示"已派专员前往库伦趋谒往锡，面商一切。"然而，库伦当局却自恃有沙俄撑腰，对北京政府的呼吁置之不理。哲布尊丹巴在回电中竟称"鹿死谁手，尚难逆料"，谢绝"派员来库"，主张"莫若介绍邻使，商榷一切之为愈也。"③

外蒙古宣布"独立"，全国舆论哗然，"征蒙论"四起。北京政府也曾考虑过武力解决方案。1912 年三四月间，正当中国军队东由黑龙江，西由新疆向外蒙古进兵时，沙俄进行强硬干预。沙俄外交部威胁中国驻俄公使："中国进兵外蒙，俄当干涉"，迫使北京政府下令，"暂缓调动，免生交涉"。

对于北京政府来说，实际上只剩下与沙俄谈判解决外蒙古问题一途了。然而，北京政府尚不甘心就此向沙俄屈服。8 月 14 日，北京外交部发表声明，置沙俄"调停"要求于不顾，强调"凡关于满、蒙、藏各地之条约，未经民国承认者，不得私订，已订者亦均无效"；民国政府对于这些地区"有自由行动之权，各国不得干预"，"蒙、藏反抗民国，为国法所不许，

---

① 《东方杂志》第 9 卷第 5 号。
② 《东方杂志》第 9 卷第 5 号。
③ 陈崇祖：《外蒙古近世史》第 1 篇，第 14—18 页。

外人不得暗中主使一切"等。① 面对风波迭起的外蒙古局势,北京政府一筹莫展,只得采取拖延静观的态度。

北京政府在外蒙古问题上采取的拖延态度,很快因沙俄政府与库伦当局的单独订约而被迫改变。11 月 3 日,俄、蒙在库伦签署《俄蒙协约》及附约《专条》。主要内容是:俄国扶助蒙古自治及编练蒙古国民军,不准中国军队进入蒙境及华人移殖蒙地;蒙古准许俄国人民享受本约规定的各种权利;蒙古不经俄国承认,不得与中国或别国订立违背本约之条约等。并签署附约《专条》共 16 款,规定俄国人在外蒙古享有广泛的特权,如自由居住、往来、经商、租地、买房、经营工矿林农渔牧业、开设邮政、银行、增设贸易圈、享受治外法权、进出口免税等。② 随后,双方签署了《俄蒙开矿合同》、《俄蒙电线条约》、《俄蒙筑路条约》、《俄蒙秘密协定》以及编练"蒙古旅"等专项协约。沙俄几乎囊括了外蒙古的全部权利。

《俄蒙协约》签署的消息一经传出,立即激起中国各界的极大愤慨和强烈反对。孙中山分电袁世凯和参议院,认为"此事关系民国存亡",必须坚决"否认"。③ 全国各政党团体纷纷通电痛斥沙俄侵略行径。在北京的蒙古王公、活佛组织蒙古王公联合会,发布通告,斥责库伦当局"妄称独立,伪立政府",宣布"如有与外国协商订约等事,无论何项事件、何项条约自应一律无效"。④ 各种"救蒙会"、"抵制团"纷纷涌现,"征蒙"声浪日高一日。11 月 7 日,北京外交总长梁如浩向沙俄驻华公使库朋斯齐递交抗议照会,声明"无论贵国与蒙古订何种条款,中国政府概不承认"。⑤ 25 日,新任北京政府外交总长陆征祥发表声明,阐明中国政府关于外蒙古问题的立场,主要内容是:"蒙古领土权完全属中华民国","除前清已有大员三人外,民国不再添派官吏";"民国得屯兵若干,保护该处官吏","民国为保护侨居该处华人,得设置警察若干";"将蒙古各官有牧场分赠蒙古王公,以示优待",国人均"不得在蒙驻屯各种团体,且不得移民";"蒙古未经民国许可,不得自由开垦、开矿、筑路";"蒙古与他国所定协

① 《民立报》1912 年 8 月 16 日。
② 《东方杂志》第 9 卷第 10 号。
③ 《天铎报》1912 年 11 月 24 日。
④ 《民立报》1912 年 11 月 19 日。
⑤ 陈崇祖:《外蒙古近世史》第 1 篇,第 44 页。

约,一概作为无效"等。① 然而,沙俄政府对此并不理睬,而是利用世凯急于得到各国承认的心情,逼迫北京政府承认《俄蒙条约》及其附约。

北京政府外有沙俄干涉的重压,内又面临与革命党人的冲突,不得不同意与沙俄谈判解决外蒙古问题。从 11 月底起,北京政府外交总长陆征祥和沙俄驻华公使库朋斯齐在北京开始谈判。11 月 30 日,沙俄提出交涉条款四项,核心内容是要求北京政府承认《俄蒙协约》。12 月 7 日,北京政府提出五项对案,基本主张是不容改变晚清旧制。双方围绕着各自的基本立场"迭次协商,互提条款,历时半年之久,会议至三十次,始克议定条文六款"。② 主要内容是:俄国承认外蒙古为中国领土完全之一部,尊重中国旧有权利;中国不更动外蒙古历来之地方自治制度,许其有军备、警察并拒绝非蒙古籍人殖民;俄国不派兵至外蒙,不办殖民;中国以和平办法施用其权于外蒙古;中国同意《俄蒙协议》所给予俄国的商务利益等。③ 其时,正值"二次革命"前夕,该协约的草签标志着袁世凯为了全力镇压革命党人反抗,不惜屈从沙俄压力,使沙俄实现了预期的目标。

5 月 26 日,北京国务会议通过该草约,但在国会却遭到国民党议员的尖锐批评和强烈反对。众议院讨论该案长达 40 余天,于 7 月 8 日强行表决通过。但 7 月 11 日该议案却为参议院否定。7 月 12 日,"二次革命"爆发,沙俄见有机可乘,遂趁机推翻前议,于 7 月 13 日照会北京政府,另提四项条款,条件更为苛刻,毫无磋商余地。

袁世凯镇压了"二次革命"后,任命孙宝琦任北京政府外交总长,自 9 月 18 日至 10 月 29 日,与沙俄驻华公使库朋斯齐重新谈判。中方要求仍就原议六款协商,俄使则以时过境迁,不肯重议旧款。经再三磋商,始议定声明文件五款附件四款。④ 为了避免在国会审议时再次遇到阻难,北京政府代表主动提议,并经俄方同意,谈判结果不以缔约形式而以互换公文方式公布。

11 月 5 日,中俄双方正式签字互换《中俄声明文件》,包括正文和附件。主要内容是:俄国承认中国在外蒙古之宗主权,外蒙古为中国领土之

---

① 《民立报》1912 年 11 月 23 日。
② 陈崇祖:《外蒙古近世史》第 2 篇,第 15—16 页。
③ 何汉文:《中俄外交史》,第 284—285 页。
④ 陈崇祖:《外蒙古近世史》第 2 篇,第 15—16 页。

一部分;中国承认外蒙古之自治权,承认外蒙古人有自行办理外蒙内政及整理本境一切商工事宜之特权;中俄均不驻兵、不派驻文武官员、不殖民;中国承认按照上述各条及《俄蒙商务专条》由俄国调处确定中国与外蒙古关系;中俄两国在外蒙古之利益及因现形势发生之问题,以及关于外蒙古政治、土地交涉事宜,由中、俄、蒙三方酌定地点,派委代表接洽商定;外蒙古自治区域以前清驻库伦办事大臣、乌里雅苏台将军及科布多参赞大臣所管辖之境为限等。① 按照这个条约,中国除了一个空洞的宗主权名义外,几乎丧失了对于外蒙古的全部权利。

1914 年 9 月 8 日起,中、俄、蒙三方在恰克图开会,解决有关外蒙古的各项未决问题。中方代表是专使毕桂芳、驻墨西哥公使陈箓,俄方代表为驻库伦总领事密勒,蒙方代表为喇嘛达锡札布,后改"司法副长"希尔宁达木。中、俄、蒙都提出了各自的协约草案。

中方草案的要点是:外蒙古承认《中俄声明文件》,取消独立,在中华民国宗主权下为中华民国领土之一部分;外蒙古活佛、各呼图克图喇嘛、王公等封号由大总统册封,觐见及俸给悉照旧例;外蒙古盟长、副将军、札萨克等由大总统任命;外蒙古正式公文、契约、字据用中华民国年历,得兼用干支纪年;库伦自治行政衙门不得用政府名义及各部名称;官吏由外蒙古选派呈请中央任命,人民享有中央国会选举之权;外交及订立国际条约权归中央政府及所派官吏办理;中央政府在库伦设办事大员,在乌里雅苏台、科布多设副大员,在恰克图设理事,分别带卫队 300、200、50 人;外蒙古如有内乱,中央政府得派兵保护,对于外蒙古自备队,中央政府得随时调遣,其军事计划及聘用外人佐理军务,须报告中央政府核准;《俄蒙商务专约》给予俄人之利益,中国人民一律享受;在外蒙古之内地商民得照旧享有贸易、免税、旅行、居住、移动、诉讼、租地等权利;外蒙古境内工商业归自治衙门管理,如有与外人订立契约,非经中央政府核准不生效力;铁路、电线、邮政由中央政府办理;喀尔喀四盟与内蒙古各盟旗之界限,科布多与阿尔泰之界限,应由政府派员会同外蒙古所派人员另行勘定等。②

俄方草案的要点是:中俄承认外蒙古有权订立友谊条约及关于工商

---

① 王铁崖主编:《中外旧约章汇编》第 2 册,第 947—949 页。
② 陈崇祖:《外蒙古近世史》第 2 篇,第 36—45 页。

暨自治蒙古之内政各协约,不干涉外蒙古内政之自治;中国驻库伦大员及俄国驻外蒙代表之护卫队,数目均不得超过百名;外蒙古自治政府有规定及征收捐款、地方课税及征收由中国运往外蒙古货物税项之权,中国承认《俄蒙商务专条》;中国承诺宽赦"辅助库伦官吏起事蒙古人";中国允许不更改在内地的蒙古人的旧时风俗,担保其个人自由、财产不受侵犯以及信仰黄教之自由;中国同意在达里冈崖、锡林郭勒、乌兰察布各盟以及与外蒙交界之哲里木盟各蒙旗不殖民、不设治、不驻兵;中蒙允许彼此或与他国不得商议及订立违反《俄蒙协约》、《商务专条》及《中俄声明文件》的条约等。①

库伦当局草案的要点是:中俄承认"蒙古自主独立之权","蒙古帝国永远保存";蒙古政府享有招军、购械、保护地方宗教利益、与外国订立睦谊条约及商务条约等权利;中俄"承认将归附蒙古国之各地方,如外蒙喀尔喀部落等处,呼伦贝尔所属索伦、巴尔虎、额鲁特、额伦春,及乌梁海、喀萨克、达哩岗察、哈尔苏鲁克、土默特等旗,全行划归蒙古国管辖";蒙古国承认中俄派驻代表的护卫队均不超过百人;中俄承认蒙古国可派代表驻中俄两国京师及交界邻近省城;蒙古国境内之中国商民须按照蒙古国章程交纳税捐及地租,其诉讼由中蒙官员会同审理,适用蒙古国法律等。②

三方意见不一,颇多争执,"正式开会凡四十八次,往来回晤谈判,亦不下四十次,都九阅月有奇",争执最激烈者为铁路邮电、税则、内外蒙交界处不殖民三问题,沙俄代表在交涉中步步进逼,不惜一再出尔反尔,力图扩大在《中俄声明文件》中已取得的各种权益;北京政府代表虽希望通过谈判挽回一些权利,在有些问题上坚持甚力,但总的说来是日趋软弱。特别是1915年初中日开始"二十一条"交涉后,北京政府更是唯恐得罪沙俄,采用"彼有实事,我徒虚名"的方法连连让步,使沙俄取得的权益远远超过《中俄声明文件》的有关规定。

1915年6月7日,中、俄、蒙三方在恰克图签署《中俄蒙协约》,包括正约22款及附约。主要内容是:外蒙古承认《中俄声明文件》,承认中国

① 陈崇祖:《外蒙古近世史》第2篇,第36—45页。
② 陈崇祖:《外蒙古近世史》第2篇,第36—45页。

宗主权;中俄承认外蒙古自治,为中国领土一部分;外蒙古无权与各外国订立政治与土地关系之国际条约;哲布尊丹巴呼图克图汗号由中华民国总统册封,外蒙古公事文件用民国年历并得兼用蒙古干支纪年;中俄承认外蒙古有一切内政及与各外国立工商事宜条约等权;中俄不干涉外蒙古现有内政之制度;中国商运货入外蒙不纳关税,但须交纳已设及将来添设之内地货捐;凡中蒙、中俄人民诉讼事宜均由中蒙、中俄双方合同审理;《俄蒙商务专条》继续有效;外蒙自治区域以前库伦办事大臣、乌里雅苏台将军、科布多参赞大臣所管辖之境为限,其正式划界由中、俄、蒙三方会同办理等,同时以中俄互换照会形式规定,中国特准所有附从外蒙古自治官府之各蒙人完全赦罪;张家口、库伦、恰克图电线归蒙古局员管理等。①

当天,袁世凯宣布册封哲布尊丹巴呼图克图汗,所有外蒙王公、喇嘛的爵职名号一仍其旧,赦免所有参加外蒙"独立"之人。两天后,库伦活佛致电北京政府宣布取消"独立"。7月19日,北京政府颁布《库伦大员公署章程》和《乌、科、恰佐理专员公署章程》,在库伦设办事大员公署,并在乌里雅苏台、科布多、恰克图设佐理专员公署,中国在名义上恢复了对于外蒙古的宗主权。轰动一时的外蒙古"独立"问题交涉暂告一段落。

在此期间,沙俄还非法强占了我国外蒙古西北部的唐努乌梁地区。该地北枕萨彦岭,南临唐努山,面积约17万平方公里,自古即是中国领土。早在唐代,唐太宗就在此地设府置州,将该地纳入中国版图。清代该地属乌里雅苏台将军和科布多参赞大臣管辖。1727年的《中俄恰克图界约》、1864年的《中俄勘分西北界约记》、1869年的《乌里雅苏台界约》都规定以萨彦岭为中俄两国的分界,确定该地为中国领土。尽管毫无根据,沙俄依然决意吞并唐努乌梁海。1912年七八月间,沙俄唆使外蒙古军队开入该地,强迫该地各旗追随库伦当局"独立"。然而,这不过是沙俄直接占领该地的过渡。九十月间,当俄、蒙讨论《俄蒙协定》时,尽管库伦当局一再提出该地问题,但沙俄却拒绝《俄蒙协定》涉及该地,声明"乌梁海占有特殊的地位,是俄国的势力范围"。② 随后不久,沙俄在该地设立"边疆特使",兼具领事馆与警察机关双重职能,统筹俄国向该地大规模移民

---

① 王铁崖主编:《中外旧约章汇编》第2册,第1116—1120页。
② [俄]廓索维慈:《从成吉思汗到苏维埃》,第194—195页,转引自复旦大学历史系编写组:《沙俄侵华史》,第459页。

事务,并由政府作出决议:解除乌梁海人对中国的从属关系后,外蒙古库伦当局也不能对这个地区提出任何要求。[1] 1914 年 6 月,沙俄突然派遣大批军队开进该地,武装强占了这一块中国领土,并宣告大俄罗斯帝国"将唐努乌梁海地方置于她的保护之下",今后"任何国家不获得俄国的认可,不得通过它的臣民、传教士或官吏在唐努乌梁海进行任何活动"。[2]原在该地从事贸易的中国商人被驱逐出境。尽管 1913 年 11 月签署的《中俄声明文件》和 1915 年 6 月签署的《中俄蒙协约》都肯定外蒙古自治区域以原库伦办事大臣、乌里雅苏台将军、科布多参赞大臣所管辖之境为限,这自然也包括唐努乌梁海在内,但沙俄政府却全然不顾这些规定,强行霸占了该地。沙俄的这一侵略行径,不仅当时北京政府未予承认,以后中国历届政府从未声明放弃该地区主权。

第三节　中苏外蒙古问题交涉

1917 年,俄国革命发生十月革命,外蒙古局势再次经历激烈变动。外蒙古的"自治",完全是沙俄侵略扩张政策的产物,并未给外蒙古王公们带来好处。十月革命后,苏俄新政府断绝了对外蒙古的接济,外蒙古财政顿陷困境,不但行政费用没有着落,王公活佛的生活费用也几不能维持。同时,俄国红白两派到处冲突,严重滋扰外蒙古。至 1918 年白党呈现败势,红党势力渐渐伸张至西伯利亚,外蒙古毫无防备,大起恐慌。重新谋求中国保护,成为外蒙古王公中亲华派的活动目标。

就内部情势而言,"表面上,喀尔喀四部为一团结不可分的蒙古共同体,其实纠纷不断。以派别言之,外蒙有黄黑两党,黄党为喇嘛,黑党为王公,王公与喇嘛明争暗斗。再以地理言之,则东部与西部亦相互歧异。其中,有希望取消自治,归中央完全主宰者,有尊重《中俄蒙协约》,主张维持现状者,有徘徊观望,并无一定主张者,甚至有怀抱野心,思假借外力为别开生面之图者。"[3]张启雄指出:"整体而言,外蒙虽称自治,然内力耗

---

① ［俄］廓索维慈:《从成吉思汗到苏维埃》,第 196 页,转引自复旦大学历史系编写组:《沙俄侵华史》,第 460 页。

② 乌定:《图瓦共和国当前的社会经济状况》,苏联《革命的东方》1928 年第 3 期。

③ 张启雄:《收复外蒙主权》,台北"蒙藏委员会"1998 年刊印,第 2 页。

弱,非外力无以自存,其政局易随时局而变动,凡此皆外蒙政局不稳之兆。其中,黄黑不睦所造成的派系纷争,正好赋与陈毅切入外蒙政局的最好机会。"①

1919年8月,外蒙古王公代表在库伦秘密会见中国驻库伦大员陈毅,表示愿取消自治官府,恢复前清旧制,并提出了善后办法方案。双方约定:由各王公"自出请愿书,表明非由中央迫胁,庶足间执俄口"。② 10月14日,外蒙古王公、活佛向北京大总统呈递请愿书,请求取消"自治"及相关的中、俄、蒙一切条约。内称:"窃外蒙自前清康熙以来,隶属中国,喃喃向化,二百余年,上自王公,下至庶民,均各安居无事";外蒙古"自治""迄今数年,未见效果,近来俄国内乱无秩,不能统一属地,自无保护条约之能力;而布里奴绘等任意勾通土匪,结党纠众,选派人到库,催逼归从,拟统一全蒙,独立为国,种种煽惑,形甚迫切。且唐努乌梁海向为外蒙所属区域,始则俄之白党强行侵占,继而红党复进。外蒙人民生计向来薄弱,财政困难,匪可言喻;加以此等外患实在无法办理。本官府召集王公、喇嘛等屡开会议,咸谓近来中蒙感情敦笃,嫌怨尽泯,均情愿取消自治,仍复前清旧制"等。③

鉴于外蒙古出现的新形势,北京政府采取了一系列行动。1917年8月,北京政府任命陈毅为都护使,接任驻库伦办事大员。陈毅到任后,首先,与外蒙古自治当局签订银行条约,改以中钞为本位,并说服蒙方声明废除《俄蒙银行条约》,"将俄财政顾问及税局俄员,毅然全数裁撤",收回了外蒙古的财政金融权。接着,又力助华商开办张库汽车公司和西北汽车公司,将中蒙两地联成一气,对于"加强中蒙之联系,及国防、商务均有划时代之意义"。随后,陈毅又力促外蒙古自治当局废除对中国不利的税捐,恢复原设于库伦、科布多的中国邮局,径行增加中国驻库伦卫队人数等,对外蒙古影响力日益增长。④

1919年1月5日,北京政府外交部指示驻库大员:"相机与外蒙改订条约,大致系将《俄蒙商务专条》内俄国所得利益转移于我为基础,并取

---

① 张启雄:《收复外蒙主权》,第3页。
② 《中华民国史事纪要》(1919年),第117—119页。
③ 《中俄关系史料—外蒙古(1917—1919)》,台北中研院近代史研究所1959年刊印,第568—570页。
④ 张启雄:《收复外蒙主权》,第34—37页。

消驻兵限制,以免妨碍国防计划"等。① 6 月 1 日,颁令将阿尔泰地方归并
新疆省。7 月 18 日,公布西北筹边使官制,为出兵外蒙古作了准备。8 月
20 日,北京政府外交部向国务会议提出关于外蒙古问题说帖,指出:"外
蒙古王公既有前项请求,政府为时势所迫,无论如何自不能不有以副其希
望。但事关国际,在我如能于此时多得一分之证据,即于将来公布之时少
一分之阻碍";认为"先由蒙古王公全体名义呈请,或秘密电达政府,请求
恢复原制,然后政府根据此项请求再与妥商条件","将来政府对外较易
措词,不致贻他国口实"。② 10 月 1 日,陈毅将与外蒙古代表讨论多次的
《外蒙取消自治后中央待遇外蒙及善后条例草案》共 63 款报送北京外交
部。③ 同时,北京政府借协约国共同出兵西伯利亚之机,派遣西北筹边使
及西北边防总司令徐树铮率边防军进入库伦,稳定外蒙古的局势。

　　1919 年 11 月 22 日,徐世昌颁发大总统令,称:"核阅来呈,情词恳
挚,具见博克多哲布尊丹巴呼图克图汗及王公喇嘛等深明五族一家之义,
同心爱国出自至诚,立即俯如所请,以顺蒙情。所有外蒙博克多哲布尊丹
巴呼图克图汗应受之尊崇,与四盟沙毕等应享之利益,一如旧制。中央并
当优为待遇,俾共享共和幸福,垂于无穷。"④同日,加封哲布尊丹巴"翊善
辅化"名号,特任徐树铮为册封专使,并以西北筹边使名义督办外蒙古一
切事宜。24 日,北京政府外交部照会旧俄驻华公使库达摄夫,声明"外蒙
现已取消自治,所有前订中俄蒙条约及俄蒙商约,并中俄声明文件立即停
止效力"。⑤ 库达摄夫当日复照北京外交部,声明:"各国彼此订定国际条
约,除发生战事状况外,断不能于一方面单独取消",表示俄国及俄国人
将继续享有条约规定的各种权益。⑥ 12 月 10 日,北京政府外交部再次照
会库达摄夫,强调"从前外蒙古要求自治,实由于外蒙古自愿,而此次取
消自治,亦由于外蒙古自愿。前后制度之变更及恢复,均完全因新形势之
发生,以外蒙古全体之意思为根据。来照所称国际条约取消之先例,比拟

① 《中俄关系史料—外蒙古(1917—1919)》,第 471—472 页。

② 《中俄关系史料—外蒙古(1917—1919)》,第 471—472 页。

③ 《中俄关系史料—外蒙古(1917—1919)》,第 538—553 页。

④ 《政府公报》第 1363 号。

⑤ 《东方杂志》第 17 卷第 1 号。

⑥ 《中俄关系史料—外蒙古(1917—1919)》,第 603—604 页。

不伦,本政府不能认为同意",并指出俄人在外蒙古通商应享之各利益,只有与中国在外蒙古之主权及外蒙古之利益不相抵触时,才能"许其存在",拒绝了旧俄公使的声明要求。①

然而,外蒙古还政中央不到一年,1921年3月又宣布第二次"独立"。其原因大致有三:直皖内争激烈,边境措置失策;日本勾结白俄侵入外蒙古;苏俄以驱逐白俄为名,出兵外蒙古,扶植新的独立政权。

徐树铮督办外蒙古后,其志仍在北京与直系军阀争夺中央政权。拥有3师4混成旅之边防军,仅以少数兵力留驻外蒙古,大军尽驻北京附近各省要地,以谋与直军对抗;对于外蒙古边政,举凡实业、交通、设施等一无所为;而对于外蒙古王公活佛却是威焰逼人,其威势仅仗与"统监"无异,引起蒙人恶感。1920年7月,直皖开战,边防军一败涂地。北京政府以内乱罪明令拿办徐树铮。徐树铮躲进日本使馆兵营,而驻外蒙古之中国军队深怀疑惧,加上军饷欠发,军心动摇,为日、俄侵入外蒙古创造了机会。

日本早有染指外蒙古之心。根据《中日陆军共同防敌军事协定》,日军一部得以经库伦进入俄国贝加尔地区,使其取得了经营外蒙古的机会。1919年,外蒙古当局突然取消"自治",日本深为不满,积极联络白军及蒙匪,扰乱外蒙古。1920年9月,日军将在俄境内已被击败的白俄将领谢米诺夫招至大连,商定由日本提供款械,指使谢氏残部与蒙匪结合,攻略外蒙古,作为反对苏俄之根据地。10月,谢部恩琴率部进袭库伦,为中国军队击败。但外蒙古局势却日趋严重,在外蒙古的镇抚使陈毅、旅长褚其祥屡电中央请增援兵。然而,直皖战后的直、奉两大实力派却视援库问题为小,争夺援库总司令地位为大,历数月之久,未出一兵赴援。次年2月初,恩琴又率兵匪四五千人卷土重来,指挥者全系日本军官,三面围攻库伦。2月3日,库伦失陷,陈毅仅以身免。3月21日,外蒙古"独立"政府在恩琴策动下宣告成立,外蒙古为白俄部队占领。5月,恩琴又率部从外蒙古出发进攻远东共和国,结果大败,恩琴被杀。

苏俄新政府也密切注视着外蒙古局势的发展。早在1919年7月,苏俄政府就对蒙古发表了宣言,称"蒙古是一个自由国家","任何外国都没

---

① 《中俄关系史料—外蒙古(1917—1919)》,第603—603页。

有干涉蒙古内政的权利",要求蒙古立即与苏俄建立外交关系。1921年3月,蒙古人民革命党和"蒙古临时国民政府"在恰克图成立。4月21日,该政府正式请求苏俄援助。7月6日,苏俄红军不顾北京政府的一再抗议,在战胜恩琴部后,长驱直入库伦。7月12日,蒙古人民革命政府成立。11月5日,又宣布成立蒙古独立国,并与苏俄政府订立《俄蒙修好条约》,相互承认为合法政府。外蒙古问题再次成为中国与苏俄之间的悬案,成为日后中苏恢复邦交谈判的重大障碍之一。

1921年12月12日,苏俄政府派出裴克斯使团抵达北京,谈判中苏建交问题。虽然裴克斯声称:苏俄对华政策是"纯正的友好和睦";中国对俄在蒙古军事行动的疑惧,实由"误解"所致;苏俄对于中国任何土地无侵略野心,远东共和国在蒙军队早已撤退,只剩红军还留驻,以防白俄复起活动,但这些军队在中俄间成立了维持该地秩序的协定后,也将撤退等。但外蒙古问题仍然成为双方谈判的障碍。裴氏在谈判中否认苏俄曾同外蒙古签订任何条约。但不久1921年11月5日签署的《苏蒙修好条约》却在报上全文披露。1922年5月1日,北京政府外交部照会苏俄使团,抗议苏俄"自食其言,擅与蒙古订结秘密条约",怒斥苏俄这种行动"与以前帝俄政府对华所取政策,实无二致"。然而,尽管中国政府一再抗议,苏俄政府却于5月31日与外蒙古当局在库伦签署第二次协定,导致北京政府中断了与裴氏的谈判。

1922年8月,苏俄政府再次派遣越飞使团来华。越飞系苏俄政府副外交人民委员。越飞抵达北京时,曾受到北京大学校长蔡元培等全国著名学者、教育界领袖以及21个民众团体的热烈欢迎。北京政府在全国民意推动下,开始与越飞使团进行全面谈判。但双方在中东铁路和外蒙古问题上发生严重分歧。关于外蒙古问题,北京政府认为应恢复外蒙古取消自治时的情形,越飞则认为应按1915年《中俄蒙恰克图条约》规定,外蒙古实行自治,宗主权归中国,中俄双方不得派兵进入外蒙古;北京政府以苏俄红军立即从外蒙古撤退作为谈判先决条件,越飞则提出俄国白军以中国为基地攻击苏俄的问题。由于双方意见无法统一,谈判至12月又告中断。

1923年夏秋之交,苏俄政府为进一步加强对华工作,决定派遣代理外交人民委员、曾因发表两次对华宣言而在中国享有盛誉的加拉罕使华,谈判中苏建交问题。此时,由于内外因素的影响,北京政府对于重开中苏谈判也趋向积极。1924年3月26日,北京政府任命王正廷为中俄事务督办。双方讨论和争执的主要问题依然是外蒙古问题、中东路问题以及庚子赔款用途问题等。延至1924年2月双方始达成妥协:即签一预先协定,内详定嗣后商订正约的主要原则,中国立即承认苏联。3月14日,该项协定的草案由王正廷、加拉罕签字。

由于王正廷在草签前,未将协定草案按一般程序向外交总长汇报,并提交内阁全体会议讨论通过。该草案首先遭到外交总长顾维钧的反对,认为草案没有提到苏俄同外蒙古"独立"新政府签署的条约,等于"默认了苏俄与外蒙的条约";对于苏俄从外蒙古撤军问题,草案规定一旦中国同意撤军条件,苏俄军队将立即撤离,等于"承认苏俄撤军是有条件的","似乎苏俄在那里驻军是合法的,而且有权在撤军之前提出种种条件";还有关于在中国的俄国东正教会的房地产必须移交苏俄政府问题等,主张这三款条文必须修改。外交总长的态度得到内阁同僚的支持。[①] 同时,这个协定也遭到列强的阻挠。在这样的内外背景下,北京政府通知加拉罕:王正廷签订该协定,实超越其所权限。中苏谈判转由外交总长顾维钧与加拉罕直接进行,此举引起了苏方的强烈反应。

其时,北京政府在中苏缔约建交问题上承受着内外巨大压力。表面上,中苏谈判已中断,但私下的秘密谈判却一直在进行。5月31日,由顾维钧与加拉罕签署《中俄解决悬案大纲协定》,包括正文及七声明一照会以及《暂行管理中东铁路协定》。有关外蒙古问题,苏联承认外蒙古为中华民国之一部分,声明一俟有关撤退驻外蒙古苏军问题在中苏会议中商定,即将一切军队由外蒙古尽数撤退等。[②] 这个协定及换文重新确认了中国对于外蒙古的主权,具有重大意义。

《中俄解决悬案大纲协定》签署后,本应在1月内召开中苏会议,讨论中苏间一切问题。然而,却因种种原因推迟了。直至1925年夏,由于五卅运动、省港大罢工发生,全国出现了反帝运动的高潮,才促成悬搁已久的中苏会议于8月26日在北京开幕。而实际上由于加拉罕回国述职,

---

① 《顾维钧回忆录》第一卷,第334—336页。
② 王铁崖主编:《中外旧约章汇编》第3册,第423—438页。

至 12 月 1 日加拉罕返回后,会议才正式进行。1926 年 3 月,北京政局再次发生变动,主持中苏会议的中方代表王正廷逃往天津租界暂避,北京新政府急速转向反苏反共。6 月,中苏会议宣告延会,包括外蒙古问题在内的中苏悬案均未得到明确解决。外蒙古实际上成为依附于苏联的"独立"国家,但始终未为中国历届政府所承认。

1941 年 4 月 13 日,苏联和日本签署《中立协定》并发表《共同宣言》,郑重宣言:"苏联誓当尊重满洲国之领土完整与神圣不可侵犯性,日本誓当尊重蒙古人民共和国之领土完整与神圣不可侵犯性。"①14 日,国民政府外交部发表声明,严正指出:"查东北四省及外蒙之为中华民国之一部,而为中华民国之领土","中国政府与人民对于第三国所为妨害中国领土与行政完整之任何约定,决不能承认","苏日两国公布之共同宣言,对于中国绝对无效。"②《大公报》社评指出:"一九二四年中苏协定第五条规定:'苏联政府承认外蒙为完全中华民国之一部分及尊重在该领土内中国之主权',苏日共同宣言中竟扯出所谓'蒙古人民共和国',并'尊重其领土完整与神圣不可侵犯性',尤其是破坏双方条约侵害中国主权之举。"③这是中苏在外蒙古问题上的又一次交锋。虽然由于战争的特殊环境,中国方面除抗议外,未采取进一步的外交行动,但中国政府的严正表示对于确认中国对于外蒙古享有主权,仍然具有重要的意义。

然而,苏联将外蒙古从中国彻底分离出去的野心并未到此止步。1945 年 2 月初,美、苏、英举行雅尔塔会议,斯大林在与罗斯福磋商对日作战条件时,再次提出包括外蒙古问题在内的对日参战条件,强调如果此等条件不能满足,将难以向苏联人民解释为何要参加对日作战,并提议在会议结束时,将经三国同意的条件见诸文件。11 日,三国签署《雅尔塔密约》,第一款的内容即是:"外蒙古(蒙古人民共和国)的现状须予维持。"④这是美、苏、英三国背着中国,以中国主权为交易筹码,为满足各方私利而签署的违反国际法准则的密约。

1945 年 6 月 30 日至 8 月 14 日,在美国的压力下,国民政府派出代表

---

① 《苏日共同宣言》,陈志奇主编:《中华民国外交史料汇编》第十卷,第 4682 页。

② 秦孝仪主编:《中华民国重要史料初编——对日抗战时期》战时外交(二),第 390 页。

③ 《大公报》1941 年 4 月 14 日。

④ 《反法西斯战争文献》,世界知识出版社 1955 年版,第 216 页。

团赴莫斯科与苏联政府举行双边谈判,实际上是逼迫中国接受《雅尔塔密约》。关于外蒙古问题,在谈判中争执最烈,历时最长,几乎使整个谈判陷于破裂。焦点问题是对于"外蒙古现状应予维持"的理解。中方认为:"维持现状"是维持现在所有的状况,苏联曾在1924年宣布尊重中国在外蒙古的宗主权,这即是现状之一,此种现状可以维持,但是中国不能放弃对外蒙古的主权;苏方认为:"维持现状"就是维持蒙古人民共和国"独立"的现状,中国必须承认外蒙古脱离中国而独立。中方表示:中国目前可不向苏联提商外蒙古问题,故盼苏联亦不提此难题,因中国任何政府如丧失土地完整,必为国人所不谅;苏方坚持认为外蒙古问题为中苏冲突的根源,中国不承认外蒙古独立,苏联驻兵外蒙古,即驻兵于中国,将成为一个世界注目的问题,如外蒙古脱离中国独立,苏联驻兵外蒙古,即驻兵于一小国境内,自将不受注意。斯大林特别强调:苏联目前处于被包围状态,必须在东西南北各方面防遏日本,"外蒙在地理上之地位,可使他人利用之,以推翻苏联在远东之地位,日人业已试过,如吾人在外蒙无自卫之法律权,苏联将失去整个远东";外蒙古人民也不愿加入中国,彼等要求独立,否则必将号召所有蒙古人团结反抗中国,故"为中国计,割去外蒙,实较有利";至于苏联过去承认外蒙古为中国领土,实因当时情形,战争已使苏联得到深刻教训,必须使外蒙古与中国分离,以确保苏联有进兵和驻兵之权;为了换取中方的让步,苏方表示可以考虑不用租借方式解决苏联驻军旅顺港的问题。双方的谈判陷于僵局,中方坚决拒绝承认外蒙古独立要求,苏方则坚持此一问题不解决,就不能签订中苏协定。[①]

鉴于苏方的强硬立场,中国谈判代表宋子文曾试图向美国方面寻求《雅尔塔协定》关于外蒙古"维持现状"的具体解释,求取美国方面的帮助。但苏联实际控制外蒙古早已成为既成现实,而且外蒙古独立与否对美国无关痛痒,美国政府不愿表态。宋子文致电国民政府主张采取强硬态度,任何变通办法都不应提及"独立",否则宁可"中止交涉"。但国民政府在权衡利弊之后,由蒋介石亲自决定,有条件地作出让步,即苏联政府如能在东三省之领土、主权及行政必须完整,中共对军令、政令必须完

---

① 秦孝仪主编:《中华民国重要史料初编——对日抗战时期》战时外交(二),第576—590页;吴相湘:《俄帝侵略中国史》,第475—480页。

全归中央统一,新疆之伊犁以及新疆各地被陷区域完全恢复三问题上"予以充分之同情与援助,并给以具体而有决心之答复",则中方愿自动提出外蒙古问题由外蒙古人民用投票方式解决。蒋介石强调:"此次我国之所以允许外蒙战后独立者,实为作最大之牺牲,亦表示对苏表示最大之诚意。以外蒙为中苏关系最大之症结所在,如果此一症结既除,而我之要求目的仍不能达到,则不仅牺牲毫无价值,而且今后必增两国之恶果,东方更多纠纷矣。"斯大林在获悉中国方面的态度后,同意在蒋介石所要求的东北、新疆主权和中共问题上作出让步,但对于旅顺军港和大连商港问题只是作出了有条件的微小让步。接着,中方又提出明确划分外蒙古疆界问题,并坚持以中国旧地图为基准,双方经过数度争执,最后约定"以其现在之边界为边界"。①

1945 年 8 月 14 日,中苏两国外交部长在签署《友好同盟条约》的同时互相换文,规定:"兹因外蒙古人民一再表示其独立之愿望,中国政府声明于日本战败后,如外蒙古之公民投票证实此项愿望,中国政府当承认外蒙古之独立,即以其现在之边界为边界。"②

第四节　外蒙古独立与中蒙关系

10 月 20 日,外蒙古举行公民投票。18 日,国民政府内政部常务次长雷法章率团飞抵库伦,视察外蒙古公民投票情形。他得到的政府指令是:"代表政府参观投票情形,兼可考察外蒙政治社会情况,而不与外蒙当局进行任何交涉。关于投票一事,只宜细心观察,但不得干涉或发表任何声明。"③

20 日,从清晨 6 时起到半夜 12 时,外蒙古全境 18 个盟,凡年满 18 岁的成年公民,不分性别,均在每户所属区内参加投票。投票采取记名投票法,选票上须填写名字,再填写赞成独立或反对独立。24 日,外蒙古中央选举委员会副主席盖伦柴勃报告投票结果:"根据各盟委员会的名单,全

---

① 秦孝仪主编:《中华民国重要史料初编——对日抗战时期》战时外交(二),第 593—597 页;吴相湘:《帝俄侵略中国史》,第 475—480 页。
② 王铁崖主编:《中外旧约章汇编》第 3 册,第 1330 页。
③ 李敖:《蒋介石研究》第 4 集,第 223 页。

共和国应有（合格公民）494074 人参加投票，今投票赞成独立的共计483291 人，即占全数之 97%，其余为弃票者。这 48 万多人完全投票赞成独立，没有一个人投反对票。"①国民政府参观团长雷法章对此次投票的评价是："其办理投票事务人员，对于人民投票，名为引导，实系监视，且甚严密"；"此项公民投票，据称为外蒙人民重向世界表示独立愿望之行动，实则在政府人员监督下，以公开之签名方式表示赞成独立与否，人民实难表示自由之意志。"②

1945 年 11 月 15 日，国民政府外交部收到蒙古政府总理兼外交部长乔巴山电报，内称："谨将蒙古人民共和国小呼拉尔国家主席团 1945 年11 月 12 日之决议及蒙古人民共和国举行关于国家独立问题之公民投票结果记录送达阁下，即认为中国政府承认蒙古独立之正式文件"等。③ 次年 1 月 5 日，蒙古人民共和国部长会议、大国民会议、人民革命党中央委员会联席会议通过了有关独立的决议案。同日，国民政府发表公告："承认外蒙古之独立"。2 月中旬，蒙古政府派遣副主席苏龙甲布以及拉木素龙、纳路山博、乡尔道格、林清苏诺穆一行五人访问重庆，拜会国民政府主席蒋介石和外交部长王世杰，商定双边关系问题。2 月 13 日，国民政府声明愿意并准备和蒙古人民共和国建立正常的外交关系。

然而，中蒙外交关系却因内外种种因素未能建立。由于苏美冷战的影响以及因中国东北问题而引起的中苏关系的紧张，影响了中国国民政府与蒙古人民共和国新政府关系的发展。1946 年 2 月 27 日，苏联和蒙古在莫斯科签署《友好互助条约》及《经济文化合作协定》，期限 10 年，蒙苏之间异乎寻常的特殊关系，特别是有关苏联可在蒙古驻兵的条款，引起了国民政府的疑惧和不安。国民政府追随美国，对蒙古人民共和国采取了不友好的态度。6 月 27 日，蒙古人民共和国向联合国申请加入为会员国，由于美、英、中等国的反对，未能如愿。10 月 18 日，蒙古政府分别向苏、美、英、法、中等国政府申请加入远东委员会，要求参加对日管制，并

---

① 《今日之外蒙》第 261—262 页。另一说，据苏联兹拉特金著《蒙古人民共和国史纲》记载：据蒙古中央公民投票事务委员会 1945 年 11 月 12 日会议记录，全国应有 494960 人参加投票，实际投票者有 487409 人，即 98.4%。所有的 487409 人，即 100%的投票者拥护蒙古独立。

② 李敖：《蒋介石研究》第 4 集，第 220 页。

③ 张大军：《外蒙古现代史》，台北兰溪出版社 1983 年版，第 1534—1535 页。

称:蒙古人民共和国自成立以来一向是阻止日本侵略深入亚洲的一个远东和平支柱;从 1941 年 6 月起就完全站在联合国方面,并尽其一切力量帮助苏联军队;从 1938 年起由于日本方面一连串的武装进攻,曾遭到重大的人力和物力的损失,并于 1945 年 8 月 10 日向日本宣战,派往前线 8 万军队积极参加作战,在战胜帝国主义日本的共同事业上贡献了自己的一份力量等,这一要求也因美、中等国的反对而未获成功。[1]

1947 年 6 月,中蒙关系因北塔山事件而更趋恶化。北塔山位于迪化(今乌鲁木齐)东北 200 公里,山形自西向东,略折而南,是哈密经奇台至迪化的甘新长途公路的屏障,同时又是通往新疆北部阿尔泰山的要道,战略地位极为重要。1940 年,苏联出版的地图曾擅自将这一地区划入外蒙古范围,面积达 8.5 万平方公里。嗣因苏德战争爆发,事态未进一步发展。1946 年 10 月起,蒙古军队频频越境寻衅,双方时时发生冲突。

1947 年 6 月 2 日,蒙古科布多驻军队长班子尔克沁中校致信北塔山中国驻军骑七旅马希珍连长,无理要求将刀塔头特山东北对山胡苓尔特河上的中国野营部队撤退,并交还前俘获之越界蒙军士兵马匹,遭到中方拒绝。5 日,蒙古军骑兵 1 营在苏军 5 架飞机轰炸扫射的掩护下,向中国北塔山驻军发动进攻。8 日至 9 日,苏军飞机继续掩护蒙古国军队攻击中国军队,并侵占了北塔山。

11 日,国民政府外交部官员召见苏联驻华代办,指出北塔山事件的严重性,声明中国政府重视这一事件。同日晚,中国驻苏大使傅秉常在莫斯科分向苏联外交部和蒙古驻苏公使提出严重抗议,要求严惩有关过失人员,并保证今后不再发生类似事件。[2] 然而,由于中国国民政府正与苏联交涉新疆问题,对于北塔山冲突事件并未采取进一步的行动。当时,国民政府国防部长白崇禧原定 13 日专程赴新疆视察,但新疆省主席张治中却担忧此举会刺激苏联方面,遂急电蒋介石阻止,白氏在飞机起飞前几分钟不得不取消新疆之行。[3] 7 月 8 日,国民政府外交部再次照会苏、蒙,抗议蒙军入侵新疆,"坚持 6 月 11 日所提有关各项要求,并特再郑重要求外

---

① [苏]兹拉特金:《蒙古人民共和国史纲》,第 377—378 页。

② 薛衔天编:《中苏国家关系史资料汇编(1945—1949)》,第 462—464 页。

③ 宋希濂:《鹰犬将军——宋希濂自述》,中国文史出版社 1986 年版,第 253 页。

蒙政府令饬其侵入中国新疆省境内之军队,迅即自中国境内撤退"。① 中蒙关系由此进入全面紧张的阶段。

美国著名历史学者柯伟林教授对于外蒙古独立事件作了精到的评论:"在台北出版的版图上,外蒙古仍是中国的北疆。但是,国民党政权在 1945 年的中苏条约中自己承认了蒙古的独立。毫无疑问,这么做只是为了救急。蒋介石力排国民党领导人众议,对他来说,只是与苏联结盟有可能阻止共产党叛乱的'国难'时,这一'最大的牺牲'才可以忍受,并且恐怕也不是永远忍受。然而共产党并未被阻止,而蒙古人却在 1945 年 10 月斯大林式公民投票中认可了他们的独立(4870000 票对 0 票)。毛泽东的中华人民共和国在以后的几十年中只得接受这一事实。"②

关于中国共产党对于外蒙古独立问题的态度。1947 年春,苏共中央政治局委员米高扬访问中共中央所在地西柏坡,毛泽东曾和他数次谈及外蒙古问题,毛泽东明确提出:"内外蒙古应该统一起来,并入中华民国的版图",询问苏联方面如何看待内外蒙古统一问题。米高扬专电斯大林请示。斯大林答复说:"外蒙古的领导人主张把中国所有的蒙古地区同外蒙古联合起来,在独立的旗帜下组成一个统一的蒙古国。苏联政府表示反对这个计划,因为这要从中国分割出去一连串的地区,尽管这个计划并不威胁苏联的利益。我们不认为外蒙古会放弃自己的独立,在中国版图之内办自己的自治,即使是所有的蒙古地区联合起来形成一个自治团体,它也是不肯做的。事情很清楚,此事的决定权应在外蒙古方面。"③斯大林以外蒙古反对为由,拒绝了毛泽东的要求。④

1949 年底,新中国成立后,毛泽东访问苏联,再次提出外蒙古问题,毛泽东认为:"蒙古民族是中华民族的一个重要的组成部分,并且曾经在中国历史上占据将近一百年的统治地位。外蒙古的独立是在旧中国反动统治下发生的。新中国建立以后,这种特定的条件就不复存在了。"外蒙

---

① 秦孝仪主编:《中华民国重要史料初编——对日抗战时期》战后中国(一),第 791—793 页。

② [美]柯伟林:《中国的国际化:民国时代的对外关系》,香港《二十一世纪》1997 年 12 月号。

③ 王永祥:《雅尔塔密约与中苏日苏关系》,第 431 页。

④ 当时,外蒙古当局还存在着"泛蒙古主义"的观点,试图将内蒙古从中国分离出去。他们认为,公民投票应予解决的问题,不是关于外蒙古在现行边界下的独立,而是使内蒙古、呼伦贝尔和蒙古人民共和国恢复"统一"的问题。这种主张未为当时的苏联政府所接受。

古理应交回中国。然而，"毛泽东一提出外蒙古问题，就捅了马蜂窝，斯大林就变了脸，认定毛泽东是'民族共产主义者'、是'铁托'，甚至是'美国特务'了。实际上中断了会谈。他们把毛泽东晾在克里姆林宫，没有人理会"。在这样的情况下，"大家也就不谈外蒙古问题了"。①

　　中华人民共和国成立后，中国与蒙古作为社会主义阵营中的伙伴国家，互相承认并建立了外交关系，开始了中蒙关系的新时代。

---

① 参见《王力反思录》，香港北星出版社 2001 年版，第 337 页。

第四章　中国与日本的关系

第一节　中日关系的历史演变

　　中国和日本之间的友好交往源远流长，人们常用"一衣带水"来形容两国的邻近与关系的密切。早在 2000 多年前，中国大陆和日本列岛之间就存在着友好的交往。成书于战国时代的《山海经·海内北经》记载："盖国在巨燕南，倭北，倭属燕。"指出日本位于中国东北方向的大海之中，朝鲜半岛的东南，与中国古代的燕国相去不远。《汉书·地理志》记载："乐浪海中有倭人，分为百余国，以岁时来献见云。"事实上，这样的交往可能可以追溯到更早的时候。根据地理学家的考察，中国大陆的东北部原来和朝鲜半岛、日本列岛相连，是一片大平原，可以徒步通行。以后地壳变化形成了大海，日本列岛独立于海外，形成了与中国大陆隔海相望的局面。20 世纪 60 年代，日本国内掀起了一股寻根热。在追溯日本文明的源头时，语言学家、历史学家、考古学家、民族学家们提出了很多假说。诸如日本文化"北来说"、"南来说"、"南岛文化说"、"骑马民族说"、"复合文化说"等等，其中"稻作文化说"、"照叶树林文化说"、"倭人起源于云南说"，明确指出日本的文化与中国大陆的文化有着直接的渊源关系。

　　日本有文字记载的历史比中国晚，因为早期的日本没有文字。日本古籍《古语拾遗》中记载道："上古之世，未有文字，贵贱老少，口口相传，前言往行，存而不忘。"中国《隋书》中也有日本"无文字，唯刻木结绳"的记载。最早日本使用的文字是从中国传入的。《后汉书·倭传》记载："建武中元二年，奴国奉贡朝贺，使人自称大夫，倭国之极南界也，光武赐以印绶。"1784 年，日本北九州地区出土了一枚印章，上有五个汉字"汉委奴国王"，古代"委"与"倭"通用，这与《后汉书》的记载完全一致，说明早在公元57年，汉字就传入了日本。① 随着中国大陆与日本列岛交往的日益频繁，中国的文字和先进的生产技术和文化艺术先后传入日本。公元5世纪以后，日本人开始以汉字来表达自己的思想，天平和平安时代创造出片假名和平假名，才有了日本自己的文字。但是一直到9世纪，仍然有不少日本人以汉字作为表达自己思想的工具，如这个时期的著名作品《日本书纪》《续日本纪》《日本后纪》等全部使用汉字，足见汉字对日本的深远影响。

在中日早期的交往中，移居日本的中国人作出了重大的贡献。传说中的徐福就是一个代表。司马迁的《史记·秦始皇本纪》记载："齐人徐市等上书，言海中有三神山，名曰蓬莱、方丈、瀛洲，仙人居之，请得斋戒与童男童女求之。于是，遣徐市发童男童女数千人，入海求仙人"。寺屋寿雄在《中国传来物语》中，介绍了有关徐福东渡日本的种种传说，由于徐福带给了日本大量的先进生产技术、生产工具和医药，被日本人尊称为"司农耕神"、"司药神"。《三国志》也记载："陈胜、吴广等起，天下叛秦，燕、齐、赵民避地朝鲜数万口"，其中一些人再从朝鲜渡海去了日本，被称为"渡来人"。日本著名学者木宫泰彦认为："大量秦人、汉人归化日本，融合成为日本民族的一个组成部分，对日本文化的发展作出了重要贡献。"②

中日之间的朝贡关系始于公元前107年倭国王帅升到洛阳朝贡。随后，日本邪马台国女王又于公元239年、243年、247年、248年向北魏朝贡，双方互通往来。③ 公元前413年到502年，大和朝曾13次向中国东晋、宋、梁各朝遣使，请求册封，中国皇帝曾先后册封倭王为"倭国王"、"安东将军"、"镇东将军"、"征东将军"等，中日通好使中国文化不断流入日本。④ 公元6世纪末，日本摄政王圣德太子为了进行政治改革，加强了与中国的交往，先后多次向隋朝派遣使者和留学生，了解和学习中国的政治制度，很多人归国后成为"大化改新"的骨干力量。公元7世纪，大

① 朱宗玉：《从甲午战争到天皇访华——近代以来的中日关系》，福建人民出版社1996年版，第6页。
② ［日］木宫泰彦：《日中文化交流史》，商务印书馆1980年版，第47页。
③ 吴廷璆主编：《日本史》，南开大学出版社1994年版，第26页。
④ 吴廷璆主编：《日本史》，第31—32页。

唐帝国建立,唐朝社会安定,经济繁荣,日本开始大量派遣使节、留学生、学问僧入唐,形成了持续 200 多年的中日友好交往的第一次高潮。日本史料记载,从公元 630 年舒明天皇第一次派遣遣唐使开始,到宇多天皇时为止,前后 26 代,264 年,共派遣 19 次遣唐使。①

遣唐使是日本朝廷派遣的国使,主要使命是密切和发展与唐朝的睦邻关系,吸取和移植唐朝的优秀文化,交换宫廷贵族所需的珍贵物产。日本对选派遣唐使十分重视,正使都是四品以上的官员,随行有船匠、翻译、画师、音乐手、射手及各种工匠,初期每次 200 余人,后来每次达到 500 至 600 人的规模。由于此时中国在社会制度和生产水平上都比日本先进,这种频繁的交流对日本的政治、经济、社会和文化产生了巨大的影响。

在政治上,日本的"大化改新",就是以唐朝的政治制度为典范所进行的一场政治制度变革。首先,他们模仿中国的做法,确立了天皇的年号以及天皇的至高无上的地位,并按照唐朝的制度建立了国家和地方制度;其次,将唐朝的"均田制"移植到日本,在全国设立"公田"、"公地",实行"班田收授法",并从唐朝引进了手推、脚蹬和牛拉的水车,大大促进了农业生产的发展;再次,仿照唐朝建立教育及选拔人才的制度、兵役制度等。从唐朝传入的佛教文化也受到大力提倡,实现了儒佛合流,政教合一。中国的文化艺术、民间习俗等大量传入日本,如书法、建筑艺术、服装等,甚至中国的民间节日,如上元节、端阳节、中秋节等也在日本广为流行,足见中国文化对日本全方位的影响。

公元 907 年,唐朝灭亡,其后的五代十国时期,两国的交往因中国国内政治的混乱趋于停顿。960 年,宋朝建立。中国与日本之间的交往又重新恢复,比较侧重于两国之间的贸易往来。在北宋 160 年中,中国商船到达日本六七十次。② 这些商船运送的货物一般是日本贵族所欢迎的奢侈品和消费品,如生丝、生铁、瓷器、药材、香料等,还有宋版书、佛画、佛具、铜钱等。从日本运回的则是铜、硫磺、砂金、刀剑、漆器、扇等。南宋时期,中日通商情况有了进一步的发展。当时日本国内武士阶层兴起,在公

---

① 据赵建民等考订:19 次中有 2 次任命后未出发;1 次为迎遣唐使回国而派遣,称"迎入唐使使";3 次是送唐使节回国派遣的,称"送唐客使",实际上正式的遣唐国使是 13 次。赵建民、刘予苇主编:《日本通史》,复旦大学出版社 1989 年版,第 44 页。

② 吴廷璆主编:《日本史》,第 112—113 页。

元 11 世纪以后改变了闭关锁国政策,奖励海外贸易,日本商船开始航行中国进行贸易。宋朝商业很发达,与周边国家的经济交往十分频繁,宋朝的货币也在周边各国大为流行。公元 11 世纪后期和 12 世纪,宋钱在日本民间广为流通,几乎成了当时日本市场主要的交换媒介。

中日两国贸易的发展促进了两国其他方面的交流。中国的雕版印刷术传入日本,促进了日本文化事业的发展。制陶技术也传入了日本,日本制陶祖先藤四郎渡海来到中国,勤学苦练掌握了制陶工艺,回国后在濑户建造炉窑,烧制出日本优质的陶器和瓷器,现在濑户还有他的纪念碑。此外,中国的饮茶习惯也传入了日本。同时,日本的文化和技术也开始传入中国。比如日本的扇子、日本刀,在宋朝成为畅销的工艺品,描金漆绘和镶嵌工艺也传到了宋朝。

元朝建立后,曾于 1274 年和 1281 年两次出兵征讨日本,都兵败而回,战争影响了两国的交往。《明史·日本传》记载:"宋以前,皆通中国,朝贡不绝,事具前史。惟元世祖数遣使赵良弼招之不至,乃命忻都、范文虎等帅舟师十万征之,至五龙山遭暴风,军尽没。后屡招不至,终元世,未相通也。"

公元 1368 年,朱元璋建立明朝,励精图治,国力日益强盛,加强了与周边国家的睦邻友好关系。但在公元 14 世纪初期,中国大陆的北方沿海地区开始出现了日本海盗。明太祖希望通过加强与日本的联系来制止这种骚扰,遂多次派人通使。1401 年,日本派遣使节向明朝递交国书,正式修复两国国交。1406 年,两国订立《永乐勘合贸易协议》,建立了政府间的贸易关系。[①] 这种贸易关系以朝贡的形式进行,明朝政府对此不只减免关税,而且承担日本国王使节及众多随员在华期间全部食宿费用及一个月的海上旅程用粮。这种贸易活动持续了 150 年,直到 1547 年由于江浙一带倭寇骚扰极为严重,才告终止。

明朝统治的近 300 年间,一直面临着倭寇的骚扰。倭寇之乱,以 16 世纪为界分为前后两期。前期倭寇主要是日本籍的海盗,这些倭寇船队少则两三艘,多则两三百艘,主要在中国沿海地区抢夺粮食和劳动力。后期则以中国海盗为主,由于中国沿海地区的一些农民,经受不起地主的剥

---

① 吴廷璆主编:《日本史》,第 165—166 页。

削和压迫,沦为海盗。正如《明史·日本传》中记载的"大抵真倭者十之三,从倭者十之七"。公元16世纪后期,明朝加强了海防建设,委派戚继光镇守东南沿海地区。1561年,倭寇率船舰数百艘,近万人进犯浙江台州、温州地区,戚继光带领明朝军队将倭寇分割包围,各个歼灭,戚家军声名大振。经过持续数十年的努力,东南沿海地区持续近两个世纪的倭寇之乱才告平息。倭寇之乱,不仅使中国沿海地区的政治、经济、文化遭到了严重破坏,也使长期以来两国人民之间的友好交往受到严重的破坏。16世纪末叶,中日还为日本侵略朝鲜发生过一场战争。1592年,日本丰臣秀吉入侵中国的藩属国——朝鲜,明朝出动军队与日军作战,大败日军,达成停战协定。1597年,丰臣秀吉再次出兵朝鲜,明朝又一次与朝鲜联合作战,大败日军。

清朝实行严格的闭关锁国政策,与外界不相往来,与周边邻国基本相安无事,但也使得清朝政府对外面的世界一无所知。随着欧美资本主义的发展,英国等西欧资本主义国家开始对外进行大规模的扩张。十九世纪中叶,中英鸦片战争爆发,古老的东方帝国终于被西方的坚船利炮打开了大门。同时,日本也于1854年被迫开国。[①] 随即,日本成功地进行了明治维新,走上了发展资本主义的道路。日本的明治维新一方面使日本摆脱了沦为殖民地的困境,另一方面也使日本走上了向外扩张的道路,而其扩张的首要目标就是与其长期友好相处的朝鲜和中国。

第二节　晚清政府的对日外交

1868年的明治维新是日本近代历史的转折点。日本明治天皇登基后,发布"五条誓文",决心以西方国家为榜样,对内加速资本主义发展,对外"开拓万里波涛","布国威于四方",使日本成为"八纮一宇"的庞大帝国。其外交方针是:在西方争取同列强平起平坐,在东方谋求霸主地位。

1871年,日本政府派大藏卿伊达宗城出使中国,与清政府谈判签约。日本提出要按"西人成例,一体定约",为清政府拒绝。1871年9月13

---

① 黄定天:《东北亚国际关系史》,第148页。

日,双方在天津签订《中日修好条规》和《中日通商章程》。① 条约在强调"同修旧好","益固邦交"的同时,也指出:"两国政事、禁令,各有异同。其政事应听己国自主,彼此均不得代谋干预,强请开办。"这两个条约没有"最惠国待遇"条款,关于"协定关税"和"领事裁判权"的规定也是相互的,"两国指定各口,彼此均可设理事官,约束己国商民……各按己国律例核办",②是两国间的平等条约。日本对此条约不满,1872 年,又派柳元前光来中国,要求修改《中日修好条规》,以便享有与西方列强同等的"最惠国待遇"、"协定关税"和"领事裁判权"等,再次遭到拒绝。1873 年4 月,两国代表交换了条约批准书。

日本在对华外交上碰壁后,开始利用各种机会扩张其在东亚的势力。适逢此时,发生琉球飘民事件,日本借机发动了侵台战争,并吞并了琉球(第六章论述)。随即,日本又向朝鲜发动侵略(第五章论述)。1894 年 7月,中日为此发生甲午战争。中日宣战后,战争的指挥权掌握在清政府主和派"后党"与直隶总督、北洋大臣李鸿章手中。李鸿章为保全实力,采取消极应战的方针,造成 9 月中旬平壤陆战和黄海海战的失败。此后,朝鲜半岛完全落入日军之手,战火蔓延至中国境内。11 月下旬,日军东、西两路侵入辽东半岛。战场上的节节失利,使清政府内的议和派占据上风。他们一方面吁请列强进行干预,另一方面主张派人直接与日本谈判。11月 19 日,清政府派德国人德璀琳③前往日本谈判,但日本政府认为德璀琳不是清政府委派,不具备交战国使者资格,拒绝与之谈判。1895 年 1月 26 日,清政府又派户部侍郎张荫桓、湖南巡抚邵友濂使团赴日谈判。但日本仍在使团有无谈判全权问题上纠缠,其真实意图是拖延谈判日期,以便日本军队在战场上取得进一步的胜利。2 月 12 日,威海卫失守,北洋舰队全军覆没。3 月,日本占领辽南所有的城镇要隘。清军全部瓦解,战争危及京畿地区。2 月 13 日,清政府重新起用因追究战败责任而被革职的李鸿章为全权议和大臣,赴日和谈。

1895 年 3 月 20 日,中国头等全权大臣李鸿章、全权大臣李经芳、伍廷

---

① 王绳祖主编:《国际关系史》第 3 卷,第 208 页。
② 王铁崖主编:《中外旧约章汇编》第 1 册,第 317—319 页。
③ 德璀琳,德国人,1864 年进入中国海关任职,中日甲午战争爆发时担任天津税务司,地位仅次于总税务司赫德。

芳和顾问、前美国国务卿科士达与日本全权代表伊藤博文、陆奥宗光在日本马关春帆楼举行谈判。谈判期间,日军又攻占澎湖列岛,摆出进一步扩大军事行动的架势。4月17日(光绪二十一年三月二十三日),李鸿章与伊藤博文签订《中日媾和条约》,即《马关条约》。主要内容是:"中国认明朝鲜国完全无缺之独立自主,故凡有亏损独立自主体制,即如该国向中国所修贡献典礼等,嗣后完全废绝";将辽东半岛、台湾和澎湖列岛,"永远让与日本";中国赔偿日本白银二亿两,分八次付清;开放沙市、重庆、苏州、杭州为通商口岸,允许日本在通商口岸开设工厂;为担保认真履行约内所定条款,日军须占领威海卫,由中方每年贴支驻军费50万两库平银等。[1] 1896年7月和10月,日本又根据《马关条约》有关条款,分别把《通商行船条约》和关于在华通商口岸设立日本租界的《公立文凭》强加于中国,在中国攫取了领事裁判权、最惠国待遇与设立租界等特权。[2]

《马关条约》的签订,引起国际社会的强烈反响。条约中有关辽东半岛的割让,更引起了在该地有重大利益的俄国的不满。俄国财政大臣评价说:"日本的敌对行动主要是针对我们的。日本准备占领南满,这对我们将是一种威胁,不仅可能引起朝鲜全境并入日本的后果,而且对西伯利亚领土和西伯利亚铁路构成重大的威胁。"[3]4月17日,俄国外交大臣洛巴诺夫正式邀请德、法对日本进行联合干涉。柏林与巴黎接受了俄国的建议,并相应作了军事上的部署。23日,俄、德、法三国照会日本政府,声称"日本对辽东半岛的占领,对中国首都将是一个永久性的威胁,同时将使朝鲜的独立成为虚幻的事,并且以后对于远东的和平也将是一个障碍",要求日本将辽东半岛退回中国,限日本在15日内作答。[4] 日本被迫接受劝告。11月18日,中日在北京签订《辽南条约》与《议定专条》,以中国追加赔款3000万两为代价,日本归还辽东半岛于中国。[5]

《马关条约》给中国带来了空前的灾难,既割地又赔款,暴露了中国封建统治者的腐朽无能,帝国主义国家争相劫夺中国的领土和权益,中国

① 复旦大学历史系中国近代史教研组编:《中国近代对外关系史资料选辑(1840—1949)》上卷第2分册,第52—57页。
② 王铁崖主编:《中外旧约章汇编》第1册,第662—667、685—686页。
③ [俄]维特:《维特回忆录》第1卷,商务印书馆1976年版,第37页。
④ [俄]马洛泽莫夫:《俄国的远东政策》,商务印书馆1977年版,第74页。
⑤ 褚德新、梁德主编:《中外约章汇要(1689—1949)》,第283—285页。

进一步失去大国地位。巨额的赔款迫使清政府靠举借外债来维持生存，背上了沉重的包袱。当时，清政府一年的财政收入只有 7000 万两白银，日本的财政收入只有 4600 万两。① 日本则通过这场战争迅速跻身于世界资本主义强国之列。它从中国获得的巨额赔款成为其经济上高速发展、政治上帝国主义化的重要经济基础。

1904—1905 年，日本与俄国又为争夺朝鲜半岛利益而在中国领土上发生战争。清政府宣布保持"局外中立"，声明两国不得侵犯东三省领土和主权，"东三省的城池、官衙、人民、财产，两国均不得稍有损伤"。② 1905 年 9 月 5 日，俄国战败，日俄签订《朴次茅斯和约》。其中涉及到中国的内容主要是第五、六款：俄国将旅顺口、大连湾及其附近领土领水之租借权，以及租界内的公共营造物和财产均转交给日本；俄国将长春至旅顺口之铁路及一切之路，以及铁路附属的权利、财产和煤矿无偿转交给日本。③ 早在两国议和之初，清政府就分别照会两国，声称："倘有牵涉中国事件，凡此次未经与中国商定者，一概不予承认。"④但日、俄两国并不理睬，日俄两国的协定严重损害了中国的主权。

1905 年 11 月 2 日，日本外相小村寿太郎使华，挟战胜俄国的余威，对清政府大肆威吓，逼迫接受既成事实。中日双方经过 22 次会议，签订《中日会议东三省事宜协约》，包括正约和附约，除确认《日俄和约》的相关内容外，日本又获得了诸多额外权益：增开凤凰城、营口、辽阳、长春、哈尔滨、齐齐哈尔、瑷珲、满洲里等 16 处商埠；在营口、安东、沈阳划定日本专管租界，享有改建和经营安奉铁路之权；允许设一中日木植公司在鸭绿江右岸地方采伐木植等。⑤

日本的侵略势力由此而侵入中国东北南部，并逐步在此地设立了三大机关：1.关东州都督府，由陆军大将任都督，下设军政、民政两部，全权管理中国东北南部日本势力所及之处，包括旅顺、大连、金州三处民政厅

---

① 李秉衡：《李忠节公遗集》第 10 卷，第 8 页；黄定天：《东北亚国际关系史》，第 179 页。

② 王彦威、王亮辑：《清季外交史料》第 181 卷，第 26 页。

③ 复旦大学历史系中国近代史教研组编：《中国近代对外关系史资料选辑（1840—1949）》上卷第 2 分册，第 197—199 页。

④ 1905 年 7 月 6 日清政府在朴次茅斯会议前给日俄两国的照会，《中国近代对外关系史资料选辑（1840—1949）》上卷第 2 分册，第 195—196 页。

⑤ 王铁崖主编：《中外旧约章汇编》第 2 册，第 338—341 页。

以及南满铁路附属地等,系军事、政务统一的殖民机构。2.南满洲铁路株式会社,1906 年 5 月 22 日,日本内阁会议决定成立,管理从俄国手中接管的铁路。根据会社章程,该会社由日本政府建立,一切资本均为日本所有,一切职员由日本任命,日本政府对该会社实行严密监督,该会社凭借其特殊地位与雄厚资本,很快成为日本向中国东北进行殖民地经济侵略的重要机构。3.奉天总领事馆,全权负责处理中日间有关中国东北的交涉,它与设在北京的日本驻华公使馆互不相辖,直属外务省领导,俨然成为日本在中国另设的又一公使馆。三大权力机关对中国东北握有平等权力,互不统辖,齐头并进,在中国东北扩张侵略势力。中日纷争频起,其中对今后中日关系发生重大影响的是所谓"满洲六大悬案",即抚顺煤矿争执、延吉争执、新法铁路争执、吉会铁路争执、营口支线争执、安奉铁路争执。①

　　1908 年 6 月,日本以海陆军同时动员相威胁,不顾东北地方当局的

---

① 　1.抚顺煤矿为东北最大的煤矿。该地在奉天府东约 60 里,煤田沿浑河长 80 余里,储煤量至少在 8 亿吨以上。日本主张该矿为俄国铁路之附属事业,应由日本接收。中国主张各国在华铁路附属事业均以铁路两侧 30 里为限,而该矿距铁路 60 里,故不承认日本要求。2.亦称间岛争执。该地在图们江北部,清廷视为祖宗发祥之地,历来不准人民移垦荒,人烟稀少,几成无主之地。后朝鲜移民私人该地开垦者甚多,清廷屡禁不止。日俄战争后,日本控制朝鲜,朝鲜总督伊藤博文借口保护朝民,设统监府理事官于该地,且设置军警,招揽中朝两国人移住,制造纠纷,公然与中国争夺该地的领土权。3.新法铁路指新民屯至法库门铁路,长 55 英里。中国东北地方当局为抵制日本垄断东北铁路和商业,决定借英商宝林公司之款修筑该路,并计划延至齐齐哈尔,沟通与蒙疆间交通,以利收回利权。日本认为该路为南满铁路并行线、竞争线,提出抗议,不准中国修筑。中国提出请海牙和平会议仲裁,也为日本拒绝。4.吉会铁路,自吉林至会宁铁路。日本要求将吉长铁路延展至朝鲜的会宁,并规定了苛刻的条件,以该路全部财产及收入作为借款担保,任用日本人为技司、会计,收入款项存入日本银行,未还清本利时由日本经营该铁路。清政府不予承认。5.营口支线指大石桥至营口铁路,原由俄人为运输修路器材而铺设。根据 1899 年《中俄中东铁路增补条约》规定,南满铁路建成后,该路应立即拆除。中国据约要求日本拆除该路,但日本却因该路可以控扼营口港,坚决不肯履约。6.安奉铁路指安东至奉天铁路,原系日人在日俄战争期间修筑的窄轨军用轻便铁路。战后,《中日会议东三省事宜条约》规定,日本与中国商妥后,可将窄轨改良为宽轨,并于 15 年后作价售与中国。但日本违约,不仅私自进行"改良"工作,而且另改路线,又在鸭绿江上架设过江铁桥,以便朝满通车,这一举动暴露了日本的侵略野心。东三省总督锡良指出:日人改良安奉铁路,厥有两端:"一思与京义线(朝鲜铁路)相联接也","轨式既同,鸭绿架桥之交涉即随之而起,国界混淆,国防坐失,其后患实不堪缕指;"一思与南满洲线相接连也","其处心积虑,必欲将安奉铁作为南满洲线之枝线",以便"互相接联,呵成一气,彼自仁川而奉天,自奉天北至长春,南至大连旅顺","乃得徐以侵蚀我人民有限之利益,启发我内地无尽之宝藏,且万一变起仓促,彼电驻于朝鲜之兵队可以朝发军书,夕至疆场"。坚主按照原路改筑,不允另改路线,引起重大争执。

反对,自由改筑安奉铁路,并向清政府发出最后通牒。清政府无力开战,只能屈从。1909 年 8 月 19 日,中日签订《安奉铁路节略》。9 月 4 日,又签订《东三省交涉案条款》及《图们江中韩界条款》。主要内容是:中国如修筑新法铁路,允先与日本政府商议;中国允大石桥至营口铁路为南满铁路支路,俟南满铁路期满,一并交还中国;中国承认日本有开采抚顺、烟台两处煤矿之权;安奉、南满铁路沿线矿务由中日两国合办;允准京奉铁路展造至奉天城根与南满铁路站合站;确认图们江为中朝国界,开辟龙井村、局子街、头道沟、百草沟为商埠,日本可在该地设立领事馆或领事分馆,允许韩人在图们江北垦地居住,韩人与华人发生争执,由华官按中国法律判决,但允许日本领事听审等。① 这些条款使日军具备了自朝鲜北部长驱直入我东北的条件,为将来日本大举入侵东北留下了无穷的后患。

第三节 北京政府的对日外交

1911 年,中国爆发辛亥革命,日本将此视为分裂中国的极好时机。日本政府借款给清政府购买武器,镇压革命,以此换取清政府"尊重日本在满洲的地位"。日本军部提议对中国出兵,以使满、汉二族分立为两国,实行南北分治。但日本出兵中国的计划并未实施,主要原因在于中国的革命形势迅速发展,清政府的垮台已无可挽回;其次是因为这一计划没有得到英、美等列强国家的首肯。日本政府的对华策略是:"满洲问题的根本解决,唯有待于对我国最有利时机之到来,今后应特别致力于内地扶植势力,并设法使他国承认我国在该地区之优势地位。"②

1912 年初,日本军部指使由清朝宗室亲贵组成的宗社党,策划了以建立"满蒙王国"为目标的第一次"满蒙独立"运动。这次行动的头子是宗社党主要成员肃亲王善耆,日方出面主持这项计划的是川岛浪速。清廷决定退位以后,以善耆为首的 60 余名宗社党人由川岛浪速和高山公通大佐护送到旅顺,住进了日本关东都督府顾问官邸。由善耆出面,策动内蒙古喀喇沁王和巴林王"举事",共同进行"独立活动"。该计划自始至终

① 王铁崖主编:《中外旧约章汇编》第 2 卷,第 596—597 页。
② 黄定天:《东北亚国际关系史》,第 270 页。

得到日本军部的支持,日本向举事叛乱的内蒙王公提供了大量的经费和武器弹药。正如川岛浪速给日本参谋本部的电报中所说:"本计划表面上使人感到是中国人的自由行动,而暗中由日本人执牛耳。"①

喀喇沁王和巴林王用借款项购买日本军火后,经大连、公主岭运往内蒙古,不料途中被东北地方当局截获,于是"满蒙独立"阴谋暴露在光天化日之下。同时,川岛浪速等人的活动也被英国人察觉,英国担心日本在华权益的扩大影响自身利益,便向日本提出交涉。日本政府全盘考虑远东局势后,下令暂停进行"满蒙独立运动"。4月,日本参谋本部召回川岛浪速,外相亲自向他解释:"问题牵涉满蒙,在外交上必受猜疑,实在有难处。中国情况既已变化,革命党建立国家,日本要跟它保持亲善协和关系,尤其是列国间已成立借款团,日本不久就准备参加,今在满蒙闹事,对国家很不体面。"②

日本内阁虽下令停止行动,但并不意味着日本对满蒙方针的变化。1912年7月,日本为了使其满蒙政策得到俄国的谅解和支持,与俄国签订了第三次《日俄密约》,不仅进一步明确了两国在东北的势力范围,而且划分了在内蒙古的势力范围,以东经116度27分为界(约今北京、多伦、锡林浩特一线),以西为沙俄势力范围,以东为日本势力范围,日本的侵略势力扩展至东部内蒙古地区。③ 1913年3月,日本政府利用北京政权急于获取列强承认的机会,向北京政府要求全面订立东三省地方条约,内容包括:东省地方办理新政及垦务须向日本借款;日本永远租借南满铁路线内及由长春至大连租界内所管地;限制中国驻南满军队等等,试图扩大在东北的权益,遭到了北京政府反对。随即,日本政府又要求对南满与朝鲜之间运输的货物进行减税,并于5月29日逼迫北京政府签订《中日朝鲜南满往来运货减税试行办法》,满足了日本的要求。10月,两国又签署了《中日铁路联络条约》,规定日本经过日朝路线、南满路线、京奉路线与天津、北京直通。④ 为了沟通南满与东部内蒙古之间的交通,日本又提出"满蒙五路要求",即要求获得四平至洮南、开原至海龙、长春至洮南、

① 黄定天:《东北亚国际关系史》,第271页。
② 章伯锋等:《北洋军阀》第2卷,武汉出版社1991年版,第611—612页。
③ 《日俄第三次密约》,褚德新、梁德主编:《中外约章汇要(1689—1949)》,第413—415页。
④ 王铁崖主编:《中外旧约章汇编》第2卷,第925页。

洮南至承德和吉林至海龙等五条铁路的筑路权和铁路借款权,以此作为承认北京政府的交换条件。10 月 5 日,北京政府同意日本要求。满蒙五路修筑权的出让,为日本日后扩大对满蒙地区的侵略创造了有利条件。

1915 年,中国国内爆发了反对袁世凯称帝的护国战争,日本右翼势力阴谋乘中国政局不稳之机再次策动"满蒙独立"。川岛浪速和善耆等人闻风而动。1915 年夏,川岛浪速诱劝盘踞在达布逊湖一带的内蒙古骑匪首领巴布扎布参与"满蒙独立"。为了促成宗社党人和巴布扎布的联合,川岛浪速把自己的养女川岛芳子(即善耆的女儿金壁辉)嫁给巴布扎布儿子为妻。他本人则在日本军部支持下,于 1916 年 3 月在大连成立举事总部,招募勤王军 2000 人,由日本军官加紧训练。正当巴布扎布等人紧锣密鼓图谋举事之时,不想袁世凯于 6 月 6 日突然病死,总统一职由黎元洪继任,中国的政局发生了变化。日本内阁调整了对华政策,日本的"满蒙独立"计划再次因其对华政策的变化而告中止。1916 年 9 月,巴布扎布在率匪帮退往内蒙古时被击毙。

20 世纪初,日本加入了帝国主义的行列,迅速走上了对华侵略扩张的道路。第一次世界大战爆发后,列强无暇东顾,为日本在东亚的称霸创造了条件。日本利用《英日同盟条约》掩护,加快了侵略中国的步伐。1914 年 8 月 4 日,英国对德国宣战。6 日,北洋政府颁布大总统令,声明对于欧战"决意严守中立。"[1]同时又致电美、日两国,希望"限制战区,保全东方,劝告交战各国,勿及远东。"[2]8 月 8 日,日本海军出现在青岛附近海面,准备进攻德国租借地胶州湾。当时德国在青岛驻军仅数千人,自知无力抵抗日本的进攻,遂与北京外交部商谈,拟把胶州湾直接交还中国。日本得知消息后,致函北京外交部,声称:"中国议收回胶湾,此事不向英、日咨,直接与德商,必生出日后重大危险",警告中国"速即停止以上之进行"。[3]

8 月 15 日,日本向德国提出最后通牒,要求德军解除武装,在 9 月 15日前将全部胶州湾租借地无条件地交给日本,德军须于 8 月 23 日正午以

---

① 《东方杂志》第 11 卷第 3 号。
② 王芸生:《六十年来中国与日本》第 6 卷,三联书店 1979 年版,第 39 页。
③ 《驻日公使陆宗舆致外交部电》(1914 年 8 月 10 日),程道德等编:《中华民国外交史资料选编(1911—1919)》,北京大学出版社 1988 年版,第 155 页。

前答复,否则日本将"采取认为必要之手段"。8月23日,日本正式对德宣战。随即,日本驻华公使要求北京政府将山东"黄河以南划为中立外区域",以便日军任选地点登岸,并且要求中国撤退胶济铁路沿线及潍县一带驻军。[①] 对此,北京政府一方面答称:"黄河以南,几包山东全部,一有此议,必致中外惊疑,万难应允。"胶济铁路护兵"系照铁路合同,且为稽查私运违禁物品",而潍县一带中国"久驻重兵,现复添调,实为防德兵溃败,尽中立义务",表示不能撤兵。[②] 另一方面,北京政府又怕得罪日本,竟然秘密地向日本政府表示,如日军在中立地区登岸,中国"自当抗议",然而绝无"抗拒之举",甚至愿意"暗中给以行军便利"。[③] 9月3日,中国政府发表声明,宣布参照1904年日俄战争先例,划定龙口、莱州及接连胶州湾附近各地方为交战区。

然而,日本名义用兵胶州,实质却是志在山东。当时,进攻青岛的英国军队从崂山湾登岸,不侵犯租借地以外一步,而日本陆海侵略军两万多人却从远离青岛240公里的龙口登陆,先占领莱州半岛,接着又强占济州车站。对于日本这种任意侵犯中国主权的行径,北京政府提出了抗议,指出"胶澳在东,潍县在西,……不在战区之内",日本"自食诺言,背信弃义","蔑视中国友谊,有心破坏中立",要求日本"立即撤退该车站之军队"。但日本驻华公使日置益却辩称胶济铁路"纯系德国政府财产。开战前后,德人运输军械、粮食,自由行动,中国政府不能禁阻",要求中国军队撤离此地,否则,"若有冲突,日本将认为助德敌日之举"。[④] 针对日本的强词狡辩,北京政府外交部9月30日再次予以抗议和驳斥,声明"胶济铁路系华德商办",要求日本将区域外的军队迅速撤退。10月2日,日军继续西犯。10月6日,占领济南车站,胶济铁路完全置于日本军事控制之下。对于日本不断扩大侵略的行径,北京政府无力也不敢进行军事抵抗,只好默认日军占领的事实。胶济路问题遂成为中日之间的重大问题,后来成为中日"二十一条"交涉的主要内容之一。

① 王芸生:《六十年来中国与日本》第6卷,第45—46页。
② 《北京外交部致陆宗舆电》(1914年8月25日),程道德等编:《中华民国外交史资料选编(1911—1919)》,第161—162页。
③ 张圻福主编:《中华民国外交史纲》,人民日报出版社1995年版,第37页。
④ 《东方杂志》第11卷第5号。

日本对德军事的节节胜利,大大刺激了日本的扩张野心。一批军国主义分子认为日本在山东的军事行动为解决"满蒙问题"提供了有利条件,纷纷上书,或提出"满蒙自治",或主张以交还胶州湾为条件吞并"满蒙",将一次大战视为日本侵占中国的绝好机会。日本元老井上馨致书首相说,这是"对于发展日本国运的大正新时代的天佑"。① 即将上任的驻华公使日置益也于 8 月 26 日提出自己的方案,即以交还即将占领的胶州湾和驱逐在日本的中国革命者为交换筹码,要求北京政府接受日本方面的条件。11 月 7 日,日军占领青岛。4 天后,日本内阁会议决定了对华交涉的方案(通称"二十一条")。其内容共五部分:第一部分 4 条,要求中国承认日本继承德国在山东的一切权利,并允许加以扩大;第二部分 7 条,要求将旅顺、大连租借期限和南满、安奉两条铁路租借期限延至 99 年,以及日本臣民在南满及东蒙享有各种特权;第三部分 2 条,要求汉冶萍公司改为中日合办,附近矿山未经公司同意,不准他人开采;第四部分 1 条,要求北京政府声明所有中国沿海港湾、岛屿不得租借或割让给他国;第五部分 7 条,要求中国政府聘请日本人为政治、财政、军事顾问,中国警政及兵工厂由中日合办,武昌与九江、南昌与杭州、南昌与潮州的铁路建筑权让给日本,日本在福建有投资筑路和开矿的优先权等。② "二十一条"是日本大陆政策的体现,充分暴露了日本侵略中国的野心。

1915 年 1 月 18 日,日本政府正式向袁世凯政府提出"二十一条",并对袁世凯威胁利诱。一方面声称"敝国向以万世一系为宗旨,中国如欲改国体为复辟,则敝国必赞成",许诺赞成袁世凯称帝,另一方面又威胁道:"日本人咸疑袁总统一向反对日本","民间有力人士倡援革命党人推翻袁政府,今次如能承允所提条款,则可足证日华的亲善,日本政府对袁总统亦可遇事相助。万一迁延迟疑,恐将发生不虞事态。"③在日本的压力下,中日双方的谈判从 2 月 2 日开始,共举行了 24 次会谈。日本为了尽快逼迫中国政府同意"二十一条",从 3 月开始以换防为名,在山东和南满等地大量增兵,企图以军事压力来配合外交讹诈。4 月 26 日,日本

---

① [日]今井清一:《日本近现代史》第 2 卷,商务印书馆 1983 年版。
② 复旦大学历史系中国近代史教研组编:《中国近代对外关系史资料选辑(1840—1949)》上卷第 2 分册,第 364—366 页。
③ 王芸生:《六十年来中国与日本》第 6 卷,第 63 页。

政府提出"二十一条"修正案,声明此"系最后修正,务请同意"。5月7日,日置益将最后通牒送交北京政府,宣称除第五号各项允许以后再行协商外,限48小时完全应允,否则"将执行认为必要之手段"。① 5月9日,北京政府在日本的军事胁迫下,被迫接受日本的最后通牒。②

5月25日,北京政府与日本政府正式签订丧权辱国的《民四条约》,包括《关于山东省之条约》、《关于南满及东部内蒙古之条约》以及换文13件。内容基本上包括了"二十一条"中第一、二、三号的内容。5月13日,北京政府颁发"大总统令",声明"中国沿海港口海岸岛屿,无论何国,概不允许租借或让与",实际上同意了日本的第四号要求。由于国际社会表示异议和北京政府拒绝开议,第五号内容未列入条约。"二十一条"的交涉和《民四条约》的签订,对近代中日关系和远东国际关系产生了很大的影响。该条约是日本帝国主义为了独占中国而强加给中国政府的,日本政府据此不断扩大在南满、东蒙以及山东等地的侵略,种下了中日关系长期恶化的毒根。

袁世凯死后,黎元洪继任总统,北京政府的实际权力掌握在总理段祺瑞手中。段祺瑞为了对付得到美国支持的总统黎元洪和南方的反对势力,开始谋求"中日亲善",日本新内阁也积极谋求通过支持皖系军阀控制下的北京政府,来加强对中国的政治、经济、军事、外交的控制。

中日"亲善"的首要表现在于皖系政府与日本政府间的"西原借款"。按照亲日派曹汝霖的观点,"中日亲善"应该从经济领域入手,"应该将中国关于农工商矿有价值的开列出来,同日本商量,何者中国自办,何者中日合办,何者让日本人办。一方面日本帮助中国,一方面日本也获得利益,不必枝枝节节,遇事麻烦,以达到中日亲善的目的"。③ 西原借款是日本寺内正毅内阁时期日本对华借款的总称,因其中的主要借款是由西原龟三直接经手或参与交涉而得名。这些借款是以"民间"资本集团的名义进行的,即由日本的朝鲜银行、台湾银行、兴业银行组成特别银行团,作为对华投资的主体,联合正金银行、东亚兴业银行、中日实业公司等财团,

① 复旦大学历史系中国近代史教研组编:《中国近代对外关系史资料选辑(1840—1949)》上卷第2分册,第367—370页。
② 程道德等编:《中华民国外交史资料选编(1911—1919)》,第205—206页。
③ 石源华:《中华民国外交史》,第140页。

联合建立一个庞大的对华投资机构。西原借款分为三大类:一是经济方面的借款,主要有银行借款、铁路借款、航运借款、金矿森林借款、电台电报借款和实业借款等;二是政治方面的借款,主要有政府和地方部门的借款;三是军事方面的借款,主要是参战借款和购买武器借款。据日本铃木武雄《西原借款资料研究》记载,1917—1918 年,日本对北京政府的借款共有 20 余起,金额高达 3 亿 8645 万日元。[1] 寺内正毅在卸任时说:"本人在任期内,借与中国之款,三倍于从前之数,实际扶植日本在中国之权利,何止十倍于二十一条。"[2]

中日"亲善"还表现在双方的军事"合作"。1918 年,苏俄与德国签订条约退出战争,协约各国开始武装干涉新生的苏俄政权,这给日本推行"大陆政策"提供了有利时机。日本不仅企图乘此机会代替帝俄在北满之地位,而且想取得西伯利亚之广大领土,故此积极参与"武力干涉苏俄",并以"共同防敌"的名义胁迫中国与之签订军事协定,共同出兵干涉苏俄。日本此举一方面企图"借以攫取中国之中央军权",同时"据北满、煽外蒙,占西伯利亚,以发挥其囊括东亚大陆之野心"。[3] 1918 年 3 月 25 日,中国驻日公使章宗祥与日本外相本野一郎互换共同防敌换文。随后,双方委派军事委员磋商军事"合作"具体方案。5 月 16 日,在北京签订《中日陆军共同防敌军事协定》。19 日,又签订《中日海军共同防敌军事协定》。主要内容是:在军事行动区域的中国当局须尽力协助日本军队,使不生军事上之窒碍;在协同作战期间,两国军事机关彼此互相派遣职员,充当往来联络之任,陆海运输通信诸事宜,彼此须共谋利便,互相供给共同防敌之兵器及军需品及其原料,互相交换军事所要之地图及情报等等;中国军队参与西伯利亚的军事行动,应入日本军司令指挥之下;中国军队及军需品经由南满铁路运输,由日方负责,日军经由中东铁路由双方设协同机关负责等,该协定还规定"本协定及基本协定所发生之各种细则,候中日两国对于德、奥敌国战争状态终了时,即失去效力"。[4] 双方约定保守秘密,不向外宣布。中日军事"合作",完全是引狼入室,日本派赴

[1] 徐义生主编:《中国近代外债史统计资料》,中华书局 1962 年版,第 144—145 页。
[2] 刘彦:《最近三十年中国外交史》,上海太平洋书店 1930 年版,第 116 页。
[3] 王芸生:《六十年来中国与日本》第 7 卷,第 240 页。
[4] 程道德等编:《中华民国外交史资料选编(1911—1919)》,第 408—413 页。

俄境西伯利亚的军队都经中国北满和外蒙古出发,留下了无穷的祸害。1918 年 11 月 11 日,德国与协约国各国订立休战条约,该协定本应立即终止。然而,日本却坚持说:"对于德、奥敌国战争状态终了之时者,指中、日两国批准欧洲战争平和会议所订结之平和条约,中日两国陆海军由俄境及驻在同地方协约各国陆海军撤退之时而言",①迟迟不肯中止该协定,延至 1921 年 1 月 27 日始予取消。

皖系政府对日外交的第三个重大举动是与日本政府互换《关于处理山东各问题的换文》。1918 年 9 月 24 日,日本政府利用北京政府急欲借款对付南方护法军政府的心情,诱迫北京政府秘密互换《关于处理山东省各问题的换文》。② 主要内容是:1.胶济铁路沿线的日本国军队,除济南留一部队外,全部均调集于青岛;2.胶济铁路之警务,可由中国政府组成巡警队任之;3.上述巡警队之经费,由胶济铁路提供相当之金额充之;4.上述巡警队本部及枢要驿并巡警养成所内,应聘用日本人;5.胶济铁路从业人员中应采用中国人;6.胶济铁路所属确定以后,归中、日两国合办经营;7.现在施行的民政撤废之。表面看来,这个换文促使日本撤退了占领胶济铁路的部分军队并撤废了设置的民政机构,对中国似乎颇为有利,北京政府在复文中表示:"中国政府对于日本政府上列之提议,欣然同意。"③实际上,这个换文再次默认了日本对山东的非法侵占,给山东的命运带来了更大的祸患。在巴黎和会上日本坚持声称中国政府已经在"山东问题换文"中表示过"欣然同意",成为中国外交失败的重要原因之一。

1918 年 11 月,第一次世界大战结束。1919 年 1 月,战胜国在巴黎召开和会。其时,俄国十月革命的胜利,美国威尔逊总统十四点和平宣言的发表,世界民族革命运动的高涨,以及中国的战胜国地位和国内民众高昂的爱国情绪,都给北京政府的外交带来积极的影响。在巴黎和华盛顿会议期间,北京政府对日外交的重点是废除"二十一条"及收回山东权益,虽然历经挫折,但最终部分实现了中国的目标。

中国代表团在巴黎和会上提出了废除"二十一条"和归还德国在山

---

① 王芸生:《六十年来中国与日本》第 7 卷,第 261 页。
② 复旦大学历史系中国近代史教研组编:《中国近代对外关系史资料选辑(1840—1949)》上卷第 2 分册,第 399—401 页。
③ 王芸生:《六十年来中国与日本》第 7 卷,第 188—189 页。

东省权益等合理要求,遭到了日本的强烈反对。双方在和会上进行了激烈的交锋。日本称为了铲除德国在远东的势力,日本遭到了惨重的牺牲,为了不使德国势力复活和维护远东和平,德国在中国山东的特权和太平洋上的岛屿应该无条件让与日本。并且声称此项权利已经在 1917 年得到英、法、俄、意诸国的承认,中日之间亦已经就山东问题达成了协议。中国代表则据理力争,说明《民四条约》是在日本的武力和最后通牒的胁迫下签订的,不能视作有效;中国对德宣战后,中德间一切条约已告作废,胶州租借条约自亦失效;中德协约原有明文规定,胶州租借地不能转让,胶济铁路可由中国收回;德国在山东的权益问题,理应归还中国。为了争取西方人士的同情,中国代表将孔子比作耶稣,山东比作耶路撒冷,指出中国之不能失去山东,就像西方之不能推失去耶路撒冷一样等。中国的论辩虽然十分有力,获得满堂喝彩,但巴黎和会从本质上讲是帝国主义的分赃会议,会议最终作出的决定却令中国人大失所望。1919 年 4 月 30 日,和会决定了关于山东问题条款,即《对德和约》的第 156 条、157 条和 158 条,日本对于山东权益的要求全部得到满足。中国关于要求取消"二十一条"及《中日民四条约》的要求,由于日本的坚决反对,为和会所拒绝讨论。巴黎和会的外交失败引发了国内轰轰烈烈的五四运动,迫于国内舆论的强大压力,中国代表拒签《对德和约》,不仅打击了日本帝国主义企图独占中国的狂妄野心,而且开辟了中国冲破帝国主义控制,在国际事务中独立决定自己命运的先例。

巴黎和会结束后,山东问题成为中日间的悬案,继续受到国际社会的高度关注。日本政府为了缓和世界舆论激烈的反日情绪,改变自身的国际形象,曾连续四次照会北京政府,声明在无条件接收德国在山东的权益后,准备将该租借地全部还给中国,并撤走全部在该租借地及胶济铁路之日本守备队,诱使中日直接交涉山东问题。北京政府在全国激昂民意的推动下,坚持不与日本直接交涉山东问题,使中国在外交上占据了主动地位,并为华盛顿会议解决山东问题创造了有利的态势。[①]

1921 年 11 月 12 日到 1922 年 2 月 6 日,在美国的提议下,美、英、法、意、日、中、荷、比、葡九国在华盛顿召开会议,讨论远东太平洋问题以及限

---

① 石源华:《中华民国外交史》,第 179—182 页。

制军备问题。解决山东问题以及取消"二十一条"成为中国代表团参加会议的主要目标之一。华盛顿会议召开后,中国代表立即向大会要求讨论山东问题,以解决巴黎和会遗留的悬案。日本代表则表示山东问题是与特定国家有关的问题,反对将此列入大会议程。最后,由美国出面促成双方在会外进行直接交涉,英美派观察员列席会议,会谈结果列入会议记录。这种会议"边缘"谈判的安排,既迁就日本把会谈与华府会议分开的意见,又兼顾中国坚决反对中日直接对话的立场。

1921 年 12 月 1 日,中日两国代表开始交涉山东问题。中国代表在会上提出了这次会议必须讨论解决的问题:1.胶州德国租借地的交还;2.公产移交;3.日本军队的撤退;4.青岛海关;5.胶济铁路;6.济顺、高徐铁路;7.胶州湾租借地的开放;8.盐场;9.海底电线和无线电台等。双方交涉断断续续地进行了两个月,日本代表为尽可能多地保留在山东的特权,提出种种无理要求,中国代表进行了针锋相对的斗争。1922 年 2 月 4 日,双方正式签署《中日解决山东悬案条约》及其附约。① 主要内容是:日本将胶州德国旧租借地交还中国,中国将该区域辟为商埠,准许外人自由居住并经营工商及其他职业;日本军队撤出山东,但日本领事馆及日侨团体的财产不交还;胶济铁路由中国赎回自办,胶济路折价 5340 万金马克,以国库券支付,以铁路为抵押,限 15 年偿清,但偿款期间,由日方担任车务总管,并由另一名日人会同中国人担任会计长;济顺、高徐二延长铁路线让予国际银行团;中国以公平价格收买日本在胶湾的制盐业;前中国准许德国开采的矿山,由中日合资经办,但日资不得超过华资等。② 在华盛顿会议上,中国代表再次提出废除"二十一条"的要求。但日本代表币原声称,该约业经两国正式批准,如果予以废除"将树立一个非常危险的先例","对亚洲、欧洲及其世界各地的现行国际关系的稳定均有深远的后果"。③ 币原表示愿意放弃第 5 号内容,以示让步。中国代表虽然据理力争,但最终并没有达到目的。《中日解决山东悬案条约》的签署,是中国在外交上的一个重大胜利。山东问题因欧战而起,历时八年得以解决。

---

① [美]马士·宓亨利:《远东国际关系史》,上海书店出版社 1998 年版,第 666 页。

② 《中日解决山东悬案条约及附约》,褚德新、梁德主编:《中外约章汇要(1689—1949)》,第 496—504 页。

③ [美]马士·宓亨利:《远东国际关系史》,第 668 页。

　　华盛顿会议后,北京政府的对日外交以接收山东权益和继续交涉废除"二十一条"以及索还旅大为主要内容。[①] 中日对立和紧张的状态有所缓和,但仍未能恢复正常关系。两国间冲突频起,交涉不断。主要有安东关税减税问题、日轮运匪入鲁问题、日本撤除在华邮局问题、海参崴日军官私售军火问题、日舰水兵枪杀长沙市民问题、芳泽公使拒呈国书问题、日本震灾中杀害华侨问题以及天津大沽口日舰开火事件等,这些问题大都由日本政府或不法日人在华扩张侵略势力,或横行不法引起,使得中日关系风波迭生,动荡不安。

　　五卅运动爆发后,在各种因素影响下,北京政府积极推行"修约"外交。恰逢1896年签订的《中日通商行船条约》届期。1926年10月20日,北京政府照会日本驻华公使,声明如再以1896年那种陈腐的条约来调理两国关系,显不相宜,且障碍丛生,中国政府不愿重续上述条约而愿立即议定办法,作根本的修改,以促进两国的共同利益等。11月10日,日本复函同意进行"修约"谈判。次年1月21日起,两国代表开始谈判,但毫无进展,日本反而乘机提出在东北修筑铁路、购买土地和增设领事馆等扩大在华权益的新要求,谈判陷入僵局。[②]

　　1925年底,在北京政府内争中长期得到日本支持和扶植的奉系张作霖,依靠日本的支持,得以平息郭松龄兵变。随后,与直系军阀联手,击败支持国民革命的冯玉祥部,进入北京,建立安国军政府,执掌中央政府大权。日本政府索偿频频,引起日奉间种种矛盾。1927年春,日本爆发了以金融危机为特征的经济危机,日本军部和右翼势力急欲通过对外扩张来转移国内矛盾。4月20日,日本前陆军大将田中义一组成了政友会内阁,决定推行干涉中国革命的强硬外交政策。

　　1927年6月27日至7月7日,田中首相主持召开"东方会议",制订了《对华政策纲领》,主要内容是:1.日本将实行把"满蒙"从中国分离出去的政策,强调"万一动乱波及满蒙,治安混乱,我国在该地的特殊地位、权益有遭受侵害之虞时,不问来自何方,均将予以保护";2.日本将对中国

---

① 　根据1898年的中俄协定,旅大租借地以25年为限,即在1923年3月27日期满,日本通过《民四条约》将租借期延长至99年。北京政府抓住机会,由参、众两院一致通过《民四二十一条中日协约无效案》,并向日本交涉索回旅大,并形成全国性的抗议运动。

② 　石源华:《中华民国外交史》,第248页。

内部事务实行武力干涉的方针，"日本在华权益和侨民生命财产，有受侵害之虞时，将断然采取自卫措施"；3.对"东三省有力人士（指张作霖）"，"如能尊重我国在满蒙的特殊地位，认真地探讨稳定该地政局的办法"，"帝国政府应予适当的支持"，对"中国稳健分子（指反共的国民党右派），日本要以满腔热情协助他们"，对"不逞之徒"（指共产党人），日本希望中国政府"予以取缔"。[1] 东方会议后，田中把会议决策拟文上奏天皇，这就是著名的"田中奏折"。该奏折公然提出"惟欲征服支那，必先征服满蒙，如欲征服世界，必先征服支那"的狂妄主张，并进而指出，"倘支那完全可被我国征服，其它如小中亚细亚及印度、南洋等异服之民族，必畏我敬我而降于我"。[2]

根据东方会议的决议，日本政府一方面继续支持张作霖，甚至不惜出兵山东，阻挡南京政府的北伐攻势，另一方面又加紧对张作霖提出解决满蒙悬案的要求，威逼张作霖及早退回东北，并将东北置于日本势力保护之下。8月13日，日本政府在中国东北召开大连会议，又称第二次"东方会议"，密谋实施"满蒙政策"的具体方法。24日，日本驻华公使芳泽谦吉拜访张作霖，提出确保日本在满洲之商租权、关税、铁路等既得权利问题。28日，日本驻奉天总领事吉田茂提出《关于满蒙问题觉书》。

消息传出，引起了东北反日运动的高涨。10月6日，南京国民政府外交部长伍朝枢向日本驻华公使芳泽提出强烈抗议，声明"不承认日使与北京当局交涉之将来的后果"。[3] 然而，在日本政府的高压下，张作霖被迫于10月15日与日本满铁总裁山本条太郎议定《满蒙新五路密约》，部分满足了日方的侵略要求，但在全国反帝浪潮冲击下，加上奉系内部及奉天省议会和总商会的反对和抵制，张作霖没有满足日本在东北筑路、开矿、设厂、租地、移民等全部要求，激怒了日本军部的扩张派。

---

① 王芸生：《六十年来中国与日本》第8卷，第134—135页。
② 由于《田中奏折》的原件一直未被发现，对这一文件的真实性，日本史学界尚存争议。但文件中提出的侵略方针，已为其后日本帝国主义的侵略行动所完全印证。近年来我国学术界对《田中奏折》的真伪亦有不同意见。依然肯定《田中奏折》实有其物的观点仍占主导地位。有些学者持"尚难断定"说。有的则断定《田中奏折》是伪造的，但仍认为这一文件的各种侵略步骤完全是日本侵华的写照，是大陆政策的核心。引文见复旦大学历史系中国近代史教研室编：《中国近代对外关系史资料选辑（1840—1949年）》下卷第1分册，第141—147页。
③ 王芸生：《六十年来中国与日本》第8卷，第143页。

1928 年 5 月,奉军决定撤回东北。6 月 2 日,张作霖发表《出关通电》,声称不忍"同室操戈,血喋京畿",将北京政府交国务院摄理,率部退出北京。日本关东军少壮派视此为解决"满蒙问题"的好机会。他们决定在张作霖返回东北途中把他炸死,然后趁张死亡引起的东北政局动荡及社会紊乱,用武力一举解决所谓"满洲问题"。6 月 3 日,在关东军参谋部首席参谋河本大作指挥下,日本军队制造"皇姑屯爆炸案",炸毁了张作霖乘坐的专车。张作霖受重伤,改乘汽车返回奉天官署,因伤重死去。6 月 8 日起,阎锡山的部队进入北京、天津,北京政府时代宣告结束。

然而,日本关东军的阴谋却未能实现。一是因为奉天官府严格保守张作霖死讯秘密,17 日,张学良回到沈阳,继任东北保安总司令,迅速稳定东北局势,日本军队不知真情,不敢轻举妄动;二是关东军的行动未得日本政府批准,事后日本政府考虑内外诸多因素,禁止关东军出动,致使事态没有进一步扩大。皇姑屯事件充分暴露了日本对于满蒙的侵略野心,也震醒了以张学良为代表的奉系将领。7 月 1 日,集国耻家仇于一身的张学良不顾日本方面的军事、政治、经济压力,通电宣布与南京方面停止军事行动。10 月 8 日,国民党中央常务委员会任命张学良为国民政府委员。1928 年 12 月 29 日,张学良通电全国宣布易帜,中国实现了形式上的"统一"。

第四节　南京政府初期的对日外交

1927 年 4 月 12 日,蒋介石在上海发动政变。4 月 18 日,在南京另立国民政府。蒋介石的"清党"举动曾经得到日本政府的关注和帮助。[①]

10 月 13 日至 11 月 10 日,在中国国民党内争中暂时宣布下野的蒋介石访问日本,就新政府的对日关系问题,与日本朝野尤其是首相田中义一进行磋商。11 月 5 日,蒋介石与田中首相进行了两小时会谈。蒋介石表示:1."中日必须精诚合作";2."中国国民革命以后必将继续北伐,完成其革命统一之使命,希望日本政府不加干涉,且有以助之";3."日本对于中国之政策,必须放弃武力,而以经济为合作之张本"。田中则强调两点:

---

① 石源华:《中华民国外交史》,第 328—329 页。

一是希望蒋介石倾注全力掌握长江以南,不要急于北伐;二是要防止共产主义蔓延。数日后,两人再次会谈,达成谅解:其一,日本承认与共产党分离、与苏联切断关系的国民革命的成功,承认中国的统一;其二,中国承认日本在满洲的特殊地位和权益。但双方对于国民革命军是否马上举行北伐,仍未取得一致意见,①导致了后来中日间的重大冲突。

12月,蒋介石重新出任国民革命军总司令,完全改变孙中山实行的"联俄、联共、扶助农工"的三大政策,在外交上实行全面的反苏政策,以讨好列强。但在对日关系上,因发动"二次北伐",进兵山东而与日本发生正面冲突。日本政府为了阻挡南京政府军队进攻山东,于1927年5月、1928年4月和5月三次出兵山东,遭到南京政府强烈抗议,但日本一意孤行,导致济南惨案发生和中日严重交涉。

5月1日,北伐军占领济南,蒋介石率大批军政大员进驻市区。而此前进入济南的日军已在济南城内筑好工事,准备与北伐军对抗。5月2日,日军第六师团长福田彦一率部从青岛赶到济南,增强了日军在济南的军事实力。5月3日,日军向中国军队驻地发动突然袭击,双方军队激烈交火。冲突发生后,日本军队公然破坏外交惯例,冲进总司令部战地政务委员会外交处公署,将外交处长兼南京政府新任山东外交特派交涉员蔡公时割舌挖眼,然后与16名外交人员一起残酷杀害,制造了骇人听闻的济南"五三"惨案。

4日,南京政府外交部长黄郛向日本政府提出严重抗议,但日本却继续增兵山东,并于5月7日向蒋介石发出最后通牒,提出五项要求,限12小时以内答复,否则即行宣战攻城。主要内容是:1.有关骚扰及暴行之高级将帅须严厉处刑;2.抗日之军队须在阵前解除武装;3.在南军统辖区域之下,严禁一切反日宣传;4.南军须撤退济南及胶济铁路沿线两侧20华里之地带,以资隔离;5.为监视右列事项之实施,须于12小时内开放莘庄及张庄之营房。②7日夜12时,蒋介石委派战地政务委员会主席蒋作宾至日本领事馆作口头答复。同时电令在东京的张群迅速拜晤田中首相,表示愿意通过外交途径解决一切争端。次日上午,蒋介石又派熊式辉、罗

---

① 复旦大学历史系中国近代史教研组编:《中国近代对外关系史资料选辑(1840—1949)》,下卷第1分册,第148—149页。

② 王芸生:《六十年来中国与日本》第8卷,第156页。

家伦前往日军司令部答复,除第二条外,均照办,但日军以最后通牒时间已过为借口,拒绝进行谈判。8 日,日军按预定计划向北伐军阵地发起进攻,并用重炮轰击济南城。11 日,占领济南全城,奸淫掳掠,无所不为。从 5 月 3 日至 11 日,济南军民被杀 3940 人,伤 1537 人,可估算之物质损失 2962 万元。[1]

"济南惨案"是日本侵略者为阻止南京政府实现全国统一、以保证其在中国东北、华北巨大利益不受损害而蓄意制造的严重事件。惨案发生后,激起了中国人民的反日浪潮。蒋介石一方面宣布"以和平为重",决定中国军队"改道"继续北伐,并于 6 月中旬,收复平津,宣告"统一告成"。另一方面,也在向日本提出抗议的同时,向国际社会发出呼吁,对日本造成强大的外交压力,迫使日本政府改变对华强硬态度。7 月 18 日,日本表示欲从速结束"济案"。10 月 18 日、11 月 7 日、18 日,日本驻沪总领事矢田三次赴南京,与南京外交当局谈判,但双方在撤兵问题上僵持不下,没有取得进展。延至 1929 年 3 月 18 日,签订《中日济案协定》及声明文件,主要内容是:中国政府负责保护"在中国之日本国臣民之生命及财产之安全",日本于换文之日起,至多两月内将山东现有日本军队全部撤去;"中日两国所受之损害问题,双方各任命同数委员,设立中日共同调查委员会,实地调查决定之";两国政府对于济南事件"虽觉为不幸","悲痛已极",但"鉴于两国国民固有之友谊",又"两国政府与国民现颇切望增进睦谊,故视此不快之感情,悉成过去,以期两国邦交益增敦厚"。[2] 5 月 2 日,中日双方又就"南京惨案"互换照会。中日间各悬案交涉暂时告一段落。

在南京国民政府的"改订新约"运动中,日本是中国最难对付的交涉对手。1928 年底,南京政府与欧美各国已就取消协定关税问题签订协定,并自 1929 年 1 月 1 日起实施国定税则。日本是条约届期国,却蛮横地拒绝南京政府提出的修约要求,直至各国均已与中国签约,才被迫与南京政府进行谈判,但坚持与条约未届期国一样,只谈关税,不及其他,并寻找种种借口,百般拖延。延至 1930 年 5 月,才与南京政府签订《关税协

---

[1]　王芸生:《六十年来中国与日本》第 8 卷,第 162 页。

[2]　石源华:《中华民国外交史》,第 343 页。

定》,以中方承诺每年从关税收入中提取 500 万日元,偿还西原借款等无担保债务和三年内不对日本进口中国货物提高税率为条件,勉强承认中国关税自主。① 在南京政府与列强各国商谈撤废领事裁判权的交涉中,日本也扮演了不光彩的角色。在南京政府的强烈交涉下,日本表示准备放弃在北平、天津、汉口、广州、上海对民、刑小案的领事裁判权,但要求中国设立一个允许日本法官参与会审的法院,审理内地涉及日本人的案件,日本人在上述 5 个城市享有与中国人同样的纳税、租地、设厂等权利以及在满洲享有商租权等,均不能为南京政府所承认,谈判陷入僵局。

1931 年 9 月 18 日,日本关东军自行炸毁沈阳北郊柳条湖附近的一段铁轨,以此为借口向东北军驻地北大营和沈阳发动进攻,制造了震惊中外的九一八事变。面对日本帝国主义的疯狂进攻,南京国民政府采取了不抵抗和依赖国联的对日政策。其原因是多方面的:一是由于南京政府坚持推行"攘外必先安内"的基本国策。蒋介石说:"攘外必先安内,统一方能御侮,未有国不统一而能取胜于外者。"②其二是"恐日症"作祟,曾留学日本的蒋介石认为中国"枪不如人,炮不如人,教育训练不如人,机器不如人,工厂不如人,拿什么和日本打仗呢? 若抵抗日本,顶多三日就亡国了",③严重的民族失败主义情绪,导致对日妥协屈服,幻想日本会在国际干预下自行从中国退出。三是继承了晚清政府和北京政府"以夷制夷"的外交策略,寄希望于国联出面制裁日本。蒋介石认为中国是世界各国的公共殖民地,如果日本想独吞中国,就会直接同世界各国处于对立状态,因此,各国决不会坐视日本的侵略行为。基于这样的认识,蒋介石于 1932 年 1 月 11 日在奉化作了题为《东北问题与对日方针》的演讲,阐明了处理九一八事变的"四不"方针,即"不绝交、不宣战、不讲和、不订约",坚持不与日本人直接谈判,幻想依赖国际联盟来解决东北问题。

9 月 19 日,南京政府外交部电令中国驻国联代表施肇基向国联报告日军侵略沈阳情况。21 日,施肇基正式照会国联秘书长,请求秘书长根据国联盟约第 11 条规定,"立采步骤,阻止情形之扩大,而危害各国间之

---

① 王铁崖主编:《中外旧约章汇编》第 3 册,798—805 页。
② 张圻福主编:《中华民国外交史纲》,第 218 页。
③ 冯玉祥:《我所认识的蒋介石》,黑龙江人民出版社 1980 年版,第 22 页。

和平,并恢复事前原状"。[①] 22 日,国联召开理事会,施肇基要求理事会迅速采取行动,并声明中国政府准备接受国联所作出的任何决议。日本代表芳泽谦吉却说事变是由中国军队挑起的,声称日军的行动纯属"自卫",并说这仅是一个局部事件,日本政府准备同南京国民政府直接交涉谋求解决。声称如果国联鲁莽介入其中,会激起日本人民的愤怒,使问题更难解决。会议通过决议案,向中日两国政府提出"紧急警告",要求双方采取措施,务使事态不至扩大,双方立即撤军。南京政府声明服从国联裁决,日本却不予理睬。9 月 30 日,国联理事会作出了关于中日冲突的第二个决议。决议声称"知悉日本政府对于满洲并无领土野心",要求日本"在日人生命、财产安全得到保障之后撤出军队"。[②] 但日本根本无视国联决议,相反变本加厉地扩大侵华战争。10 月 8 日,日军轰炸锦州,震撼了英、美等国。10 月 10 日,英、美、法、意四国驻日大使联合向日本提出抗议。10 月 24 日,国联理事会开会,再次通过决议,除重申 9 月 30 日决议内容外,要求日军马上开始撤军,并于理事会下次开会前撤至满铁区以内;在日军完成撤退时,中、日两国直接进行谈判,以解决两国间的纠纷;中国要确保所有日侨安全等。日本依然拒不执行国联的决议,声明日本将不受该决议限制。国联的软弱无力暴露无遗。南京国民政府却仍然抱住国联不放。12 月 10 日,国联通过关于中日冲突的第四个决议,重申9 月 30 日决议有效,并决定组建调查团前往中国东北进行调查。日本不顾国联的决议,于 1932 年 1 月 3 日占领锦州,实现了武力侵占全东北的计划,并在东北制造傀儡政权——"满洲国"。

1932 年 1 月 21 日,国联组成调查团。2 月 3 日,赴远东调查中日冲突。南京政府对国联调查团寄予很大希望,向调查团递交了 20 余份说帖。其中包括《中日纠纷问题之总说帖》、《平行线问题及所谓 1905 年议定书说帖》、《日本占领东三省之说帖》、《二十一条及 1915 年中日条约之说帖》、《关于朝鲜人在东北各省地位之说帖》、《万宝山事件之说帖》、《1931 年 7 月朝鲜各地仇华暴动之说帖》、《中国对于日本所谓五十三悬案之驳正》、《日本破坏中国统一之谋划之说帖》、《日人在东北沪津以外

---

① ［美］威罗贝著,薛寿衡译:《中日纠纷与国联》,商务印书馆 1937 年版,第 26—27 页。
② 石源华:《中华民国外交史》,第 382 页。

各地挑衅寻仇情形说帖》、《抵制日货之说帖》、《日本企图独占东三省铁路之说帖》、《日方中国教科书内排外教育之说帖》、《日本违反二十七条约及其侵夺中国主权二十七类案之说帖》、《中国努力开发东三省之说帖》、《东三省币制及其与大豆关系之说帖》、《中国政府在沪案开始时决定和平政策之说帖》、《关于外蒙古说帖》、《东三省匪患之说帖》、《东三省海关被劫持经过之说帖》、《东三省盐税被劫持经过之说帖》、《东三省邮政被劫持经过之说帖》、《在中国之共产主义运动之说帖》、《东三省独立运动之说帖》、《日本劫夺东三省担保外债盐税摊款之说帖》、《日本人民商行在华贩卖麻醉毒品之说帖》等等,以详尽的、确凿的事实揭露日本的侵华罪行,介绍中国的内外政策。① 国联调查团的调查报告虽然揭示了若干基本事实,承认"东三省是中国之一部",指明九一八事变是日本"有计划"策划的事变,确认中国方面并无进击日军危害日侨生命财产之计划,日本"未经宣战,将向来毫无疑义属于中国之领土之一大部分地面,强夺占领,使其与中国分离而独立",揭露伪满洲国"不能认为由真正的及自然的独立运动所产生","日本军队及文武官吏之在场,为新国家产生之原因",因而是"日本人之工具"等,但总体结论却是:既不承认中国要求恢复九一八事变以前的东北原状,也不承认日本扶植的"满洲国",建议建立一种特殊制度,即在保留中国主权的前提下,东北实行"高度自治",由"自治政府"聘请外国顾问,其中日本人应该占有重要比例。② 《国联调查报告书》是国际联盟实行绥靖政策的产物,暴露了欧美帝国主义反对日本独占,企图瓜分中国东北的野心。1933 年 2 月 24 日,国联特别大会以 42 票对 1 票(日本)通过了该报告书。日本以退出会议表示抗议。次日,日军大举进攻热河,公然向国联挑衅。27 日,日本宣布退出国联。③ 这表明国联对于中日冲突的调解已告失败,南京政府依赖国联的外交政策也以破产告终。

　　1932 年 1 月 28 日,日本为了转移世界关注中国东北问题的视线,悍然进攻上海,制造了震惊中外的一二八事变。南京政府改变了不抵抗的态度,实施"一面抵抗,一面交涉"的政策。并于 1 月 29 日再次向国联提

---

① 顾维钧编:《参与国际联合会调查委员会中国代表处说帖》,1932 年刊印。

② [美]威罗贝著,薛寿衡译:《中日纠纷与国联》,第 659—704 页。

③ 王绳祖主编:《国际关系史》第 5 卷,第 83 页。

出申诉,谋求英美法等国出面调停。日军进攻上海严重威胁英、美在华利益,致使英、美同日本的矛盾日趋加剧。英、美等国为了维护自身利益,屡次向日本政府提出抗议。2 月 2 日,英、美、法、意四国公使联合照会中、日两国,要求双方立即停止敌对行动,并根据国际联盟决议精神开始谈判,解决中日纠纷。2 月 16 日,国联行政院向日本单独发出文书,声明对于不顾国联盟约条文"而侵犯国联任何会员国领土完整,及变更其政治独立者,国联委员会皆不能认为合法有效"。① 2 月 23 日,美国国务卿史汀生再次重申了美国的"不承认主义",即美国政府"不拟承认中日政府或其代理人之间所缔结的有损于美国或其在中华民国的条约权利……的任何条约或协定"。② 英美诸国的压力,国联的催促,加上中国军民的英勇抵抗,打破了日本速战速决的计划,日本被迫同意与南京政府进行谈判。

5 月 5 日,中日签订《淞沪停战协定》,包括正文及附件。主要内容是:中日双方自即日起停战,停止一切形式的敌对行为;中国军队留驻协定前的原驻扎地区,日本军队撤退至公共租界及虹口方面的越界筑路地域(即一二八事变以前状态);设立由中、日双方及友好国家代表参加的共同委员会,协助撤退的日本军队与接管的中国警察之间的移交事宜,日军撤退后的地区由中国警察接管。附件规定中国承诺取缔抗日运动、十九路军换防、浦东和苏州河南岸中国不得驻兵等。③ 该协定是南京政府推行"八字方针"的直接结果,结束了中日上海之战,迫使日本从上海撤军,这一结果比东北问题的交涉结局要略高一筹。但是这个协定承认上海为非武装区,放弃了中国军队在此地的驻守、设防权,而将该地区置于英、法、意诸国的监视之下,对日后中国东南沿海的防务带来了祸害。

日本在占领东北全境之后,不顾中国人民的抗议和国际联盟的警告,发动了对热河的进攻,把侵略的矛头进一步指向关内。1933 年 3 月,日军攻占承德,热河沦陷。接着,日本又开始大举进攻长城各口,中国军队

① 王绳祖主编:《国际关系史》第 5 卷,第 79 页。
② 复旦大学历史系中国近代史教研组编:《中国近代对外关系史资料选辑(1840—1949)》下卷第一分册,第 213—214 页。
③ 复旦大学历史系中国近代史教研组编:《中国近代对外关系史资料选辑(1840—1949)》下卷第一分册,第 245—248 页。

在喜峰口、冷口、古北口等地顽强抵抗,取得重要战果。日军改而采取侧面包抄战略,猛攻滦东地区,中国军队腹背受敌,相继放弃长城各口,日军侵占冀东22县,逼近北平、天津,华北形势危在旦夕。南京政府被迫放弃九一八事变后决不与日本直接交涉的立场。5月3日,派遣黄郛担任行政院北平政务整理委员会委员长,负责与日本交涉。5月31日,在日本的压力下,中日签订城下之盟《塘沽协定》。主要内容是:1、中国军队退至延庆、昌平、高丽营、顺义、通州、香河、宝坻、林亭口、宁河、卢台所连之线以西、以南地区,而后不得逾越该线,不进行任何挑战扰乱行为。2、日军为确悉第一项之实行情形,随时用飞机及其他方法进行观察,中国方面对之应加以保护及予以各种方便。3、日军如确认第一项所示规定中国军队业已遵守时,即不再越该线追击,且自动归还长城之线。4、长城线以南,及第一项所示之线以北、以东地区之治安维持,以中国警察机关任之。① 这个协定实际上承认了日本对东北三省的占领和以长城一线作为"满洲国"的"国界",使得华北门户大开,为日本进一步扩大对华北的渗透与侵略创造了条件。

《塘沽协定》签订后,日本军部按照预定的计划,进而在华北大肆扩张侵略势力,"外交官倡导水鸟外交,军人执行老虎政策"成为日本对华政策的主要特点。南京政府的对日政策也受内外诸多因素的影响而形成不确定的特点。一方面,以宋子文为代表的英美派主张"联合欧美,抵御日本",宋子文1933年长达4个月的欧美之行在这方面作了很多努力,中国的币制改革也实行欧美路线,中国与欧美所有大国包括苏联的关系有所改善,这引起日本政府强烈不满,曾发表"天羽声明",抗议"中国采取利用其他国家排斥日本,或者采取以夷制夷的排外政策",②露骨地反映了日本欲置中国为其保护国的狂妄野心;另一方面,南京政府内部的亲日派势力也在增长,他们主张缓和对日关系,幻想依靠日本给予援助,克服世界资本主义危机以及"白银风潮"给中国造成的困境。

1934年10月,以徐道邻的名义发表了由蒋介石口授、陈布雷执笔的《敌乎? 友乎?——中日关系检讨》,全面阐述蒋介石对于中日关系的基

---

① 梁为楫、郑则民主编:《中国近代不平等条约选编与介绍》,中国广播电视出版社1993年版,第928—929页。
② 《天羽声明》,[日]《日本外交年表及主要文书》下卷《文书》,第284—286页。

本构思与主张,呼吁日本"应抛弃武力而注重文化的合作,应舍弃土地侵略而代以互利的经济提携,应唾弃政治控制的企图而以道义感情与中国相结合","彻底更新中日关系"等。① 日本广田外相在议会发表外交政策演说,表示"在本人担任外相内不会发生战争"等,也摆出了"亲善"姿态对应。随后,南京政府采取了一系列"改善"中日关系的措施,包括蒋介石会见日本驻华大使、汪精卫就广田演说发表谈话、派遣王宠惠赴日活动、颁布《取消抵制日货令》和《邦交敦睦令》、中日两国使馆升级等等,中日关系出现了昙花一现的"亲善"现象。

　　然而,日本军部策动的华北事变很快断送了所谓的"中日亲善"。长城抗战以后,部分中央军北上并驻扎在华北地区,南京政府对华北的控制有所加强,日本对此十分不满,先后在华北策动了察东事件、河北事件和张北事件,逼迫南京政府签订《大滩口约》、《何梅协定》、《秦土协定》等,迫使中央军势力撤出华北地区,使得华北地区只留下东北军、西北军和一些地方部队,并进一步策动所谓"华北五省自治运动",试图使华北东北化,引起海内外震动。南京国民政府中的亲英美派逐步取代亲日派,对日态度日趋强硬,中日交涉越来越表现出临战的特点。

　　1935 年 10 月 4 日,日本政府出台"广田三原则":1.中国政府取缔一切排日活动;2.承认"满洲国",建立日"满"华经济合作;3.中日共同防共。中日关系面临新的挑战,诚如蒋介石所言:"我们拒绝他的原则,就是战争;我们接受他的原则,就是灭亡。"②1935 年 11 月 19 日,蒋介石在国民党"五大"作报告,声称如果日本无休止的进攻超过了和平的限度,"即当听命于党国,下最大之决心"。③ 12 月 7 日,国民党五届一中全会批准汪精卫辞职,由蒋介石兼任行政院长。随后,南京政府外交部长张群与日本三任驻华大使进行调整国交谈判,谈判并没有减缓日本的侵略脚步,日本无止境的侵略欲望已经不能为南京政府的有限退让政策所满足。中国国民党内部进一步出现了分化,越来越多的人不满蒋介石政府的"攘外必先安内"的政策,一些地方势力和爱国将领高举"抗日"的旗帜,对国民政

① 《外交评论》第 3 卷第 5 期。
② 石源华:《中华民国外交史》,第 479 页。
③ 1935 年 11 月 19 日蒋介石在国民党五全大会上的外交报告见《大公报》西安分馆编:《领袖抗战建国文献全集》,1939 年版,第 96—99 页。

府对日方针的改变起了很大的推动作用。

日本在华北的步步进逼,也使得英、美等国家与日本的矛盾日益尖锐。1935 年 12 月到 1936 年 1 月在伦敦举行海军会议,日本宣布废除华盛顿会议上签署的《四国海军协定》,公然扩军备战。1936 年 11 月,日本与德国签订《反共产国际协定》,结成侵略同盟,在全球范围内对英、美等国利益构成了威胁,这使得国民政府内部"联合英美,抵御日本"的主张大盛。此时,共产国际关于两个战争策源地的理论,以及要求各国共产党团结一切爱国力量,建立最广泛的统一战线的战略,极大地影响了中国共产党的政策转换,中国共产党改"反蒋抗日"政策改为"逼蒋抗日"政策。所有这些内外因素都促使南京国民政府的对日态度逐渐强硬。1936 年 7 月,蒋介石在国民党五届二中全会上再次就对日方针发表演说:"中央对外所抱的最低限度,就是保持领土主权的完整,任何国家要来侵扰我们领土主权,我们绝对不能容忍,我们绝对不订立任何侵害我们领土主权的协定,并绝对不容忍任何侵害我们领土主权的事实,再明白些说,例如有人强迫我们签订承认伪国等损害领土主权的时候,就是我们不能能够容忍的时候,就是我们最后牺牲的时候。"[①]这个讲话对"最后关头"作了明白的表述。

1936 年 12 月 12 日,爱国将领张学良、杨虎城发动西安事变。在中国共产党参与下,西安事变得以和平解决,南京政府终于改变"攘外必先安内"的基本国策,走上与共产党联合抗日的道路。

第五节　抗日战争与对日外交

1936 年"二·二六"事件后,日本军部法西斯独裁统治确立,日本国家体制完全纳入战争轨道。1936 年 8 月 7 日,日本政府通过《国策基准》,确定了对外侵略扩张的总体性战略,计划发动全面侵华战争,先吞并中国,再以此为基地,"北进"攻打苏联,"南下"攻击美、英,夺取亚洲太平洋地区的霸权。1937 年 7 月 7 日,日本策动卢沟桥事变,8 月 13 日又对上海发动大举进攻,中日大战全面爆发。

---

① 《国闻周报》第 18 卷。

面对日本的疯狂侵略,南京国民政府于 7 月 15 日到 20 日在庐山召开了有各党各派参加的会议,商议抗战大计。国共两党再次携手,共同抗日。17 日,蒋介石发表重要讲话,声称:"如果战端一开,则地无分南北,年无分老幼,无论何人皆有守土抗战之责任,皆应抱定牺牲一切之决心","拼民族的生命,求我们最后的胜利"。① 8 月 13 日,南京政府发表《自卫抗战声明书》,指出:"中国之领土主权,已横受日本之侵略;《国联盟约》《九国公约》《非战公约》,已为日本所破坏无余","中国以责任所在,自应尽其能力,以维护其领土主权及维护上述各种条约之尊严,中国决不放弃领土之任何部分,遇有侵略,惟有实行天赋之自卫权以应之。"②表明了南京政府抵抗日本侵略的立场。

卢沟桥事变发生后,南京国民政府为了争取国际社会的同情与援助,在进行全民族全面抵抗的同时,不断呼吁各国制止日本侵略,并试图通过外交努力来结束对日战争,恢复七七事变以前的原状。

国民政府首先是向英国和美国求助,希望英、美出面调停中日冲突。8 月 12 日,英、法、美、德、意五国驻上海领事联合向中日双方提出第一个调停方案,建议日本撤走军舰,中国军队撤到 1932 年《淞沪停战协定》规定的界线之外,没有取得结果,上海战事已经大规模展开。8 月 16 日,英、法、美、德、意五国驻华大使提出解决上海事变的第二个方案:建议中日双方军队同时撤退,由其他国家的军队保护日本侨民,但日本决意扩大战争,再次予以拒绝。8 月 19 日,英国政府提出第三个方案,建议中日军队撤退,上海实施中立化,英、法、美三国军队负责中立区的秩序,但是日本以英、法、美三国军队人数太少,不足以保护外国侨民为由再次拒绝。显然由于日本速战速决的战略方针已定,也由于英、美等国在中日冲突问题上表现出来的软弱与犹豫,南京政府借助英、美恢复中日和平的努力是失败了。

旋即,国民政府又向国联提出申诉。8 月 30 日,中国代表向国联递交了《关于卢沟桥事变以来日本侵略中国的照会》。9 月 12 日,中国代表团团长顾维钧向国联提交正式申诉书,请求国联采取以下行动:1.宣布日本是侵略者并谴责日本的战争行径。2.拒绝向日本提供战争物资和贷

---

① 石源华:《中华民国外交史》,第 492 页。
② 《国闻周报》战时特刊第 1 期。

款。3.对中国购买和输送武器提供方便。10月6日,国联大会通过两个决议:第一,认定日本陆海军在中国的行动不是自卫行动,且违背日本在《九国公约》和《巴黎非战公约》下所负义务;第二,建议召集《九国公约》签字国讨论中日战争。国联的决议没有给予中国任何实质性的援助,而是把难题推给了《九国公约》签字国会议。

11月3日,19个《九国公约》相关国家在布鲁塞尔开会,日本拒绝参加。15日,大会通过英、法、美三国代表起草的声明,驳斥日本关于中日争端只跟中日两国有关的论调,认为目前的远东冲突并非只是中日两国之间的问题,它关系到《九国公约》各国及全世界,希望日本改变目前的态度。如果日本执意拒绝而置条约规定于不顾,"在布鲁塞尔的与会各国必须考虑在此局势下它们的共同态度",但声明没有指明日本是侵略者,也没有规定具体措施制裁日本。① 11月24日,大会通过《九国公约会议报告书》,重申《九国公约》的原则,呼吁中日双方"停止敌对行动,求助于和平程序",但只字未提援助中国,或制裁日本,会议宣布无限期休会。正如美国学者后来评论的:"布鲁塞尔会议的失败是无可弥补的",由于与会国不愿采取能够尽快结束战争的手段,"为中日之间找出稳妥的解决办法的最后的好机会终于在1937年丧失了"。②

布鲁塞尔会议期间,日本军队节节胜利。12月13日,南京城陷入敌手。南京政府为了延迟日本的军事攻势,被迫放弃不与日本交涉的政策,开始接受德国政府从中进行调停。日本由于速战速决战略的破产,也开始对国民政府实施诱降政策,表示在军事行动大体达到目的之时,愿意接受公正的第三国之斡旋。11月2日,在布鲁塞尔会议开始前一天,日本政府向德国驻日大使狄克逊提交了七项议和条件:1.在内蒙古建立类似外蒙古的自治政府;2.在华北建立非军事区;3.扩大上海非军事区;4.中国停止抗日政策;5.共同防共;6.降低日本货物进口税;7.尊重外国人在华权利。对此,蒋介石表示:"中国现在正是布鲁塞尔会议列强关切的对象,所以还不能正式承认日本的要求。"③布鲁塞尔会议失败后,国民政府改

---

① 王绳祖主编:《国际关系史》第5卷,第196页。

② [美]菲斯:《通向珍珠港之路》,商务印书馆1983年版,第16页。

③ 复旦大学历史系中国近代史教研组编:《中国近代对外关系史资料选辑(1840—1949)》下卷第2分册,第36—37页。

变了看法。12 月 6 日,汪精卫主持的国防最高会议决定接受德国调停,实现中日和平。但是此时日本因为战场上的胜利,又提出了更为苛刻的要求,要求中国政府以反共行动表示和谈诚意,并正式承认"满洲国";在东北、内蒙和上海附近建立非军事地带,华北特殊政权具有广泛的权力,虽然在中国主权之下,但不从属于中国中央政府;赔偿日本对华战争的部分费用以及占领费用和日本财产所受的损失等。① 1938 年 1 月 13 日,南京政府拒绝了日本政府的苛刻条件,德国调停以失败告终。1 月 16 日,日本首相近卫文麿发表对华声明,声称:"帝国政策今后不以国民政府为对手,而期望真能与帝国合作的中国新政府的建立与发展,并将与此新政权调整两国邦交,协助建设复兴的新中国。"②1 月 18 日,南京政府发表《维护领土主权和行政完整的声明》,宣布"中国政府于任何情形下,必竭全力以维持中国领土与行政之完整,任何恢复和平办法,如不以此原则为基础,决非中国所能忍受,同时在日军占领区内,如有任何非法组织僭窃政权者,不论对内对外,当然绝对无效"。③ 20 日,南京政府召回驻日大使,断绝了中日两国的外交关系。

　　南京政府在抗日战争之初,制定了"南联英美、北结苏俄"的外交总方针,广泛争取国际社会对于中国抗战的同情和支持。④ 据此,国民政府在太平洋战争前根据各大国的不同情况实行不同的外交方针,尽力创造有利于中国对日作战的国际环境。对苏外交在抗日战争前期国民政府的对日战略中占有极为重要的地位,国民政府积极寻求苏联的支持。在中国的争取下,苏联政府不仅与中国签订《互不侵犯条约》,而且给予中国财政、军火、军事顾问等方面的大量援助,并直接派出志愿航空队参加对日作战,苏联成为战争初期支持中国进行抗战的唯一大国。这种援助一直持续到苏德战争爆发时为止。⑤ 对美外交是国民政府对日战略的重要组成部分,随着战争的进程,占据越来越重要的地位。抗日战争初期,国

---

① 复旦大学历史系中国近代史教研组编:《中国近代对外关系史资料选辑(1840—1949)》下卷第 2 分册,第 44—45 页。

② 《近卫文麿第一次对华政策声明》,复旦大学历史系中国近代史教研组编:《中国近代对外关系史资料选辑(1840—1949)》下卷第 2 分册,第 92 页。

③ 吴相湘:《第二次中日战争史》(上),台北综合月刊社 1973 年版,第 433 页。

④ 石源华:《中华民国外交史》,第 496 页。

⑤ 有关苏联援助中国抗战的内容详见本书第二章。

民政府主要是争取美国修改或废除中立法和美国对于中国抗战的物质支持。1940年10月起,转变为争取美国建立庞大的援华体系。美国对华贷款1亿美元、美国租借法案适用于中国、美国志愿航空队赴华、以及中美高层互访的频繁进行,标志着中美两国开始迈向共同抗日之路。对英外交由于英国对华政策的特点而具有双重性。国民政府一方面反对英国政府的对日绥靖行动,反对和抗议英国与日本签署《关于中国海关协定》、《有田—克莱琪协定》以及在华北白银问题、封闭滇缅路问题上对日妥协,损害中国利益;另一方面,也积极争取英国对于中国在物质上、精神上的同情与援助,为太平洋战争后中英结盟抗日奠定了基础。国民政府的对法外交以确保中法越南过境运输通道和中法远东军事合作为两大交涉重点,也取得了重要的成果。对于日本的战时盟国德、意,国民政府利用中国与两国长期以来的友好关系,尽量争取两国在较长时期内实行"中立"政策,特别在对德外交中,以坚持德国军事顾问团留任和继续发展军火贸易为要务,取得重要成果,使得日本连连对德国提出抗议。中国国民政府的战时外交对于争取国际社会援助、孤立日本、帮助中国抗战起了积极的作用。

　　1938年1月中日绝交后,两国间非正式的外交联系并未中断。1938年10月,中日战争进入战略相持阶段。南京国民政府迁都重庆,以西南和西北为大后方,在正面战场抗击日本,共产党及其领导的抗日军队则在敌后战场进行抗战。由于中国人民坚持抗战,日本帝国主义"速战速决"的战略迅速破灭,被迫调整战略。在正面战场停止战略性进攻,逐步将主要兵力用于敌后战场,对付中国共产党领导的抗日武装。把对国民政府"军事进攻为主,政治诱降为辅"的方针,调整为"政治诱降为主,军事进攻为辅"的方针。与此同时,积极策划扶植傀儡政权,分裂中国的抗日阵线,瓦解抗日力量。1938年11月3日,日本政府发表第二次近卫声明,声称"如果国民政府抛弃以前的一贯政策,更换人事组织,取得新生的成果,参加新秩序的建设,我方并不予以拒绝",但"如该政府坚持抗日容共政策,则帝国决不收兵,一直打到它崩溃为止",[①]修正了第一次近卫声明

---

① 复旦大学历史系中国近代史教研组编:《中国近代对外关系史资料选辑(1840—1949)》下卷第2分册,第93页。

中"今后不以国民政府为对手"的方针,向国民政府中的亲日派发出招降的信号。

在日本政治诱降的攻势下,国民政府中的汪精卫集团走上公开叛国投敌的道路。1939 年 5 月 6 日,汪精卫等在日本的精心安排下,乘日舰"北光丸"秘密抵达上海,随后赴日本与日方进行秘密会谈。6 月 28 日,汪精卫在上海召开伪国民党第六次代表大会,通过以"反共和平建国"为基本国策、根本调整中日关系、迅速恢复国交的提案。1939 年 12 月 30 日,日汪签订《日华新关系调整要纲》和《秘密谅解事项》等一系列密约。①1940 年 3 月 30 日,汪精卫在南京举行"还都典礼",成立伪国民政府,自任代理主席兼行政院院长。

对于日本政府的诱降政策,国民政府进行了坚决的斗争。12 月 26 日,蒋介石发表题为《揭发敌国阴谋,阐明抗战国策》的演讲,严词驳斥日本近卫声明,表示"中国只要守定立场,认定目标,立定决心,愈艰苦,愈坚强,愈持久,愈奋勇,全国一心,必获最后胜利"。1939 年 1 月 1 日,国民党中央常务委员会决定永远开除汪精卫党籍,并昭告全国,痛斥汪伪集团"处处为敌人要求,曲意文饰,不惜颠倒是非,为敌张目;更复变本加厉,助售其欺。就其行为而言,实为通敌求降,充其影响所及,直欲撼动国本"。②

国民政府在与日本进行坚决的军事对抗的同时,出于多方面的考虑,也与日本保持着非正式联系通道。首先是出于外交战略上的考虑,希望以对日和谈为筹码,迫使英、美、苏等大国加快援华进程和力度。其次是基于政治谋略方面的考虑,以对日和谈为诱饵,打乱日本的对华政策,破坏或推迟汪伪政权的建立。最后也是考虑自身在风云变幻的国际政治舞台上能够进退自如的需要,寻找最适合于自身的退路。在太平洋战争爆发之前,国民政府通过各种渠道与日本外务省、军部保持着秘密接触,构成战时中日关系中不容忽视的一个方面。中日间比较重要的谋略性和谈有"桐工作"、"钱永铭工作"和"司徒雷登工作"等。

所谓的"桐工作",即"宋子良工作"。1939 年 12 月 27 日,日本中国

---

① 《日支新关系调整要纲》,褚德新、梁德主编:《中外约章汇要(1689—1949)》,第 620—628 页。
② 吴相湘:《第二次中日战争史》(上),第 433 页。

派遣军参谋本部铃木卓尔以驻港武官身份,同自称是宋子文之弟并担任西南运输公司处长的宋子良进行接触。1940 年 3 月 8—10 日,双方在香港举行第一轮会谈。重庆方面在原则上并不反对在反共的前提下与日媾和,但在承认"满洲国"、华北驻兵、对汪政府的处理问题上则有争议。6月 4—6 日,双方在澳门举行第二轮谈判。中方表示愿在实行反共防共政策上与日本合作,但无法接受承认"满洲国"和日本驻兵的要求。在汪精卫问题上则表示有汪无蒋,有汪无和平,要求在停战前首先使汪精卫出国或引退,会谈未能取得进展。1940 年 9 月底,日本同德意结成三国同盟。新任陆相东条英机下令中止与南京政府的停战交涉,继续实行以军事压力促其崩溃的政策。此次中日"和谈"遂不了了之。

同时,日本外务省主持的另一秘密"和谈"也在香港进行,这就是"钱永铭工作"。在日本外相松岗洋右操纵下,通过中国交通银行总经理钱永铭在中日间传递和平信息。1940 年 8 月 31 日,钱永铭通过日本人西义显和中国人张竞立分赴上海、东京活动,向日本方面传达重庆政府的和平条件。10 月 1 日,日本三相会议商定:依据《日汪基本关系条约》和重庆政府商谈和平。当时,汪政府虽已成立,但日本并未正式承认,重庆政府显然有意通过"和谈"延缓日本承认汪政府,以至拖垮这个傀儡政权。11月 13 日,日本御前会议决定:日本对于重庆的停战讲和工作,需在日本承认汪政权之前获得实效,至迟以 1940 年 11 月底为限,再次强调和平条件应根据《日汪基本关系条约》办理,促进重庆与南京的合作,由日本政府从旁协助等。11 月 17 日,重庆政府指示钱永铭,以日本全面撤军和撤销南京政府为中日谈判基础。22 日,日本四相会议讨论中方条件,原则上承认全面撤兵,要求重庆政府迅速任命正式谈判代表,日方可以推迟承认汪政府。29 日,重庆政府任命前驻日大使许世英为首席代表,准备与日方谈判。但 28 日日本大本营政府联席会议决定,如期承认汪政府。30日,《日汪基本关系条约》在南京签订,日本政府正式承认汪政府,"钱永铭工作"终止。①

中日间和平谈判的另一条渠道是经由燕京大学校长、美国人司徒雷登进行的。战争期间,司徒雷登曾于 1938 年 2 月、1939 年 7 月、1940 年 2

① 吴相湘:《第二次中日战争史》(上),第 537—541 页。

月、1941 年 2 月四度在中日之间穿梭奔走,进行"和平"活动。当年日本军部当事人今井武夫回忆说:"在中国事变初期,司徒雷登校长因与当时的美中两国领导人有着上述的特殊关系,就加以利用,作为第三国人,他在日中两军势力范围内的北平、重庆任何地区都有自由行动的特权。因此,他可以将日军对重庆政策的真相报告给蒋介石,又可将蒋介石对日方针的内情密告给华北行政委员会王克敏委员长,借以表示他对日中两国实现和平的一番热情。"①然而,由于中日"和谈"的意图各不相同,和平条件很难接近,再加上司徒雷登再三呼吁美国介入调停,并不符合当时美国的远东政策,未得任何反应及支持,他的失败也就很自然了。

1941 年 6 月,德国进攻苏联,进一步刺激了日本南下扩张的欲望,在与美国进行了 8 个月的谈判之后,日本于 12 月 7 日偷袭了珍珠港,太平洋战争爆发。消息传来,"国民党官员纷纷互相庆祝,仿佛已经获得了一次伟大的胜利"。② 12 月 8 日,国民党中央常委会召开紧急会议,蒋介石在会上声称:过去,英美"视中国为无足轻重,徒利用我以消耗日本之实力,今日本果闪击英美",中国抗战的危险"已过大半"。③ 9 日,中国正式向日、德、意三国宣战。

国民政府对日宣战后采取的第一个外交行动,是积极促成远东反日军事同盟的建立。12 月 8 日,蒋介石约见英、美、苏三国驻华大使,建议建立美、英、中、澳、荷、加、新反日军事同盟。10 日,蒋介石又向美、英驻华大使提出四点建议,建议建立以美国为首的远东军事合作。16 日,罗斯福复电蒋介石,建议英、中、荷、苏、美在重庆举行联合军事会议,交换情报,并讨论在东亚战区最有效之陆、海军行动,以击败日本及其盟国。④ 23 日,中、美、英三国军事会议在重庆召开。会议决定在重庆设立一个分区军事委员会,由中、美、英三国代表为会员,设立秘书处,三国派员参加,美国代表为秘书长,制定了远东军事行动的初步计划。同时,美、英在华盛顿举行会议,决定在华盛顿组建最高军事会议,在各战区设立联合指挥部,并拟定了《联合国家共同宣言》。会上,罗斯福不顾英国的反对,坚持

① 《今井武夫回忆录》,上海译文出版社 1978 年版,第 171 页。
② 〔美〕迈克尔·沙勒:《美国十字军在中国》,商务印书馆 1982 年版,第 90 页。
③ 张其昀:《党史概要》第三册,台北中国文化大学出版部 1980 年版,第 1194 页。
④ 秦孝仪主编:《中华民国重要史料初编》战时外交(三),第 66 页。

由美、英、苏、中四国共同领衔签署《联合国家共同宣言》。1942年元旦，国民政府发表文告，宣布我们由过去的"单独奋斗"转变为与"各友邦安危一致，并肩作战"，中国战场已经成为第二次世界大战的重要组成部分。[①] 同日，中国代表在华盛顿签署《联合国家共同宣言》，加入了世界反法西斯统一战线。

1942年1月3日，根据美国总统罗斯福的建议，中国战区成立，由蒋介石担任最高统帅，美国将军史迪威担任参谋长并兼任中缅印战区美军司令官。史迪威将军的赴任，标志着中美军事合作进入实施阶段。美国开始向中国大量提供军事和经济援助。1942年3月21日，中美签订协定，美国向中国提供5亿美元贷款。6月2日，中美签订《抵抗侵略互助协定》，规定在战争期间中美互相供给用于防卫目的的兵力、物资、和情报。同时，美国根据《租借法》开始向中国提供军火和其它物资。根据美国的统计，美国根据《租借法》共向中国提供了16.2亿美元的物资，其中有8.4亿美元是在日本投降以前提供的，其中除了2000万美元需要偿还外，其余都是无偿援助。[②]

1943年11月22到26日，美、英、中三国元首在开罗举行会议。会议主要讨论了反攻缅甸问题、中国问题、战后处置日本问题以及亚洲各被压迫民族问题。会后发表了《开罗宣言》。宣布中、美、英"三大盟国此次进行战争之目的，在于制止及惩罚日本之侵略。三国决不为自身图利，亦无拓展领土之意"。三大盟国将与其他对日作战之联合国家一道，"坚决进行为获得日本无条件投降所必要之重大的长期作战"。同时宣布："三国之宗旨在剥夺日本自1914年第一次世界大战开始以后在太平洋所夺得或占领之一切岛屿，在使日本所窃取于中国之领土，例如满洲、台湾、澎湖群岛等，归还中华民国。日本亦将被逐出于其以暴力或贪欲所攫取之所有土地。我三大盟国轸念朝鲜人民所受之奴役待遇，决定在相当期间，使朝鲜自由独立。"[③]宣言关于满洲、台湾、澎湖群岛一段，谴责了日本自中日甲午战争和九一八事变以来对中国的侵略，承认了这些地方都是中国的固有领土，肯定了中国收复这些地方的神圣权利。这是半个世纪以来

---

① 张其昀：《先总统蒋公全集》第三册，台北中国文化大学出版部1984年版，第3222页。
② 《中美关系资料汇编》，世界知识出版社1957年版，第1069页。
③ 《国际条约集（1934—1944）》，第407页。

中国人民英勇斗争的成果,是国际反法西斯力量共同努力的结果,具有重大意义。

1942—1943 年,日本在太平洋及东南亚遭到英、美军队的重创,为全力对付英、美两国,日本当局力图迅速解决中国问题。为此,在沦陷区推行所谓的"对华新政策","强化"汪伪政府,将日本专管租界及已为日军占领的各国租界"归还"汪政府,签约"废除"在华领事裁判权,并让汪政府对英美"宣战",实行战时体制等,使中国沦陷区成为其进攻英美的战略基地。1944 年,内外交困的日本越加"痛切认识到日华和平工作的重要性",再次通过多种途径尝试与重庆建立秘密联系。1944 年 11 月,汪精卫病亡,日本政府一度曾希望通过汪政府的领导人周佛海、陈公博等,与重庆政府谈判"和平"。失败后又决定直接与重庆方面建立联系,这一决定导致了 1945 年 5 月日本政府接待自称中国参谋总长何应钦代表的缪斌赴日本活动和 7 月日军中国派遣军副总参谋长今井武夫与国民党第十战区副司令官何柱国河南会谈等"和谈"活动。但由于战争胜利迅速到来,这些活动均无任何结果。

1945 年 5 月,德国投降,欧洲战争胜利结束。7 月中旬,美、英、苏在波茨坦举行会议。7 月 26 日,中、美、英三国签署的《波茨坦公告》发表。公告宣称:中美英三国政府业经会商,同意予日本以结束战争的一次机会,日本政府当以德国惨败为"殷鉴",避免招致彻底毁灭。结束战争的基本条件是——永远剔除"欺骗及错误的领导日本人民使其妄欲征服世界之威权及势力",为此,日本领土必须由盟国实施占领;《开罗宣言》必须履行等等,[①]遭到日本拒绝。

1945 年 8 月 6 日和 9 日,美国在广岛和长崎投下原子弹,8 月 8 日,苏联对日宣战,中国敌后战场和各战区也开始全面反攻作战,迫使日本政府决定无条件投降。9 月 2 日,日本向盟国投降仪式在东京湾美国军舰"密苏里"号上进行,中国代表徐永昌上将参加仪式。世界反法西斯战争和中国抗日战争胜利结束。

---

① 《波茨坦公告》,见复旦大学历史系中国近代史教研组编:《中国近代对外关系史资料选辑（1840—1949）》下卷第 2 分册,第 282—284 页。

第六节　战后中国的对日外交

　　抗日战争的胜利,使全国人民欢欣鼓舞。然而,美、苏在雅尔塔达成的秘密交易,不仅不能使中国得到应得的补偿,反将蒙受重大的权益损失。美国以日本在日俄战争中夺得的中国权益交还苏联为条件,换取苏联对日作战,国民政府权衡再三,承认了这些条件,换取了苏联的政治支持。战争结束之后,摆在国民政府面前的最重要的事情,重新确立中央政府的统治。中国国民党为了集中力量击败中国共产党,在外交战略上追随美国,尽力避免军事力量的分散,以免影响自身在内争中之实力,这一外交战略在对日政策上表现得尤为明显。

　　日本投降后,中国人民强烈要求严惩日本罪犯,彻底扫除日本军国主义势力,保证远东永久和平。然而,8 月 15 日,日本刚投降,蒋介石就发表广播演说,提出要"不念旧恶"与"以德报怨"。呼吁国人"不要企图报复,更不要对敌国无辜人民加以污辱",指出"如果以暴行答复敌人从前的暴行,以奴辱答复他们从前错误的优越感,则冤冤相报,永无终止,决不是我们仁义之师之目的"。① 8 月 17 日、18 日,北平、上海、南京等地受蒋介石控制的报纸在其复刊第一期上,根据蒋介石的讲演纷纷刊载了所谓"勿以暴力代替暴力"的社论。战后,对日本不取报复主义,是中国国民政府对日的基本政策,具有多重的战略和战术方面的长远和现实考虑。

　　从中日关系的长远战略利益角度考虑,中国希望避免中日间冤冤相报,形成亚洲长久的和平局面,有利国家的长远利益。也有人从中、日、美三角关系考虑对日政策。1944 年,沙学浚提出《战后我国外交基本政策》建议案,主张战后对日本实行"以德报怨,化敌为友"政策,并说明其理由是:"日本为美国控制并非我国之福,削弱而独立的日本对于我国,相当荷、比甚至法国之对于英国,有缓冲美国对我经济和政治压力之作用。因此,对日和约适可而止,使其对我悔、愧、感、敬,以德报怨,化敌为友,既足以表示我传统的泱泱大国之风,且能获得世界文化上、精神上之领导权,

---

① ［日］古屋奎二:《蒋总统秘录》第 1 册,第 24 页。

以与美国经济领导权相对抗。"①蒋介石强调指出："抗战是胜利了,但是
还不能算是最后的胜利。须知我们战胜的含义决不止是在世界公理又打
了一个胜仗的一点上",而是"相信着这一次战争是世界文明国家所参加
的最后一次战争","相信今后地无分东西,人无论肤色,凡是人类都会一
天一天加速地密切联合,不啻成为家人手足"等,在战略上,中国希望"正
义必然战胜强权",②永远占居中国对于日本的道德高地。

从应对现实的战后接受日本投降和国内国共政治局势的紧急战术考
虑,蒋介石则是"醉翁之意不在酒",蒋介石的演说在停止抵抗的侵华日
军中引起好感,甚至产生感激之情。南京政府下令,对日俘应当称其为
"徒手官兵",将日军侵华总司令冈村宁次称为"日本官兵善后总联络部
长官",日本各方面军司令官也一律称"某某地区善后联络部长"。这样
做的目的很明显,是要借助于日本军队的力量阻止中国共产党对广大沦
陷区的接收,这些沦陷区早就在中国共产党领导的人民军队的战略包围
之中。蒋介石在发表"以德报怨"演讲的同一天,以中国战区最高统帅名
义致电侵华日军总司令冈村宁次,命令所属日军停止一切军事行动,要求
"日军暂保有其武器及装备,保持现有态势,并维持所在地之秩序及交
通"等,实际上是命令日军不向中共军队投降。8 月 23 日,国民政府陆军
总司令又向侵华日军总司令下达命令,强调指出:"甲,中国境内之非法
武装组织擅自向日军收缴武器,在蒋委员长或何总司令指定之国军接收
前,应负作有效之防卫。乙,现股匪攻开封、天津、郑州,……关于此事,目
前应特别注意,并应依中字第四号备忘录,迅即将指定之日军,集中于上
述股匪进攻之地方及其它各地,作有效之防卫。如果各地……为股匪所
占领,日军应负责,并应由日军将其收回",③进而要求日本军队收复被中
国共产党占领的"失地"。

对蒋介石的意图,冈村宁次心知肚明。8 月 16 日,冈村宁次召集日
本军界要人商讨对华政策。18 日,由冈村宁次执笔起草了《和平后对华
处理纲要》,确定了日本驻华部队的对华政策方针。《纲要》声称:"中国

---

① 沙学浚:《战后我国外交基本政策》,台北"国史馆"蒋中正档案,转引自中国社会科学院近代史
　研究所编:《民国人物与民国政治》,社会科学文献出版社 2009 年版,第 235 页。
② 陈志奇主编:《中华民国外交史料汇编》第十五卷,第 7190—7193 页。
③ 廖盖隆:《全国解放战争简史》,上海人民出版社 1984 年版,第 57 页。

是东亚残存唯一大国。鉴于今后必须在列强压迫下进行兴国大业之艰难形势,帝国此时更应贯彻夙愿,一扫日华间的旧怨,极力支持加强中国,以期有助于将来帝国之飞跃及东亚之复兴。"如何坚强支持中国呢?《纲要》指出:1.撤兵时须与中国密取联络,防止乘撤兵间隙而行的蠢动;2.以真正把握中国民心为主眼,使重庆中央政权容易统一,协助中国复兴建设,国共关系应由中国自行处理,延安如持以抗日、侮日态度时,则断然惩罚之;3.移交中国的兵器弹药及军需品等应依统帅命令,在指定时期和地点,圆满迅捷地移交给中国政府军,充实中央政权的武力;4.日本在华之军用及国有设施与资材等一律严禁损坏,完全移交中国,以助复兴,日本投资的各种设施尽可能充作对华赔款的一部分;5.旅华日侨在中国谅解与支持下力求留用于中国大陆,尤其民间工厂及个人商工业等人员应将技术贡献于中国经济。[①] 蒋介石运用一纸东方"道义",成功地争取了120余万日本降军帮助其抢夺抗战果实。

根据盟军最高统帅部第一号命令,中国战区的受降范围为中国境内(东北除外)、台湾及北纬16度以北法属印度支那境内。9月8日,中国陆军总司令何应钦抵达南京。9日,在中央陆军军官学校大礼堂主持中国战区受降仪式,冈村宁次在投降书上签字,中国战区日军投降正式完成。在整个接收过程中,国民政府通过接收日本军队留下的各种物资,大大加强了自身的实力。据1946年7月7日,国民政府国防部长陈诚在"七七"纪念日所提供的数据,抗战胜利后,国民政府的接收战果是:1.官兵1283200人;2.马骡74159匹;3.步骑枪624544支;4.轻重机枪27745挺;5.主要火炮10324门;6.炮舰艇359只;7.通信机25585门;8.各项车辆28461部;9.各项船舶1976只。[②]

《波茨坦公告》对于盟国战后对日政策的基本原则已经作了明确规定,主要内容有排除军国主义、军事占领、限制领土、解散军队、严惩战犯、战争赔偿等等。日本投降后,由于美国推行独占日本的政策,以及国民政府将主要精力用于内战,大大影响了中国在对日管制问题上的发言权。

首先是日本天皇制存废问题。天皇是日本的最高统治者,对战争负

---

① 王德贵等编:《八·一五前后的中国政局》,东北师范大学出版社1985年版,第352—353页。
② 《在蒋介石身边八年——侍从室高级幕僚唐纵日记》,群众出版社1991年版,第629页。

有不可推卸的责任,天皇及天皇制的存在大大增强了日本对外侵略的危险性,中国人民强烈要求废除天皇及天皇制度。外交部在《关于废除日本天皇制度及裕仁应负战争责任》的文件中指出:"天皇制度贻误日本,为祸世界。事实俱在,不容忽视。为今后日本民主及国际和平之长期利益计,应将此种反动制度永远废除",并认定"日皇裕仁对于此次战争应行负责。"①蒋介石深恐天皇制度将使日本军国主义势力重新复活从而导致又一次侵华战争,曾主张废除天皇制度;但他同时又认为,日本天皇的存在,对于稳定日本国内政局,防止"共产主义侵蚀"极为有效,如果废除天皇,"则日本国内必将陷入难以名状的混乱情况",②有利于共产党乱中夺权。因此,他主张废除日本天皇制,但保留天皇的存在,即天皇只是日本的象征而不再掌握实权。

对于天皇制存废问题,美国当局从扶植日本对抗苏联出发,曾主张保留天皇制度。美国认为,天皇制是实现美国政策的合适工具。麦克阿瑟说:"天皇有 20 个师的威力",③主张保留天皇制。在美国的支持下,日本在修改 1889 年颁布的旧宪法时,保留了天皇制和贵族院,结果引起世界舆论大哗,一致反对日本保留天皇制度,国民政府对美国的这一做法也提出了异议。美国只得退让,采取了蒋介石的建议,废除天皇制而保留天皇,取消日本天皇对内阁及军队的统辖权,天皇发布所谓"凡人宣言",即以天皇声明自己是人而不是神为条件,保留日本天皇地位。1946 年 10 月,日本新宪法草案经国会两院批准,并于 1947 年 5 月 3 日生效。根据新宪法,天皇被剥夺了一切施政权力,只是作为"日本国之象征",他的一切有关国事之行为"必须由内阁参加意见,得到内阁认可,由内阁为其负责"。④ 自此之后,日本天皇的存在只具有形式上和礼仪上的意义了。

其次是对日实施军事占领问题。早在日本投降之前,美国就决心单独占领日本。日本一投降,15 万美国军队就以"盟军"的名义占领了日本,并于 9 月 22 日公布了《美国对日本政策基本原则》。声明美国对日本

① 国民政府外交部:《对日审议委员会分组专题审议结论》,管制日本问题案卷宗,卷宗号 070—0002,台北中研院近代史研究所档案馆藏。
② [日]古屋奎二:《蒋总统秘录》第 1 册,第 16 页。
③ [苏]安·安·葛罗米柯:《苏联对外政策史(1945—1980)》(下),人民出版社 1989 年版,第 116 页。
④ 黄定天:《东北亚国际关系史》,第 382 页。

的最终目标是:1.保证日本不再成为美国的威胁,不再成为世界和平的威胁。2.最终建立一个和平与负责的政府,此政府应尊重其他国家的权利,并应支持联合国章程中的理想与原则中所显示出的美国目标。[①] 中国是抗击日本侵略的主要国家,在日本受降一事上,中国理应占一重要地位,但美国只是邀请蒋介石派兵协助其对日本的军事占领。

1945 年 8 月,中国军令部制订《日本投降预定占领计划》,为驻兵日本作了准备。1946 年 3 月,国民政府正式决定在 6 月间派 15000 名军队前去日本。但不久蒋介石又将此决定撤销。原因之一是蒋介石深恐此举会予苏联军事占领日本以借口。1972 年 8 月 18 日,蒋经国对此曾作过较详细的说明:"关于战后的占领问题,当时美军曾因中国与日本地缘非常接近而洽请我国派遣占领军。但是,我方认为如果中国军队占领进驻日本,则苏俄必会提出同样的要求","如此一来,日本便会分裂,为避免将来日本陷于无法收拾的混乱局面,我们乃建议由美国一国的军队占领。"[②]原因之二,也是最主要的原因,是出于内政方面的紧急考虑,此时蒋介石正积极准备发动对中国共产党的全面内战,为了在三至八个月内消灭共产党,他不愿因军事占领日本而削弱自己的反共军事力量。这是战后国民政府在外交上的一个重大失策。它使中国在对日管制问题上完全听凭美国摆布,失却了获取战争赔偿的有利时机,特别是当后来美国转而保存和扶植日本侵略势力时,中国尽管表示反对,却处于束手无策的地位。

第三是关于远东委员会和盟国管制日本委员会,1945 年 12 月 27 日,由苏、美、英三国外长莫斯科会议决定设立。远东委员会由美、英、苏、中、法、荷、加、澳、新、印、菲 11 国组成,主要任务是制定日本在完全履行投降条件时应遵循之政策原则和标准。盟国管制日本委员会由主席(最高统帅或其代表)及美、苏、中、英委员各一人组成,作为最高统帅的咨询机构,但同时也对最高统帅的意见具有一定的约束力。

国民政府任命资深外交官顾维钧为驻美大使,兼任远东委员会中国代表团团长,积极参加远东委员会和对日管制委员会的活动,在对日管制

---

① 石源华:《中华民国外交史》,第 658 页。
② 林金茎:《战后中日关系之实证研究》,台北中日关系研究会 1984 年版,第 44 页。

问题上发挥了一定的作用。在中国的参与下，远东委员会曾通过了《盟国对日基本政策》、《关于摧毁日本军需工业的决议》、《关于禁止日本军事活动与处置日本军事装备的决议》等清除日本军国主义势力的一系列重要文件，但由于美国垄断了对日管制权，不愿别国插手对日管制，尤其不愿苏联的介入，该机构并未起到应有的效用，上述文件也基本没有得到实施。在 1947 年讨论对日和约签订后管制日本问题时，中国代表团指出，"就我国之立场而言，拟其对日监督机构之方案，似应顾及下述原则：（一）监督机构组织简单、运用灵活、行动迅速有效。（二）我国在该机构宜有应得重要地位，类似和约前管制日本期间美国把持一切之局面，应力求其不复发生。（三）根据当前之国际情势实际上较易为有关各国所接受者"，"监督机构应为同盟国集体性之共同组成，不应由各同盟国个别设置各行其是，监督机构暂不宜直接隶属于联合国"。① 婉转批评了美国的独断行为，但并未为美国所接受。随着美苏冷战的加剧和中国国民党在内战中的连连挫败，美国改变了对日政策，将惩罚日本的政策改为扶植日本的政策，以便让日本在远东取代中国的地位，抗衡苏联。国民政府虽在不同的程度上反对美国的扶日政策，并为此而与美国及其他盟国进行过若干交涉，但收效甚微。

第四是遣返日俘、日侨问题。战后，有将近 300 万日本军人和日本侨民在中国境内，如何处理日俘、日侨是战后中国对日关系中的重要问题。日本投降后，美国政府认为：要消除日本在中国的影响，就必须撤走日军和遣返日本平民。如果日俘、日侨"留在中国，日本的影响就将继续存在，而且其中的许多人如果允许留下，他们就会秘密挣扎，以图在亚洲大陆复活日本的势力和影响"。② 1945 年 12 月 15 日，杜鲁门总统发表美国政策声明，明确主张遣返在华日俘日侨，这一方针深得国民政府赞同。

1945 年 9 月 29 日，中美联合参谋会议在重庆开会并拟定遣返日俘侨日侨的计划。会议决定把中国战区内的日俘和日侨先进行集中，然后再加以遣返。10 月 25 日至 27 日，中美双方在上海召开第一次遣返日俘、日侨联席会议，制订了《中国战区日本官兵与日侨遣送归国计划》。主要内

---

① 张圻福主编：《中华民国外交史纲》，第 481 页。
② 中国社会科学院近代史研究所翻译室译：《马歇尔使华》，中华书局 1981 年版，第 96—97 页。

容是:1.在中国战区的日俘、日侨由中国政府负责遣送;2.遣送日俘、日侨分为两个阶段:第一阶段,是向港口输送与上船前的检查,由中国陆军总司令部担任;第二阶段,是在中国大陆、台湾及日本之间的水运,用登陆艇遣送,由美国第七舰队担任。1946 年 1 月 5 日,中美双方又在上海召开第二次遣返日俘、日侨联席会议,为即将在东京召开的盟军总部中国战区遣俘遣侨会议作准备。①

1946 年 1 月 15 日,盟军总部在东京召开会议,并于 2 月 6 日正式决定了《中国战区遣返日俘日侨计划》,主要内容是,中国战区美军总司令协助中国自中国本土、东北、台湾、海南岛、越南纬线 16 度以上各地区遣送日俘、日侨返回;中国政府负责输送日俘、日侨至海港区集中以待海运;美军总部负责与中国陆军总司令部、中国政府、第七舰队、盟军总部及日本船舶管理处之间的联络,并决定中国各遣送海港之遣送顺序,指定各有关船只驶来中国担任此项任务;第七舰队负责美国海军船只之海运;船舶管理处负责日本船员管理之海运等。② 会后,加快了遣送日俘、日侨的进程。美军派出 180 余艘艇船,再加上日本一些船舶,分别从塘沽、青岛、连云港、上海、厦门、汕头、广州、海口、三亚、海防、基隆、高雄 12 个港口遣送日俘、日侨东归。原本估计需要 3 年半到 5 年时间,但实际上由于中美双方的协调运作,只用了 10 个月时间就基本完成了遣返任务。至 1946 年 9 月 20 日,共计遣返日人 2711951,其中军事人员 1231251,平民 1480700,基本完成了遣返日俘、日侨的任务。

第五是日本战争赔偿问题。日本对华战争赔偿问题是战后中国对日关系中的又一个重要问题,也是对日管制的重要内容之一。早在 1943 年底,国民政府就成立了抗战损失调查委员会,开始搜集并统计资料。战争结束后,该委员会改组为赔偿调查委员会,加紧在全国范围内进行调查统计。1946 年 10 月,国民政府又将赔偿调查委员会改组为赔偿委员会,专门负责对日赔偿事宜。中国是对日交战国中损失最大的国家,在日本赔偿问题上中国理当享有优先权。1946 年 3 月 16 日,国民党六届二中全会通过《关于外交报告之决议案》,内指出,"我国抗日最久、损害最重,故日

---

① 石源华:《中华民国外交史》,第 672 页。
② 中国第二历史档案馆编:《第二次世界大战中国战区受降纪实》,中共党史资料出版社 1989 年版,第 447—452 页。

对盟国之赔偿,我国自应享有优越比额与优先受偿的权利"。①

1946 年底,远东委员会在华盛顿开会讨论日本赔偿为题,中国提交了《责令日本赔偿损失之说帖》,第一次向大会提交了中国战争中的损失数字。据南京政府行政院赔偿委员会估计,从 1937 年 7 月 7 日到战争结束,我军死亡 331 万人,人民死亡 842 万人,另有 1000 万人受伤,直接财产损失 313 亿美元,间接损失 204 亿美元,在远东各国所受的全部损失中至少占 80%以上。② 在这份说帖中,中国政府提出了关于日本赔偿问题的主张。主要内容是:1.赔偿的目的是摧毁日本的军需工业,日本平时生产量应以 1914 年为准;2.中国抗战所受损失最重,中国在日本赔偿总额中所占比重至少是 40%,现金至少应得 50%,并有优先取得权;3.日本在中国境内之所有财产(包括东北)应该归中国所有,视为日本对华赔偿的一部分,但不计入赔偿总额内;4.日本以武力或威胁方法劫夺的中国财物应该归还给中国,但不作为赔偿部分等。然而中国的这些合理要求,却由于美国的扶日政策以及苏联坚持东北日本的一切资产为苏联战利品,而无法顺利实现。

1946 年 12 月,美国鉴于各国在日本赔偿的范围、数额、分配率问题上的尖锐分歧,决定采取单独行动,由盟军总部颁令执行先期拆迁计划,根据美国提出的临时赔偿方案的赔偿额的 30%作为先期赔偿,赔偿给直接受日本侵略的中、英、菲、荷四国,分配比例为 3∶1∶1∶1。据此,美军将 17 所日本兵工厂的机械设备、试验设备、电气设备列为赔偿设备,据此中国共获得日本赔偿设备 2207 万美元。③ 1949 年 5 月 13 日,美军为了扶植日本,决定停止拆迁计划。④

第六是战后日本领土限制问题。战后日本领土问题,是战后中国对日政策的又一重大问题。1943 年的《开罗宣言》已经明文规定中国东北、

---

① 《中国现代史资料选辑》第 6 册,人民出版社 1989 年版,第 84 页。
② 这个数字不包括七七事变前我国的损失,也不包括中共领导的敌后抗日根据地的损失。
③ 详见石源华:《中华民国外交史》,第 665—670 页。
④ 日本对华战争赔款问题,50 年代初,在旧金山对日和会前夕,又重被提出讨论。美国为应付朝鲜战争引起的远东紧张局势,力主各国放弃对日赔偿要求,并对台湾国民党当局施加压力,逼蒋放弃战争赔偿。台湾当局被迫"自动"在对日和约中放弃全部赔偿要求。日本由此利用美国发动朝鲜战争后对其有利的国际环境以及由于中国不统一而造成的不利的交涉地位,得以不再承担对华战争赔款。

台湾及澎湖列岛归还中国,朝鲜恢复独立。1945年的《波茨坦公告》第八条进而规定:"开罗宣言之条件必将实施,日本之主权必限于本州、北海道、九州、四国及吾人所指定其他小岛之内。"1946年1月29日,盟军总部颁发指令,根据《开罗宣言》、《雅尔塔密约》及《波茨坦公告》,详细规定盟军占领期间日本之行政区域范围,其第四条规定:应无疑问脱离日本管辖的地区是:1.日本于1914年世界大战开始后,受委任统治或以任何名义夺取或占领之太平洋上之一切岛屿;2.东北四省(满洲)、台湾及澎湖列岛;3.朝鲜;4.桦太(库页岛)。第三条又明确规定,下列各岛不属于日本:1.郁林岛、竹岛、济州岛;2.北纬30度以南之琉球(南西)群岛(包括口之岛)、伊豆南方、小笠原、火山(硫磺)群岛及其他所有在太平洋上之群岛(包括大东群岛、冲鸟岛、南鸟岛、中鸟岛);4.千岛群岛、哈火马涩群岛(包括水晶、留秋、志发、多乐群岛)、伊丹岛(色丹岛)。[①] 这个指令是联合国军总部执行《开罗宣言》和《波茨坦公告》有关战后日本领土限制的第一个行动命令,具有重要的意义。

实际上,除了中国东北、台湾及澎湖列岛已由中国军队依法收回,千岛群岛已由苏联红军占领,太平洋上岛屿划归美国已有定论外,琉球群岛、小笠原群岛、伊豆七岛、济州岛、对马岛、千岛群岛南部诸小岛等的归属问题都存在分歧和争议。1947年9月,国民政府外交部连续三次举行由国内高层人士组成的对日和约审议委员会谈话会,主要讨论了琉球归属问题,同时兼及其他领土归属,在会议形成的结论文件中提出了中国的主张和方案。[②]

最重要的是琉球群岛归属问题,中方总的结论是无论如何"反对琉球归还日本"(本书第六章详述)。关于千岛群岛及南库页岛,审议会结论建议:我在和会上对《雅尔塔协定》(持)保留态度,南千岛群岛可赞助日本要求。倘联合国托管,中国亦应参加,最后在外交运用上必要时亦可支持苏联。关于哈火马涩群岛,审议会结论建议:哈火马涩群岛可以归

---

① 中国国民政府外交部制定《盟总指定日本疆界》文件,对于盟军的规定原则上都表示赞成,但也指出该盟军指令对于以后的和约无任何拘束力,但仍是"最重要之参考文件"。管制日本问题案卷宗,卷宗号070.3—/0006,台北中研院近代史研究所档案馆藏。

② 参见石源华:《国民政府外交部对日和约初步审议述论》,《聊城大学学报》(社会科学版)2014年第5期。

日。对于小笠原群岛以及附近各小岛(中岛、南岛、硫磺诸岛),审议会结论建议:此等岛屿势难免托管,故应主张交联合国托管。对于日本前在太平洋委治各岛,审议会结论建议:交由美国托治。对于济州、对马二岛、郁林岛、竹岛,审议会结论建议:济州岛应属于朝鲜。对马岛与朝鲜关系最深,应主张归属朝鲜。济州对我国防甚关重要,我可与朝鲜政府商酌使用问题。郁林岛、竹岛仍应归属朝鲜。对于韩国疆域问题,审议会结论建议:韩国疆界应以 1895 年时之疆界为准,其在日本合并时代,凡由日本在中韩边界所非法侵夺之中国领土及权益,应俟韩国独立政府成立后,由中韩两国派员实地勘定及解决等。这些意见表达了中国官方对于战后日本领土范围的原则立场。

然而,由于美苏在远东冷战进一步升级,中美在朝鲜半岛激烈进行热战,美国对日政策发生进一步变化,《旧金山和约》对于日本的处置更加发生了有利于日本的变化。日本利用美国有求于日本协助朝鲜战争的有利战略态势,依靠美国的帮助,修正、模糊,甚至改变了《开罗宣言》和《波茨坦公告》关于限制日本领土的若干重要规定,《旧金山和约》的规定深刻体现了冷战的时代特征,不仅使中国当年的大部分主张没有得到实施,而且导致日后中日、韩日、俄日间诸多领土争议,美国对此负有不可推卸的历史责任。

第七是关于在日本国内清除军国主义遗毒影响问题。国民政府外交部也提出不少重要的方案。关于日本教育改革问题,中国人民普遍认为:"经济上可以不必斤斤计较,但有一点不能放松,即日人思想问题。日本自明治维新以来,不断教育其人民轻视中国及世界,日人对中国人不以人看待,故吾人必须从教育上改变日人之思想。"①外交部对日和约审议会的建议结论是:彻底废止有关神道主义之设施及教材;继续纠正并肃清鼓吹军国主义、神道主义、极端国家主义之图书及充满神话歪曲史实之史地材料;继续编纂切合民主提倡和平之教科书及参考书;不得设立或恢复有关军事训练或研究之机构、设备、学科及讲座;鼓励各学校设立有关民主主义及国际和平之课程或讲座;纠正对于子女之教育办法;初等及中等教育行政实行地方分权化;贯彻文教人员之整肃措施;推行教师之民主再教

---

① 《国民政府对日和约审议会谈记录》,中国第二历史档案馆藏。

育;着重师范学校之民主教育;鼓励日本教育文化界包括电影、戏剧、广播、新闻、出版各方面人宣扬民主与和平思想等。①

关于战时公职人员整肃问题。外交部对日和约审议会的建议结论是:1.对日和约生效后,应制定法令,永久防止并惩处任何公私职务人员有军国主义、极端国家主义以及违反民主政治之言论及行动;2.和约成立后,盟国对日监督机构内应设一公职资格委员会,复核日政府呈送审查整肃案件,对其所议处分,有再加审查及撤销之权。3.拟一应被整肃人员之类别清单,附于条约之后,作为附录,将盟总占领后所发布应被整肃之类别,汇合为整个的类别清单,再添入我国所认为应行增加之类别,使整肃工作能包括无遗,一网打尽。②

关于解散日本财阀问题。外交部对日和约审议会的建议结论是:1.没收各参战财阀集团之资产,作为提供赔偿及改善日本人民生活之用;2.解散具有独占性质各财阀集团之经济组织,并分散其保有资产之所有权及经营权;3.在盟国监视下,实施解散处置之日本执行机构,须包括广泛之社会阶层分子,并不许财阀及其有关人员参加;4.禁止日本政府或个人参加国际卡特尔之组织及活动。③

关于限制日本工业水准问题。外交部对日和约审议会的建议结论是:1.禁止生产、装配、储藏或输入任何战争武器之最后制造品及有关军事工业建设之一切设备、维持或使用物资;2.禁止发展、制造、装配、输入或保有任何特殊用途之机器与设备;3.禁止日本政府及人民在日本国土以外保有或经营任何有关战争之军事设备;4.禁止工业生产之集中,各种类型之大工业组合应予解散;5.凡对于发展战力有直接贡献之一切特殊研究与教学,应予禁止,其以发展和平生活为目的者,应受监督;6.为保证日本人民之和平需要及世界贸易圆满发展,日本各类工业之规模及生产能力,应予厘定水准(附有限制数量表);7.建立严密之监督管理制度,以保障此项限制目的之圆满完成;8.凡超过限制水准之现有工业设备及资

① 《对日审议委员会分组专题审议结论》,管制日本问题案卷宗,卷宗号070—0002。台北中研院近代史研究所档案馆藏。

② 《对日审议委员会分组专题审议结论》,管制日本问题案卷宗,卷宗号070—0002。台北中研院近代史研究所档案馆藏。

③ 《对日审议委员会分组专题审议结论》,管制日本问题案卷宗,卷宗号070—0002。台北中研院近代史研究所档案馆藏。

财应全部折充赔偿等。附件所列日本应受限制之工业各类表,包括钢铁工业(生铁、钢锭、钢材、铁合金)、非铁金属工业(铜、镍)、轻金属工业(铝、镁)、金属机械工业(工具母机、其他金属工具机械)、钢珠轴承工业(钢珠、轴承)、化学工业(工业炸药、硫酸、硝酸、纯碱、烧碱、氯气、氮固定、二碳化钙)、铁道设备工业(机车、货车、客车)、汽车工业、电力工业(水电、火电)、水泥工业、造船工业(造船、修船、船坞)、船舶限量(商船、渔船、捕鲸船队)、炼油工业(石油精炼、储油设备)、人造汽油、人造树胶、重电气设备工业(发电机、电动机、变压器、换流机)、石炭液化工业等17大类,并附有《日本工业和平生产水准限制表》,对于上述各类的生产能力作了严格的限制规定。①

关于彻底改革日本土地制度问题。外交部对日和约审议会的建议结论是:为谋达成解放日本农民,使脱离封建制度之压迫,并扶植其民主之权威与势力起见,日本土地制度应予彻底改革。其方案是:1.出佃出租耕地应全部重新分配,重新分配之目的在求达成耕者取得其耕地所有权,重新分配之办法在使一般农民受到公平均等之实惠;2.皇室贵族及其他特有土地及农场应全部重新分配;3.可耕地限期开垦,垦竣后应即予以分配;4.以上三项分配以创设自耕农为原则,借以安定农民家庭生活,小农制的采用借以收容人的劳力而免被机械力所取代,致动摇农村生活根本;5.经重新分配之土地价格应尽量减低,以减轻领地自耕农之负担;6.市、町、村有关土地分配之组织,佃农之代表应占绝对多数等。② 此议将从根本上摧毁日本封建军国主义产生和生存的经济根基。

国民政府外交部提出的各种观点和建议,涉及管制日本的诸多领域,较为充分地反映了中国各界高层人士对于战后处置日本的意愿和主张,具有积极意义,对于国民政府形成对日和约方案具有重要的参考价值。

第八是关于对日和约问题。1947年7月11日,美国建议于同年8月19日召开远东委员会11个成员国代表会议起草对日和约。但是苏联坚持对日和约须经美、英、苏、中四国一致同意方能有效,即坚持大国一致原

---

① 《对日审议委员会分组专题审议结论》,管制日本问题案卷宗,卷宗号:070—0002。台北中研院近代史研究所档案馆藏。
② 《对日审议委员会分组专题审议结论》,管制日本问题案卷宗,卷宗号:070—0002。台北中研院近代史研究所档案馆藏。

则。大国一致原则是有效处置日本,保障远东和平与安全的重要手段。然而,南京国民政府却提出采用三分之二多数表决办法,三分之二之中必须包括中、英、美、苏四国中的三国,并要求对日和会应在上海举行。8月9日,南京国民政府喉舌《中央日报》发表社论:"主张放弃(取消)否决权,严防极权国家之运用否决权,阻挠大多数的意见,使多数国际纠纷悬而未决。"这表明南京政府是出于反苏,同时也是为了取宠于美国以助其反共而提出这一建议的。此后,对日和约问题由于美苏冷战的日益尖锐而暂时搁置。

延至1950年9月,美国政府重提对日和会问题。当时中华人民共和国已经成立,并得到苏联、英国、印度等国承认,但退缩台湾的国民党政权依然得到美国等国的承认与支持。于是,中国究竟由何方参加和会问题,引起美、英、苏等国间争执。1951年6月15日,美、英达成折衷方案:即由若干国家与日本签订多边条约,另由日本自主决定与中国何方签订内容大致相同的双边条约。9月4日,各国代表在美国旧金山举行对日和会。8日,签订对日和约。苏联、波兰、捷克8国没有签字。12月24日,日本政府在美国指使下与台北国民党当局谈判缔结和平条约。次年4月28日,日台在台北签订和平条约,并于8月5日互换批准书。美国与日本的这种做法使得中华人民共和国与日本的关系长期处于不正常状态。直到1972年9月,田中首相访华,中日关系才实现正常化。1978年8月12日,中华人民共和国与日本在北京签署《和平友好条约》,揭开了中日关系的新篇章。

第五章　中国与朝鲜半岛的关系

第一节　中国与朝鲜半岛关系的历史演变①

中韩两国是唇齿相依的亲密邻邦。陆地,以鸭绿江、图们江为界,一水相隔,交通便捷;海上,中国的山东半岛与朝鲜半岛隔黄海相望,东西联结构成一个内海,海岸沿线,港湾密布,朝鲜半岛的大江大多注入西海岸,海陆交通贯通,在这个区域内路程既短,又不受北极冰山和赤道飓风的威胁,中国与朝鲜半岛海上交通在一段时间内甚至比陆上交通更为发达。这样的地理环境,促成中朝两国人民自古以来就进行着人员、文化和智能的交流。考古资料表明,中朝都是具有数千年悠久历史的古老民族,相互之间一直存在着政治、经济、文化方面的密切关系。

从中朝政治关系发展史的角度观察,在漫漫的历史长河中,中朝之间虽也有过冲突和战争,如隋唐对朝鲜半岛的多次"征讨",或是元朝的 7 次出兵高丽,但从总体上说,和平和友好始终是两国关系的主流,两国人民的联系非常紧密。自古以来,两国人民一直互相来往,由暂时的迁移到永久的居留,经过若干代以后,就互相交融在一起,成为对方民族的组成部分。韩国历史上有名的箕氏政权、卫氏政权等都是移民朝鲜半岛的中

---

① 本节参见石源华主编:《韩国传统文化的反思和新探》序言,韩国教育出版社 2002 年版。主要参考资料:张政烺等:《五千年来的中朝友好关系》,开明书店 1952 年版;徐亮之:《中朝关系史话》,新北自由出版社 1952 年版;吴晗:《朝鲜李朝实录中的中国史料》,中华书局 1980 年版;郭廷以等:《清季中日韩关系史料》,台北中研院近代史研究所 1972 年刊印;[韩]姜万吉:《韩国近代史》(中译本),东方出版社 1993 年版;杨通方:《中韩关系史论》,中国社会科学出版社 1996 年版;编写组:《中朝关系通史》,吉林人民出版社 1996 年版;宋祯焕:《沙俄侵略朝鲜简史》,台北韩国研究学会 1993 年刊印;高伟浓:《走向近世的中国与"朝贡"国关系》,广东高等教育出版社 1993 年版。

国人创立的。公元前 11 世纪,周武王灭商,箕子率 5000 遗民逃亡朝鲜半岛,并将殷商的政治制度、土地制度以及先进的"田蚕耕作"技术带到那里。周武王"封箕子于朝鲜而不臣",箕氏政权传世 40 余代,统治朝鲜半岛近千年之久。① 公元前 194 年,燕人卫满率千余流民避居朝鲜半岛,又在今平壤大同江南王俭城建立卫满政权。中国历史上由于战乱,在秦朝、东汉末年以及五胡内侵期间,有大量的中国难民涌入朝鲜半岛而一去不归,融入朝民族之中,他们的思想、智能以及文化传统也随之传入朝鲜半岛。

同时,朝鲜人民在历史上也因各种原因大批移民中国,晚唐时期,新罗人在中国长期居留者很多,比较集中的居住地有扬州的江都、楚州的山阳、泗州的涟水、密州的诸城、登州的牟平、文登等,他们居住的街巷称为"新罗坊",他们安寓的旅馆称为"新罗馆",各地设有"勾当新罗坊"管理他们。其中最有名的是新罗人张保皋,他在中国发了财,曾在山东文莱建有法华寺,有新罗常住僧 30 余人,后来张氏归国,曾任官镇清海,对于清除盗贼、安定地方、发展中朝贸易作出了很大的贡献。这些移居中国的朝鲜人构成了中华民族的组成部分,他们的文化传统也成为中华文明的组成部分。中朝由此而成为血肉相连的兄弟之邦,两国人民的血管中互相奔流着对方民族的血液,两国传统文化既同源又有着很多的共同点。

当两国面临强敌入侵时,双方都曾应邀入境援助。14 世纪中期,明朝和朝鲜王朝结成密切的友好关系。1592 年,统一了日本的武臣丰臣秀吉发动侵略朝鲜的战争,出动 10 万大军,配以 9000 水师,连陷釜山、汉城、平壤,突入图们江对岸的中国境内,局势十分危急。应朝鲜政府请求,明朝两次出兵 20 万,入朝境作战,损失兵力 8 万余以及军粮近 67 万余石。此举虽有保国卫家的考虑,但主要是挽救朝鲜于危亡。中国军队在击败日本后立即撤兵归国,未向朝鲜提出任何利益要求。无独有偶,17 世纪中期,当中国北部边境面临沙俄匪帮斯捷潘诺夫部骚扰时,朝鲜国王也应清政府之请求,两次出兵援助清军抗俄。中朝联军曾在中国东北边地分水陆两路,大战俄军,终将侵略者驱逐出境。战争的规模及激烈程度

---

① 箕子朝鲜说在学术上虽还有争议,但箕子无疑是中韩关系史上永远值得两国人民纪念的重要人物。直至近代,在平壤城的西北部还保存着箕子的墓地——"箕林",被时人尊为"圣地"。

虽远不及明朝进行的援朝抗倭战争,但援清抗俄战争所表现出来的团结战斗精神和抗击侵略的意义,同样值得后人称颂。

　　中国古代先进的典章制度以各种形式不断传入朝鲜半岛,对于朝鲜半岛古代政治制度的形成和健全起了重要的作用。早在箕子时代,殷商的政治制度就已成为朝民族效法的榜样。新罗时代,朝鲜半岛出现了"中国热"。在政治上,新罗处处摹仿唐朝的典章制度。唐太宗时,新罗曾"请改章服从中国制"。武则天时,又请颁唐礼及其他文辞,获"凶吉礼并文辞五十篇"。唐玄宗时,新罗遣子弟入唐朝太学,并在国内设立国学,国王亲临听讲,以示重视和提倡。唐德宗时,设立读书出身科,以中国的《孝经》、《礼记》、《左传》、《文选》为考试范围,学人如能通博三史五经诸子百家,便可被政府破格录用。唐朝的政府体制亦为新罗所效法,如中央执事省相当于唐朝的尚书省,其下辖机构也和唐朝尚书省下辖吏、户、礼、兵、刑、工六部大致相同。新罗的地方体制,初设州、郡、县三级,后分全国为十二道,亦和唐制相仿,唐朝推行的府兵制也被推行到朝鲜半岛。高丽时代,高丽王朝继承新罗旧制,又参照宋朝制度加以改进和完善。三省六部的行政体制,人才选用的科举制度,翰林院、御史台等文史和监察机构,学校的教育制度等,无一不与宋朝相似。朝鲜王朝时代,更是以明朝为师,上自朝廷章服,下至民间礼俗,无不向明朝学习,明朝亦称朝鲜为"礼仪之邦"。中国的思想、文化、道德、典章、制度、礼俗等,以各种形式传播到朝鲜半岛。无论是朝鲜国王、王后的服饰、王宫的建筑,还是一般文人学士的穿着,都摹仿中国,甚至婚丧礼俗,如不娶同姓、父母故亡三年守孝等也与中国相似,直至今日仍有重要影响。朝鲜素有"小中华"之称。

　　从中朝经济交往史的角度观察,在漫长的古代社会中,中朝的经济交流是以"朝贡"和"特赐"的方式进行的。在中朝正常交往的情况下,朝鲜半岛统治者每年向中国皇帝"朝贡"各种地方特产,中国皇帝还赐相应的礼品和朝鲜需要的物品,形成宗藩关系下的双边关系和特殊型态下的贸易往来。这种实际意义上的中朝贸易,充分体现了两国传统文化的特色。对于朝鲜的统治者来说,此种举动的经济意义大于政治意义,而对于中国皇帝来说,却是政治意义大于经济意义。从近代国际法意义的双边关系角度看,此种形式的交往在政治上体现了一种不平等的关系,但在经济上却为双方所乐于或能够接受而得以长期维持,其基本的原因就是双方有着共同的文化底蕴。对此虽不值得称道,但与近代帝国主义掠夺性质的殖民地贸易却是有着天壤之别的。

公元 7 世纪至 9 世纪,新罗与唐朝保持了特别密切的关系,维持着传统的朝贡关系,但它在朝鲜半岛的统治却是完全自主的。只是在一定的时期内派遣使节,带着丰厚的贡品,来到唐都长安朝贡,并将质子留居长安。唐朝皇帝也回赠以名贵的赐品。新罗在其统一治理朝鲜半岛的 200 年间与唐朝的关系比历史上任何一个朝代更为密切,经济往来有了很大的发展。高丽时代,此种通过"朝贡"和"特赐"方式进行的官方贸易依然占居主导地位,非常发达。高丽给宋朝的贡品主要有:金器、银器、铜器、青瓷、金花注丝、纹罗、色绫、大布、刀剑、匕首、漆弓、漆甲、金犀带、马具、马、骡、貂、麝、青鼠皮、香油、人参、硫磺、药品、纸、书籍、紫白水精等,宋朝给高丽的"特赐"礼物主要有:礼服、乐器、书籍、金器、银器、漆器、川锦、浙绢、绢、茶、酒、象牙、名马、玳瑁、沉香、钱币等。双方都给予对方使臣极高的待遇,标志着双方关系的密切和经济交往的繁荣。

宋丽经济往来与历代王朝不同的是宋朝对外经济更加开放,宋朝统治者开放海禁,奖励海外贸易,这是一个重要的历史性进步。除传统的"贡赐"贸易外,宋朝承认民间贸易的合法性,在广州、明州(今浙江宁波)、杭州、泉州、密州(今山东诸城)、秀州(今浙江嘉兴)、温州、江阴军(今江苏江阴)等地相继设置"市舶司",负责民间贸易,管理船舶、征收舶税、收买舶货等,其收入成为政府的主要财政来源。不仅宋朝皇帝颁令允许和鼓励中国商人去高丽经商,高丽国王为了鼓励和吸引中国商人到来,特地在境内设置馆舍招待,"贾人至境,遣官迎劳",对于贩来的货物,"以方物数倍偿之",大大刺激了双方民间贸易的发展。每逢北风季节,中国各港口便挤满了从高丽来的船舶,带来高丽的各种货物,还有日本的木材和车辆,而到南风季节,高丽各港口也会云集中国商船,运去中国的各种物产。

明朝与朝鲜王朝的经济往来又有了新的特点。除传统的"朝贡"关系有进一步的发展外,双方还发展了数量巨大的公物贸易。明朝主要是向朝鲜购买战马、耕牛以及宫廷用的纸张,朝鲜则主要购买中国的纱、罗、缎、药材、弓角、书籍等。这种贸易还表现出某种军事货物交易的特征。为了帮助朝鲜王朝的国防建设,明朝特许朝鲜在中国采购兵器,将先进的中国火药、火炮送给朝鲜,并派人到朝鲜督造舰船等,以共同抗击倭寇的骚扰和侵袭。双方的交易量非常之大。虽然明朝和朝鲜都禁止民间贸易,但相互间的走私贸易仍有相当数量的发展,在双方的贸易额中占有很高的比例,尤其是在中朝边境,两国人民在鸭绿江沿岸彼此迁徙杂居,交易买卖十分兴盛。

从中朝文化交流史的角度观察,先进的大陆文化,包括中国的儒学及其理学、道教、以及从印度传入中国的佛学等,都先后从中国传入朝鲜半岛,成为朝鲜传统文化的重要组成部分。关于儒学东传的历史记载虽不十分充分和具体,但公元3—4世纪,儒学已在朝鲜半岛广泛流传却是确定不移的事实。到了唐朝,新罗不断派遣子弟入唐朝国子监学习,接受系统的儒家文化教育。高丽时代仿行唐宋科举制度,儒家典籍是必读之书。朝鲜时代,更是实施"扬儒抑佛"政策,推崇宋代理学,并奉为李朝的统治思想。李朝设立了经筵作为国王和大臣共同学习研究中国经史的场所,以理学观点解释儒家经史典籍,并结合古今事实辩论是非,代代相传。朝鲜王朝统治者对于理学的重视和倡导,是理学得以在朝鲜半岛广泛传播的重要原因。

由于中朝统治者的推崇和提倡,在中国深有影响的道教也在朝鲜半岛得到广泛的传播。公元625和643年,高句丽国王两次派遣使节求道教于唐朝,唐高祖和唐太宗均派遣使节携带天尊像和《道德经》前往高句丽,并派人讲读《道德经》,听众数千,声势盛大,影响深远。新罗时代,在唐朝学习的许多留学生因学习中国的庄老之学而信奉道教。如金可纪数度来华,在终南山修道,后成正果,老死于中国;崔承祐和惠慈也跟随道教名家申元修道,后成为新罗道家的鼻祖。道教成为在朝鲜半岛流行的重要宗教之一,对于日后朝鲜半岛历史的发展起了重要的作用。

佛教起源于印度,后来成为中国文化的重要组成部分,又经中国传入朝鲜半岛。公元4世纪末,佛教首先传入高句丽和百济,新罗传入佛教较晚,却是后来居上。公元522年,新罗王朝奉佛教为国教,曾有好几个国王剃发为僧。他们大兴土木,建造佛寺,铸造佛像,并不断派遣名僧到南朝的梁、陈和唐朝求法,输入许多佛经。经唐之世,新罗入中国求法的高僧多达64人,如新罗名僧慈藏入唐求法后,受到新罗国王的重用,被任命为新罗佛教的最高职位"大国统"。新罗王族金乔觉,来中国九华山端坐

75 载,苦修成佛,99 岁圆寂。肉身跌坐函中,三年后僧徒开函,见其颜状如生,"异动骨节,如撼金锁",被中国佛教界视为地藏菩萨的化身,称"金地藏"。九华山佛教胜景和"金地藏"为历代皇帝重视,康熙皇帝题有"九华圣境",乾隆皇帝题有"芬陀普教",在中朝佛教交流史上留下了佳话。

新罗时代出现的"中国热"也包括"文化热"。新罗的学者文人都以通中国学为荣。在唐朝的外国留学生中,新罗学生最多,有时达到 216 人。唐朝盛行科举制,准新罗士人报考,登第者为数不少,著名的有崔致远、金云卿、崔匡裕、崔彦为、崔光允等。尤其是崔致远,12 岁入唐,18 岁及第,做过唐朝的官,28 岁归国,他的《四六集》和《桂苑笔耕》,文采非凡,在中朝两国长期流传。当时中国著名诗人白居易等的诗篇也在新罗广为流传。中国文字不仅在朝鲜半岛成为官方通用的文字,而且出现了相传由薛聪创造的用中国字记录新罗语言的"吏读",使中国的方块字为新罗一般人民所使用。

宋元时期在中国科学技术发展史上占有重要的地位。北宋后期,指南针被广泛应用于海船之上,并传入高丽,推动了高丽航海业的发展。13 世纪中期,中国的活字印刷术传入高丽。高丽人先是仿制泥陶活字,后创造了铜活字,产生了世界性影响。高丽末期,高丽人军事科学家崔茂宣通过民间贸易的机会,从中国商人处学会了火药和火器的制造,并将这些火器装置在舰船上,在抗击倭寇的战争中起了很大的作用。中国医学也在此时传入朝鲜半岛。高丽王曾遣使宋朝,"乞降医职以为训导",宋朝皇帝"遂令蓝茆等往其国,越二年乃还,自后通医者众"。高丽国王曾设"典医寺"、"惠民局"等机构,规定高丽医生必须通过《黄帝素问》、《脉经》等考试,方具行医资格。大批中医书籍被翻刻刊印,在朝鲜半岛到处流传。公元 11 世纪末,在高丽西南部生产出了极似宋瓷的青瓷,"制做工巧,色泽尤佳",甚至比宋瓷还要巧丽。稍后,高丽又出现白瓷,这是摹仿中国景德镇窑和定窑产品的结晶。其他在建筑、织染、植棉等方面,中国的先进技术也影响和促进了高丽各业的发展。同样,高丽的织物、瓷器、铜器、漆器、纸墨、折扇、服饰等制作技术也传入中国,推动了中国工艺手工业的发展和进步。

宋朝著名文学家苏轼曾用"山积"两字形容当时中国书籍西传朝鲜半岛的盛况。从宋朝起,历元、明、清数代,朝鲜通过官方渠道大量"求书",宋朝曾多次应高丽国王所请,赐予大批中国书籍。元仁宗一次就"赐给"高丽宋朝秘阁旧藏善本 4371 册。除官方赠书外,高丽、朝鲜两朝的民间购书活动也十分活跃,大量引进中国书籍。同时朝鲜还自行刊刻中国书籍,尤其是在创造了铜活字后,随着印刷技术的发展,中国书籍在朝鲜半岛得到了广泛的流传,中国的文学、书法、绘画、雕塑、陶瓷、建筑、织染、医学等,都对朝鲜产生了重要的影响。朝鲜半岛由于其特殊的地理位置,成为中华文化和中国书籍继续东传的桥梁和过道,先进的中国文化常常通过朝鲜半岛传往日本等国。因此,朝鲜文化与中国文化在历史渊源关系上,比日本文化与中国文化的关系更为密切,长期以来,这是朝鲜人和韩国人引以为自豪的。到了明代,西方的基督教文化,无论是天主教,还是新教,基本上也都是首先传入中国,再由中国传入韩国。

同样,朝鲜文化也通过各种形式传入中国。朝鲜民族自古以来就是一个能歌善舞的民族,在音乐方面取得了伟大的成就。隋唐时期,朝鲜民族的音乐传入中国,成为中国王朝音乐的重要组成部分,隋朝颁布的七部乐、九部乐,唐朝颁布的十部乐,都包含有朝鲜民族的音乐。大批朝鲜音乐演奏家、歌舞表演家长住长安,他们为朝鲜音乐的西传和推动中国文化的发展和丰富中国文化的内容起了重要的作用。雄浑的大唐盛世乐章中包容了朝鲜人民智慧的心声。在两国文明的演进过程中,双方都给予对方许多积极有益的影响,促进了两国社会的进步和文化的繁荣。

对于中国与朝鲜之间长期保持的友好关系,1994 年 11 月,韩国前任总统金大中曾以韩国著名政治家的身份在复旦大学发表演讲,称颂"在任何别的地方,也找不到像中国和韩国这样维持长久友好合作关系的国家",指出:"16 世纪末,日本为了侵略当时的明朝,要求朝鲜王朝借道。朝鲜王朝予以拒绝,于是日本侵略了朝鲜。那时明朝出兵韩半岛,为击退日本侵略军做出了很大的贡献,也做出了莫大的牺牲。朝鲜王朝不忘旧恩,祭祀降旨往朝鲜派兵的明万历皇帝,一直到朝鲜王朝灭亡为止,历时300 年。"他呼吁两国人民要"复活我们祖先时已有过的友好合作的历史,把这种遗产留给后代"![1] 金大中总统的演讲确切地反映了历史联系与

---

[1] ［韩］金大中:《韩半岛的统一和中国》,复旦大学韩国研究中心:《韩国研究论丛》第 1 辑,上海人民出版社 1995 年版。

传统文化在两国政治关系发展史上所占的地位。

第二节 甲午战争与中朝传统关系的变化

中国明朝和朝鲜王朝间的密切关系经历过抗倭战争的考验,朝鲜国王对于明朝有着浓厚的报恩心理。儒家"尊王攘夷"的传统观念使得朝鲜王朝奉明朝为"正朔",而将前身为后金政权的清朝视为"夷",从心底里抱有轻视的态度,再加上清朝的祖宗肇祖曾做过朝鲜王朝的官吏,朝鲜对于其后代"反奴为上"的行为更是反感,这种状况使得朝鲜对于清朝充满敌意和仇恨。在明、清两朝改朝换代的生死之争中,朝鲜王朝是倾向明朝的。朝鲜王朝曾与清朝进行过激烈的军事战争,因遭受失败而被迫臣服于清朝。明朝亡国后,清朝逐步改变了对于朝鲜半岛的政策,双方恢复以"贡赐"为主要特征的传统关系。有关使行的名称、组成、路途、次数以及接待规格、仪式等大体沿袭明朝的做法。清朝对外实行闭关政策,但对于朝鲜的贸易却不加限制,主要方式有传统的"贡赐"贸易、李朝行使借"朝贡"为名进行的贸易、边境的互市贸易以及其他各种非法贸易等,对于推动两国经济发展起了积极作用。两国的文化交流也有发展,清代的经世致用之学传入了朝鲜,推动了朝鲜学术的发展;以中国为媒介,各种西方学说传入了朝鲜;两国学者文人互相交结,成为挚友,在两国友好交往史上留下了许多佳话。

中朝传统关系的变化始于西方殖民势力的东进。1840 年,英国殖民者率先用鸦片和大炮轰开了中国的大门,中国沦为半殖民地半封建的国家,清王朝的地位日趋衰落,历史上形成的大中华帝国开始瓦解。中国和朝鲜的宗藩关系受到列强的挑战,尤其是俄国和日本的冲击。清政府为了保持其"天朝大国"的威严和对于朝鲜王国的宗主国地位,开始加强对朝鲜王朝外交和内政的控制,并不断劝说朝鲜国王"开放门户",引入英、美、法、德等国的势力,抑制日、俄在朝鲜扩张势力。日本是清朝在朝鲜问题上的主要对手和敌国,它将侵略朝鲜作为其实施"大陆政策"的第一步,政治、军事、外交、经济多管齐下,企图将清朝势力逐出朝鲜半岛。清政府为此与日本进行了数十年的反复较量,中朝关系也由此而发生了重要的变化。

　　当清王朝在列强的进攻下发生重大变化之时,朝鲜王朝也进入了日益衰败的时代,对内王权旁落,内争激烈,对外锁国攘夷,自我封闭,国势衰微,江河日下。鸦片战争后,中国被迫开放通商,但朝鲜仍然实行闭关锁国政策。然而,由于朝鲜半岛地处欧亚大陆最东端的特殊地理位置,它既是清朝东向防御列强进攻,维护中华"朝贡体系"的最后屏障,也是列强国家西向进攻亚洲大陆的重要陆基,而朝鲜海峡又是西太平洋沿岸航行的必经之地;朝鲜成为列强在东北亚争斗的焦点,列强进攻的势头之猛烈绝非朝鲜的闭关锁国政策所能抗拒。19世纪60年代,列强开始入侵朝鲜半岛。1866年和1871年,法、美制造"丙寅洋扰"和"辛未洋扰",首先侵略朝鲜半岛,朝鲜军民英勇抗击,击退了来犯之敌。[①] 与此同时,沙俄通过与清政府签订《瑷珲条约》和《北京条约》,割占中国领土100余万平方公里,将其领土扩展至太平洋沿岸,以图们江为界与朝鲜半岛接壤,随即开始对朝鲜半岛实施小规模的入侵活动。他们出动军舰,骚扰、杀害当地居民,并越境要求通商,遭到朝鲜政府的拒绝。[②] 1868年,日本实行明治维新后,迅速出现"征韩论",吞并朝鲜成为日本实施"大陆政策"的首要目标。随即,日本趁朝鲜统治集团内讧的机会,用武力打开了朝鲜的门户。1875年9月,日本制造了"云扬号事件",发炮进攻江华岛。[③] 次年2月,日本出动军舰五艘,登陆江华岛,逼迫朝鲜政府签署《江华岛条约》,朝鲜被迫向日本开放釜山、仁川、元山三个港口,承认无关税贸易和治外法权。这是近代朝鲜王朝与外国签订的第一个不平等条约,引起远东国际关系的重大变化:一是列强各国纷至沓来,朝鲜半岛成为列强争夺之地;二是中朝传统的"朝贡关系"面临挑战,大一统的中华帝国行将彻底

---

① "丙寅洋扰",指1866年1月,朝鲜政府大举处罚天主教徒,处死9名法国神甫。9月,法国军舰10艘先后侵入朝鲜,抢劫、焚毁江华城,后在朝鲜军民打击下,于10月退出朝鲜。"辛未洋扰"指1866年7月,美国武装商船入侵朝鲜大同江,为韩国军民火烧敌船,全歼入侵者。1868年春,美国武装商船再侵韩国德山郡,盗掘朝鲜大院君生父陵墓,准备以骨骸要挟朝鲜政府答应赔款、通商、传教等条件,为韩国民众轰走。1871年5月,美军出动5艘军舰,侵入江华岛,与朝鲜军队发生激战,互有伤亡。朝鲜政府拒绝谈判,汉城到处出现"斥和碑":"洋夷侵犯,非战即和,主和卖国,戒我万年子孙",迫使美军退出朝鲜海面。

② 宋祯焕:《沙俄侵略朝鲜简史》,第15—17页。

③ 1875年9月20号,日本军舰"云扬号"到朝鲜江华岛附近测量海口,并派水兵登陆淡水,朝鲜守兵因其无故侵犯领水,发炮警告,"云扬号"发炮进攻江华岛,并攻陷永宗岛,大肆烧杀抢掠。22日,满载赃物返回。

瓦解。

在这样的历史背景下,清政府调整了对于朝鲜半岛的政策。当朝鲜与列强诸国发生冲突时,清政府采取消极应付方针,不敢理直气壮地抗议列强对于朝鲜的侵略行径。1866年1月,法国曾以朝鲜向为中国属国为由,就朝鲜镇压天主教事提出抗议,但清总理衙门以中国无权干涉朝鲜内政外交作复,没有承担宗主国的责任,帮助朝鲜解决外交危机。法国据此声明:法兰西皇帝陛下将灭亡朝鲜,废黜现国王,拥立新国王,不许中国提出异议。① 1873年6月,日本使臣质询清总理衙门:清政府政令是否及于朝鲜? 总理衙门亦以"只要循守册封贡献例行礼节,此外,更于国政无关"作答,这使日本使臣大喜过望,自认取得了放手侵略朝鲜的自由。当日本逼迫朝鲜签订《修好条约》之时,清政府的方针仍然是:"朝鲜虽隶中国藩服,其本处一切政教禁令,向由该国自行专主,中国从不与闻,今日日本国欲与朝鲜修好,亦当由朝鲜自行主持。"②这使日本顺利与朝鲜签订不平等条约,迈开了沦朝鲜为日本附属国的第一步。

《江华岛条约》签署后,日本在朝鲜半岛的势力和影响日益扩大,列强各国形成竞争之势。清政府认识到传统的宗藩关系和朝鲜的闭关锁国已不足以应付远东新的国际局势,转而建议和劝说朝鲜主动向欧美各国开放门户,以收制约日本独霸朝鲜之效:"朝鲜不得已而与日本立约,不如统与泰西各国立约,日本有吞噬朝鲜之心,泰西无绝人国之例,将来两国启衅,入约之国皆得起而议其非,日本不致无所顾忌。"③李鸿章致函朝鲜使臣称:"贵国既不得已而与日本立约通商之事已开其端,各国必从而生心,日本若视为奇物","似宜用以毒攻毒以敌制敌之策,乘机次第与泰西各国立约","若贵国先与英、德、法、美交通,不但牵制日本,并可杜俄人之窥视,而俄亦必随即讲和通好矣。"④在清政府的劝说和直接参与下,朝鲜与列强各国先后签署了《朝美通商条约》(1881年)、《朝英通商条约》(1882年)、《朝德通商条约》(1882年)、《朝俄通商条约》(1884年)、《朝法通商条约》(1886年)等不平等条约,列强各国全面侵入朝鲜半岛。

---

① 《筹办夷务始末(同治朝)》卷四十二。
② 《清光绪朝中日交涉史料》卷1,台北大通书局1984年版,第1页。
③ 邵循正等:《中国近代史资料丛刊·中日战争》第1卷,上海人民出版社1956版,第311页。
④ 王彦威、王亮辑:《清季外交史料》第16卷,第14—17页。

清政府曾企图要求朝鲜在与各国签订的条约上写明朝鲜为中国属国,以确保自身的宗主国地位,但未成功。只是由朝鲜王朝在签约后,单方面发表明确中朝宗藩关系的照会,但这已成一纸空文。此举不仅未能利用美、英、法、德等国势力牵制日、俄在朝鲜半岛的侵略,反而造成各国共同侵略朝鲜的局面,中国对于朝鲜的宗主国地位更加动摇。

清政府为了维持其朝鲜之宗主国地位,在内政方面也加强了对于朝鲜政府的控制和干预。1881 年,清政府应朝鲜政府请求,出兵镇压壬午兵变,逮捕大院君,将其拘押来中国,安置于保定,永远不准复回本国,同时扶植闵妃后党,使之重新执政,巩固李朝政府,确保自身的宗主国地位。[1] 随即,清政府出台了强化中朝宗藩关系的一系列措施:命令吴长庆率 6 营清兵长驻朝鲜;签署《中朝商民水陆贸易章程》,重申"朝鲜永列藩封",所订章程"系中国优待属邦之意,不在与各国一体均沾之例";协助朝鲜编练新军,并赠送武器弹药;接纳朝鲜工医、学生至天津学习各国语言,机械制造,军工技术,推行朝鲜版的"洋务运动";派员出任总办朝鲜商务专员等,这些举措对于加强对朝鲜政府的控制,遏制日本对朝鲜半岛的进一步侵略,具有一定的积极意义,但由于与历史上中朝关系的传统做法有别,也引起朝鲜国内的不满情绪。[2]

1884 年 12 月,朝鲜开化派借助日本之力,发动甲申政变,组成新政府,推行新政纲,[3]主要内容是:要求大院君回国,废除对清朝之朝贡关系;废除门阀等级制度,实行自由民权;改革土地制度,建立新的地税制度;打击闵氏守旧势力,铲除贪官污吏;建立近卫军,实现军队近代化;实行内阁制,统一财政,整顿中央行政机构等,反映了开化派君主立宪和以近代资本主义国家模式改造朝鲜社会制度的政治理想,具有进步意义,但开化派依靠日本支持,又采取军事叛乱式的政变,在朝鲜是不得人心的。

---

[1] 壬午兵变,指 1881 年 7 月 23 日,在朝鲜王廷内闵妃和大院君争权夺利日趋激烈的背景下,伺机夺权的大院君策动汉城士兵举行起义,冲进王宫,处决别技军之日本教官和闵妃后党成员,闵妃化装逃出王宫,高宗被迫令大院君重新执政。同日,清政府应邀出兵镇压壬午兵变。

[2] 参见杨昭全、何彤梅:《中国—朝鲜·韩国关系史》,第 674—675 页。

[3] 甲申政变,指 1884 年 12 月 4 日,朝鲜开化派在日本驻朝公使直接操纵和指挥下,点火举事,开化派领袖入宫,欺骗和恐吓李朝国王高宗,亲书"日本公使来卫朕",日本公使率 200 日兵入宫,占领王宫,处决守旧派大臣,由开化派组成新政府。6 日,清政府应邀出兵入宫,与日军和开化派控制之军队激战,日兵退出王宫,政变失败。

清政府应朝鲜守旧官员邀请,出兵镇压了此次政变。金玉均等开化派领导成员,或逃,或被杀,朝鲜王朝恢复了旧时统治。

清政府通过帮助朝鲜王朝镇压甲申政变,挫败了日本变朝鲜为其殖民地的阴谋,暂时稳定了清政府在朝鲜的宗主国地位。但日本对朝鲜的威胁依然存在,而且在某种程度有所加强。政变后,日本贼喊捉贼,以"日馆被焚"、"日人被害"为由,武力胁迫朝鲜政府道歉、赔款、惩凶、重修日本使馆和兵营等,[①]还逼迫清政府就甲申政变善后事宜签订《天津条约》,约定两国在四个月内撤回在朝鲜之军队,"将来朝鲜国有变乱重大事件,中日两国或一国要派兵,应先互行文知照,及其事定,仍即撤回,不再留防"等。[②] 朝鲜实际上已成为中日两国的共同保护国,日本诱使清政府同意从朝鲜撤兵,并取得了与中国同等的出兵朝鲜的权力,为日后进一步侵略朝鲜铺平了道路。

与此同时,列强对于朝鲜半岛的侵略和渗透进一步加剧。沙俄在1884年与朝鲜签约后,进一步谋取对于朝鲜的保护权,它利用朝鲜担忧中日争夺朝鲜而发生战争的心态,引诱朝鲜与其签订密约,内称:朝鲜如遇外侮"得乞俄之保护";俄派使驻汉城;"以巡海之俄兵保护"朝鲜之环海;两国陆路通商等。[③] 英国则以防俄为借口,出兵占领朝鲜之巨文岛,引起俄之抗议和日、德、美等国的不满。为了应对列强环视朝鲜半岛的险恶形势,清政府内部出现处理朝鲜半岛问题的三种主张:一种意见以袁世凯为代表,主张在朝鲜"设立监国,统率重兵,内治外交,均为代理",甚至主张"废此昏君,另立李氏之贤者";朝鲜大院君亦曾密请清政府仿元朝在高丽设行省,派监国例,"则国自保,民自靖"。另一种意见则主张让朝鲜中立,"邀同英、美、俄诸国共同保护,不准他人侵占寸土",或"捐为万国公地,援比利时例,各国共同保护之"等。清政府在权衡各种利害后,否决了上述主张,决定仍然坚持强化传统中朝宗藩关系的方针,为此采取了一系列的措施。

首先是在双边关系体制上加强控制。1885年,清政府任命袁世凯接任驻朝鲜总理交涉通商事宜大臣。袁氏年少气盛,在排除日、俄侵朝势

---

① [朝]外务省:《朝鲜关系条约集》第17—18页。

② 王铁崖主编:《中外旧约章汇编》第1册,第465页。

③ 《清季中日韩关系史料》,第1834页。

力,加强中国宗主国地位,稳定朝鲜局势问题上,采取强硬立场。他曾对朝鲜国王提出《朝鲜大局论》,指出:"朝鲜本属小国,今欲去而之他,是犹孺子离其父母而求他人之顾复也。"强调附清有"六利",背清有"四害"等。① 袁氏的所作所为,虽招致朝鲜君臣不满以及清政府内部的攻击,但李鸿章力排众议,坚持认为袁氏"血性忠诚,才识英敏,力持大局,独为其难",指出袁世凯面对朝鲜半岛的复杂局势,"先正藩属之名,以防其僭越;复筹外交之法,以杜其侵欺。体系所系,利害所关,或事先预筹,或当机立应,或事后补救,无不洞中窍要"。② 袁世凯在朝鲜任职至 1894 年,对于稳定当时的朝鲜半岛局势起了重要作用。

其次是在外交上加强控制。1887 年朝鲜政府任命了驻日、美、英、德、俄、义、法公使,清政府大为不满。李鸿章拟定了清朝与朝鲜驻外使节体制的《应行三端》,主要内容是:"朝使初至各国,应先赴中国使馆具报,请由中国钦差挈同赴外部";"遇有朝会公宴酬谢交际,韩使应随中国钦差之后";"交涉大事关系紧要者,韩使应先密商中国核示"等。③ 并迫使朝鲜政府将不遵《应行三端》的驻美公使召还免职,以此加强对朝鲜驻外公使的控制,企图迫令列强各国承认清对朝鲜的宗主权。

再次是在内政上加强控制。1885 年,清政府将主张维持清朝传统宗藩关系的大院君护送归国,牵制闵妃集团。并向朝鲜国王施压,任命亲清的大臣,罢免排清的大臣。袁世凯向朝鲜国王提出"时事急务十款":"任大臣"、"屏细臣"、"用庶司"、"收民心"、"释猜疑"、"节财用"、"慎听闻"、"明赏罚"、"亲中国"、"审外交",除最后两款外,其余都是对朝鲜内政的干预。④

第四是在财政上加强控制。强迫朝鲜实行清政府之海关政策,由清海关税务司赫德任命西人或清吏担任朝鲜海关官员,制订有利于清朝的海关政策。同时,阻止朝鲜政府向列强借款,而由清政府以华商同顺泰商行名义向朝鲜政府贷款,以防止列强以借款为名,向朝鲜半岛渗透其侵略势力。

清政府强化对朝鲜宗藩关系的政策虽然维持了朝鲜半岛十年的稳

---

① 《清季中日韩关系史料》,第 2160—2163 页。
② 《李文忠全集》卷 74 奏稿,第 46 页。
③ 《清季中日韩关系史料》,第 2381 页。
④ 《清季中日韩关系史料》,第 2154—2156 页。

定,中朝经济贸易关系也有所发展,但终究不能挽救传统的"朝贡"体制的瓦解,也不能抵御列强东进侵略的步伐。朝鲜政府的离心倾向日益增长。朝俄密约事件是其表现之一。派遣驻外公使事件是其表现之二。清朝间边界争议和两次勘界的失败是其表现之三。[①] 内外交困的朝鲜政府内争进一步加剧,国内阶级矛盾空前尖锐,1894 年,东学党领导的农民起义揭竿而起,"斥倭斥洋"成为其斗争目标之一,很快发展成全国规模的农民战争,威胁着朝鲜李氏政权的存在。

另一方面,清政府强化对朝鲜宗藩政策的举措,以及列强尤其是俄国对于朝鲜半岛的步步进逼,也使日本加快了进攻朝鲜的步伐。1885 年,日本制定了以十年为期的扩军备战计划。随即,改革兵制,增加军费,扩建陆海军。1893 年,更由天皇批准《战时大本营条例》,决定以大本营为战时最高统帅机构,并向中国、朝鲜派出大批间谍,组成情报网。90 年代开始,随着日本国内政治经济危机的加剧,日本统治集团大造战争舆论,为发动对华战争作了充分的准备。

1894 年,日本终于挑起了中日甲午战争。是年 6 月 4 日,清军应朝鲜政府之邀,再次出兵朝鲜,镇压东学党起义。次日,早已作好与清交战的日本立即以此为借口,出兵朝鲜。7 月下旬,日本驻朝使节率军攻占朝鲜王宫,组成亲日政府,并迫逼朝鲜政府宣布废除以前与清政府签订之一切条约,授权日军驱逐在朝鲜之清军。中日战争爆发,清军在海战和陆战中先后失利,日军攻入中国辽东半岛,并在山东半岛登陆。1895 年 3 月,清政府任命李鸿章为全权大臣,被迫与日本议和。4 月 17 日,《马关条约》签订,清政府承认朝鲜完全独立,废除了中国与朝鲜间传统的宗藩关系,清政府的势力完全退出了朝鲜半岛。中国与朝鲜半岛的关系也进入了新时期。

第三节 中朝对等关系建立与边界交涉

1895 年 1 月 7 日,朝鲜高宗国王率世子及宗亲百官拜谒宗庙,奉告《独立誓文》及《洪范十四条》,宣告"割断附依清国虑念,确建自主独立基

---

① 参见杨昭全:《中朝边界史》,吉林人民出版社 1993 年版。

础"。12 月,又相继颁发布一系列改革法令,规定"朝鲜国王陛下"改称"大君主陛下","王太妃陛下"改称"王太后陛下","王妃陛下"改称"王后陛下"等,"依据天子之国家所使用之尊称,以示独立自主"。①《中日马关条约》签订后,朝鲜王朝内已有人主张高宗称帝,但遭到日本的反对。

　　清政府退出朝鲜半岛后,日本对于朝鲜事务的独揽,引起了欧美列强尤其是俄国的不满和反对。日、俄两国在朝鲜的对立和争斗日益激烈,1895 年 10 月 8 日,日本新任驻朝公使三浦梧楼驱使数十名暴徒冲进王宫,杀死闵妃,驱逐宫廷中的亲俄派,组成了亲日派政府,史称"乙未政变"。俄国政府立即作出了强烈反应。次年 2 月 10 日,俄国驻朝公使策划百余名俄军士兵护卫高宗国王逃往俄国驻朝使馆,直到 1897 年 2 月才返回王宫,史称"俄馆播迁"。日、俄在朝鲜半岛形成对峙状态,双方进行了一系列的交涉,签订了《小村—韦贝备忘录》(1896 年 5 月)、《山县—罗拔诺夫议定书》(1896 年 6 月)和《西—罗森协定》(1898 年 4 月),确认"朝鲜的主权和完全独立",日、俄两国在朝鲜享有同等的驻兵权,两国向朝鲜派遣军事教官和财政顾问,需"事前互相协商"等,达成了暂时的势力平衡,这个状态给大韩帝国的建立提供了有利的时机。

　　1897 年 8 月,朝鲜王朝宣布建元"光武"。10 月,高宗国王登上皇帝位,改国号"朝鲜"为"大韩帝国"。大韩帝国建立后,积极谋求与清政府重建正常外交关系,但清政府却对建立与发展与大韩帝国的关系持谨慎的态度。韩国独立之初,清政府初仅派遣商务总董驻韩,将原官方性质的商务委员改为民间性质的商董,照料华商在韩贸易。1896 年月 11 月,始委派唐绍仪为驻韩总领事。1898 年 8 月,清政府在日、俄的压力下,决定派遣徐寿朋为驻韩钦差大臣。清廷在致韩国皇帝的国书中称:"大清国大皇帝敬问大韩国大皇帝好。我两国同在亚洲,水陆紧连,数百年来,休戚相关,无分彼已,凡可相扶助之事,辄竭心力,期以奠安贵国"等,②表示了重建两国友好关系的态度。

　　1899 年 9 月 11 日,清政府全权议约大臣徐寿朋与韩国外务大臣朴齐纯签署《中韩通商条约》,该条约规定:两国永远友好,两国商民人等彼此

①　参见王明星:《韩国近代外交与中国》,中国社会科学出版社 1998 年版,第 159 页。
②　《清光绪朝中日交涉史料》卷 52,第 12 页。

侨居,皆全获保护优待利益;两国互派秉权大臣,驻扎彼此都城,并于通商口岸设立领事;并对有关两国通商贸易的关税税则、最惠国待遇、领事裁判权、侨民权利等,作了平等互利的规定。① 这是中韩间签署的第一个平等条约,也是韩国在近代史上与外国签署的第一个平等条约。随后,中韩又签署了《中韩陆路通商章程》。清政府在汉城设立了公使馆,并在仁川、釜山、镇南浦设立领事馆,两国间对等关系正式确立。

中日甲午战争后,中国半殖民地半封建化进一步深化,国势衰微,自顾不暇,难以对韩国事务发生影响。两国之间的交涉主要集中在图们江划界问题上。此种交涉又受到日、俄在朝鲜半岛势力扩张的制约,先是俄国,后是日本,他们操纵和控制中韩边界问题交涉,企图从中渔利。

中朝边界的争议始于 19 世纪 60—70 年代,由于朝鲜连年灾害,出现朝鲜民众非法越过图们江到中国境内垦荒的高潮。该地长期为清政府封禁,土地肥沃但无人耕种,70 年代清政府废除对该地之封禁,客观上为朝鲜边民的大量越垦提供了前提。中朝间首先发生刷还朝鲜非法越垦民众之争,由于朝鲜王朝并未认真刷还,导致非法越垦民众越来越多。接着,又出现图们江边界争执。② 中朝边民冲突与纠纷日增,两国地方政府互相指责,双方关系出现紧张和恶化的趋向。1885 年和 1887 年,清政府曾两次与朝鲜政府勘界,取得“大局已定”的结果,终因朝鲜方面拒不派员会同清政府代表共同划界、定界而不了了之,并为俄国和日本利用和插手中朝边界争议进而侵略中国提供了机会。

1900 年 10 月,俄国参加八国联军镇压中国义和团运动,趁机占领中国东北全境。俄国为了与日本争夺朝鲜,遂利用韩国政府急欲夺取中国东北延边地区的迫切心情,令驻韩公使与韩国外务大臣秘密达成协议,俄国同意将延边地区的一半统治权让与韩国,与韩国共同统治延边。③ 大韩帝国亦趁机依恃俄国的支持,在中朝边境制造种种事端,将鸭绿江、图们江北岸中国边境地带视为朝鲜版图,非法任命管辖垦民的官吏,征收税

---

① 王铁崖主编:《中外旧约章汇编》第 1 册,第 909—913 页。

② 图们江(土门江、豆满江)为中朝界河,早在清初已由双方确定。1883 年 7 月,朝鲜地方官在致中方的照会中指土门、豆满为两江;指豆满江即图们江,土门江则为中国延边地区的内河海兰河;指土门江为中朝界河,把图们江以北、海兰河以南之中国领土指为朝鲜领土。此份照会引起中朝之边界争议。

③ 宋教仁:《间岛问题》,《宋教仁集》(上),中华书局 1981 年版,第 61—62 页。

赋,甚至率兵越境,烧杀抢掠。1904 年 4 月,韩国李范允率炮队五六千人,侵犯中国延边地区,遭到中国军队迎头痛击,伤亡过半。此举使大韩帝国以武力夺占中国延边地区的企图破灭,转而要求与清政府议和。7月 13 日,中韩签订《边界善后章程》,共 12 条。主要内容是:"两国界址有白山碑记可证,仍候两国政府派员会勘,会勘以前循旧以间隔图们江一带水,各守汛地,均不得纵兵持械潜越滋衅";"李范允管理此垦岛,华政府未给批准文凭,华界官并不允认,韩界官亦不勉强";两国军人"持械过境如无护照、公文,各自格杀勿论"等,① 此约虽只是暂时就双方争端达成妥协,但稳定了边界局势,加上俄国在日俄战争中遭到惨败,已无力实施其与韩国的密约。

　　1905 年 9 月,日、俄在美国的调停下,签署《朴茨茅斯和约》,俄国承认日本在朝鲜半岛的政治、军事、经济方面享有特殊利益,并将旅大租借地和南满铁路私自转让给日本。日本将俄国势力驱逐出朝鲜半岛后,进一步加剧了对于韩国的侵略。11 月 17 日,日本逼迫韩国政府签订《乙巳保护条约》,主要内容是:韩国的对外关系完全由日本担当,韩国海外侨民由日本政府负责保护;韩国与外国签订的条约,由日本政府负责履行,今后不经日本政府同意,韩国不得签订任何国际性条约和协定,日本政府在韩国派驻统监及理事官,监督该国施政和保护日本臣民等。② 该条约剥夺了大韩帝国的外交权,各国驻韩外交代表纷纷撤离。1906 年 2 月,清政府撤回出使韩国大臣,改设总领事馆,任命马廷亮为总领事。中韩关系再次出现重大转折,大韩皇帝被搁置在一边,日本政府窃取了韩国的对华关系交涉权,并成为中国交涉朝鲜问题的对象国。

第四节　中日朝鲜问题的交涉

　　日本政府在独霸朝鲜半岛后,进而将侵略的魔爪伸向中国东北,并企图将韩国变为其侵略中国的基地。自 1905 年底日本在韩国设置统监府至 1910 年日本灭亡韩国,中日朝鲜问题的交涉主要围绕着中韩铁路交

---

① 《清季中日韩关系史料》,第 5962—5973 页。
② 经韩国汉城大学慎镛厦教授考订,该文本只有韩国外务大臣朴齐纯和日本驻韩公使林权助的签名,而没有高宗皇帝的签字,也未盖国玺,因而认定这是一个无效的条约。

通、韩境中国租界管理权与中韩边界争端展开。

日俄战争后,日本为了将韩国变为侵略中国的前进基地,首先积极构筑连接韩国与中国东北的铁路交通线。战时,日本曾在中国安东和奉天间私自修筑窄轨轻便铁路,用于军事用途。战后,理应无条件拆除,并赔偿中国损失。然而,1905 年 12 月,日本逼迫中国签订《中日会议东三省事宜条约》,规定中国允由日本将窄轨铁路改良为宽轨铁路,仍由日本接续经营,于 15 年后作价售于中国。① 但日本"违约",不仅暗中侵占民地民房,而且另改路线,复提出在鸭绿江上架桥和建筑吉会铁路,使韩国与中国东北通车,引起中日间不断交涉。东三省总督锡良在给清廷的报告中指出,日人改良安奉铁路,厥有两端:"一思与京义线(韩铁路)相联接也","轨式既同,鸭绿架桥之交涉即随之而起,国界混淆,国防坐失,其后患实不堪缕指";"一思与南满洲线相接连也","其处心积虑,必欲将安奉线作为南满洲之枝线",以便"互相接联,呵成一气,彼自仁川而奉天,自奉天而长春,南至大连旅顺","乃得徐以侵略我人民有限之利益,启发我内地无尽之宝藏,且万一变起仓促,彼驻屯于朝鲜之兵队可以朝发军令,夕至疆场"。② 中国方面强烈抵制日本的无理行动。1908 年 6 月,日本以海陆军同时动员相威胁,不顾中国东北当局的反对,自由改筑安奉铁路,并向清政府发出最后通牒,称不准中方"妨害该路工事,满洲其他悬案,一概以妥协之精神谋解决,则日本仍承认谈判"。清政府无力开战,只能屈从。1909 年 8 月,中日签订《安奉铁路节略》,中方同意日方要求,安奉铁路成为与南满铁路一样性质的铁路。9 月,日本通过《中日图们江中韩界务条款》第 6 条,迫使中国同意日本修筑连接韩国铁路的吉会铁路。③ 1910 年 4 月,中日签订《鸭绿江架设铁桥协定》,实现了中韩铁路的对接。④ 这些条款的危害在于日本在中国东北南部以南满铁路为中心形成一个铁路网,安奉铁路、吉会铁路以及鸭绿江桥的修筑,使日军具备了由韩国北部长驱直入中国东北的条件,奉、吉两省已处在日本的军事威胁之下,为将来日本入侵中国东北留下了无穷的后患。

---

① 王铁崖主编:《中外旧约章汇编》第 2 册,第 340—341 页。
② 王芸生:《六十年来中国与日本》第 5 卷,第 170 页。
③ 王铁崖主编:《中外旧约章汇编》第 2 册,第 596—597、602 页。
④ 《清宣统朝外交史料》卷 13,第 43 页。

　　1909 年起,中日双方又就中国在韩租界事进行交涉。根据中韩条约,中国在仁川、釜山、元山设有租界。中日交涉的要害问题是,日本要求将原由韩国政府管辖的事务交由日本理事官负责。1910 年 3 月,中日签订《仁川釜山元山清国租界章程》,确定了各地清国租界的位置、区域、测度及地区之等级,规定"将来租界拥挤,得再商议推广","租界地基以拍租方式永远租与清国人民",还对中国租界地税的缴纳、分配,地契、公共工程、墓地等作了规定。① 日本本来曾拟收回中国人在韩国享有的领事裁判权,中方答复:"非不愿允,但不愿先各国而倡认。"②日本由此取得了对于在韩华人的控制和管辖权。

　　日本政府还以保护韩人为名,利用过去中韩间的边界争议,挑起了所谓的"间岛"领土争议,图谋侵占中国领土,其狂妄和贪婪的程度远超过日俄战争前的沙俄。早在 1904 年 12 月,日本内阁就制定了出兵中国延吉地区的计划,并拟定了间岛"督务厅"和"宪兵队"编制。③ 1907 年 8 月,日本内阁秘密制定了第 11 号文件,鉴于"间岛问题为清韩两国多年来之难题,现在立即解决该地辖属问题很难达到目的",决定"暂且取消公布间岛督办厅官制","先派遣相当的官宪前往该地,以不引人注目的方式,逐步确立我之统治地位,是为上策"。④ 9 月,日本朝鲜统监府间岛派出所在延边地区龙井村非法成立,张贴布告宣布称:"仰体大韩皇帝陛下之圣意,依统监阁下之命,保护尔等韩国人民之身命财产,增进其福利。"随即,该派出所在延边地区非法建立区、社、村行政机构,并在各重要地区设立 14 个日本宪兵分遣所,附以韩国警察,武装人数达 270 名之多。⑤ 日本的这一可耻行径,遭到中国朝野的强烈反对,清政府为此与日本进行了长达数年的"间岛案"交涉。1909 年 9 月,中日签署《图们江中韩界务条款》,也称《间岛条约》。主要内容是:以图们江为中韩两国国界,其江源地方自定界碑起以石乙水为界;中国开放龙井村、局子街、头道沟、百草沟四地,准各国人民居住贸易,日本国可于各该埠设立领土领事馆或分馆;

①　王铁崖主编:《中外旧约章汇编》第 2 册,第 648—650 页。
②　《清宣统朝外交史料》卷 3,第 27 页。
③　[日]外务省编:《日本外交文书》第 40 卷,第 2 册,第 78—79 页。
④　[日]外务省编:《日本外交文书》第 40 卷,第 2 册,第 84 页。
⑤　杨昭全、何彤梅:《中国—朝鲜·韩国关系史》,第 729 页。

中国仍准韩民在图们江北垦地居住,但须服从中国法权,归中国地方官管辖裁判,韩民与中国人一律相待,但日本领事享有观审权等。① 该条约维护了中国对于延边地区的主权,并坚持了对于垦地韩民的行政和司法管辖权。11月,日本撤除设在龙井的"派出所",改设间岛日本总领事馆,其后又在局子街(今延吉市)、头道沟、百草沟、珲春等处设立领事分馆。中日间岛争端暂告平息。然而,该条约也留下诸多后遗症,"此次日本要约开埠四处,均占延境形胜,无非为军事上计划,且名虽开放,交通未便,西人裹足,实为日人租界地无异"。② 日本设立领事馆,附设司法警察,日本领事享有观审权,更是贻害无穷,为日后日本军警侵犯中国延边地区主权、镇压韩国抗日独立运动提供了便利条件。

1910年8月22日,日本逼迫韩国政府签订《日韩合并条约》,正式吞并韩国。9月11日,日本驻华使节向清政府外务部递交《日韩合并条约》和《日韩合并宣言书》,通告自1910年8月29日起,韩国与日本合并,日本政府自应拥有韩国之一切统治权,所有韩国与各国条约自应作废等。③ 清政府没有依据日本在《马关条约》中有关保证朝鲜独立的承诺,对日本提出抗议和交涉。

然而,中国人民则对日本灭亡韩国的侵略行径表示了极大的愤慨,以各种形式支持韩国人民反日独立运动。自1910年至1937年中日全面战争爆发,中日关于韩国问题的交涉,主要围绕着在中国的韩国独立运动进行。韩国亡国后,数百万朝鲜侨民或渡江,或跨海,来到中国,在中国各地组织和开展各种形式的反日复国斗争,成为朝鲜独立运动的重要组成部分。中国历届政府对于韩国独立运动的态度虽然不尽相同,但都为此与日本政府进行了各种形式的交涉。

当1919年韩国反日复国的三一独立风暴席卷半岛时,执掌北京中央政府权柄的是北洋集团。在外交方针上,它们对日本趁一战之机,强占山东权益,强迫中国接受"二十一条",在东北乃至全国各地扩张侵略势力表示不满,也希望利用战后有利的国际条件和中国民众强烈的反日情绪,通过巴黎和会和华盛顿会议等机会争回若干权利,却不敢对日执行强硬

---

① 王铁崖主编:《中外旧约章汇编》第2册,第600—602页。
② 《清宣统朝外交史料》卷12,第26页。
③ 《清季中日韩关系史料》,第7110—7112页。

政策,只是企图通过联络欧美列强,逼使日本收敛其侵略势力。在外交策略上,它们以废除"二十一条"、收回山东权益等作为对日外交的主要目标,不愿为支持韩国独立复国而刺激日本,影响自身外交目标的实现。另外,从稳定自身统治秩序和中韩交界地区的安全出发,北洋集团尤其是直接承受日本军事压力的东北地方军政当局也不允许韩国独立党人在自己辖区内自由活动。当韩国独立党人的反日斗争引起中日严重交涉时,它们甚至与日本军方联合镇压旅华韩民的反日斗争。

韩国三一运动后,长期在中、韩、俄边境活动的韩国独立党人顿时活跃起来,不仅在中国边境袭击日本领事馆及各种机关,给中国东北境内的日人机关以重创,而且屡向韩国境内进攻。1919 年 8 月,洪范图率领大韩独立军多次回国作战,一度占领惠山、江界,并在慈城大败日军。1920年 6 月和 10 月,韩国独立军又在中国东北境内取得了枫梧洞战斗和青山里战斗的胜利。使日本政府大为恼怒,连连向中国官方施加政治军事压力。面对日本当局的一再威胁,吉林督军鲍贵卿迭电北京政府请示应付办法,称"三韩之亡族为大势所趋,揭竿继起,挺刃走险,奔走呼号,来势汹汹,其事虽碍我邦交,其志诚不可夺",但"在吾国领土倡言独立,携带武器自由行动,既为公法所不许,尤为国际所难容",主张对待韩国反日独立运动,"形式上宜取严格主义而杜日人刁难要挟之口实","实际上宜取严宽并济主义","如遇大股武装韩党,仍以公法主权利害之词详细告诫,但使该党能以甘心折服,缴械自散","倘仍坚持不服,或公然反抗","即以武力解决"。[①] 这一主张反映了吉林地方当局对于韩国独立运动的既富于同情心,但又不得不取缔的复杂心态,他们采用"阳而干涉,阴而否管"的态度敷衍日本军方的威胁。

吉林地方当局的这种"严宽并济主义"在实施中主要表现在以下几个方面:其一,对于在境内活动的韩国独立军采取"卸除武装,驱逐出境"的政策,"以免日人疑我纵容",但尽力避免与独立军作战;其二,将捕获的独立军人员视为政治犯,采取优待政策,或者密令出境,或者暂行拘捕,等待局面安定后再行释放,拒绝引渡给日方;其三,在实施讨伐前,通知韩国独立军将其根据地转移至深山安全地带,既避免与独立军交战,又免除

---

① [日]金正明编:《朝鲜独立运动》(一),东京原书房 1967 年版,第 36 页。

给予日方干涉的借口;其四,拒绝与日本组成中日共同搜索队,坚持由中方单独"取缔"。① 延吉地区的中下层军警对韩国反日独立运动普遍持同情与支持的态度。1920年8—9月间,延吉地方军政当局在吉林督军的日本顾问斋滕监督下,不得不对延吉地区的韩国独立军实施"讨伐"。事先中韩双方达成了互相避战的秘密协议,使在日本顾问监督下中国军队的"讨伐"一无所获。② 日本利用中国军队镇压韩国独立军的阴谋遭到了失败。日本顾问斋滕在给日本军部的报告中说:"中国军回避了战斗","中国军从一开始就无意讨伐,只满足于命令解散独立军根据地",指责中国军的讨伐连一只老鼠也没有捉到。③ 吉林地方当局的态度遭到日本侵略者的强烈反对,中日间围绕着处理东北地域的韩国反日独立运动问题进行了激烈的交涉,形势日趋紧张。

以珲春事件为转折点,东北地方当局在日本政府军事政治的双重压力下,对于韩国独立运动的政策发生了重大的变化。1920年10月2日,韩国独立党人从俄国境内的双城子潜入珲春,焚毁日本领事馆及街市,击毙日本警察等10余人。④ 从6日起,日军以此为借口,出动1万兵力,占领珲春及和龙、延吉、汪清、东宁、宁安5县,焚烧韩国侨民家宅千余户,惨杀侨民2100名,华人200名,并在所到之处擅设日本警察署。⑤ 北京政府出于敦促日本撤兵的外交考虑,由东北当局出动重兵,赴延吉各地,驱逐并镇压韩国党人,并以中国兵力足以维持秩序、保护日侨为由,要求日本撤兵和撤警。北京政府迅速颁布大总统令:"责成该省军政长官迅即督饬地方军警,驰往切实剿办。"⑥ 在随即进行的中日交涉中,北京政府更以出动重兵驱逐,并镇压韩国独立党人为代价,换取日本从延吉地区撤兵。1921年初,在北京政府一再交涉下,日本虽答应撤兵,却坚持不肯撤除在该地区非法设置的日本警察署,并强行派遣军事联络员分驻珲春、六道沟、头道沟等地,使该地区处在日本警察的监视和管辖之下,随时面临日

---

① 参见李花子:《奉系军阀统治时期吉林、奉天两省对于朝鲜民族反日武装斗争的政策(1912—1928)》,延边大学硕士论文(未刊)。

② [韩]慎庸厦:《韩国民族独立运动史研究》,乙酉文化出版社1986年版,第403—409页。

③ [韩]慎庸厦:《韩国民族独立运动史研究》,第403—409页。

④ 《盛京日报》1920年10月7日。

⑤ 刘彦:《帝国主义压迫中国史》(下),上海太平洋书店1931年版,第235—240页。

⑥ 《大公报》1920年10月7日。

本军事干涉的危险。

日本政府对此并不满足,他们出于实现所谓"满蒙政策"、侵吞中国东北的战略目的,继续强迫东北地方当局取缔韩国侨民的反日斗争。1925年6月11日,奉天警务长于天珍被迫和日本朝鲜总督府警务局长三矢官松在奉天签署《取缔韩人办法大纲》,亦称《三矢协定》。主要内容是:

一、侨居中国的韩人由中国官府依清乡章程严查户口,编牌互保,实行连坐;

二、中国官府应通令各县对侨居韩人严禁携带武器侵入朝鲜,若有犯者即行逮捕,送交朝官宪办理;

三、中国官府应即解散韩党,令其缴械及收索其所有枪械,没收入官;

四、韩人所有枪械火药(但农民防鸟之枪不在此限)由中国官署随时严密搜查没收;

五、中国官府应逮捕朝鲜官宪指名之韩党首领,即行引渡;

六、中日两国官府应相互通知对方取缔实况;

七、中日两国警察不得擅越国境,如有必要时互相通知;

八、对于从前悬案,双方应诚意限期解决。[①]

通过这个协定,日本帝国主义与奉系军阀对于共同取缔韩国反日独立运动达成了妥协。7月8日,双方又签署了《中日取缔韩人施行细则》,对镇压韩国独立运动的各项具体措施作了更为详尽的规定。1927年9月19日,日本驻奉天总领事吉田茂与奉天省长莫德惠正式签署《取缔东三省韩人协定》,规定旅华韩人依中国官厅清乡章程,编牌互保,实行连坐;严禁韩人携带武器侵入朝鲜,犯者捕交朝鲜官宪办理;解散韩党,搜缴韩人枪械,逮捕、引渡朝鲜官厅指名之韩党首领;两国警察不得擅越国境等。[②] 北洋集团奉行的对韩政策虽有其客观的历史原因,其结果却使韩国独立运动大受损害,并为日本侵略者挑拨中韩关系开了方便之门。

---

① 奉天交涉员公署档案,转引自李花子:《奉系军阀统治时期吉林、奉天两省对于朝鲜民族反日武装斗争的政策(1912—1928)》。

② 外交学会:《外交大辞典》,中华书局1940年版,第99页。

　　1927 年 4 月南京国民政府建立后,中国国民党长期执掌中央政权,其对待韩国独立问题的态度有其自身的特点。国民党当局面临的对日外交局势与北洋集团类似,甚至更加险恶。日本政府采取种种外交讹诈和军事威胁手段,逼迫中国取缔在华韩国独立运动,但中国国民党领导人没有蹈北洋集团的覆辙,而是在法理上继承了孙中山关于扶助弱小民族的政策,根据内外形势的变化,采取灵活的方针,一直坚持在明里或暗里支持韩国反日独立运动,并为此与日本政府进行交涉。

　　中国国民党当局与日本政府就韩国问题的交涉可以九一八事变为界分为两个阶段。九一八事变前,中国国民党忙于内战,执行对日妥协方针,未能与韩国独立运动各团体建立正式的联系,只是采取某些非正式的方式,从道义上对韩国独立运动表示同情与支持。就中央政府而言,未与日本政府就韩国独立运动问题发生正面的冲突和交涉。然而,东北地方当局在易帜后,在日本的压力下,继续执行北洋时期的对韩政策。面对日本侵略者大量向东北移殖民韩民,有意挑拨中韩人民关系,未能制订出妥善的应付之策,致为日本侵略者所利用,万宝山事件和随后发生的朝鲜排华事件都因韩侨问题而起,并成为日本发动九一八事变、武力侵占中国东北的起由。

　　九一八事变爆发后,中国的抗日救亡运动出现高潮,韩国独立运动在中国国民党对日战略中的地位迅速上升,尤其是在 1932 年 4 月 29 日上海虹口公园发生韩国志士尹奉吉掷弹事件后,国民党当局开始直接关注韩国反日独立运动,采用各种公开的或秘密的方式,支持旅华韩侨的反日复国斗争,并为此与日本政府进行交涉。30 年代中期,中国国民党支持韩国独立运动的主要方式之一,是中国军方帮助韩国独立运动培养军事人才,此举深招日本帝国主义者忌恨,一再通过外交途径对中国提出抗议,甚至不惜进行军事威胁。1936 年 8 月,日本驻华大使川樾茂曾将"开除军校鲜籍学生"列为对华调整国交谈判的六项重大条件之一,中国官方则以与本案无关为由断然加以拒绝。[①] 1937 年 7 月 7 日,中日战争爆发,中日关系最终发展为长达八年的全面战争,中韩两国人民的反日斗争完全融为一体。

---

① 范廷杰:《蒋委员长培育韩国革命干部》,《传记文学》第 30 卷第 6 期。

第五节 中国支持韩国独立运动

1910 年日本吞并朝鲜,朝鲜半岛人民开展了长达 35 年的抗日复国运动。以"三一"反日起义为标志的韩国独立运动与以五四运动为序幕的中国新民主革命是同步进行的。中国革命、韩国革命和俄国革命曾被同列为 20 世纪远东的三大革命运动。在中国各地组织和开展的各种形式的韩国反日复国斗争,是韩民族反日独立复国运动的重要组成部分,得到了中国朝野的热情支持和帮助,构成了近代中韩友好关系史的重要篇章。

中国人民支持韩国人民的反日斗争,早在日本灭亡韩国之前就已开始。19 世纪末,以康、梁为代表的中国资产阶级改良派倡议的维新思想盛行,标志着中国近代第一次思想解放运动的兴起,也对韩国近代独立运动起了积极的推动作用。梁启超所撰写的《朝鲜亡国史略》、《越南亡国史》等著作在朝鲜半岛得到了广泛的传播,他的维新变法思想给予韩国进步知识分子以重要的启发,激发起他们强烈的图存救亡的爱国热情。[1] 日本灭亡韩国后,立即禁止梁氏著作在韩国流行,说明日本侵略者对于梁氏思想的痛恨和害怕。

1909 年 10 月 26 日,韩国志士安重根在中国哈尔滨车站一举击毙日本侵韩主凶伊藤博文,成为爆炸性的世界新闻。这是韩国人民多年来郁积的反日怒火的一次喷发,此种方式虽然不能挽救韩国的危亡,但毕竟是对日本侵略者的一次严重警告和惩罚。中国舆论界以各种形式纪念、颂扬这位韩国民族英雄的壮举。中国资产阶级革命家于右任在他所主办的《民吁日报》上发表了近百篇文章和报导,宣传这一历史性事件。[2] 梁启超则写了长达 96 句 672 字的长诗《秋风断藤曲》,表达对于安重根义士的敬重,其中数句的内容是:

> 秋笳吹落关山月,归路青磷照红雪。

---

[1] 参见邹振环:《清末亡国史"编译热"与梁启超的朝鲜亡国史研究》,复旦大学韩国研究中心:《韩国研究论丛》第 2 辑,上海人民出版社 1996 年版,第 325—355 页。

[2] 参见傅德华:《于右任与韩国独立运动——〈民吁日报〉》,复旦大学韩国研究中心:《韩国研究论丛》第 1 辑,上海人民出版社 1995 版,第 52—59 页。

　　　　大国痛归先轸元，遗民泣溅威公血。

　　　　黄沙卷地风怒号，黑龙江外雪如刀。
　　　　流血五步大事毕，狂笑一声山月高。

　　　　一曲悲歌动鬼神，殷殷霜叶照黄昏。
　　　　侧身西望泪如雨，空见危楼袖手人。①

　　中国资产阶级革命的先行者孙中山对于韩国独立运动采取了与北洋集团完全不同的态度，其原因是多方面的：首先，孙中山十分关注周边被压迫民族的解放运动，他一方面继承了儒家"兴灭国，继绝世"的抑强扶弱的中华固有传统思想，视援助韩国复国为当然的责任；另一方面又主张三民主义，鼓吹民族主义，以解放包括韩国在内的远东弱小民族为其奋斗目标之一。孙中山曾指出："中韩两国，同文同种，本系兄弟之邦，素有悠久的历史关系，辅车相依，唇齿相依，不可须臾分离，正如西方之英、美。对韩国独立，中国应有援助义务。"②早在 20 世纪初，孙中山领导下的中国同盟会机关刊物《民报》就不断报导韩国人民维护独立的正义斗争。《民报》第 3 期曾选载《韩日保护条约缔结之颠末》，揭露日本在韩国设置统监府，强迫朝鲜接受保护的真相。《民报》第 21 期和第 26 期先后刊载了韩国著名义兵领袖李麟荣的两篇反日战斗檄文和韩国义士安重根击毙日本侵韩元凶伊藤博文的现场照片，表达了中国资产阶级革命党人对于韩国反日独立运动的支持和敬佩。孙中山对韩国独立与中国安危以及远东和平的关系有着清晰的认识。孙中山指出："所谓二十一条及东三省问题以及山东问题之重要性，远不及《马关条约》，盖日本侵略弱小，破坏东亚和平，案自订立《马关条约》始。"他把韩国比作"东方的巴尔干"，认为"韩国问题如不早日解决，则亚洲局势将失去平衡，亚洲和平亦无法可以维持"。③ 显然，孙中山将支持韩国的独立复国作为维护远东和平和安宁的一个重要环节来立论处事。孙中山一生都有东亚各民族团结、共创

①　[韩]朴殷植：《安重根传》，上海大同编译局 1914 年版，第 92—93 页。
②　[韩]闵石麟：《中韩外交史话》，重庆东方出版社 1942 年版，第 26—27 页。
③　[韩]闵石麟：《中韩外交史话》，第 26—27 页。

繁荣的"大亚细亚"的理想。直到临终前最后一次赴日时,仍发表谈话,劝告日本承认韩国独立。他指出:"日本须容韩人之要求,而承认其独立为宜也,以韩日合并而买韩人之怨恨勿论,而中国人及其它人对日本之疑惑甚高,使日本陷于现在之苦境,与其莫大之影响矣";如若日本承认韩国独立,韩国自会"因此而表满腔之谢意,永久不忘",中国对于日本也会"一扫其一切疑惑与不安之念","昔日之交情复活,东洋之平和于兹确立矣"。① 孙中山领导的南方护法军政府在外交上始终未为列强承认,在地域上又远离中日关系敏感地区,不似北洋集团直接面对日本的政治、军事压力,处理涉外问题有较大的自由度,这种情况也使得孙中山在就任中华民国非常大总统后,能够不必顾虑来自日本的威胁和干涉,实施其援韩政策。在华领导韩国反日独立运动的领导人申奎植、朴纯等早年参加过中国的辛亥革命,与孙中山、陈其美、黄兴、宋教仁、胡汉民等结为挚友,并曾倾其全部财产援助过中国革命,这种历史上形成的战斗友谊,也成为孙中山等援助韩国反日独立运动的重要因素。

三一运动爆发后,孙中山领导和影响下的广州国民议会331人联名致电北京政府,从世界条约、条约义务、人类生存、中韩关系四个方面论证了中国应该承认韩国独立,强调"若韩国问题为巴黎之举论者,中国庶几有望矣,不然则中国之危殆不远矣,东洋之将来,尤极暗淡"等,强烈要求中国代表团在和会上支持韩国的独立复国要求。② 1919 年 4 月 10 日,韩国独立党人在上海建立韩国临时政府,领导国内及海外的独立运动,得到了孙中山为首的南方护法军政府的支持。韩国临时政府十分敬重孙中山,将他视为挚友和代言人。1920 年 6 月,当该政府获悉美国国会议员团将来远东考察时,特致书孙中山,请孙氏向美国议员团代言韩国真相。③ 1921 年,在华盛顿会议酝酿和筹备期间,韩国临时政府数次派代表南下,寻求支持。4 月有吕运弘,5 月有朴殷植,而最著名、最有影响的是韩国临时政府代总理兼外务部长、法务总长申圭植的广州之行。1921 年 10 月,中华民国非常大总统孙中山在广州会见韩国临时政府专使申圭植,对于韩国临时政府表示"深切同情而加以承认",通令护法政府所属

① ［韩］《新韩青年》创刊号（1920 年 3 月 1 日）。
② ［朝］朴殷植:《韩国独立运动之血史》下篇,上海维新社 1920 年版,第 102—103 页。
③ 范廷杰:《韩国临时政府初期的政治与外交》,《传记文学》第 27 卷第 4 期。

各军校尽量吸收韩国子弟接受军事教育,承诺在"北伐计划完成以后,届时当以全力援助韩国独立运动。"11 月 18 日,广东护法军政府在广州举行北伐誓师大会暨正式接见韩国临时政府专使仪式。孙中山以中华民国非常大总统的身份接受申圭植呈递国书,双方互致贺词,互相承认,建立了外交关系。数十年来,韩方人士一直对此高度评价,称颂:"中山先生真伟大! 当时国民党护法政府,以广东一隅之地,外受列强压迫,内遭军阀排斥,风雨飘摇,危如坠卵,竟能排除万难,高瞻远瞩,承认韩国临时政府,全力支持韩国革命,这是何等气魄! 何等见识!"①

中国共产党对韩国独立运动的态度是由中国共产党的纲领决定的。列宁关于民族和殖民地问题的学说是中国共产党领导中国新民主主义革命的理论基石。中国共产党不仅以这个理论指导中国的民族民主革命,而且也以此看待韩国独立运动,支持韩国人民实行彻底的民族民主革命,使韩国在完成民族独立的同时,实现资产阶级性质的民主革命,为进一步实现社会主义革命作好准备。②

韩国三一运动席卷朝鲜半岛之时,正值中国五四爱国运动爆发的前夕,中国共产党虽然还未诞生,但中国共产主义运动的早期活动家已以敏锐的洞察力关注着韩国民族革命的兴起。中国传播社会主义学说的重要刊物《每周评论》多次详尽报道了韩国三一运动。后来成为中共首任总书记的陈独秀以"只眼"为笔名,在该刊物上发表了《朝鲜独立运动之感想》、《中国的李完用、宋秉竣是谁?》的社论和短评,称颂韩国独立运动"伟大、诚恳、悲壮,有了正确的观念,用民意不用武力,开历史的新纪元"。③ 毛泽东早在北京大学图书馆工作时,就接触过韩国革命者。中共建党前夕,他和何叔衡一起在湖南长沙和韩国革命者共组"中韩互助

---

① [韩]闵石麟:《中韩外交史话》,第 1—2 页。
② 在过去的半个世纪中,对中国共产党与韩国独立运动关系的研究非常不够,不仅基本的史料没有得到挖掘和整理,不少领域的研究尚为空白,而且深深打上了冷战时代的烙印,缺乏科学性。随着冷战时代的结束,中国与朝鲜、韩国关系的均衡发展,朝鲜半岛北南关系走向缓和,以及各方档案资料的不断披露,我们已有可能对于该课题的若干重要问题进行史料的梳理和初步的研究。该项研究对于推进近代中韩、中朝关系的研究和发展,既有历史的和理论的意义,又有政治的和现实的意义。
③ 《每周评论》1919 年 3 月 16 日、23 日。

社",并分任通讯部主任和宣传部主任。① 正在创建中的中国共产党和在上海活动的韩国共产主义者也有某些联系。

自1921年7月中国共产党在上海建立,至1937年7月中日战争全面爆发,中国共产党与韩国革命者在中国关内进行的反日独立运动有着密切的关系,这种关系呈现着多方面的特点。首先,列宁关于民族和殖民地的学说,共产国际关于被压迫民族解放运动的重要理论和国际战略,是中国共产党和韩国共产主义者领导本国革命的共同的理论基石,也是双方密切合作、共同奋斗的必要前提。1922年1月,中国代表39人(其中中共代表14人)和韩国代表52人(其中韩国共产主义者代表42人)等,一起参加了远东各国共产党和民族革命团体第一次会议。② 会议期间,中韩两国的革命者进行了广泛的交流,增进了互相了解,奠定了共同奋斗的基础。1922年7月,中国共产党"二大"通过的宣言以明确的语言指出:只有全世界无产阶级和被压迫民族联合起来,才能达到解放全世界的目的,宣言高度评价日益高涨的韩国反日独立运动。③

中国共产党对韩国国内发生的重大革命运动作出了及时的反应。1926年,韩国发生六一革命运动,中共中央机关刊物《向导》第160期发表《朝鲜之大示威运动》,高度评价朝鲜共产党领导的这一革命运动。6月20日,中共上海区委发布枢字第62号通告,要求所属各支部"用各种社团名义拍电汉城韩国民众表示援助","应特别表明中韩人民共同携手,向日本帝国主义进攻,谋世界民族革命之成功之诸重要意义"。④ 7月12日,中共中央《第五次对于时局的主张》更是高度评价韩国"六一"革命运动对于中国革命的支持。⑤ 1929年底,韩国爆发了以"光州事件"为标志的反日斗争风暴,形成韩国革命运动史上的又一高潮。12月25日,中共中央机关报《红旗》发表评论《欢迎朝鲜的"五卅"》,颂扬这一运动是"全朝鲜人的民族解放运动,一千八百万朝鲜人正在过着自己的伟大的'五卅'"。次年2月1日,中国共产主义青年团中央发表《援助朝鲜革

① [日]金正明编:《朝鲜独立运动》(二),东京原书房1967年版,第289页。
② 《中共党史参考资料》(二),中国人民解放军政治学院党史教研室1979年刊印,第464—467页。
③ 《中共党史参考资料》(二),第489页。
④ 原件藏上海市档案馆。
⑤ 《向导》第163期,1926年7月14日。

命宣言》,号召中国的青年兄弟们实行"同盟罢工、罢课、罢市示威","极度地发展我们的反帝运动","给朝鲜的兄弟们以最大力的帮助"!①

中国共产党与韩国反日独立运动的关系还表现在旅居中国的大批韩国革命者以无私的献身精神,积极投身中国革命的洪流。在国共合作时期,大批韩国革命者加入了中国国民革命的行列。他们积极参加轰轰烈烈的五卅运动,在上海、北京、广州等地和蒙古、印度等被压迫民族民众代表举行大会,发表声明,声援中国人民的反帝斗争。他们派出大批优秀青年进入黄埔军校学习,共有 34 名韩籍青年成为该军校学生。②随后,他们又参加了巩固广东根据地的战斗和北伐战争,他们的鲜血洒遍了中国的大地。国共分裂后,信奉共产主义的韩国革命者依然与中国共产党人生死与共,在国民党的白色恐怖下坚持斗争。1927 年 12 月 11 日,中国共产党在广州举行武装起义,宣布成立"广州公社",韩国革命者 150 余人与中国战友共举义旗,并肩战斗,大部分壮烈牺牲。后来,广州人民为此修建了"中朝人民血谊亭"。起义失败后,金山等 15 位韩国革命者随同起义军撤往海陆丰地区,与彭湃领导的农民革命武装相结合,继续开展苏维埃革命运动,金山曾被任命为海陆丰革命法庭的 7 名成员之一。③ 1926 年 4 月,韩国革命者曾在上海建立朝鲜共产党上海支部,直属共产国际远东局领导。次年 9 月,改编为中共江苏省委法南区韩人支部,列入了中国共产党的战斗序列。在 20 年代末 30 年代初,在中共中央的直接领导下,该支部先后成立了中国共产主义青年团上海韩人支部、中国革命济难会上海韩人分会、上海韩人反帝同盟、上海韩人苏维埃之友、上海韩国革命妇女会、上海韩人革命青年会、中韩抗日大同盟、上海韩侨民拒缴民团税委员会、上海韩人五卅纪念准备委员会、韩人拥护红军募捐委员会、上海韩人"八一"筹备委员会、上海韩人反对牛兰氏无期徒刑委员会等革命团体,创办了《三一战线》《反帝战线》《互济运动》《无穷花》等革命刊物,积极参加当时的革命运动。在中国各红色革命根据地,甚至在中国工农红军二万五千里长征的行列中,到处都留下了韩国革命者英勇奋斗的足迹。

---

① 原件藏上海市档案馆。

② 《黄埔军校史料》,广东革命历史博物馆 1982 年刊印,第 93 页。

③ [美]尼姆·韦尼斯,[朝]金山:《在中国革命的队伍里》,香港粤海出版社 1977 年版,第 107—108 页。

关于中国共产党在中国东北地区与韩国独立运动的关系,比较中国关内地区来有其特殊性。这种特殊性表现在:1.旅居中国东北地区的韩国侨民不仅在数量上达到 200 万以上(一说 300 万以上),而且居住相对集中,形成一定的聚居区,而关内地区韩籍侨民完全散居在中国人民之中;2.自日本吞并韩国以来,移居中国东北的各阶层的韩国人前仆后继,在东北地区独立地开展各种形式的反日复国斗争,而关内地区韩籍侨民的反日独立运动往往与中国革命运动紧密结合,在更大程度上是参加或配合中国人民的革命斗争;三,在中国东北活动的韩籍共产主义者在相当一段时期内受总部设在国内的朝鲜共产党中央领导,而在关内地区活动的韩籍共产党人则与朝鲜共产党国内的总部没有密切的联系等,由此形成了中国共产党与中国东北地区韩籍革命者相互关系上的某些特殊之处。

1925 年 4 月,朝鲜共产党和高丽共产青年会在汉城成立,分别成为共产国际和少共国际的支部。1926 年 5 月,分别在中国东北建立满洲总局。1927 年 10 月,中共中央决定在东北设立满洲省委,并高度关注东北韩侨的革命运动。1928 年 7 月,中共"六大"通过《民族问题决议案》,中共中央据此加强了对于中国东北韩籍侨民、韩侨革命运动以及朝鲜共产党的基本情况的调查。1929 年 7 月 20 日,中共江苏省委法南区韩人支部书记玉真向中共中央送交《东三省韩侨情况报告》;7 月 25 日,后来成为中共中央朝鲜工作委员会成员的江宇也向中共中央送交《住满韩侨之情势报告》,为即将到来的双方关系的大调整作了必要的思想上和组织上的准备。①

中韩共产主义者在中国东北关系的大调整是根据共产国际的决定进行的。1928 年 12 月,共产国际决定解散在中国东北的朝鲜共产党,朝共党员加入中国共产党满洲组织。1930 年 3 月 20 日,朝鲜共产党满洲总局正式发表宣言,解散该总局,号召东北的朝鲜共产主义者在中国共产党的旗帜下组织起来。② 中朝共产党关系的大调整带来了积极的成果。大批朝共党员加入中国共产党,不仅加强了中韩革命者之间的团结战斗,有利

---

① 《满洲省委文件》第 12 卷第 1 号、第 2 号。
② 《朝鲜共产党满洲总局解散宣言》(1930 年 3 月 20 日),原件藏延边朝鲜族自治州档案馆。

于粉碎日本帝国主义者对中韩关系的挑拨与离间,而且大大增强了东北地区的革命力量,将原先韩国革命者组织的零星的反日斗争和反抗中韩统治者的斗争升华到中韩革命者联合战斗的更高级的形式。面对日本帝国主义企图利用万宝山事件、韩国国内惨杀中国华侨事件、九一八事变等挑起中韩民众的全面冲突,中国共产党适时地表明了自己的正确立场,呼吁亲爱的朝鲜兄弟不要被日本帝国主义的"鲜民保护"所陶醉,号召他们在中国共产党领导下,和广大的革命的中国的工农兵劳苦群众兄弟们携起手来,直接参加伟大的中国革命,消灭帝国主义国民党,争取自身的解放等。[①] 由于日本侵略者的挑拨而在中韩民众间投下的互不信任的阴影逐渐消除,中韩革命者在艰苦的反日斗争中用鲜血和生命结成了生死与共的战斗友谊。

根据中共中央总的政治路线和策略方针,中共满洲省委虽然仍认为"援助韩国革命,是中国党特别是满洲党最中心的实际任务之一","派韩国同志回国,是党的重要任务之一",[②]但是,其工作的重点已移向在中国东北农村组织领导中韩民众,发动地方暴动,实行土地革命,建立苏维埃政权。[③] 20世纪30年代初,在中共满洲省委的领导下,中国东北地区出现了无产阶级革命的高潮。这些成绩的取得,与中国共产党在斗争中接受了大批韩籍革命同志是分不开的。中共东北党组织领导人周保中回忆说:"1930年时县委书记差不多通常是朝鲜同志,区委书记也是如此,那时宁安县委两个书记都是朝鲜同志(1929—1931,1931—1932),延边四个县和勃利、汤原、饶河、宝清、虎林、依兰等地的县委书记也都是朝鲜同志,县委委员大部分是朝鲜同志",经中共接收的朝共党员有2000人左右,"多于东北原有党员好几倍","这些同志在中共满洲党领导的斗争中起了很大的作用"。[④]

九一八事变后,中共满洲省委领导人杨林、杨靖宇、周保中等分赴东北各地,与韩籍革命者金日成、崔石泉、李红光、金策等,先后在南满、东

---

① 《满洲省委文件》第41卷第27号。
② 《满洲省委关于满洲韩国民族问题决议案》(1931年5月26日),《满洲省委文件》第30卷第18号。
③ 《中共中央给满洲省委指示信》(1930年6月29日),《满洲省委文件》第13卷第3号。
④ 周保中:《东北地区的政治、经济特点和朝鲜民族的关系》(1959年12月28日),杨昭全等编:《东北地区朝鲜人民革命斗争资料汇编》,辽宁民族出版社1992年版,第40—41页。

满、北满、吉东等地创建了数十个党领导下的抗日游击队。在这些反日游击队中,韩籍革命者占了相当大的比例,东满的一些反日游击队甚至是以韩籍革命者为主组成的。1934年,中共满洲省委逐步将各部队统一编组为东北人民革命军8个军。1935年12月,中共中央在陕北瓦窑堡举行中央政治局扩大会议,决定建立抗日民族统一战线的总路线和总策略。会议通过的抗日救国十大纲领,将"联合朝鲜、日本国内的工农,及一切反日力量,结成巩固的联盟"作为建立国防政府和抗联军的行动纲领之一。① 次年初,中共领导的各抗日部队整编为抗日联军11个军。他们不断袭击日军的据点,焚毁机场和仓库,毁坏交通,甚至突入朝鲜境内,予敌以重创。在抗日联军的队伍中,韩籍革命者同样起着重要的作用,中国共产党对朝鲜革命者对东北抗日游击战争的贡献作了高度的评价。

从1940年底开始,东北抗日游击战争进入了所谓"野营"时期。根据中苏伯力会议达成的协议,②抗联各部队先后转入苏联境内进行整训。抗联人苏境人员在苏联境内设立了北、南两个野营。1942年8月,经苏方同意,抗联人员统编为一个旅,正式番号为苏联远东红军88旅(对外番号为8461步兵特别旅),由中、韩、苏三国人员组成,又称"国际旅"。教导旅名义上由苏联远东红军代管,但内部仍保持抗联的独立性和单独的组织系统,执行抗联独立的战斗任务。③ 抗联部队由此列入苏军建制,接受正规的军事政治训练,并继续派遣党员、游击队员同东北地区的地下党组织与群众保持联系,领导人民开展反日游击战争。无论是在抗联教导旅,还是在东北党委员会的领导决策层中,韩籍革命者都占有重要的地位。1945年5月,德国法西斯战败,世界反法西斯战争进入了最后决战阶段。在苏联军方的帮助下,抗联教导旅的军事政治训练转向学习苏联

---

① 《中共党史参考资料》(七),第349—358页。

② 1940年1月24日,中共吉东北满党代表会议在苏联境内伯力举行,东北抗联主要领导人周保中、赵尚志、冯仲云等出席。会议认为:东北抗联在与中共中央失去联系的情况下,经共产国际同意,应接受苏联远东红军的友谊指导,与之建立经常的联系,接受有限的物质援助,并在不妨碍中共政治威信和组织关系的情况下,直接帮助苏联红军领导方面获得日寇在满洲的情报等。3月,中苏双方达成协议:东北抗联各部在战斗失利或因其他原因需要临时转移到苏联时,苏联方面应予接纳并提供方便。

③ 参见《东北抗日联军斗争史》,人民出版社1991年版,第449页。

红军反攻作战的新经验,并根据苏军的总体对日作战计划进行各种准备工作。[1] 7月,抗联教导旅党组织根据新的形势和抗联反攻作战计划,决定将现有党的领导机关一分为二:中国籍党员组成新的东北党委员会,也称辽吉黑临时党委会,以周保中为书记,预定将总部设在长春,下设12个地区委员会,随苏军进入东北作战;韩籍党员组成朝鲜党委员会,随苏军进入朝鲜反攻作战,重建朝鲜共产党,争取朝鲜民族的独立解放。8月8日,苏联对日宣战,苏军兵分四路进攻中国东北和朝鲜半岛。中国人随苏军进军东北,朝鲜人则回到国内,在苏军帮助下,联合各革命团体,成立朝鲜民族执行委员会,清除日军残余,实施行政自治,迈开了独立建国第一步。[2] 坚持14年之久的东北抗日游击战争胜利结束。

中国共产党与韩国反日独立运动发生密切关系的另一地区是抗日战争时期的华北、华中、华南敌后抗日根据地。中国共产党直接支持、帮助、指导朝鲜独立同盟和朝鲜义勇军的创建和发展,共同在敌后战场抗击日本的侵略,并培植了一支强大的韩国独立复国的革命队伍。

抗日战争爆发后,国共再度合作,共赴国难。中国共产党改变以往单纯与韩国共产主义者联系为与韩国独立运动各党派发生广泛的联系,积极支持他们的抗日复国斗争。中共主办的《新华日报》屡屡发表社论和评论,声援韩国独立复国运动。1938年7月,在中共领导人、时任国民政府军事委员会政治部副主任周恩来的支持下,韩籍进步青年60余人在汉口组成"朝鲜青年战地服务团",直辖于以郭沫若为厅长的政治部第三厅。10月,在周恩来的具体指导和倡议下,经国民政府批准,由朝鲜民族革命党等创建了朝鲜义勇队。周恩来在成立大会上发表了题为《东方被压迫民族与解放斗争》的讲话,郭沫若等参加了组建朝鲜义勇队的工作。[3] 同月,武汉沦陷,朝鲜义勇队奉中国军方命令分赴各战区,参加抗日战争,但中国共产党仍对该队保持着相当的政治影响力。11月下旬,该队部分队员随周恩来到了桂林,在八路军驻桂林办事处指导下开展工作。1939年朝鲜义勇队第二支队正式成立了中国共产党支部,直属新四

---

① 刘文新等:《周保中传》,黑龙江人民出版社1987年版,第274页。
② 刘文新等:《周保中传》,第275—276页。
③ 石源华:《韩国独立运动与中国》,上海人民出版社1995年版,第252—253页。

军党委领导。[①]

　　1939年下半年起,中国共产党根据抗日战争中国战场形势的要求,决定有计划地将在中共影响下的朝鲜义勇队各部陆续调往敌后抗日根据地。[②] 1940年,朝鲜义勇队经八路军总部安排,北渡黄河进入太行山革命根据地,受到薄一波领导的山西"决死队"的远道欢迎。接着,又实现了与八路军三八五旅的胜利会师。1941年1月,进入太行山抗日根据地的韩国革命志士在八路军总部所在地山西桐峪成立华北朝鲜青年联合会,同时成立了朝鲜义勇队华北支队。华北朝鲜青年联合会的成立标志着在中国共产党的领导下,有组织的韩国反日独立复国运动已在敌后抗日根据地得以开展。

　　随着敌后抗日根据地韩籍侨民的日益增多和韩国反日独立运动的逐步开展,制订对韩政策摆上了根据地党政军领导的议事日程。中国共产党及其领导的敌后抗日政权依据新民主主义的革命理论和敌后抗日根据地的实际情况,立足于最大限度地动员下层韩籍群众参加抗日复国斗争的原则,制定了一整套对待韩籍侨民和韩国反日独立运动的政策。主要内容是:1.援助朝鲜民族解放运动,迅速打倒日本帝国主义;2.边区政府保护因反抗日本和逃避战乱来到边区的朝鲜人民;3.朝鲜人民与中国人民享有同等权利,保障其生命财产安全,帮助其解决土地、住所及低利贷与资金、农具、种子、耕牛,维持其生活,帮助发展生产;4.朝鲜人民可享受子女免费入学以及设立学校,发行刊物,帮助旅费回家、介绍参加工作等各种优待;5.支持和援助朝鲜人民参加各种抗日活动,组建以光复朝鲜为目的的抗日团体和武装等等。[③] 这些规定是中国共产党人将马列主义关于民族与殖民地学说与中国革命实际相结合的产物,是国际主义精神与中韩友谊的结晶。

　　1941年10月,华北朝鲜青年联合会积极参与发起在延安召开东方各民族反法西斯代表大会,成立东方各民族反法西斯大同盟,韩籍革命者武亭当选为大会主席团成员和该同盟中央执行委员。[④] 1942年7月,华

---

① 文正一等:《抗日战争中的朝鲜义勇军》,《民族团结》1995年第7期。
② 文正一等:《抗日战争中的朝鲜义勇军》,《民族团结》1995年第7期。
③ 石源华:《韩国独立运动与中国》,第336—337、421—422、422—423、427—428页。
④ 《解放日报》1941年10月27日—11月1日。

北朝鲜青年联合会在晋冀鲁豫边区某地举行代表大会,决定将华北朝鲜青年联合会扩大为朝鲜独立同盟,将朝鲜义勇队华北支队扩编为朝鲜义勇军。会议参照中国新民主主义的革命经验和韩国革命的实际制定了朝鲜独立同盟关于韩国民主革命的纲领和开展民族反日独立运动的纲领,[①]并产生了一个强有力的领导核心。会议推选韩国反日独立运动的老革命家金白渊为委员长,崔昌益、韩斌为副委员长,任命武亭为朝鲜义勇军司令,朴孝三、朴一禹为副司令。[②] 12 月 1 日,朝鲜独立同盟在山西太行抗日根据地创办朝鲜青年革命学校,培养用马列主义理论武装的,富有实际斗争经验的韩国革命干部。[③] 这样,就逐步形成了朝鲜独立同盟、朝鲜义勇军、朝鲜青年革命学校以及各根据地的分盟、支队、分校三位一体的韩国反日独立复国运动的新体制。至 1945 年 8 月,朝鲜独立同盟先后在山东军区、新四军、冀鲁豫军区、太行军区、太岳军区、晋察冀军区、冀东军区、晋西北军区、延安、太行朝鲜青年革命学校、华南东江纵队设立了11 个分盟,除太行的两个分盟直接由总部领导外,其余都与八路军各军区的敌工部发生联系并接受领导,总盟则主要与八路军野战政治部组织部发生联系。同时,还在敌占区的天津、北平、哈尔滨、朝鲜汉城建立分盟,在开封、徐州、济南、民权、承德、临汾、榆次、霍县、太原、石家庄、顺德、新乡及朝鲜人在华北创办的各农场建立据点,在八路军野战政治部协助下,由同盟总部直接领导这些分盟和据点。在各主要抗日根据地都建立

---

① 朝鲜民主革命纲领共 10 条,主要内容是:建立全国普选的民主政权;确保言论、出版、集会、结社、信仰、思想、罢工自由;尊重人权之社会制度;在法律上、社会生活上实现男女平等;在自主原则下,与世界各国及各民族建立友好关系;没收日本帝国主义在朝鲜一切资产及土地,将与日本帝国主义密切之大企业收归国有,土地实行分配;实施八小时劳动制及社会保险;废除对人民的赋税及杂税,建立单一累进税制;实施国民教育制度;研究本国文化,普及国民文化等。民族反日独立运动的纲领共 7 条,主要内容是:改善大众生活与增长革命力量,积极领导和参加大众日常斗争;努力对大众实施革命训练,发展革命组织;为居住在中国,特别是华北各地的朝鲜同胞的政治、经济、文化利益而奋斗;努力扩大全朝鲜民族统一战线;努力开展全朝鲜民族的反日斗争,建立革命武装队伍;反对日本法西斯侵略中国,积极参加中国抗日战争;赞助东方被压迫民族运动及日本人民反战运动,支持反法西斯正义斗争等。

② 《解放日报》1942 年 8 月 29 日。

③ 《解放日报》1942 年 12 月 27 日。

了朝鲜义勇军的支队和朝鲜青年革命学校的分校。①

敌后根据地的韩籍抗日军民与中国军民同仇敌忾,并肩战斗,参加了中国共产党领导的所有的抗日斗争和根据地建设。1944 年 8 月,八路军总参谋长叶剑英在《中共抗战一般情况的介绍》中高度评价韩籍革命者对于中国抗日战争的支持和贡献。指出为中国抗日战争而牺牲的朝鲜友人有孙一峰等 17 人,朝鲜独立同盟大批成员为中国抗日战争"做了艰苦勇敢的工作"。② 在中国抗日战争的烽火中,朝鲜独立同盟和朝鲜义勇军不断发展壮大,为争取朝鲜的独立复国作了政治、组织、军事方面的全面准备。

1945 年 8 月,八路军朱德总司令发布了向日军发动总攻击的命令,其中第六号命令是:"为配合苏联红军进入中国及朝鲜境内作战",命令"在现地华北对日作战之朝鲜义勇军司令武亭、副司令朴孝三、朴一禹立即统率所部,随同八路军及原东北军各部向东北进兵,消灭敌伪,并组织在东北之朝鲜人民,以便达成解放朝鲜之任务。"③随即,朝鲜独立同盟和朝鲜义勇军全体人员 3000 余人随同中共中央编组的首批东北干部工作队,从延安出发,奔赴东北。11 月 7 日,已经到达东北的朝鲜独立同盟和朝鲜义勇军根据中共中央东北局的指示,在沈阳举行朝鲜义勇军军人大会,由武亭司令员将全军改编为一、三、五、七支队。由于苏联红军不同意朝鲜义勇军立即进入朝鲜作战,该军奉命开赴东北朝鲜族聚居地区开展工作。1946 年 3 月,中共中央东北局制订《关于朝鲜义勇军暂编方案》,规定将三分之一的朝鲜义勇军连以上干部,以及连以下干部和老战士2000 人送回朝鲜,其余各部编入中国东北民主自卫军,不复以朝鲜义勇军的名义进行活动。④

中国共产党对待韩国临时政府的态度,体现了对待韩国民族主义党派的政策,构成了中国共产党与韩国独立运动关系的又一重要侧面。抗

---

① 武亭:《华北朝鲜独立同盟 1944 年 1 月至 1945 年 5 月工作经过报告》(1945 年 5 月 9 日),杨昭全等:《关内地区朝鲜人民反日独立运动资料汇编》,辽宁民族出版社 1987 年版,第 1150 页;《解放日报》1945 年 8 月 9 日。

② 《解放日报》1944 年 8 月 10 日。

③ 《中共党史参考资料》(九),第 591—592 页。

④ 文正一等:《抗日战争中的朝鲜义勇军》;杨昭全:《朝鲜独立同盟与朝鲜义勇军》,金健人主编:《韩国独立运动研究》,学苑出版社 1999 年版,第 30—35 页。

日战争爆发后,中国共产党根据抗日民族统一战线的策略方针,确立了与韩国反日独立运动各党派广为联络的新路线,与韩国临时政府也建立了联系,并给予相当的尊重。中共中央在重庆创办的机关报《新华日报》以大量的篇幅直接报道韩国临时政府在抗日战争期间的活动,据不完全的统计有近30篇,间接的报道和文章多达数百篇。① 尽管从总体上说韩国临时政府出于历史关系及现实的考虑,主要是争取中国国民党的援助,依附于国民党以求得生存和发展,但中国共产党仍然与韩国临时政府保持了良好的关系,承认韩国临时政府在韩国反日独立运动中的地位,承认金九在韩国独立复国事业中的领袖身份。1941年10月,中国共产党联合东方各民族代表在延安举行东方各民族反法西斯大会,曾将金九和罗斯福、斯大林、丘吉尔、蒋介石、毛泽东、宋庆龄等30余人共同推举为大会名誉主席团成员。② 中共代表、国民参政会驻会委员董必武等曾积极促成国民参政会关于援助韩国独立运动、承认韩国临时政府的数次议案的提出和通过。中共中央代表和八路军驻重庆等国民政府统治区的办事处广泛参加了韩国临时政府、韩国光复军及韩国反日独立运动各党派举办的各种活动。中共领导人周恩来还担任中韩文化协会的名誉理事等。

抗日战争后期,国共两党的摩擦和冲突日益激烈,两党在政治上、思想上的严重分歧也不可避免地影响到两党的对韩政策。中国共产党出于对世界反法西斯战争的大局考虑,在全力支持各敌后抗日根据地的朝鲜独立同盟和朝鲜义勇军的同时,仍然支持以韩国临时政府为代表的韩国民族主义党派的反日复国斗争,包括韩国临时政府争取国际社会正式承认的各种形式的斗争。1944年4月,韩国临时议政院第三十六届议会在通过新的宪章和选举新的临时政府阁员后胜利闭幕。《新华日报》接连发表短评和社论表示祝贺,内称:"韩国实现了民主团结,不仅在韩国临时政府的发展史上有光辉的意义,而且在世界的民主浪潮中,在东方弱小民族的解放运动中,也有着极重大的意义。"③1945年11月,当韩国临时

① 张云:《〈解放日报〉、〈新华日报〉与韩国独立运动》,石源华主编:《韩国独立运动血史新论》,上海人民出版社1996年版。

② 《解放日报》1941年10月27日—11月1日。

③ 《民主团结的光辉在东方升起》,《新华日报》1944年4月28日;《韩国的民主团结》,《新华日报》1944年4月30日。

政府成员行将归国之际,中共领导人周恩来、董必武以八路军重庆办事处名义设宴欢送。金九、金若山以及韩国临时政府各部部长全部到场,宾主频频举杯,殷殷话别,在中韩友谊发展史上留下了一段佳话。①

中国国民党以三民主义为最高党纲,以民族主义为旗帜,在法理上继承了孙中山关于扶助弱小民族的政策,其党内不乏真心支持韩国反日独立运动的有志之士,但在做法上却与中国共产党广泛动员韩侨群众参加抗日复国斗争的政策不同,基本上执行联系、笼络、支持韩国反日独立运动上层人物的做法,尽力将该运动纳入其统治秩序之内。南京国民政府建立后,随着日本的侵略魔爪自东北伸向华北而全中国,对日形势日趋全面险恶,韩国反日独立运动在国民党对外战略的地位逐步上升,导致国民党对韩政策不断发生变化。

自南京国民政府建立至七七事变发生为第一阶段。在九一八事变之前,国民党当局忙于内争,执行对日妥协方针,未能与韩国反日独立运动各团体建立正式的联系,而只是采取某些非正式的方式从道义上对韩国独立复国运动表示同情和支持。1929 年底,韩国发生光州学生运动,一些国民党的地方党部发表文告、通电等,猛烈抨击日本帝国主义灭绝人道之残毒行为,号召国人救人适以自救,应"激于义愤,发乎同情,应声而起,予以救援,俾其独立自主之大业早日完成"。② 1932 年 4 月 29 日,上海虹口公园发生韩国志士尹奉吉掷弹事件,震惊世界,国民党最高当局开始直接关注韩国反日独立运动。1933 年初,中国国民党领袖蒋介石在南京会见韩国独立党领袖金九,密商双方合作事宜。③ 在组织体系上,国民党主要通过两个系统——由陈果夫、陈立夫、朱家骅等控制的国民党中央组织部和中统局以及由邓元仲、贺衷寒、干国勋、滕杰、戴笠等掌控的三民主义力行社和军统局,分别与韩国独立运动各团体保持联系,并给予它们各种必要的便利和支持。经蒋介石批准,由国民党中央组织部每月拨款 5000 元,供金九一派日常开销,其他事业费则由金九提出计划,报蒋批准后另行核发。④ 另一方面,三民主义力行社与朝鲜义烈团首领陈国斌(即

---

① 金九:《白凡逸志》,民主与建设出版社 1994 年版,第 259 页。
② 石源华:《韩国独立运动与中国》,第 164—168 页。
③ [韩]国史编纂委员会:《韩国独立运动史》(四),第 70 页;金九:《白凡逸志》,第 232—233 页。
④ [韩]国史编纂委员会:《韩国独立运动史》(四),第 70 页,金九:《白凡逸志》,第 232—233 页。

金若山)也建立了联系。陈国斌曾向蒋介石提呈《中朝合作反日倒满秘密建议书》,并得到中方的直接援助。① 30 年代前期和中期,国民党军方分别在南京、洛阳、江西、湖北等地举办朝鲜革命干部学校等以培养韩国志士为对象的军校和训练队,或由中国军校(含航空学校)吸收、培养韩籍学生,至抗日战争爆发前夕,共培养各类韩籍军事人才 415 人,为韩国独立复国事业培养了大批军事干部。②

　　1937 年 7 月,中日全面战争爆发,中国国民党对于韩国反日独立运动的支持公开化、官方化,但在方式上仍然因袭战前的传统做法,同时支持韩国反日独立运动的各个派系,由国民党中央党部负责联络以金九为中心的韩国临时政府,由军事委员会政治部支持以金若山为中心的朝鲜民族革命党及其领导的朝鲜义勇队。其主要措施是:1.从政治上支持韩国反日独立运动。中国国民党热诚欢迎韩国在华各党派团体参加中国抗战。1938 年 11 月末和 1939 年元旦,中国战时统帅蒋介石分别约见金九、金若山,表示对于韩国反日独立运动的支持,劝告双方扬弃党派分立观念,谋求大同团结,凝固力量,战胜日本。国民参政会二届二次大会和三届三次大会两次通过议案,要求政府扶助韩国完成复国运动,并于适当时期正式承认韩国临时政府,承认韩国为永久中立国等。③ 2.从经济上扶助韩国临时政府及韩国的反日独立运动各党派。中国方面对它们的经济援助,除军费外,大致可分为三个部分:其一,用于韩国临时政府及议政院经常活动费的政务费。初从国民党中央组织部长的特支费名下每月拨发 6 万元法币,以后因物价上涨以及事业发展而不断增加,最高时达 300 万法币。④ 其二,扶助韩国独立党、朝鲜民族革命党及其他韩国反日独立运动团体的党务费。其三,侨民生活费。当时随韩国临时政府西迁重庆的韩国侨民有 300 人,以后陆续增加至 600 人左右,基本上都以独立运动为职志,其必需的生活费也由中国方面供给。⑤ 3.在军事上将韩国抗日武装编入中国军队的抗战序列。朝鲜义勇队自成立之日起,就隶属于中国军事

---

① 石源华:《韩国独立运动与中国》,第 201 页。
② 范廷杰:《蒋委员长培育韩国革命干部》,《传记文学》第 30 卷第 6 期。
③ 石源华:《论抗日战争期间国民政府的援朝政策》,《抗日战争研究》1994 年第 2 期。
④ 据胡春惠《韩国独立运动在中国》统计,该项政务费 1943 年 5 月为 16 万元,1944 年 1 月为 50 万元,9 月为 100 万元,1945 年 3 月后为 300 万元。台北中华民国史料研究中心 1976 年版。
⑤ 金九:《白凡逸志》,第 274 页。

委员会政治部第一厅指挥,是中国军队对日进行战地攻势的特殊政工队。根据中国抗日战场的需要,他们被分别派往南北6个战区13个省的前线,收集日军情报,翻译敌情资料,管训日本战俘,策动日军中的韩人反正,对日军官兵进行心理作战,协助中国军队开展游击战争等,取得了重要战果。韩国光复军虽与韩国临时政府保有名义上的隶属关系,实质上归中国军方直接指挥。经韩国临时政府同意,中国军事委员会曾颁布《韩国光复军准绳》九条,并任命中国军人为该军参谋长,加强中国军方与该军的联系。① 韩国在华两支抗日武装实际上成为参加中国抗战的国际志愿军。中国国民党的援助使处于低潮的韩国独立运动重新声势大振,为争取战后韩国独立准备了舆论,培养了干部,奠定了基础;同时,朝鲜义勇队和韩国光复军在中国抗日战场上的出现和活动,也壮大了中国抗日战争的国际声势。

1941年12月,太平洋战争爆发,日本因与中、美、英、荷等国开战,已难逃失败的命运,韩国独立问题由此变成指日可待的现实问题。12月10日,韩国临时政府对日宣战。在全国一片"支持韩国独立"、"承认韩国临时政府"的舆论声中,中国国民党对援韩政策进行了重大的调整。1942年12月27日,蒋介石核准《扶助朝鲜复国运动指导方案》的实施,②基本精神是:将援韩政策的重点从扶助韩国革命力量,参加中国抗战,转移到强化韩国复国力量,争取实现战后韩国独立,并确定了"于适当时机,先他国而承认韩国临时政府"的方针,试图扶助该政府成为韩国独立后的正统政府。根据这个纲领性的文件,中国国民党当局采取了一系列措施强化援韩工作。

首先,中国官方将争取国际社会承认韩国独立列为援韩工作的首要目标。在国民政府看来,争取战后韩国独立复国,不但是由于中韩历史关系的悠远久长,也是战后维持远东和平的需要,更是中国作为亚洲大国的一种义不容辞的责任。为此,运用一切政治的、外交的,或民间的、舆论的手段,向国际社会呼吁战后立即给予朝鲜独立。1942年11月,国民政府外交部长宋子文举行记者招待会,公开表示中国将支持韩国在战后成为

---

① 军事委员会:《韩国光复军行动准绳》,《韩国独立运动在中国》,第337—338页。

② 《军事委员会6948号快邮代电》(1942年12月27日),藏台北中国国民党党史会。

一个独立的国家,强调说明支持韩国独立是中国的国际义务而不是权利。① 1943年7月26日,蒋介石在会见韩国临时政府主席金九等人时,直率表示:"韩国之在战后应予独立,系中国政府之决定政策。"②8月,外交部长宋子文分别在伦敦和华盛顿发表类似谈话,表示"中国希望于日本战败后,将东北和台湾归还中国,并使朝鲜成为一个独立的国家。"③同时,中国官方也将承认韩国临时政府提上了议事日程。1942年3月,国民政府立法院长孙科在东方文化协会演讲中高度评价韩国临时政府,公开主张中国应承认韩国临时政府。④ 8月,国民党中央高层人士在两次讨论援韩问题的会议中,曾反复探讨承认韩国临时政府的问题,终因顾忌"承认得太早,英国不痛快,美国亦受影响,承认得太迟,则恐苏联有阴谋",⑤还是确定了"于适当时机,先他国承认"该政府的方针。中国官方就此与美、英、苏等国进行外交交涉,争取他们对韩国临时政府的承认和支持,但没有获得成功。

为了使韩国临时政府能早日为国际社会所承认,中国官方采取了各种措施强化该政府。首先,从组织上改变了以往援韩工作政出多门的现象。1942年12月27日,经蒋介石批准,派定军事委员会参谋总长何应钦、国民党中央组织部长朱家骅和中央党部秘书长吴铁城三人为实施援韩工作主持人,规定今后有关援韩问题,不论政治、军事、经济、党务,统由他们协议办理。⑥ 韩国独立运动的致命弱点自始即是其内部各党派间的四分五裂。中国官方决定将对韩国独立运动的援助由原先的多党运用原则,改变为扶助以金九为主席的韩国临时政府为主的方针,采取多种措施来强化该政府的建设。1942年5月15日,在中国官方的推动下,朝鲜民族革命党领导的朝鲜义勇队并入韩国光复军。另一方面,也极力劝说韩国独立党开放政府,甚至不惜采用高压手段,以对韩方贷款是否兑现为条

① 重庆《中央日报》1942年11月4日。
② 《韩国临时政府宣传部长金奎植对旅美韩侨广播演讲词》(1943年8月5日),藏台北中国国民党党史会。
③ 重庆《大公报》1943年9月19日。
④ 孙科:《韩国独立问题》,《孙科文集》第3册,台北商务印书馆1970年版,第848页。
⑤ 《商讨朝鲜问题会议记录·戴传贤发言》(1942年8月1日),藏台北中国国民党党史会。
⑥ 《中央党部吴铁城秘书长上蒋总裁特5259号报告》(1942年12月15日),藏台北中国国民党党史会。

件,敦促金九等人扩大议政院、临时政府等机关。1942 年 10 月,韩国临时议政院在重庆举行第 34 届议会,补选缺额议员,开始容纳朝鲜民族革命党等左派集团成员,初步实现了左右两派在临时政府内部的合作。①

中国朝野的共同努力,为确立战后朝鲜独立地位造成了有利的态势。1943 年 11 月,中美英三国在埃及开罗举行首脑会议,在中国的坚持下,《开罗宣言》正式确定了战后朝鲜独立的国际地位。然而,中国官方争取国际社会承认韩国临时政府的努力却未取得进展,在与美、英、苏等国交涉碰壁后,反为同盟国联合行动规约所制约,迟迟不能在是否承认韩国临时政府的问题上作出决断,坐失了承认韩国临时政府的最佳时机。②

1943 年底,世界反法西斯战争的形势发生了根本性的变化,美、苏、英诸国的政治领袖们已开始把战略目光转向战后的政治安排及势力范围的分割,韩国问题成为大国出于私利而玩弄政治阴谋的热点问题。美国虽在开罗会议上支持确立战后韩国独立的原则,但对于何时给韩国以独立,态度模糊不清。他们以韩国人“未经训练”,“缺少自己治理政事经验”为由,主张战后由国际托管韩国。在《开罗宣言》发表 42 天后的太平洋作战会议上,罗斯福总统提出战后韩国应接受 40 年托管的主张。③ 英国政府的战后远东战略,以重新恢复战前的旧殖民统治秩序为最高原则。为了维持在印度、缅甸、马来亚等地的宗主国地位,英国反对韩国以及一切东方民族主义运动的扩大,更不希望由中国来扮演亚洲民族解放领袖的角色,从本质上是反对韩国尽早独立的。苏联则将其注意力集中于对日参战后对于朝鲜半岛的军事占领上。面对错综复杂的国际社会,阴谋四出的大国政治,国民党当局坚持战后韩国立即独立及承认韩国临时政府的立场,并一再与美、英等国进行交涉。1944 年 10 月 27 日,蒋介石针对美国的托管韩国主张,致电正在美、英活动的国民政府外交部长宋子

---

① 重庆《大公报》1942 年 10 月 26 日。

② 笔者认为,国民政府如能在开罗会议决定战后给予朝鲜独立地位后,果断地、自主地承认韩国临时政府,然后再以强有力的态度与美、英等国进行交涉,不失为一局好棋。而在豫湘桂战役后,由于中国战场出现严重的政治、经济、军事危机,中国的国际地位一路下落,最终基本失却了在战后朝鲜独立问题上的发言权,中国虽列名所谓“四强”,实际上成为美、苏、英决定朝鲜问题后的被通知者。

③ Department of State, Foreign Relation of the U.S. Diplomatic Paper, The Conferences at Cairo and Tahran (1943), Goverment Printing Office Washington, D.C., 1955, P.869.

文,表示虽可与美、英共同交换意见,但绝不改变我国扶助韩国早日独立的一贯政策,更不同意战后国际共管韩国。① 国民政府外交部除派员在重庆与美、英驻华使馆人员进行多次协商外,又指派亚东司长杨云竹直接与美国政府官员多次研商韩国独立的途径问题,但未获结果。② 1945 年 1 月,中国代表团又奉命利用在美国举行的太平洋学会第九届年会提供的讲坛,大力宣传中国的主张,并就韩国托管问题与美、英等国代表辩论,主张战后立即给予韩国独立,而不经过托管阶段。③ 同年初,中、美、英、苏四国决定在美国旧金山举行联合国创立会议。国民党当局采取各种措施大力支持韩国代表参加会议,④然而,旧金山会议秘书长、美国代表希斯则正式通知已在美国的李承晚等人,拒绝韩国人以任何方式列席会议。⑤ 1944 年 6 月,韩国临时政府在争取国际承认无望的情况下,曾要求中国国民政府实施单独承认,深获中国朝野同情。7 月 10 日,蒋介石指示吴铁城会同外交部长宋子文,"迅即核议首与承认或先与事实承认"的可行性。⑥ 但外交部在美、英、苏三国压力下,不得已决定暂缓单独外交承认,以待适当时机。事实上,三国对于朝鲜半岛问题的讨论已转入了秘密状态,中国已被排斥在大国讨论决定韩国问题之外。

抗日战争后期,国民党当局还积极策划和支持韩国临时政府在朝鲜国内组建反日地下军。早在开罗会议后,蒋介石就指出:为了加强韩国独立运动,应设法使韩国临时政府将其反日工作推进于朝鲜境内。⑦ 1945 年 3 月,中国方面在得知日本有可能放弃本土而在朝鲜与中国东北进行决战的情报后,更感到组建地下军,利用朝鲜本土人民高昂的反日情绪,发动反日暴动,对配合同盟国军队登陆作战的重要性。⑧ 在国民党当局的极力鼓励和支持下,韩国临时政府拟定了"军事计划书",计划选派若

---

① 邵毓麟:《使韩回忆录》,台北传记文学出版社 1980 年版,第 39 页。
② 张群、黄少谷:《蒋总统为自由正义与和平而奋斗述略》,台北"蒋总统对中国和世界之贡献丛书"编辑委员会 1968 年刊印,第 288 页。
③ 邵毓麟:《使韩回忆录》,第 50—55 页。
④ 《国民党中央秘书长吴铁城致金九函》(1945 年 5 月 16 日),藏台北中国国民党党史会。
⑤ 重庆《大公报》1945 年 5 月 22 日。
⑥ 《中央秘书处特 6711 号上总裁签呈》(1944 年 8 月 19 日),藏台北中国国民党党史会。
⑦ 《蒋主席致吴秘书长(34)卯尤(1)侍秦电》(1945 年 4 月 12 日),藏台北中国国民党党史会。
⑧ 《中央执行委员会秘书处函送军事委员会之〈太平洋战争与朝鲜现况情报〉》(1945 年 3 月 7 日),藏台北中国国民党党史会。

干光复军干部,进入朝鲜内地,唤起原有之爱国组织,组成地下军,配合盟军登陆。① 但正当中韩双方积极筹划之时,战争已告结束,该计划停止执行。

　　1945 年 8 月 15 日,日本政府正式宣布无条件投降。此前美、苏已达成秘密协定,决定以三八线为界由两国军队军事占领朝鲜半岛。8 月 8 日,苏联政府对日宣战,苏联红军及东北抗联部队中的朝鲜共产主义者进入朝鲜半岛北部,美国军队也准备在朝鲜半岛南部登陆。美国远东军麦克阿瑟统帅正式向日本大本营下达了驻韩日军应以三八线为界分别向苏军和美军投降的命令,并由驻华美军总司令、中国战区参谋长魏德迈将军以备忘录形式通知中国战区最高统帅蒋介石。② 显然,此时长期支持韩国反日独立运动的中国国民政府,对于韩国问题的决定已不再是参与者,而只是决定后的被通知者。

第六节　战后国民政府的朝鲜半岛政策

　　世界反法西斯战争的胜利和美苏冷战的开始,使中国国民政府实施朝鲜半岛政策的内外环境发生了重大变化。抗日战争结束后,中国国内矛盾随之上升到主要地位,国共内战的爆发和升级,使得国民政府将其主要精力用以对付中国共产党,不能以全力处理包括朝鲜半岛问题在内的周边外交问题。随着国民党军队在内战中节节败退,中国国民政府在国际社会处理朝鲜半岛事务中的影响力也随之而趋江河日下之势。到了该"政府"迁台初期,则完全从国内斗争和寻求自身出路的角度来考虑朝鲜半岛政策问题。

　　中国国民政府的朝鲜半岛政策在外部则受到远东雅尔塔体系和美苏冷战格局的制约和影响。随着美苏冷战格局的形成和升级,美苏对峙成为支配远东战略格局的主要因素,中国徒有"四强"名号,却被摒弃在同盟国决策朝鲜半岛问题之外。国民政府曾经试图制订独立的朝鲜半岛政策,对美苏争执采取某种"超然"态度,以确保自身的安全和在朝鲜半岛

---

① 《军事计划书》,转引自[韩]秋宪树:《韩国独立运动》(一),韩国延世大学校 1971 年版,第 170—171 页。

② 石源华:《韩国独立运动与中国》,第 559 页。

的政治利益,但随着冷战局势的升级,其朝鲜半岛政策被越来越深地打上了美国远东战略的印记,成为美国推行远东政策的工具。

早在战争结束前,国民党当局就对盟军占领韩国期间如何扶助韩国独立问题进行研讨,并由国民政府最高国防委员会拟定了《扶助韩国独立方案》,内分方案和最后让步办法,后者的主要内容是:

> 一、在军事占领期间,应尽量给予韩国一切协商,所有民政事项概由韩人自行处理,同时承认一韩国"临时政府"以树立韩国独立之基础。中、美、英三国对于上述"临时政府"之承认,应互相协商,并采取一致步骤,如苏联愿参加,应欢迎其参加;
>
> 二、对日军事结束后,为维持韩国治安起见,对韩国境内若干重要据点必须加以占领,直至正式承认韩国政府之时为止;
>
> 三、正式承认韩国政府以后,应由中、美、英三国同时实行临时国际协助制度,中、美、英三国对于上项之正式承认,应互相协商,并采取一致步骤,如苏联愿意参加,应欢迎其参加;
>
> 四、正式承认韩国独立以后,应使韩国立即加入国际和平组织,韩国取得会员资格,其独立地位亦可获得一种国际保障;
>
> 五、关于国际协助制度之具体办法应由中美英诸国商议负责执行(俟远东顾问委员会成立后,我国可将其提交该委员会共同研讨);
>
> 六、此项国际协助制度,经参加诸国多数同意,可随时予以废除,但其有效期应以不超过三年为度。①

这个文件反映了中国官方尽力使韩国早日独立的意愿和中国加入对韩事务的政策构架。中国虽然强调美、英、中三国(也可包括苏联)对于朝鲜半岛的联合行动,但侧重点却是坚持中国对朝鲜半岛事务的发言权和主导权,包括军事占领、建立临时政府、韩国加入国际和平组织、以及国际协助制度等,特别强调国际协助制度的有效期不能超过三年,其基本的主张是让长期在中国活动并得到中国国民政府支持的韩国临时政府得到国际

---

① 国民政府档案,原件无时间,应为 1945 年初,藏台北"国史馆"。

社会承认,①并使其整体归国,成为新政府的主体,尽快使朝鲜半岛实现独立。

但远东时局的发展却不尽如人意。1945年8月24日,韩国临时政府主席、韩国独立党党魁金九将一份包括七项要求的备忘录亲自送交蒋介石,请求中国向同盟国建议承认韩国临时政府。② 同日,蒋介石发表演讲,表示中国之反抗日本,"不仅为中国自身自由平等而奋斗,也且为高丽的解放独立而奋斗,今日以后,我们更须本同样的宗旨,与一切有关的盟邦,共同尊重民族独立平等的原则,永远保障他们应该获得的地位"。③公开表明中国援助韩国独立政策的坚定性。国民政府明明知道要让国际社会承认韩国临时政府已是困难重重,仍命令外交部与美国驻华大使馆正面洽商,表明中国认为此时已是同盟国承认韩国临时政府的"适当时机"。但是这个意见遭到美方拒绝。美国政府正式通知中国驻美大使魏道明,美国已和英国、苏联达成协议,原则上准备将韩国交由四强先行托管,俟详细办法拟定后,再与中国会商,至于在韩国成立临时政府一事,当在国际托管组织商订后再行考虑。④ 至此,争取国际社会承认韩国临时政府的希望全部破灭。同时,在日本投降后,美、苏在中国未参加意见的情况下,迅速决定以三八线为界军事占领朝鲜南北方,初步形成南北两大军事占领区。美国方面在实际上已不给中国政府在朝鲜半岛问题上的发言权,当然也将中国排除在军事占领朝鲜半岛以外。

中国国民党当局只得退而在美国政策许可的范围内,设法尽早将在中国的韩国临时政府人员送回国内,以便发挥他们在国内民众中的号召力,为战后韩国独立地位的实现而努力,也由此增大中国在朝鲜半岛问题上的发言权。9月,中国外交部趁美国驻华大使赫尔利返美述职的机会,

---

① 韩国临时政府于1919年4月在上海法租界成立,长期在中国活动,并得到中国官方的全力支持和帮助。太平洋战争爆发后,中国国民政府曾积极与美英交涉,希望国际社会正式承认该政府。

② 主要内容是:1.向同盟各国再予提议承认敝临时政府,于最短时间内俾见实现;2.转商美军当局,于最短时间内特予拨借飞机,将敝政府主要人员一次或分次运送回国,俾急速进行初步工作;3.在中国沿海各地设置必要机构,抚慰中国沦陷区多数韩侨及与国内同志互助联系;4.优待敌军之韩籍士兵,移交光复国编为临时政府之基干队伍;5.通令各收复区军政长官保护韩侨;6.优待侨居重庆的韩胞,先行拨给船只,俾一次全部回国;7.拨借华币3亿元等。

③ 重庆《中央日报》1945年8月25日。

④ 张群、黄少谷:《蒋总统为自由正义与和平而奋斗述略》,第209页。

向美国政府提出三点要求：1.澄清美国对朝鲜建国的态度；2.希望美军迅速派出飞机，将在华之韩国独立运动领袖们接回其祖国；3.希望朝鲜南部的美国军政府尽量吸收韩国临时政府人员担任行政工作。① 但是，美国政府坚持韩国临时政府成员必须在解散该政府之后，以个人身份归国。

中国国民党当局于万般无奈之中，只能在经济上给与韩国反日独立运动诸领袖一些帮助，以利于他们归国后的政治活动。9 月，蒋介石批准借给韩国临时政府金九等领导人 10 亿法币和 20 万美元，并由中方出面代他们向美国军方借用飞机。11 月下旬，在金九主席答应解散韩国临时政府、以个人身份归国后，美国军方派遣两架飞机，运送金九一行返回朝鲜，从而结束了韩国临时政府在中国流亡 27 年的历史。中国国民政府未能通过对美交涉，使韩国临时政府以为国际社会所承认的"流亡政府"身份归国，是其实施朝鲜半岛外交的一次失败。

1945 年 12 月，莫斯科三国外长会议通过了朝鲜半岛问题决议，主要内容是：美苏军司令部组成美苏联合委员会，协同临时朝鲜民主政府及朝鲜各民主政党制定各种方案，交美、英、苏、中四国政府联合考虑；实现四强在朝鲜为期五年之托治制；美苏联合委员会在两周内开会等。② 由四强托治韩国五年的决定，在南北朝鲜出现绝然不同的反应。北方舆论支持三国外长会议决议，在南方则出现强烈的反对风潮。他们进行了长时间的抗议示威活动，反对美、苏将韩国分为南北两区，反对四强托治，呼吁中国帮助韩国实现独立。韩国临时政府驻华代表团③在中国新闻媒体上发表致中、美、英、苏、法备忘录，声明"韩国在国际社会中有宣告独立的权利"；"驻韩美苏军队应立即撤退"；"莫斯科会议通过韩国应被四强托治五年之决议最不合法"；强调"韩国既非战败国，不应受国际共管"，"托治之结果必使韩国国内政治陷于紊乱"，"亦必甚易使四强间发生误解而陷世界于不安也"。主张解决韩国问题的正当途径是："一、请任韩国人民自己组织临时政府；二、立刻撤退美、苏占领军；三、废除托治；四、组织

① 《中国国民党中央执行委员会所召集之韩国、越南、泰国问题座谈会记录》(1945 年 9 月 25 日)，藏台北中国国民党党史会。
② 《申报》1945 年 12 月 29 日。
③ 1945 年 11 月，韩国临时政府虽在美国的压力下，在归国前宣布解散，但该政府留驻中国处理善后事务的代表机构却依然以韩国临时政府驻华代表团的身份长期在中国活动，直至大韩民国正式建立为止。

四强技术顾问团,以促进韩国之善后建设工作"等。①

中国国民政府发言人表示:"中国始终希望韩国成为一个自由独立之国家,我人相信固定之托管时期,可助韩国完全独立。"②重申了对于韩国独立问题的原则立场,含糊表示托管有助于韩国独立。中国新闻媒体则大量报道韩国人民反对四强托管的抗议示威活动,表示出极大的关注和同情,有的报道暗示国民政府"主张朝鲜独立,但不赞成在五年托管期内划分朝鲜为美苏两个管领区",只是不便公开反对三国外长的决定罢了。③

由于美、苏冷战已逐步形成,莫斯科三国外长会议的决定实际上无法实行。美苏联合委员会延至 1946 年 3 月正式运行,但一开会即成僵局。双方围绕着韩国临时政府组成人员问题,历经一年多的谈判,不能形成一致意见。争论的焦点是:美方不允许共产党控制政府,苏方也不接受亲美集团把持政府,美苏联合委员会时开时停,陷入了困境。朝鲜半岛的混乱局面日趋严重,美、苏已将在朝鲜半岛争夺势力范围放置在韩国独立统一事业之上。美军在南方扶植日本残余势力,培植大量武装警察、部队、宪兵,苏军则在北方武装朝鲜人民军,南北双方的政治力量在美、苏的默许和支持下,分别在美、苏占领区建立政权机构。1946 年 2 月,南朝鲜成立了"民主议院"。同月,北朝鲜也出现"临时人民委员会",更增加了朝鲜半岛问题的复杂性。

面对风云变幻的朝鲜半岛局势,中国国民政府的朝鲜半岛政策经历了种种变化。1945 年 11 月 3 日,国民政府应在中国的韩国临时政府主席金九之请,曾委派邵毓麟为军事委员会委员长驻韩联络员。12 月 5 日,改称"军事委员会委员长驻韩代表"。次年 3 月 21 日,又改称"外交部驻韩代表"。政府给予邵毓麟的对韩政策指令是:

> 在目前美苏两军分占朝鲜南北现状下,国际上我方除应与美方密切合作外,对于驻韩美苏军事当局,自应同等联系,俾我在外交上可保持超越立场,作为美苏桥梁,乃至运用两者关系。一方面逐渐培

---

① 《韩国驻华代表团致中美英苏法国之备忘录》,藏上海市档案馆。
② 《我国政府发言人谈三强会议托管韩国实有助于独立》,《申报》1945 年 12 月 30 日。
③ 《重庆华人欢迎三外长会议各项协定》,《申报》1945 年 12 月 30 日。

养亲华分子,团结韩方各派,对韩国方面,除尽量援助韩国临时政府外,须确实掌握现在我东北、华中、台湾之三百万万韩侨,以为今后对韩之外交资本。故我对韩政策,必须在内政外交统一运用下,始克速步推进。①

由此可见,国民政府试图在美苏间实行"超越"立场,"运用两者关系","作为美苏桥梁",并在此基础上,发展与强化与长期以来与中国有密切关系的韩国政治势力以及与在中国的 300 万韩侨间的关系,建立今后开展朝鲜半岛外交的资本。

然而,由于内外诸种因素,这个设想未能变为现实。邵毓麟未能如期赴韩履任。当时,美国政府派驻韩国的外交代表是驻汉城总领事。1946年 11 月 4 日,国民政府派遣刘驭万为中国驻汉城总领事,以与美国政府保持同步,②实际上中国外交代表只能在美军控制的朝鲜半岛南部地区开展若干外交活动。

随着美苏冷战的升级,朝鲜半岛分裂局面的加剧,以及中国国民政府在国共内战中的失利,国民政府在外交上对于美国的依赖程度越来越高,逐渐改变在美苏间的"超越立场",实行紧随美国的立场,成为其推行远东政策的附庸。1947 年初,由于美苏联合委员会的谈判迟迟不能取得进展,2 月,北朝鲜成立"人民临时委员会"和"临时人民政府"。韩国南部的右翼势力领袖力主迅速单独成立"临时政府",南朝鲜"民主议院"议长李承晚为此赴美国、中国活动,争取两国对其政治主张的支持。1947 年 4 月,国民政府邀请李承晚访问中国,就日后中韩关系进行秘密磋商。4 月 13 日,蒋介石会见李承晚,称"中韩两国向为兄弟之邦,当互相合作,中国决尽最大努力,协助韩国成立政府",明确表示了对李承晚的支持。③ 16 日,国民政府外交部长王世杰致函美、英、苏三国外长,指出:"朝鲜之前途与中国有重大利害关系,为中国所异常关切之事。中国人民及其政府一向认为尽可能迅速给予韩国人民以独立";对于"自日本投降以迄今兹,历时已久,但韩国境内迄未成立一韩国人民之政府",深表遗憾;认为

---

① 国民政府代电(府军义字第 97 号),藏台北"国史馆"。
② 邵毓麟:《使韩回忆录》,第 82 页。
③ 《申报》1947 年 4 月 14 日。

"韩国政府之成立与其工作之开展,不容再令延宕",如美、苏两国无法及早成立协议,则应同美、英、苏、中四国"迅速从事全面之协商"等,表明国民政府对朝鲜半岛事务的强烈关切,并主张由四国会议代替美苏联合委员会讨论韩国问题。① 这实际上也是当时美国的主张,国民政府起了美国政府代言人的作用。

5月21日,一度闭会的美苏联合委员会恢复建立韩国统一政府的谈判,但很快再次陷入僵局。朝鲜半岛的危机日益加重,美、苏都在各自占领区内装备军队和警察,局面越来越动荡不安。8月底,美国提议9月8日在华盛顿举行四强会议讨论朝鲜半岛问题,中国政府立即表示同意。《中央日报》为此发表社论《朝鲜独立不容再缓》,指出:"朝鲜今日是处于美苏两国的分别控制之下。由于两国政策的迥不相侔,两国的控制区成了两个隔离的世界,独立不可得,同时统一亦不可能。这种现状显然是违反了朝鲜人民的意志的。朝鲜是日本侵略的牺牲者,在侵略国被击败了的今日,仍然受到这种不合理的宰割,世界上不平之事,宁有甚于此者!"对未来的华盛顿会议提出了朝鲜立国至低限度的三项条件:一、独立自主必须是无条件的,一切管制、一切外国的干涉,不论是用什么借口、什么名义,都不容存在;二、朝鲜必须有真正代表人民的政府,这个未来的政府无论由何种方式组成,必须经由朝鲜人民的自由意志选择出来;三、朝鲜的领土不容腰斩为二,必须有实质的统一,不容以任何方式来行变相的分治。② 中国官方与美国采取了同步的立场。然而,苏联方面拒绝了美国关于举行四强会议的建议,称"美苏混合委员会之努力并未绝望,且尚大有作为",并指责"混合委员会不能获得一致协议,其责先应由美代表团负之"。③ 在这一阶段,国民政府的朝鲜半岛政策已从在美、苏间采取"超然"态度逐步过渡到与美国政策亦步亦趋。

1947年5月,美国总统派遣魏德迈率代表团赴远东考察调查。9月,魏德迈向杜鲁门总统提交报告书。以此为转折,美国在远东对苏联的态度转向强硬,并采取了政治分裂朝鲜半岛的行动。同月,美国不顾苏联的反对,单方面向第二届联合国大会提出讨论朝鲜半岛问题,并促使大会在

---

① 《申报》1947年4月17日。

② 《中央日报》1947年8月31日。

③ 《中央日报》1947年9月8日。

苏联等国代表拒绝参加表决的情况下通过决议,决定由联合国建立"朝鲜委员会",派驻韩国观察和监督全国的选举,然后成立全国政府。① 9 月 21 日,中国代表顾维钧在联大宣布:中国赞同美国之建议,将韩国独立问题列入联大议程。同时声明:"韩国之将来对中国之关系至大至深,故吾人虔诚希望,各国应尽努力,以加速韩国之取得自由及独立,并在联合国中占应有之一席地。"②10 月 19 日,国民政府外交部长王世杰发表声明,再次强调"韩国前途对于中国关系重大",指出美苏混合委员会谈判现已属于僵局,"必须加以打开","两占领国或莫斯科协定签字国如无法成立协议,则惟有将此问题移交联合国大会讨论"等。③ 国民政府代表在联合国投票支持美国的提案。

随后,中国国民政府支持联合国建立"朝鲜委员会",并被指定为该委员会的 9 个成员国之一,④刘驭万兼任该委员会中国代表。1948 年 5 月,在该委员会干预下,南韩进行"大选",并于 8 月 15 日建立大韩民国政府。同月,北朝鲜也进行了最高人民议会选举,并于 9 月 9 日成立朝鲜民主主义人民共和国。朝鲜半岛正式形成了分裂的局面。8 月 12 日,国民政府外交部长王世杰发表声明承认韩国新政府,并宣布"在联合国大会讨论上述韩国临时委员会报告以前,基于中韩两民族间传统的友好精神,对于韩国政府予以临时承认,并派刘驭万博士为中国政府驻韩国之大使衔外交代表"。⑤ 其速度之快,甚至超过了美国的主要盟国英国。

9 月 12 日,韩国总统特使赵炳玉率团访问中国,《中央日报》发表社论,祝贺韩国新政府成立,指出:"此番李承晚氏所领导的政府,其成立的经过是完全遵照民主合法手续的;选举是在联合国委员会周密注视之下进行,迥非一般偷天换日,假借民意的选举可比",相信这个政府"必能给联合国代表以极佳的印象","不久将在巴黎召开的联合国会议,也必能对韩国今后的建国工作,给予重要的协助。"⑥同样是《中央日报》,对于朝

---

① 人民出版社编:《朝鲜问题文件汇编》,人民出版社 1954 年版,第 66 页。
② 《申报》1947 年 9 月 23 日。
③ 《申报》1947 年 10 月 21 日。
④ 该委员会的其他成员为:印度、叙利亚、澳洲、加拿大、法国、菲律宾、萨尔瓦多、乌克兰(拒绝参加)。
⑤ 《申报》1948 年 8 月 13 日。
⑥ 《中央日报》1948 年 9 月 13 日。

鲜新成立的政府却是极尽攻击之能事,指责朝鲜政府是"共党控制下的平壤政权","不仅胁持北部人民,不令参加选举,且进而以种种卑劣横暴的手段,企图破坏南部的选举,从而破坏整个韩国的独立自主";是一个"在外国操纵下的'中央政府',以与民选的、合法的韩国政府相对抗,甚至还企图挟其优势的武装力量,吞噬全韩"。① 12月,国民政府代表又与美国、澳洲共同提案,推动联合国第三届大会通过决议:"承认在联合国代表团监督下选出的韩国政府为合法政府"等。② 在这个阶段,国民政府自始至终参与了美国操纵联合国,在南韩举行单独选举、分裂朝鲜半岛的全过程,起了推波助澜的作用。

1949年1月,国民政府紧随美国政府,宣布正式承认大韩民国,并与南韩政府结成了反共联盟。其时,国民政府在中国大陆已呈兵败如山倒之势。中国人民解放军辽沈、平津、淮海三大战役的胜利结束,使得国民政府赖以进行内战的主要军队已被消灭。蒋介石被迫下野,国民政府在大陆的统治行将结束。在这样的形势下,国民政府以及随后的台湾当局对其朝鲜半岛政策再次进行了调整,策划"远东反共联盟"和诱使美国政府陷身朝鲜半岛成为其政策的两大主要内容。

筹划"远东反共联盟",是当时在美国影响下的国民党中国、韩国、菲律宾三个反共国家的共同意愿,也是中国国民政府朝鲜半岛政策的重要内容之一。7月11日,蒋介石以国民党总裁身份访问菲律宾,在碧瑶与季里诺总统研讨组织太平洋反共联盟,并决定邀请韩国参加。同月,中国首任驻韩大使邵毓麟赴韩就任,即以此为首要任务开展一系列活动。他曾拟具《战时反共外交政略纲领及其实施步骤》,主张"策动太平洋亚洲与我利害密切之各国与我成立多边的个别谅解或协定(不论其为物质的或精神的),进而促进太平洋亚洲反共国家之团结,或共同配合我剿匪军事之进行"。③ 并与韩国总统李承晚就蒋介石访问韩国事进行磋商。8月3日,蒋介石以中国国民党总裁身份访问韩国,与李承晚在镇海举行会谈,并发表《联合声明》,指出:"太平洋各国尤其远东各国,今日由于共产主义威胁所遭遇之危机,较世界任何其它部分均为严重";"如果亚洲沉

① 《韩国独立政府成立》,《中央日报》1948年8月7日。
② 《申报》1948年12月14日。
③ 蒋正中档案第068卷,藏台北"国史馆"。

沦,则世界决不能自由,而且整个人类决不能听其一半获得自由,一半则为奴隶",主张以中、韩、菲等国为核心,建立亚洲反共联盟,并敦促菲律宾季里诺总统"于最短期间在碧瑶召集预备会议,以拟定关于联盟之各项办法"。①《中央日报》为此专门发表社论,指出:组织太平洋联盟,菲律宾在发起之列,菲总统季里诺并因此决定访问美国,而中韩两国领袖则把晤于汉城,这一联盟的核心国家是中、菲、韩三国,"由于这三国的号召,我们可以预卜凡是已受赤色帝国主义侵略或受到侵略的威胁的国家,必将陆续加入组织,共同抵抗赤色帝国主义而击败赤化亚洲及太平洋各国的企图"。② 支持李承晚的韩国各报刊、各政党也纷纷发表评论和声明,称颂蒋介石是"亚洲唯一伟人,反共先锋",是"韩国的恩人",支持蒋、李联合声明。显然,台湾国民党当局面对国内一败涂地的军事形势,试图利用与韩国、菲律宾反共领导人之间的历史联系,构筑远东地域性的反共联盟,并将美国也拉入其中,形成远东集体防卫远东共产主义的体系。然而,所谓的"亚洲反共联盟",由于美国认为不适时宜,菲律宾中途改变主意,特别是由于中国国民政府在大陆的迅速垮台而未能成为现实。

由于当时美国执行从中国和朝鲜脱身的政策,诱使美国重新陷身亚洲战场,以挽救其自身的败亡,成为败退中国民党当局朝鲜半岛政策的又一重要内容。在邵毓麟赴韩就任大使前,曾赴溪口向已下野的蒋介石请训,并与蒋达成共识:中共如先攻台湾,台湾必不堪设想,南韩亦必遭殃;中共如先攻南韩,则美国不会坐视不救,南韩可以得救,台湾亦可能转危为安,为此,他们在策划建设台、韩、菲远东反共联盟的同时,决定"以非常手段,配合运用策略",争取在驻韩美军未撤走之前,策动南北韩的战争冲突,拖美下水。③ 有史料证明国民政府驻韩大使邵毓麟除领取外交部的正常经费外,还从蒋介石处得到一笔机密费,曾积极参与该项活动。

1949 年 12 月 20 日,邵毓麟呈报蒋介石:"李承晚总统恐北韩进攻,亟需增强空军及武器弹药",请求以红参交换军火,以韩国海空基地供中方使用,"刺激美方增加援韩"。邵氏指出,对韩提供军火援助,既可"利用朝方岛屿作我海空补给基地","伸展对华北封锁","使北韩及我东北

---

① 邵毓麟:《使韩回忆录》,第 121 页。

② 《中央日报》1949 年 8 月 3 日。

③ 邵毓麟:《使韩回忆录》,第 105——107 页。

敌后情报及行动工作","获得韩方合作谅解",建立"对苏及我东北战时之桥头堡",更重要的是可以此举"刺激"美国,改变其"消极"的远东政策。①

1950年3月2日,邵毓麟又向蒋介石提议实施"世界策略":"在南北韩此种情势尤其是美政府及民主党对远东消极政策下",中国"应设法策动南北韩冲突,引起北太平洋方面情势紧张,以促进美政策转变,乃至整个美苏关系之剧变",并称他已与时任台湾当局"行政院长"阎锡山、"参谋总长"顾祝同交换过意见,均认为"此事关系我反共抗苏前途至大","应设法策动"。② 3月17日,邵毓麟再次致电蒋介石,明确提出:"最高方针是否应设法秘密策动南北韩冲突,促使情势紧张,改变美国政策,以至提前美苏关系之整个转变。"③表明邵毓麟极力主张将策动南北韩冲突以加剧远东紧张局势,促使美国改变远东政策,作为台湾当局的"世界策略"和"最高方针"。1950年4月,朝鲜半岛局势日益紧张,国民党元老、抗日战争期间国民政府援韩工作负责人吴铁城和台湾驻日军事代表团长朱世明非正式访问韩国,国际舆论立即传出惊人消息:"中韩业已秘密缔结军事互助协定,韩政府允借济州岛作为空军基地,以为轰炸华北、东北甚至俄国滨海省之用"。虽然邵毓麟曾应韩方要求,与李承晚共同发表声明予以否认,但此种消息却是越传越烈。此种传闻究竟是外国新闻社之误传,还是台湾当局有意散布,当时和事后都有人提出疑问。邵毓麟在其回忆录中承认:此等"新闻谣言遍传各国,是否因此竟使全靠外电判断之史魔与毛匪,由于判断错误,而提前攻韩,未能确言。"颇有些得意之流露。④

1950年6月25日,朝鲜战争爆发,台湾当局可以说大喜过望,蒋介石曾三度向美国和韩国政府要求派兵援韩,拟派陆军3个师,飞机20架,入韩作战;同时,鼓吹实施所谓"围魏救赵"的谋略,宣传联合国如以海空军援助台湾反攻大陆,则联合国军可在韩国反败为胜。⑤ 由于美国政府担

---

① 邵毓麟:《最近韩国情形简况》(1949年12月20日),蒋正中档案第068卷,藏台北"国史馆"。
② 邵毓麟:《报告及请示事项》(1950年3月2日),蒋中正档案第068卷,藏台北"国史馆"。
③ 邵毓麟:《请示总统事项》(1950年3月17日),蒋中正档案第068卷,藏台北"国史馆"。
④ 邵毓麟:《使韩回忆录》,第142—143页。
⑤ 邵毓麟:《使韩回忆录》,第169页;张明金、华重峰:《蒋介石三度出兵朝鲜战争未遂始末》,《民国春秋》2001年第1期。

心中国方面的强烈反应,拒绝了蒋介石的出兵请求。尽管台湾当局到底有没有、以及如何具体策动朝鲜南北冲突,或者说是如何加速了朝鲜战争爆发的进程,尚有待进一步挖掘史料予以证实,但台湾当局希望通过策动朝鲜半岛南北冲突和战争,来寻找自身的政治出路,是一种实实在在的战略意图。由于在朝鲜战争期间,美国第七舰队进驻台湾海峡,在客观上阻止和破坏了中国人民解放军进攻和解放台湾的历史进程。可以说在某种程度上,台湾当局实现了依靠拖美下水、求取自身生存的战略目标,而台湾问题也成为中国实现统一大业过程中一个重大的历史遗留问题。

另一方面,战后中国共产党与朝鲜半岛的共产党人也保持着密切的关系。在1946—1949年的解放战争期间,苏军占领的朝鲜北部成为东北解放军的战略后方。1946年6月,中共中央东北局委员朱利之、肖劲光奉命赴平壤,建立特别办事处,主要任务是:把东北战场的伤病员和重要的战略物资转移至朝鲜北部;通过北朝鲜维持中共北部军队与南部军队之间的交通与联络;从北朝鲜寻求援助及采购战争物资等。7月,实行战略退却的中共南满部队将许多伤员及非战斗人员、大约两万吨战略物资撤过鸭绿江,进入朝鲜境内,一些部队也进入朝鲜进行重新组建。[1] 朝鲜共产党人还为中共东北军队提供物资与志愿战斗人员,许多朝鲜志愿者参加了中国共产党领导的解放战争。[2] 1946—1948年间,朝鲜向中共提供了2000车皮日本遗留下来的战争物资,为中国共产党领导的全国特别是东北解放战争的胜利起了重要的作用。[3]

自抗日战争胜利至朝鲜战争爆发,是美苏冷战格局在远东地区形成和逐步升级的时期,也是中国国共内战从发生、发展到基本结束的时期,中国国民政府以及台湾国民党当局的朝鲜半岛政策的阶段性变化确切地反映了远东冷战局势变化和国共力量消长的历史进程。其结果是,中华人民共和国、台湾当局分别与朝鲜民主主义人民共和国、大韩民国建立了战略同盟关系,这种状况直到1992年中韩建交才发生根本性的变化。

---

[1] 丁学松:《回忆解放战争时期东北局在北朝鲜的特别办事处》,《中共党史资料》第17期,1986年刊印。

[2] Chen Jian, China's Road to the Korea War: The Making of the Sino American Confrontation, New York: Columbia University Press, 1994.

[3] 杨昭全:《中朝关系史论文集》,世界知识出版社1988年版,第392—428页。

第六章　中国与琉球的关系

第一节　中琉关系的历史演变

　　琉球群岛位于太平洋上、东海之中，面积约 5000 平方公里，包括 70 多个岛屿，散布在北纬 24 度至 31 度、东经 124 度至 131 度之间，自东北向西南蜿蜒八百英里，横列在日本九州与台湾之间，像一道弧影。按其位置的不同，琉球可分为北部群岛、中部群岛、南部群岛三部分。其最南端为与那国岛，与中国台湾省仅一水之隔，与中国福建省也是遥相呼应。远在冰河时代，琉球原与中国台湾接壤，是亚洲大陆的边沿，后因地质变迁，部分陆地沉没形成今日之东海，琉球遂成为孤悬太平洋的群岛。

　　第二次世界大战期间，琉球群岛虽然只有 70 万人口，弹丸岛屿，星罗棋布，但战略地位却十分重要。它是近代日本对外扩张的重要通道。如果说朝鲜是日本北进亚洲大陆的跳板，那么，琉球和台湾就是日本南侵东南亚的桥梁。

　　琉球战略位置的重要，可从第二次世界大战期间美日两军争夺琉球战之激烈中得到验证。日美琉球之战，双方出动 20 万兵力，激战 83 天，日军以仅存的大和主力舰领导，编成特种混合舰队，配以"神风特攻队"，以自杀战术对付占绝对优势的美国舰队，战斗异常激烈。终战时，日军损失 11.5 万人，美军亦阵亡 3.5 万多人。当时，美国《纽约时报》指出："琉球被美军占领之后，即可以获得下述战略价值：1.成为空袭日本之一艘不动航空母舰，盖大琉球岛可以容纳数以百计之轰炸机，且距离九州极近，又可运用中级轰炸机及战斗机袭击日本工业区及军事要地；2.作为美国海军基地，舰队可以直达日本、中国黄海及朝鲜；3.成为两栖部队进抵日本作战之补给站,不论这些部队是来自西太平洋或假道中国海岸。"①日本《读卖新闻》也论称:"大琉球岛一失守,则日本将无转圜战局之希望。"②事实上,琉球一旦失守,就成为一支直指日本心脏之匕首。琉球之战后,日本未及进行所谓的"本土决战",就投降了。琉球重要的战略地位,致使该地成为近代中日交涉的重要地区之一。

自古以来,琉球与中国保持着密切的关系,不但政治、经济、文化、思想、宗教、风俗习惯均来自中国,而且在血统上也与中国血肉相连,琉球人的祖先大部分来自中国福建,只有一部分来自朝鲜或南洋。琉球有中国血统 36 姓,绵延上千年,实占当时人口之大半。

史料记载,中国与琉球的关系溯自中国隋朝大业六年(公元 605 年),双方建立了密切之往来关系。公元 1368 年,明太祖朱元璋推翻元朝,建元洪武,遣使各国,敦促来朝。洪武五年,明太祖派遣行人杨载持诏赴琉球,招谕琉球来朝。琉球正史《中山世谱》称:"王悦,始通中朝;入贡,以开琉球维新之基。"明朝与琉球王察度确定了朝贡关系,至明永乐皇帝时,对琉球王正式加以册封,赐国王印玺,以利行文内外,用昭公信,并颁赐大统历法年号,令奉正朔。③ 此后 500 多年间,琉球成为大中华帝国不可分割的组成部分。当时,琉球三王即山南王、山北王、中山王均向明朝进贡,派遣学生到中国留学,更请求明朝皇帝将闽人 36 姓赐予琉球;明成祖亦曾派遣使臣到琉球,赐以布帛,并祭祀琉球先王察度,封武宁王为琉球中山王等。琉球对于明朝之进贡,终明一代总计 170 余次,在所有与中国有朝贡关系的 30 余国中,占居首位。④

自琉球与明朝结成朝贡关系至明朝万历三十七年(1609 年)日本进攻琉球,是中国与琉球关系最为密切的时期。中国的政治、经济、文化、宗教等对于琉球产生了全面的影响。琉球察度王以来,政治上一切设施都系依照中国,包括阶级官制、刑法、葬制、祭祀制度等,中国的孔孟之道也在此时深入琉球人心。中国佛教同时传入琉球,与当地宗教交相融合,建立寺庙 20 余

① 《纽约时报》1945 年 5 月 25 日旧金山电,引自琉球革命同志会:《琉球与中国之关系》,台北中国国民党党史会藏。

② 琉球革命同志会:《琉球与中国之关系》,台北中国国民党党史会藏。

③ 张启雄:《琉球弃明投清的认同转换》,张启雄编著:《琉球认同与归属论争》,台北中研院东北亚研究所 2001 年刊印,第 54 页。

④ 琉球革命同志会:《琉球与中国之关系》,台北中国国民党党史会藏。

所。琉球的音乐、文艺、舞蹈、拳术等也与中国有着密切的关系。琉球的对外联系与贸易在此时也盛极一时。自 1432 年(明宣德七年)至 1570 年(明隆庆四年)的 138 年间,琉球派遣使者至安南、暹罗、太泥、苏门答腊、巡达、爪哇等先后达 60 次以上。德人李斯博士指出:"葡萄牙人未达马六甲海峡以前,琉球人独占中国、日本、南洋间之贸易,那霸即为东亚贸易之一大市场。"①

　　明朝万历三十七年,中国与琉球的关系因日本对于琉球的侵略而发生了一些变化。日本丰臣秀吉侵略朝鲜,后又准备侵略中国,为此,遣使前往琉球,称:"我邦百有余年,群国争雄,予也诞降,以有可治天下之奇瑞。远邦异域,款塞来享。今欲征服大明国,盖非吾所为,天所授也。尔琉球宜倏出师,期明春谒肥前辕门,若懈愆期,必遣水军鏖岛民。"向琉球国强逼借兵 7000 人,提供 10 个月军粮,并强逼琉球王速朝日本,琉球尚宁王以琉球地小人稀,民生弊疲,难以供给兵粮为由,严词拒绝借兵粮,也不愿朝拜日本德川将军。日本德川幕府遂命日酋岛津率兵 3000 人,战船百艘,直攻琉球诸岛,琉球并无守备,日军轻易登陆,直逼王城首里,琉球人奋起抵抗。日军围城一月有余,终于破城而入,掳尚宁王而去,幽禁在日本江户三年,逼迫尚宁王立誓文臣服,并岁输 8000 石粮食以当纳款。②

　　在琉球人抗击日本侵略的过程中,华裔琉球人起了重要的作用。最为著名的是闽人 36 姓子孙郑迵率先举起义旗进行反抗,终因力不敌众而被捕。日军对他使用残酷的油釜极刑,临刑时,英勇不屈的郑迵奋力将两个日本的监刑吏一并拖入油釜,同归于尽。此事在琉球广为流传,琉球的国徽是一个红圆圈,内有三个黑色的 C,就是三人煎死后的情形,记录的是一幕极其凄惨的故事和可歌可泣的史实。③ 明朝万历三十七年后,日本政治势力由此侵入琉球。但中国与琉球的朝贡关系却依然存在。④ 该

---

① 琉球革命同志会:《琉球与中国之关系》,台北中国国民党党史会藏。

② 琉球革命同志会:《琉球与中国之关系》,台北中国国民党党史会藏。

③ 琉球革命同志会:《琉球与中国之关系》,台北中国国民党党史会藏。

④ 日本学者赤岭守认为:"琉球既为中国册封体制下的藩属国,亦为日本幕藩体制下萨摩藩的附属国,成为中日两属的国家。"参见[日]赤岭守:《琉中关系史研究的回顾与展望》,台北《近代中国史研究通讯》2000 年 3 月,第 29 期。中国学者兼行政高官蒋廷黻把琉球与中日两国的关系比喻为:"好像一个女子许嫁了两个男子,幸而这两个男子未曾谋面,这种奇特现象倒安静地存在了270 年。"参见陈仪深:《从两属到归日:强权政治下的琉球归属问题》,台北中研院近代史研究所主办"中国与周边国家关系国际学术研讨会"(2011 年 11 月 24—25 日)论文。

年琉球尚宁王向明朝皇帝送呈了"为急报倭乱致缓贡情事",说明琉球遭遇日本侵略,及与日本交涉经过,请求"缓贡"。其后,琉球与中国仍然保持传统朝贡关系如故,并称"即以所逼誓文法章而言,亦无不准立国阻贡天朝之事"。①

1644 年,北京为农民起义军李自成攻破,明思宗自缢,清军遂以征服王朝之恣奠基北京,实现改朝换代。同年,明福王在南京即位,是为弘光帝。次年,明唐王为郑芝龙拥立于福州,是为隆武帝,明鲁王也监国于绍兴。琉球王一仍其旧,依然承认流亡于南京、浙江、福建的南明政权。1644 年,琉球国派遣使者入南京庆贺弘光帝即位。1646 年,隆武帝派遣使者赴至琉球招谕。琉球王依然视其为明朝正统使臣,来时迎奉,去时护送,并特派王舅赴闽表献方物,庆贺新皇登基。② 直至 1653 年(顺治十年),始正式朝贡清朝,"顺治十一年,册封尚质为中山王。康熙二十一年,世子尚贞请袭,遣官册封,并御书中山世土四字赐之。雍正二年,赐以辑珊球阳额,屡遣陪臣子弟官生入监读书,今贡道由福建"等,足以证明琉球至清中期,虽然处在日本的压迫之下,又经历中国明清改朝换代,始终承认中国为其宗主国。③

为了达到消除中国在琉球影响的目的,日本在万历年间侵占琉球时,曾尽毁所有中琉之间的文书记录以及中国书籍。1650 年(清顺治七年),日本又胁迫琉球宰相向象贤伪造历史,编纂《世史中山世鉴》,将日本的"源为朝"说成是琉球世祖,称"源为朝"登陆琉球,适值日本永万元年,"看白鹭飞向海中去,谅察彼方有岛,乃撑舟出伊豆大岛","晨出发伊豆大岛,翌日午时到达琉球"等。这完全不是事实。琉球的原始史料《琉球神歌双纸》,未见"源为朝"是琉球始祖舜天之父之记载;"源为朝"死于日本镰仓时代的伊豆岛,琉球人从未听说"源为朝",更未闻"源为朝"曾至琉球之说;从伊豆大岛至琉球岛,在当时的交通条件下,根本不可能如该书记载的那么快地抵达目的地。④ 日本编造历史的丑恶行径彻底暴露其侵占琉球的野心。

---

① 琉球革命同志会:《琉球与中国之关系》,台北中国国民党党史会藏。
② 张启雄:《琉球弃明投清的认同转换》,张启雄编著:《琉球认同与归属论争》,第 27—30 页。
③ 琉球革命同志会:《琉球与中国之关系》,台北中国国民党党史会藏。
④ 琉球革命同志会:《琉球与中国之关系》,台北中国国民党党史会藏。

　　进入近代,琉球又面临欧美列强侵迫的危机。自 1816—1837 年,英国有 7 艘军舰和商船六次"以测量、探险、开拓航线及日后的贸易、布教等为目的,有意驶入琉球港口"。鸦片战争爆发后,欧美舰船来琉球次数猛增,据日本学者西里喜行统计,自 1843 年至 1859 年,共有英、美、法、俄等国的舰船 73 艘驶入琉球港口,不断要求琉球无偿提供粮食等必需品补给,并提出"和好、贸易、布教"等要求,显现欧美列强最终欲将琉球作为其殖民地或"保护国"的野心,导致清政府与英、法等国的交涉。

　　琉球当局开始曾将英、法等国船只航海而来看作一次性的寄港靠岸而加以接待,后因英、法人滞留琉球,不得不向清政府报告。1844 年 9 月 15 日,琉球国王向福建布政使报告:"法国人等无故入境,初欲结好、贸易,次求格外保护,后要传天主教。所称言词,反复无常,不可测度。不知至日后,若大总兵到国,将如何骚搅?"①随后,琉球国王反复密奏清朝,报告"经饬官吏确议,尚无可施之计"。虽然他们知道不能期待清朝对英、法交涉,会有多大的实际效果,仍不停反复地向清朝提出求援要求。

　　清政府并未把琉球的敌情报告和求援要求"看做是瓦解既成秩序的要素而加以重视。只是把琉球的报告视为对宗主国忠心的一种表示,至于对琉球的救援要求,则尽宗主国之责,于广东与英、法进行交涉"。清政府及广东交涉当局在对英、法的交涉过程中,"对于英、法占领琉球的企图有所觉察,但并未检讨具体的因应之策,关于滞留英、法人的驱离问题,都以消极的态度说:'颁敕谕英法','不便令之撤回,又不值遣兵前往与之理论'"。这种不明确的态度自然不能阻挡英、法等国对于琉球的染指。列强认为"琉球不仅为清朝的属国,事实上,亦处于萨摩藩(日本)的统治之下",否定"清朝当局提出的琉球乃清朝专属之论,基于琉球不在清朝版图之内的认识,将琉球与清朝内地明确地区别,不仅把英国公使的权限限定于清朝通商港的问题上,并不断地主张公使的权限不涉及滞留于管辖地之外的琉球的英国人",拒绝了清政府关于琉球问题的交涉。②

　　由于清政府在琉球问题上的软弱无力,欧美列强直接与琉球进行交

---

① 《历代宝案》(台湾大学本)第 15 册,第 8739 页,转引自张启雄编著:《琉球认同与归属论争》,第 106 页。

② 〔日〕西里喜行:《鸦片战后东亚的外侮和琉球归属问题》,张启雄编著:《琉球认同与归属论争》,第 130—131 页。

涉。1854 年 7 月 11 日,美国与琉球签署《修好条约》,条约以英文与汉文书写,并记载着清历与西历。1855 年 10 月 15 日,法国以武力强迫琉球签署《法琉修好条约》。琉球的归属问题除中、日之争外又增添了新的不确定因素。①

第二节　中日琉球问题交涉

1868 年日本明治维新以后,逐步走上了资本主义发展道路,并首先向周边拓展其领土。1875 年 5 月,日俄签订《千岛、桦太交换条约》,日本放弃对桦太南半部已有权利,俄罗斯将千岛列岛中得抚岛以北诸岛让给日本,在日俄边境争执中,以日本的让步结束。然而,日本对于中国藩属国的侵犯却是丝毫也不放松,琉球成为其实行扩张政策的首选之地。

日本对于琉球的吞并,采取了蚕食的政策。1872 年,日本将琉球国改为"琉球藩",其统辖权由萨摩藩转归日本政府,但为了稳定琉球人心,曾允诺"国体政体永不改变"。1874 年,日本借口琉球漂流民事件侵犯台湾,迫逼清政府签订《北京专条》,由于该条约载有将日军侵台称为"保民义举"的字样,日本据此认为清政府已承认琉球是日本的属国。1875 年 7 月,日本颁布"达书令",禁止琉球对于清朝的朝贡和皇帝即位时庆贺使的派遣,禁止琉球接受中国册封,废除作为朝贡贸易据点的福州琉球馆,其统辖权进而由外务省交给内务省。这使琉球君臣大为震惊,1876 年,琉球国王秘密派遣幸地亲方(尚德宏)、蔡大鼎、林世功等渡海至中国,到福州后会同以进贡使节身份渡清并未归国而滞留的毛精长,合力向清朝总理衙门提出请愿书,抗议日本对于琉球的吞并,要求清朝采取有效措施,保存琉球国体,恢复旧制。琉球问题遂成为中日两国的重大外交问题。

1877 年冬,清政府驻日公使何如璋抵达日本神户,琉球国大臣马兼半夜突来使臣船上,伏地痛哭,拿出琉球国王密函,内称:日本阻止琉球向中国朝贡,且要废藩,终必亡国,向中国使臣求救。面对危局,清政府驻日

① ［日］西里喜行:《鸦片战后东亚的外侮和琉球归属问题》,张启雄编著:《琉球认同与归属论争》,第 133 页。

使署力主对日采取强硬政策。使署黄遵宪撰写《论琉事书》,指出:

> 今日本国势未定,兵力未强,与日争衡,犹可克也,隐忍容之,养虎坐大,势将不可复制。况琉球迫近台湾,若专为日本属,改郡县,练民兵,资以船炮,扰我边陲,台澎之间,将求一夕之安而不可得。即为台湾计,今日争之,其患犹纾;今日弃之,其患更亟也。①

驻日使署提出处置琉球问题的上、中、下三策:上策,一面与日本交涉,一面派兵船到琉球压其朝贡,向日本暗示中国不会退让;中策,如果对日交涉无效,即与琉球约定,以琉球向中国求援之势相抗,日本如果进攻琉球,中国即出偏师与琉球内外夹攻,逼日议和;下策,邀请各国使臣进行批评和斡旋,使日理屈后退,琉球幸存。并建议政府采用上、中策。然而,清政府正陷于中俄伊犁交涉,并企图实施"联日制俄"的外交策略,没有采纳驻日使署的主张,决定"不宜遽思动武","以据理诘问为正办",结果坐失遏制日本扩展势力的有利时机。

1879 年 3 月,日本出动军队强制推行"藩王上京"。4 月,更是断然实施"废藩置县",废除琉球藩,设置冲绳县,将其纳入日本政府中央集权体制之中。中日间为此展开一系列交涉。5 月 10 日,清政府总理事务衙门向日本驻华公使递交抗议书,内称:

> 琉球一国,世受中国册封,奉中国正朔,朝贡中国于今已数百年,天下之国所共知也。中国除受其职贡外,其国之政教禁令,悉听自为,中国盖认其自为一国也。即与中国并贵国换约之各国,亦有与琉球换约者,各国亦认其自为一国也。琉球既服中国,而又服于贵国,中国知之而未尝罪之,此其中国认其自为一国之明证也。琉球既为中国并各国认其自为一国,其入贡中国一层,于中国无足轻重也。今琉球有何得罪于贵国,而一旦废为郡县,固与修好条规第一款所云:两国所属邦土,以礼相待等语不符,且琉球既为中国并各国认其自为一国,乃贵国无端灭人之国,绝人之祀,是贵国蔑视中国并各国也。②

---

① 《李文忠公全集》卷 8 译署函稿,第 3—4 页。
② 《大清钦命总理各国事务王大臣致大日本钦差全权大臣书》,[日]外务省编:《日本外交文书》第 12 卷,第 178—179 页。

日本政府的答复是:琉球废藩置县,是日本国内政问题,与中国无关。① 中国驻日公使何如璋驳斥说:"贵国之列在版图者,自称内政可也。琉球孤悬海中,从古至今自为一国,即封贡于我,为我藩属,其国中之政教禁令,亦听其自治。论其名义,则于我为服属之国,论其政事,则琉球实自为一国。"②对于日本的"内政说"提出强烈批评。中日双方各执其事,争执不已。

其时,恰逢美国前总统格兰特访问中国、日本。主持清政府外交的李鸿章邀请格兰特出面调解琉球问题。他对格兰特说:"琉球向来受封中国,今日本无故废灭,违背公法,实为各国所无之事。"格兰特表示愿意在中日间"秉公持议"。③ 格兰特提出了"琉球三分说",即琉球本分三部,"将中部归琉球,立君复国,中、东两国各设领事保护之;其南部近台湾,为中国要地,割隶中国;北部近萨摩,为日本要地,割隶日本"。④ 日本政府并不赞成格兰特的"琉球三分说",复利用这一对其有利的方案,改编为"二分论",即:日本愿意把琉球群岛最南端的宫古列岛及八重山划归中国,中国应承认琉球其余领土归属日本;清政府应同意修改 1871 年中日条约和通商章程,取消禁止日商深入中国内地的限制,给予日本"利益均沾"特权等。日本利用中国深陷中俄新疆伊犁争执、无暇东顾的有利时机和在事实上占领琉球群岛的有利态势,实行强硬外交,迫逼中国让步。1880 年 8 月和 10 月,日本驻华公使与清政府总理衙门进行八次谈判,历时三月,基本接受日本的"琉球二分论",签订《琉球专条》,约定条约三个月内由双方政府批准生效。

清政府总理衙门的妥协外交,引起朝廷内部的反对声浪。尤其是对清政府外交决策有着重要影响力的南、北洋大臣对此结果持反对态度。此时,中俄伊犁交涉初步达成协议,日俄联合对华局面一时难以形成。北洋大臣李鸿章突然提出"联俄制日"的外交主张,改而反对在琉球问题上作如此大的妥协。李鸿章奏称:"与其多让与日,而日不能助我以拒俄,

---

① 《寺岛外务卿致驻日何公使书》,[日]外务省编:《日本外交文书》第 12 卷,第 180 页。
② 《何公使致寺岛外务卿书》,[日]外务省编:《日本外交文书》第 12 卷,第 180 页。
③ 《李文忠公全集》卷 8 译署函稿,第 42—43 页。
④ 王彦威、王亮辑:《清季外交史料》第 16 卷,第 19—21 页。

则我既失之于日，又将失之于俄，何如稍让于俄，而我因得以慑日。"①对于琉球问题，李鸿章认为："臣思中国以存琉球宗社为重，本非利其土地，今得南岛以封球，而球人不愿，势不能不派员管理"，如此，中国必须派兵守宫古、八重山两南岛，将加重中国兵饷负担，而且难以应付太平洋国际形势，如果日本"倘能竟释琉球国王，畀以中南两岛，复为一国，其利害尚足相抵，或可勉强允许。不然，彼享其利，我受其害，且并失我内地之利，窃所不取也"。主张"日本议结琉球之案，暂宜缓允"。②此议使清政府对琉球案的决定发生动摇，遂决定拒绝批准总理衙门与日本方面议定的《琉球专条》。1881 年 1 月 20 日，日本公使愤然归国，并威胁说："中国自弃前议，今后琉球一案，理当永远无复异议。"中日交涉遂告破裂。

随后，1981 年 12 月和 1883 年 1 月，日本外务省又两次命令日本驻天津领事与李鸿章进行非正式会谈，探听中方虚实。1882 年 3 月，继任中国驻日公使黎庶昌继续就琉球问题与日本进行外交周旋。他的解决方案有二：其一，以中、南两岛归琉球王所有，中日两国立约保护其国，这实际上与"琉球三分论"相似；其二，如此案不可行，以中岛归琉，南岛归日本。黎氏的意图在于尽量保护琉球王国的续存，维护清政府与琉球之间和册封与朝贡关系。1883 年 2 月，他向李鸿章报告了他与日本大藏相松方正义议定的方案："日允中仍认琉球为国，听凭尚氏朝贡、中国册封"；"日将琉球设县，理其内治，但释回尚氏，任为县令，子孙世袭"，黎氏认为：只要琉球仍对清朝继续朝贡，接受册封即可，至于归属问题则无关紧要。李鸿章接电后，向总理衙门报告，并评论此方案说："琉球能复，尚氏照常封贡于中国，面似过得去。惟向称球王，今改县令，名实稍有不符，此尚无关紧要。彼意声明专属，似系专属日本，目前封贡虽复，异日或借端要挟，停止封贡，又将若何？兹案日久未结，而日经营球土为已有数年为兹，一旦令其全行退出，事势亦做不到。"态度模糊，既似赞成黎氏意见，又对琉球专属日本面有难色，但又拿不出更好的办法，报请总理衙门定夺。结果，总理衙门没有批准此案，李鸿章立即指示对琉球案的交涉暂行"缓议"。③中日琉球交涉再次搁置，自此，琉球归属问题成为中日间一个尚待谈判解

---

① 王彦威、王亮辑：《清季外交史料》第 24 卷，第 6 页。
② 《李文忠公全集》卷 39 奏稿，第 1—5 页。
③ 《李文忠公全集》卷 13 译署函稿，第 19—60 页；卷 14 译署函稿，第 1 页。

决的悬案。

日本吞并琉球的举措遭到了琉球朝野的强烈抗议。琉球国王派遣的秘密使臣加紧了在中国的请愿活动。据日本学者赤岭守教授统计,自 1879 年至 1885 年,琉球使臣曾分别向清朝总理衙门、礼部及李鸿章、左宗棠、许景澄、锡珍等清朝高官递呈请愿书 28 份,[①]这些请愿书均以琉球国王名分,阐述"复国"、"复君"之大义,强调除宗主国直接介入外,别无救国良策。1880 年 11 月 20 日,琉球使臣林世功决意以死请求清朝挽救琉球,其请愿文如下:

> 禀为以一死,泣请天恩,迅赐救主存国,以全臣节事。窃功因主辱国亡,已于客九月,随同前进贡正使耳目官毛精长等,改装入都,迭次葡叩宪辕,号乞赐救各在案。惟是作何办法,尚未蒙谕示。昕夕焦灼,寝馈俱废,泣念功奉主命,抵闽告急(已历)三年,不图敝国惨遭难,日人益□鸱张。一则宗社成墟;二则国主世子见执东行;继则百姓受其毒虐,皆由功不能痛哭救所,已属死有余罪,顾国主未返,世子拘留,犹期雪耻以图存,未敢捐躯以塞责。今晋京守候,又逾一载,仍复未克济事,何以为臣计? 惟有以死泣请王爷暨大人俯准,据情具题,传召驻京倭使,论之以大义,威之以声灵,妥为筹办,还我君主,复我国都,人全臣节,则功虽死无憾矣。[②]

由于清政府在琉球问题上举棋不定,这些请愿活动均无效果。随着日本对于琉球统治的稳固和对琉球反日斗争的残酷镇压,不许琉球人集会结社,迫使琉球之民族独立运动渐次转入地下。琉球民族志士毛允良等组织"结盟党",以非常手段袭击杀伤侵占琉球的日本人。八百多名不甘屈服的琉球志士复秘密渡海至中国,从事琉球的独立复兴运动。中国福州琉球馆的崇报祠内设立有不少此等志士终死客乡的牌位。[③]

中日甲午战争前夕,日本贵族院讨论通过了《冲绳县县政改革建议》。在讨论中,许多议员反复强调"冲绳为东洋枢要之地"、"军事枢要

---

① [日]赤岭守:《请愿书中"脱清人"的国家构想——以 1879 至 1885 年的琉球复旧运动为中心》,张启雄编著:《琉球认同和归属论争》,第 167—169 页。

② [日]上里贤一:《从诗文中看林世功的行动与精神》,张启雄编著:《琉球认同与归属论争》,第 150 页。

③ 琉球革命同志会:《琉球与中国之关系》,台北中国国民党党史会藏。

之地"，必须改革该地的县政"以固海防"，足见其军事地位颇受重视。1886 年，清政府屡次在与日修订条约的谈判中提及琉球问题，均为日本巧言搪塞。同年，日本内务大臣山县有朋带领天皇的侍从前往冲绳观察。次年，军人预备役陆军少将福原实被任命为冲绳县知事。首相伊藤博文率领陆军大臣、海军军令部长搭乘当时最先进的军舰，视察琉球 6 天，并赋诗《奉命巡视琉球》，内称"谁知军国边防策，辛苦经营方寸中"。中日甲午战争后，两国签署《马关条约》，清政府被迫未再提及琉球问题，日军挟势形成独占琉球的既成事实。

第三节　战后琉球独立运动与中国

第二次世界大战期间，琉球独立运动有所发展。1941 年 5 月，琉球青年同志会先后在琉球和台湾两地成立，初有成员 30 人，其宗旨是："鼓吹革命，解放琉球，归属中国，并启发琉球之民族思想，击破日本之侵略政策。"后该会成员因刺探日本军情，事机不密，赤岭亲助等两人被捕，日寇以"外患预备罪"判徒刑 5 年，并以武力解散该会。

战争结束前后，随着美军与日军在琉球之激战，数十年来在日本政府对琉人之歧视与差别待遇之下，痛心疾首的琉球人的愤怒像火山一样爆发出来。3000 琉球学生奋起协助美军攻击日本军队。日本投降后，在琉球迅速出现驱逐日寇出境运动。由于琉球青年同志会赤岭亲助被释放，在喜友名嗣正和赤岭亲助领导下，该会迅速恢复活动，并在中国政府的襄助之下，很快发展壮大为 600 余人。同时，在琉球还出现了琉球人柴田米三等领导的"琉球民主党"、牧志崇得等组织的"共和会"、大城安养等组织的"成人会"等，其宗旨均在启蒙琉球人的民主自立精神。

在这些党派中，最为活跃的是琉球青年同志会。1947 年初，该会更名为"琉球革命同志会"，成员发展至 6800 余人，在琉球和台湾两地积极开展琉球独立运动。1947 年 5 月，该会具呈国民政府吁请中央政府对日和约应将琉球问题列入议题。8 月，又吁请美国总统特使魏德迈将军，合理解决琉球问题，并由中国外交部转交建议书一份。同月，琉球与那国岛石原等 13 人到台湾报告，该岛琉球同胞一致要求归属中国，该会迅速将此宗旨转报中央政府。在此期间，该会为了帮助国民政府全面了解琉球情况,推动政府迅速制订琉球政策,还拟具了《琉球与中国之关系》的长篇文件。内容分列前言、琉球之历史、琉球之文化、琉球之地志、琉球群岛之战备价值、琉球之产业经济、琉球之民族运动、琉球之现状、结言等部分,各章又分列小目,详尽介绍了琉球的概况,并附有相关文献。在结言中,沉痛指出:"看琉球历史,可知他与中国一千年来息息相关,琉球之地理形势,于中国国防上是一道太平洋上不可或缺的堤防,琉球民族运动之目标,在争取琉球归还祖国。今天琉球虽已挣脱日本之统治,但投入祖国怀抱,建立中琉一体之最终目的尚未达到,诚为吾辈同志最引为憾者。""际兹国际形势荡动不停,对日和约也未签订,琉球归属问题尚未解决,琉球人民无不坐卧不安,爰转代表 70 万同胞谨呈如上,伏望祖国政府怀念往昔,检讨现在,尽量采摘,从速收复琉球,则祖国幸甚!琉球幸甚!"①

1948 年 7 月 25 日,琉球同胞喜友名嗣正、庆田嵩熏、久贝清德、我那霸生康、岛袋松助等 17 人以"琉球人民代表"身份联名向新当选的中国"行宪"政府总统蒋介石送交请愿书,呼吁政府收回琉球,全文如下:

> 窃考琉球原属中国藩篱,从北纬 30 度以南至与那国岛,乃琉球之领域,自联合国胜利以后,在美军单独托管之下,虽已逐步走上复兴之道,但并非琉胞永久之愿望。查中国与琉球往来,远在千百年前,不论政治、经济、文化、思想、风俗,无一不来自中国,即以血统而论,大部分系由福建迁入,仅有一部分由朝鲜及南洋迁来者,所谓三十六姓子孙延至今实占人口大半,且琉球曾受中国册封,其关系之密切,犹如父子。明万历三十七年,日寇首图侵略琉球,及至申戌之役,遂被日寇全部侵占,从此父子关系始告断绝,琉球虽陷于水深火热之中,然革命精神,民族正气,无时或忘,无数次之反抗斗争,无数次之志士丧身,于敌寇魔掌之下,杀身成仁,可歌可泣,史迹不胜枚举。鉴于上述,琉球将来应该重入中国怀抱,绝无疑义,况自万历之役以来,琉胞含垢受辱已四百余载,琉胞数度呈奉血书要求收还琉球,迄未能如愿以偿,此实为历史上未决悬案,现在亟宜解决之时。即以中琉地理关系言之,若祖国一旦丢失琉球,沿海省势遭威胁,于东亚和平万难确保。琉胞有鉴于斯,故数度呼请政府坚持正义,收复琉球。我七

---

① 琉球革命同志会:《琉球与中国关系》,台北中国国民党党史会藏。

十万琉胞为发扬民族正气,回归祖国,愿作政府后盾。至于日本妄想再度奴役琉球,则誓死反对。若于友邦美国利害关系,祈请钧座贤明措置,以外交折冲作合理之解决,则琉球幸甚!祖国幸甚![1]

该请愿书情真意切,表达了琉球民众回归中国的紧迫心情。

当时,由于琉球归属问题未定,中国国民党当局对于在台湾的琉球同胞的请愿并无明确政策。1945年11月,台湾省政府将在台琉胞遣送回琉球,使琉球侨民遭受了重大打击。后又对留用琉胞的行动、居住及工作机会等施以严格的管理,"因之彼等生活上及精神上均感到无限痛苦,而致常发生被留用琉籍技术人员逃亡及一般琉人走私等弊端。"1948年7月27日,琉球革命同志会会长喜友名嗣正等拜会中国国民党中央秘书处,就在台湾的琉球同胞待遇问题口头提出五点要求。[2] 8月9日,喜友名嗣正又上书中国国民党中央党部、总统府、内政部、外交部,呈请早日收回琉球,使琉人得与内地人民立于同等地位,并正式提出六项要求:

一、请修正台湾省雇用琉籍技术人员规定规则,船只雇用琉籍技术人员最多不超过三分之二,并准雇用人员在被雇用市、镇内居住;

二、请准许被留用之琉籍技术人员携眷在各雇用辖区内居住(但可规定来台后不得任意返琉);

三、请台湾省政府与琉球民政府交涉,准许中国政府留用之琉籍技术人员送回用品交其留居琉球之家中应用;

四、请准许琉人自愿加入中国国籍;

五、请指定机关与琉球回归祖国运动之团体联络,并指导其组训工作;

六、请政府设法便利前项回归祖国运动团体之同志来往于琉球台湾间,以利工作。

指出"倘蒙赐准办理,即足以普遍争取琉人内向情绪,使回归祖国统一国运动顺利扩展,故不仅解除琉人痛苦与消弭弊端而已"。[3] 中国国民党中央秘书处会同有关机关商议后,对此案拟定办法如下:关于如何运用琉侨

---

① 《请愿书》(1948年7月25日),台北中国国民党党史会藏。
② 中国国民党中央秘书处:《关于琉球问题摘要》,台北中国国民党党史会藏。
③ 《琉球革命同志会会长喜友名嗣正呈文》(1948年8月9日),台北中国国民党党史会藏。

革命团体案,规定先由台湾省党部拟具草案,然后召集各有关机关商讨决定之;关于琉籍技术留用人员的作用及居住问题,规定琉籍船员不予比例限制,但在 20 吨以上之船只,华籍船员不得少过 5 名,20 吨以下之船只华籍船员不得少过 3 名,由各地渔会及雇主商讨指定其居住地区,并应经各当地最高行政机关登记;关于接济在琉眷属日用品问题,规定每月由雇用人员自行设法船只,运送接济品一次,但事先应报经本部核准,然后会同海关及宪警查验放行;同时还对选派小学教师赴琉施教、处理不法琉人、优待无职业琉人等作出了规定。[1] 这些规定对于稳定在台琉侨人心起了积极的作用。

然而,中国官方对于运用琉球独立运动,收回琉球问题却反应缓慢。直至 1948 年 6 月 17 日,蒋介石始致电国民党中央秘书处吴铁城,内称:"据密报称,琉球原属我国领土,现虽美军管治,人民均甚内向,拟请秘密运用琉球革命同志会人员秘密掌握琉球政权,冀于将来和会时,琉民能以投票方式归我统治,或由琉球地方政府自动内向,以保持我在太平洋之锁钥等语,应如何秘密运用,希即核议为盼。"[2]8 月 5 日,吴铁城将此电秘密转送行政院长翁文灏、外交部长王世杰,"希惠示值卓见,以便会商研究为幸"。[3] 此后未能在相关档案中没有找到下文,或许还有待于我们进一步挖掘相关的档案。但以后的历史事实证明,琉球独立运动并没有得到进一步的发展,中国国民党最高层关于运用琉球革命同志会人员秘密掌握琉球政权的构想,也没有成为现实。

第四节　琉球归属问题再起

太平洋战争爆发后,国民政府高度重视对美外交,几乎倾以全力,连外交部长宋子文也长驻美国,集中处理对美事务。在这样重要的历史阶段,国民政府对于中国周边外交的重视程度却明显不够,缺乏总体的战略考虑、设计和运筹,其中尤其是对于琉球问题缺乏明确而坚定的政策,痛失历史良机。

---

[1] 中国国民党中央秘书处:《处理琉侨座谈会提案拟定办法》,台北中国国民党党史会藏。

[2] 《中国国民党中央执行委员会代电》(1948 年 6 月 17 日),台北中国国民党党史会藏。

[3] 《中央秘书长致行政院翁院长、外交部王部长函》(1948 年 8 月 5 日),台北中国国民党党史会藏。

1942 年 1 月 29 日,中国国民政府在《外交部修正拟定解决中日问题之基本原则》中明确表示:琉球划归日本,但须接受两项限制:一、不得设防,并由军缩委员会议设置分会加以监督;二、对于琉球人民不得有差别待遇,一切应遵照少数民族问题原则处理。反映了当时中国政府层面没有将收复琉球列为抗战的战略目标之一。同年 6 月,美国驻华使馆三等秘书谢伟思在给大使馆所写的备忘录中也提到,中国外交部亚东司司长杨云竹曾在会谈中表示:"琉球居民不是中国人",琉球"已经同中国完全分开有 80 多年了,事实上已经是日本的一部分,并在地理上与之紧密地联系在一起"。这显然也绝非他个人的意见。①

但中国国内却出现了要求收复琉球的强烈呼声。美国驻华使馆高斯向国务卿报告,中国《大公报》刊载文章,要求中国在战后和约中将琉球从日本脱离出来,并向外交部亚东司呼吁中国人民要求收回琉球群岛。②这些民间呼声对政府的外交决策产生了重要的影响。1942 年 11 月 3 日,国民政府外交部长宋子文从美国回国,在新闻发布会上对中外记者表示:在战争结束后,中国将收回东北和台湾及琉球群岛,朝鲜也应获得独立。③ 11 月 9 日,蒋介石在一份拟与美方商讨事项的计划中,也提及"台湾、琉球交还中国"。④ 但这一意向并不坚定,没有形成明确的外交政策。在准备开罗会议的文件时,无论是军事委员会参事室的提案,还是国防最高委员会的提案,都明确主张收回琉球,但同时都表示可以在这一问题上有所让步。前者的方案中称:琉球群岛或交与中国,或划归国际管理,或划为非武装区域;⑤后者则在方案的附注中表示:"琉球群岛比诸台湾及澎湖列岛,情形稍异,如美、英坚持异议时,我方可考虑下列两种办法:将琉球划归国际管理;划琉球为非武装区。"⑥11 月 14 日,蒋介石在开罗会议中国有关政治提案中提出三点:1.东北四省与台湾、澎湖应归还中国;

---

① 《美国对外关系文件》1942 年,中国,第 732—733 页。

② 《美国对外关系文件》1942 年,中国,第 732 页。

③ 《中央日报》1942 年 11 月 4 日。

④ 《蒋介石日记》1942 年 11 月 9 日。

⑤ 军事委员会参事室:《开罗会议中我方应提出之问题草案》(1943 年 11 月),秦孝仪主编:《中华民国重要史料初编——对日抗战时期》战时外交(三),第 498—501 页。

⑥ 国防委员会秘书厅:《拟在开罗会议上提出的战时政治合作方案》(1943 年 11 月),秦孝仪主编:《中华民国重要史料初编——对日抗战时期》战时外交(三),第 505 页。

2.保证朝鲜战后独立;3.保证泰国独立及中南半岛各国与华侨之地位。琉球并未列在其中。① 次日,蒋介石在日记中记载:"琉球与台湾在我国历史地位不同,以琉球为一王国,而其地位与朝鲜相等,故此次提案对于琉球问题决定不提。"②由此而见,在开罗会议之前,国民党最高当局已经确定不在会上正式提出归还琉球或让琉球独立复国的要求。

1943 年 11 月 23 日,蒋介石与罗斯福在开罗会议期间举行秘密会谈,在讨论中国收复失地问题时曾涉及琉球归属问题。关于琉球群岛,罗斯福反复询问:中国是否想得到琉球群岛? 蒋介石答称:中国愿将琉球先由中美占领,再按国际托管办法,交由中美共同管理。惜未对琉球归属问题提出中国要求,并与美国对琉球归属问题作出决定。③

1945 年初,最高国防委员会秘书长王宠惠和军事委员会委员长侍从室主任王世杰共同主持拟定了《日本无条件投降时应接受遵办之条款草案》,内亦明确提出:"琉球群岛应归还中国,如英美异议时,我方可考虑将琉球划归国际管理,或划琉球为非武装区域。"④随后的《波茨坦宣言》和《雅尔塔协定》都没有涉及琉球问题,亦没有付之实际的有效外交行动。这意味着中国失去了在战时有利条件下争取收回琉球或使琉球独立的最好时机。

战后,由于美苏冷战逐步升级,对日和约问题迟迟不能提出讨论。1947 年 7 月 16 日,美国政府突然致函远东委员会各国:建议 8 月 19 日在美国举行对日和会,由远东委员会 11 国参加。由于美、苏围绕着和约起草程序的争执以及表决制的分歧,该会议未能如期举行,但推动了中国国民政府对于对日和约的准备工作。

其时,面对美国独占琉球和对日和约即将开议的局面,中国国民政府再次出现要求收回琉球的运动。国民政府监察委员于树德、王宣等提出《对日和约意见》,强调中国政府应该主张"琉球与我国有一千多年的历史关系,仍应归属中国"。9 月 23 日,中国国民参政会通过《对日和约建

① 秦孝仪总编纂:《总统蒋公大事长编初编》卷五上册,第 431 页。转引自王建朗:《太平洋战争爆发后国民政府外交战略与对外政策》,武汉大学出版社 2010 年版,第 117 页。
② 《蒋介石日记》1943 年 11 月 15 日。
③ 王永祥:《雅尔塔密约与中苏日苏关系》,第 18 页。
④ 《日本无条件投降时应接受新办遵办之条款草案》,国民政府档案第 403 号,藏台北"国史馆"。

议案》，也明确建议"开罗会议规定日本领土之外之各岛应适用托管制，琉球应托中国管理"。

9月14日、19日、30日，中国国民政府外交部主持举行了三次对日和约审议委员会谈话会，邀集军政要员、社会名流、学界泰斗磋商对日方针，在讨论到日本领土问题时，着重讨论了琉球问题。

对于琉球群岛，外交部提出三个方案以供讨论：1.是否一部或全部要求收回？2.是否共管？3.是否托管？会上意见颇为分歧，一种意见强烈主张收回，胡焕庸认为："琉球与我们有密切关系，归还中国是上策，由中国托管是中策，由中国托管而以冲绳为美国基地是下策"，"中国若不收回琉球就不能成为太平洋国家。琉球若给日本拿去，台湾就危险了"，他主张中国可以支持美国对硫磺岛、小笠原群岛和伊豆七岛的要求和苏联对于千岛群岛以南诸小岛的要求，换取美、苏支持中国收回琉球的要求。该意见明确主张琉球应归还中国，而且指出此事关涉中国能否成为太平洋大国。另一种意见则主张对于琉球实行托管，具体有三个方案：刘士笃认为"应该由中国托管，将来再使她如巴基斯坦一样获得独立，若成为自治领更好"；万灿认为"对于领土应该作战略上的考虑，要琉球归还我国似不合法，只可主张由中国托管，成为一个缓冲地带，如法国之主张以莱茵为中立区"；王芸生则主张"琉球可交联合国托管，但中国要保有一份权利。力争收归我有，则可不必，因为就实力言，我们没有海军，把它拿过来也没有无大用"。这些意见不无合理之处，但从总体上说，反映了中国人对于海权思想的漠视。

审议会的结论是：关于琉球问题之解决办法，足资我国考虑之主张不外以下四端："一、归还我国或交我托管，程序：我与美先行协商，先要求归还，次主张由中国托管，因美已托管日前委任统治地，且可能托管小笠原、硫磺诸岛，如再要求琉球托管，易遭反对，如仍不能获同意，则可考虑准美国在琉球若干据点于一定期间内建立军事基地；由对日和会决决议琉球交中国托管；中国提出托管琉球之协定草案，请联合国核准。二、中美共同托管。三、美国托管。四、琉球为联合国保护下之自由领土，办法：盟国及日本承认琉球为自由区，并由联合国安全理事会保证该地区之完整及独立；自由区之总督人选，或行政长官，由安全理事会任命之，总督人选且必须获得中国之同意，总督不得为日人或自由区之公民，总督任期五年,不得连任,薪俸津贴由联合国负担;自由区应绝对保持中立化及非军事化之原则,除得安全理事会训令外,不准驻有武装军队;自由区不准有军事组织,或与任何国家订文或商议任何军事协定;详细办法规定可比照脱里斯脱自由区办法议定"等。①

同时,国防部第二厅制订了《琉球群岛及其他自日本划出岛屿处置问题》的文件,主张将琉球归还中国,方案更为具体和详尽,并且明确涉及钓鱼岛归属问题,将钓鱼岛视为中国最后必须坚持的领土底线。该文件指出琉球归还中国之理由是:1."琉球为我藩属,详载历史,证据甚多,关系我国防安全尤为密切,在我失台湾前二十年(1879)被日本强占琉球,迄今六十余年,此项中日外交悬案亟应随此次战争结束予以解决";2."此项岛屿既经盟总指令自日本划出,理应归还中国;3.依据同盟国公认不扩充领土之声明,则该群岛不应为他国所占领";4."去年(1946)十月间,曾一度酝酿过琉球主权问题,当时美国若干官方人员认为如果琉球群岛转移主权,应交予中国,或将该群岛交联合国委托管理,而中国单独执掌行政事宜,则美国亦将同意(见1946年10月9日联合社华盛顿电)";5,"最近琉球崛起以喜又名为首之革命志士团体,唤起琉球人归还祖国之运动,无非为顾及五六百年来中琉深密关系、顾及整个太平洋安全及世界安全,我具此显明而充分之理由,秉此正义与决心响应此一运动"。

该方案提出了我方之具体各种对策:首先,为争取琉球主权,可"对

---

① 外交部:《对日和约审议委员会分组审议结论》,管制日本问题案卷宗,卷宗号070—0002,台北中研院近代史研究所档案馆藏。同时,作者在台北中研院近代史研究所档案馆查阅琉球问题的外交档案时,发现一份署名张廷铎的《日本领土处理办法研究》(无时间),其中对于琉球问题的处理提出了五种方案,与上述审议结论意见大致相同。该文件首先指出:"琉球在地理上为我东方海上之前卫,在历史上曾与我有遣使入贡、奉正朔、受册封之关系。且毗连台湾,屏障东南,就国防安全言,对我国关系实极重大。我国如不欲兴海军出太平洋则已,否则,琉球实为我之必争之地。如万不得已,我似应主张将毗连台湾之八重山及宫古列岛划归我国。"五个方案分别是:1.归还我国,或交我国托管,理由是:琉球曾为我属邦;琉球问题迄今仍为中日外交悬案。2.中美共同托管,理由是:如和会中反对归还我国,或交我托管,则此为退一步办法。3.美国托管,理由是:琉球一役,美国牺牲惨重,故甚重视琉球在战略上之价值,如其他国家均不反对由美托管,则基于中美邦交之亲密,似亦可予支持。4.琉球为联合国保护下之自由领土,理由是:此为我争取琉球最后一步,即提议援引特里斯特前例,以琉球为联合国保护下之自由领土,并要求约文中载明两点:一是自由领土应绝对中立化及非军事化,二是行政长官之任命,事前须征得我国之同意。5.反对归还日本,理由是:如琉球归还日本,则将来台湾必不保。参见张廷铎:《日本领土处理办法研究》,日本领土问题案卷宗,卷宗号072—4—0001,台北中研院近代史研究所档案馆藏。

苏方提出千岛群岛归还日本,对美方可提出小笠原及硫磺列岛由联合国共管,如美方必争琉球管制权时,我方必可争取该岛主权归我,但可予美方若干时期在该岛有军事设施之便利"。其次是"如琉球不能归还我国,仍应根据上述理由主张交我托管若干年,托管期满归还我国";再次,如琉球不能归还我,或交我托管,则应提出最低之主张,"介于琉球与台湾之间的八重山及宫古两群岛,应主张划归我国领土,该二列岛位于东经一百二十三度至一百二十六度、北纬二十四度至二十五度之间,土地贫瘠,虽无经济价值,但关于国防至为关切,距冲绳岛颇远,中间又无小岛联络,而距台湾既近,中间小岛亦多,且土著居民向为台湾移殖,语言亦与台通,美国格兰特总统调停中日琉球争议时,曾建议将此二岛划让中国";①"如八重山及宫古两群岛未能划归我国,则再退一步,将尖阁诸岛(著者注:即钓鱼岛)及赤尾屿两地划归我国,因该两地在琉球史既未见记载日本详细地图","该两地距台湾甚近,目下虽划入盟军琉球占领区,但究不能确认其属于琉球,我应主张划归我领土"。再其次,中美共同托管,"如和会中反对归还我国,或交我托管,则可以此为退一步办法"。最后,该方案特别强调无论如何"反对琉球归还日本"。②

在政府层面积极筹划的同时,民意机构也对此作出了种种反应。仅据现有见到的资料,即有台湾省参议会、福建省参议会、河北省参议会、湖北省参议会以及古田县参议会、屏南县参议会等,强烈要求中央政府,或主张"据理力争,收回琉球,以维国家领土之完整",或主张"彻底交涉,使琉球归还我国,以绝日本帝国主义之再起",或主张"向联大理事会据理力争,收回琉球,以保国权而慰民望"等,内容大同小异。一些学者名流纷纷发表意见,在国内形成了要求琉球回归中国的强烈氛围。如著名历史学家郑天挺在《东南日报》发表《琉球应归还中国》,针对日本意欲重占

---

① 1879 年,中日围绕琉球问题发生争端之时,恰逢美国前总统格兰特访问远东,主持清政府外交的李鸿章邀请格兰特出面调解琉球问题。格兰特提出琉球"三分说",主张将琉球分为三部:"将中部归琉球,立君复国,中、东两国各设领事保护之;其南部近台湾,为中国要地,割隶中国;北部近萨摩,为日本要地,割隶日本。"所谓南部琉球即指琉球群岛最南端的宫古列岛及八重山群岛。参见王彦威、王亮辑:《清季外交史料》第 16 卷,第 19—21 页。

② 国防部第二厅:《琉球群岛及其他自日本划出岛屿处置问题》,盟军指定日本疆界案卷宗,卷宗号 070—3—0006,台北中研院近代史研究所档案馆藏。

琉球,并推行"情感外交"①的做法,运用历史资料指出:"琉球人民与日本人民,双方的血统、文化、习俗,全不相同,绝不是同一民族";"日本之占有琉球,是用诈谲强取的",琉球问题是"中日间七十年来的一个悬案";强调"为维持中美两国永久邦交,为保证太平洋永久安全,为防止日本帝国主义再起,我们认为最好将岛上所有的设备全部让给。所有永久占领琉球的计划,也不妨交给中国继续完成。因为,与其由美国永久占领,引起别国猜疑,不如归还中国,永免世界感受威胁"。②

值得关注的另一个问题是,在讨论对日和约前后,琉球革命同盟会等团体依旧积极活动,发出了强烈的"琉球民众的呼声"。该团体在致台湾国民党最高当局的《吁愿书》中,"以满腔的至诚,沥陈数事,伏祈贵国政府详察,并予采纳办理",其要点如下:

一、琉球人民誓死反对再隶属于日本。

1.历史关系、地理位置、民族血统与文化趋势等过去的事实与当前之证明,加以现在琉球民众已振起民族正气,而发挥重建琉球的民族精神。这一切都可以保证琉球民族决不愿再归隶日本。

2.为谋避免将来中美两国及琉球本身遭受损害,并谋避免政治、军事上将来可能发生的许多麻烦,琉球应该享有民族自决,以操持其本身命运。

3.为谋防止琉球重作日本南侵的梯航,并谋护持中美并琉球本身的军事经济价值,琉球问题之解决必须免除各国的偏私、成见,或受国际的种种欺诈行为。

二、琉球群岛乃系中国版图之一环,应重归属中国版图。

4.琉球二千年的历史,明显的是中琉一体的历史,琉球久为中国的属邦,情谊愉快有如父子,所以得生存持续至今,这种关系比较日本侵占琉球只有七十余年的肤浅,而且在这短时期中充满着恐怖、厌恶与仇恨者,自不能相提并论,盟邦对此更须有确切的认识。

5.光绪五年(1879 年)中日两国签订《琉球专条》,残缺不全,且

①　日本卢田外相渲染:琉球对于日本来说,"经济方面并非甚为重要,而在情感方面则较为重要,日本在 1894 年、1895 年中日甲午战争以前之德川幕府时代,即已占领各岛"。企图从情感和历史方面争取得到盟国的支持。
②　郑天挺:《琉球应归还中国》,《东南日报》1947 年 11 月 17 日。

未经中国政府批准,应视为历史的悬案,今后当可正式废除,或提作最后公平的解决。

6.琉球如不幸被列强葬送,重陷奴役地位,必将引起中琉以及亚洲人民之群起反对。将来美国可能遭受的后果也将不堪设想。

三、我们建议在中美合作之下,开拓琉球的命运。

7.北纬三十度以南至二十四度,迄至与那国岛南端,均属琉球的领域。此群岛的军事方面,均应由中美共同经营,以增进其价值,而作为维护太平洋及亚洲区域和平与安全的一个坚强堡垒。

8.民政方面由中国单独执掌,并保有其主权。

9.如因上项问题各国未能妥善解决时,另一方案应为准许琉球独立,以使成为太平洋上国际缓冲的和平国家。①

不仅如此,该会会长喜友名还在《大公报》发表谈话,反对"琉球归日"的谬论,在《东南日报》发表《解决琉球问题意见》。同时,《申报》、《中央日报》、《救国日报》也对该会的呼吁琉球重归中国的活动有所报道。②

然而,这些意见既未引起台湾国民党当局的高度重视,更未对美国占领军当局的决策发生影响。由于历史的原因,新中国并未参加 1951 年 9 月在美国旧金山举行的对日和会,而是由当时台湾当局与日本政府单独谈判缔结"和平条约",台湾当局由于在对日谈判中处于不利的地位,实际上并没有提出、并与日本交涉琉球的归属问题。美国主导下签署的《旧金山对日和约》的有关内容,只是规定了美国占领军在琉球的各项权利,确保了美国占领军在琉球行使主权性质管理的战略目标,没有涉及琉球的主权问题。战后,琉球作为"主权未定"之地,长期处在美国占领之下。70 年代初,美国不顾冲绳人民的群起反对和抗议,将琉球交由日本

---

① 琉球革命同志会、琉球人民协会:《吁愿书》(1951 年 4 月),呈请收回琉球案卷宗,卷宗号 019—12—0019,台北中研院近代史研究所档案馆藏。

② 《反对"琉球归日"谬论——琉球革命同志会会长喜友名发表谈话》,《大公报》1948 年 6 月 8 日;《琉球革命会长发表解决琉球问题意见》,《东南日报》1948 年 6 月 11 日;《琉球应归我版图——旅台琉球革命同志会会长喜友名重申愿望吁请国人重视》,《申报》1948 年 9 月 10 日;《琉球革命同志会呼吁重入祖国版图》,《中央日报》1948 年 9 月 14 日;《琉球人决定献身为祖国开拓渔业》,《中央日报》1948 年 10 月 24 日;《闽省参会声援琉球归返祖国》,《救国日报》1948 年 10 月 21 日。

政府接收,现为日本冲绳县。

　　纵观中国国民政府在战时及战后处理琉球问题的历史过程,可以断论政府高层缺乏海洋意识和海权思想,对于收复琉球的战略意义没有充分认识,在外交决策上存在重大失误,失去了中国收回琉球或让琉球独立的大好时机。战后,由中国收回琉球群岛,或使琉球独立,合法、合理、合情,如果当时能够解决该问题,那么,钓鱼岛就成为中国内海之中一小岛,也就没有今天的中日钓鱼岛争端了。

第七章　中国与菲律宾的关系

第一节　中菲关系的历史演变

　　司晨的大地,太阳的后裔,让我们一同热情地歌颂你。

　　在你的天空里和云层里,在高山大海上,我们到处看到自由放射耀目的光。

　　神圣的江山,英雄的摇篮,侵略者休想在这里爬上岸。

　　在你的国旗上,太阳和星星发出光芒,再没有暴君使它变色,它将永远飘扬。

　　美丽的国家,光辉灿烂,在你的怀里欢乐无边,但我们将以受苦和牺牲为荣,如果祖国遭受侵犯。

　　这首初唱于 1898 年菲律宾发布独立宣言时的《菲律宾民族进行曲》,是现在菲律宾的国歌,悲愤雄壮,既反映了该国的海岛特征,也表达了该民族的英勇奋斗精神。[①]

　　菲律宾是位于亚洲东南部的群岛国家,北隔巴士海峡与中国台湾相望,南和西南隔苏拉威海、苏禄海、巴拉巴海峡与印度尼西亚、马来西亚相对,西濒南海,东临太平洋,共有 7107 个大小岛屿组成,其中吕宋岛、棉老兰岛、萨马岛等 11 个主要岛屿,占全国总面积的 96%。古代菲律宾各岛间并无定期交通,人口稀少,政治上无统一的国家,各土著部落和马来移民建立的割据王国各自为生,大多彼此敌视,经常发生小规模的战争。菲律宾的考古成果证明,在 50 万年前的冰河时代,菲律宾可能与亚洲大陆

[①]　转引自李援朝等主编:《中国周边国家的国情与民俗》,东方出版社 1996 年版,第 261 页。

有所谓"陆桥"接连,那些菲律宾先后发现的古生物化石,类似曾在西伯利亚、台湾以及中国大陆所发现者。① 中国人早在新石器时代后期就跨海来到菲律宾,有文字记载的历史,一说始于1225年(南宋赵汝适《诸番志》关于麻逸三岛的记载),一说始于982年(《文献通考》与《宋史》关于北宋摩逸国记载),中菲关系在菲律宾与外人关系中,历史最为悠久。②

在远古时代,菲律宾的"梯田文化"、"瓮葬风俗"、"瓷器时代"以及"天后之祀"均来自中国,或与中国有密切关系。所谓"梯田文化"是指住在山地者,在山上依斜坡开凿梯田,利用山中水源,以水渠联络,耕种水稻。迄今仍可见菲律宾吕宋北部伊夫高族的梯田,宏丽雄伟,被称为"世界第八奇观"。据专家考证,此种"梯田文化"大约在公元前800至500年之间,由中国南方的百越民族传入菲岛。菲岛"梯田文化"的特质表现为:梯田水种、狩猎、干栏巢居、猎头和人头祭、村宴、神龛、独柄风箱、祈雨、贵重铜锣、女工、少女房、敬老、精灵崇拜与巫医、善雕刻、男耕女织、咀嚼芋草槟榔、尚红黄黑三色、鼻笛、秧歌、纹身、祖宗崇拜、瓮葬、竹筒吸水、手食、椰殼器皿、祭献用牺牲、织彩线布、火绳、长盾、嗜食狗肉、舞蹈时手舞足蹈、父母主婚、蹲、父系父权宗族制、一夫一妻与一夫多妻制并行等,与中国古代百越民族的文化特质有不少相似的地方。③

菲律宾的"瓮葬风俗",在形式上有两种:一种是将死人的尸体放置在陶瓮里,然后再埋葬地下,或停放在野外地窖;一种是把死人的全副骸骨从土中拾起,再放入陶瓮内,然后埋葬,这是二次埋葬,一般用于较富有之家。经专家考证,此种"瓮葬风俗",是在公元3世纪至8世纪间从中国的福建传入菲岛的。更有人进一步论证:这种"瓮葬文化"源于居住中国中北部的客家族,他们在很早以前便携带着用陶瓮盛装着的祖先骸骨南迁。一支入广东,另一支入福建。入福建的那一支一部分渡海移菲,另一部分移居台湾北部。④ 中菲的神话、传说、寓言、迷信、民俗等方面有许多雷同之处,可以看出双方文化交流之早而且久。⑤

---

① 吴景宏:《中菲关系论丛》,新加坡青年书局1960年版,第177页。
② 吴景宏:《中菲关系论丛》,第10页。
③ 刘芝田:《中菲关系史》,台北正中书局1979年版,第196—202页;吴景宏:《中菲关系论丛》,第55—56、58页。
④ 刘芝田:《中菲关系史》,第206—209页。
⑤ 吴景宏:《中菲关系论丛》,第183页。

　　菲律宾的"瓷器时代"，从公元 9 世纪直到 1521 年麦哲伦抵菲，菲律宾人生活的共同特点是应用瓷器。考古资料证明："在菲发现的古瓷，除了属于唐朝者外，宋、元、明到清朝的蓝白两色瓷器，各式各样都有，包括大酒坛、油瓮、醋埕、水缸、埋葬瓮、酱瓶、药瓶、碗碟、龙泉、其他厨房用具。"菲人常夸称，菲岛是收集中国古瓷最多的国家。这些陶瓷器中，间或也有少数来自安南、泰国或印度，但只占全数的 18% 左右，其他 82% 都来自中国，而以宋、明两朝的瓷器占多数。可见在 10 世纪与 11 世纪之交，中国瓷器曾大量运菲。关于中国古瓷在菲出土的地点，遍布整个菲律宾各地，有华侨居留或在那里进行贸易的岛屿，几乎都有发现。① 据中、美、菲学者公认，直接间接受华侨影响涉及社会生活的方面，包括衣、食、住、行，以及农业、工业和商业等。②

　　菲律宾的"天后之祀"也来自中国。中国东南沿海居民多以航海或捕鱼为业，早就虔信"天后"。相传在海上遇到风险时，只要合掌默祷"天后"，便会有奇迹出现。沿海各地奉祀"天后"的庙宇林立，甚至在航海的船上都有供奉的。此种"天后庙"和祀奉"天后"的习俗也随着大批华侨的赴菲而传入菲岛。除此而外，菲岛的关圣夫子庙、石狮城隍古迹、大道玄坛、佛寺尼庵等，也是中菲文化交流的产物。③

　　关于中菲关系史的资料，主要著作有：周去非的《岭外代答》、赵汝适的《诸蕃志》、汪大渊的《岛夷志略》、马欢的《瀛涯胜览》、费信的《星槎胜览》、张燮的《东西洋考》、黄省身的《西洋朝贡典录》、贾耽的《入四夷路程》等，另外《册府元龟》、《文献通考》、《太平御览》、《古今图书集成》、《宋会要》中亦有丰富的记载。④ 近代以来的论著主要有：冯承钧著《诸蕃志校注》、《郑和下西洋考》、《中国南洋交通史》，李长傅著《中国殖民南洋小史》、《南洋华侨史》、《中国殖民史》、《南洋史纲要》，苏乾英著《古代中国与南洋诸国通商考》，梁嘉彬著《明代以前中菲关系史小考》，陈荆和著《菲律宾华侨大事志》、《林凤袭击马尼拉事件及其前后》，向达著《中西

① 刘芝田：《中菲关系史》，第 258—259 页。
② 吴景宏在《中菲关系论丛》一书中对此作了详尽考证，涉及 40 个细目，参见该书第 184—187 页。
③ 刘芝田：《中菲关系史》，第 253—256 页。
④ 刘芝田：《中菲关系史》，第 273—274 页。

交通史》,方豪著《中西交通史》等。①

中菲关系以商贾贸易关系为主,一般都由中国商贾主动,每次均由华船运货赴菲,然后易土产归国。如《诸蕃志》记载:

> 麻逸国在渤泥之北,团聚千余家。夹溪而居,土人披布如被,或腰布蔽体,有铜佛象散布草野,不知所自。盗少至其境。商舶入港,驻于官场前⋯⋯登舟与之杂处,酋长日用白伞,故商人必赍以为赆。交易之例,蛮贾丛至,随簸篱搬取货物而去⋯⋯转入他岛屿贸易,率至八九月始归,以其所得,准偿舶商,亦有过期不归者,故贩麻逸舶回最晚。三屿、白蒲延、蒲里噜、里银东、流新、里汉等皆其属也。土产黄腊、吉贝、真珠、玳瑁、药槟榔、于达布。商人用瓷器、货金、铁鼎、乌铅、五色玻璃球、铁针等博易。

麻逸国,近人考订其为菲岛的岷都洛,是中国早期对菲通商的口岸。这段记载惟妙惟肖地刻画了早期中菲通商贸易的生动情景。

中国人的大量移居南洋,始于南宋灭亡之后,孤臣遗民,不肯服从元朝的统治,除殉国者外,相继逃往海外,菲律宾等地成为他们的避难地,"往往久住不归,至长子孙者"。后明朝虽然实行海禁政策,但并未认真执行,海外事业更加旺盛,随着中国移民的大量增加,中国与菲律宾各土邦间的联系开始增多,并逐步建立了政治上的联系,中国传统的"朝贡政策"推广到了一些菲律宾的土邦小国。1405 年至 1433 年,明朝政府派遣郑和率领当时世界上规模最大的船队,每次动用 60 余艘船舶和近 3 万之众,在近 30 年的时间里七下西洋,访问包括菲律宾在内的亚、非 30 余个国家及地区,为中外交流作出了杰出的贡献。在此背景下,中菲间的政治、经济关系有了进一步的发展。

在中菲友好交往史上最有影响的事件是苏禄国王访问中国并长眠于中华大地。苏禄是菲律宾群岛南部的一个海岛,盛产珍珠,从唐朝起就与中国有贸易往来。明朝永乐年间,苏禄国王曾四次派人到中国"朝贡",每次都受到明政府的隆重接待,双方建立了友好的关系。1417 年 8 月,苏禄国东王巴都葛叭答剌、西王麻哈剌咤葛剌马丁、已故峒王妻都葛巴剌

---

① 吴景宏:《中菲关系论丛》,第 41—42 页。

卜联合组成一个由 340 多人组成的庞大使团,访问中国。永乐皇帝亲自设宴招待,邀请游览北京名胜,并赐苏禄国王以印诰、袭衣、冠服、鞍马、仪仗等礼物,代表团随从 300 余人也分别得到赏赐。20 余天后,苏禄国王一行满载而归。9 月 13 日,抵达山东德州时,东王不幸病逝。永乐皇帝十分悲痛,立即派遣礼郎中前往德州致祭,并按王礼隆重安葬。并命东王长子率众归国,继承王位,"留妻妾、侍从十人守墓,俟毕三年丧,遣归"。次年,明政府又修造祠庙,立《御制苏禄东王碑》,永乐皇帝亲撰碑文,颂扬苏禄东王之举:"光荣被其国家,庆泽流于后人,名声昭于史册,永世而不磨。"明朝政府还在王墓周围拨出祭田 238 亩赠送给东王亲属,让其世代享受俸禄。1420、1421、1424 年,苏禄国又三次遣使到中国"朝贡",其贡品有梅花脑、绵布、玳瑁、降香、苏木、胡椒、黄腊、香锡等,1421 年,还献巨珠一颗,重七两五钱。清朝雍正年间,苏禄国王再次访问中国,经过德州,要求将守墓人员入籍中华,得到清政府允准。现在山东德州的苏禄后人温、安两姓,已传至 20 世孙,计 460 余人。中华人民共和国成立后,曾八次拨款重建或修葺东王墓,使其成为德州的著名旅游胜地。1980 年,曾由中国中央新闻电影制片厂拍摄了苏禄国东王墓纪录片,送给菲律宾总统和夫人。1987 年,又由中菲联合摄制大型彩色历史故事片《苏禄国王与中国皇帝》,在中菲两国引起了轰动。[①]

　　明朝,菲律宾的华侨经济有了长足的发展。"菲岛华侨以往返祖国,转运烦劳,有许多能够在当地制造的货品,便由华侨自行制造供应,诸如衣服、鞋屦、铸铁、雕造、彩绘、泥水作、烧石灰、制砖、造瓦、农作品、木作品、盐渍品等类,多由华侨为之。至于荒地的开垦,耕稼种植,转运杂役,贩夫走卒,亦莫不由华侨任之。那时菲岛各地,未经开辟,草昧荒凉,地广人稀,华侨以勤俭刻苦、开天辟地的精神,谋生活动的范围,逐渐推广,整个菲岛的经济命脉,后来几全操华人之手了。"[②]但中菲间的"朝贡"关系和密切的经济往来却为西方殖民者的东侵所打断。

①　高伟浓:《走向近世的中国与"朝贡"国关系》,第 53—56 页;沈立新:《绵延千载的中外文化交流》,中国青年出版社 1999 年版,第 92—97 页。
②　刘芝田:《中菲关系史》,第 352 页。

第二节 西据时代的中菲关系

1521 年 3 月 17 日,麦哲伦奉西班牙国王之命,率领殖民舰队抵达菲律宾群岛。当他们侵犯马克坦岛时,受到当地居民的顽强抵抗,麦哲伦被击毙。其后,西班牙国王又六次派出远征队,试图占领菲律宾群岛,均遭到失败。1565 年 4 月,西班牙复派黎牙实比率领舰队侵占宿务岛,建立了殖民统治。1571 年 5 月,进而占领马尼拉,并在那里建立殖民统治中心,开始对于菲律宾实施 300 多年的殖民统治。

菲律宾群岛原无中央政权,各岛各自为政,西班牙人占领马尼拉后,设立总督府作为整个群岛的最高统治机构,然后在各岛设立省、县行政机构。总督领导全岛行政,但须受马尼拉总主教与大法官监督,省以下各级地方政府附设有教会和学校,均由教士掌理。① 美国学者约翰·F·卡迪认为,西班牙的成就"就是完成了几百个岛屿单位的统一"。② 随着西班牙殖民者对于菲律宾控制的加强,原先各岛土邦小国与中国间的"朝贡关系"随之结束。

中国与菲律宾西班牙殖民当局的关系主要是民间商贸关系。就中国商人而言,华商与菲岛土人的贸易,只是以货易货,获利不大,但与西人的贸易就不同了。西人是用他们从墨西哥运来的墨银支付,大受华商欢迎。西人占领菲岛不久,中国南部沿海各地商人因利之所在纷纷来菲,每年抵菲的中国商船逐渐达 30 余艘之多。就西班牙殖民者而言,其在东方的地位,西南受阻于葡萄牙的势力范围,北面尚未与中国建立睦邻关系,一时难以与东方其他各国发展贸易关系;至于与欧洲的交通,如取道南非或地中海,为葡萄牙所不许,如循南美航线,则道远而险阻特多,与蜂涌而来的中国人通商成为他们的最佳选择。他们所用的军械和粮食及一切日用品,都依靠华人供应,另外由于菲岛人口仅 50 万,西人也鼓励华人工匠入境。华商货船到港,只需向西班牙当局缴纳停泊费,根据船的大小,一次缴纳后,不必交纳任何税项,有点类似今日的自由港。1573 年,菲岛西班

---

① 吴俊才:《东南亚史》,台北正中书局 1976 年版,第 119—120 页。
② [美]约翰·F·卡迪:《东南亚历史发展》,上海译文出版社 1988 年版,第 299 页。

牙总督拉未沙礼向西王报告："从中国来的商船开到许多港口贸易。当我们初到菲岛时，即已看见不少华人在此贸易，我们对待他们很好。我们来此只两年时间，华人的人口和船只的开到，都已大大的增加了。"①在西班牙时期，华侨构成了菲律宾经济的中坚柱石。一位西班牙神父说：华侨对于菲律宾经济繁荣是不可缺少的，"那种重要是到了没有他们，这社会就不能维持下去的程度。"②

华商运往菲岛的货物主要有生丝、粗细丝织品、各种天鹅绒绸缎、棉布、麻布、陶瓷器、玻璃器、麝香、安息香、象牙、床饰、悬物、桌布、垫子、地毯、珍珠、红玉、青玉、水晶、金属所制盘、铜壶、铁钉、铅、火药、军械、硝石、麦粉、柑、桃、梨、豆蔻、姜、水果蜜饯、腌猪肉及其他腊货、家禽、鸡蛋、箱、床、桌、椅、美术品、水牛、鹅、鸭、马、骡、驴、能言善唱之小鸟、其他各种家具、玩具等。回国时，他们运回西班牙银元及菲岛土货。由于西人从墨西哥铸造银圆来菲应用，早期中国与菲岛土人间的以货易货时代遂告终止。③

不仅如此，华商还从事菲岛内部的商业经营，向吕宋及其他岛上的土人征购粮食，供给西人食用，并设立华侨市场，形成华侨工商业萃集之区。马尼拉开府不久，华侨源源而来，多在吕宋岛内从事商业活动，沿岷市周围 5 里的范围之内，华侨经商者随处可见，有负贩者，有设摊售卖者，亦有种植蔬菜、饲养禽畜，带往市场出售者，诸如米、酒、猪、牛、羊、野味、鸡、鹅、鱼、盐、油、醋、椰子、香蕉、水果等之日常食物之运销贩卖等，无所不有。④"到了 1600 年，马尼拉帕里安区的华人已达 8000 人左右，几乎都是男性，到 1621 年，华人约有 15000 名，1636 年约有 30000 名。"⑤华侨经济发展至相当的规模，在菲律宾的经济生活中发挥着十分重要的作用。

西班牙占领菲岛后，曾经有过进一步征服中国的迷梦。1569 年 6 月，西籍美冷多拉神父致信西班牙国王，称"所有陛下的臣属我们都一致坚信，当你在位的时候，我们必须把中国征服，作为陛下的殖民地，到那时

---

① 吴俊才：《东南亚史》，第 121 页；刘芝田：《中菲关系史》，第 396—398 页。
② 吴景宏：《中菲关系论丛》，第 202—203 页。
③ 刘芝田：《中菲关系史》，第 397 页。
④ 吕士朋：《西领时期菲律宾华侨之商业活动》，台湾《大陆》杂志第 13 卷第 11 期、12 期。
⑤ ［美］约翰·F·卡迪：《东南亚历史发展》，第 301 页。

天主教便可以在这个国土大大推广,陛下的领域将会大为扩张,这一切将在一个很短的期间里实现"。1573 年,又有甲必丹底达上尉上书西班牙国王,指出"中国土地肥沃,粮食富足,相信是世界上最好的国家",吹嘘他"只要有两艘船,每艘 250 吨,每船有士兵 40 人,以及所需的武器、弹药、粮食","靠主的帮助,和谒见该国君王的某种使节的权力","我将亲自进入该国,在勘测其海岸之后,再经西班牙(指墨西哥)返国,我将确定怎样在该国进行贸易和征服它"。[①] 显然,占领菲岛的殖民者对于侵占中国作了乐观但错误的判断。1574 年年底,中国华南海盗林凤因在国内无法立足,试图到海外发展,遂率战船 62 艘,水陆军数千,袭击马尼拉,虽然兵败,但惊动了整个菲岛,西人差一点被逐出菲岛,这使西班牙殖民当局大为震惊,自此不敢轻视中国。西班牙殖民当局不仅加强了马尼拉的防务,而且对赴菲贸易的华人也提高了警惕。

菲律宾西班牙殖民当局对于菲岛华人抱有一种矛盾的态度,在其占领菲岛之初期,在经济上、物资上都仰仗于华商,对于华商来菲采取保护和鼓励政策;然而,华商经济势力的过度膨胀和对于菲岛经济命脉的控制,又使他们担忧和不安,尤其是他们在菲岛的统治秩序稳定后,逐步加强了对于华商的经济盘剥和压迫,遂使双方矛盾激化。[②] 1581 年,龙其虑就任菲岛总督,军政费用支绌,眼见中国商船运来的货物堆积如山,遂决定对于华货征收"三分税"以及每吨货物 12 元的系船税,再加上征税过程中弊端百出,西吏敲诈剥削,以致贿赂成风,华商苦不堪言。1582 年,西吏之征税方法变本加厉,所有华货到来,须先向西政府检查员注册登记,不得私自发售,较好的货物由西吏自定售价优先抢购,不准华商自由贩卖,导致行货匿迹,物价飞涨,西吏复借故强迫华人服役,修筑王城防御工事,华人欲避免服役,须支付巨额贿款。华人忍无可忍,遂发生 400 多华商联袂回国,使中菲贸易一时为之中断之事。此事使西班牙殖民当局恐慌起来,沙拉萨主教于次年报告西班牙国王说:保持中菲商业关系"是目前最重要的一件事","如果明年这些华商不回到马尼拉来,即使回来时,其货品索价高昂,这是我们所担心的"。随即,华侨待遇有所改善。

---

① 吴景宏:《西班牙时代之菲律宾华侨史料》,第 29—30 页,转引自刘芝田:《中菲关系史》,第 385—386 页。

② [美]约翰·F·卡迪:《东南亚历史发展》,第 301 页。

1584 年,来菲船舶恢复至 25—30 艘,华商南来者再次达到 4000 多人。[①]
终西班牙殖民者统治菲岛之日,其对待华人的政策一直摇摆不停,西班牙
国王忽而下令禁止华商来菲,或限制华商人数,甚至命令经营零售业的华
侨店铺交由西人经营,忽而又下令恢复对华贸易。菲岛工商各业大半始
终为华人控制。从总体上说,大致从 1571—1600 的 30 年间,西班牙殖民
当局以拉拢华侨为主,1600 年后,西人在菲岛已完全控制局面,一有机
会,就为排除华侨势力而对华侨大开杀戒,形成中菲关系史上六次大规模
的屠杀华侨事件,动辄屠杀华侨数百、数千、甚至上万。[②]

在整个西班牙统治菲岛时期,中国的明、清朝政府始终未能与西人建
立正式的领事关系。西人多次对于华侨的大屠杀也没有得到妥善解决,
华侨处于无人保护的状态之下。1825 年,西人开始在菲岛设立"甲必
丹",选择受过天主教洗礼和为西人信任的华侨,由西督呈请西王委任,
还在菲岛的 12 个区设分区助手,协助西督治理华侨事务。"甲必丹"实
际上是西人统治华侨的工具。该项制度的建立标志着西人殖民者开始实
施"以华制华"的方针,它并没有改变殖民统治的性质,但对于华侨与西
人统治者间的关系,还是起了积极的作用,西据时期的后期,屠杀华侨事

① 刘芝田:《中菲关系史》,第 405—408、440—448 页。
② 刘芝田《中菲关系史》一书对于西班牙殖民当局的六次屠杀华侨事件,作了详尽的考订和叙述,
其基本内容是:1.1602 年,华人张嶷欺骗明廷,称菲岛有机易山,"其上金豆自生"。明廷派人前
往勘查,结果一无所获。西班牙殖民当局疑系明廷前来探听菲岛防务虚实,为防中国派兵来
攻,一方面加强马尼拉防务,另一方面下令将华侨遣送出境,只准 3000 工匠留菲。华侨以黄
江为领袖,举龙旗起义以反抗,结果遭到西班牙当局的残酷镇压,前后被屠杀的华侨达 2.4 万
人。2.1639 年 11 月,加南巴囚区的垦民因不堪西人之淫威虐待,揭竿反抗。西军大开杀戒,华
侨八连市场被毁,房屋损失 200 万比索,货物损失 500 万比索,华侨被屠杀者在 2.2 万至 2.4 万人
之间。3.1662 年,郑成功使赴菲招降,要求西督投降,向台湾进贡,否则将驱逐西人出岛,并暗
中策动华侨起事,内外夹攻,占领菲岛。西督担忧郑氏来袭、华侨起事以为内应,遂寻找借口,驱
逐华侨出境,华侨不从,西军屠杀华侨 2000 余人。4.1683 年,清军大举讨伐台湾,平定闽、粤两
省,不少亡命之徒逃亡菲岛。1686 年 8 月,曾受西人判罚坐牢的菲岛华侨丁戈率领 300 人起事,
袭击西人管理人员,杀死西人区长,后为西兵平定,丁戈被吊死示众,随从者被四处追捕,全部被
屠杀。5.1762 年,英国对西班牙宣战,英国海军进攻马尼拉,华侨暗中多方协助英人,并拟组成
义勇队帮助英军。西人再次对华侨进行大屠杀,仅蜂加丝兰省就有 6000 华侨惨死于西人屠杀。
1766 年,西班牙国王下令,除真正的天主教徒外,驱逐全体华侨出境,直至 1778 年此令才取消。
6.1820 年,为了商业利益的竞争,西人排外情绪日增,暗中策划了花园口惨案,唆使顿多区的无
赖暴徒第六屠杀华侨以及在菲岛经商的其他外国人。

件有所减少,可能与此有关。①

1880 年起,清政府不断因华侨之请求,与西班牙当局交涉在菲岛设立领事馆问题。清政府初派陈兰彬、郑藻如出使西班牙,商议在菲岛设立中国领事馆,负责保护华侨在菲生命财产安全,没有结果。1886 年,又由张荫桓出使西班牙,数度商议在菲设立领事馆事,仍不得要领。1887 年,粤督张之洞根据国际公法,曾保荐王荣和为中国驻小吕宋总领事,西人始而允认,继而推托,终则置之不理,使清政府派驻总领事的意图再次失利。②

在长期的中菲交流实践中,华人不仅在菲岛经商贸易,为推动菲岛经济的发展作出了重要的贡献,而且与菲岛人民相融合,积极参与反对西班牙殖民统治的斗争,在菲国历史上出现过不少著名的华侨政治活动家。被称为"菲岛国父"的扶西黎刹就有华侨的血统,是中国人的后裔。他撰写了不少有关历史、政治和科学的书籍、论文,鼓吹反抗殖民统治的革命思想,又是一位杰出的诗人、文学家、美术家,在菲岛是家喻户晓的人物。1896 年 12 月 30 日,被西班牙殖民当局以鼓动革命罪处死,就义时年仅35 岁,他以激昂的革命热情留下了生命的绝唱:

> 我死时天已破晓,
> 虽然夜是黑暗的,
> 但这是黎明的前驱;
> 黎明的光辉如缺乏色彩,
> 可用我的鲜血,
> 浇遍大地,以供所需,
> 我愿死在黎明红色的光辉中。③

在 19 世纪末菲岛人民轰轰烈烈的反殖斗争浪潮中,有很多华侨及其后裔出财出力,参加了这一个伟大的革命运动。侯亚保是其中又一位杰出人物,侯氏原为福建厦门人,三合会首领,为逃避清廷迫害,"抵马尼拉,其三合会徒素闻其义侠,亦魁事之";适逢菲岛受制于西班牙虐政之

---

① 刘芝田:《中菲关系史》,第 500—502 页。
② 刘芝田:《中菲关系史》,第 531 页。
③ 刘芝田:《中菲关系史》,第 512—513 页。

下,横征暴敛,民不聊生,青年志士谋独立,密结同志,待机而动;侯亚保与菲国青年团阿奎纳多相晤,"一见相倾倒,剖胸露腹,指天日为誓。亚保力任组织三四千人为一军,以助菲青年团独立起事"。1896 年,菲人高举革命之旗,全岛骚动,亚保受阿奎纳多命"独任一方,鏖战一载,厥功甚伟。菲军既乏训练尤短军械,革命之始,西班牙颇觉仓皇,既见其能力止此也,乃奋力进剿,使非亚保率孤军誓死相拒,菲人早无噍类矣"! 在菲律宾独立战争期间,侯氏还不断地帮助革命军在华侨中募捐。鉴于侯亚保的特殊贡献,菲律宾第一共和国总统委任他为菲国陆军准将军,并曾在菲律宾最早成立的《石头村宪法》上签字。数十年后,菲国的亚银那洛将军依然称颂:"侯将军的公正和英雄风度,已获得全菲人民的感佩,他正是为他们的自由和幸福而献身。他既然热爱菲国一如其母国,菲国自当视之为好的英勇子孙之一了。"①

第三节　美据时代的华侨问题交涉

1898 年 4 月,美国和西班牙战争爆发,美国海军开始进攻马尼拉。在美国的支持下,阿奎纳多率领菲国革命军,向西班牙军队发动进攻,并于 6 月 12 日宣布建立菲律宾历史上第一个共和国,阿奎纳多就任总统。1899 年 12 月,美西在巴黎签署和约,美国给予西班牙 2000 万美元,作为购买菲岛的代价,菲岛交美国统治,菲律宾沦为美国的殖民地。菲律宾革命党起而反抗,但很快被美军击溃。阿奎纳多向北撤离,继续抵抗,几达三年,至 1901 年 3 月为美军俘虏,战事结束。美国初在菲岛设立治菲专员署,1901 年 7 月,改组为美国驻菲总督府,由后任美国总统的塔夫脱为首任总督,下设行政立法会议,襄助总督推行政务。美国对于殖民地的政策分为"能够合并的殖民地"和"不能合并的殖民地"两种,菲律宾被视为后者。对于前者,美国从事基本建设,使该地的设施逐渐与其本土实现标准化,以便日后并入美国;对于后者,则是创造条件,使其成为独立的国家。因此,美国对于菲岛的治理,在行政系统上一直属于美国国防部管辖。实行"菲律宾化"和"美国化"双重政策,这种政策导致菲岛的民族矛

---

① Michael Goldenberg:《菲革命运动中的中国英雄》,《新闻日报》"礼拜六杂志",1955 年 10 月 21 日。

盾和阶级矛盾不断尖锐化,菲岛人民曾数次爆发大规模的反美武装起义,终于迫使美国国会于1934年通过《泰丁—麦克杜菲法》,允许菲律宾在保持美国军事基地和美国人的财产权、承认对美国银行债务、制定美国满意的宪法等条件下"独立",但必须有一个为期10年的"过渡时期"。1935年11月5日,菲律宾"自治"政府成立,以曼努埃尔·奎松为总统。但太平洋战争前,菲律宾实际上仍是美国的殖民地。在这个时期,中菲关系呈现出一些的新特点。①

美国占据菲岛后,在西据时代久经交涉不能解决的中国在菲国设立领事馆问题,较为顺利地得以解决。1899年,经美国同意,清政府在菲岛设立总领事馆,首任总领事由陈纲担任,在陈纲未能到前,由菲岛末任"阿必甲"陈谦善代理。在美据时代先后担任菲岛总领事的共有21人。

中美菲律宾交涉首先围绕着菲岛中国移民问题展开。早在1882年,美国国会就通过了《限制中国移民法案》,规定10年内禁止中国劳工入境。1904年,再次通过法案,无限期禁止中国劳工入境。美国统治菲律宾后,该法案是否适用于菲岛,曾引起美国内部的争论。1902年,美国国会正式制订法律,把菲律宾包括在《限制中国移民法案》实施的范围内,并责令菲律宾总督制定条例实施。据此,菲律宾美国当局规定:凡进入菲岛领土任何境域者,无论男女老幼,皆须持有入境证书,方准入境居住,而此种入境证书只发给三种人:1.凡属过去(包括西班牙统治时代)在菲岛居留,不论劳工或商人,或者在菲岛现时经营商业的华侨眷属子女;2.凡属华人男女教员或学生和专门技术人员,预先请得政府批准许可者;3.中国政府所派出的官员如外交官或商务官及其眷属。除此以外,在菲华侨如果被发现没有居留证,或其他临时担保登陆,不合移民律记载者,有立刻受逮捕遣配出境之虞。实际上,当时菲岛工商业的发展是很需要华侨参加的,马尼拉一些著名的公司曾向政府请求,准许该公司任用华侨,以发展公司业务,但不为美国殖民当局所理睬。清政府外务部也以菲岛情形不同,没有必要禁止华人入境为由,命驻美公使伍廷芳向美国政府提出抗议,要求美国的华工禁例不应施行于菲岛,但同样未为美国政府所理

---

① 赵和曼主编:《东南亚手册》,广西人民出版社2000年版,第246页;梁英明等:《近现代东南亚史》,北京大学出版社1994年版,第237—244页。

睐。自 1902 年至 1940 年的 38 年间,菲岛美国当局始终坚持实施这一禁令。1940 年,在中国坚持抗日战争的大背景下,菲律宾"自治"政府通过《菲律宾移民法》,并于当年 8 月经美国总统罗斯福批准颁行,美国的《限制中国移民法案》才被终止执行。①

美国在菲岛实行自由主义的工商业政策,华商、华工入菲虽然受到严厉限制,但在菲华侨经营的工商业却大有发展。美据时代的后期,菲岛已有两万多家华侨经营的零售商店,其中不少是规模宏大、资本雄厚的专卖店,如鞋店、布店、铁器店、电料店、百货店、金银珠宝店、食物店、药房、书局等。尤其是在零售业方面,华商经营的"菜仔店"遍设全岛各地。所谓的"菜仔店",即经营普通家庭日常生活必需用品的小店,设在市镇或乡村居民聚居中区,一般有四五十家住户的地方就会在其中心地点开设一家这样的"菜仔店"。"菜仔店最多数的顾客为小消费者。资本六七百元就可以开一间,间或有一二千元者,但是很少数。每天的营业时间自早晨 5 时起至晚 12 时,卖的货物则应有尽有。""菜仔店"被称为"第四盘生意",直接与消费者发生关系,对菲岛人民经济生活影响非常大。那些离公共市场较远的菲人,其日常生活用所需,几乎全部取给于附近的"菜仔店"。消费者如果失业,可以用记账的办法继续购取货物,等找到工作后再付账。也有些消费者每天到这些店里赊取物品,等到星期六发薪时再还钱。由于华人开设的"菜仔店"基本控制了菲岛的零售业,日后成为菲人政府与华侨冲突的重要原因。②

第一次世界大战期间,西方国家大量向菲购取原料,华侨商人乘此机会大展鸿图,菲岛的整个零售业大部操之华侨之手,这就引起了菲人的忌恨。另一方面,美国殖民者实施"菲律宾是菲律宾人的菲律宾"方针,菲人在美菲岛政府中的参政权力日益增强。至 20 世纪 20 年代初,菲岛美政府中只有少数高级人员是美籍,其他均为菲籍官员,菲岛的议会已拥有完全的立法权,只是通过的法案仍需得到美国总督的批准。1921 年 2 月 10 日,菲律宾议会通过了一项针对华侨小商人的《西文簿记法案》。该法案规定:自 1921 年 7 月 1 日起,凡个人、商店、公司或社会,在菲岛经营商

---

① 刘芝田:《中菲关系史》,第 544—545 页。
② 刘芝田:《中菲关系史》,第 546—570 页。

业或工业,或其他事务,均须用英文、西班牙文、或任何菲岛土文记账簿,
否则认为违法;凡违犯是项法律者,经定罪后,得科以万元以下罚金,或两
年以上的监禁,或罚金和监禁并科等。通过此法案的理由是:当时据说有
1.5万家华侨商店使用中文记账,菲政府的查账人员不明其中"秘密",每
年损失数百万税收等。中国驻菲总领事周国贤和中华商会领袖李清泉获
悉后,首先往访菲议会两院议长,说明华商执行此法案的种种困难,及不
能执行的理由,双方辩论长达三个小时,结果只是同意将实行的时间推迟
至11月1日。周、李两人又往谒美国菲岛总督,陈述华商执行该法案之
困难,请求将该法案否决无效,但美国总督却在离任职之前仓促予以批
准。菲岛中华商会在中国总领事馆支持下,决定进行司法抗争。菲岛华
侨代表赴中国上海、天津、北京等地,向中国各界解释事由原委。中国政
府和外交界要人以及各社团、舆论机关一致主张应严重交涉,并愿作后
盾。随后两人来到美国,谒见参、众两院议长以及美国相关政府部门官
员,陈述此法案之不合法、不公道。美国总统下令新任驻菲总督渥特将军
办理该法案。渥特总督到任后,以咨文送交菲议会两院,请将该法案的实
施日期延至1923年1月1日。华商再次向菲议会请愿,要求废除该法
案,未被理睬。华商被迫向美国大理院起诉,其强有力的理由是:"如果
一任此律施行,则我们很有理由可以假想到一个结果,中国政府也很可以
通过一个相同法案,限制美国在中国的商人也要应用中国文字记账,到那
时,美人在中国的商业,恐怕也会因此而被消灭了。"这个观点使在中国
享有很大利益的美国商人有理由感到担忧。1926年6月7日,美国大理
院宣判华商胜诉,驳回了菲大理院的判词。后由双方达成一个折衷办法:
凡华商账簿可以不用西文、英文或土文登记,但每页须缴纳查账费1仙,
作为政府需要时用作翻译之费,至1928年才开始实行。华商的抗争至此
告一段落。①

华商与菲人交涉《西文簿记法案》时间长达五年,双方的情感日益恶
化。一些菲人眼见华人工商业在第一次世界大战期间获得了很大的发
展,认为是华侨抢了他们的商业机会,不免愤愤不平;对于华商向美国大
理控诉,也以为是华商借重美国压迫菲人,仇华心理由此而生。1924年

---

① 刘芝田:《中菲关系史》,第590—596页。

10月18日,发生一菲人与华商因买卖发生争执,菲警察杀人的偶然事件,由此爆发了排华风潮。越日,菲人无赖在马尼拉各地殴打华侨,受伤者不计其数。一菲人报纸更用特大号标题,造谣说旅居上海的菲侨被中国人击毙达80人,菲人信以为真,街面顿成恐怖状态,菲人成群结队,遇见华侨,即行殴打。附近华侨的商店多遭抢劫,菲人并扬言要焚烧华侨聚居区,事态有越闹越大之势。中国驻菲总领事周国贤会同菲岛中华商会紧急会见美国菲岛总督渥特和岷市市长,请求设法保护华侨。在美菲官方干预下,事态始告平息。

1935年菲律宾自治政府建立后,进而推行"菲化"政策,企图夺回商业权益,首当其冲的就是华人独掌的零售业,尤其是遍布全菲的"菜仔店"。1939年11月,菲国自治政府总统首先提出零售商业"菲化"问题,菲国会提出的相关法案多达六起。如曾规定自1940年起,美菲籍民享有经营零售业之优先权,现有的外侨零售店得准其继续营业,至其存货售罄时为止。但当时菲岛尚属于美国,该案须送美国国防部等部门审核,结果暂告搁置。菲政府于是转而尽量设法扶助菲人自办零售商业,以与华侨竞争。菲自治政府设立国营贸易公司,从外国大批配运货物来菲,以廉价批发给菲人零售商店销售,因该公司有政府作后盾,货物不仅是大批定购,而且可以免税进口,成本自然较低,菲政府还为菲人零售商提供货款便利,希望菲商能靠此优势击败华商,使华商自然收盘。①

1941年初,菲律宾议会又通过了一项《公共菜市菲化案》,规定各公共菜市外侨摊商,不得再行继续租赁各该菜市的摊位,而仅马尼拉市十大公共菜市中华侨摊商就有854家,占摊位2765座。此法案将严重损害华侨利益。华商群起抗议,决心与菲当局抗争。中国驻菲总领事杨光泩多次与菲政府当局交涉。该政府只同意该法案展缓三年执行,俾使华侨摊商有充分的时间从容改营他业。不久太平洋战争爆发,此事遂告中止。从总体说,由于菲国自治政府受制于美国,其零售业菲化计划尚处在准备阶段,并没有大规模推行,也没有引起中菲间严重的外交交涉。②

在美据菲律宾时代,由于美国殖民者实行了与西班牙殖民者不同的

---

① 刘芝田:《中菲关系史》,第571—572页。
② 刘芝田:《中菲关系史》,第606—608页。

治菲政策,菲岛的政治环境相对比较宽松。华侨的群众团体如中华商会等建立起来,在维护华侨利益方面发挥了重要的作用。华侨各团体先后发行了《武力新报》、《华报》、《岷报》、《益友新报》、《警铎新闻》、《公理报》、《中华日报》、《民号报》、《华侨公报》、《平民日报》、《救国日报》、《新闻日报》、《中西日报》、《中山日报》等 20 余家华侨报纸。由于中国驻菲总领事馆的设立,华侨与祖国之间的联系也较前大为加强。爱国侨胞十分关心祖国的发展和建设,尤其对于日本帝国主义对于中国的侵略,表示出极大的关注。以各种形式支持祖国的抗日斗争,成为菲岛爱国华侨的重要职责,也构成这个时代中菲关系的又一重要内容。

在九一八事变发生后的抗日救亡高潮中,菲律宾华侨是一支重要的力量。1931 年 11 月 26 日,菲律宾 163 个华侨团体举行全菲华侨救国代表大会,决定捐款 500 万充当祖国抗日战费,并制订抵制日货大纲,制裁购买日货者等。[1] 次年 2 月,菲岛华侨成立"菲律宾华侨国难后援会",支持国内抗战,"十九路军在沪抗日的一个月之内,菲侨曾汇回国币 80 余万元,竟占全部华侨捐款的八分之一"。[2] 截至 1932 年 1 月,菲律宾华侨汇给东北马占山部队抗日经费 40 万美元,其他救国捐 35 万美元。[3]

中日全面战争爆发后,菲律宾华侨更是积极投身祖国的抗日战争。1937 年 7 月 16 日,"菲律宾华侨援助抗敌委员会"(简称"抗敌会")成立,并在全菲建立 210 个分会,组织各项抗日活动。1938 年 10 月,菲岛"抗敌会"积极参与"南洋华侨筹赈祖国难民总会"(简称"南侨总会")的筹建,并成为其中最重要的成员。[4] 在国民政府发起的"献机"运动中,菲岛华侨成绩卓著,至 1941 年底,全菲华侨捐机款 500 万元左右,约献飞机 50 架,国民政府曾为此颁发嘉奖令。[5] 菲岛华侨还成立了"菲律宾华侨青年战时服务团",开设国难教育讲座,进行政治、军事、驾驶技术和战地救护等方面的训练,曾组织四批华侨青年归国参加抗日战争,其中第一批为

① 杨荣标:《菲律宾华侨救国运动史》,第 12 页,转引自黄小坚等:《海外侨胞与抗日战争》,第 78—79 页。
② 厦门《华侨日报》1933 年 5 月 1 日。
③ 吴凤斌主编:《东南亚华侨通史》,福建人民出版社 1993 年版,第 696 页。
④ 陈嘉庚:《南侨回忆录》,新加坡怡和轩 1946 年刊印,第 56—58 页。
⑤ 中国航空建设协会档案,中国第二历史档案馆藏。

汽车司机和修理工 15 人,第三批为救护队 27 人。① 菲岛华侨积极开展查禁日货运动,"抗敌会"设有抵制部,订有《抵制仇货条例》,凡华侨商人入口货物,均须向该部呈报登记并经检查,经数年严厉推行,"在吾侨商场之敌货早已消灭无存,敌人在菲岛之市场因之蒙受绝大损失"。为了支持祖国抗战,华侨大力提倡推销国货,使菲岛的中国货进口量有了显著的增长,日货的进口量却有了相当数量的下降。②

菲岛华侨配合国民政府的抗日国际宣传做了大量工作。1939 年 6 月,国民政府颁令通缉叛国投敌的汪精卫。菲岛华侨领袖、"抗敌会"主席、"地侨总会"副主席李清泉立即致电国民政府,表示"汪逆叛国,神人共弃,此次明令通缉,实足加强全国同胞抗敌御侮之决心,本会谨率全体侨胞竭诚拥护"。并在菲岛开展了各种形式的"讨汪"活动。③ 1940 年 3 月,菲岛华侨组成特种委员会,举办抗战画展。8 月,展览会设在马尼拉最繁华的依示戈打街的高大建筑物"水晶宫"内,揭露日本的侵华罪行,宣传中国的英勇抗战,吸引了美国、菲律宾以及在菲的很多国际友人参观,并将美国总统罗斯福、国际反侵略运动大会会长薛西尔爵士、印度国大党领袖甘地、美国前国务卿史汀生、加拿大总理等国际名人主张抵制日货的名言以及全世界抵制日货团体名单编成专辑五、六万册,广为散发。在展览会门口放有一份要求美国政府立即禁运废金属赴日的请愿书,自愿签名者达 5 万多人,此份请愿书经美国驻菲官员呈送美国国会。④ 菲岛华侨为中国的抗日战争作出了重要的贡献。

第四节　日据菲岛与华侨的反日斗争

1941 年 12 月 8 日,太平洋战争爆发。1942 年 1 月 2 日,日军正式进入马尼拉。美菲军退守澳洲,日本开始对于菲律宾的军事占领,直至 1944 年 12 月 24 日,美军重返菲岛。菲律宾处在日本法西斯的统治之下。

早在太平洋战争前,日本视南洋为其"生命线",将菲律宾包括在其

---

① 《华侨动员》第 15 期,1938 年 12 月 16 日。
② 黄小坚等:《海外侨胞与抗日战争》,第 379 页。
③ 《海内外同胞讨汪电文汇录》,《华侨先锋》第 1 卷第 15 期。
④ 黄小坚等:《海外侨胞与抗日战争》,第 430—431 页。

"大东亚共荣圈"之内,作了各方面的"南进"准备。日军对于菲岛的统治,以1943年6月为界分为两个阶段:一为"军政"时期,由日军直接实施统治,虽然也扶植了一个"菲岛中央行政机关",但一切设施均须经日本的"军政监部"批准,全菲处在日军的严厉管制之下,到处捕杀抗日分子,实行法西斯恐怖政策。二为对菲"新政策"时期,日本深陷太平洋战争的泥潭,无以自拔,在对中国沦陷区实行"新政策"(强化汪精卫傀儡政府)的同时,也在南洋各地推行"新政策",扶植菲国傀儡政府,实行"以菲制菲"。为此,日本侵略军导演了一出让菲国"独立"的闹剧。1943年6月19日,成立"菲岛独立筹备委员会",起草"菲国宪法",并于9月8日通过该"宪法"。20日,根据该宪法选举国民代表108名。10月14日,宣布菲律宾"独立",并与日本签署"同盟条约"。日本通过这个傀儡政府实施对于菲岛的统治。1944年9月23日,菲国"独立"政府在日本的唆使下,向英、美宣战。三个月后,美军在菲岛登陆,重新恢复了对于菲岛的控制。

日军占领菲岛后,除将美、英等国侨民关入集中营外,也将中国视为"敌国",以极其残酷的手段残害中国外交官和爱国华侨领袖和文化界人士。日军登陆菲岛时,中国驻馆菲律宾总领事杨光洀等表示:作为外交官身负保侨重任,在未接到政府命令前绝不擅离职守。他们坚守岗位,组织华侨战时服务队,协助当地政府维持秩序,筹划华侨疏散等,并烧毁了国民政府运到菲律宾海关、准备转运回国的一大批法币,以防落入敌手。1942年1月4日,日军以不承认重庆政府为由,不承认杨总领事等的外交官地位,并将杨氏等8名外交官员拘禁于菲律宾大学美术学院。8日,复将菲岛爱国华侨领袖杨启泰等42人押往美术学院。日军先是对他们进行劝降,条件是:1.通电劝重庆政府和日本"媾和",承认南京汪伪政府;2.在三个月内为日军筹集1937年至1941年捐给重庆政府(1200万菲元)的两倍款项;3.按日军意旨组成伪华侨协会,与占领当局合作。如答应上述条件,立即释放,并退还财产。杨总领事答复:华侨多数从商,于政治素少主张,对和平问题无须再发通电。捐款方面,因战事发生,交通、商业均告停顿,无法进行。至于华侨协会,已闻外间有人开始组织等,拒绝了日军的诱降。日军进而逼迫杨氏交出那批法币,当闻知已被奉命烧毁,更是恼怒万分。3月19日,8名中国外交官及28名华侨领袖分别被关入监狱,备受酷刑折磨,但他们忠贞爱国,坚贞不屈,表示了可贵的民族气节。[1] 4 月 15 日,陈穆鼎、黄念打、蔡派恭、李连朝、施教据、于以同、颜文初、吴九如、洪清机 9 名爱国侨领被秘密处死,28 人判处 20 年徒刑,5 人因"证据不足"释放。17 日,8 名外交官也被秘密枪杀。这是人类历史上罕见的集体枪杀外交人员事件。[2] 战后,国民政府将 8 名烈士的忠骸用专机运回祖国,并在南京紫金山菊花台专门修筑陵墓安葬,外交部长王世杰撰写《九烈士殉难事略》,称"此九人者(含为日军杀害的中国驻山打根领事卓还来),皆外交界之英俊,为保全民族令誉而牺牲者也。我政府特将忠骸运归,公葬于名山。后之来瞻拜者,亦知有所矜式也乎"。[3] 1948 年 4 月 17 日,旅菲全体侨胞也在他们就义的地点建筑一纪念碑,以永久纪念杨总领事等护侨之伟绩及为国捐躯之忠贞。

1942 年 6 月 1 日,在日军的操纵和支持下,菲律宾伪华侨协会成立,亲日派吴旬来任会长,郑汉淇任副会长。协会的重要职员均由日军审定的亲日派分子担任。入会者须向日本宣誓效忠,其誓词是:"余今觉悟,余乃系东亚民族一分子,愿以至诚,服从大日本军部指导,尽忠努力,以完成东亚新秩序,决不再有援蒋抗日行为。倘有背誓行动,愿受最严厉处分。"宣誓后,由该会发给证书,便被日军列为善良华侨,其生命财产可获得日军的保障,并由每人捐献 10 元,作为"大东亚圣战献金"。其主要活动如下:其一是为日军举办华侨献金运动,各地侨胞在一年内被迫交给占领军当局的"献金"高达 1000 万菲元。凡献金 2000 菲元以上者,得参加日军组织的"菲岛日用必需品"组合为会员,有资格领收日军提供的日用品如火柴、香烟、肥皂等配给品,转售获利。其二是强迫华侨参加日军组织各种亲日活动,如欢迎日本战时内阁首相东条英机访问菲岛、庆贺日本天皇诞辰等。其三是组织所谓"勤劳奉仕"运动,强迫 16 至 60 岁的男子为日军劳动服务,建筑飞机库以及参加增产粮食运动等。其四是帮助日军调查棉织品存货,以利于日军实行统制政策。该协会为虎作伥,甘作日军鹰犬,深遭爱国华侨痛恨,其领导人陈天放、郑汉淇、吴旬来以及重要职

---

[1] 桂华山:《菲律宾狱中回忆录》,马尼拉中国印书馆 1947 年版,第 43—44 页。

[2] 黄小坚等:《海外侨胞与抗日战争》,第 455—456 页。

[3] 王世杰:《九烈士殉难事略》(1947 年 9 月 3 日),转引自黄小坚等:《海外侨胞与抗日战争》,第 453 页。

员唐允德、刘玉衡、黄当堆等先后为爱国志士秘密处决。

菲国"独立"政府成立后,与日本操纵的中国汪伪政府也发生了某些联系。菲律宾"独立"政府成立的次日,汪伪政府致电菲国"总统"洛菲尔,加以"承认"。① 1943 年 11 月初,日本首相东条英机在东京举办"大东亚会议",汪伪政府"主席"汪精卫和伪菲律宾"总统"洛菲尔以及伪泰国"总理"代表、伪满洲国"总理大臣"、伪缅甸政府"总理"、伪自由印度临时政府"主席"一起参加会议,并共同签署《大东亚宣言》,确定并公布"大东亚各国为互相提携完遂大东亚战争,解放大东亚于英美桎梏之中,完成其自存自卫"的共同纲领。② 该会议自称"代表着东亚 10 亿人民",其目标是"使世界一切被压迫的民族都能从英、美铁蹄下反抗起来,根本推翻英、美的统治。而创造一个真正自由平等的大同世界。"③实际上,此时的日本法西斯已入穷途末路,这只是他们的临死挣扎表现罢了。

1942 年 5 月,菲律宾全境沦入日军统治之下,菲岛人民与中国侨民共同遭遇日本法西斯的残酷统治,广大华侨和菲岛人民一起不甘屈辱,奋起抗争,组织各种抗团体和游击队,与侵菲日军展开坚决的斗争,为摆脱日本对于菲岛的殖民统治作出了重要的贡献。

1943 年 3 月,由菲岛华侨工人抗日反奸大同盟、华侨青年抗日反奸大同盟、华侨妇女抗日反奸大同盟、华侨店员抗日反奸大同盟、粤侨抗日反奸大同盟等团体共同组建了菲岛最大的华侨抗日团体——"抗日反奸大同盟"(简称"抗反")。4 月,出刊了抗日地下报纸《导报》。"抗反"领导广大菲岛华侨开展了各种形式的抗日斗争。其主要活动有:其一,反抗日本殖民者及其走狗伪华侨协会对于华侨的残酷剥削。1944 年 4—6 月间,日本通过伪华侨协会强迫 16—60 岁的男子服役,并加紧搜刮粮食,"抗反"暗中号召和组织广大华侨拒绝服劳役,《导报》则号召"争米粮,反劳役","不替敌人服务"等,抗拒日军的统治。其二是宣传抗日爱国,声讨日军的法西斯侵略政策。"抗反"在华侨社区采用张贴传单、漫画、标语的方式在侨胞中进行抗日宣传活动,号召侨胞行动起来,打击日寇,支持抗日武装。其三是援助、支持华侨抗日游击队的斗争。"抗反"不断向

---

① 《申报年鉴》(1944 年度),第 493—500 页。
② 《大东亚会议之经过》,《政治月刊》第 6 卷第 6 期。
③ 《划时代的盛会》,《政治月刊》第 6 卷第 6 期。

游击队输送干部,帮助其扩大队伍,还经常向游击队捐款、输送药品和物品,从物质上帮助抗日队伍开展反日斗争。其四是在解放马尼拉的斗争中,为抗日武装提供情报,救护伤员,维护华侨社区秩序,保护华侨生命财产,曾先后设立难民收容所七处,收容难民 6000 余人等。① 时人评价"抗反":"高举抗日反奸旗帜,坚决与敌奸进行最无情的斗争。三年斗争,敌奸闻抗反而惊叹,侨众闻抗反则争相爱戴,抗反在华侨大众养育下,在斗争锻炼中壮大起来了!"②

除"抗反"外,中国国民党也在菲岛积极组织华侨地下抗日组织,通常称为"四抗",指华侨战地民主血干团(简称"血干团")、华侨战时青年特别工作总队(简称"特工队")、华侨义勇军、华侨青年抗日迫击团(简称"迫击团")。他们互相之间没有联系,但都坚持抗日斗争。由于他们的努力,"在菲岛沦陷期间华菲秘密通讯仍不间断,举凡敌方军事设备、兵力分布、施政要领、敌伪动向,以及每天天气状况,均了如指掌,大有助于盟军之进攻,使盟国认识我国已臻于现代国家之组织,提高国际地位","他们在抗敌期中站在最前线,深入敌人腹地,冒最大危险,时刻奋斗,对国家民族尽最大之贡献,不求名利,只求胜利"。③ 另外,由洪门人士及其子女、华侨学生、青年组成的洪门复兴委员会及其"抗日锄奸义勇军",也在光复马尼拉和解放南吕宋的战争中作出了贡献。④

在菲岛抗日斗争中影响最大、战绩最为卓著的是 1942 年 5 月 19 日成立的菲律宾华侨抗日游击支队,也称"第 48 支队"(简称"华支")。初建时,只有 52 人,7 支借来的火烧枪和 2 支短枪。"华支"以中共领导的新四军、八路军为榜样,规定了三大纪律原则、八大要求和八项注意,⑤并提出"用敌人的武器来武装我们自己",不断伏击小股日军,从敌人手中夺取武器,同时动员村民将收藏的美菲军遗弃或埋藏的武器军火自动捐

---

① 黄滋生等:《菲律宾华侨史》,广东高等教育出版社 1987 年版,第 475 页。
② 梁上苑等:《菲律宾华侨抗日游击支队》,香港广角镜出版社 1980 年版,第 231 页。
③ 张家福:《菲岛沦陷期间的华侨》,转引自刘芝田:《中菲关系史》,第 663 页。
④ 黄小坚等:《海外侨胞与抗日战争》,第 483 页。
⑤ 三大纪律原则:1.一切服从抗日,抗日高于一切;2.爱护老百姓;3.服从命令听指挥。八大要求:1.保守秘密;2.行动迅速;3.爱惜武器;4.爱惜公物;5.遵守时间;6.整齐庄严;7.清洁卫生;8.尊重礼节。八项注意:1.离开宿营地要打扫清洁;2.说话要和气;3.借物要还;4.损物要赔;5.买卖公平;6.出入要宣传;7.大便要找厕所;8.尊重风俗习惯。

献出来,逐渐壮大自己的队伍。1944年夏,"华支"提出"扩大武装斗争,迎接盟军反攻"的任务,号召广大华侨参军参战,"华支"扩编为6个大队,700余人枪。在三年多的反法西斯战争中,"华支"转战菲律宾14个省和马尼拉市,前后作战260余次,其中著名战斗12次,歼敌2020人,缴获各种枪支940余支,给予日军沉重的打击,并有力配合了美军反攻菲岛作战,为收复菲律宾和支持祖国的抗战作出了重要的贡献。①

第五节　菲律宾独立与中菲关系

1944年6月,美国国会为了抵消日本与菲律宾傀儡政府签署《同盟条约》,允诺菲国"独立"的影响,也通过法案许诺菲律宾提前实现"独立"。然而,当美国军队在菲律宾人民抗日军配合下,在菲律宾登陆后,美国却违背了自己的诺言,企图恢复在菲律宾的直接殖民统治。1945年2月,麦克阿瑟宣布人民抗日军为非法组织,解散吕宋岛中部的抗日民主政权,旋又任命麦克纳特为高级专员治理菲律宾。美国的行径激起了菲律宾人民争取独立解放的正义斗争。12月,美国国会被迫宣布于次年4月举行菲律宾大选,按照《泰丁—麦克杜菲法》给予菲律宾"独立"。1946年7月4日,菲律宾宣布独立,哈罗斯任总统,季里诺任副总统。同日,美、菲签署《美菲总关系条约》,规定美国承认菲国独立,但有权在菲国保留为共同防御需要的军事基地,并签署贸易协定,同意两国继续实行"自由贸易"制度等。② 中菲关系进入了新的历史时期。

菲律宾举行独立典礼之日,中国国民政府派遣外交部次长甘乃光为特使,赴菲致贺。外交部长王世杰发表声明称:"菲律宾能参加入自由国家之林,实为可庆之盛事,既足证明菲律宾人民爱好自由之热忱,复足见美国政治家眼光之远大。此事对于亚洲及其他地区争取解放之万千民众实为一令人兴奋之示范。"③国民政府随即与新独立的菲律宾政府就签订友好条约进行接触。7月,甘乃光特使赴菲时即提议中菲签署友好及一般关系条约。但菲国外交部长尚未确定,以致中方交涉没有对手。后菲

---

① 黄小坚等:《海外侨胞与抗日战争》,第482页。
② 梁英明等:《近现代东南亚》,第370—371页。
③ 《武汉日报年鉴》(1947年)外交,第27页。

国确定由副总统季里诺兼任外交部长,中国驻菲总领事始将中方草案送交菲政府,并经双方数度研讨。①

11月3日,中国首任驻菲公使陈质平向菲总统罗哈斯递呈国书后,双方继续进行缔约谈判。中方之提案具有三个要点:1.入境规定;2.最惠国待遇;3.关于法律手续、司法事件处理和租税征收的国民待遇,这是根据中国近年来与各国签订友好条约的原则确定的。但菲方因与美国有特殊关系,美国国民在菲享有种种特权,担忧中方根据最惠国条款,要求享受同等待遇,同时也由于菲国国会正提出种种排华法案,急欲限制中国国民入境,不愿接受中方草案,提出对案多条,双方争执主要有三点:其一,"菲方近年排华风气甚炽,国会提出种种排华法案,而我方亦曾以种种方式表示反对,并设法取消之,故菲方拟在条约中提出立法为独立主权,缔约国应尊重对方之立法权之条文,我方以每一个国家虽有自由制定法律之权,但如果违反国际法则时,则不能强他国尊重,菲方认为理直,将此条取消"。其二,"华侨在菲资力雄厚,上次竞选我方以财力资助菲律宾国民党候选人奥斯梅迎,深为目前执政之自由党忌恨。此次在条约中提出缔约国人民不得参加对方之政治活动,我方以华侨在菲除菲籍者外,原无选举权与被选权,早有法规详细规定。前此供献款项,系菲方政党劝捐,华侨徇菲人之请,对于两政党均有以接济,初无操纵政治的野心,此项条款不合常例,经辩论后同意取消"。其三,"菲方提出如遇战争,缔约国得征用在境外侨以服兵役。我方以维持国际和平与安全,联合国已有切实规定,无需使用武力,在此大战甫平,现在不宜有准备战争之表示,菲初拟将强迫服兵役,改为自由入伍,我方亦未予接受,嗣即同意取消"。菲方提出之三点既已解决,谈判便围绕着中方的提案进行,但仍有一些问题双方争执不下,如华侨在菲有设立学校及教育子女的自由条款等,遭到菲方反对。菲方并要求增加第九款,欲限制我方之最惠国待遇。次年2月,双方同意先由双方组成一个小组进行商谈,然后由菲外交部长和中国驻菲公使决定。结果,菲方在小组会议中提出新稿,将原已议定之稿,逐条修改,等于是推翻重来。2月18日,中国驻菲公使在与菲外交部长再三商谈无效的情况下,无奈通知菲方停止谈判。消息传出,菲岛舆论高度重

① 刘芝田:《中菲关系史》,第682页。

视,认为中菲谈判订约,是菲方除美国之外首次与外国谈判订约,一旦夭折,必将影响菲国外交前途。菲总统约见陈公使,并邀请陈公使与外交部长季里诺同赴碧瑶行署商议。4 月 10 日,双方在碧瑶会议两天,基本达成一致意见。[①]

4 月 18 日,陈质平公使和菲律宾副总统兼外交部长季里诺在马尼拉签署《中菲友好条约》。主要内容是:两国人民永敦和好,历久不渝;两国发生争议不得使用武力以求解决;两国互派外交代表及领事,互享外交特权;两国国民互享依照彼方法律规定的各种权利;两国同意尽速另订一通商航海条约;本约规定不适用于菲律宾现在或将来给予美国及其公民之优例等。[②] 该条约签署后,在菲律宾国会引起很大争论,一派意见激烈反对批准该条约,其理由是:1.华侨来菲,与日俱增,除正式商人外,菲政府应设法加以限制;2.此约有效年限,并无规定,菲岛将永受其束缚;3.华侨在菲参加政治活动,干预选举,控制商业,违犯法律,素为菲国所不满;4.目前中国国共两党斗争正烈,将来如果共党得势,则菲岛政府无法禁止中国共产党入境;5.旅菲华侨人数众多,而旅华的菲侨只有数百人,故此约对于菲岛有弊而无利,不应批准。5 月 15 日,菲律宾参议院以 17 票对 4 票通过批准该条约。7 月 2 日,中国国民政府立法院也批准该条约。10 月 24 日,两国互换批准书。[③]

中菲缔约谈判虽有了结果,但双方的谈判表明长期以来形成的华侨问题将成为阻碍中菲关系发展的重大问题。很多在菲人自治政府时代就已提出而没有如愿以偿的问题,在菲律宾独立后又被旧事重提。1946 年10 月 1 日,菲总统签署《菲化市场令》,授权菲财政部制定管理市场规章,企图将华人摊贩排斥于公共市场之外。该项措施将使在菲华侨商摊千余人及其家属之生计蒙受重大影响。为此,当地侨商一方面催促国民政府出面维护侨胞利益,一方面向马尼拉地方法院提出申诉。12 月 9 日,陈质平公使与季里诺外交部长进行交涉。陈公使指出:中国侨民在此设摊已有百年之历史,对此间商场营业贡献甚巨,今菲国剥夺彼等生计,殊不公允。季里诺答称:照菲国法令,中国摊贩不许在公开市场营业,但可许

---

① 孙碧奇:《中菲友好条约议订纪略》,转引自刘芝田:《中菲关系史》,第 682—687 页。
② 王铁崖主编:《中外旧约章汇编》第 3 册,第 1478—1480 页。
③ 刘芝田:《中菲关系史》,第 688 页。

其自行筹设商场。菲国总统也表示类似意见。据此,中国驻菲使馆决定请求菲议会特准华侨得自行经办市场,并要求菲政府在华侨市场建立前延期实行该项法案。马尼拉地方法院在初审该案时,宣布在法院作出判决前,不许强迫驱逐各公司市场之华侨离开其货摊,事态暂告缓和。①

另外,战后菲政府还拒绝我离菲华侨复员返菲。太平洋战争爆发后,旅菲华侨因事归国者很多,战争结束后,他们急欲返回菲岛,继续经营他们的事业,人数多达7000人。菲政府不但拒绝他们返回菲岛,而且规定每年限额500华人入境,引起中菲严重交涉。中国驻菲公使馆及联合国善后救济总署迭次与菲政府交涉,菲政府均以"粮食缺少,屋荒严重,失业人多"为由,予以拒绝。1947年5月,在国际难民机构筹备委员会会议上,通过了中国代表提案,要求菲律宾、缅甸、马来、荷印及越南各国政府,尽速准许这种战时因故离开居留地的华侨重返故地,但菲政府仍不予理睬。②

菲政府还作出了其他一些歧视华侨的决定,如颁布《劳工国家化案》,规定任何企业雇用之职工,须有60%为菲人;又规定华侨返国须向菲财政部领取携款出国许可证,总计不得超过2000菲元;还有其他各种商业上限制华人的规定,这些都引起中菲间的交涉。但由于菲国独立后民族主义情绪高扬,及中国陷于内战,国力不振,交涉不力,没有取得积极后果。华侨问题成为中菲间悬而未决的重大问题。

尽管中菲关系中存在着华侨问题的障碍,但中国国民政府在政治上却与执行亲美政策的菲律宾政府比较接近。1949年7月10日,蒋介石以中国国民党总裁身份访问菲律宾,与季里诺总统举行"碧瑶会议",并于次日发表《联合声明》,表示"中菲两国之关系应予以加强,并应由两国政府立即采取切实步骤,以加强中菲经济互助与文化合作";强调"鉴于远东国家之自由与独立,现正遭受共产势力之严重威胁","远东国家应即成立联盟,加强合作与互助,以反抗并消除此种威胁";建议"凡准备参加远东联盟之国家,应即派遣有全权之代表,组成筹备会议,以制定本联盟之具体组织"等。蒋介石声明,他将以中国国民党总裁的资格,"尽力促

---

①　《武汉日报年鉴》(1947年)外交,第27页。
②　刘芝田:《中菲关系史》,第709页。

请中国政府采取步骤,支持上述联合声明所列举之协议"。① 显然,蒋介石企图以中、菲、韩为核心组织"太平洋反共公约联盟",并继续将美国拖进亚洲的事务中来。

这一计划在菲国遭到反对,著名法学家、前菲国制宪议会议长勒道激烈批评菲总统的反共联盟政策,指出:中国为菲岛邻近大国,菲国与中华民国联盟反共,将使菲岛牵入未来一次漩涡;菲岛应有与美国分离的独立外交政策,更不应与任何一国建立反共同盟;菲岛虽然是"非共",但绝不是"反共"的国家,不应提倡或参加任何远东国家反共同盟等。这些意见并没有为季里诺总统接受,他向蒋介石表示:国民党的政府存在一天,菲政府决不承认其他新政府。② 然而,令菲国总统感到意外的是,美国也不支持建立"太平洋反共公约联盟"的计划。季、蒋联合声明发表后,美国驻菲外交代表告诉菲政府:美国可运用在远东的资源是有限的,暗示菲政府应慎重行事,免致日后卷入一个困难的国际局面。菲国驻联合国代表也向菲总统传递了同样的信息。显然,当时的美国政府已不愿为了行将就木的蒋政权再次介入到亚洲的事务中来。没有美国的支持,所谓的"太平洋反共公约同盟"也就无果而终了。8 月,在国民党政府即将被驱逐出大陆前夕,中菲两国使馆升格为大使级。③ 中华人民共和国成立后,菲律宾政府长期与台湾当局保持"外交"关系。直到 1975 年,中菲两国才正式建立外交关系。

① 邵毓麟:《历史性的中韩镇海会议》,《传记文学》第 32 卷第 3 期。
② 刘芝田:《中菲关系史》,第 697—698 页。
③ 石源华主编:《中华民国外交史辞典》,上海古籍出版社 1996 年版,第 798 页。

第八章　中国与越南的关系

第一节　中越关系的历史与演变

中国与越南的关系历史悠久,源远流长。越南民族的祖先是中国东南部"百越"族的一支。有文字记载的中越关系历史始于公元前 1037 年(周成王六年),越裳国(今越南顺化)派遣使者带着礼物向周成王朝贡,周公曾作"越裳操"以纪其事。① 公元前 214 年,秦始皇平定岭南,在该地区设置南海、桂林、象三郡。南海、桂林为今广东、广西之地,象郡则为今越南北部。秦末,南海郡龙川县令赵佗自封"南海郡尉",兼并其他二郡,于公元前 207 年建立"南越国",成为中国的地方割据政权。公元前 196 年汉高祖刘邦曾封赵佗为南越王,使成为汉朝的藩属。公元前 111 年,汉武帝灭"南越国",分置九郡,在越南境内设立交趾、九真、日南三郡,越南成为中国封建王朝的直接管辖之地,并开辟了从湖南越五岭、经广西入越南的驿道,中越商旅、使节络绎不绝,大大加快了中国内地的经济、文化向越南的传播。汉朝对西域、匈奴等地限制铁器出口,但越南不在其列,大量铁器的传入,很快改变了当地瓯雒人以铜石为器、火耕水耨的落后状态。汉文字和当时先进的中国养蚕缫丝技术,冠履、婚姻、礼仪等中国文化随之深入越南地区。东汉末年,中原内乱,大批知识分子南奔交趾避乱,将中国的儒家和道家经典传至越南。三国时代,吴国将岭南分为广州和交州,交州即今越南,下分七郡,时有变乱。唐代,在交州设立安南都护

---

① 《后汉书·南蛮西南夷列传》南蛮条。

府,配属大军,从此有安南之名。① 唐朝后期,国内矛盾激化,国力衰落,对安南的控制不断削弱。五代十国时期,在越南北部已出现地方割据政权,安南都护府遂不复存在。

公元 968 年,丁部领建立丁朝,是越南历史上第一个朝代。973 年,中国宋朝封丁部领为交趾郡王,安南自此脱离中国版图,成为中国的保护国,先后经历九个朝代。980 年,丁朝大将黎桓篡位建立前黎朝,仍受宋封。1009 年,前黎朝殿前指挥李公蕴篡位建立李朝,受宋封如故。后改国号"大越",曾发兵攻宋,为宋军大败,仍为中国保护国。1225 年,李朝辅国大尉陈承和殿前指挥使陈守度建立陈朝,存在 175 年。1400 年,陈朝外戚胡季篡夺王位,建立胡朝。1406 年,中国明朝以恢复陈朝为由出兵越南,灭掉胡朝,重新在安南设置郡县,改安南为交趾,再次出现中国直接管辖越南的局面。1428 年,黎利经 10 年战争打败明军,在东京(今河内)建立后黎朝,传 17 世,历时 360 年。1527 年,后黎朝大臣莫登庸篡夺王位,建立莫朝,统治清化以北地区,史称"北朝";后黎朝大将阮淦拥立黎宁为帝,统治清化以南地区,史称"南朝",越南历史进入了南北朝时期。1771 年起,越南爆发由阮氏三兄弟领导的越南历史上规模最大的西山农民起义,出现西山王朝等多个政权并存的局面。1802 年,阮映福推翻西山王朝,建立阮朝,改国号为"越南",成为越南历史上最后一个封建王朝。②

在漫长的越南封建社会中,中国与越南在绝大部分时间里都保持着以朝贡为主要特征的宗藩关系。这种宗藩关系根植于中越之间长期以来形成的政治、经济、文化的密切联系,也是双方实力较量的结果。中国宋、元、明三代都曾进兵越南,企图恢复对于越南的直接统治,均未能成功。每次较量的结果,都是双方对于宗藩关系的重新认可。每当中国出现新旧王朝更替时,越南统治者总是投靠实力强大的新王朝,重新建立互相间宗藩关系。

中越宗藩关系首先表现为中国封建王朝对于越南的宗主权。1727年,清朝雍正皇帝在给越南王的谕旨中曾指出:"朕统驭寰区,凡兹臣庶

---

① 吴俊才:《东南亚史》,第 58—59 页。
② 赵和曼主编:《东南亚手册》,第 379—380 页。

之邦,莫非吾土","但分疆定界,政所当先,侯甸要荒,视同一体。今远藩蒙古,奉谕之下,莫不钦承,岂尔国素称礼义之邦,独远越于德化之外哉?"①在雍正皇帝的眼里,越南对于中国,与蒙古等藩部无异。中国皇帝对于越南国王操有废立之权,越南发生改朝换代之事,新任统治者首要之事,即是取得中央王朝的册封;而皇帝给予越南王的印信,近似守令的关防,如若丢失,是要被逮捕、废黜甚至杀头的。1802 年,阮氏王朝的阮福映举兵推翻阮光瓒,改元嘉隆,派使前往中国,请求册封,并将缴获的阮光瓒丢弃的册封金印呈献给清朝嘉庆皇帝。嘉庆皇帝怒斥阮光瓒,"印信名器至重,辄行舍弃逃走,罪无可逭"。② 次年,清朝封阮福映为越南王,从此越南之名遂确定。在观念形态上,双方认定宗主国"若君若父若兄",藩属国"若臣若子若弟",前者对于后者有保护的义务和拯危继绝的责任。当藩属国遭受外来侵略时,宗主国有应藩属请求出兵之义务。清末,清朝政府曾 3 次出兵代越平乱,"遣将调兵,糜币千余万,中国为越出力费财,而分毫不取偿于越"。③ 中越封建王朝的交往,除越南方面的朝贡外,中国方面也常派使者入越,受到越南的隆重接待。据《明太祖实录》记载:"凡使者将命至其国境,先遣入报国王,王先遣官远迎于郊外,预设香案于王府正堂之中,如赐酒物,则别置案于香案之北,设龙亭采杖于公馆,王率众官至公馆迎接。鼓乐仪仗,众官及王俱前导,使者从于权亭之后,至王府正堂之中,使者立于龙亭之左,王率众官俱就拜位,行五拜三叩头礼,然后与使者相见。使者在左,王在右,各行再拜礼。使者出入王府由中道,王府正门外上马下马,王出府门外迎送。序坐则使者在左,王在右。"④中越宗藩关系是一种不平等的封建邦交关系,是君臣等级制度在中国与周边国家关系中的反映。

　　中越宗藩关系在经济上的表现为"朝贡关系"。据《宋史》、《宋会要》等统计,交趾、占城入华的朝贡使团各有 50 余次。越方朝贡的主要物品是香料、药材、象牙、犀角、玳瑁、绢、绸、布、金银器以及高级工艺品等,

① 《清史稿·藩部传》,中华书局 1977 年版,第 14627 页。
② 黄清根、陆妙春:《中越宗藩关系三题》,广西中法战争史研究会主编:《中法战争论文集》第 4 册,广西人民出版社 1992 年版,第 18 页。
③ 张其昀:《中华通史》上册,台北启明书局 1981 年版,第 249 页。
④ 《明太宗实录》卷 122。

其中香料与纺织品是大宗。由于贡品既可免税,又可获丰厚的回赐,回赐物品是严禁民间出口的金银、钱币、铜器、丝织品等,有些越南蕃首(巨商首领)也常以朝贡名义遣使入贡。除此而外,中越间还存在着大量的民间私商贸易。除泉州大港外,宋朝还在广西的钦州和邕州永平寨设立贸易场,发展中越贸易。从泉州港出发的中国巨商大贾,不仅拥有庞大的船队自贩货物,而且还代越南蕃首运载"进奉物"来中国。中国运往越南的货品主要是沿海土特产以及纸、笔、书籍等。①

中越宗藩关系在文化上的表现为中国儒家文化和科技习俗在越南的传播。自汉朝开始,中国的儒家学说已在越南传播。越南脱离中国独立后,历朝均奉儒学为治国之本。前黎朝末年,曾向宋朝皇帝请赐九经。后黎朝建立,独尊儒术,儒学在越南得到广为传播。越南的最后一个王朝——阮朝继续独尊儒术,将儒学在越南的传播推向一个高峰。阮福映统一越南后,大力提倡儒学,在中央建国子监大学堂,定课士法。阮朝80年间,越南文人学子均以熟读四书五经为荣。② 越南科学技术的发展也受中国影响,如越南的历法采用中国历,中国的算术和珠算普及越南民间,越南的彩釉瓷、青花瓷以及"交趾布"、"百叠巾"等都深受中国技术的影响。③ 由于中越间关系的密切,中国的习俗也随之传入越南,越南人曾仿效中国制定姓氏和婚丧礼俗,推行端午、七夕、中秋、重阳等传统节令,并输入中国的雅乐、乐曲、乐器以及围棋、秋千、龟卜、易占等。④

第二节　中法越南问题交涉

如同中国与其他的周边国家的关系一样,中越宗藩关系伴随着法国殖民者向越南的侵略渗透而逐渐消亡。1802 年建立的阮氏王朝仍与清朝政府保持着朝贡关系。1803 年 6 月,清政府正式下诏,改安南国为越南国,封阮福映为国王。8 月,越南国王阮福映派遣陪臣上表清廷,并贡献方物。清政府规定:越南国朝贡仍按安南旧制,两年一贡,四年遣使来

---

① 石源华主编:《中外关系三百题》,上海古籍出版社 1991 年版,第 60—61 页。
② 朱云影:《孔子学说对越南文化的影响》,台北复兴书局 1981 年版,第 30—31 页。
③ 朱云影:《中国文化对日韩越的影响》,台北黎明文化事业公司 1981 年版,第 112 页。
④ 《大越史记全书·本纪全书》卷 2,第 112—130 页。

朝一次。随后,由于列强侵入中国,清政府在遭受列强一系列军事打击后,在东亚的国际地位日渐衰落,但中越双方的实力对比格局却没有发生根本性的变化。阮氏王朝仍保持着对于清朝的朝贡关系。据清史记载,1873 年 12 月,"越南国王阮福时遣使表贡方物,赏赉筵宴如例"。① 直至 1875 年 7 月,清越间仍在就越南朝贡事宜进行磋商。刚刚登基的光绪皇帝向军机大臣下达谕令曰:"越南国备列藩封,虔修职贡。今该王阮福时以接奉遗诏,欲遣使远来进香,并因登极呈进方物,具见悃忱,着该抚即行查照成例奏明办理。"②

　　法国对于越南的侵略野心由来已久。早在 1669 年和 1720 年,法国军舰就开抵越南,炫耀武力。法国在 1756—1763 年的英法"七年战争"中失败后,转而将越南作为在东方进行殖民侵略掠夺的主要阵地。1771—1802 年,越南发生阮氏三兄弟领导的西山农民起义,政权出现更迭,为法国殖民者东侵越南创造了条件。阮福映为了在内战中取胜,曾把儿子送往法国作为人质,要求法国出兵援助,并许以割让会安港和昆仑岛以及让法国在全越享有贸易垄断权,双方签署了《越法凡尔赛条约》。③ 后因法国发生资产阶级革命,条约未被批准,但仍成为日后法国变越南为其殖民地的重要借口。1817 年和 1857 年,法国两次要求阮朝履行条约,遭拒后,便发动对越南的武装侵略。1862 年,法国强迫越南签署第一次《西贡条约》,割让昆仑岛和南圻下三省给法国,给予法国三口通商和航行湄公河的特权等。1867 年,法国又强占南圻上三省,霸占越南南部地区。1873 年底,法国侵略军以"保护法国商务"为由,进攻越南北部地区,连陷河内、海阳、宁平、南定等地,应阮朝请求,败退越南境内的中国农民起义军——刘永福领导的黑旗军奋起抗击,取得了河内战役的胜利,大挫法军气焰,但阮朝统治者却于次年 3 月与法国签订第二次《西贡条约》,主要内容是:法国承认越南的主权和完全独立,答应给他帮助及救援;越南答应其对外政策适应法国的对外政策;越南承认法国在它现在所占领的全部越南领土上有充分的、完全的主权;法国人在越南享有自由传教、旅行、

① 《清穆宗实录》卷 358,第 15 页。
② 《光绪朝东华录》(一),中华书局 1958 年版,第 98 页。
③ 郭振铎、张笑梅主编:《越南通史》,中国人民大学出版社 2001 年版,第 612—613 页。

设置领事、以及领事裁判权等特权。① 该条约不仅严重削弱越南主权,而且"割断了中越之间的藩属关系",为此引起中法之间的严重交涉和中法越南战争。

阮朝并未将该条约内容报告清政府,依然请求清军助越平定内乱,并留驻谅山、高平一带,1876 年和 1880 年,还继续按例进贡。19 世纪 70 年代末,法国加速了侵略越南的步伐,"武力兼并北圻"和"开通红河"的叫嚣充塞法国报刊,引起中国驻法、英、俄公使曾纪泽的注意。1880 年 11 月 10 日,曾纪泽照会法国外交部长,重申:"越南国王既受封于中国,即为中国之藩屏,倘该国有关紧要事件,中国岂能置若罔闻!"②12 月 27 日,法国外交部长复照曾公使,表示法国已经在 1874 年的《法越条约》中承认越南"自主"。次年 1 月 21 日,复通过法国驻俄大使转告曾公使:越南"现在除与法国外,和其他任何一个国家都已经脱离一切关系"等。③ 7 月,法国国会批准侵越军费 248 万法郎,使事态进一步升级。9 月中旬,曾纪泽赴法交涉,并照会法国外交部,明确表示中国不承认法越 1874 年条约,反映了清政府保卫中越"藩属关系",反对法国侵略越南的明确立场。④ 随后,中法间围绕着 1874 年"法越条约"的合法性问题开展了一系列的交涉。清政府虽然多次明确表示"法国如欲吞并越南,中国断不能置之不理",但在行动上却未采取果断措施,"缺乏正视明确的争端的能力和勇气",清政府的"等待观望"和妥协消极导致了日后的失败。

法国侵略者进军越南北部,进而进犯中国的战略决策已定。他们认为:法国必须占领越南北部,"因为它是一个理想的军事基地,由于有了这个基地,一旦欧洲各强国企图瓜分中国时,我们将是一些最先在中国腹地的人。"⑤1882 年 3 月,法军再次发动侵越战争,在越南军民与中国黑旗军抵抗下,以全军溃败和主将毙命宣告结束。1883 年五六月间,法军分兵两路,再次侵犯北越,虽遭中越联军重创,但法军还是攻入了阮朝都城

---

① 廖宗麟:《中法战争史》,天津古籍出版社 2002 年版,第 74—75 页。

② 郭廷以主编:《中法越南交涉档》第 1 册,台北精华印书馆 1962 年版,第 148 页。

③ 中国史学会编:《中国近代史资料丛刊·中法战争》(七),上海人民出版社 1961 年版,第 128—130 页。

④ 郭廷以主编:《中法越南交涉档》第 1 册,第 178 页。

⑤ 伊罗神甫:《法国——东京回忆录》,转引自丁名楠等:《帝国主义侵华史》第 1 卷,人民出版社 1973 年版,第 278 页。

顺化,强迫阮朝签订第一次《顺化条约》,承认越南接受法国保护,平顺省
划归南圻等。1884 年 6 月,法军又以强大军事压力和最后通牒迫逼阮朝
签订第二次《顺化条约》,越南被迫交出并销毁中国大玺,完全沦为法国
的殖民地。

　　1881 年底 1882 年初,清兵约 3 万人应越南政府请求进入越南北圻,
但清政府的对法政策却是"和"、"战"未定,既命入越军队准备参加抗法
战争,又不准他们主动进攻。1883 年 12 月 13 日,中法越南战争爆发。当
黑旗军与法军大战时,清军却作"壁上观",以致坐失战机。1884 年 5 月,
在清军战场失利的情况下,李鸿章代表清政府与法国政府签订《中法会
议简明条款》,承认法国在越南的各项特权,中国军队从北越撤回中越边
境,换取中法军队的停战。该简约引起国人的强烈谴责,也导致清政府内
部的轩然大波。清政府被迫命令在越清军"仍扎原处",不得撤回。法军
继续进逼中越边境,攻占谅山,将军舰开入台湾海峡,将战火扩展到中国
的闽台地区。8 月,法军进攻台湾基隆港,被清军击退。接着,法军又突
袭福州闽江口的马尾军港,福建海军 11 艘军舰、19 艘商船全部化为灰
烬,清政府大为震惊。

　　8 月 26 日,清政府对法宣战。在台湾和澎湖战场,清军击退了自基
隆进攻台北的法军,粉碎了法军攻占台北的计划。在越南北圻战场,清军
在爱国将领冯子材率领下英勇抗击,取得了镇南关和谅山大捷,把法军赶
出了北圻,法国内阁因此而垮台,这使中越军民大为振奋。然而,清政府
却未能乘胜追击,扩大战果,而是本着妥协求和的方针,于 1885 年 4 月在
巴黎签订《中法议和草案》,承认《中法会议简明条款》有效。6 月 9 日,中
法复在天津签订《中法会订越南条约》,又称《天津条约》。其主要内容
是:中国承认越南是法国的保护国;在中国边界指定两处通商,法国得设
领事馆;法国撤退其驻基隆和澎湖的军队等,酿成了"法国不胜而胜,中
国不败而败"的结局。随后,中法又于 1886 年 4 月签订《中法越南边界通
商章程》,1887 年签订《中法续新商务专条》,1895 年签订《中法续议商务
专条》,1897 年签订《中法商务专条》和《中法续议商务专条》等,通过这
些不平等条约,中国西南边疆门户大开,法国殖民者得到了他们想要的一
切利益和特权。

　　19 世纪末,帝国主义列强掀起了瓜分中国的狂潮,法国自恃"三国干

涉还辽"有功,在强占广州湾为其租借地的同时,又强迫清政府签约"允准法国国家或者所指法国公司自越南边界至云南省城修造铁路一道,中国国家应负责提供该路经过之地与路旁应用地段",此即滇越铁路之由来,这是法国为进一步侵略中国两广地区而采取的重要战略步骤。

1903 年 10 月 29 日,法国驻华公使吕班与清政府外务部签订《滇越铁路章程》,共 34 款,就修造铁路和管理铁路事宜达成协议,主要内容是:1.该铁路自河口起抵蒙自,或于蒙自附近以至云南省城;2.法国公司修造车站、厂房、机器铁厂、存货栈房等铁路所属各地,清政府应备有地段听用,所用土地若系官地,应即交给铁路公司,若系民业,由滇省政府购买,每次至多 6 个月期限内拨交公司;3.铁路轨道之旁可以修造二三迈当宽之工程运路,该运路应用地段,仍遵照铁路及铁路所属地段一律办理;4.干路造成之后,经双方商定办法,可在干路上修接支路;5.铁路监工、副监工、匠目以及各色执事均须有专门学业者,可招用外国人,其他各色人夫均须先尽招募本省人民充当;6.中国于 80 年期限将满可与法国商议收回地段铁路及铁路一切产业等等。①

1910 年 3 月,法国政府和清政府为防范中越革命党人之联合行动,以及中国革命党人以越南为反清基地,"互相勾结",签订了《滇越铁路巡警章程》,规定为便于弹压、查拿"匪徒"起见,由中国省吏在铁路沿线分段设立警局,维持地方治安;铁路公司允于车到时,许中国巡官 1 人及巡警 2 人入站查缉,如有大股匪人,可招呼其余巡警及游击队兵入站内捕拿;如公司所用之中国人有犯罪须拿问者,务须立即知会站长交出,凡法国人或法国保护人或有约他国人,如有扰害情事,应由警员立即告知该处车站主管人,将其扣留,解送省城、蒙自,由交涉司、关道转交使署处理等。② 这是清政府在灭亡前与法国殖民者签订的最后一个重要章程。

中华民国建立后,中国历届政府与法国方面就越南问题进行多次重要的交涉。早在北京政府推行"修约"外交之时,两国就终止越南三商约问题进行了谈判。1886 年的《中法会议越南边界通商章程》、1887 年的

---

① 王铁崖主编:《中外旧约章汇编》第 2 册,第 202—209 页。

② 王铁崖主编:《中外旧约章汇编》第 2 册,第 650—656 页。

《中法续新商务专条》、1895 年的《中法续议商务专条》于 1926 年 8 月 7 日届满。北京政府照会法国外交部,声明中国不愿续新越南三商约,将废止中越边境减税办法。8 月初,法国外交部要求中方在一年后商订新约,以便考量北京关税会议之结果。北京政府外交部拒绝此议,并于 8 月 6 日通令各省交涉署,越南三商约已失效。9 月 2 日,法国外交部照会中国驻法公使,声明上述诸约在未由中法两国互相协定而作必要修改前,仍完全有效,但法国政府愿在某种条件下进行谈判。11 月 5 日,法国驻华公使将法方条件送交北京外交部,北京政府表示接受。两国政府代表从年底开始进行谈判,但直到 1928 年 6 月北京政府垮台,仍未取得结果。

　　南京国民政府建立后,继续就取消中法有关越南三商约进行谈判。1928 年 12 月 22 日,两国签订《中法关税条约》,重新提及该案,法方表示愿意立即进行谈判,但声明在谈判期间,中国不得变动越南边境贸易现状。中方则表示,希望该项谈判在 1929 年 3 月 31 日前完成,否则,不论新约订成与否,均将废止越南边境进出口减税办法。从 1929 年 1 月 20 日至 3 月 9 日,双方开议 17 次,未能达成协定。延至 1930 年 5 月 16 日,始由国民政府外交部长王正廷与法国驻华大使玛德在南京签订《中法越南与中国边省关系专约》,共正文 11 款附件 4 个。主要内容是:1886 年、1887 年、1895 年有关越南诸商约一律废止;广西龙城、云南思茅、河口、蒙自继续作为中越陆路边境通商之地,法国得在该地派驻领事,中国得在越南河内、海防、西贡派驻领事;在越南的中国人及在上述各地的法国人享有居住、游历、经营工商业之权,其待遇不得次于其他任何一国人民;从中国口岸取道东京至滇、桂、粤三省往来中国货物,法国政府抽取 1% 通过税,各种矿产、锡块、生皮等完全免税;双方互相对在本境内犯罪而逃入对方境内之犯人应予查缉、逮捕、引渡;该约有效期为五年等。[①] 由于种种原因,该约至 1935 年 7 月 20 日才在巴黎互换批准书。其间,中法间还就越南问题签署其他一些文件,如 1933 年 9 月,中法关于来自越南白煤入口征税事项互换照会;1935 年 5 月,中法关于订立甲乙两种附表之议定书以及关于乙种附表内前 5 项货物以中国现行国定税则替代 1929 年税

---

① 　王铁崖主编:《中外旧约章汇编》第 3 册,第 806—816 页。

则事项互换照会;1936年2月,中法签署关于中国沿边三省与法国越南有线电通信制度协定草案等等。

抗日战争期间,中法有关越南问题的交涉集中于越南过境运输问题和中法琼越联防军事合作问题上。中日全面战争爆发不久,日军全面封锁中国的东南沿海及其国际通道。国民政府为了利用越南的国际通道运入军火与物资,迭令中国驻法大使顾维钧与法国方面交涉。法国政府虽对中国抗战表示同情,对日本侵华政策有所批评,但在总体上却追随英国奉行对日绥靖政策,对于中国的要求,顾虑日方南进威胁,始终不肯作出正面的承诺。1937年8月6日,中国特使孔祥熙由顾维钧陪同,拜会法国总理,法方仍以"牵涉中立问题",恐怕"引起对日纠纷",需要"从长考虑"相敷衍。① 同月,《中苏互不侵犯条约》签订,大批苏联军火急需假道越南运往中国。9月,蒋介石急电在法国的李石曾、孔祥熙、顾维钧等,紧急与法国政府交涉,告以"俄军器愿备船运安南起货,约十日内即可由俄装出。"10月17日,法国政府决定禁止中国军火假道越南转运。19日,又称假道运输问题"大致俟比京会议后再定办法"。经中方数度严重交涉,法国政府始终不肯公开改变政府决定,仅允许尽可能以极秘密之方法予以援助,即"法政府之正式立场始终禁止中国军火通过越南","实际如何另是一事"。② 1939年1月,中国再派驻苏大使杨杰赴法交涉,始获法国政府同意,对越南过境运输允予便利,凡军火各货抵海防后,即视同法货,由军队代运。③

欧洲大战爆发后,法国无力东顾,对日态度更加妥协,对越南过境运输态度再起变化。9月23日,法国越南总督约见中方代表,称"接巴黎训令,不准军火、汽车、汽油经过。嘱在途之货从速阻止,在越之货限日出清"等。经中国方面再三与之交涉,始恢复秘密通融之旧法。在中国方面的不断努力与争取下,经过越南的国际通道在法国战败前一直是开通的,这对于中国的抗战是一个有力的支持。1940年6月,法国向德国投降,贝当组织的维琪政府成立,日本乘机压迫法国停止中越运输。④ 中国

---

① 秦孝仪主编:《中华民国重要史料初编——对日抗战时期》战时外交(二),第731页。
② 秦孝仪主编:《中华民国重要史料初编——对日抗战时期》战时外交(二),第745页。
③ 秦孝仪主编:《中华民国重要史料初编——对日抗战时期》战时外交(二),第720页。
④ 秦孝仪主编:《中华民国重要史料初编——对日抗战时期》战时外交(二),第720页。

经由越南的国际运输通道最终关闭。

中法远东军事合作是战时中法交涉的又一重要内容。1938 年春,中国国民政府判断日军终将南进,中法实现远东军事合作的可能性大大增加,乃命令中国第四战区代司令长官余汉谋与法国驻越军方代表商洽琼越联防计划,同时命令驻法大使与法国政府商讨中法远东军事合作问题。4 月,中国 62 军代表颜继金和法越军代表格赖尔商洽合作事宜,然而,法方对海南岛联防以及限制日军扩充在华军事区域等,犹疑不决,中方作了多次努力。6 月,中国驻法大使顾维钧又就法国对华派遣军事顾问团以及中法联合抵制日本侵略海南岛事宜与法国政府进行磋商。随后,立法院长孙科及驻苏大使杨杰也奉命赴法参与谈判。1939 年 1 月,谈判取得若干进展,法方除允诺为中国军队代运过境军火外,同意协助中国订购军火,但要求中方分期付现及分批以原料抵偿,同时决定派遣以白尔瑞为首的法国军事家顾问团赴华,"或任参谋担任作战计划,或任军队训练,或任陆大教官,或派遣至各战场指导作战"等,[①]但是,中法联防海南岛问题却未能达成协议。2 月 10 日,日军进攻海南岛,其南进野心昭然若揭,双方合作进程加快。双方商定先由两国参谋部代表商谈,俟具体方案定后,再正式签订《中法远东互助协定》。自 3 月开始,双方互提方案,形成协定草案。

5 月 16 日,中国军方代表杨杰向蒋介石电告该协定草案。主要内容是:1.自协定生效之时起,法国承认开放越南边境,准予通运到中国之军用品,不加任何限制;2.中国主力军应策应法军,极快解决华南敌军,重行占领海南岛,并建立香港、广州间之交通自由及黄河、广州间铁路线之自由;3.华南作战最高指挥由越南法军司令官担任,前方指挥、后方勤务也由法国军官指挥,由中国军官协助;4.中方提供陆军八个师,足够两个师用的运输汽车、空军运输机两队、轰炸机一队;5.中法空军可互用空军基地;6.协定自远东其他列强进攻越南时生效等。[②] 该协定反映了法国在对

① 秦孝仪主编:《中华民国重要史料初编——对日抗战时期》战时外交(二),第 754 页。
② 秦孝仪主编:《中华民国重要史料初编——对日抗战时期》战时外交(二),第 794—795 页。

华合作中的狂妄和不平等态度,引起国民政府内部高层的分歧,未能及时签订。① 双方再行交涉之时,欧洲局势骤变,该协定草案终于夭折。

1940 年 6 月,法国在欧洲战争中战败,在远东也决定放弃武装抵抗,代之以与日本谈判。9 月 22 日,双方签订《日法越南协定》,法国允许日军 6000 名在海防登陆,并借用北越飞机场三处,允许在中国广西南部作战的日军一个师为了撤退目的进入越南经海防撤走。② 25 日,中国国民政府就此向法国政府提出强烈抗议,声明中国政府对日军出现于印支边境附近及利用印支作为对中国作战的军事基地,保留采取一切必要自卫措施的全部行动自由,由此产生之一切后果,均应由法国政府负责。③ 10 月 25 日,法国驻华大使拜会蒋介石,解释《日法越南协定》签署经过,希望中国能予谅解,蒋介石对于法方处境表示理解,声明中法友谊仍继续不变。④ 1943 年 1 月,法国维琪政府在日本压力下,要求中国撤退在法使馆。2 月,又纵容日军侵占广州湾租借地,并将在华各处租界交归汪伪政府。8 月 1 日,中国国民政府宣布与法国维琪政府断绝外交关系。

第三节　中国支持越南独立运动

19 世纪中叶以来,中国和越南先后沦为半殖民地和殖民地,共同的历史命运使两国人民互相支持、互相援助,共同开展反对列强统治、争取民族独立自由的斗争,结下了深厚的战斗情谊。中国朝野与越南独立运

---

① 当时在欧洲活动的孙科、杨杰主张签约,认为该草案"似觉于法方有利,实际上我方有利亦多",因法国与我联合作战,将增加敌之困难,"且中法间有一协定,可以促进中、英、法之合作及协定,风声所播,并可促进中苏间合作,及美国之实际帮助等"。但在国内的军事委员会参事室主任王世杰等则认为有三点非修改不能签约:1.军用品通过问题,约文规定自本协定生效之时起,应改为自本协定签字之时起,此点若办不到宁可不提;2.约中所定中国应出之军队,其武器应由法方供给,包括汽车、飞机,并应于订约后四个月内,悉数运入越南储存,其数量应足敷中国军队一年之用,如越南对外无战事,而中国需要时,得给价购买其全部或一部。法方应续运输该类武器,以维持应储之额;3.原约应增加一款:中日战事结束后,中法两国武装队伍,应即开回各本国领土,并维持日本侵略前中法两国原有领土之状态等。参见秦孝仪主编:《中化民国重要史料初编——对日抗战时期》战时外交(二),第 800—801 页。

② 《顾维钧回忆录》第四卷,第 441 页。

③ 《顾维钧回忆录》第四卷,第 457 页。

④ 秦孝仪主编:《中华民国重要史料初编——对日抗战时期》战时外交(二),第 770 页。

动的联系可以追溯到 20 世纪初。越南独立运动先驱者潘佩珠与中国资产阶级维新派梁启超的密切交往。

19 世纪末,中国资产阶级维新运动的开展,维新派领袖康有为、梁启超的著作,特别是梁启超那种令人沸腾的宣传文笔,对于当时越南爱国士大夫产生了巨大的震撼作用。潘佩珠在国内时已读过梁启超的《中国魂》等著作,极钦慕其人。1903 年,潘佩珠曾在中国粤、桂、滇各省从事革命活动。同年,赴日本得以与梁启超会面,两人一见如故,梁启超说:"我国与贵国以地理历史之关系,二千余年,密切甚于兄弟,岂有其兄立视弟之死而不救乎?"并向潘氏贡献两策:"其一多以剧烈悲痛之文学,摹写贵国沦亡之病状,与法人灭人国种之毒谋,宣布于世界,或能唤起世界之舆论,为君策外交之媒介";其二,"君若能回国,或以文字寄回国内,鼓动多数青年出洋游学,借为兴民气、开民智之基础"。鼓励潘氏"卧薪尝胆,蓄愤待时"。① 潘佩珠著《越南亡国史》由梁启超帮助印刷散发,潘氏亦遵梁氏的意见,于 1905 年携带《越南亡国史》数十册归国活动。

期间,经日本政治家犬养毅介绍,潘佩珠在日本横滨致和堂又得晤中国革命的先驱者孙中山,甚得孙中山同情与支持。两人谈话的重点是讨论君主立宪,还是革命共和? 经过激烈的辩论,潘氏始为孙中山先生折服。对于中越革命工作之先后,两人亦有歧见,孙中山认为越南同志应参加中国革命党,俟成功后,中国当合力支持亚洲被压迫国家人民,而首先援助越南反法独立;潘佩珠则认为中国革命党应及时支持越南抗法,俟越南独立之后,以越北为中国革命根据地,夺取两广地盘,然后突击中原,扫荡幽燕。两人意见虽有分歧,但不妨碍两人密切关系的建立。经孙中山的介绍,潘氏与日本人头山满、萱野长知、宫崎寅藏等也建立了密切的联系。② 1925 年孙中山在北京病逝,潘佩珠曾撰写挽联曰:

> 志在三民,道在三民,忆横滨致和堂两度握谈,卓有真神贻后死;
> 忧以天下,乐以天下,彼帝国主义者多年压迫,痛兮余泪泣先生。③

另一方面,孙中山先生曾六次抵达越南,时间短则 10 天,长则近年。

---

① 《潘佩珠先生自传》,越南堤岸《远东日报》1962 年 8—9 月。
② 邓警亚:《中越革命志士组织"振华兴亚会"进行抗法斗争的回忆》,《广东文史资料》总第 22 辑。
③ 《潘佩珠先生自传》。

越南成为中国资产阶级革命党人发动反清革命的重要基地。如 1902 年，孙中山第二次抵达越南，名义上是参观河内博览会，实际上是"鼓吹革命，成立兴中分会，当时党禁很严，故无明显组织，乃用致公堂名义出而号召"。1905 年，孙中山再次赴越南，目的是"商办举办债券筹款一事，拟筹足二百万，以为革命之资"。1907 年孙中山第三次抵达越南，停留时间长达 11 个多月，并将中国同盟会总部迁往河内。在此期间，孙中山在越南连续策划发动了四次反清武装起义，即 1907 年 7 月的钦州防城起义、10 月的镇南关起义、1908 年 2 月的钦廉上思起义、3 月的河口起义，这些起义虽然都以失败告终，却成为中国辛亥革命爆发的前奏。① 孙中山领导的这些武装起义曾得到来自越南革命者的帮助和支持。镇南关起义失败后，数千名战士退守北圻，越南人黄花探帮助解决了给养问题。②

中国辛亥革命的爆发，对越南独立运动产生了巨大的影响。潘佩珠认为："革命成功以后，中华政府决非如旧时之腐败，必能继日本为大强。苟中日两国皆注全力于对欧，则不惟我越南，而印度、菲律宾亦且同时独立矣。"③越南人对于辛亥革命之欢欣心情，达到了在家里悬挂孙中山、黄兴照片的程度。散处各地的越南革命党人云集广州，渴望得到革命后的中国的支持。1912 年 3 月，在孙中山的支持下，潘佩珠将原在国内的维新会改组为光复会，政治纲领亦改君主立宪为民主共和，提出了"驱逐法贼，恢复越南，建立越南共和民国"的口号。随后又由中越革命志士共同组织"振华兴亚会"，推选邓警亚为会长，潘佩珠为副会长，决定分遣同志潜回越南，策动民众，创立光复军，揭竿发难；同时，由粤省同志组织一支持越军，从边境突入，以策应内陆起义之光复军，使彼两面受敌，首尾不能相顾，俾一击就中，易于摧毁。该会以援助越南革命党人为种子，次第串联，短时期成员已超过 200 人。④

1924 年 1 月，中国国民党举行第一次代表大会，孙中山决定改组中国国民党，实行新三民主义和三大政策，国共实现了第一次合作，国民革

① 蒋永敬：《华侨开国革命史料》，台北正中书局 1977 年版，第 385—388 页。
② ［越］章牧：《孙中山与二十世纪初越南革命的关系》，《广东文史资料》总第 25 辑。
③ 《潘佩珠先生自传》，黄国安等编：《近代中越关系史资料选编》(下)，广西人民出版社 1988 年版，第 787 页。
④ 邓警亚：《中越革命志士组织"振华兴亚会"进行抗法斗争的回忆》，黄国安等编：《近代中越关系史资料选编》(下)，第 791—192 页。

命运动进入高潮。受孙中山的影响,潘佩珠也将越南光复会改组为越南国民党,设总部在广州。广州不仅成为中国革命的中心,而且也成为亚洲反帝的圣地,吸引了大量亚洲被压迫民族的知识分子来到广州,投身大革命的洪流。其中有一大批越南革命青年获准进入黄埔军校学习,成为越南光复事业的重要干部。

1924 年 6 月 19 日,广州发生越南志士范鸿泰谋刺法国越南总督事件。范鸿泰系越南国民党员,又系主张暗杀救国的"心心社"成员。这天午后 8 时,他在广州法租界维多利亚旅馆开枪,意欲枪杀法国越南总督马兰,结果杀死了法国领事和妻子、法国银行行长和妻子,两人重伤,马兰幸免于难。范氏事成后,投珠江自尽,震动一时。范氏留有遗书,痛斥马兰虐待越南人民,罪恶贯盈,并称"鸿泰奉有党命,为越南四十兆同胞牺牲,死不足惜,唯愿全世界洞察而拯救之,使越南民族得存在于地球上,则鸿泰当亦衔感于九泉矣"。① 当时的广州正处在国民革命高潮中,发生这样的事件影响非常大。越南国民党领袖潘佩珠撰写并发表《越南国民党对于沙面炸弹案之宣言书》、《范烈士鸿泰传》、《追悼范烈士祭文》等,宣传这一事件,扩大了越南革命党人的影响。中国国民党领导人对越南革命党人采取保护态度。当法国驻华公使向广东政府要求驱逐越南人及责令赔偿时,广东政府严词拒绝。省长胡汉民答称:马兰此行"所经粤地皆安如泰山。及一入租界,乃发生此危险事,英、法警兵不力之罪,已无可辞。以后法政府若欲防危险事件之发生,可于临时照会,请我兵入租界,为贵国人保护,则甚善矣"。国民党领袖廖仲恺、汪精卫等为纪念范鸿泰志士,出资 3000 元,在黄花岗烈士墓旁修筑范烈士墓,并竖以丰碑,由著名国民党人邹鲁亲自题写"越南志士范鸿泰先生之墓"。② 成为中越友谊的象征。③

除越南国民党外,越南共产主义派也在广州非常活跃。1924 年 12 月,胡志明从莫斯科来到广州,其公开职务是中国国民党苏联政治顾问鲍罗廷的秘书和翻译,实际上在广州从事越南共产党的建党准备工作。

---

① 《越南烈士范鸿泰之遗书》,《国闻周报》第 1 卷第 1 期。
② 《潘佩珠先生自传》,黄国安等编:《近代中越关系史资料选编》(下),第 804 页。
③ 1958 年 4 月,广州人民政府为纪念这位舍生取义的烈士,拨款重建陵墓,将烈士迁葬太和岗上。越南劳动党代表、越中友谊会会长以及范鸿泰烈士的夫人及其儿子范明月参加新陵墓的落成仪式。

1925年初,他在广州建立"东亚被压迫民族联合会",并和"心心社"建立联系,后又吸收原越南国民党和"心心社"中的优秀青年,组成了越南青年革命同志会。这是越南历史上第一个以马克思列宁主义为指导、有鲜明政治纲领、组织严密的革命组织,是越南共产党的前身,总部设在广州文明路13号。该同志会的核心是越南共产团,由胡志明、黎鸿山、胡松茂领导。其主要工作是举办"政治特别训练班","轮流训练,培养越南爱国进步青年成为革命干部,在两年时间内,开办了大约10个班。除越南教员外,还有一些中共干部也来讲课。学员共约200多人,结业后到范鸿泰烈士墓前,宣誓加入越南青年革命同志会;一些人由胡志明同志介绍进黄埔军校学习;绝大部分派回国内,在越南各地举办训练班,发展革命队伍,开展革命活动;有少数人留在中国参加革命斗争,或被派到泰国等地,在越侨中开展革命活动"。①

胡志明与当时的中国国民党与中国共产党都有密切的联系。胡志明创办"东亚被压迫民族联合会",曾得到过中国国民党左派廖仲恺的帮助。1926年1月,中国国民党举行第二次全国代表大会,胡志明以"越南亡国流民"的身份致函大会主席团,称:"贵会开会声明援助世界被压迫民族解放,不胜欣喜,但是'欲与以药,必先知其病',所以敝人要求贵会准许前来暴白敝国痛苦情形,使欲助我者得以研究而寻方针。"谭平山在他的信上签注:"讨论民族提案时,请其出席报告"。1月14日,胡志明以"王达人"化名对大会做公开报告,陈诉越南在法国殖民者压迫下所受之痛苦,强调中越两民族间的历史文化联系和两国革命的关系。由于鲍罗廷的关系,胡志明与中国共产党的关系更为密切。越南青年革命同志会的不少成员是由中共介绍而来,中共领导人周恩来曾应邀到训练班授课。②

国共分裂后,越南革命力量也发生分化,其左右两翼分别与中国共产党与中国国民党继续保持联系。1927年4月,广州发生反革命的"四一五"政变,越南青年革命同志会的成员被李济深逮捕,因为他们是越南人,便将他们全部驱逐到香港。后他们重新与中共广东省委建立联系,在

---

① 张易生:《越南八月革命前胡志明同志在中国的革命活动》,《世界历史》1980年第2期。
② 蒋永敬:《胡志明在中国》,台北传记文学出版社1972年版,第49—53页。

中共领导下,分别在香港、上海、南京等地开展革命运动,并由中共中央将他们的情况转报共产国际。同年 7 月,胡志明和鲍罗廷一起离开中国赴莫斯科。1929 年 10 月,从泰国抵达香港。次年 2 月 3 日,在香港九龙主持越南共产党的成立,同年 10 月,该党更名为印度支那共产党,将总部迁往越南境内,继续开展革命运动。

同时,中国国民党与越南国民党也一直保持着联系。1930 年,越南国民党在安沛举行反法起义,惨遭失败后,将活动重心移往中国。越南国民党在南京设立该党中央干部委员会海外办事处,并在中越边境地区设置分支机构,得到中国国民党的大力支持,包括在经济上每月由中国国民党中央党部资助经费 200 元。①

抗日战争期间,中国与越南独立运动的关系发生了一些变化。如果以越南独立运动与韩国独立运动作比较的话,有着明显不同的特点。首先,在领导体制上,在国统区的韩国独立运动由中国国民党中央和军事委员会政治部直接操纵指挥,越南独立运动则主要由军事委员会桂林办公厅和第四战区司令长官部负责联络指导,由于担任军委会桂林办公厅主任的李济深和第四战区司令长官的张发奎与国民党中央党部在对待越南独立运动的理念以及对待各党派的态度上有所区别,使得中国方面对于越南共产党系统的反日独立活动采取了较为宽松的政策;其次,在活动地域上,受中国国民党援助的韩国独立运动各党派总部都设在重庆,活动则遍及各战区,越南独立运动主要活动于中越边境的广西、云南、贵州三省,其活动的地域与范围远小于前者;其三,在活动内容上,韩国独立运动兼具参加中国抗日战争与争取韩国独立的双重使命,尤其是战争前期,朝鲜义勇队和韩国光复军实际上成为参加中国抗战的国际纵队,壮大了中国抗战的国际声势,越南独立运动的使命则集中于自身争取独立的事业,其参加中国抗战的声势和影响远不如韩国独立运动各党派;其四,在与国内联系方面,韩国独立运动远离国土,与国内人民联系不足,是其最重要的缺陷,越南独立运动则与国内人民的反法反日斗争始终保持着密切的联系,在国内建有根据地和一定数量的武装力量,其主要领导人时而回国内,时而来中国,将境内外的反法反日独立运动巧妙地结合起来,这是他

①　第一方面军司令部卢汉:《越南政治党派概况》(1945 年 12 月 14 日),台北中国国民党党史会藏。

们战后在国内获得迅速发展的基本原因。

中日战争爆发后,在中越边境地区活动的越南独立运动党派主要是越南国民党和越南共产党两派。越南国民党主要活动在云南,自称:"根据三民主义为革命指针,与中国国民党保持齐一之步伐,探求东亚之光荣与和平,恢复祖国山河。"对于中国的全民族抗战,该党取拥护态度,"一面派同志投效军旅,上前线抗日,一面即派同志返边界,秘密活动,向越南民众宣传,使之拥护中国抗战国策,更为扩充工作,并进一步与中国发生密切联系计,中央即派干部同志返滇改组成立越南国民党中央执行委员会海外执行部(1941年正月间)。越南之环境虽数经变易,而国民党始终坚持一宗旨,无论何时皆能镇定依计划而行动,深信惟有中国获胜,越南革命始有成功之希望也"。① 他们的抗日独立斗争得到了中国地方军政当局的支持和帮助。

越南共产党在中越边境的活动也十分活跃。越共领导人胡志明,化名胡光,1938年秋,从苏联来到中国延安。年底,以八路军军人的身份随同中共领导人叶剑英南下桂林,任职八路军桂林办事处,后又参加国共合作开办的南岳游击干部训练班,任新闻台少校台员。随后又赴贵阳,参与创建八路军贵阳办事处,并曾到过重庆。1940年2月,胡志明来到昆明,并在中国共产党的帮助下,与印支共产党海外部接上了关系,成为其核心领导人物。该党海外部及其基层组织以"越南民众响应中国抗敌后援会"名义,在滇越铁路沿线各地散发传单,开展多种形式的宣传活动,揭露法、日帝国主义互相勾结的罪行,广泛发动越南侨胞拥护和参加中国的抗日战争,取得了良好的效果。他们的反日斗争主要与中国共产党发生联系,但未与中国地方当局发生摩擦或冲突。②

1940年6月20日,德军占领巴黎,法国向德国投降。9月22日,法国越南总督被迫与日本签订《越日协定》,允许日军在海防登陆及借用北越三处飞机场,法国的战败与对日本的屈服,使其在越南民众中的声望一落千丈,其在越南的统治地位也摇摇欲坠,给越南独立运动造成了前所未有的大好时机。另一方面,中国军方开始为中国军队入越作战进行准备,

---

① 《严继祖呈中国国民党中央执行委员会秘书长吴铁城报告》(1942年8月16日),台北中国国民党党史会藏。

② 黄铮:《胡志明与中国》,解放军出版社1987年版,第53—65页。

也希望加强与越南独立运动各党派之间的联系。其时,正在军事委员会桂林办公厅担任上校参谋的越籍胡学览(越南共产党系统)和第四战区长官司令部担任上校参谋的越籍张佩公(越南国民党系统)为中越双方的合作起了铺路架桥的作用。

在中国军方的支持和帮助下,越南独立运动在中越边境和越南国内都有了很大的发展。在这一时期,越南共产党起了重要的作用。1940 年 10 月,越南独立同盟会办事处在桂林成立。该会于 1935 年 7 月在南京成立,曾向中国政府登记,此次重建系恢复性质,经李济深批准,取得了在中国境内公开活动的机会。胡学览任主任,林伯杰(范文同)任副主任,系越南独立运动各党派的联合战线组织,越南共产党在其中占有优势。该办事处曾领导了越南国内 1940 年底至 1941 年初反对法国殖民者的北山、南圻、助江暴动。① 1940 年 12 月,越南共产党胡志明等又与桂林文化界、新闻界人士广泛接触,共同发起建立"中越文化工作同志会",并依靠这一组织进行公开活动,呼吁中国和国际进步力量支持越南的民族独立斗争。② 1940 年 12 月,在第四战区司令长官部所在地柳州成立了"越南民族解放委员会",其成立宣言称:"日本军阀与法国帝国主义一样,都是坏东西",号召越南各民族"立即行动起来,挣脱这双层的奴隶的锁链","以伟大的中华民族的解放斗争为表率,高举我们民族革命的旗帜","为建立越南民主共和国而斗争"等。③ 该委员会成立后,主要是利用张佩公与中国军方的密切关系,以张佩公主持的边区工作队的名义,举办越南干部训练班,培训越南独立运动的干部队伍。1941 年 4 月,在该委员会基础上,又建立"越南民族解放同盟会",以"亲华、反法、抗日"为宗旨,主张"联合越南一切民族革命力量,组织成为一坚强整个革命阵营;同时联合以平等待我之民族,尤其是中华民族,共同一致打倒法、日帝国主义,以达到越南独立、自由与领土之完整"等。④

1941 年 2 月,越南共产党主要领导人胡志明等返回越南活动。5 月

① 黄铮:《胡志明与中国》,第 68 页;蒋永敬:《胡志明在中国》,第 120—123 页。

② 桂林《扫荡报》1940 年 12 月 9 日。

③ 《桂林日报》1940 年 12 月 28 日。另据蒋永敬《胡志明在中国》考订该委员会并未真正建立,只是发表了一个声明。

④ 梅公毅:《越南新志》,第 83 页,转引自蒋永敬:《胡志明在中国》,第 127 页。

10 日,具有历史意义的印支共产党第八次会议在高平省北坡举行。会议决定建立和发展游击根据地,成立越南独立同盟战线(以下简称"越盟"),将各群众组织改组为救国会,进行武装起义的准备工作。5 月 19日,"越盟"正式建立,这是一个以越南共产党为核心的反抗法日的统一战线组织,成为越南国内实现独立复国的领导中心。[①] 6 月 6 日,胡志明署名"阮爱国"发表致越南全国同胞号召书,指出:"民族解放问题高于一切,我们要团结起来! 为拯救水深火热中的我国人民,同心合力打倒日、法帝国主义及其走狗!"[②] "越盟"当时主要在越南国内活动,其活动区域是高平、谅山、北圻等省的边区,取得了相当的成就。但自成立至 1944 年4 月的 3 年间,与中国官方并无联系。越南共产党虽仍在中国境内活动,但并未使用"越盟"的名义。

太平洋战争爆发后,中国官方对于越南独立运动的态度趋向积极。1942 年 3 月 23 日,国民政府立法院长孙科在《中央日报》发表文章,首次公开主张越南应该获得独立,他要求美国总统罗斯福和英国首相丘吉尔宣布一项"太平洋宪章",保证联合国承认印度、越南、韩国及菲律宾的独立地位。此一意见引起国际社会的广泛注意,也激励了越南独立运动志士的斗争情绪。中国第四战区司令长官部开始积极主动地联系越南独立运动各党派。为此,决定约请越南革命领袖轮流草拟演讲稿,每周三次,在国际电台向越南民众广播,报道同盟国家的重要消息,加强对于越南的宣传工作。[③] 并鼓励原在云南活动的越南国民党人到抗敌前线广西来活动。

在中国第四战区司令长官部的直接协调和指导下,越南独立运动各党派于 1942 年 7 月在广西柳州建立"越南革命同盟会筹备委员会",推选越南老革命党人、长期在中国军界任职的阮海臣为主任委员。参加的党派有越南国民党、越南民族解放同盟会、越南复国同盟会以及无党派人士。10 月 1 日,该会正式成立,越南国民党在领导层中占居优势地位。张佩公、阮海臣、武鸿卿为常务委员,阮海臣、张佩公、武鸿卿、杨清民、陈豹、农经猷、严继祖分任秘书、军事、组织、训练、财务、交际组长,严继祖、

---

① 黄文欢:《重要的历史转折点》,黄铮:《胡志明与中国》,第 80 页。

② 胡志明:《国外来信》,《胡志明全集》(中文版)第 1 卷,越南外文出版社 1962 年版,第 232 页。

③ 《王之五报告》(1941 年 12 月 21 日),蒋永敬:《胡志明在中国》,第 172 页。

武鸿卿、陈豹分任东兴、靖西、龙州办事处负责人,并在昆明设有分会。出版宣传刊物越文版《越魂》和中文版《湄公怒潮》。① 该同盟会政纲规定:其最高目的"在联合全越民众及中国国民党,打倒日、法帝国主义,恢复越南国土,建立自由平等之民主国家";"为达成此目的决以全越民众力量与中国国民革命军并肩作战,以驱除日法帝国主义者,肃清一切侵略势力";"须联合各同盟国家如中美英苏等国,尤其是中国,切求其援助,以建设越南民主国"等。其组织纲要分列总则、中央委员会、省会、县会乡会、小组、附则七章,较为完备地规定了该同盟会的组织系统。②

中国军方与该同盟会建立了密切的联系。当该会成立时,中国国民政府军事委员会为援助越南党人争取独立,对该会派有指导代表,负责与该会联系,并为之解决问题。指导代表初由第四战区政治部主任梁华盛兼任。1943 年 5 月,梁调职,由侯志明继任。12 月,为进一步加强对于该同盟会的指导和帮助,该职由第四战区司令长官张发奎亲自兼任,侯志明任副代表,张发奎又将指导权交付第四战区长官司令部中将高级参谋、外事处副处长肖文(处长由张自兼)"全权负责"。③ 1944 年初,第四战区奉命改编为中国陆军总司令部第二方面军,仍由张发奎任司令长官,但外事处却面临裁撤之危险。3 月,经何应钦总司令批准,对越指导工作仍请张发奎继续担任,并决定"外事处全部保留,并加强实际工作"。④ 中国军方由张发奎负责指导对该同盟会工作的体系一直保持到战争结束。

同时,中国国民党中央党部与越南国民党之间也不断进行着联系。1942 年 1 月,越南国民党海外执行部向中国国民党中央党部秘书处送呈《越南国民党行动计划大纲》和《工作概况》。希望"加强贵国党政当局与本党之联系,希派明了越情及越语之人员专驻开远或昆明,与本党经常接触,负责指导本党工作,传达上级机关法令与转达本党向贵党当局呈报之意见及情报"等,提出该党每月各种费用不下 5 万元,若工作继续扩大,则所需当必逾此数,恳请"贵党部体察本党处境之困难,优加津贴"等。⑤

① 《越南革命同盟会指导代表梁华盛报告》(1942 年 10 月 24 日、28 日),台北中国国民党党史会藏。
② 《越南革命同盟会会章、政纲、组织纲要、工作纲领》(1942 年 10 月),台北中国国民党党史会藏。
③ 《侯志明致蒋永敬信》(1966 年 9 月 1 日),蒋永敬:《胡志明在中国》,第 171 页。
④ 国民党中央调查统计局:《第四战区改编与对越工作近状》(无日期),台北中国国民党党史会藏。
⑤ 《越南国民党海外党执行部工作概况》(1942 年 1 月 1 日),台北中国国民党党史会藏。

1943 年 9 月 13 日,越南国民党中央海外执行部常务委员严继祖、武洪卿、周伯凤呈文中国国民党中央秘书长吴铁城转呈蒋介石,对越南革命同盟会成立一年来的工作提出严厉批评,"有因权利问题互相暗斗,有因工作意见各走极端","与过去十余年间各党派互相倾轧情形如出一辙",提议"组织越南革命行动委员会,集合越南之热血青年及有为干部,加以组织训练",并主张该行动委员会"拟由本党直接指挥,仍隶越南革命同盟会,务使权力集中,指挥统一,争取工作之高度效率",要求国民党中央"派员主持组训事宜",至同盟会各党各派"仍拟由指导机构加以整顿调和,使不致分散革命力量或阻碍革命事业之开展"。① 随即,该党迅速提出了《越南革命青年行动委员会会章草案》和《会员训练大纲》。② 次月,该党海外执行部又向中国国民党中央秘书处送呈了《越南国民党现阶段革命方略》等重要文件。③ 从现有的档案资料中,虽未发现中国国民党中央对于越南国民党提案的回应,但仍可断定中国党军机关与地方当局对于越南独立运动的分头指导情况是客观存在的事实,这种情况在战争临近结束时表现尤为明显。④

　　1943 年底,张发奎亲自兼任对越工作指导责任后,设置了"指导代表办公室",加强对于援越工作的领导,并着手改组越南革命同盟会,以扩大其群众基础,壮大越南独立运动的力量。由于越南革命同盟会成立以后,对越南国内活动方面未能有所作为,第四战区司令长官张发奎为配合入越作战,亟需协助越南革命力量回越以为响应,遂逐渐看重 1942 年 8 月重返中国的越南共产党胡志明及其它所领导的"越盟"在国内的力量。⑤ 当时胡志明尚为国民党地方当局囚禁之中。⑥ 张发奎决定释放胡志明,并让他参加越南革命同盟会的改组工作。1944 年 3 月,"越南革命同盟会海外革命团体代表会议"在柳州举行,并重组领导核心。张佩公、张中奉、陈豹、蒲春律、严继祖、黎松山、陈廷川当选为中央执行委员,阮海

---

① 《严继祖等呈文》(1943 年 9 月 13 日),台北中国国民党党史会藏。
② 《越南革命青年行动委员会会章草案》及《会员训练大纲》(无日期),台北中国国民党党史会藏。
③ 《越南国民党现阶段革命方略》(1943 年 10 月 7 日),台北中国国民党党史会藏。
④ 1999 年 8 月至 9 月,笔者曾赴台湾访问,详细查阅了台北中国国民党党史会、"国史馆"的相关档案资料。
⑤ 《张发奎答蒋永敬等访问》,参见蒋永敬著:《胡志明在中国》,第 184 页。
⑥ 关于胡志明被捕的原因及其经过,参见黄铮:《胡志明与中国》,第 81—98 页。

臣、武鸿卿、农经猷为监察委员,胡志明、阮祥三当选为候补委员。[1] 该同盟会改组后,越南共产党势力大增,而越南国民党的影响力却有所下降,甚至发生了越南国民党占据主导地位的越南革命同盟会云南分会被强行改组,越南国民党领导人严继祖和武光品被第四战区逮捕事件。这一事件引起中国国民党中央的直接干预,但已造成越南国民党在该同盟会中的失势。[2]

1944 年 6 月,胡志明与从越南来到柳州的黄文欢见面,根据越南国内革命形势和“越盟”组织的发展情况,决定抓住这一有利时机,争取在中国军方的支持下回国活动,直接领导越南的独立解放事业。胡志明迅速向张发奎提出了《入越工作计划大纲》,其工作目的是:1.传达中国政府扶助越南民族解放的决心;2.发展越南革命同盟会的组织与力量;3.布置策应入越之华军与其他盟军之准备工作;4.争取越南之完全独立自由。其工作纲领是:1.先率领一部干部人员秘密潜返越境自龙州至平孟一带,先行观察及实施计划展开之工作;2.先于东兴秘密召集一部忠实能干人员,开设一个短期训练班,授以尔后工作的方式与技能;3.先派曾经训练的人员,以秘密及武装公开式的宣传去号召人民,领导人民;4.联合国内各党派团体,并促进其团结及参加同盟会,筹开全国代表大会,从事实际的革命工作;5.建立游击根据地等,并详细拟订了组织实施、宣传实施、训练实施的方案,编制了经费预算,合计法币 5.5 万元,越币 2.6 万元等。[3] 该计划大纲深得张发奎赞赏,在报送中国最高当局批准后,付诸实施。8 月 9 日,胡志明率领战地工作总队 18 人入越从事策动工作,中国军方提供入越旅费 5.5 万元、补助费 1 万元,招引越南青年来柳受训旅费 1 万元以及护照、公文、药品等。[4] 由此,“越盟”在国内开创了越南独立运动的新局面。

另一方面,在第四战区受到压抑的越南国民党人加强了与重庆中国国民党中央党部的直接联系和求援工作。中国官方内部环绕着援越方针

[1] 邢森洲:《越南情况报告》(1944 年 5 月 25 日),台北中国国民党党史会藏。
[2] 该事件的经过参见蒋永敬:《胡志明在中国》,第 188—191 页。
[3] 胡志明:《入越工作计划大纲》,台北中国国民党党史会藏。
[4] 张发奎:《为派胡志明率领战地工作总队队员杨文禄等十八员即行入越策动工作呈文》(无时间),台北中国国民党党史会藏。

的争执日趋尖锐。当越南国民党领导人严继祖等被捕后,国民党中央秘书长吴铁城连电张发奎催促放人。中国国民党对越工作负责人邢森洲在给中央秘书处的报告中严厉批评第四战区的援越工作:"现在越南共产党之势力,蔓延全越。彼以苏联为背景,与中国政策及本党主义相违背。虽能联络应用,不但于吾人不利,且将利用吾人为跳板,阴贮实力,他日必倒戈相向。是故目前援助越南革命,一面树法为敌;一面受共产党之利用,不得微利,徒遭大害耳!"[①]中国国民党中央秘书处对于第四战区援越工作的实际主持人肖文尤为不满,但张发奎却针锋相对地致函中国国民党中央秘书处,称赞肖文的援越工作"努力迈进,艰苦备尝,勤劳卓著,其奋斗精神实堪嘉尚",呈文"将其在越工作成绩分条报请主席核奖"等。[②]

1945 年 3 月 9 日,越南局势再次发生重大变化,日军向越南法军发起进攻,法军投降,日本占领越南全境。31 日,安南逊王保大在日本的操纵下,宣布"独立",成为日本"大东亚共荣圈"的新伙伴。这一形势给"越盟"在国内的发展造成了前所未有的时机。越南共产党中央迅速举行会议,认为该事件所造成的危机,正可以促进越南人民武装起义时机的迅速成功,号召越南人民反对"日本法西斯所建立的傀儡政权,发动武装斗争,夺取政权"。[③]越盟领导的武装兵分三路,由北向南推进,队伍迅速壮大,并在高平、北件、谅山、河江、宣光及太原六个省区建立了地方政权。越南局势的骤变及"越盟"的迅速发展和"失控",使中国国民党中央大为震惊,其援越政策的重心再度转向越南国民党,并由中国国民党中央秘书处直接操纵指挥。

中国国民党中央常务委员会会议决议,推吴铁城、白崇禧、陈立夫、王世杰、陈庆云、彭学沛、李宗黄、蒋梦麟九委员研究越南问题,由吴铁城召集。1945 年 6 月 14 日,该委员会会商越南问题,并议决援助越南独立运动之方针及步骤。其方针是:1.保护我西南边境安宁;2.保护我旅越侨胞安全;3.打破越南共产党控制越南之企图;4.扶助越南独立。其援助步骤有:探询法国现政府对越南各党派所采态度、派员赴越调查实情、促进各

①　《邢森洲报告》(1944 年 11 月 14 日),台北中国国民党党史会藏。
②　《张发奎致吴铁城函》(1944 年 9 月 18 日),台北中国国民党党史会藏。
③　黄铮:《胡志明与中国》第 111 页;陈怀南:《越南的人民解放斗争》,第 58 页,转引自蒋永敬:《胡志明在中国》,第 216 页。

亲华党派团结合作、成立负责策动援越事宜的专门机构、拨给越南革命同盟会和越南国民党枪械、设法使滇桂士兵参加越南革命同盟会及越南国民党军队等。但这一方案因外交部认为有再考虑之必要,蒋介石亦赞同,可能是考虑国际形势之变幻莫测,以及顾忌同盟国对于法国在越南地位之态度,遂被搁置,但中国官方抑制越南共产党、扶植越南国民党的施策方向已经确定。

　　1945 年 6 月 7 日至 25 日,越南国民党中央代表团访问重庆,蒋介石亲自接见,由吴铁城负责接待并多次进行会谈。越南国民党代表团在致蒋介石的《请求书》中,提出两项"最紧急之援助"要求:第一,准予接济国内革命军之枪械,即刻在北圻上游各地发动对敌战争,最低限度步枪1000 支(每枪附子弹 300 发)、手枪 200 支(每枪附子弹 200 发)、重机枪10 挺、轻机枪 60 挺、手榴弹 2000 颗、电台 4 部等;第二,在中国援助该党成立一队革命军,配备齐全,以便应战,要求按月补助经费 400 万元,赐发步枪 1500 支(每枪附子弹 300 发)、手枪 50 支(每枪附子弹 200 发)、重机枪 10 挺、轻机枪 100 挺、手榴弹 3000 颗、电台 2 台等。[①] 蒋介石在会见代表团时,明确表示:"中国对于越南当然要援助","中国军队不久即将进入越南,中国一定愿意帮助越南得到独立自由",但同时又提及同盟国关系问题,指出:"国际情形复杂,法国之地位,现在尚未解决,故须与英美研究",并表示"中国政府现时尚不能以政府名义援助越南独立,接济武器是小问题,但一涉指挥系统,即与国际问题有关,中国所使用之武器,亦多来自美国,故须与美国详细研究"等。[②] 吴铁城在与代表团会谈中,强调"最重要者,越南本身如无大规模之革命运动发生,造成新的印象,使联合国注意,则独立将为不可能之事,中国不但希望越南获得独立,并愿意帮助越南独立,希望越南革命同志努力";指出"越南各党派意见纷歧,殊为不幸,至少在敌人未驱出国土、独立尚未完成之时,应相互容忍,不宜意气从事";并建议"贵代表团最好一部分先行返越,告知越人以新的希望及指示各种准备工作,以便到时协助盟军驱逐敌寇,一部分可暂留,与

---

① 《越南国民党代表团请求书》(1945 年 5 月 25 日,原稿时间有误,应为 6 月 25 日),台北中国国民党党史会藏。

② 《总裁接见越南国民党代表团谈话纪要》(1945 年 6 月 25 日),台北中国国民党党史会藏。

中国陆军总司令部切取联络,将来随军进入越南"等。① 蒋介石、吴铁城的态度反映了中国官方既想支持和帮助越南实现独立,又顾忌同盟国关系以及战后法国在越南地位问题而不敢放手以实力支持越南独立运动的微妙立场。

第四节 中国占领军进驻越南受降

战争期间,中国与美国等同盟国家曾多次讨论过战后越南的地位问题,比较一致的意见是不赞成法国殖民势力重返越南。美国罗斯福总统曾向蒋介石提议将越南归还中国,蒋表示不愿接受,但同时认为越南不能交还法国,因为法国统治越南几近百年,并没有尽到训练越南人的责任,法国在越南只是有取而无予。罗斯福又提出国际托管越南的主张,提议由中、美、英、法、俄、菲各派代表1人,另选越南人2人,成立托管机构,训练越南人成立自治政府。蒋介石表示原则上赞同,同时又强调中国和美国应尽力帮助越南在战后独立,并建议"可否先发表一份宣言,主张越南在战后独立",未为罗斯福接受,②但双方已就共同努力帮助印度支那战后取得独立达成了共识。5天后,罗斯福和斯大林在德黑兰会议期间又讨论越南问题。斯大林一再表示:法国必须对勾结德国的罪行付出代价,不得恢复旧法国在印度支那的殖民主义统治;罗斯福表示百分之百同意斯大林的意见,强调法国统治印度支那已达一百年之久,那里居民的处境比开始受统治以前更坏,重申将与蒋介石讨论把印度支那置于托管制度之下的可能性,其任务是使那里的人民在二三十年内取得独立。但是所有这些谈话均未能形成具有法律效力的文件。③

1944年秋,国际形势发生了重大变化,美、英、苏等同盟国改取支持和扶植自由法国政府的态度,其对待越南战后独立地位的态度也从原有立场上大大后退。中国战区参谋长史迪威在魁北克会议上曾提议派遣中国军队侧击越南的河内,减轻驻越日军进攻中国云南的危险。然而,这一主张遭到戴高乐领导的自由法国政府的坚决反对,戴高乐的代表甚至向

---

① 《秘书长第二次接见越南国民党代表团谈话纪要》(1945年6月19日),台北中国国民党党史会藏。
② 吴相湘:《第二次中日战争史》(下),第944页。
③ 凌其翰:《在河内接受日本投降内幕》,世界知识出版社1984年版,第28—31页。

美国国务院表示:"中国如进攻北越,全越人将起而反抗同盟国。"美国虽不同意戴高乐所陈述的政治理由,但也未能果断采取军事行动,实际默认了法国重返印度支那的立场。[①] 中国国民政府随之改变了对越方针。1944 年 10 月 10 日,蒋介石接见中国刚刚承认的自由法国政府驻重庆大使贝志高,[②]表示中国对印度支那或印度支那的领土都"没有任何企图";"如果能够帮助贵国在该贵国殖民地建立法国政权,我们是乐意的";"贵国驻印度支那的军队如果受到日本的压力而不得不退到中国时,将会受到兄弟般的接待";甚至称赞"法国人的思想比盎格鲁—撒克逊人(不管英国人还是美国人)更接近中国人","希望从此把我们的传统地位肯定下来"等。[③] 在对待越南独立问题上,这是 180 度的大转弯。12 月 15 日,国民政府外交部长宋子文致函戴高乐,再次表示要恢复中法两国战前建立的真诚友谊,并"准备以最诚恳的态度解决中国和法国间的一切悬而未决的问题"。[④] 戴高乐复函称:"我非常重视您对法国的友谊","法国代表在贵国所受到的欢迎使我确信:为了我们两国有非常密切的传统友谊和最大利益,我们已把法中关系推进到一个新的阶段",并强调"我特别重视您向法国大使保证的处理中法悬而未决问题的诚意,在我们方面,您也会看到同样的诚意"等。[⑤]

　　1945 年初,在中国代表团参加旧金山会议之前,最高国防委员会和军事委员会联合拟定的文件对中国对越南问题的态度作了如下表述:

> 我应趁此密询美方态度:一、如美已决定将越南交回法国,我自不便反对,但我可向美方说明:越南与我毗邻,此次日本曾用以为侵略我之根据地,战后法国应予我以特殊交通之便利,并将我侨民待遇改善,我与法方交涉时,美应为我声援;二、如美主张将越南置于国际领土代管制度之下,则我除向美作前项之同样说明外,并表示希望法应早使越南独立;三、如美主张将越南交由数国代管,则我应赞成其

① 吴相湘:《第二次中日战争史》(下),第 944 页。
② 1943 年 8 月 27 日,国民政府发表宣言,承认戴高乐领导的"民族解放委员会",但同时声明并非承认其为法国政府,参见《大公报》1943 年 8 月 28 日。
③ 凌其翰:《在河内接受日本投降内幕》,第 32 页。
④ [法]戴高乐:《战争回忆录》(中译本)第 3 卷,世界知识出版社 1981 年版,第 397 页。
⑤ [法]戴高乐:《战争回忆录》(中译本)第 3 卷,第 411 页。

主张,并要求为代管国家之一。①

从中可见,国民党当局的对越南政策将完全唯美国之马首是瞻。

1945 年 8 月,日本无条件投降,根据盟军统帅部第一号命令,中国派遣陆军第一方面军进入越南,在河内设立占领军司令部,接受北纬 16 度以北的日军投降。这无疑是给中国带来了一个支持越南独立的良好机会。当时,胡志明领导的越南独立同盟发动了"八月革命",成立了越南民主共和国临时政府。但国民党最高当局的对越政策却陷入了混乱。中国占领军得到的最初指示是:接受日军投降,解除武装,遣送回国;组织军政府管理民政;驻云南的法军在原地待命,不准入越等,既未把法国人当作交涉对象,也未考虑把越南交还法国。② 9 月 15 日,由行政院制定的《占领越南军事行政设施原则十四项》却以尚未回到越南的法国作为一方,有关措施和办法都须与法方商洽,而只字未提业已成立的越南民主共和国。这使占领军当局不知所措,向最高当局请示的结果是:牢牢掌握老街—河内—海防运输线;对越南当局应采取不管态度;让法军开入越南,不得予以阻挡。随即又补充指示:对法越纠纷严守中立。③

9 月 28 日,中国占领军在河内举行日军投降仪式。会场悬挂中、美、苏、英四国的国旗,庄严肃穆,其受降经过如下:

> 九月二十八日,拂晓即起,凭窗而望,即有中国军队千余人,结队而过,青天白日国徽,迎旭日而招展。本日环绕河内各进出街道以及城内各重要交通孔道,皆已由我军布置岗位,气象颇为森严。九时三十分,驱车赴总督府,府前广场上,矗大国旗,四角有线斜向地面,缀以万国国旗。总督府正面楼上,党国旗交挂,两旁则每一列柱上,遍悬中美英苏国旗。大礼堂正中,党国旗交叉间,悬总理遗像。两旁庭间遍悬中、美、英、苏国旗。上首为中国代表第一方面军总司令官卢汉席,左右坐正副参谋长(马瑛及尹继勋),外向;下首为日军司令土桥勇逸及海空军代表席,内向;左为盟军代表席,右为高级将领席,后

---

① 军事委员会:《旧金山会议外应与美英苏商议之各项方案请示案》,国民政府档案第 403 卷,藏台北"国史馆"。
② 陈修和:《抗战胜利后国民党人入越受降纪略》,《文史资料选辑》第 7 辑。
③ 凌其翰:《在河内接受日本投降内幕》,第 14—15 页。

即来宾席。是日到者五六百人,美英高级将领皆有人参加(美方代表有第一集团军司令官加里格少将等)。法方代表亚历山大因身份不明,仅许以个人资格参加观礼,复以要求悬挂法旗,为卢司令官所拒绝(因西贡方面即因悬法旗引起冲突),故未参加。越盟党政府则有高级官员观礼。上午十时正,日军司令土桥勇逸及海空军代表(川国直服师团长、酒井干城参谋长及今井)至,面带忧郁之色,北向立。卢司令官根据日军在南京所签投降书,宣读条款,译成日文,交土桥签字,签毕即行退席。卢司令官乃宣读布告,并译成法文、越南文,至是礼成,摄影而散。是日华侨观礼者特众,有年已古稀由孙辈扶持而来者,盖此辈久经法人欺压,今日得观汉官威仪,宜乎其兴奋异常也。[①]

卢汉司令官在布告中宣称,中国军队来到越南,接受日本军队之投降,解除其武装,并遣散之,"非为越南之征服者或压迫者,而为越南人民之友人及解放者。"声明:"凡越南北纬十六度以北地区之一切行政之监督,军事之管理,均归本司令官负责,各级行政机构均一仍其贯,互相发挥效能,保证和平,维持秩序";"凡任何聚众骚扰,不论其由何人发动,亦不问其具任何理由,均足危害社会之治安,损害人民之生命财产,而于共同目的之完成,尤多妨碍","本司令官对于此各破坏秩序之企图及行为,将执法以绳,予以制裁,对于此各奸徒,不论其种族宗教,均将一律严惩,毫不宽容";"在日本侵略者尚未完全遣回,和平秩序尚未得保证之前,本司令官实握越南北纬十六度以北地区之最高权力,如有必要,决不惜使用此最高权力,以期同盟军目的之能达到"等。[②] 此布告既义正词严,又稳妥得体,对于稳定越南局势起了积极的作用。这是近代以来中国军队首次出国接受敌军投降,大长了中国的国威。

中国军队接受日本军队投降后,面临着两方面的压力,一方面要与急欲返回越南的法国进行交涉,另一方面也要处理与胡志明领导的越南临时政府的关系。1945 年 9 月 19 日,宋子文以行政院长身份访问法国并会见戴高乐,戴高乐对中国占领军进入越南北部后的形势表示强烈不满,并

---

① 朱偰:《越南受降日记》,商务印书馆 1946 年版,第 21—22 页。
② 朱偰:《越南受降日记》,第 21—22 页。

认为中国占领军的政策与 1944 年 10 月中方的承诺不相符合。宋子文重申"中国不以任何方式反对法国对印度支那所享有的权利",解释说卢汉推迟法国部队进入印度支那,大概是由于卢汉所属部队作战地区的交通受到破坏,发生梗塞所致,蒋介石已命令参谋长进行调查,从速具报。宋子文着重声明"中国希望法国仍然是中国在亚洲的邻邦",表示回重庆后将按法方的期望处理北越问题。[①] 国民政府的对越政策基本定型,国民政府实际放弃了支持越南独立的立场,让法国殖民者在战后重返印度支那,恢复其殖民统治。然而,在前方执行任务的中国占领军当局却并不十分了解政府的政策,加上法国方面的挑衅行动,导致中法之间发生了一系列的冲突。

首先,是中国军方阻止驻昆明的法军飞机和部队重返越南。1945 年 3 月 9 日,日军突然以武力解除法国殖民军武装,将所有法籍军民全部拘禁集中营,驻在中越边境的部分法军退入中国境内,部分法国飞机退往昆明机场。战争结束后,逃到云南的法军司令亚历山德利要求派法国飞机到河内与日军联络,企图以此在国际上宣传法军已重返越南,收复河内,遭到中国军方拒绝,扣留了在云南的法国飞机。[②] 在河内,中国军方也不准许被释放的法国军民携带武器,悬挂法国国旗,而由中国军队保护他们的生命财产,这些措施暂时稳定了中越和法越关系,却遭到法方的强烈反对。法国驻华大使贝志高不断向蒋介石控诉,戴高乐亲自向中国方面施加压力。在受降仪式之后不久,中国军令部通知中国占领军,准备接待法国代表团,在昆明的法国军用飞机也准予飞往河内,以圣德尼为首席代表的法国代表团抵达河内,法国殖民势力重返越南的局势完全明朗了。

其次,是中法货币战争。1945 年 11 月 18 日,法方突然在西贡发布命令,停止 500 元面值的越币流通,实行货币紧缩政策。20 日,法国代表团长圣德尼在未与中国占领军磋商的情况下,宣布在北纬 16 度以北地区也停止 500 面值的越币流通,金融市场大起波动,这是对中国占领军的一次严重挑衅。所谓 500 元面值的越币,当时流通额达 6.27 亿元,其中 2.5 亿元系日本统治期间强迫银行发行。法方规定所有 500 元面值的越币必须

① 凌其翰:《在河内接受日本投降内幕》,第 38—39 页。

② 陈修和:《抗战胜利后国民党军入越受降记略》,《文史资料选辑》第 7 辑。

在一周内去银行登记,然后由银行按票面号码核对,如系日本强迫银行发行者作废,其余按七折兑换,逾期不登记者无效。这实际上是剥夺人民财产,其结果将使金融市场崩溃,严重影响治安。中国占领军当局向法国代表团提出严重抗议,并由卢汉发布命令,500元面值越币照旧流通,但法方毫不让步,事态趋向严重。26日,越南群众举行游行示威,包围东方汇理银行,发生暴力冲突。27日、28日更扩展成为工厂罢工、商店罢市,粮食商店拒绝卖食物给法国人,社会陷入混乱。29日,中国军方在再三交涉无效的情况下,以扰乱金融,危害治安罪将该银行总经理罗朗和河内分行经理白兰逮捕,并强令该银行复业,兑换500元面值越币,确保治安。12月1日,法方央请美国驻越军事代表团代表调解,双方重新进行谈判。美方代表表示:"中国占领军有权发布任何命令,并有权过问一切足以妨害治安之举动","法方宣布500元面值越币失效,不问其经济立场如何,实对当地治安秩序有重大影响","这事未事先通知中国占领军即付实施,以致引起纠纷,圣德尼应负责任"等。5日,卢汉与法国海军司令达尚礼换文达成协议,法方承认本月加借的中国驻越军队费用1500万越币照付;西贡禁止500元面值越币流通命令不适用于越北,并商定了兑换办法;今后法国银行变更货币兑换率及存款办法时,须先征得中国军方同意等,事态始告平息。①

中法冲突的高潮出现在中法交涉撤兵的过程中。《中法协定》签订后(另节叙述),中国从越南撤兵已成定局。1946年3月4日,中法军方举行会议,商谈交防的具体事务。法方要求于3月6日在海防登陆,中方以未奉重庆命令以及越法谈判尚未成功为由,不予同意。双方争执不下,会议延至翌日凌晨3时多,毫无结果而散。法方为了以武力威胁越法谈判,逼使越方签订城下之盟,决定不顾《中法协定》的规定,试图在海防强行登陆,并公开宣称"中国军队没有坦克、大炮、飞机、军舰,装备很差,战斗力薄弱",扬言要"集中所有海陆军力量将中国军队赶出越北"。6日凌晨3时,法国军舰9艘直冲海防码头而来,并向岸上开火,使中国军队的弹药库中弹起火。中国守军奋起反击,用火箭筒向法舰射击,6发皆中,法舰1沉2伤,被迫挂出白旗退却,并在停火谈判中保证"不再开炮"。海

---

① 　凌其翰:《在河内接受日本投降内幕》,第52—59页。

防冲突的平息,大振了中国占领军的军威,推动了越法谈判的进程,为中国顺利从越北撤离准备了条件。

中国占领军除与法国代表团交涉外,还面临着处理与胡志明领导的越南民主共和国临时政府的关系。1945 年 8 月,胡志明领导越南"八月革命",建立了越南民主共和国临时政府,胡志明当选为主席。后越南其它党派,如越南国民党的武鸿卿、越南革命同盟会的阮海臣、以及逊皇保大阮永瑞等参加了政府,成为越南独立同盟战线的统战对象。1945 年 9 月 15 日,国民政府行政院制定的《占领越南军事及行政设施原则十四项》,未提及对待该临时政府的态度。张发奎曾派遣第四战区长期主管援越事务的肖文随占领军入越,在越南各党派间开展活动,促成了越南独立同盟与越南国民党、越南革命同盟会三派组成临时联合政府。① 10 月 4 日,在中国占领军完成受降任务后,中国陆军总司令部由何应钦主持决定处理越南问题的 12 条意见,也只是强调"对于越南现有临时政府之态度,必须审慎,但宜保持友好立场,不可有正式公文来往,交涉最好以备忘录出之"。②

12 月底,蒋介石利用胡志明上书要求中国援助越南独立的机会,口头表示:"中国对于越南民族之独立运动,具有充沛之同情,但希望越南人民能以不流血之手段与渐进的方法,实现独立之愿望,故盼胡志明主席与法谈判,在上述原则之下,我政府必予协助。又法越双方如希望中国出面斡旋,中国政府亦愿调停。"这表明中国占领军撤离越南已成定局,为了能做到安全撤离,预防越法之间爆发战争,保证越南华侨安全,蒋介石希望促成越法谈判达成妥协局面。同时在对法交涉中,以法越达成协议作为中国撤军的必要条件。1 月 4 日,中国外交部驻越代表凌其翰当面向胡志明转达蒋介石的口信,在座的还有越南国民党武鸿卿和越南革命同盟会阮海臣。胡志明感谢蒋介石对于越南独立运动的关注,表示越南人民与中国人民的友谊有悠久的历史,越南人民的独立运动,无论是通过谈判,或是通过战争,都热烈希望中国政府和中国人民的支持;越南各党之主张完全一致,一旦放弃独立,势将为全民唾弃,越法谈判应以承认越

---

① 《战后世界历史长编》第 1 编第 1 分册,上海人民出版社 1975 年版,第 428—432 页。
② 朱偰:《越南受降日记》,第 30—31 页。

南独立为先决条件；如法越开始谈判，越方极愿与中国联络，随时奉告谈判情况，无论成败，等告一段落，那时中国以公正资格参加，若越方请中国调停，万一失败，有失中国威望，婉拒中国斡旋建议等。[①] 至此，尽管中、法、越三方的动机与目标各不相同，但在促成越法谈判问题上达成共识。中国驻越南官员，如外交部驻越代表凌其翰、军政部特派员邵百昌等在越法间以及越南各派间积极活动，推动越法谈判取得成功，以利于中国军队的顺利撤军，并帮助越南方面取得较好的谈判结果。

第五节　《中法协定》的签订与中国撤兵越南

当中国占领军在越南接受日本投降，并处理与法越关系的时候，中国国民政府与法国政府间进行了缔约谈判。早在战争结束前，中国与反法西斯的戴高乐政府间已互相保证以最诚恳的态度解决两国间一切悬而未决问题。1945 年 8 月 18 日，首先由法国驻华使馆参赞戴立堂与国民政府外交部政务次长吴国桢签署了《关于交收广州湾租借地专约》，法国政府同意将广州湾租借地之行政与管理权归还中国政府。[②] 继 9 月宋子文访法后，10 月，外交部驻越代表凌其翰奉命就两国有关问题在河内与法国代表团接触。涉及的主要问题有：今后法国对越南的政策、日本南侵期间中国在越损失物资的赔偿、华侨在越地位保障、中国物资在越南过境等，双方初步交换了意见。11 月，又进而由中国外交部亚洲司长吴南如、条约司长王化成以及凌其翰与法国驻华大使贝志高、参赞戴立堂、秘书雅克·鲁在重庆进行会谈。双方就在越华侨待遇问题、国际交通运输问题、中越通商贸易问题、滇越铁路问题等取得了一致意见，为中法一系列协定的签署奠定了基础。但双方在中国从越北撤军问题上意见分歧：法方提出《中法协定》的签署必须以中国同意撤军交防为前提；中方则表示中国撤军在原则上早已同意，但越南独立运动正在高涨，在法越纠纷未得解决之前，中国不仅有保护侨民的义务，也有保护法侨，维持管辖区域秩序的义务，因此，中国撤军的关键在于法越协定的签订。

---

① 凌其翰：《在河内接受日本投降内幕》，第 69—72 页。
② 王铁崖主编：《中外旧约章汇编》第 3 册，第 1341—1343 页。

1946年2月，中法两国政府组成正式谈判代表团，中方由外交部常务次长刘锴为团长，吴南如、王化成、凌其翰为团员，法方由新任驻华大使梅理霭为团长，戴立堂、雅克·鲁、西贡外交顾问格拉腊克为团员，陆续议定全部文件。2月28日，由国民政府外交部长王世杰和法国驻华大使梅理霭在重庆签署《中法协定》。主要内容有：

《关于法国放弃在华治外法权及其有关特权条约》。该条约以中美新约、中英新约为蓝本，早经双方达成协议，此次仅系完成签署手续。主要内容是：法国撤废在华治外法权，放弃1901年《辛丑条约》给予法国政府的一切权利，交还上海、天津、汉口、广州法国专管租界，终止法国在北平使馆区、上海及厦门公共租界所享有的权利，协助中国政府收回这些地区的行政权，法国放弃在中国通商口岸的特权、在上海及厦门公共租界特别法院的特权、在中国各口岸雇用外籍引水员的特权、军舰驶入中国领水的特权、在中国邮政机关内任用法国公民的特权、船舶在中国领水内沿海贸易及内河航行之特权等，关闭法国在中国领土内设置的一切法院，中国政府接收上述租界时"承认及保护该界内之一切合法权利"，不得取消或以任何理由追究法国人民及公司或政府在中国领土内现有关于不动产之权利等。①

《关于中越关系之协定》，包括附件、换文和会谈记录。该协定为此次会谈的主要议题。主要内容是：关于在越华侨待遇：规定在越华侨"应继续享有其历来在越南享有之各种权利、特权及豁免，主要者如出入境、纳税制度、取得与置有城乡不动产、采用商业簿记之文字、设立小学及中学、从事农业、渔业、内河与沿海航行及其它自由职业"；关于旅游、居住及经营商、工、矿业及取得置有不动产，"应享有不得逊于最惠国人民所掌有之待遇"，其所纳之税，"尤以身份税，不得重于越南人民所纳之税"；关于法律手续及司法事件之处理，"应享有与法国人民同样之待遇"。关于国际运输，规定"法国政府在海防港保留特定区域，包括必要之仓库、场所，如有可能并包括码头，以备来自或转入中国领土货物之自由通运"；凡取道滇越铁路的中国货物，自中越边界至海防特定区域"应免纳关税通过"，中国货物通过越南铁路者"应免除一切过境税"。关于滇越

① 王铁崖主编：《中外旧约章汇编》第3册，第1362—1367页。

铁路:规定废止 1903 年 10 月 29 日所订《中法关于滇越铁路之协定》;法国将该路在中国境内昆明至河口一段之所有权及其材料暨设备"照其现状移交于中国政府,由其提前赎回",赎回之款由法国政府垫付,其款额由中法混合委员会决定,用以补偿 1940 年中国政府及人民因日本干涉而致滇越路停运、海防港封锁所受之物资损失,此项垫款法国可向日本要求付给;如果此项垫款不足以赔偿中方所受损失,则以北纬 16 度以北日本财产清算之所得作为补偿;至于中越间铁路之改进,法国政府声明于最近将来提出一项具体计划;关于中越商业,规定"将来根据最惠国待遇另以商约规定"等。①

《关于中国驻越北军队由法国军队接防之换文》。主要内容是:法国声明"准备负担管理日本战俘、维持越南联邦领土北纬 16 度以北秩序与安全,并保护中国人民之完全责任";中国同意驻越北中国军队向法军的交防,于 3 月 1 日至 15 日期间开始,至迟于 3 月 31 日完毕;中国部队须取海道撤回而不能在交防后登轮者,可在附近登轮口岸之停留区域内集中,在物质条件许可之状态下尽速撤退,中国部队由其他方法撤回者,其如何移动,由地方中法司令商定;中国军事当局对于河内军营之法国军队于接防时恢复武装,不予反对,俾该军队得以实际负担因接防而生之各种责任等。②

《关于法国供给中国驻越北军队越币之换文》。该项换文由中国外交部欧洲司长与法国驻华使馆财政专员以河内金融风潮中达成的协议为基础商定。主要内容是:法国政府允自 1945 年 9 月 1 日至 12 月 31 日止,垫付中国政府每月 6000 万元越币,以供中国军队驻越之用;自 1946 年 1 月起,此项垫款依照中国军队之实际需要,并比例部队之数额,由双方代表按期商议核定;法国政府所垫付之越币款项,将来应归日本负担,中国政府应支持法国政府为谋此项偿还之交涉等。③

3 月 1 日,《中央日报》以《中法新约昨签字》为题,公布了所签文件的要点。国民政府外交部长王世杰和法国驻华大使梅理霭分别发表谈话,对于协定的签署表示满意。王世杰指出:"越南北部系在中国战区范围

---

①　王铁崖主编:《中外旧约章汇编》第 3 册,第 1367—1371 页。
②　王铁崖主编:《中外旧约章汇编》第 3 册,第 1371—1373 页。
③　王铁崖主编:《中外旧约章汇编》第 3 册。第 1373—1375 页。

以内,故中国政府依盟军最高统帅之请,派军入越接受日本投降。法国当局既已准备在该区域内对于运日俘返国,维持地方治安秩序及保护华侨各事,担负完全责任,故中国政府决定将其入越军队予以撤退";同时,又表示:"中国人民对于越南民族运动,表示同情,实属无可讳言。越南有关方面之纷争,如能获得公允之解决,实为中国政府诚挚之期望;而我人所尤期望者,为各方能避免流血而获得解决。此种公允和平之解决,如获实现,将不仅对于越南人民裨益甚多,即于世界其它各地类似事件之解决,亦必有极良好之影响。"①中国国民党当局既决定让法国殖民者重返越南,又表示同情越南独立运动,所谓"公允和平"解决,实际上是帮助法国殖民者恢复在越北的统治。

法国驻华公使梅理霭在谈话中故意对至关重要的中国撤军协议只字不提,而大谈《中法协定》"互尊主权与合乎现代国际公法原则",有利于"促进两国在文化、科学、艺术、工商及劳动各方面的密切合作",称颂:"此次谈判期间双方所表现的互谅精神,实为我人在大战后重建本国经济过程中所期待的中法两国人民合作之最佳保证,同时对未来的成就,也带来了一个光明的预兆。"②签订《中法协定》在当时的实质性意义是,蒋介石希望尽快完成体面的和平的撤军,以便移军北上,壮大在中国东北内战中的实力;而法国当局则急于借口接防,重返越南,恢复殖民统治。

《中法协定》签署后,中国从越北撤军必须立即实施,而撤军顺利与否的关键在于越北局势的稳定,这就必须促成正在进行的越法谈判能够取得成功,使越北治安有所保证。然而,《中法协定》公布后的越南局势却是骤然紧张。越南独立运动方面指责重庆政府出卖越南,一面布置疏散,一面组织布防,准备以武力抗拒法军接防。法军方面则迫不及待,企图马上进军河内,以武力威胁法越谈判,逼使越方签订城下之盟。中国占领军在撤军前面临的形势十分复杂。

中法海防冲突就是在这样的背景下发生的。中国军队在冲突中完胜法国进攻者;缓解了越南人民的不满情绪,打击了法国军队的狂妄自大心理,对正在进行的越法谈判产生了积极的影响。3月6日下午2时,海防

---

① 《中央日报》1946 年 3 月 1 日。
② 《中央日报》1946 年 3 月 1 日。

越南市民举行拥护中国游行,推动了越法谈判,法国殖民势力为了尽快接防,被迫让步。午后 4 时 30 分,在中、美、英三方代表作为公证参加的情况下,法、越双方签署了《初步协定》和附约。盟国代表作为公证参加是胡志明一再坚持和力争的结果。该协定的主要内容是:法国承认越南共和国为一个自由的国家,有它的政府、国会、军队和财政,并为印度支那联盟和法兰西联盟的分子;越南政府声明对于依照国际协定接防中国军队之法国军队,准备予以友谊的接待;双方应各采取一切必要措施,立刻停止敌对行动,各保持军队于原有阵地,造成一种必要的有利气氛,以便即行进行友好和诚意的谈判;谈判的主要内容包括越南和外国的关系、印度支那未来的地位、法国在越南的经济和文化利益,河内、西贡或巴黎得被选为会议地点等。附约对于法越军队作了如下规定:双方部队统由法国高级司令部在越南代表的协助下,予以指挥;此项部队的进程、驻扎和使用,应由双方司令部一俟法国部队登陆,即举行参谋会议予以规定;各部队应成立混合委员会,以便保证法国部队和越南部队之间在友好合作精神下的联系;法军负责看守日本战俘之部队,一俟日俘撤退、任务完成时,至多 10 个月即须返回本国,法军负责维持越南领土治安之部队,应每年向越南部队交防五分之一,5 年之内完成交接,法军负责防守海空基地之部队,其负担任务之期限应由随后举行的会议规定;法国政府保证决不使用日俘于军事目的等。① 法越协定的签订,是胡志明领导的越南民主共和国临时政府的一个胜利。

3 月 7 日,中国占领军按照中国军令部的命令,开始向法军移交防务。交防地点是先海防,后河内,再及其他地方。按照中国占领军的要求,凡属接管中国占领军防务事宜都由法越双方会同办理。同日,被中国军队击退的法军被允在海防上岸,在指定地区驻扎。经中、法、越三方商定:法军于 3 月 18 日开赴河内,23 日接管中国军队防务,然后陆续接管了中国军队在南定、宜安、岘港防务。整个交防虽未能在 3 月底如期完成,但进展尚属顺利。4 月,交防完毕。5 月,中国占领军完全撤回国内。

《越法初步协定》的签订,为越南人民赢得了可贵的时间,准备力量,全面抗击法国侵略者。4 月,越法两方举行会议,作为巴黎会议的预备会

① 《国际条约集(1945—1947)》,社会科学文献出版社 1996 年版,第 213—214 页。

议。7月,越法在巴黎附近的枫丹白露举行正式谈判,并于9月14日在巴黎签订一项新的临时协定。12月19日,法军违反越法协定,侵入河内,越南全面的抗法战争爆发。中越关系面临重大变化。中国国民党政府忙于内战,无暇他顾,而且在内战中日趋消亡,最终逃往台湾海岛。中国共产党领导的人民解放战争日益发展。1947年春,中国共产党和越南共产党正式建立了新的联系。当时,双方的联系工作主要由周恩来和胡志明负责。胡志明与越共中央一再要求中共中央派遣高级军事人员赴越南工作,同时根据中共中央的意见,先后派黄文欢、李班、阮山等越共负责人来中国,负责互相间的联系和援助事宜。①

　　1949年10月,中华人民共和国成立,新中国政府在当时的社会主义阵营各国中最早承认越南民主共和国。中越关系由此进入了新的历史时期。

---

① 张易生:《胡志明与中国》,《世界历史》1980年第2期。

第九章　中国与缅甸的关系

第一节　中缅关系的历史演变

　　缅甸地处中南半岛西部,北部与东北部地区与中国云南省接壤,南部濒临孟加拉湾。缅甸境内连绵起伏的钦山和若开山是中国巍峨的喜马拉雅山向南延伸的支脉。滚滚奔流的伊洛瓦底江和萨尔温江也发源于中国,流经缅甸入海。中缅两国友好往来的历史长达两千多年之久。在民族渊源上,彼此也有着亲属关系,两国人民早就亲切地互称"亲戚"和"胞波",结下了深厚的友谊。中缅两国的关系大体上经历了四个阶段。第一阶段起自公元前 1 世纪至 11 世纪,主要以商业和文化交流为主;第二阶段起自公元 13 世纪至 19 世纪下半叶,中国成为缅甸的宗主国;第三阶段起自 19 世纪下半叶至 20 世纪中叶,缅甸成为英国的殖民地;第四阶段自 1948 年缅甸摆脱英国的殖民统治获得独立开始。[①]

　　自公元前 1 世纪以来,中国即以缅甸为发展对外贸易的通道,循伊洛瓦底江、萨尔温江,经曼尼坡转道前往阿富汗,以中国的丝绸等名产品换取缅甸的宝石、翡翠、木棉,印度的犀角、象牙和欧洲的黄金等。汉武帝时,张骞出使西域,曾在大夏见过来自印度的中国邛竹杖、蜀布等,说明当时中国西南地区已与缅甸相交通,并由缅甸再至印度,最后通往大夏。当时中国称缅甸为"掸国"。据《汉书》记载,西汉时期,掸国曾四次派遣使臣来中国通好。公元 97 年(汉和帝永元九年),掸国国王雍由调派遣使

---

① 关于中缅朝贡关系正式确立的时间问题,国内外学术界尚无统一定论。本章采取目前较一般的意见,即将中缅朝贡关系正式确立的时间定于元代,在此之前中缅两国的交往主要以商业和文化交流为主。

臣携带本国珍宝(宝石、翡翠等),前往中国朝贺,受到汉和帝的友好接见,并颁赐金印紫绶作为交换的礼物。公元 120 年(汉安帝永宁元年),雍由调再次派遣使臣至中国朝见,觐献音乐和幻人(即今天之魔术师),并在汉宫廷中表演吐火、人头变牛头、马头等精彩魔术节目。次年,汉安帝封雍由调为汉大都尉,并赐印绶及金银若干。公元 130 年以后,掸国国王又先后三次派遣使臣至中国通好。

隋唐时期,中国处于封建社会的鼎盛阶段,政治、经济、文化各方面都居于世界领先地位。在对外关系上,中国积极奉行开放政策,主动加强同外部世界的交往和联系。唐代,中国称缅甸为"骠国"。根据《唐书》记载,当时其境内有 18 个属邦,9 个市镇,299 个部落,是由各个部落组成的松散联盟国家。公元 802 年,骠国王雍羌派遣王子舒难陀率友好使团,在南诏使臣的陪同下来中国访问。跟随使团而来的有一个庞大的歌舞团,仅伴奏的乐工就有 35 人,携带着 22 种乐器和 12 道乐曲。使团到达成都时,曾受到西川节度使韦皋的欢迎和接待。韦皋对音乐舞蹈造诣颇深,在观赏了乐队的演出之后,因"其舞容乐器异常",又重新编排了乐曲,并描画了详细的骠乐图,觐献当时的皇帝唐德宗。唐德宗阅后甚为嘉勉,曾颁赐骠王书谓"性弘毅,代济贞良,驯抚师徒,镇宁邦部,领承王化,思奉朝章,得睦邻之善谋,秉事大之明义"。[①] 诗人白居易亦有诗描述:"骠国乐,骠国乐,出自大海西南角……玉螺一吹椎髻耸,铜鼓千击文身踊。珠缨炫转星宿摇,花鬘斗薮龙蛇动。"[②]

11 世纪上半叶,在缅甸北部的蒲甘地区,以阿奴律陀为首的藏缅族势力逐渐强大起来,先后降服萨当、阿拉干和卑谬等地区,建立了缅甸历史上第一个统一的封建王朝国家。蒲甘王朝持续近 243 年,历经 11 世主,与我国一直保持和平共处的友好关系,大量吸收中国文化。该王朝存在的时代大体上相当于中国宋王朝。宋景德元年(1004 年)、景德六年(1006 年)、崇宁五年(1106 年),蒲甘王三次派遣使臣到中国纳贡修好。南宋宁宗年间(公元 1195—1224 年),蒲甘王朝使臣曾与波斯国使臣一道至中国,觐献百象于南宋王朝。

---

① 《旧唐书·南蛮传》卷二二二(下)"骠国"条。
② 《全唐诗》卷四二七。

元朝时期,由于结束了自唐宋以来的长期分裂割据局面,实现了国家空前规模的统一,中国成为了世界上民族众多、疆域辽阔的头等强国。在发展对外关系方面,元朝统治者实行开放政策,使中外政治交往和经济、文化交流更具有广泛的世界意义。中缅关系也由商业和文化交往为主向新的阶段过渡。1271 年,元世祖派遣使臣至缅甸招降,遭到缅王拒绝。1273 年,元世祖再派使臣赴缅,限其"称臣纳贡",元使臣到缅甸后,不愿遵从当地习俗除靴行礼,为缅王所杀。1283 年,元世祖派军队征缅,元军深入蒲甘地区,缅王弃城南逃。1287 年,元世祖再次派军征缅,迫使缅王纳贡,乃定三岁一贡方物。1289 年,缅王始遣使元朝进贡方物,此后缅王纳贡不断,曾先后 13 次派遣使臣至元朝朝贡。

明朝时期,由于中国政府对东南亚地区奉行"保境安民"的睦邻友好政策,中缅两国间的朝贡贸易关系继续稳定发展。明太祖、成祖、宣宗诸朝均曾诏封缅王,颁赐金牌信符,缅王亦纳贡不断。[①]

18 世纪中叶,缅甸贡榜王朝(1751—1885 年)兴起,对内结束了分裂割据,对外则不断扩张势力范围。1763 年,缅王孟驳曾向中国所辖的孟、耿马两土司领地索取贡赋。次年,又出兵侵占中国的车里城(今景洪)。清政府命云贵总督刘藻御敌,结果清军大败。新任云贵总督杨应琚再次出兵征缅,亦遭到失败。乾隆皇帝愤而下诏书称,缅甸"敢于侵扰内地,抗拒官兵,不可不兴兵问罪,以示惩创"。1767 年,乾隆皇帝命新任云贵总督明瑞率军 3 万余人,费饷银 600 万两,分兵两路讨伐缅甸。明瑞率清军主力直攻缅甸阿瓦,但是另一路清军却在老官屯缅军小寨受阻返回。次年正月,清军主力遭缅军突然袭击,伤亡惨重,明瑞本人亦阵亡。乾隆皇帝震怒之余,再度派遣大学士傅恒等率军 3 万,拨饷 200 万两,分兵三路进攻缅甸。这时缅王已主动向清朝求和。1768 年,缅王释放 8 名被俘清军回到云南,并提出"请循古礼,贡赐往来,永息干戈,照旧和好"。[②] 1769 年,中缅双方议和于老官屯,中缅关系遂恢复传统的朝贡关系。1790 年,清政府遣使册封孟云为缅王,并定十年一贡,缅王孟云亦派遣使臣至中国。此后中缅两国的朝贡关系正常化,为了维护东南亚地区的和

---

① 黄正铭:《中国外交史论文集》(一),台北中华文化出版事业委员会 1957 年版,第 16—17 页。
② 《清史稿·属国(三)》。

平稳定,清朝政府还曾出面调停过缅甸和暹罗之间的矛盾纠纷。

从 1788 到 1795 的 8 年中,缅甸正式派遣到北京的使节达五次之多,全然不遵十年一贡的规定,清政府隆重接待。1796 年后,才按照成规限制缅甸的入贡。① 1824 年 1 月,缅王孟既派遣使臣聂缪莽腊等 5 人出使北京,道光皇帝在神武殿接见使团,并在保和殿设宴招待他们。1834 年、1844 年,缅王再度派遣使臣到北京,道光皇帝仍在神武殿接见他们。② 1855 年,中国云南爆发各族人民反抗清王朝统治的斗争,其中以杜文秀领导的回民起义军在大理建立政权,控制了滇西大部分地区,缅甸与中国清王朝的官方往来一度中断。1872 年,清军攻占大理,杜秀文大理政权灭亡,清政府逐步恢复了对整个云南的统治。清王朝及其地方政权与缅甸雍籍牙王朝的官方往来得到恢复和发展。1874 年,云南地方政府派人前往缅甸采买清政府举行典礼所需用的大象。缅王获悉后,派官员把大象护送到中国昆明。③

17 世纪上半叶以来,英国殖民主义势力开始向缅甸渗透。17 世纪 40 年代,英属东印度公司曾试图与缅甸建立贸易关系。1647 年,英国在缅甸的沙帘开设商馆,不久又在仰光和勃生设立商馆。18 世纪初,英国占据孟加拉,英国在印度的领地开始与缅甸的阿拉干毗邻。缅甸森林资源丰富,盛产造船所用的优质柚木,当时英国为称霸海上正计划建立强大的海军舰队与商船队,急需获取缅甸的船用木材和制造弹药用的原料硝石、铅。此外,上缅甸邻近中国云南,以缅甸为基地,便于进入中国云南。为此,英国殖民主义者急欲向缅甸扩张侵略势力。

1757 年,英国同缅甸雍籍牙王朝签订《英缅条约》,根据该条约,缅甸政府给予英国人在尼格来斯岛永久居留权和贸易权,英国向缅甸政府提供军火武器,并承诺在缅甸同他国发生战争时予以支持。后来由于英国试图向反对雍籍牙王朝的孟族提供军火武器,缅甸政府取消了英国在尼格来斯岛的居留权。1795 年,英印政府为了改善同缅甸的关系,派遣西姆斯上尉出使缅甸,向缅政府提出三项要求:1.英商来缅除交纳港口税外,免交各种苛捐杂税;2.因避风来缅的英国船只应予优待;3.两国订立

---

① 高伟浓:《走向近世的中国与"朝贡"国关系》,第 43—44 页。

② 《清实录越南缅甸泰国老挝史料摘抄》,云南人民出版社 1985 年版,第 848 页。

③ 贺圣达:《缅甸史》,人民出版社 1992 年版,第 482 页。

条约,建立外交关系。遭到缅甸政府的拒绝。后英印政府又派考克斯上尉、康宁上尉等出使缅甸,同缅甸政府商谈订立条约问题,均遭到失败。

18世纪下半叶以后,面对法国在越南的积极扩张,英国加紧了对缅甸的侵略活动。1823年,英国派军强行占领了位于阿拉干与吉大港之间的刷浦黎岛,缅甸政府派军前往收复。英印政府即以缅军越过边境侵犯英印领土为由,于1824年3月发动了第一次侵缅战争。1826年,英印政府强迫缅甸政府签订《杨达波条约》,将阿拉干与丹那沙林割让给英国,赔款1千万卢比,准许英国外交代表常驻缅甸。1852年,英印政府以缅甸政府虐待在仰光的英国商人为借口,发动了第二次侵缅战争,缅甸政府被迫将白古割让给英国,英国由此占据下缅甸,并进而控制上缅甸。1862年,英国政府将阿拉干、丹那沙林与白古合并为英属缅甸省,以仰光为首府。11月,英印政府与缅甸政府签订条约,条约允许英国商人可沿伊洛瓦底江而上自由进入缅境,购买所需任何商品,并在缅甸各地居留;缅甸政府同意派遣一个联合考察团,勘察经由缅甸八莫至中国云南的商路。

19世纪80年代,法国侵入越南北部,企图以北越为基地,向中国云南、广西扩张侵略势力。1885年6月,法国与清政府签订《越南条款》,清政府承认法国吞并越南,同意在中国云南、广西两省的中越边界开埠通商。该条约的签订使法国在同英国争夺中国云南等省的竞争中取得了明显优势。英国加快了侵缅的步伐。鉴于法国已占领越南,英国遂决定吞并上缅甸,进而占领整个缅甸。1885年10月,英国借口"柚木案",发动第三次侵缅战争。1880—1883年,缅甸政府曾与英资孟买缅甸贸易公司签订合同,允许该公司在缅甸宁阳柚木林区伐木,按伐木数量多少向缅甸政府付款,然而该公司却采取多采少报的办法,隐瞒伐木数量,结果被缅甸政府查出,处该公司以巨额罚款,并撤销其伐木权。1885年8月,英印政府函告缅甸国王锡袍,要求撤销对孟买缅甸贸易公司的处罚,遭到缅王的拒绝。英印政府遂乘机向缅甸送交最后通牒,决心诉诸武力解决。10月,英军进入上缅甸,击败缅军主力。11月底,攻占缅甸首都曼德勒,俘虏了缅王锡袍。缅甸历史上最后一个封建王朝——雍籍牙王朝灭亡,缅甸完全沦为英国的殖民地,成为英属印度的一个省。

1886年7月,英国强迫清政府签订《中英缅甸条约》。条约规定:中国"允许英国在缅甸现时所兼一切政权,均听其便",①实际上承认了英国对缅甸的殖民统治权。至此,缅甸自 1287 年接受中国保护以来的安定局面,最终为英国的入侵打破,中缅两国关系长期中断。

第二节　中英缅甸问题交涉

缅甸是中国的邻邦,同中国保持着朝贡的关系,英国蓄谋吞并上缅甸,既损害了清政府的尊严,又对中国西南边疆构成严重威胁,不能不引起清朝统治者的严重关注。早在英国发动第三次侵缅战争之前,清政府即电令中国驻英、法公使曾纪泽向英国提出交涉,告以"缅系朝贡之国",中国政府已经谕令云贵总督派员入缅开导,令缅王撤销对英国公司的处罚令,并向英国政府道歉,"以弭兵端"。②

当时,英国吞并上缅甸的惟一顾虑就是中国的武装干涉。1885 年 10 月 26 日,印度总督曾询问英国驻华代办欧格纳,英国出兵上缅甸是否会引起清政府干涉,欧格纳遂就此事同中国海关税务司赫德秘密商议。赫德认为,如果英国派遣军队进入上缅甸,清政府中的激进派肯定会建议派兵援缅,中英两国之间冲突将不可避免。11 月 3 日,赫德通过他在伦敦的心腹金登干向英国外交部常务副大臣庞斯弗特提出了两种解决缅甸问题的办法:1.允许中国对缅甸实施宗主国权利,命令或强迫缅甸赔偿损失;2.中国袖手旁观,允许英国采取必要行动,条件是英国承认缅甸的藩属国地位,不反对它继续每隔 10 年向清政府进贡一次。赫德倾向第二种解决办法,认为"这既对中国安全,又对英国有利"。③ 英国政府从赫德提出的解决办法中了解到,只要允许缅甸继续向清政府朝贡,保存清政府的"体面",清政府就不会反对英国侵占上缅甸。

当时,中国驻英公使曾纪泽认为,英国吞并上缅甸后与中国为邻,对中国西南边疆将构成极大威胁,主张在同英国谈判时,应坚持将中国的边界扩展到八莫,使英国侵略势力尽可能地远离中国边境。他在给清总理衙门的电报中称,英国灭缅甸,"我占八募(莫),彼保护缅,我保八募

①　王彦亮、王亮辑:《清季外交史料》第 62 卷,第 7 页。
②　王彦威、王亮辑:《清季外交史料》第 62 卷,第 27 页。
③　[英]赫德:《赫德与中国海关》,英国贝尔法斯特出版公司 1950 年版,第 55 页

（莫）……彼平缅而我不认,不与议云界商务,彼惧留后患,或易就范"。① 清政府不赞成曾纪泽的意见。在英国侵占上缅甸后,清政府制定的同英国谈判的方针是:以"勿阻朝贡为第一要义,但使缅祀勿绝,朝贡如故,于中国便无失体。八莫通商,宜作第二步办法"。② 显然,清政府最关心的是缅王的定期朝贡,确保清朝皇帝的体面和尊严。基于此种考虑,清政府只是要求英国另立缅王,保存缅祀,既无维护缅甸作为一个独立主权国家继续存在的打算,更不愿意因为缅甸问题同英国发生直接冲突。

对于清政府在缅甸问题上的态度,赫德神领意会,他建议英国政府同意缅甸向清政府朝贡,以换取清政府承认英国吞并缅甸和中缅边境通商。英国保守党政府倾向于采纳赫德的建议。1886 年 1 月,当曾纪泽就英国攻占上缅甸,掳走缅王,宣布缅甸为印度的一个省,向英国提出交涉时,英国首相兼外交大臣索尔兹伯里答称:同意另设缅王,"管教不管政,照旧进献中国。英管缅政,以防外患",并说"英徇华请而立王,华于商务宜宽待英"。③ 清总理衙门指示曾纪泽与英交涉,英国立何人为缅王,"宜先告中国,允后再定,尤为得体。摄政则听英缅自定,我不与闻"。④

1886 年 1 月底,英国以索尔斯伯里为首的保守党内阁下台,自由党执政,格莱斯顿出任新首相,罗斯伯里任外交大臣。英国新政府视缅甸仍向清政府朝贡为原则问题,不准备在此问题上向清政府让步。英国外交部通知曾纪泽说,英国政府"于缅事允华各条,不能作为已定,印督今到缅,俟其详咨缅事再商"。⑤ 2 月,曾纪泽同英国新政府就缅甸问题重新开始谈判,内容涉及缅甸朝贡、中缅界务、商务等内容。关于朝贡问题,英国外交部推翻了索尔斯伯里政府关于另立缅王,继续向清政府朝贡的承诺,重新提出两条新办法:"一、云督、缅督十年互送礼;二、清帝、英后十年遣使互送礼"。⑥ 曾纪泽当即对上述办法表示反对。随后,英国外交部又提出,由缅督每十年向清政府遣使呈仪,中国则无需派使赴缅。曾纪泽立即

---

① 《李鸿章全集》(一)电稿一,上海人民出版社 1985 年版,第 579 页。
② 《李鸿章全集》(一)电稿一,第 580 页。
③ 《李鸿章全集》(一)电稿一,第 607 页。
④ 《李鸿章全集》(一)电稿一,第 607 页。
⑤ 《李鸿章全集》(一)电稿一,第 626 页。
⑥ 《李鸿章全集》(一)电稿一,第 648 页。

致电请示总理衙门。总理衙门复电称："与缅督往来，尤失国体，断不可行。前谕本以存缅为正办，而以该大臣八莫通商原议为第二步，此时仍宜坚守存祀前说，与之始终力争。"① 但英国政府坚持其立场，声称："英据缅本可不商中国，中国不允缅督呈仪，一切事可停商议。"②

尽管英国在缅甸继续朝贡问题上毫不让步，但为了防止清政府支持缅甸人民开展抗英斗争，巩固其在缅甸的殖民统治，不得不在界务、商务等方面稍作让步。英国外交副大臣克雷向曾纪泽表示，英国愿意向中国允让三事：1.愿让中国展拓边界，"将潞江以东之地，自云南南界之外起，南抵暹罗北界，西滨潞江，即洋图所谓萨尔温江，东抵澜沧江下游，其中北有南掌国，南有掸人各种，或留为属国，或收为属地，悉听中国之便"；2.以大金沙江即伊洛瓦底江为两国"公共之江"；3.在八莫近处勘明一地，允许中国立埠，"设关收税"。此处所说之"八莫近处"，即指新店一带地区，或为"旧八莫"。③ 曾纪泽对英方提出的"允让三事"极为重视，当即将英国答允将潞江以东之地划归中国之事电告清总理衙门。总理衙门复电曾纪泽："界务重大，务须先期考订的确，不可稍有讹误"，④ 并谕令其在谈判中仍坚持存缅祀，由缅王继续向清政府朝贡的立场。英方对清政府这一要求表示坚决反对，克雷明确告诉曾纪泽："缅督照缅王例，遣使呈仪，又不索中朝回赐，在英系十分迁就"，⑤ 如果清政府仍不同意，则英国将终止谈判。清政府看到要求英国同意由缅王朝贡已属不可能，遂退而求其次，希望英国能在界务、商务等问题上对中国作出承诺。曾纪泽随即要求英方对前此所"允让三事"作出书面答复。英方在复照中重申了在界务、商务方面，"英廷将缅境潞江以东管理之权，或可听中朝设船埠于伊江，为华通海之埠。"⑥ 然而中英谈判刚刚开始，清政府却召曾纪泽回国，另派刘瑞芬为驻英公使。可未等曾纪泽回国，英国又在西藏问题上向清政府施加新的压力。

1886 年初，英印政府派遣马科雷率团进入西藏，引起西藏僧俗各界

---

① 《李鸿章全集》(一)电稿一，第 652 页。

② 《李鸿章全集》(一)电稿一，第 653 页。

③ 岑毓英：《缅人称备贡求援译单缮呈折》，《岑襄勤公奏稿》卷二十五，台北成文出版社 1969 年印行。

④ 《李鸿章全集》(一)电稿一，第 654 页。

⑤ 《李鸿章全集》(一)电稿一，第 654 页。

⑥ 《李鸿章全集》(一)电稿一，第 660—661 页。

的强烈反对,马科雷坚持进藏,并扬言如果藏民继续阻拦,他将率军进藏。驻藏大臣色楞额与崇纲在给皇帝的奏折中称:"卫藏为川滇门户,藏疆有警则川滇震惊,关系实非浅鲜",请求"饬四川、云南各督抚慎固封疆,严备战守,以为声援"。① 清政府刚刚结束对法战争,不想再度陷入对英战争,被迫在缅甸问题上作出让步。1886 年 5 月底,总理衙门向英国驻华代办欧格讷表示,如果英国放弃马科雷入藏计划,清政府愿意立即同英国解决缅甸问题。英国印度事务部大臣金伯理获悉后称:"我会毫不犹豫地牺牲派使赴藏的机会,以换取缅甸问题的解决。"②

1894 年 3 月,清政府代表薛福成与英国外交大臣罗斯伯里在伦敦签订《中英续议滇缅界、商务条款》。根据该条约,在界务方面,大致确立了尖高山以南的一段中缅边界,规定昔马、科干、汉董、铁壁关、天马关、车里、孟连等地划归中国。以上地区原来就属于中国领土,部分曾被英军强占,英国同意将这些地区划归中国是有条件的,即"中国不再索问永昌、腾越边界之隙地"。而且有些地区,例如孟连以及位于车里东南境的江洪早已成为法国猎取的对象,在法国所拟订的边界图中,"所有车里土司辖地皆图占去"。③ 英国考虑到这些地区与其落入法国手中,不如由清政府代为保管。为避免该地区被法国吞并,英国在条约中规定,如未经中英两国预先议定,"中国必不将孟连与江洪之全地或片马,让与别国"。④ 一旦中国将这些地区让与法国,英国即有权向清政府索赔。关于北纬 25 度35 分以北一段边界,即尖高山以北的一段中缅边界,条约规定:"俟将来查明该处情形稍详细,两国再定界线。"当时清政府之所以不急于划定北段边界,主要在于此段边界乃通向四川、西藏及云南西部的战略要地,但当时清政府对该段边界情况很不熟悉,云南省当局亦未对该段边界进行考察,而且英国早就想"由滇西野人山通入西藏……万一受彼蒙混,分入藏地,将来彼必执条约为证据,关系匪轻"。⑤ 在商务方面,条约规定,从缅甸运至中国,或由中国运至缅甸的货物,"过边界之处,准其由蛮允、盏

① 王彦威、王亮辑:《清季外交史料》第 67 卷,第 19 页。
② 高鸿志:《英国与中国边疆危机(1637—1912)》,第 140 页。
③ 《李鸿章全集》(二)电稿二,第 593 页。
④ 王铁崖主编:《中外旧约章汇编》第 1 册,第 578 页。
⑤ 薛福成:《出使公牍》卷 6,台北文海出版社 1972 年印行。

西两路行走"，中国同意"凡货经以上所开之路运往缅甸者,完税照海关税则减十分之四"。通过该条款,英国获得了法国在 1887 年 6 月与清政府签订的《续订商务专条》中的同等贸易特权。《中英续议滇缅界、商务条款》的签订为英国进一步向云南扩张侵略势力奠定了基础。

20 世纪初,英殖民主义者对中国云南边境之片马等地区多次进行武装侵略。片马位于中缅甸边境北段(北纬 26 度,东经度 17 度 50 分),处于高黎贡山以西,距云南保山县城约 280 公里,是中国的领土。西汉时该地属益州郡,东汉时属永昌郡,元代属云南行省之龙甸军民府,明代为茶山里嘛长官司地,清代归属腾越管辖。该地区地广数百里,土质肥沃,是滇西的重要门户,通向四川与西藏的必经之路,具有极其重要的战略价值。英殖民主义者侵占该地区蓄谋已久。由于 1894 年的中英条约只规定"尖高山以北边界查明后再划定界线",该段边界成为未定界线,为英国的入侵片马地区留下了可乘之机。

1898 年 7 月,英国驻华公使窦纳乐向清政府递交照会称:"上年 12 月间,有华官带兵 200 名进入恩买卡河北境,请转饬华官于恩买卡河与萨尔温江之分水岭西境,不得有干预地方官治理之举。"[1]该照会隐含着一个险恶用心,即妄图以恩梅开江与怒江的分水岭(即高黎贡山)作为滇缅分界线,达到将中缅边境划在中国境内和侵占高黎贡山以北地区的目的。因为英国照会中所称之恩买卡河,即恩梅开江,萨尔温江在中国境内称怒江,恩梅开江与怒江中间之分水岭即为高黎贡山,而此山位于腾越东部,在中国境内有一百多公里;该照会所称之"恩买卡河与萨尔温江之分水岭西境",片马、岗房、茨竹、派赖等具有战略价值的地区,本来即属中国之固有领土,英国此举显然是阴谋将该片地区划入英属缅甸。11 月,窦纳乐再次致函清政府,重申 7 月照会内容,催问是否已转行云南省。清总理衙门并未察觉英之险恶用心,既未查明中国军队是否进入恩买卡河北境,又不清楚英国照会中所称之分水岭究竟指何处,即在复照中含糊地说:"已于 6 月间据情咨行滇督。"英国据此认为清政府对上述照会之内容已予默认。

1900 年,英国乘中国发生义和团运动,清政府无暇西顾之机,对片马

---

① 王彦威、王亮辑:《清季外交史料》第 181 卷,第 13 页。

地区实施武装占领。英军借口勘察地界,从缅甸侵入中国云南境内,先后占领片马附近之茨竹、派赖、滚山等山寨。腾越总兵张松林遂派兵驰援,云南提督冯子材也赶往腾越部署防务。在此情况下,英军退回缅甸。4月16日,清总理衙门照会英国公使称:"茨竹各寨,系中国世袭土弁管辖之地,以滇缅交界处之小江为界,英军不应过界烧杀,请饬仍守现管小江边界,勿相侵越。"[①]5月5日,英国公使复照清总理衙门称:光绪二十四年(1898年)英国在致清政府照会中所指出中缅北部边界应以恩买卡河与萨尔温江中间之分水岭为暂时边界,边界以西之地归属缅甸,当时中国政府并未提出疑义,"是以印督视此段暂权之界为贵署已经允定者",茨竹、派赖在分水岭以西,当属缅甸,英军在缅甸境内活动,不能认为是越界行为。[②] 5月10日,清总理衙门又复照英国公使称:"查贵大臣光绪二十四年六月、十月两次文函所叙暂时从权之界一节,本衙门所以不立行辩驳者,因分水岭东西地势与中国原属边界,有无出入,尚未查有详确情形,不能遽行作复,谅贵国印度总督亦决不以中国并未复准之文,作为已经允定之据,望将此意转达贵国政府及印度总督,查照本署三月十七日文,各守现管小江边界,勿相侵越,以免缪辖。"[③]

为了解决中缅边界纠纷,1905年2月,清政府派遣道员石鸿韶同英国驻腾越领事列敦就中缅北段边界进行查勘。在勘界过程中,石鸿韶完全为列敦所支配,根据总理衙门在致英国公使照会中关于"各守现管小江边界"一语,沿着小江边直勘至小江发源地板厂山,致使勘界工作完全在中国境内进行,结果遭到国内舆论的强烈谴责。清政府将石鸿韶撤换,令云贵总督继续向英交涉,重新勘界,英方则一再借故推延,致使勘界工作无法进行。1906年春,清外务部与英国驻华公使萨道义再次商谈中缅北段边界问题,萨道义仍坚持以高黎贡山为界,高黎贡山以西之片马、茨竹、派赖等地属缅甸,清政府拒绝同意,边界交涉重新陷入僵局。1906年5月1日,萨道义就中缅北段边界问题照会清外务部称,中缅北段边界"应循厄勒瓦谛江(即大金沙江)及龙江之分水岭脊,至过龙江上流各溪,

---

① 伊明德:《云南北界勘察记》卷二,台北文海出版社1970年印行,第21页。
② 伊明德:《云南北界勘察记》卷二,第21—22页。
③ 伊明德:《云南北界勘察记》卷二,第22页。

再循萨尔温江(即潞江)及厄勒瓦谛江之分水岭脊,顺至西藏边界"。① 但承认保山县所属之登埂、明光等地土司向来收受片马地区少数民族送来的贡银,如该地区划归缅甸,英印政府愿向这些土司进行补偿。照会声称:如中国不愿意接受英国的方案,则英国"仍令缅甸政府驻守该处,治理一切,无需再行商议"。② 清政府对英国所提方案表示拒绝,建议中英两国政府派员重新勘察地界。英国见通过外交途径不能达到目的,遂决定使用武力解决。

1910 年 12 月,登埂土司去片马征收杉板税,与当地头人伍嘉源、徐麟祥发生冲突。英国乘机指责登埂土司派兵越界,对所谓"缅甸居民"进行"烧杀",并派军队 2000 多人越过野人山,占据片马各山寨,"沿途设置屯营,威胁各部族,迫其投降"。③ 云贵总督李经羲与英驻滇领事交涉,请其迅速撤军。英领事复函称:"英国现驻地方,皆属英国版图,并未过界,何能退去?"④1911 年 1 月,英国驻华公使朱尔典照会清政府,仍然蛮横坚持以高黎贡山分水岭为界。⑤ 云贵总督李经羲建议清政府调兵迎击英军,以固边陲,并表示愿亲自督军备战,决心"誓以身殉"。⑥ 然而,由于清政府意在寻求妥协,"审时度势,究未便轻启兵端"。⑦ 1911 年 4 月 16 日,英国驻华公使同清外务部大臣刘玉麟就片马问题再次举行谈判。谈判过程中,英方强词夺理,极尽威胁恐吓之能事,企图迫使清政府承认片马归属缅甸。清政府曾一度决定将片马永久租借给英国,后由于云南人民反对而未能实现。不久辛亥革命爆发,英国乘中国政局动荡之时,进一步加强对片马地区的控制,并修筑片马通往西藏的道路。1926 年,英国虽然承认片马属于中国领土,但继续占而不退。

1944 年 7 月 30 日,入缅作战的中国远征军收复片马,设置"滇康缅边境特别游击区",直辖于军事委员会。8 月 30 日,英军一部突袭该区中

① 《英萨使致外务部照会》(1906 年 5 月 1 日),见张凤岐:《云南外交问题》附录 3,商务印书馆 1937 年版。
② 《英萨使致外务部照会》(1906 年 5 月 1 日),见张凤岐:《云南外交问题》附录 3。
③ 刘曼仙:《滇缅界务之史的考察及其应付方法》,《东方杂志》第 31 卷第 9 期。
④ 《中国大事记》,《东方杂志》第 8 卷第 1 期。
⑤ 《宣统政纪》卷四十七。
⑥ 《宣统政纪》卷四十七。
⑦ 《宣统政纪》卷四十七。

国军队,导致 76 人遇难,形成"片马拖角惨案"。中国军队要求出击,打击英军气焰。蒋介石却以"抗战未终,重在保盟,切勿扩大事态,擅启兵端",命令该部撤出片马,片马重陷英军之手。①

1948 年 1 月,缅甸独立后,制定《缅甸联邦宪法》,中缅北段未定界地区被划入缅甸克钦邦,复引起日后中缅政府间交涉。②

第三节　中国远征军入缅作战

太平洋战争爆发后,缅甸成为日军进攻的重要战略目标。它不仅是英国防守印度的屏障,对中国的持久抗战也具有重要战略意义。从昆明至缅北重镇腊戌的滇缅公路,在 1940 年 9 月日本侵入越南,滇越铁路完全中断后,成为中国获得国际援助的最重要通道。

早在日军袭击珍珠港前,中英之间就已开始酝酿在缅甸的军事合作事宜。1941 年 2 月,国民政府派遣商震率"中国缅印马军事考察团"赴缅甸、印度、马来亚考察。6 月,国民政府正式向英方提出中英共同防御缅甸的建议。但英缅当局不愿中国军队进入缅甸,而是强调中国应在中缅、中老(挝)边境布防。中国在向英方提出建议的同时,采取积极措施,加强西南边境防御,为中英共同防御进行准备。军事委员会抽调高级军事人才组成驻滇参谋团,由军令部次长林蔚任团长,全面指导西南军事,策划中英联合作战相关业务。1941 年秋冬间,第五、第六军相继开入云南。第六军第四十九师开赴滇缅路担任护路,第九十三师开往滇南车里、佛海布防。第五军驻扎杨林、沾益、曲靖等处。

珍珠港事变后,英国感到日本进攻缅甸迫在眉睫。12 月 10 日,戴尼斯拜见蒋介石,代表英国政府请求中国协防缅甸。12 月 15 日,戴尼斯与美国驻华军事代表团团长麦格鲁一起会见蒋介石,进一步提出协防缅甸

① 　谢本书:《从片马事件到班洪事件》,《云南社会科学》2000 年第 4 期;刘铁轮:《片马风云》,《文史天地》1996 年第 1 期。

② 　中缅两国这段悬而未决的边界问题,直到 1960 年才由两国政府完全解决。1960 年 1 月 28 日,中缅两国签订《关于两国边界问题的协定》。同年 10 月 1 日,两国正式签订《中缅边界条约》。条约划定了从尖高山到中缅界西端终点的这一未定边界。在条约中,这一段边界除片马、古浪、岗房地区原属中国外,完全按照传统习惯定界。缅甸政府同意把 1905—1911 年英军侵占的属于中国的片马、古浪、岗房地区归还中国。

要求。蒋介石对戴尼斯所提请求表示支持,同时提出盟国应就整个南太平洋战局定一通盘战略,"竭中、英、美、荷印四国之物资、人力以保卫新加坡不令失陷,此实为第一要着。其次则为缅甸,中国愿分负责任。以予之意见,应尽量抽调印度、缅甸部队,集中全力以保卫星加坡,缅甸防务如有不足,则借中国之部队以补充之"。戴尼斯对蒋介石的主张表示"完全赞同",但提出因局势紧迫,希望立即采取行动。蒋介石遂请戴尼斯与何应钦商讨保卫缅甸的全盘计划。[①]

虽然戴尼斯要求中国出兵缅甸,但负责缅甸防守任务的英国驻印军总司令魏菲尔却并不希望中国军队马上进入缅甸。12月23日上午,何应钦、军令部长徐永昌与前来参加重庆军事会议的魏菲尔、美国代表勃兰特等商讨联合作战计划。在讨论防守缅甸问题时,勃兰特认为,滇缅路对中国获得援助十分重要,因此仰光必须守住。何应钦则提出,盟国应以攻为守,从缅甸向泰国境内的日军主动发起进攻,中国已准备好两个军,若需要可再增加一个军。但魏菲尔认为,缅甸境内公路甚少,无法使用大兵力,而英国从印度援助缅甸的军队也将抵达,因此,除需要中国军队一师驻守车里、畹町外,是否还需要其他中国军队尚待以后研究。实际上拒绝了中国出兵缅甸的提议。

12月24日,魏菲尔离华时,蒋介石再次提出中国军队入缅作战事,魏菲尔答称:"如由贵国军队解放缅甸,实在是英国人的耻辱;我们只要请贵国能惠允拨借美援物资就可以了。"[②]魏菲尔的这番回答道出了英国不愿中国军队入缅的真实意图。当时,英国在缅甸只有新编成的英缅第一师,1942年初,英印第十七师增援缅甸,总兵力约3.3万人。驻扎在泰缅边境的日军主力有两个师团,并有强大的空军支持,实力强于英军。但英国并不从保卫缅甸和整个太平洋战局出发,而只关心其本身的利益,欲维护在亚洲的殖民地,担心中国军队入缅作战会激起缅甸人民的民族主义,从而危及它的殖民统治。对于远东殖民地,英国"宁可丢给敌人,不愿让与友邦"。[③] 英国的这一态度使得中国军队无法及时入缅参战。

1942年1月4日,日本第十五军根据大本营"切断援蒋路线,清除英

---

① 秦孝仪主编:《中华民国重要史料初编——对日抗战时期》战时外交(三),第61—64页。
② [日]古屋奎二:《蒋总统秘录》第13册,第13页。
③ 杜聿明:《远征印缅抗战》,中国文史出版社1990年版,第35页。

在缅之势力,占领并确保缅甸要地"的指令,突破泰缅边境,向缅甸英军发起进攻。2月上旬,开始围攻仰光。在日军的猛烈进攻下,英国方面改变了原先的态度。1月21日,英国首相丘吉尔在一份电报中指出:"缅甸如丧失,那就惨了。这样会使我们同中国人隔绝,在同日本人的交战中,中国军队算是最成功的。"①1月23日,英缅军总司令胡敦致电中方,要求中国军队入缅。2月5日,胡敦赶到缅北的腊戍晋见前往印度访问途中的蒋介石,当面请求中国军队火速入缅。于是,蒋介石下令中国援缅军入缅作战。

太平洋战争爆发后,国民政府即着手调遣军队准备入缅作战。12月11日,在戴尼斯请求中国协防缅甸的第二天,蒋介石下令第六军第九十三师开赴滇南车里,第六军第四十九师以一个加强团开赴畹町,归英缅军总司令胡敦指挥。同时,国民政府派军委会驻滇参谋团侯腾少将率部分参谋人员赴缅甸腊戍,筹备中国军队入缅事宜。12月23日,魏菲尔在重庆军事会议上拒绝中国军队入缅后,第五军、第六军奉令暂不入缅,于滇缅路上集结待命。但国民政府并没有停止入缅准备,1942年1月18日,蒋介石指示何应钦、徐永昌对入缅作战防御工事、组织敌后工作队和热带作战训练等事宜拟出具体计划。1月下旬英方请求中国军队援助后,2月3日,蒋介石令第六军军部立即进驻缅甸景东。14日,蒋介石令第五军迅速入缅,部署于同古(亦称东瓜、东吁)、仰光地区。第六军、第五军接令后立即开拔,向指定地区集中。

1942年2月初,蒋介石偕夫人宋美龄,在英国驻华大使卡尔的陪同下,访问印度。访问印度期间,蒋介石同英军司令魏菲尔曾就中国军队入缅作战问题进行会晤,但未达成协议。由于蒋介石害怕英国将中国入缅部队作为牺牲品,同时对于中国能否在印度获得供应物资表示担忧。3月1日,蒋介石亲自飞赴缅甸腊戍,次日与魏菲尔会晤,要求英军坚守仰光,使第五军能集结同古,准备反攻。魏菲尔允诺将尽力为之。3日,蒋介石召集军委会参谋团和第五、第六军高级将领训话,告诫说:"我军此次在国外作战,可胜不可败;故在未作战之前,应十分谨慎,侦察敌情十分明了,一经接战,则不计一切牺牲,以期必胜","纵全部牺牲,亦所不惜,

---

① ［英］丘吉尔:《第二次世界大战回忆录》第4卷第1分册,商务印书馆1975年版,第79—80页。

以保我国军之信誉及对外之信仰。"①同时对部队指挥问题作出指示:入缅作战的战术由军委会参谋团团长林蔚负责指导,军事最高指挥官拟调卫立煌担任,杜聿明副之,在卫未到任前由杜统一指挥。

3月8日,英军弃守仰光。当天英方通知中方,已任命亚历山大接替胡敦任英缅军总司令。仰光轻易失守,打乱了中国方面原有的作战部署,英军撤退时,不事先通知中方,也给此后中英在缅甸的军事合作投下了阴影。3月9日,蒋介石在欢迎史迪威抵华出任中国战区参谋长的宴会后,留史氏长谈,批评英军不与中国真诚合作,撤退时不通知友军,担心此后协同作战时英军再意外撤退,将给中国军队安全造成问题。蒋介石表示,英军应将曼德勒交中国军队防守,以确保驻守同古中国军队的后方,否则,中国宁愿将入缅部队全部撤回。由于中英军队无法协调,产生了统一指挥问题,蒋介石请史迪威入缅指挥中英两国军队。②当天,蒋介石还致电在美国的宋子文,嘱其转告罗斯福总统,希望请"丘首相下令在缅英军皆归史君统一指挥为要"。但罗斯福未向丘吉尔提出中方要求,英方则完全不愿将在缅甸的军队指挥权交出。③

3月10日,蒋介石约史迪威谈话,命其以中国战区参谋长身份赴缅甸指挥作战,并详细阐明中方处置缅甸战局的主张,认为中国入缅军队的主要任务应改为保卫曼德勒,称已命令驻滇参谋团团长林蔚、第五军军长杜聿明、第六军军长甘丽初等,"绝对服从将军之命令"。④仰光失守使蒋介石改变了原定作战部署,将原先坚守全缅甸并伺机反攻的积极作战方针,改为将作战重点北移至曼德勒,实行以防守为主的保守对策,对缅甸战场的指挥体系作了调整。

3月12日,中国入缅参战部队正式组成"中国远征军第一路军",司令长官卫立煌(未到任由杜聿明代,4月2日改由罗卓英担任),副司令长官杜聿明,下辖第五军、第六军、第六十六军,远征军总兵力约10万人。4

---

① 秦孝仪主编:《中华民国重要史料初编——对日抗战时期》作战经过(三),第228—236页。
② 秦孝仪主编:《中华民国重要史料初编——对日抗战时期》作战经过(三),第221—226页。
③ 《蒋介石致宋子文电》(1942年3月9日)、《宋子文致蒋介石电》(1942年3月12日),秦孝仪主编:《中华民国重要史料初编——对日抗战时期》战时外交(三),第121—122页。
④ 《蒋委员长接见中国战区盟军总部参谋长史迪威谈话记录》(1942年3月10日、3月11日),秦孝仪主编:《中华民国重要史料初编——对日抗战时期》作战经过(三),第238—240、252页。

月 5 日,蒋介石由重庆飞赴腊戍,次日,在眉苗与亚历山大、史迪威及中国远征军司令长官罗卓英、副司令长官、第五军军长杜聿明等讨论作战计划。蒋介石私下指责英国政府人员对缅甸局势束手无策,缺乏果断,军队怯敌避战。4 月 10 日,蒋介石离缅回国,但未及一月,缅甸战场即遭溃败,腊戍、畹町相继失守。中国远征军被迫退往印度。

自缅甸作战失利后,滇缅公路随即被切断,所有援华物资只能通过一条长约 800 公里的空中交通线,即"驼峰"空运线运抵中国,这对于中国抗战十分不利,中国希望收复缅甸,恢复滇缅陆上交通线。史迪威亦急于在缅甸战场雪耻,希望中国通过对缅甸发动反攻,收复缅甸、泰国,并利用美援组建一支崭新的中国陆军部队。蒋介石却不愿意将美援物资全部用于缅甸战场,而希望由自己统筹支配。对于收复缅甸,他坚持要美、英海空军的全部支持和英军在缅南的两栖作战相配合,拒绝单方面使用中国陆军在缅甸作战。英国虽然希望收复缅甸,但并不希望中国军队过多地卷入南亚局势,危及英国战后重建其殖民统治。因此,围绕缅甸作战问题,中英、中美之间矛盾重重,形成错综复杂的局面。

1942 年 7 月 19 日,史迪威将收复缅甸的备忘录送交蒋介石,提出用 14 个中国师、1 个美国师、3 个英国师攻击缅甸日军,得手后乘机收复缅甸、泰国和越南,之后再以 9 个中国师进攻河内、海防或香港、广州,对日军展开总攻势。蒋介石对该计划表示认可,但要求美国增加空运量至每月 5,000 吨,并要求英国海空军全力支持,否则中国将不出一兵一卒到缅作战。[①] 英方则提出缅甸作战的首要目标是保卫印度,对抽调英海空军赴缅作战不置可否。美国认为一切有关缅甸的作战事宜均必须得到英国的认可,并由英国指挥。12 月 8 日,罗斯福批准增拨 6.3 万吨物资和 6000 名士兵供给该次作战使用。可英国却宣称他们无法抽调实施原定计划的兵力,也无法为进攻仰光而控制孟加拉湾。蒋介石获悉英国态度后,立即致电罗斯福,称如果英国不能实践诺言,则攻缅计划无异于自动取消,因为中国军队和人民不能冒在缅甸第二次失败的危险。[②]

1943 年 1 月 14 日至 23 日,罗斯福与丘吉尔在摩洛哥的卡萨布兰卡

---

① 梁敬錞:《史迪威事件》,商务印书馆 1973 年版,第 97 页。

② 梁敬錞:《史迪威事件》,第 100—101 页。

举行会议,会议讨论了反攻缅甸的作战方案,中国未被邀请出席。联合参谋团会议经过讨论,确定在 1943 年 11 月 15 日发动攻缅战役。1 月 25 日,罗斯福和丘吉尔联名致电蒋介石,告之已派遣美国陆军的空军总司令安诺德及英国元帅狄尔等来华,说明攻缅计划。2 月 7 日,蒋介石与安诺德单独会晤,他要求安诺德转报罗斯福,为了实行攻缅计划,中国战区需要一支独立的空军,每月空运量需达 1 万吨,到 1943 年 11 月中国应拥有飞机 500 架。① 当时,罗斯福总统等对陈纳德将军提出的空中袭击日本海上交通线及日本军事目标的建议很感兴趣,批准组建第十四航空队,其规模将扩大到拥有 500 架飞机,并准备将空运量逐步增加到 1 万吨。②

　　1943 年 2 月 9 日,中、美、英三国在印度加尔各答举行会议。中方代表宋子文、何应钦,美方代表安诺德、史迪威,英方代表魏菲尔、狄尔。会议再次讨论了攻缅战役问题。中方声明将以 10 个师出击缅北,时间是 1943 年 10 月底。英方表示将以 9 个师的兵力投入战斗。会议还对加强海空军支持进行了讨论。蒋介石对陈纳德的空中作战计划甚感兴趣,2 月 7 日,他致函罗斯福,对陈纳德的空袭计划大加赞赏。4 月 10 日,蒋介石又进一步要求罗斯福召见陈纳德,当面听取他的空中作战计划。4 月底,陈纳德返美向罗斯福陈述其计划。5 月 1 日,宋子文向罗斯福递交备忘录,声称中国全力支持陈纳德的计划,为了集中所有战时物资以作攻击之用,中国拟以 5 月、6 月、7 月三个月的空运吨位全数供应汽油及飞行器材之用。但是,在马歇尔的支持下,史迪威也应召回国述职。5 月,史迪威建议罗斯福应继续加强中国陆军的力量,说服蒋介石同意提供人力和接受美国在训练上的帮助。罗斯福表示,他同意陈纳德的空袭计划,但不能因此中断对中国云南受训部队的供应。在收复缅甸问题上,罗斯福同意在缅甸北部采取行动,不必在南部及仰光采取行动。罗斯福作出这样的决定,主要是由于英国坚持先在北非和地中海采取攻势,没有海空军可调往远东。

　　1943 年 5 月 12 日,美、英在华盛顿举行"三叉戟会议",又一次讨论进攻缅甸问题。英国提出放弃攻缅计划,而以攻占苏门答腊作为收复新

---

① ［美］罗伯特·达莱克:《罗斯福与美国对外政策(1932—1945)》,商务印书馆 1984 年版,第 551 页。
② ［美］罗伯特·达莱克:《罗斯福与美国对外政策(1932—1945)》,第 552 页。

加坡的第一步。该方案遭到史迪威的反对,他坚持在缅甸采取行动。5月8日,蒋介石电令宋子文,力争收复全缅甸的计划,否则只收复缅北,无英国海空军配合,无异于让中国作单独牺牲。5月17日,宋子文应邀出席会议,阐明中方立场,坚持要求英、美履行前约,实践收复全缅计划。宋子文宣称,如果英、美放弃攻缅,或实行只攻缅北的计划,中国民众将认为英、美背信弃约,会导致人心绝望,斗志瓦解,盟国将失去中国这一抗战基地。5月20日,联合参谋团会议决定:增加到中国的空中运输量,争取达到每月1万吨,维持中缅战场的空中军事行动;实行缅北作战,切断日本到缅甸的交通线。丘吉尔对缅甸作战甚为反感,认为目前考虑进军缅甸问题是非常愚蠢的,美国过分担心中国没有及时援助就会垮台,是毫无意义的,中国并不是重要的基地,今后苏联会给日本以致命一击。丘吉尔对进攻缅北的作战计划仅冷淡地表示不反对,并愿意尽力向中国提供海空军支持。5月24日,罗斯福、丘吉尔核准了攻缅计划。5月25日,美方将计划交宋子文转蒋介石。计划规定1943年雨季结束后由中、美军队反攻缅北,并以英国海空军控制孟加拉湾,切断日军交通线。蒋介石对该计划并不满意,因为该计划未提及南北缅同时出击及海空军支持的具体数字,但也没有公开表示反对。

1943年8月19至24日,罗斯福与丘吉尔在加拿大的魁北克举行会议。8月25日,罗斯福与丘吉尔联名致电蒋介石,通知他盟军决定成立东南亚战区,以英国海军中将蒙巴顿勋爵为统帅,统一指挥缅甸战役。8月27日,马歇尔告诉史迪威,攻缅日期定于1944年2月中旬,以占领北缅为目标,至于南缅水陆攻击,因英国不肯放弃收复苏门答腊而未能决定。9月4日,蒋介石复电罗斯福与丘吉尔,坚称南缅之海岸线与交通要点,如不能确实占领,则敌军交通无法切断,北缅战事亦将无法完成。[①]不久,新任东南亚战区司令蒙巴顿奉命携带魁北克会议决定及罗斯福、丘吉尔给蒋介石的信函来华协商。10月19日,蒋介石召集何应钦、商震、蒙巴顿、史迪威等会商。罗斯福在信函中称将扩大对华物资供给,使陈纳德的空军及史迪威的远征军都有适当补给,南缅军事行动将视北缅战事进展情况再作决定,拟于1944年2月在孟加拉湾及印度洋集中海空军力

---

① 梁敬錞:《史迪威事件》,第158页。

量,实行水陆包抄,至于何时何地以及如何进行,则无详细说明。会议根据蒋介石的建议,决定攻缅战役于 1944 年 1 月 15 日开始,由蒙巴顿任战役总指挥。同时,蒋介石特别强调"孟加拉湾必须有绝对优势之海空军,实行水陆夹击;中印空运无论何时应维持一万吨之运量"。[①] 在美、英方面表示认可后,蒋介石表示同意实施攻缅计划。

会议结束后,中、美、英三方开始着手部署攻缅战役,但各方仍存在不同打算。在 1943 年 11 月 23 日召开的开罗会议上,蒋介石仍坚持"反攻缅甸海陆军同时出动之总方针",[②]"如海军未集中,则陆军虽已集中,仍乏胜算。……是故陆军与海军必须同时集中"。[③] 11 月 24 日,丘吉尔与蒋介石单独会晤,告之英国海军登陆时间须至 5 月间,蒋介石大失所望。实际上,在此之前丘吉尔已告诉罗斯福,他拒绝进行蒋介石所提出的那种登陆作战。德黑兰会议以后,由于苏联同意在击败德国后参加对日作战,英国转而完全拒绝蒋介石关于英国在孟加拉湾发动两栖作战的要求。12 月 7 日,罗斯福致电蒋介石,告之英方在攻缅问题上的决定,建议蒋介石或者按原计划行事,或者将行动推迟至 1944 年 11 月。12 月 17 日,蒋介石致电罗斯福,称如果登陆作战不能如期举行,攻缅作战延至 1944 年 11 月为妥。

蒋介石的观望态度使美国甚感不满。1943 年 12 月 21 日,罗斯福致电蒋介石,要其出动在云南的中国远征军到缅北作战。29 日,罗斯福再次电告蒋介石,如果云南部队不于近期出动,美国将停止对向其提供器材供给。蒋介石却拒绝让步。此时史迪威已率中国驻印军开始对日反攻。1944 年 1 月 14 日,罗斯福连续三次致电蒋介石,要求中国远征军配合行动,并再次警告说,美国将不会运交非抗日所必需的物资。2 月 2 日,蒋介石复电罗斯福,重申没有两栖进攻,中国不会调远征军攻缅。3 月初,日军向印度东北部发动攻势,中印空运基地遭受日军严重威胁。3 月 20 日,罗斯福第四次致电蒋介石,警告他如不采取行动,则可能对盟军造成重大不利,要求中国远征军迅速出动。蒋介石则复电罗斯福,报称苏联正从外蒙古越境轰炸承化、奇台,诬称中共军队已在陕北集中准备响应苏

---

① 梁敬錞:《史迪威事件》,第 160 页。
② [日]古屋奎二:《蒋总统秘录》第 13 册,第 108 页。
③ [日]古屋奎二:《蒋总统秘录》第 13 册,第 111 页。

联,日军亦在平汉线上筹划大规模进攻,因此云南部队不能出动。[①] 4 月
4 日,罗斯福向蒋介石发出了一封措辞十分强硬的电报:"阁下之远征军
乃美国所装备……正为今日作战而设",[②]并称远征军如不能使用于紧要
时机,"我们为装备和训练这支军队所作的巨大和多方面的努力都不能
证明是正确的"。[③] 4 月 10 日,美国停止了对中国远征军的物资供应。

在此情况下,蒋介石不得不作出让步。5 月 11 日,中国远征军共计 6
个军 16 个师,在司令长官卫立煌率领下,越过怒江向腾冲攻击。在此之
前,中国驻印军已与美军协同反攻缅北。8 月 3 日,中国驻印军与美军攻
占了缅北重镇密支那。12 月 15 日,攻占八莫。1945 年 1 月 15 日,占领
南坎。中国远征军则于 9 月 14 日攻克腾冲。11 月 3 日,攻克龙陵。1945
年 1 月 19 日,攻克畹町。1 月 21 日,进入缅甸境内。1945 年 1 月 27 日,
中国远征军与驻印军在芒友会师,自此中印公路重新打通。3 月 8 日,又
收复了腊戍,打通了滇缅公路。3 月 27 日,攻克猛岩。3 月 30 日,与英军
在乔梅会师,北缅战役全部结束。整个战役耗时一年,全部收复缅北,歼
敌近 16 万人,这是中、美、英三国军队共同努力的结果。

第四节 中国支持缅甸抗日独立运动

19 世纪下半叶,中国和缅甸都遭到西方殖民主义者的侵略和压迫,
并先后沦为半殖民地和殖民地。在此期间,中缅两国之间的密切联系和
友好关系受到阻挠和破坏,但是在各自国家丧失独立自由和主权的情况
下,两国之间的联系却从没有中断,在共同反对帝国主义和殖民主义的斗
争中相互支持、团结战斗。

1886 年,在英国侵略上缅甸的过程中,当缅甸人民为维护民族独立
和国家主权而同英国殖民者进行顽强斗争的时候,中国各族人民伸出援
助之手,给予有力的声援和支持。驻守在中国云南边境的一些有民族正
义感的清朝官兵,不顾清政府的阻挠,主动支持缅甸人民的抗英斗争。云
南腾越都司副将袁善获悉英军占领缅北后,即"行至腾越一带,擅自招募

---

① 梁敬錞:《史迪威事件》,第 193—194 页。
② 梁敬錞:《史迪威事件》,第 195 页。
③ [美]罗伯特·达莱克:《罗斯福与美国对外政策(1932—1945)》,第 697 页。

丁壮,制造衣甲,意欲径赴缅甸",后被总兵朱洪章"擒获正法,解散附从"。① 腾越都司另一副将李秀文不顾清政府的禁令,亲自率领部下数百人前往支持缅甸人民的抗英斗争,后在孟拱地区的战斗中牺牲。缅甸一些主张抗击英国殖民者的王公、土司在斗争失败后退入云南,中国百姓给予了友好接待和热情支持。1890 年,缅甸王太子疆括撤退到中国云南,先是住在南甸(今梁河),后来寓居腾冲。在此期间,中国人民始终对疆括加以保护,腾冲边境一带的土司不断给予疆括财物等各方面的支持和帮助。后来疆括曾先后两次组织力量,在茅草地和木姐等地区抗击英军。1892 年,缅甸温佐土司吴昂妙在当地进行抗英斗争失败后,撤退至中国云南境内休整,也受到当地中国人民的友好接待和热情帮助,与中国人民结下了深厚情谊。不久,他又率领部众重返缅甸,继续在克钦山区组织抗英斗争。②

20 世纪初,中缅两国人民反对帝国主义压迫、争取民族独立和解放的斗争有了进一步发展。中国民主主义革命的先行者孙中山和缅甸民族独立运动领袖吴欧达玛的密切交往和深厚友谊,是中缅友好关系的历史见证。孙中山先生为唤起民众推翻满清政府,建立自由民主之中华,曾经多次出国进行革命宣传,为组织革命力量奔走呼号,对亚洲被压迫民族争取独立和解放的斗争,给予深切同情和坚决支持。孙中山认为,亚洲被压迫民族"对西方帝国主义斗争的任何胜利,将成为全体东方人的胜利"。1907 年,吴欧达玛在日本东京佛教大学任教时,结识了当时正在日本的孙中山,两人坦率地交换了各自的政治主张,取得了比较一致的看法,在相互接触中增进了友谊。吴欧达玛回到缅甸以后,在仰光的一次群众集会上宣称,中缅两国人民是亲兄弟,只有团结起来才能取得反侵略的胜利。1925 年,孙中山先生因病逝世,吴欧达玛亲自到中国进行吊唁,参加孙中山的葬礼。③

缅甸华侨长期以来同缅甸人民和睦相处,同甘共苦,积极支持和参加缅甸人民抗击英国殖民统治的斗争。1919 年,华侨李忠在缅甸北部的南

---

① 《永昌府文微·文》卷十五。
② 张竹邦:《缅甸太子疆括寓居腾冲事略》,载《东南亚》1984 年第 2 期。
③ 赵敬:《近百年来中缅两国人民友好往来和相互支持》,载《中国与亚非国家关系论丛》,江西人民出版社 1984 年版,第 116—117 页。

钦地区举行武装反英起义。1921 年,华侨李明清在缅甸北部地区再次举行反英起义,与缅甸人民并肩作战,一度曾攻占一些重要城镇。1930—1932 年,缅甸爆发声势浩大的萨耶山起义,其中也有一些华侨参加。这些起义虽然由于英国殖民当局的残酷镇压而先后失败,但有力地打击了英国在缅甸的殖民统治。在缅甸出版的一些华文报纸,在缅甸人民争取独立的斗争中发挥了积极作用。后来成为中国著名作家的艾芜,当时曾在缅甸当地出版的华文报纸上撰写文章,真实报道 1930—1932 年萨耶山起义真相,对缅甸人民反抗英殖民统治表示支持和同情,为此遭到英国殖民当局的驱逐。[①] 当时在缅甸最具影响力的华文报纸《新仰光报》(1921 年创刊时为《仰光日报》,1922 年改称),"在为'我缅人协会'领导人研究社会主义理论,与中国共产党联系以及昂山将军及其伙伴力争前往中国的事件中曾起到过积极作用"。[②]《新仰光报》的编辑陈德源,是"我缅人协会"属下全缅工人协会的司库,曾把英文版的左翼书刊运到缅甸,分赠"我缅人协会"的一些重要成员。1940 年 8 月,昂山到中国厦门与中国共产党联系,是陈德源和具有中国血统的缅甸人德钦拉佩共同组织安排的。

第二次世界大战期间,中缅两国人民友好关系更加密切,在共同反对日本帝国主义的斗争中,两国人民在政治上、道义上和人力物力上的相互同情和支持更为加强。1938 年 12 月 12 日,以仰光缅玛学校校长吴巴伦为团长、著名女学者杜妙盛为副团长的缅甸友好代表团访问中国。1938 年 12 月 28 日,以太虚法师为团长的中国佛教代表团沿滇缅公路南下,到缅甸仰光进行友好访问,朝拜了仰光瑞大光宝塔。1940 年 12 月 24 日至 1941 年 1 月 4 日,以缅甸主要报纸《太阳报》社长吴巴格礼为团长的缅甸记者代表团一行 8 人访问中国,受到中国大西南人民的热烈欢迎。中缅友好使团的频繁互访,加深了两国人民之间的互相了解,增进了友谊。1939 年 10 月,"我缅人协会"联合其他党派团体成立了缅甸争取民族独立统一战线——"缅甸出路派组织",要求英国承认缅甸有独立的权利,并立即召开制宪会议,把英国总督的特权交予执政内阁,派遣其领导成员分赴国内各地发动群众,举行反英大会和示威斗争。1940 年,"我缅人协

---

① 贺圣达:《缅甸史》,第 489 页。
② [缅]戚基耶基纽:《四个时期的缅甸华文报纸》,暨南大学《东南亚研究资料》1983 年第 2 期。

会"领导的反英斗争遭到镇压,以德钦昂山为首的一些领导人开始筹划通过武装起义来争取民族独立,并决定"到中国去,设法和正在进行民族独立和解放斗争的中国共产党取得联系,争取援助"。① 1940 年 8 月,德钦昂山在旅缅甸华侨的帮助下,抵达中国福建厦门,后遭到日本特务的逮捕,未能实现原定计划。

1941 年 12 月 8 日,太平洋战争爆发。12 月 23 日、25 日,仰光遭受日军飞机猛烈轰炸,整个缅甸陷入惊恐混乱之中。为帮助缅甸抗击日军侵略,1942 年 1 月初,中国国民党常驻缅甸总支部迅速发布《战时工作纲要》,"通告全缅各级党部,盼勤勇从事,负荷神圣任务"。纲要指出:"自太平洋战事爆发,缅甸已入战时状态,凡我各级党部与全体同志皆宜固守岗位,辅助政府,团结侨众,发动各种战时工作,发扬革命党人之精神,为同侨之表率。"纲要详细列举了战时各项工作要点:

> 一、严密注意敌寇缅奸与第五纵队之活动,随时检举事实,报告所在地政府,对缅族人士,尤宜多加联络,发扬亲善精神,以巩固并扩大中缅民族友谊;

> 二、待国军入缅后,凡我各级党部,务须联合当地侨团,领导侨胞,发起劳军运动,表达侨胞对国军之欢迎与敬意;

> 三、敌机轰炸各地,我侨与友邦人士生命财产有损失,各级党部须动员全体党员以及社会人士,组织空袭服务队,救抚伤亡,协助疏散;

> 四、此次旅居港菲各地之侨胞,因受战事影响,资产损失甚大,可为旅缅侨胞前车之鉴,而祖国各种资产与生产事业,现正亟待开发。各级党部与吾党同志务宜广为宣传,鼓励侨资内移,一可促进祖国经济复兴,一可免遭无谓之损失。②

工作纲要发布后,国民党驻缅甸各级党部迅即开始了各种救援活动。

1942 年 1 月上旬,国民党驻缅甸总支部组织慰问团,向为全缅防空作出贡献的中美志愿空勤人员表示慰问。书记长刘翼凌、侨务委员会主任崔杰南等代表全缅中国国民党党员对中美志愿空勤人员的英勇辉煌战

① 赵敬:《近百年来中缅两国人民友好往来和相互支持》,载《中国与亚非国家关系论丛》,第 120 页。
② 中国国民党缅甸总支部:《战时纲要》,台北中国国民党党史会藏。

绩表示钦佩，并赠送烟酒、糖果等表示慰问，双方晤谈甚为欢洽，临别合影留念并握手互祝胜利。① 1 月 19 日，在国民党驻缅甸总支部的指导下，由在缅之太古轮船公司湖北轮等发起组织成立仰光中华海员俱乐部，总支部亦派陈洪海代表出席成立大会并致辞，对海员支持祖国革命，及抗战后不避艰险，帮助祖国及友邦对敌作海上运输战之英勇精神，备致赞许并勉励他们继续团结力量，发挥互助互爱精神，为争取最后之胜利而努力奋斗。② 2 月，国民党驻缅甸总支部组织缅甸华侨中的进步人士，在缅甸故都曼德勒成立"缅甸华侨战时工作队"，开展抗日宣传活动。参加战时工作队的大多是华侨青年，他们通过街头讲演、散发传单、排演活话剧等行动，揭露日军暴行，激发广大华侨和缅甸人民对日本法西斯的仇恨。1942年 4 月，战时工作队总部遭到日军飞机轰炸，工作队大部分成员返回祖国参加中国抗战。华侨战时工作队虽然活动的时间不长，但是它在宣传和组织动员华侨和缅甸人民起来同日本法西斯进行斗争方面起到了积极作用，显示了中缅两国人民在危机时刻所表现出的同仇敌忾的团结战斗精神。

　　1942 年 4 月 27 日，国民党中央党部为加强国民党驻缅甸各级党部工作，协调中国在缅党政军各方面关系，特别选派了一批"负责、机警、确实及敏捷"之人员赴缅开展工作。国民党中央党部秘书长吴铁城亲自接见赴缅工作人员，并发布训词指出："缅甸已进入战争状态，揭开反侵略战争，打倒共同敌人——日本帝国主义，这个战区，我国已派遣大军协助同盟国并肩作战，因此我们除了负起抗战建国的艰巨工作，现在还要担负起保卫缅甸的任务。"为此，他向赴缅工作人员具体提出了四项工作任务："一、调查地方情形，认识地方环境，对侨胞之帮派，华侨之冲突，英缅之仇怨，都要随时提高其政治警觉性，沟通其隔膜与误会，使中英缅努力工作，抵抗共同敌人；二、建立组织机构、工作据点。过去之散漫，完全因为组织机构松懈，现在要将当地的侨胞都纳入一个组织之中，参加战时服务，帮助军队作战，尤其是今后工作据点，应建立到敌后去，不可随军队撤退，以致失去敌后之联络；三、与英缅方面取得密切联系……实现军民合

---

① 《党民报》1942 年 1 月 19 日。

② 中国国民党驻缅支部档案，台北中国国民党党史会藏。

作,维持战时交通,安定地方秩序,如防止汉(缅)奸,肃清第五纵队等;四、加强作战精神与抗敌情绪。现在缅甸因战争的影响,人心不安定,加以奸伪的活动与挑拨离间,我们的工作要做到不要使英忌,又不要使缅怒,所以工作要特别小心。"吴铁城勉励赴缅人员要切实发扬精诚团结、互助合作之精神,减少摩擦与纠纷,加紧工作,提高效率。[①]

1942年5月,为指导战时中国对缅外交工作,中国政府制定了《对缅国民外交实施方案(草案)》。内容包括:对缅国民外交之要纲;军政工作之要纲;对缅国民外交之实施等三部分。关于对缅国民外交之实施,方案具体提出了三项要领:"一、对缅国民外交应以南太平洋战争爆发后之新形势为前提;二、开展对缅国民外交应以军事上之要求为准则,易言之,即以军政工作为主,以国民外交为副,俾达到中英缅协同作战之目的;三、同时应注意中缅基本邦交之培植及不违反盟邦英国之利益。"为了有效指导战时对缅外交工作,实施方案还详附对缅工作的基本参考资料,如侨生青年之召集训练、华缅团体之运用、对缅国民外交之原则及运用、亲华缅人类别表及缅政府宣传机构负责人名表等。[②]《对缅国民外交实施方案(草案)》的实施,对于协调中国同英、美盟国战时关系,巩固发展中、缅两国友好邦交具有重大指导意义。

1943年六七月间,国民党中央统计局为"确保南洋华侨地位及利益,配合同盟国军事形势,规复缅甸及马来亚",拟订了《缅甸、马来亚两区工作计划》。该计划分总则、工作项目及工作据点等三部分,详述了组织、宣传、情报、破坏、交通等工作项目的实施要点。以组织、宣传工作为例,关于组织工作,该计划提出了九点要求:"一、联络土人使其归向盟国,不受敌伪之欺骗利用;二、联络缅马两区各党派及政治团体共赴抗敌;三、联络宗教团体秘密进行反敌活动;四、组训侨胞及土人成立各种灰色团体(不带政治色彩者,如职业团体等),秘密进行反敌活动;五、组训侨胞及土人担任我方情报、交通、破坏等项工作;六、组训侨胞及土人在敌区秘运大批物资出境;七、组训侨胞及土人武装游击队,实行扰敌袭击工作;八、秘密联络党员并吸收新党员,组织党员秘密小组,从事各种活动,准备将

---

① 吴铁城:《训词》,台北中国国民党党史会藏。
② 《对缅国民外交实施方案草案》,台北中国国民党党史会藏。

来恢复党的组织;九、组训侨胞及土人于同盟国军队到达时迅速恢复社会秩序。"关于宣传工作,该计划亦详细列举了七项工作要点:"一、宣达祖国关怀侨胞之至意,坚深侨胞归向党国之意志;二、宣传祖国与同盟国家恢复南洋之决心与计划,启发侨胞争取胜利之热忱及土民归向盟国之意念;三、宣传本党主义,使土民认识我国政策而愿与我国永远友好合作;四、向土民揭发敌人对弱小民族之阴谋暴行,以激发其敌忾同仇之理;五、向华侨及土民宣传敌方困难及同盟国家必胜之条件,以增其抗战信心,进而积极参加抗敌工作;六、揭发伪组织之无耻行为,使土民不受其利用,并争取伪组织中之觉悟或动摇分子;七、揭发奸党阴谋,使侨胞不受反动党派之欺骗利用。"①为配合中央统计局上述缅马工作计划的实施,国民党军统局不久也拟订了《派员参加缅甸、马来亚两区主持军事情报办法》。根据该办法,军统局将派遣两名专门人员赴缅甸、马来亚主持该两区之军事情报工作,并受中央统计局派往该两区之区长指挥。担负的工作主要有:1.关于军事情报网之建立及军事情报人员之物色介绍;2.关于军事情报之设计、研究、指导、搜集、编审等;3.关于军事机关之联络及交换情报;4.关于军事情报人员之考核等等。②

中国共产党对缅甸人民进行的民族独立与解放斗争也给予了极大的关注和支持。1942年5月,"我缅人协会"领导人之一德钦登佩到达印度,同英国在印度的情报部门合作,从事反对日本侵略的缅语广播工作,在此期间,同印度共产党取得了联系。1943年1月,在印度共产党的帮助下,登佩到达中国战时首都重庆。在重庆停留期间,他会见了中国共产党领导人周恩来,介绍了缅甸人民争取民族独立斗争的情况,并要求中国共产党予以物质援助。周恩来表达了中国共产党人对缅甸人民要求民族独立愿望的同情和支持;同时也指出,缅甸一些人为了反对英国在缅甸的殖民统治而与日本人结盟的做法是极端错误的,反对帝国主义的统治要紧紧依靠缅甸人民的支持。1943年7月,登佩还会见了中国国民党著名的左派领袖宋庆龄女士。在重庆期间,登佩对国民党政府的腐败和消极抗战表示失望,而对中国共产党领导的全民抗战深感钦佩。他对中国共

---

① 《缅甸、马来亚两区工作计划》,台北中国国民党党史会藏。

② 《派员参加缅甸、马来亚两区主持军事情报办法》,台北中国国民党党史会藏。

产党人有关抗战和在中国建立新民主主义的理论很感兴趣,曾把毛泽东有关抗日游击战的一部著作翻译成缅文。1942 年 8 月,登佩返回缅甸后,给印度共产党和缅甸共产党提交了一份关于中国情况的报告书,并带回了毛泽东《新民主主义论》一书的英译本,后来该书曾在缅甸共产党和"反法西斯人民自由同盟"的干部中广为流传。登佩的这些活动对于后来缅甸人民抗日武装斗争的开展,起到了积极的推动作用。

　　1944 年 8 月到 9 月间,在昂山和缅共领导人德钦梭组织倡议下,缅甸各派抵抗力量领导人在吴努家举行会议,决定成立"反法西斯人民同盟"(1945 年 3 月改称"反法西斯人民自由同盟"),由昂山担任最高领导人,德钦丹东任总书记,德钦梭为政治领导人。与会代表一致通过了题为《驱逐日本法西斯强盗》的声明。声明宣布同盟的目标是建立一个独立的缅甸政府,提出了抗日行动纲领,号召人民与盟军合作,驱逐日本侵略者。缅甸"反法西斯人民自由同盟"的建立,是缅甸抗日民族解放运动发展的里程碑。在同盟的领导下,缅甸各派抗日力量进一步加强了团结,抗日队伍迅速扩大,缅甸人民的抗日运动很快出现了高潮。

　　日本投降以后,英国殖民者卷土重来,重新恢复了英国在缅甸的殖民统治,缅甸人民争取民族独立和解放运动面临异常错综复杂的斗争局面。中国共产党人与缅甸共产党人曾就缅甸人民反英斗争多次交换过意见。1945 年 5 月,中共中央委员邓发在前往巴黎参加世界工会代表大会的途中路过印度加尔各答时,会见了时任缅甸共产党总书记的登佩。邓发向登佩指出,英帝国主义是非常狡猾的,缅甸人民在争取民族独立的斗争中,应该积极采取武装斗争的形式。缅甸争取民族独立和解放的著名领袖昂山在其生前曾说:"中缅两国之间的真诚友谊,只有基于一个和平、团结、民主、强大的中国的建立。只有这样,中国人民和亚洲人民才能同享共益。"①

第五节　缅甸独立后的中缅关系

　　1945 年 8 月,日军宣布无条件投降,缅甸人民争取民族独立的热情

──────────

① 《周恩来总理在仰光市民大会上的讲话》,《人民日报》1961 年 1 月 8 日。

空前高涨,但是英国始终不愿放弃在缅甸的殖民统治。1945 年 10 月,英国在缅甸的军事当局把全部政权移交给从印度西拉姆返回缅甸的英国总督多尔曼·史密斯。11 月,史密斯任命了一个没有缅甸"反法西斯人民自由同盟"成员参加的行政委员会,该委员会由 3 名英国人、5 名亲英政客和 3 名少数民族上层人士组成,是一个没有缅甸人群众基础的政权。

1946 年 1 月 21—22 日,"反法西斯人民自由同盟"在仰光召开了第一次全国代表大会,约有 2,000 名代表参加大会。大会通过决议,宣布该同盟的奋斗目标是实现缅甸的完全独立,而不是取得自治领的地位,坚决要求现政府解散,建立临时政府,在普选的基础上召开制宪会议。该决议获得了缅甸人民的拥护和支持。在大会决议精神的鼓舞下,缅甸人民争取民族独立的斗争以更大的规模开展起来。

缅甸人民日趋高涨的民族独立运动形势,迫使英国上层统治集团不得不考虑调整其对缅的政策,重新成立由"反法西斯人民自由同盟"领导成员参加的"行政委员会"。1946 年 7 月,英国政府召回了在缅甸人民中已声名狼藉的多尔曼·史密斯,委派主张与昂山领导的"反法西斯人民自由同盟"合作的英国人兰斯为缅甸总督。1948 年 9 月,兰斯任命了新的行政委员会,主席由兰斯充任,昂山担任副主席兼国防和外交部长。

1947 年 1 月,昂山接受英国首相艾德礼邀请,率缅甸代表团访问伦敦,与英国政府就缅甸独立问题进行交涉。1 月 27 日,双方签订《昂山—艾德礼协定》。英国政府在形式上承认缅甸有完全独立的权利,同意将 1947 年 4 月举行的选举改为制宪会议选举。但是,协定没有规定缅甸独立的具体时间,行政委员会仍被看作是缅甸临时政府,总督和行政委员会的关系没有改变,英国军队也仍然留在缅甸。

1947 年 7 月 19 日,昂山遭歹徒枪杀,牺牲时年仅 32 岁。该事件激发了缅甸人民极大的愤慨,爱国主义热情空前高涨,一致要求尽快结束英国在缅甸的殖民统治,实现缅甸独立。面对新的斗争发展形势,英国政府被迫作出决定性让步。1947 年 7 月 20 日,英国总督兰斯邀请"反法西斯人民自由同盟"领导人吴努组织并主持新的"行政委员会"。7 月 22 日,以吴努为主席的行政委员会正式成立。7 月 24 日,英国政府同意在移交政权前,该行政委员会代行缅甸临时政府职能,行政委员会首脑成为内阁总理。8 月 20 日,缅甸临时政府成立,吴努任政府总理,波力耶任副总理兼国防部长。

1947 年 8—10 月,缅甸临时政府同英国政府就权力移交和未来英缅关系问题分别在仰光和伦敦进行谈判。谈判期间,缅甸制宪会议于 9 月 24 日通过了《缅甸联邦宪法》,该宪法宣布缅甸为一个拥有主权的独立共和国。10 月 7 日,《英缅条约》签订,英国政府承认缅甸联邦独立共和国为完全独立的主权国家。11 月上旬,英国国会通过《缅甸独立法案》,批准《英缅条约》。法案承认缅甸为英帝国以外的一个主权国家。1948 年 1 月 1 日,缅甸临时国会以压倒多数通过《英缅条约》。1 月 4 日,缅甸联邦独立共和国正式宣布独立。

中国国民政府为加强战后中缅邦交,发展同东南亚诸邻邦的睦邻友好关系,派遣外交部次长叶公超以特使身份前往祝贺。缅甸政府曾将在其国境悬挂的第一面国旗赠与中国特使,表示对中国政府和人民的友好和感谢。随后,在联合国安理会中,国民政府代表首先提出允许独立后的缅甸加入联合国的议案。1949 年 10 月 1 日,中华人民共和国成立。12 月 7 日,缅甸政府承认新中国政府,是亚洲最早承认新中国的国家之一。

第十章　中国与泰国的关系

第一节　中泰关系的历史演变

　　据历史记载,中泰两国人民的交往已经有一千多年的历史。13世纪中叶,在泰国还没有形成为统一国家之前,中国就与泰国区域内的一些古国有了来往。据汉代史书记载,在现今泰国中部有一个名叫金邻的古国。"金邻一名金陈,去夫南可二千余里,地出银,人民多好猎大象,生则乘骑,死则取其牙齿。"[①]三国时代,吴国官员于230年奉命出访东南亚,回国后著有《扶南异物志》和《吴时外国传》。《扶南异物志》中记载:"金阵国,入四月便雨,六月乃止,少有晴日。"[②]从这以后,中国史书中关于这些地区的记述就多了起来。

　　东汉至隋唐,泰国中部出现了堕罗钵底国,南部则出现了盘盘国、赤土国等,都与中国有政治上的交往。南北朝时期,中国史籍开始有马来半岛北端和湄南河流域古国使者来中国访问的记载。这些古国有狼牙修、盘盘、投和、赤土、哥罗、哥罗舍分等。宋代,泰国境内的古国同中国的政治、经济和文化交往也比较频繁,如登流眉、罗斛和真里富国,与中国的宋朝都有官方交往,并建有朝贡关系。罗斛和真里富使者送来的贡品驯象和瑞象在宋代史书上都留下了记录。到了元代,今泰国境内先后出现了兰那王国、素可泰王国(中国史书称"暹罗")和罗斛国(后改称大城王国),它们都与中国建立了较密切的关系。[③]

---

① 《太平御览》卷七九〇、卷十一。
② 《艺文类聚》卷二,中华书局1965年版,第32页。
③ 梁源灵:《泰国对外关系》,广西人民出版社1998年版,第169页。

　　兰那王国约建于公元 8 世纪,13 世纪时,在国王昭明莱的领导下逐渐发展壮大,并于 1287 年建都清迈。为了向南扩张,解除北面后顾之忧,昭明莱派遣使者访问中国,与元朝建立了较密切的关系。1312 年,兰那王国归顺中国,并给元廷贡献驯象及其他礼物,元廷亦委任兰那王为宣慰司都元帅,并派遣内地官员到兰那。从此,兰那名义上成为元代在西南所建的土司之一,但实际上兰那仍是一个独立国家,它拥有内部治理和征赋的主权。

　　1238 年,在泰国中部建立了一个重要的王国——素可泰王国,被今人视为泰国历史上的第一个王朝。素可泰王国原是柬埔寨吴哥王朝的属地,为了独立,素可泰王朝积极寻求元朝的支持。1292 年,素可泰王国首次遣使和中国通好。① 随后又在 1295 年、1297 年、1298 年、1299 年、1300 年派使者访问中国,向中国宫廷朝贡珍兽奇物,如象、九尾龟、孔雀、鹦鹉等,中国方面也"回赐"了金缕衣、马、鞍辔和官职称号,并在其与邻国的争论中支持素可泰王朝。

　　14 世纪初,素可泰国政失修,国力日弱,乌通太守乘机宣布独立,并于 1350 年在阿瑜陀耶建都立国,定"罗斛国"为国号。1368 年,阿瑜陀耶国王派遣世子和金花大臣朝贡中国,明太祖赐"暹罗国王"印,于是定"暹罗"为国号。② 1370 年 8 月,明朝首次派使团访问泰国,随后大城王朝派人带着 6 头驯象朝贡明廷。③ 此后,两国关系日趋密切。据中国有关史料统计,明代期间,明朝先后遣使 22 次,大城王朝暹罗派遣使节来中国朝贡 114 次。这是中泰关系史上双方使节往来最频繁的时期。明朝灭亡以后,该王朝与清朝继续保持着密切的联系。从 1652 年至 1776 年,该王国遣使到中国访问近 20 次。④ 两国官方关系的发展,大大促进了中泰两国在经济和文化上的交流。

　　1767 年,该王朝被缅甸攻灭。半年之后,昭披耶达信赶走缅军,恢复了泰国的独立,建立吞武里王朝。1781 年 5 月,吞武里王朝派出一个庞

---

① 《元史》卷十七。

② "暹罗"的名称一直沿用到 20 世纪 40 年代。第二次世界大战前夕,当政的披汶·颂堪政府出于某种需要,于 1939 年 6 月宣布"暹罗"更名为"泰国"。"泰"既是种族名称,同时也含有自由的意思,故"泰国"一名就有"泰族之国"和"自由之国"两种含义。

③ 《明史》卷三百二十四《外国五》。

④ 梁源灵:《泰国对外关系》,第 175 页。

大的使节代表团前往中国,代表团到达北京后,受到清政府隆重接待,乾隆皇帝还为使团举行了盛大的欢迎宴会,恢复了两国之间的朝贡关系。1782 年曼谷王朝取代吞武里王朝。曼谷王朝从一至四世一直保持着与清政府之间密切的朝贡关系。

古代中国与泰国领土上的兰那、素可泰、罗斛等诸国以及后来的大城王朝、吞武里王朝、曼谷王朝邦交关系的性质是传统的"朝贡"关系,特别是中国史书把南方诸国使节赠送给中国朝廷的贵重礼物写成是"朝贡",而把中国优厚的答谢礼品写成"回赐"。古代中泰之间的"朝贡"关系延续了千年之久。

清朝,中泰之间的朝贡关系有了进一步的发展。由于清政府继续实行"薄来厚往"的朝贡政策,暹罗的统治者为了自身的政治经济利益,不断要求扩大对清的入贡次数和随运货物数量。当时的清政府却和历朝统治者一样,仅把朝贡看作怀柔"外夷"的手段,既厚礼相待暹罗的每一次"朝贡",又严格限制暹罗的"扩贡"要求,并阻止暹罗的"超贡"行为。暹罗则先是要求增加入贡次数,后又在贡船数量上打主意,贡船名目繁多,如正贡船、副贡船、护贡船、载象船、探贡船、续发探贡船、接贡船、补贡船、助贡船等。清政府则是相应出台限制贡期和贡船的政策。1663 年(康熙二年),清政府规定暹罗三年一贡。次年暹罗即在非贡期间入贡一次,清政府称只特许一次,下不为例。1665 年,清政府规定"进贡船不准过三只,每船不许过百人,来京员役二十二名,其接贡船、探贡船概不许放入","补贡船一,令六人来京"。1666 年,复规定"嗣后非系贡期,概不准其贸易"。然而,暹罗方面则想方设法突破清政府的规定,一是增加"压舱货",即除"正贡物"外,尽量增加在中国市场上有销路的商品随船运来中国,由贡使随员在广州等地出售;在贡使上京期间,让留在广州的随员数次往返国内,来回运货,"一贡则其船来往三度,皆以澳门为津市",借入贡之名,行贸易之实等。[①] 从中可见,这一时期暹罗对清"朝贡",经济动机占居主要地位,而清政府则更多考虑政治的因素。这表明在清朝的所有朝贡国中,暹罗是最早向外部世界开放的国家,并较多地接受了近代

---

① 高伟浓:《走向近世的中国与"朝贡"国关系》,第 6—7 页。

西方的价值观和道德观,而不像其他朝贡国那样拘泥于传统的"朝贡价值观"。[①]

19世纪中叶,西方列强开始了对中国和东南亚国家的侵略。1840年鸦片战争后,中国逐步沦为半封建半殖民地国家。与此同时,泰国于1855年在英国的胁迫下签订了不平等的《英暹条约》,接着又与美国、法国(1860年)、丹麦(1858年)、葡萄牙(1859年)、荷兰(1860年)、德国(1862年)、比利时、挪威、意大利(1868年)等国先后签订了同样性质的条约。[②] 泰国形式上虽然还保持着独立地位,但实际上遭到了同中国一样的命运。随着两国地位的变化,泰中关系也随之发生变化。

1869年曼谷王朝的拉玛五世派遣使者来中国,要求与清政府废除朝贡关系,清政府未予同意。1878年,中国驻英公使曾纪泽前往伦敦途中,路过泰国首都曼谷,曾敦促泰国继续向清朝"入贡",但泰国国王不允,转而要求两国订立商约,为清政府拒绝。从此两国官方关系断绝。

第二节　华侨问题与近代中泰交涉

华侨旅居泰国的历史源远流长,为中泰两国友好关系的发展增添了光彩。据《泰国百科全书》记载和享有"暹史之父"称号的泰国丹隆亲王所述,素可泰王朝蓝甘亨国王统治时期,派往中国的使节从中国带来了一批陶瓷工人,这些中国人来到素可泰城和宋家洛制造瓷器,人数为500名。这就是泰国历史上有文字记载的首批来泰国定居的中国人。[③]

旅暹华侨救国会后援总会主任陈寄虚在有关华侨历史的研究报告中指出:"华侨历史溯自晋唐时代,中国人已开始冒险南进,其发展路线,而暹罗,而马来亚,逐渐分布于各岛。考察暹罗人历史,及现代暹人的称呼,迄今尚称中国人为晋人,中国人仍自称为唐人,回归祖国,则曰转唐山,证据昭然,毋庸再有疑义。宋元以后,而迄于明,相继发展,未遑间断,迄清

---

① 高伟浓:《走向近世的中国与"朝贡"国关系》,第17—19页。
② 梁源灵:《泰国对外关系》,第180页。
③ 梁源灵:《泰国对外关系》,第179页。

朝为最盛时期。"①以后,随着航海技术的进步和海上交通以及对外贸易的发展,移居泰国的中国沿海居民不断增加,他们随船渡海前往泰国谋生。这些人定居当地后,世世代代与当地人杂居相处,婚姻相通。他们所从事的职业大都是手工业、商业和各种种植业以及后来各种矿物的开采等。他们利用自己的聪明才智和辛勤劳动,为泰国古代的经济开发、文化建设作出了贡献。

旅居泰国的华侨和华人还为捍卫泰国的独立立下了功劳。18 世纪70 年代,当泰国遭受外来侵略,阿瑜陀耶王朝被缅甸灭亡以后,许多华侨、华人与泰国人民一起,在郑昭(即郑信)的领导下,奋起反抗,打败缅军,收复失地,使泰国重新获得独立。文献资料记载:

> 有郑昭者,原籍广东潮州人也,其时缅甸族曾一度侵暹,由暹北攻入,而清迈,而南邦,顺流而下,暹兵无敌,大城古都,均被攻陷。暹王惧之,悬赏曰,谁能击退缅族白马军者,情愿以女儿配给之。郑昭恃其勇,趋往领令,愿为先锋。自是以后,一举而收复八十余城,于最短时期之内,竟将所有失地,完全收复。奏凯回京,与王女结婚,迁居曼谷。未几王崩,遂嗣王位。其时威名赫赫,缅族尚朝之。奈郑昭有勇无谋,卒为其女婿所灭。现暹皇拉玛第七之祖公,第一世皇者,即系郑昭之女婿也。在二十年以前,郑王庙中,尚悬郑王灯笼。②

此外,侨居泰国的华侨也是古代中国和泰国友好关系的桥梁和纽带。在泰国派往中国的使团中,由华侨充任正使、副使或通事的就有好几起。担任使团来华船舶驾驶水手的绝大多数也是侨居泰国的中国人。

由于移居泰国的华人有较高的生产技能和吃苦耐劳精神,为泰国经济的发展起了积极的作用,因此,受到泰国历代统治者的欢迎。他们积极帮助中国沿海地区的移民进入泰国。据估计,仅 1820 年到 1850 年的 30年间,中国沿海地区乘船前往泰国的移民每年约有 15000 人。19 世纪中叶,由于中国社会急剧变乱,我国东南沿海地区的人民为了谋生,前往泰

---

① 陈寄虚:《战后之南洋群岛与华侨问题之研究》,1945 年 10 月 14 日给国民党中央党部的信件,台北中国国民党党史会藏。

② 陈寄虚:《战后之南洋群岛与华侨问题之研究》,1945 年 10 月 14 日给国民党中央党部的信件,台北中国国民党党史会藏。

国的人数逐年增加，直至 19 世纪 90 年代，华人入境一直保持每年平均 17600 人的规模。到拉玛三世末期，中国在泰国的移民已接近 100 万人。[1]

曼谷王朝初期，泰国曾对移居泰国的华人采取优待政策。如曼谷王朝奠基人却克里执政时期，规定华人移民不要承受徭役，也不征收人头税。拉玛二世时，规定在泰国出生的华人视为当地居民，与泰国人享有同等待遇等。文献资料记载：

> 查暹罗自郑昭王崩，到拉玛第二，尚进贡中国。在雍正、乾隆清朝时代，咸认暹罗为属国。那时暹罗人，亦无形中密认之。所以中国人往暹罗，一抵暹罗国门，暹罗政府即认华侨为暹罗的国民，凡一切享受，俱与暹罗国民同等的待遇。婚姻相通，信教相同（同信仰佛教），生儿女三天之后，即需向地方政府报告，登记出生籍册。凡在暹罗生长者，均认为正式的暹人。年届二十，有服国民兵役之义务。尤以土地权，则无论正式的华侨，与在暹罗生长的侨生，皆可享受买卖之权。所以各地市场之基地，其主权大都操于华侨或侨生之手，即农村土地，为华侨承买者，或领垦者，亦不乏其数。其所以然者，因暹政府，向来咸认华侨为暹罗的国民，得享受同等的待遇，其历史经千百载而兹矣。[2]

泰国拉玛五世时期，仍跟其他的几位先王一样，对华人的迁入持欢迎态度，因为此时的泰国，随着社会改革的深入，国内各方面的发展需要大量的劳动力。所有这些优待政策，使中国侨民与泰国当地人关系融洽，有利于发挥他们对泰国经济和社会发展所起的作用。

1878 年，清政府和泰国断绝关系后，泰国对华人的限制开始多起来，到了 1900 年，泰国政府开始向华人征收人头税，原来给与华人的优待条款也被取消。[3] 由于中泰之间没有建立正式的外交关系，华侨的正当权益得不到有效的保护。与此同时，泰国积极支持孙中山从事的革命活动，也招致清政府的不满，使得中泰两国的关系逐渐恶化。辛亥革命胜利以

---

① 梁源灵：《泰国对外关系》，第 181 页。
② 中国国民党特种档案 015（泰国档），台北中国国民党党史会藏。
③ 梁源灵：《泰国对外关系》，第 184 页。

后,中国政府希望中泰之间建立正常的外交关系,扩大两国之间的交往。旅居泰国的广大华侨也迫切要求中国政府与泰国建立邦交,保护旅泰华侨的利益。

中方先后于1914年、1918年、1920年、1921年、1924年命令我国驻意、日等国大使与泰国公使商讨两国恢复邦交问题,但没有达成能够任何协议。1927年,泰国曼谷王朝拉玛七世拍朴九昭(也称巴差提勒)访美途经上海,南京政府外交部长王正廷专门登轮拜谒,谈及两国建交问题,但仍然没有结果。1929年,南京国民政府外交部为中泰两国建交问题专门派陈演生访问泰国。1932年,国民政府又指令我驻马来亚槟城领事与泰国磋商派驻商务专员问题。经过谈判,泰国同意中国在曼谷设立一个商务专员,泰国中华总商会主席陈守明被任命为商务专员。1932年底,南京国民政府外交部国际司司长朱鹤翔到泰国视察侨务,又一次与泰国政府官员会谈探讨两国建交问题。1933年,泰国在国内实行强制教育,排斥华语教育,泰国华侨协会向中国国民党中央提出要求,要求中央政府出面提出交涉并建立外交关系。1936年,南京国民政府派出以教育部代表凌冰为团长、全国商联会代表林康侯为副团长的赴泰考察团访问泰国,再一次与泰国政府探讨了建立外交关系的问题,仍未取得实质性的进展。

中泰之间的重要争执是两国国籍法问题。1909年,清政府颁布第一部国籍法。在这部国籍法中,清政府为了防止侨居国外的华人被居住国同化,规定以血统确定国籍,即凡是具有中国血统的人不管出生地在哪里,或已经持有某一国国籍,俱归中国政府管辖。因为在泰国的华侨人数众多,中国国籍法的颁布被认为将对泰国的政治经济产生不利的影响。1913年4月,泰国也制定国籍法,明确规定:凡是出生在泰国的子女,就享有泰籍,而不论其父母持何种国籍,与中国的国籍法针锋相对。如果两国实现了关系正常化,侨居泰国的数百万华人的国籍问题就会出现纷争。正如陈寄虚在上述报告中所说:"设一旦中暹订约,成立邦交,在法律上,首先国籍分明,华侨所有在暹罗之土地权,必立即发生问题。在暹罗政府的立场,应如何处置之,此为最大的问题。"①

---

① 陈寄虚:《战后之南洋群岛与华侨问题之研究》,1945年10月14日给国民党中央党部的信件,台北中国国民党党史会藏。

除此之外,泰国对华政策还受到泰日关系的影响。第一次世界大战后,随着日本势力的强大,泰国政府表现出明显的亲日倾向。由于德国战败,日本攫取了德国在远东的殖民利益,并加紧推行向南扩张的政策,把泰国作其在东南亚扩大影响的基地。随着日本势力的强大,泰国政府内部出现了亲日势力。而这时泰国政府"亲英法,远倭寇","倭寇怒,辄怀报复之心。因之鼓动批耶拍凤一般暹人,提倡革命运动摧倒拉玛第七政权,即摧倒英法在暹之势力。人力财力尽量援助。于1932年,暹罗革命党,在暹京首义,而拉玛第七之政权,于不流血中,已被摧倒矣。暹罗新政府,即宣布成立,拥批耶拍凤为领袖。各要人咸感倭寇援助之恩,遂成立友谊之盟,肆用倭寇为顾问"。① 其时,已在九一八事变之后,中日关系严重恶化。由于日本的压力以及出于保护自身民族利益的需要,泰国政府采取对中国疏远的政策。

随着泰国政府的亲日倾向逐渐加重,对华侨的限制也逐渐严厉起来。1927年,泰国政府颁布新的移民法规,对华人实行进一步的限制。1931年九一八事变之后,中日两国处于激烈的冲突状态,泰国政府进一步追随日本。当中国政府就日本的侵略行为向国际联盟提出申诉,国际联盟1933年表决谴责日本侵略行径时,泰国却对该决议案投了弃权票。② 中泰关系进一步恶化。

1938年,泰国披汶·颂堪组织新政府,就任总理,并独揽国防、内政和外交等大权,军人独裁统治随之确立。从1939年6月至1942年1月,接连发布了12项政府通告,对内奉行国家主义政策,推行泰化运动,将暹罗改名泰国,鼓吹泰国是"泰族的国家"。③ 他宣布"惟国主义"信条,宣称"国家利益高于一切",对非泰族人民进行迫害,把矛头对准旅居泰国的华侨,因为"旅暹华侨人口,占暹罗现有人口三分之一以上,经济力量完全操于中国人之手,而且享有土地权者,不乏其人"。④ 披汶·颂堪政府采取各种措施限制华侨在泰国的发展。在政治上,他们歧视华侨,制造华

---

① 《呈为暹罗排华内幕与汉奸共产党活动情形请察核由》,中国国民党驻暹罗总支部委员陈寄虚给中国国民党中央的报告,台北中国国民党党史会藏。

② 石源华:《中华民国外交史》,第397页。

③ 余定邦:《1936—1946年的中泰关系》,《世界历史》2000年第1期。

④ 《呈为暹罗排华内幕与汉奸共产党活动情形请察核由》,中国国民党驻暹罗总支部委员陈寄虚给中国国民党中央的报告,台北中国国民党党史会藏。

泰民族的对立。1941 年 5 月,泰国政府公布《划定地区禁止外侨居留法令》,不允许华侨、华人在某些地区居住。在经济上,推行"暹罗本位的工商业"政策,对华人资本进行限制和削弱,把大批华人经营的中小企业并入国营企业;泰国米业公司依仗政府的权势吞并了绝大多数由华商经营的、在曼谷的 11 家米厂。除此之外,1939 年,泰国政府还作出了 27 条规定,将华工排斥在工厂和某些行业之外,这些行业分别是:售卖佛像业、采取柴火业、售卖柴火业、烧制木炭业、售卖木炭及雇用、制造水盂(即泰人日常用以洗面及饮水者)业、售卖水盂业、炼制植物油业、售卖植物油业、制造植物油烛业、售卖植物油烛业、制砖及售卖砖业、制造女式帽业、裁缝女服装业、染布坊业、编织造家庭学校竹用具(席类例外)、雕刊泰式花纹业、制烟火业、排印泰文业、制造儿童玩具业、制造伞业、电发业、理发业、刊刻及铸造佛像业、制造漆器业、制造黑镶嵌物类、执律师业。① 在文化上,极力摧残中华文化,扼杀在泰国的中文教育,1938—1940 年三年间,泰国政府封闭了 200 多所华文学校;取缔华文报纸,至 1940 年,原有 10家华文报纸被封闭了 9 家。②

　　关于泰国政府排华由缓转急的原因,中国国民党驻暹罗总支部在给中国国民党中央的报告中指出:"一因暹罗华侨分子复杂,对于救国会之组织,无系统不能达到统一的指挥。更有别具作用的分子,联络异党运动,目无法纪,大肆行凶。或恐吓勒索华侨的金钱,使暹罗治安,无日以安宁。暹政府急以借端拘捕。一因日暹军事协定,在欧战爆发时,暹罗即负责出兵,以收复失地之名,进攻滇缅、滇越及马来亚等地。所以于二十八年七月,乘欧战行将爆发之际,即实行肃清后方之工作,凡是救国分子,均借端囚禁。"③

　　泰国政府推行的排华政策严重影响了日后中泰两国关系的发展。1939 年 11 月,爱国华侨领袖、泰国中华总会主席蚁光炎先生在曼谷被暗杀,为此,蒋介石致电披汶·颂堪,要求泰国政府采取切实措施,保护在泰

① 泰国党务特派员办事处编:《三十三年度下半年泰国情报汇报》,台北中国国民党党史会藏。
② 朱振明:《当代泰国》,四川人民出版社 1993 年版,第 308 页。
③ 《呈为暹罗排华内幕与汉奸共产党活动情形请察核由》,中国国民党驻暹罗总支部委员陈寄虚给中国国民党中央的报告,台北中国国民党党史会藏。

华侨的政治权益。[①] 1940 年 4 月,重庆国民参政会也通过外交报告决议案,"请政府设法与泰国进行缔约谈判,切实保护在泰华侨"等。[②] 由于泰国政府奉行与日本法西斯政府结盟的政策,导致中泰关系长期无法改善。

第三节 战时国民政府与"自由泰运动"

1940 年夏天,日本的外交政策作了一次重大的调整。希特勒在侵占波兰后,掉转枪口,横扫欧洲大陆,荷兰战败、法国投降,英国退守英伦三岛,欧洲战况急转直下。在德国法西斯胜利的鼓舞之下,日本的侵略野心急剧膨胀。日本认为只要与轴心国保持密切联系,将会大大增强自己的战略地位。在"北上"进攻苏联尝试失败后,日本决定掉头"南进"。

日本对东南亚的入侵首先是从进驻法属印度支那开始的,这里接近中国战场,中国政府获取战略物资的陆上主要通道之一——滇越铁路经过这里。日本对东南亚的入侵除了直接出动军队之外,也利用当地一些国家与英美的矛盾来从中渔利。泰国就是一个例子。泰国政府的传统外交政策是在列强的冲突中保持中立,并利用它们之间的竞争,来维护泰国的独立。日本支持泰国革命党人夺取政权后,泰政府大量聘请日本人担任政府顾问,推行亲日政策。在日本侵占印度支那南部后,泰国政府决定依附日本,与日本结成同盟。

1940 年 6 月,泰国与英、法、日分别签订了互不侵犯条约。但两个月后,法国第三共和国灭亡,法国维琪政府被迫同意日本侵占越南。泰国政府乘机向法国提出收复马德拉和暹粒两省以及湄公河靠泰国一边的老挝领土。在遭到拒绝后,泰国政府不顾美国的劝告,对法国不宣而战,并于1940 年 11 月 23 日,占领了争议中的领土。[③] 泰国和法国的争执给了日本一个机会。日本军部决心在法属印度支那南部和泰国获得军事基地,作为进攻新加坡、马来亚的桥头堡,攫取法属印度支那和泰国的大米、橡胶、锡等战略物资。[④] 日本在泰、法间强行进行"调停",由于日本的压力,

---

① 万仁元、方庆秋主编:《中华民国史资料长编》第 57 册,南京大学出版社 1993 年版,第 99—100 页。

② 王森:《泰国外交与中泰关系》,重庆《时事月报》1941 年 2 月号。

③ [美]约翰·F·卡迪:《东南亚历史发展》,第 712 页。

④ 王绳祖主编:《国际关系史》第 6 卷,第 97 页。

法国维琪政府在 1941 年与泰国签订条约,承认了泰国的领土要求。① 日本对泰国领土要求的支持,促使泰国与日本更加紧紧地联系在一起。

1941 年 12 月 8 日,日本偷袭珍珠港,太平洋战争爆发。12 月 12 日,日本驻曼谷大使坪上贞二与泰国总理披汶·颂堪签订同盟条约。条约规定双方互相尊重主权和独立,任何一方与第三国之间发生冲突时,另一方应给与政治、军事和经济方面的全面援助,缔约国之任何一方不得单独与他国缔结停战或和平条约。条约还附有秘密议定书,规定日本将帮助泰国收复丧失于英国的领土,泰国则在日本与西方的战争中,给予日本全面的政治、经济和军事援助。1942 年 1 月 25 日,泰国根据这一条约向英国和美国宣战,成为日本的附庸。②

泰国与日本结成军事同盟后,日本除了把泰国作为进攻缅甸和马来亚的通道之外,还在泰国境内驻扎了大量军队。日本军队接管了泰国的机场、铁路和港口,并在驻扎地行使管辖权。为了加强对泰国的控制,日本和泰国设立了一个军事联络局。泰国军队主要用于防守边界和国内秩序,也有一部分军队参与了入侵缅甸的行动,还有一部分军队在 1943 年配合日本侵略军出兵侵犯我国云南的西双版纳地区,并占领我西双版纳的打洛、曼掌、曼蚌、曼伞等村庄长达三年之久。③ 与此同时,泰国为了支持日本进行战争,与日本合作修建了一条缅甸到泰国的铁路。这条铁路把缅甸南部的丹漂扎耶与曼谷到新加坡铁路线上的万磅连接起来。这条铁路从 1942 年 11 月份开始动工,到 1943 年 10 月 17 日竣工。由于这条铁路穿越世界上最险峻的山脉和最密集的丛林,酷热暴雨不断,自然条件极其恶劣,为修建这条铁路,有 20 多万名劳工和战俘死去,是名副其实的"死亡之路"。

泰国对中国的关系也因其与日本的勾结而进一步恶化。泰国政府与日本合作,积极支持在泰国活动的华侨汉奸组织,大肆迫害泰国境内的爱国华侨组织。中国国民党驻暹罗总支部在给国民党中央的报告中说:"自七七事变以后,汉奸王镜秋等,即组织反中央集团,名曰'旅暹华侨维

---

① 马晋强主编:《当代东南亚国际关系》,世界知识出版社 2000 年版,第 44 页。
② [英]F·C·琼斯、休·伯顿、B·R·皮尔恩:《1942—1946 年的远东》(上),上海译文出版社 1979 年版,第 78 页。
③ 朱振明:《当代泰国》,第 309 页。

持会',受寇领指挥。其组织法,执行委员十二人,常务委员二人,以王镜秋为常务主任。常务之下设特务处、宣传队、侦查队等。在暹罗本党势力尚雄厚之时,他们所有反宣传都无法进展。及汪逆正式反叛中央以后,即直接接受汪逆之指挥,变为有领导之汉奸团。即以金钱收买一班无聊党员、无聊华侨为汉奸,担任侦查的工作。所有救国团体与救国负责人个个都被调查明白,报告驻暹寇领,由寇领转饬暹政府按址搜捕,无一避免者。"①对爱国华侨支持国内抗日战争的行为,泰国政府则大加镇压。1940 年,泰国爱国华侨积极组织活动,向南京中央政府捐献钱物,泰国政府以"献金罪",进行大规模搜捕。中国国民党驻暹罗总支部的报告说:泰国当局以国民党当地负责人陈寄虚为"旅暹华侨救国后援会"主席,"当系献金救国主动人。于二十九年 7 月 13 日,搜查寄虚在暹罗万磅办事处。幸有线人密报,先行逃避,由 13 日起追踪至 30 日,始逃至暹京。暹政府因追寄虚不获,二十三日始搜查驻暹总支部,拘禁梁伟成等。25日发展到各下级党部。26 日搜查华侨广东各银行,27 日查封各华报,28日以后,逐步查封各华校"。② 1941 年 8 月 5 日,泰国亲日政府承认伪满洲国。1942 年 6 月 29 日,向"满洲国"派遣公使。③ 7 月 7 日,又承认了日本在中国沦陷区一手炮制的汪伪政权。④ 泰国政府这种助纣为虐的政策严重恶化了中泰两国的关系

泰国政府追随日本进行扩张侵略的行径,不仅恶化了中泰关系,而且也将泰国引向深渊。泰国人民举国上下掀起了抗日救国的"自由泰运动",并积极地与世界反法西斯阵线联合。1941 年 12 月 16 日,泰国驻美大使社尼·巴莫在华盛顿发起抗日爱国组织——自由泰运动,通过广播号召人民起来抗日。次年 1 月 2 日,社尼·巴莫就披汶·颂堪呼吁蒋介石向日本投降一事发表谈话称:"所谓泰总理之宣誓,并非泰国人民之真意所在。其语言纯为日本之宣传,真正泰人必皆予以拒绝。"⑤

① 《呈为暹罗排华内幕与汉奸共产党活动情形请察核由》,中国国民党驻暹罗总支部委员陈寄虚给中国国民党中央的报告,台北中国国民党党史会藏。
② 《呈为暹罗排华内幕与汉奸共产党活动情形请察核由》,中国国民党驻暹罗总支部委员陈寄虚给中国国民党中央的报告,台北中国国民党党史会藏。
③ [英]F·C·琼斯、休·伯顿、B·R·皮尔恩:《1942—1946 年的远东》(上),第 84 页。
④ [英]F·C·琼斯、休·伯顿、B·R·皮尔恩:《1942—1946 年的远东》(上),第 85 页。
⑤ 万仁元、方庆秋主编:《中华民国史资料长编》第 60 册,第 26 页。

中方对"自由泰运动"给与了积极的支持。社尼·巴莫组织的泰国留美学生谍报组在美国接受训练之后,于 1942 年底到达印度,然后于 1943 年越过喜马拉雅山来到中国重庆,在中方的帮助下于同年年底回到泰国,参加国内的抗日爱国运动。同时,中方对泰国国内的"自由泰运动"也给予了支持。泰国国内"自由泰运动"曾经派人到中国的昆明、重庆,同中国国民政府和军队联系,也不时通过中国与美国、英国进行联系。其中比较重要的有 1943 年 9 月由中国国民党驻泰国党务特派员邢森洲护送来华的泰国民族解放委员会主席圣挽吐拉勒一行。[①]

泰国民族解放委员会中有很多人是华侨后裔,他们因为不满銮披汶政府对日本屈服以及日本对泰国军民的压迫与侮辱,同时也受到我国华侨工作的影响,发起组建了这一组织。目的在于推翻銮披汶政府,并借同盟国力量驱逐日军,解放泰国。这一组织在泰国的力量很强大,根据邢森洲上报给国民政府的报告称:该组织:1.国会方面有议员百分之四十五。2.行政机关各部会方面有公务员百分之六十。3.陆军将校士官方面有百分之四十,空军方面有百分之二十五。4.海军方面有百分之六十。5.大实业家方面有百分之七十五。6.学校方面伦理政治学院学生有百分之九十五,基拉隆干大学学生有百分之三十。该会会员中有现任部长 4 名,退职部长 5 名,高级海军将校 3 名,陆军将校 2 名,空军将校 1 名及各部秘书、司长、行政专员等共 43 名。[②] 1943 年 9 月,泰国国会议员、泰国民族解放委员会主席、泰国国营烟草公司总经理圣挽吐拉勒带领他的妻子、儿子、女儿、弟弟,在泰国民族解放委员会秘书长、泰国外交部三等秘书兼出版股主任及新闻检查官邓地那地拉等人的陪同下访问重庆。他们此行的目的有三:1.拜会蒋主席,请求中国政府予以协助。2.联合泰国驻美公使新尼·巴莫组织新政权及新泰军。3.由重庆转赴伦敦提取泰国存储在英国的英镑,充作活动经费。[③]

1943 年 9 月 6 日,国民党中央秘书长吴铁城致信军事委员会参谋总

---

① 邢森洲:《护送泰国民族解放委员会主席圣挽吐拉勒等来渝经过报告书》,台北中国国民党党史会藏。

② 邢森洲:《护送泰国民族解放委员会主席圣挽吐拉勒等来渝经过报告书》,台北中国国民党党史会藏。

③ 邢森洲:《护送泰国民族解放委员会主席圣挽吐拉勒等来渝经过报告书》,台北中国国民党党史会藏。

长何应钦,询问有关对泰方略及对圣挽吐拉勒所提要求的态度。何应钦在复信中指出:"泰国在历史上、文化上、种族上与我国有特殊关系。其希望在收复失地,最低限度在战后仍能保持独立,我国为树立外围与国,增强国防安全,应予以同情及可能之援助,并与之树立战后政治上、文化上、经济上之密切关系。"①为此,中国应实施如下谋略:"一、我国与泰国即有特殊关系,将来之泰国宜产生一亲华政府,以维持我国特殊利益。二、秘密宣传我国与泰国之密切关系,并说明我国历代扶植泰国之史实……以纠正其以往排华之错误观念而转为亲华。三、泰国之华侨与华裔政治上之地位极为优越……我国应速派干员入泰组织华侨华裔,并扶助其中有力分子,一俟国军入泰,即可宣布成立独立政府,至少亦须使能在将来英美扶植之政府中占有利地位。四、……基于攻略上之着眼,对泰国反日派领袖圣挽吐拉勒之来,似应特别优待并予以援助。"②在邢森洲等人的努力下,泰国民族解放委员会一行人受到了蒋介石的接见。国民政府经过考察,最终决定支持他们在泰国国内进行反对现政权和日本统治的斗争。

除了直接支持泰国国内外的反抗斗争之外,国民政府还通过积极的政治宣传来分化泰国国内的政治势力,支持泰国人民的抗日运动,使其重获独立地位。1942 年 1 月 22 日,国民政府外交部情报司长邵毓麟就《日泰攻守同盟条约》发表谈话称:"日泰国攻守同盟订立之日,亦即日本宣布占领(泰国)全境之日","泰国欲求独立,惟有脱离日军羁绊,在目前情势是亦惟有同盟国之胜利,始能保障泰国之真正独立。"③尽管泰国已与日本结成同盟国,但中国并不视泰国为敌国,而只是日本的占领国。1943 年 2 月 26 日,蒋介石委员长通过广播电台发表《告泰国军民书》,指出"无论是中国或其盟国都对泰国没有领土要求,也不想侵犯它的主权和独立",声明中国"认泰国为日人军阀之占领区而非中国之敌对体","对于泰国所处之地位予以深切之同情而寄以重大之希望",号召"泰国军民一面应该以积极的行动反抗日本军队,一面与我中国切实联系,并肩作

---

① 《何应钦复吴铁城函》,台北中国国民党党史会藏。
② 《何应钦复吴铁城函》,台北中国国民党党史会藏。
③ 万仁元、方庆秋主编:《中华民国史资料长编》第 60 册,第 1346—1347 页。

战,驱逐我们共同敌人于中泰两国国境之外"。① 不久,美国也发表了类似的声明,这成为战后泰国摆脱战败国地位的一个重要的理论依据。但是英国并不这样看待这个问题。1945 年 3 月,美国国务院照会驻华盛顿之英国大使馆,"提议由中、美、英同意在泰国国外建立一自由泰解放委员会",②但是英国答复说:"泰国为英之敌国,英属马来一部分土地曾被日本割予泰国",③英国的这种看法与中国和美国"视泰国为被占国观念不同。且英国复与泰国内部反日分子有秘密联络,故不赞成于目前设置解放委员会。惟日后进占泰国一部分领土时,当重新考虑设置解放委员会或临时政府"。④ 吴铁城在给中国驻美大使魏道明的信中说:"蒋委员长曾对赫尔利蒋军表示,愿对自由泰解放委员会加以援助,并以华盛顿为集会地点。"⑤在中美的联合努力下,泰国最终没有被当成敌国对待。

在抗日战争期间,国民政府一方面通过支持泰国国内反政府武装力量与泰国保持接触,另一方面也通过筹组中泰文化协会等组织来加强对泰国情况的了解,推动中泰文化交流。中泰两国的文化交流可谓源远流长,但后来由于各种历史原因而致中断,这对中泰两国关系的健康发展极为不利。正如梁寄凡在写给中央秘书长吴铁成的信中所说:"窃查中泰文化交流远在明清之际,直至近今,犹延绵弗替。特以两国间向乏沟通之机构负责推进,致蔽塞时生,后以日人在泰之挑拨操纵,更形成目前离奇之局。诚中泰两民族莫大之损失也。且中泰两国不但在文化上具有悠久之历史关系,其在地理上、种族上、经济上更具有不可分离之联系,故无论从民族感情上言,或从国家利害观点言,两国人士皆应携手合作共谋人类之永远幸福,促进东亚之真正和平,今日之迷离局势正可资为吾人努力之标的。"梁寄凡自称"幼长于泰,对于泰国情形,知之甚稔","今鉴于国际文化协会之组织有裨于邦交之进展者甚巨,仅以东亚言,如中印文化协会、中缅文化协会、中韩文化协会等皆先后成立,收效甚宏。泰国近虽被日寇蹂躏,渐失其独立自主精神,顾战事一告结束,中泰两国间之问题必

① 周鸿钧:《一年来泰国动态概述》,台北中国国民党党史会藏。
② 中国国民党特种档案 015(泰国档),台北中国国民党党史会藏。
③ 中国国民党特种档案 015(泰国档),台北中国国民党党史会藏。
④ 中国国民党特种档案 015(泰国档),台北中国国民党党史会藏。
⑤ 《吴铁城致魏道明函》,台北中国国民党党史会藏。

纷至沓来,果能于事前预谋民族感情之团结与文化事业之畅流,则有裨于中泰之国交及东亚和平可断言也。基上理由,拟即发起组织中泰文化协会,借策进行。"梁寄凡拟定了目前需要马上着手进行的工作:"一、注重争取泰国人民对我抗战之了解。二、正确泰国人民对东亚和平之切实认识。三、以及对泰国各种问题作有系统之研究与介绍。"①梁寄凡还附上了一份详细的《中泰文化协会工作大纲》,全文如下:

> 原则:沟通中泰文化;阐扬我国抗战与泰国之利害关系;在不违背我国国策之下——仁爱和平之态度尽量提携泰国;争取泰国舆论界对我抗战之同情;消除中泰间之隔膜及误会;揭发敌伪阴谋,分散泰敌之勾结。

> 调查与研究:对泰国政治、经济、地理、交通、军事、教育等状况并详加研究汇成专书;研究泰国民族历史、风土、习尚等问题;研究泰国政治人物、社会名流之政治倾向及其政党活动诸情形;调查泰国文化出版界之动态;调查侨社侨领之生活动态;注意泰国华侨文化教育之改进。

> 宣传与联络:以中央历次发表与泰国有关之对外宣言书、总理遗教及总裁之正义文告译成小册或编订丛书,运泰散发,或以原稿寄泰印发;计划对泰作经常广播且于必要时采取攻势宣传广播;可能时派员赴泰作文化之考察及联络;接近同情我过及同情盟国之朝野有力分子。

> 赞助与渗进:赞助泰国学生来华留学;赞助泰国各种文化团体或个人来华考察;赞助泰国僧侣来华访问;赞助具有双重国籍且曾经受训之土生华侨青年返泰留学;运用泰国报界编辑及记者;运用泰国著名作家;运用高僧;准备中泰两国文化教育工作者之交换(如交换教授及互派学生之准备);准备培养对泰外交工作人才。②

对于梁寄凡的报告,国民政府有关部门进行了研究,"查在南京时有中暹文化交流协会,由周启刚主持"。但现在重庆无泰国人,指示梁寄凡

---

① 《梁寄予致吴铁城函》,台北中国国民党党史会藏。
② 《梁寄予致吴铁城函》,台北中国国民党党史会藏。

"将在印度的泰国人一并联络考虑"。① 国民政府派出了赴印度工作小组,筹组"中泰文化交流协会"。其主要任务有二:1.联络泰人设法资接来渝。2.经常情报人员(泰国人)的选择和部署。其附带任务是:1.收集泰国材料(包括购买与泰国问题有关图书)。2.接触缅、越留印人士及英印人士为情报搜集之联络。工作小组在加尔各答、新德里和孟买三个地方开展工作。国民政府决定筹组的"中泰文化交流协会",是一个情报工作机构,在泰国、缅甸、越南和印度人中招募情报人员,以利于了解泰国的国内状况,为战后对泰政策提供咨询和参考。与其他的中韩文化协会、中缅文化协会等有着不同的功能。

第四节　战后中泰关系的发展与障碍

第二次世界大战结束后,泰国由于在战争期间加入轴心国阵营,并曾向英、美宣战,在大战结束后陷入困境,有被划入战败国的危险。1945 年 8 月,泰国政府以国王的名义宣布 1942 年向美、英 1942 年的宣战无效。对此,美国立即回答,声称美国从来没有把泰国看作是交战国,同时,中方也宣称将遵守 1943 年 2 月的声明:"在最近四年期间,我们认为泰国不是一个敌对国家,而是一个应该从敌人手中解放的国家。现在,当已经解放了的时候,我们认为,泰国将作为一个自由的、主权的、独立的国家重新在国际家庭中占据自己以前的位置。"②8 月 24 日,蒋介石在谈到中暹关系时说:"我们始终认为,泰国对我联合国宣战,是出于被动,纯由日本帝国主义的胁迫。因此,我们希望泰国在战后仍恢复其固有的独立和平等的地位,尤希望其与中国迅速建立正常之国际友好关系。"③中国官方通过美国转告泰国政府,我国愿意在短期内与泰国建立正常的外交关系,双方互派使节。

然而,泰国境内却接连发生排华事件,引起中泰间严重交涉。日本投降后,我国旅居泰国的华侨出于爱国之热忱,纷纷悬挂国旗庆祝胜利,但是泰国军警竟然撕毁我国国旗,殴打悬挂国旗的侨胞,酿成冲突数起。9

---

① 中国国民党特种档案 015(泰国档),台北中国国民党党史会藏。
② 梁源灵:《泰国对外关系》,第 189 页。
③ 万仁元、方庆秋主编:《中华民国史资料长编》第 66 册,第 775 页。

月 20 日,有一个英国军人手里高举中华民国国旗,率领侨童多名在曼谷街头呐喊祝捷,遭到泰国警察的干涉,争执中有很多华侨围观,不久大批军警赶到,混乱中有警察向人群开枪,引起了全体华侨的愤怒。21 日,有数千军警及军训生集中在华侨中心区,以防华侨集会抗议。晚上 7 点左右,一些泰国地痞故意寻衅,与华侨发生冲突。军警出动装甲车,用机关枪、步枪向手无寸铁的华侨扫射,并以搜缴枪支为由,大肆抢劫华侨商店。据《新华日报》记载:1945 年 9 月 21 日发生的曼谷耀华华事件,呈报案件155 宗,华侨财产损失 2929933 铢,华侨被打死 6 人,打伤 18 人,被捕 33人;9 月 25 日发生的曼谷新城事件,呈报案件 188 宗,华侨损失 2762598铢,华侨被打死 7 人,打伤 24 人,被捕 10 人;其他地方呈报案件 172 宗,华侨财产损失 2532944 铢,华侨被打死 13 人,打伤 90 人,被捕 41 人。①事后,泰国警方宣称是华侨首先向警察开枪,警察迫不得已才予以弹压,加以泰国报界加油添酱,大肆渲染,使得本已紧张的事态更形恶化。

　　事件发生后,引起了泰国全体华侨的愤怒。华侨发起全体罢市,以示抗议。各华侨团体也纷纷致电国内要求政府出面交涉。邢森洲在致中国国民党中央的《呈为处理暹华冲突案经过情形》报告中,建议国民政府:"一、即向盟国提议遣派国军若干师提早进入泰国护侨。二、将泰国排华祸首列为战争罪犯。三、向联合国安理会提出申诉并解除泰国武装。四、组织中泰混合审查委员会进行调查。"②泰国华侨抗敌救国后援委员会主席吴碧君在《呈为暹罗军警残杀华侨拟具当前政府应行紧急措施事项请予鉴核示遵由》中则建议:"一、向暹罗政府提出严正抗议,并严惩其主要人物。二、此次盟军进驻暹罗,我国应派部队参加。三、迅速与暹罗当局建立外交关系,派中央要员与德高望重之侨领合组慰问团前往暹国慰问。"③9 月 27 日,中国国民党中央秘书处秘书长吴铁城急电銮巴立,对"贵国人民不准华侨悬旗庆祝胜利,因而迭次引起冲突事件,贵国军警甚至以机枪向华侨扫射,不能不深表遗憾! 至希阁下为中暹友谊继续努力,首先取缔全国所有一切歧视华侨之行动,为中暹友谊奠其初基"。④

① 《新华日报》1945 年 11 月 6 日。
② 邢森洲:《泰国军政运动专册》,台北中国国民党党史会藏。
③ 中国国民党特种档案 015(泰国档),台北中国国民党党史会藏。
④ 中国国民党特种档案 015(泰国档),台北中国国民党党史会藏。

9月28日,在国民政府和泰国华侨的强力要求之下,泰国政府完全接受了华侨团体联合提出的五项要求:"一、撤退武装军警,以后除必须外,不得再有武装警察及军人进入市区。二、释放被捕华侨。三、向全暹广播劝告暹人对华人应有友善之礼貌。四、由内政部训令各行政专员及公务人员应促进中暹亲善,两民族应如兄弟。5、组织中暹混合委员会调查血案真相及华侨损失,作公平之处理。"①但是,事态只是暂告平息。

当时,泰国为了摆脱战败国的地位和加入联合国,需要联合国安理会五个常任理事国之一的中国的支持,希望与中国建立正常关系。1945年10月底,暹罗驻美办事处代表表示,暹政府欢迎中国政府派遣代表团赴暹。11月,泰国总理社尼·巴莫派遣熊均灵来重庆,请中国政府派代表团来泰国。1946年1月,国民政府遂决定派遣以李铁铮为团长的代表团赴曼谷,同泰国政府进行恢复邦交的谈判。

中方十分重视对泰建交问题。中国国际广播电台发表了林海生的对暹广播稿,内称:"在抗战胜利的第一个新年里,作为迎接新年的礼物,政府有两件很重要的措施。一是政府决定于一九四六年一月十日召开政治协商会议,二是中国赴暹代表团已于八日出发,取道河内前往曼谷,前者事关着中国和平建设的前途,至为巨大,后者则与各位侨胞们的利益息息相关。""代表团此行是为了解决两国的邦交问题。中暹两国本来有深远悠久的邦交历史,不幸到了清末才告中断。过去因为中暹没有邦交……以致使各位侨胞虽感受人家压迫的痛苦也无处申诉。"各位华侨天天盼望祖国强大、繁荣,盼望中暹两国早日建立邦交关系的愿望就要实现了。同时,林海生在广播中告诫华侨"中暹外交成立不是一件容易的事,如何才能使中暹两国的久悬未决的问题能够逐一合理解决,一定要经过一番努力,费很大的苦心的"。②

中泰建交之路并不平坦,其中最重要的就是关于华侨问题。1946年1月5日,中国国民党驻泰负责人邢森洲致信国民党中央秘书处秘书长吴铁城,汇报了他与泰国领导人銮巴立会谈的结果。其中谈到"对暹现行国籍法,先说明其本人及其政府各部会首长俱为华裔,绝无排制我侨之

---

① 邢森洲:《泰国军政手册》,台北中国国民党党史会藏。
② 《林海生先生对暹广播稿》,台北中国国民党党史会藏。

意。然后坦白表示,本暹罗立国,必先实行国籍法。否则暹罗人民泰半将成华籍,而丧失其立国条件"。①

李铁铮代表团原定 1946 年 1 月 6 日抵达曼谷,但由于种种原因延误三日。而此三日中,邢森洲日日组织侨团去机场迎接,泰国外交部次长亦在机场迎候,却每每失望而归。1 月 9 日下午,邢森洲接到准确消息,说代表团将于一点半到达,邢森洲则立即组织华侨社团前往迎接,但泰国外交部则怀疑消息的准确性,未曾派人前往迎接。待到知道消息再派人前往机场,已经是李铁铮下飞机 40 分钟以后,李团长对此大为不快。及至在宾馆安顿下来,原先在战争时期访问过重庆并受到礼遇的塞古安、陶现乌隆等人因在外地参加竞选,未及提早拜谒李团长,銮巴立与新尼又忙于应付英国逼迫签订补充条约、法国索要前年的割地以及审判銮披汶等,未及拜访代表团,这些礼遇上的问题都给中泰建交谈判增加了困难。此时,泰国政府正在和苏联接洽建立邦交之事,中国代表团决定克服困难,希望赶在苏泰建交之前建立中泰外交关系。②

1946 年 1 月 23 日,李铁铮和泰国总理签订了《中泰友好条约》。主要内容是:两国人民永敦和好,历久不渝,两国互派外交代表及领事,互享外交特权,两国国民互享依照彼方法律规定的各种权利及最惠国待遇,两国间其他关系应以国际公法原则为基础,两国同意尽速另订通商航海条约等。两国全权代表并互相换文达成以下谅解:1.该约各项规定绝不影响、替代或变更凡在缔约任何一国领土内现行或将来可能制定之有关归化、移民或公共秩序之任何法律章程,但不得构成专对彼缔约国人民有所歧视之措施;2.尊重缔约任何一国人民在彼缔约国领土内业已取得之土地所有权,遇有土地征收时,得付以不低本国人民或对任何他国人民所付给之赔偿。③ 同一天,泰国政府郑重发表声明,声称"在暹罗之中国侨民在暹罗全境内将与任何他国人民享有同样经营各种商务、贸易或工业及居住之权利";"在暹罗之中国学校亦将享受不低于对任何他国国籍之学校所给予之待遇",并就移民问题说明了若干意见,④这个条约未能解决

---

① 《邢森洲至吴铁城函》,台北中国国民党党史会藏。
② 《邢森洲至吴铁城函》,台北中国国民党党史会藏。
③ 王铁崖主编:《中外旧约章汇编》第 3 册,第 1353—1357 页。
④ 《武汉日报年鉴》(1947 年)外交,第 33 页。

华侨的双重国籍问题。尽管条约规定暹罗政权对华侨的财产和安全实行保护,但在实际执行中存在严重障碍,致使中暹建交后有关华侨问题的交涉依然接连不断。

3 月 28 日,两国政府互换批准书,条约生效。同年 9 月,中国国民政府派遣李铁铮为中国首任驻泰大使,泰国政府则任命沙愿·都拉叻为首任驻华大使。这是自 1878 年泰清断绝官方关系后,两国政府间关系的重新确立。《中泰友好条约》签订,为中泰两国关系的良好发展奠定了基础。新加坡《南洋商报》记者指出:中泰之所以迅速缔约是"由于中国是战胜国五强之一,二来中国对泰表示好感,愿在联合国助泰摆脱战败国的地位,同时在九二一事件方面作出让步,不要求政府赔偿损失,遂使谈判进行特别顺利,在极短时间内,双方即签订中暹友好条约"。而据李铁铮回忆,由于中国代表团已获悉泰国现政府不稳,政局可能有变,遂抢在暹罗政府更迭之前定下签约时间,"否则可能因其政府更易而不能达成出使任务"。[①] 1946 年泰国新政府首脑乃比里来到中国,要求中国在安理会投暹罗一票。蒋介石表示:自由泰及抗日阵线对同盟国作出贡献,中国没有把暹罗视为战败国,中国政府已经通知在安理会的代表,为暹罗加入联合国投赞成票。由于中国和安理会其他成员国的支持,暹罗于 1946 年 12 月 16 日加入联合国。[②]

然而,华侨问题仍然没有得到解决,成为建交后两国关系发展史上的重大障碍。就在两国条约签订的第四天,在纳康巴唐城又发生了激烈的排华事件。当中国代表莅临该地时,泰国一些无赖无端殴击侨胞,抢劫钱财,焚烧房屋。该地警察则听任暴徒操棍持棒,毒殴侨胞。在中国方面提出强烈抗议后,泰方温惠泰耶公王子代表泰国政府往访李铁铮,对此不幸事件表示了歉意。[③] 此事刚刚解决,紧接着又发生了损害华侨利益的麻栗木材问题。该批木材价值 2000 万暹币,原属英商所有。1942 年泰国对英国宣战后,予以没收,后为中国侨商购得。1946 年《英泰友好条约》签署后,泰方为了履行条约,下令一切麻栗木材均须登记,并禁止买卖转

---

① 李铁铮:《敝帚一把》,第 317—318 页,转引自余定邦:《1937—1946 年的中泰关系》,《世界历史》2000 年第 1 期。
② 余定邦:《1937—1946 年的中泰关系》,《世界历史》2000 年第 1 期。
③ 石源华:《中华民国外交史》,第 718 页。

让,准备将这批木材交回英商公司。此令颁发后,中国经营木材的侨胞大受损失。10月15日,中国驻泰使馆向泰政府提出备忘录,要求赔偿华侨损失,防止再有此种事情发生,并指出泰政府履行其与英国之友好条约时,不得采取影响第三国侨民利益之措施。经中泰间反复交涉,泰方始允放弃其购回此项木材之计划。

围绕着中国侨胞在泰利益的种种问题,中泰间交涉不断。随后,泰国方面采取了一些预防冲突的措施,如新闻局长召开记者招待会,警告各报不得刊载可能离间中泰关系的新闻等,形势有所缓和。12月17日,泰国首任驻华大使抵达南京,向蒋介石呈递国书,表示其使华任务是为消除中泰间误解,促进两国邦交。同月3日,泰国国前总理兼摄政也以私人资格赴华观光,对于增进两国关系不无贡献。中泰建交后,两国贸易亦有所发展,特别是泰国曾运往中国大米3万吨,对于缓解当时中国的粮荒起了积极的作用。①

1947年11月,曾被当作战犯逮捕和监禁的泰国亲日内阁总理披汶·颂堪获释。接着,又以"恢复军人名誉"、"结束涣散与贪污"为幌子,发动军事政变,推翻了泰国文人政权。泰国军人集团执政后,又开始迫害华侨,封闭华文报刊,煽动排华风潮。中泰关系再次进入冰冷时期。

---

① 《武汉日报年鉴》(1947年)外交,第33页。

第十一章　中国与印度的关系

第一节　中印关系的历史演变

　　中国与印度都是东方历史最为悠久的文明古国,两国和平共处,相互合作,相得益彰,在漫长的古代史上两个相邻的大国之间,只有经济和文化的往来,从未发生过军事冲突,这在世界上是极少有的情况。[①] 中印关系的历史演变大致可划分为四个时期:第一时期自公元前 5 世纪开始中印交通至公元 15 世纪,中印关系以文化、宗教交流活动为主,经济贸易活动为副;15 世纪后,由于中印内部的政治变动和殖民主义的东来,两国的关系一度中断。第二时期自 17 世纪末至 20 世纪中叶,为英据印度时代,中国和英印当局的关系以"西藏问题"交涉为中心,中印两国人民在近代民族主义革命运动中互相理解与支持,中印文化交流有所发展。第三时期自中国抗日战争爆发至印度独立,两国人民互相支持,共同争取中国抗日战争的胜利和印度独立的实现。第四时期,自印度独立至中华人民共和国成立,中印关系有了新的发展,也出现了一些新的问题。[②]

　　公元前 5 世纪,中国新疆地区已和印度有了贸易往来。中国古代史籍称印度为"身毒",后又称"天竺"等。公元前 2 世纪,中国古代著名外交家张骞奉汉武帝之命,经营西域,经大夏人(居今巴基斯坦与阿富汗西北)介绍得知"身毒"。据《史记·大宛传》记载:"臣在大夏时,见邛竹杖

①　1951 年 1 月 26 日,毛泽东在北京庆祝印度共和国成立一周年大会上致辞说:"印度民族是伟大的民族,印度人民是很好的人民。中国、印度这两个民族和两国人民之间的友谊,几千年以来是很好的。"参见金克木:《中印人民友谊史话》,中国青年出版社 1957 年版,第 1 页。
②　吴俊才:《中印、中缅关系》,《中国外交史论集》,台北中华文化出版事业委员会 1957 年版,第 3 页。

蜀布,问曰安得此? 大夏人曰:'吾人往市之身毒.'身毒在大夏东南可数千里,其俗土著与大夏同,而卑湿暑热,其人民乘象以战,其国临大水也."公元前 123 年,张骞正式派遣副使前往印度。

同时,中国至印度的海上航线亦已开通。《汉书·地理志》记载:汉船从广东合浦、海南徐闻入海,经马来半岛、缅甸等国,时间约一年,抵达印度东海岸的黄支国,该国"民俗略与珠崖相类,其州广大,户口多,多异物。自武帝以来,皆献见,有译长","平帝无始中,王莽辅政,欲耀威德,厚遣黄支王,令遣献生犀牛"。《后汉书·西域传》也有记载:"天竺国一名身毒,在月氏之东南数千里,俗与月氏同,而卑湿暑热,其国临大水,乘象而战,其人移于月氏,修浮图道,不杀伐,遂以成俗。以月氏高附国以西,南至西海,东至盘起国,皆身毒之地。身毒别城数百,城置长,别国数十,国置王,虽各小异而俱以身毒为名。"由此可见,古代中国与印度之间虽然存在着高山和大海的障碍,需要经过广大的森林和沙漠,但两国人民的祖先用勤劳和勇敢,决心和毅力,打通了极其困难的自然障碍,其交通主要有三个方向:向西走的路线要经过新疆到俄罗斯和阿富汗边境,然后从现巴基斯坦或克什米尔进入印度,其间要经过新疆的大沙漠;向南走的路线要搭船去南洋,再向西到印度洋孟加拉湾在印度的东南部入境,其间要经过漫长的海上航行;向西南走的路线,要从中国的云南经中缅边境地区,从印度的东北角入境,其间要经过极大的原始森林,此外还可经由西藏进入印度,其间要越过喜马拉雅山峰。[1]

中印经济贸易一般以中原王朝传统的朝贡方式进行。印度各个历史时期的统治者向中原王朝遣使贡献,有骏马、金银、佛牙、火浣布等珍贵礼物,受到热情的欢迎和隆重的接待。中国各个朝代也以回赐方式进行商品贸易,使中国的丝绸和铁器等在两汉时期就大量传入印度。中印两国使节的频繁往来,增进了两国人民互相了解,加强了两国的经济贸易往来,促进了两国社会的发展和进步。[2]

在古代中印关系史上传为佳话的是印度佛教的传入中国。印度佛教

---

① 金克木:《中印人民友谊史话》,第 10—11 页。
② 吴俊才:《中印、中缅关系》,《中国外交史论集》,第 3—7 页;石源华主编:《中外关系三百题》,第 19—21 页。

始创于公元前6世纪,首先传入中亚各国,汉通西域后,逐步传入中国。①
从东汉开始,大批印度佛教徒来华,传教译经,人数众多,影响甚广。自汉
至唐,在史籍中有姓名记载的印度佛僧就有68名之多,最为著名的有真
谛、善无畏、金刚智等,如真谛是古印度优禅尼国人,公元546年来到中
国,译经49部142卷,着重介绍大乘瑜伽宗,与鸠摩罗什、玄奘、不空被誉
为中国佛教四大翻译家。善无畏是中印度人,公元716年,80高龄时到
达长安,弘扬佛法,翻译密教佛经多部10多卷,最著名的是《大日经》。
金刚智是南印度人,公元719年到达广州,翻译密典4部。这些印度佛僧
不仅推动印度佛教各流派传入中国,对中国各教宗的建立起了重要的作
用,而且将印度的文学、音韵、音乐、舞蹈、杂技、绘画、雕塑以及天文、历
法、医学、数学等传入中国,推动了中印文化的交流和发展。②

　　中国的高僧也纷纷赴印度"西行求法"。第一人是三国时代的朱士
行,虽然他只到了新疆的于阗,但在外修行20余年,客死异乡,曾获得梵
文原本《大品般若经》,遣弟子把经送回洛阳,为东晋般若学的兴起奠定
了基础。中国佛僧赴印取经者人数很多,就规模而言,数北宋初年继业等
人的官方僧团最为庞大,有数百人之众,是中国历史上规模最大的赴印求
法僧团。就成就而言,则以法显、玄奘、义净为最。

　　法显,公元399年60岁时从长安出发,经过河西走廊,穿越今新疆大
沙漠,翻过帕米尔高原,进入印度,后渡海至狮子国(今斯里兰卡),再东
归中国,前后15年,历尽艰辛。最重要的成就是给后人留下了《法显
传》,又称《佛国记》、《佛游天竺记》、《释法显行传》、《历游天竺记传》等,
此书是研究中国西域、中亚、南亚、东南亚等地的地理、交通、宗教、物产、
风俗、社会经济等的重要典籍。

　　玄奘,公元627年从长安出发,经过今中国新疆吐鲁番、阿富汗、巴基
斯坦、克什米尔地区,巡游印度半岛几乎所有的国家,跋涉5万余里,历时
19年,完成《大唐西域记》,记下了本人"见未见迹,闻未闻经,穷宇宙之灵

---

① 佛教何时传入中国?说法颇多,有的说始于西周初年;有的说孔子已知佛教;有的说战国时期东
　传而来;有的则认为系西汉初年张骞通西域始闻佛教。较为公认的说法是公元2年大月氏王使伊
　存传入《浮屠经》为佛教传入中国之始。
② 吴俊才:《中印、中缅关系》,《中国外交史论集》,第3—7页;金克木:《中印人民友谊史话》,第
　15—38页。

奇,尽阴阳之化育"的神奇经历,他携回佛教经论657部,经他翻译成中文有75部,1335卷,同时将《老子》和《大乘起信论》译为梵文,传入印度。玄奘在佛教哲学上继承了印度大乘有宗的传统,并将其介绍到中国,形成了中国佛教的法相宗。

义净,公元671年出发,695年归国,往返均走海道,历时25年,留学时间长于法显和玄奘,一共经过30多个国家。他撰写了《南海寄归内法传》,与法显的《佛国记》和玄奘的《大唐西域记》一起流传下来,具有很高的史料价值,他撰写的《大唐西域求法高僧传》,记下了他所知道的或国外见到的赴印度求经的中国高僧的名字和经历,也具有重要的史料价值。他还带回佛书400部,自己译成汉文56部,230卷。[①]

这些中国高僧出于追求真理的动机,不畏艰险困苦,不避雪岭流沙,前往西天取经,探求真理,取得了辉煌的成就,他们所译述的经典,或对于当时情形的记载,成为研究佛学和中印关系史的重要典籍,深受国内和国际学术界的重视。

第二节　中英西藏问题交涉

在西方国家的海外殖民史上,英国的起步晚于西班牙和葡萄牙。1588年,英国击败西班牙"无敌舰队",成为世界上最大的海上强国;1591年,英国打破葡萄牙的海上封锁,获取经好望角进入东方的航道;1600年,英国创办东印度公司,对于包括中国在内的整个印度洋和西太平洋地区展开了大规模的海外殖民扩张活动。1773年,英国国会授权东印度公司统治印度,使印度逐步沦为英国的殖民地。

1644年,东印度公司的第一艘商船"印地号"首航澳门。1670年,东印度公司在台湾、厦门建立商馆,但中英通商关系并未得到发展。1685年,清政府开放海禁,英国商船不断出没于厦门、福州、宁波、广州等地。1757年起,在清政府限制下,以广州一口进行中英贸易。东印度公司从中国进口的货物主要是茶叶、丝绸、土布、瓷器、药材等,出口中国的物品除少数金属制品外,主要是硬币和金银,在对华贸易中长期处于不利地

---

① 金克木:《中印人民友谊史话》,第53—68页。

位。19 世纪 20 年代,鸦片逐渐成为英国商人对华贸易的主要商品,由此引发中英间两次鸦片战争,英国成为近代侵略中国的主要国家和急先锋。

西藏问题成为中国历届政府与英国政府以及英印当局交涉的主要问题。考古学、语言学、文化学、历史学的研究成果都表明"汉藏同宗同源",西藏自古以来就是中国历史的一部分。是中国边疆史和少数民族史的一部分。西藏历史上辉煌的吐蕃王朝是唐朝时期中国的少数民族政权,是唐朝历史的重要部分。13 世纪以来,西藏正式纳入中国中央王朝的行政管辖之下,成为中国的十三行省之一。① 经历元、明、清三代,长期实行政教合一制度。18 世纪以来,清朝加强了对西藏地方的管理,不仅西藏的两大统治首领达赖喇嘛和班禅喇嘛由清朝皇帝册封,而且设置驻藏正副大臣,分驻前、后藏。并在西藏常驻军队 2000 人,归驻藏大臣指挥。1793 年,清廷颁布《藏内善后章程》,规定驻藏大臣督办西藏执政事务,地位与达赖平等,并全权主持西藏对外交涉。由此可见,西藏是中国的固有领土,并在清政府的正常辖治之下。

英国殖民者在侵占印度的同时,也萌生了侵略西藏的野心。为了确保它在印度的战略利益,积极挑唆西藏"独立",并进而影响蒙古,企图使西藏脱离中国而成为英国抗遏和削弱沙俄势力南下的"缓冲国";另一方面,也希望通过西藏进而攫取青藏高原,将其侵略势力伸向长江上游地区,与其海上侵略中国的力量遥相呼应,连成一片。在商业利益方面,则希图在西藏推销印度的茶叶和工业品,掠夺西藏的皮革、羊毛及矿藏资源。

1840 年鸦片战争后,中国沦为半殖民地国家,清政府对外政策上的软弱妥协,使英国殖民者对于中国西南边陲的侵略扩张更加猖獗;西藏地方当局由于与印度毗邻,切身感受到生存的威胁,对英国殖民者保持着高度的警惕,反对英国进入西藏。1888 年 3 月,英国发动了第一次侵藏战争,藏军进行顽强抵抗,曾经重挫英军。但清政府却力主议和,为此撤换了不赞成撤兵的驻藏大臣。8 月,藏军失利,英军占领亚东、热朗等地。

---

① 部分学者不赞成"西藏元代归入中国版图说",认为无论从唯物史观的角度,还是从考古学、文化人类学、历史学所提供的历史事实,都雄辩地证明西藏自古以来就是中国的一部分。参见张帆等:《西藏自古以来就是中国的一部分——访西藏社会科学院副院长孙勇》,《人民日报》2009 年 2 月 26 日。

1890 年,中英签订《藏印条约》,1893 年,又签订《藏印条约补遗》,其主要内容是:锡金成为英国的保护国,并依据英方意见划分了西藏与锡金的边界;开放亚东为通商口岸,英国货物得以免税进入西藏,弹药、武器、鸦片均列为免税货物等。英国据此初步打开了西藏的门户。①

中英《藏印条约》并未满足英国人的侵略胃口,也遭到西藏人的强烈反对。英国制造纠纷,寻找借口,于 1903 年 12 月发动第二次侵藏战争。藏军抵抗无效,英军于次年 8 月占领拉萨。9 月,西藏地方当局被迫与英军代表签订《拉萨条约》,主要内容是:承认 1890 年中英条约;开放江孜、噶大克、亚东为商埠;英派员监督各商埠;西藏赔偿英政府 50 万英镑;英国在春丕驻兵至赔款缴清;西藏将炮台、山寨削平;西藏非得英国同意不得向外国转让土地,不许外国派员或代理人进入西藏等。实际上宣告西藏为英国的势力范围。但这些条约仍然肯定中国对于西藏享有完全主权,英国承诺不占并藏境,不干涉西藏一切政治等。②

西藏边境出现严重危机,"俄人觊觎于北,暗中诱之以利,英人窥伺于西,近且胁之以兵",引起清廷的高度警觉。他们无力与英、俄抗争,只能对西藏采取改革措施,试图通过实施"新政",强化西藏与内地的联系。1906 年,清廷任命张荫棠为查办藏事大臣,拟定《藏事善后办法》24 条,主要内容是:收回政权(达赖、班禅优加封号,厚给岁俸),复立藏王,汉官监督;特派亲贵赴藏统管内、外、军、财、学等大权;拨北洋新军 6000 人驻藏,训练西藏民兵 10 万;设立汉文学堂;巴塘电线连接至拉萨;革除差徭;派员向不(丹)、尼(泊尔)宣布威德,密结尼藏攻守同盟;派总领事驻印京,侦探印事等。同时任命赵尔丰为川滇边务大臣,在四川西部藏人聚居区实行"改土归流"。这些措施对于加强西藏与内地的联系,巩固西南边疆,具有积极意义。但这种改革带有民族歧视色彩,不仅与西藏上层王公贵族的既得利益相矛盾,而且也不易得到西藏人民的支持。英国则利用这一矛盾加紧推行分裂西藏阴谋,导致西藏局势更趋复杂和混乱。③

英国在西藏站稳脚跟后,开始在西藏上层人物中扶植亲英集团。英人采取各种手段笼络达赖、班禅,拉拢和收买西藏官员,挑拨藏汉关系。

① 杨公素:《晚清外交史》,北京大学出版社 1991 年版,第 296—298 页。
② 王宏纬:《喜马拉雅山情结:中印关系研究》,中国藏学出版社 1998 年版,第 9—14 页。
③ 石源华:《中华民国外交史》,第 55 页。

每当藏汉发生争执时,他们总是火上加油,制造和扩大矛盾。随着江孜、亚东一线中印贸易的增长,以伦吉夏札、边觉道吉为首的一部分大贵族领主依靠垄断羊毛贸易,获取了高额利润,他们越来越倾向英国侵略者,成为亲英集团的首要人物。同时,沙俄也对达赖进行策反活动。在英、俄侵略者的煽惑策动下,西藏地方当局的离心倾向日趋严重。达赖十三世原本亲俄,1904 年,当英军逼近拉萨时,沙俄间谍布里雅特、蒙古人德里智裹胁达赖,秘密北上,企图去俄国面见沙皇。他经青海、甘肃、内蒙古抵达外蒙古首府库伦。由于清廷对达赖行踪严密注视,再加上沙俄在日俄战争中失利,致使达赖对俄信念动摇,转而长期滞留库伦、五台山等地。1908 年,达赖奉清廷之命来到北京。他在西藏亲英派影响和英国方面笼络下,转而亲英。10 月 20 日,英国驻华公使朱尔典在北京雍和宫会晤达赖十三世并达成协议:达赖保证不反英,英国则不阻止达赖回藏。1909 年 4 月,达赖启程返藏。清廷在西藏推行的新政,特别是恢复中央驻军西藏的举措,引起达赖恐惧。他通过英国驻江孜商务代理致电英、俄驻华公使,指责清廷的措施不利藏人,川军入藏是消灭西藏宗教,吁请各国向清廷抗议。要求撤退川军,并下令藏军阻截川军入藏。1910 年 2 月 12 日,川军抵达拉萨,达赖喇嘛偕夏札等逃往亚东英国商务官员处,请求"保护"。英人如获至宝,迅速将达赖等迎往印度大吉岭,"从事笼络"。清廷宣布革去达赖尊号,下令通缉随同达赖叛逃的西藏地方高级官员。西藏局势虽暂告平静,却孕育着更大的动乱。[①]

　　辛亥革命爆发后,中国国内政局动荡,驻藏川军发生内讧,给西藏的分裂势力造成可乘之机。达赖十三世在英印总督支持下,委派内侍达桑占东返回西藏,发动军事叛乱。他自任藏军总司令,率军向江孜、日喀则清军进攻,并从次年 4 月起围攻拉萨,在英国支持下,所有清廷驻藏官员及军队均被驱逐出境。6 月,达赖十三世在英国军队护送下,返回拉萨,宣告"独立",并命令藏军进犯川边,威胁川、滇两省安全。面对西藏的混乱局势,全国舆论沸腾,举国声讨英国侵略者勾结西藏上层叛乱集团分裂中国的行径。1912 年元旦,孙中山在就职宣言中明确表示西藏为中华民国的组成部分。袁世凯继任临时大总统后,再次予以重申。北京政府对

---

① 石源华:《中华民国外交史》第 55—56 页。

藏采取"先剿后抚"的方针。1912 年 7 月,四川都督尹昌衡奉命率领川军前队 2500 人,分兵两路出征,南路收复了河口、理塘,北路解除了藏兵对察木多、巴塘之围。同时,云南都督蔡锷派遣的军队收复了盐井等地,川边局势趋于稳定。

正当川、滇军队节节取胜,将向西藏进军之时,策动西藏"独立"的英国政府撕下了所谓"不干涉"的假面具,强行干涉中国军队的行动。8 月 17 日,英国驻华公使朱尔典将一节略送交北京外交部,以承认北京政府为诱饵,要求五端:1.英国不允中国干涉西藏内政;2.反对华官在藏擅夺行政权,不承认中国视西藏为内地;3.英国不允在西藏存留无限华兵;4.若以上各节先行立约,英方将承认之益施之于民国;5.暂时断绝中藏经过印度之交通。① 该节略违背了中英签署的有关西藏的条约,是对中国内政赤裸裸的干涉。

其时,北京政府正全力争取列强的外交承认和实现善后大借款,自然不敢与英国决裂。袁世凯在会见朱尔典时,承认中国无意将西藏改为行省。8 月 30 日,北京政府电令四川都督尹昌衡:"切不可冒昧轻进,致酿交涉,摇动大局。"9 月 12 日,又令尹昌衡:"该军已到察木多之队,务饬切勿过该地辖境。"② 同时,滇军也奉命停止向前推进。川滇军基本稳定于怒江一线与藏军对峙。这表明在英国政府干涉下,北京政府的"征藏"方针已告失败。但川、滇两军的军事行动对于稳定川、滇边境,防止西藏局势进一步恶化,起了积极作用。

军事征讨方针既无法继续,北京政府转而设法与西藏当局直接谈判。9 月,北京政府确定新的对藏方针是:"不行新制,悉依旧法","承认达赖之归藏,及复其封号",保护英人在藏之生命财产等。③ 10 月 28 日,袁世凯下令正式恢复达赖封号。12 月,袁世凯致电达赖,称已命令有关方面停战,希望达赖"亦转饬属下停战","所有滋事以来汉番曲直及善后一切事宜,另派专员商办"。④ 同时,北京政府新任命的护理驻藏办事长官陆兴祺和劝慰员杨芬先后到印度,准备赴西藏与达赖直接谈判。西藏当局

---

① 程道德等编:《中华民国外交史资料选编(1911—1919)》,第 130 页。
② 《民元藏事电稿》,西藏人民出版社 1983 年版,第 32、46 页。
③ 《东方杂志》第 9 卷第 10 号。
④ 《西藏地方历史资料选辑》,三联书店 1973 年版,第 286 页。

一度表示愿意和解。然而,由于英国侵略者已切断了中国经过印度进入西藏的信道,北京政府代表不能入藏,无法和达赖直接接触。在英国的怂恿、挑拨和影响下,达赖于 12 月 24 日复电袁世凯,声明汉官兵尽退,藏自相安。西藏当局决议:"若民国政府派兵来藏,藏人不能限止时,即请英人出面阻止,并以特别权利报酬英人",①关闭了和平协商之门。

英国策动西藏"独立"的基本方针是:敦促中英间进行交涉,确定西藏今后的地位,西藏在名义上"仍可保留在中国宗主权下的自治邦的地位",但在实际上应使它"绝对依赖印度政府","以便把中国和俄国都排挤出去"。12 月 23 日,北京外交部复照英国驻华公使,逐条答复英国 8 月 17 日之节略。主要内容是:中国对西藏拥有全权,他国无权干涉西藏内政,但中国即时也无意改西藏为行省;中国有权于西藏紧要各处派遣军队,但非无限制;中英已两次订立关于西藏之条约,一切皆已规定明确,今日并无改订新约之必要;中国从前并无有意断阻印藏交通,以后更当加以保护;承认民国政府不能与西藏问题混为一谈,深望英国先各国而承认中华民国等。② 北京政府虽在不改西藏为行省和限制军队驻扎人数两个重大问题上作了让步,但拒订新约。英国政府对此非常不满,威胁北京政府"不订约恐办不到"。③ 此时正值"善后大借款"谈判进入关键时刻,中俄外蒙古交涉又因俄蒙擅订协约陷入困境,北京政府既不敢得罪英国政府,更担忧英国步沙俄后尘径直与西藏当局订约,只得屈服,并同意英国所主张的由中、英、藏三方谈判签约。

1913 年 10 月 6 日,中、英、藏三方会议在印度西姆拉开幕。中方代表为西藏宣抚使陈贻范,英方代表为英印政府外交大臣麦克马洪,西藏代表为首席噶伦厦札。英国首先唆使西藏代表提出六项要求条款。主要内容是:西藏独立;西藏疆域包括青海、里塘、巴塘等处并及打箭炉;由英藏修改《中英印藏通商章程》,中国不得过问;中国不得派员驻藏;中蒙各处庙宇认达赖为教主,由达赖委派喇嘛主持;所有勒收之瞻对(注:川西藏区地名)税款及藏人所受损失一律缴还、赔偿等。④ 这一方案不仅使西藏完

---

① 《西藏六十年大事记》,青海人民出版社 1996 年版,第 44 页。
② 《民立报》1912 年 12 月 30 日。
③ 吕秋文:《中英西藏交涉始末》,台北商务印书馆 1974 年版,第 221—222 页。
④ 北京政府外交部:《西藏问题》。

全脱离中国独立,还将西藏疆域扩展至青海及四川西部大片土地。

11月1日,中国代表陈贻范提出七项驳复条款。主要内容是:西藏为中国领土之一部分;中国可派驻藏长官及卫队2600人驻扎西藏;西藏于外交及军政事宜均应听受中央政府指示而后行,不得私与外人订约;西藏允诺释放因向汉之故而被监禁的西藏人民,给还被封产业;中蒙各处庙宇由达赖委派喇嘛主持事可以商议;《中英印藏通商章程》的修改由中英双方商议;中藏边界以当拉岭、江达等处为界等,其基本立场是力争维持晚清原状。①

中藏双方方案悬殊太甚,尤其是西藏划界问题差距更远。于是,由英国代表出面请双方代表举行非正式会议,但迟迟没有结果。次年1月12日,中藏代表各自提出意见书,内容大略同前,送交正式会议,由英国代表"仲裁"、"调解"。其时,中俄关于外蒙古问题的声明文件已经发表,麦克马洪立即从中得到"启示",建议仿效沙俄区分内外蒙的办法,将西藏一分为二来解决所谓的西藏划界问题,得到英国政府批准。2月17日,麦克马洪抛出将西藏划为内藏与外藏的主张。该方案将西藏、青海、西康及甘肃、四川、云南的藏区统称为西藏,其中金沙江以西地区为"外藏",中国"承认外西藏业已成立的自治权";以东地区为"内藏","中藏共管","中国于内西藏仍有若干权利"。②

3月11日,麦克马洪正式提出英国"调停"方案:主要内容是:中国对西藏拥有宗主权,并承认外藏有自治权,所有外藏内政由拉萨政府管理,中英均不干涉;中国不改西藏为行省,西藏不派代表出席中国议院或类似之团体;英国不并据西藏或西藏之任何部分;中国在西藏不派军队、不驻文武官员、不办殖民之事,中国驻藏代表的卫队不得逾百人,英国也不在西藏派驻文武官员,除商务委员卫队外不派军队、不办殖民之事;废除1893年、1908年的《中英印藏通商章程》,由英藏商议新通商章程;英国商务委员在必要时可随时携带卫队前往拉萨;西藏在内藏享有选派寺僧、保持关系宗教事权、委任地方官、征收租税等权利;所有西藏划界以及内、外藏划界以附图为准;中国赔偿西藏人损失424840卢比等。③ 该方案虽

① 北京政府外交部:《西藏问题》。
② 吕秋文:《中英西藏交涉始末》,第244—245页。
③ 北京政府外交部:《西藏问题》。

在名义上仍承认中国对西藏的宗主权,但实际上却让西藏以自治为名,行"独立"之实。

北京外交部接此方案后,命令陈贻范与麦克马洪逐条磋商。中方代表鉴于外蒙已有之成例,对一般条款内容只表示不能接受西藏在中国议院不得有代表,及坚持英藏签署通商章程必须经过中国同意两点,但对于西藏及内外藏划界一事,则与英方再三争执。中方最初根据晚清现状,主张以江达为四川与西藏界,以当拉岭为青海与西藏界。由于英方坚决反对,而一让再让,由江达退至丹达,再退至怒江,最终提出当拉岭以北青海地方及巴塘、理塘等地仍归中国完全治理,怒江以东及德格、瞻对、察木多、三十九族等地划为特别区域,不再添设郡县,维持达赖喇嘛向有之利益,怒江以西由西藏自治。然而,英方依然固执不让。4月27日,召开三方会议,英方拿出最后修正案,文字基本照旧,仅在条约附图上将白康普陀岭、阿美马顷岭东北之地划归青海。英方代表在与西藏代表先行签字后,威胁中方代表说:如"不于今日画行,则约稿中之第二、第四两款(即承认中国对藏有宗主权及中国代表驻藏条款)全行删去,即与西藏订约,不再与贵员商议"。[1] 北京政府代表陈贻范被迫在条约上草签,但声明:"画行与签押,当截断分为两事,签押一层,必须奉有训令而后可。"[2]

消息传到北京,引起一片反对之声。根据该草约,划归内藏的相当部分地区尚驻有中国军队,在北京政府实际控制之下,即使有英国侵略者支持,西藏地方当局也是无力占领这些地区的。如若承认该约,则中国将从自己的领土撤出军队,拱手让给英国作为势力范围,这对北京政府来说是万不可行的。4月28日,北京外交部致电陈贻范:"执事受迫画行,政府不能承认,立即声明取消。"但仍指示"如英专员愿和平续商,仍应接议,中国固不愿遽行停议也"。[3]

随后,中英间又由袁世凯和朱尔典在北京直接交涉。6月13日,袁世凯提出内外藏划界方案。关于内藏界线:主张自东经86度北纬35度起循昆仑山脉东行至白康普陀岭;南行循阿美乌顷岭向东南斜行至打箭

---

① 北京政府外交部:《藏案纪略》,第14页。
② 《西藏地方历史资料选辑》,第299页。
③ 《西藏地方历史资料选辑》,第301页。

炉、近北纬 34 度西折至巴塘之宁静山；沿金沙江南下、向西南斜行门工、复沿怒江下游、上至当拉岭；西行至东经 85 度北纬 36 度即昆仑山麓止。关于外藏界线：应自门工起、沿怒江下游、上至当拉岭、北行至东经 86 度北纬 36 度即昆仑山麓止，此线以西为外藏自治范围之地。但朱尔典认为这个方案距离《西姆拉草约》所划内外藏界线范围太远，不能承认。6 月 25 日，朱尔典照会北京外交部，威胁恐吓说："除非该协约于本月底前签字，本政府将自由地单独与西藏签约。在此情况下，中国当然将失去所有三方协约内载的特权与利益，包括对她的宗主权的承认。驻藏大臣之返藏，亦将无限期推迟。本政府并将尽其可能协助西藏抵抗中国侵略。"以后，中国方面虽然又作了若干让步，但由于英方顽固坚持《西姆拉草约》原案，谈判毫无进展。

7 月 3 日，陈贻范奉命拒绝签约，英国代表遂与西藏代表私行签订所谓的《西姆拉条约》。陈贻范奉命拒签并发表声明：凡英、藏本日或他日所签之约，或类似文件，本政府一概不能承认。6 日，北京外交部照会英国驻华公使："中国政府不能擅让领土，致不能同意签押，并不能承认中国未经承诺之英、藏历签之约或类似之文牍。"同时表示"盼望将来另商圆满解决办法"。① 所谓的《西姆拉条约》，正文共 11 款，内容类同于 3 月 11 日英国代表提出的"调停约稿"，另附交换文书 7 款及声明 1 件。该条约未经中国政府承认，西藏当局作为中国的地方政府无权与外国私自订约，完全是非法的，对中国没有任何约束力。同日，英、藏代表还根据《西姆拉条约》签署新的《印藏通商章程》，内容包括英国可在西藏全境租赁土地、兴修建筑、自由贸易、架设电线、会同审判等 11 条款，该章程未经中国政府签署，也未经认可，当然也完全是非法的。

西姆拉会议期间，从来没有讨论过中国和印度的边界问题。同年 3 月 24 日、25 日，英国代表麦克马洪却背着中国代表与西藏代表夏札在德里秘密换文，划定了西藏东南和印度的边界线，即所谓的"麦克马洪线"。该线将西藏东南门隅、洛隅、察隅地区约 9 万平方公里的土地划归英属印度。当时的北京政府以及历届中国政府都没有予以承认，"麦克马洪线"

---

① 《西藏地方历史资料选辑》，第 300—302 页。

是一条无效的非法的边界线。①

西姆拉会议破裂后,中英西藏交涉一度停顿。1915 年 5 月,中日"二十一条"交涉结案,袁世凯为了尽快实现帝制,极想了结中英西藏悬案。6 月,袁世凯命北京外交部与英国驻华公使重开西藏交涉。28 日,北京外交部参事顾维钧与英国驻华公使朱尔典晤谈:中方要求将西藏为中国领土及中国在西藏自治区域有宗主权列入条约正文,中国可同意将察木多划入西藏自治区,现驻中国军队年内撤退,察木多、江孜、扎什伦布、亚东、噶大克以及将来开放各商埠,中国设佐理员,其职位及护卫队与英国商务委员同。英方则认为《西姆拉条约》虽可略改,全题不可另议。为此,袁世凯命外交部提出中方的最后让步案,主要内容是:打箭炉、巴塘、裹塘各土司所属土地归四川省治理;察木多、八宿、类乌斋各呼图克图及三十九族土司所属土地划入外藏;昆仑山以南、当拉岭、三十九族察木多德格土司以北及青海南部之地划入内藏,内藏改名康藏;西藏与云南、新疆省界依如旧约等。英国驻华公使接此方案后,一直未予答复。及后袁世凯一意经营帝制,全国政局再起动荡,西藏问题遂长期成为悬案。

民国时期,英国政府顽固坚持殖民立场,在中国对西藏的主权问题上,始终阻挠中国的统一,使得中国中央政府难以直接管辖西藏。

1923 年 11 月,西藏班禅大师受压逃往内地,于次年前往北京。1929 年 2 月,国民政府批准班禅在南京设立办事处。1931 年 6 月,复册封班禅为"护国宣化广慧大师"。1932 年 4 月,特派班禅为"西陲宣化使",并成立行署和行署警卫队。1934 年 7 月,国民政府支持班禅大师返回西藏。然而,英印当局却反对国民政府护送班禅返回西藏,其理由是违反《西姆拉条约》相关规定,并于 1936 年 1 月向中国外交部递交正式抗议书,后又多方施压,反复干预,导致班禅返藏计划流产。②

太平洋战争爆发后,中英已结成战时盟国,英国虽然不能否认中国对

① 麦克马洪线是英国代表个人与西藏当局代表划定的,并非当时英国政府授权。会后,英国政府对此长期保密,不敢公布。1929 年,由英印政府外交部编纂的官方文件集《印度和邻国的条约、契约、证书集》(简称《艾奇逊条约集》)也未提及这条边界线。直至 1938 年,英国批准出版《艾奇逊条约集》赝本,"公布"了这条非法的"麦克马洪线",使之成为中印关系发展途中的一颗定时炸弹。

② 参见陈谦平:《抗战前后之中英西藏交涉》,三联书店 2003 年版,第 38—127 页。

于西藏的主权,却仍不断玩弄花招,企图分离西藏与中国的关系。中国国防最高委员会在根据蒋介石手谕拟定的《西藏之政治制度及其对于中国之关系》的文件中指出:"英国一向只认中国对西藏名义上之宗主权,而阻止中国在藏行使事实上的主权;同时,暗中鼓励并多方援助西藏脱离中国,而事实上沦为英国之势力范围。惟英国对藏之主要用意,恐视为缓冲地带,借以保卫印度,其次,亦以防俄,现则深恐中印接近,中国复兴之气象,及对于印度民族解放运动之同情,足以迅速促成印度独立之实现。"① 较为确切地说明了英国对于西藏问题的基本立场和真实意图。

　　1943 年 6 月,英国外交部拟定《西藏的地位》备忘录,内称西藏的战略价值极其重要,是"保卫"印度的一个重要地区,为使印度免受俄国和中国的"侵略",必须由英国控制西藏,把西藏从中国分离出去,建立一个"西藏国",作为印、俄、中三国之间的缓冲国。② 英国一直反对中国政府在西藏行使管理权。同年,国民政府将新疆地方军阀盛世才调任重庆,成功实现了中央政府对于新疆的直接控制,随即,调兵进驻新疆和西藏邻近各省,引起英国政府的恐慌和干涉。同年 5 月 7 日,英国驻华大使到中国外交部就中国军队出现在青海提出质问:此举使"西藏当局深感不安,英国政府以为中国政府在中亚细亚有所举动不甚相宜,希望中国政府能表示无此事实,以便转告西藏当局,使其安心"。蒋介石对此批示:"西藏为中国领土,我国内政决不受任何国家预问","如其再提此事,应请其勿遭干预我国内政之嫌,以保中英友谊。"中国外交部据此严正表示:"一国之内部队之调遣,实与另一国无关",请英国不要提出此事。③ 当时,中国政府准备在西藏修筑一条公路,以便从印度运进战略物资,英国政府立即认为这是中国政府决心用武力统一西藏的象征。英国驻华大使数次向中方提出抗议,反对中国在西藏修筑公路,也反对中国政府在西藏邻省驻兵。④ 这是对中国内政的严重干涉。但在英国的威胁下,国民政府放弃了在西藏修筑公路的计划。8 月 12 日,中国政府外交部在一份报告中指

---

① 《西藏之政治制度及其对于中国之关系》(1942 年 12 月 25 日),台北中国国民党党史会藏。

② [英]外交部:《西藏的地位》,英国外交部档案。

③ 中国第二历史档案馆编:《中华民国史档案资料汇编》第 5 辑第 2 编《外交》,江苏古籍出版社1997 年版,第 592—593 页。

④ 《致英国外交部》(1943 年 5 月 11 日),英国外交部档案。

出：英国对于西藏的一贯政策"在努力于愚藏人为手段，造成西藏为中印间之缓冲地带为目的，置公理与人道于不顾。"提出"我之调整藏事为我内政问题，外人不得干涉。英之治印尚不予人以参词，我之理藏，当更不容人过问"，[①]反映了中英两国在西藏问题上的尖锐分歧。

战后，英国政府对于英国退出印度后的对藏政策进行了调整。由于战后英国在亚洲的殖民统治陷入危机，印度的独立只是时间问题，西藏对于英国不再具有吸引力。英国为了最大限度地保持在华经济利益，并重点确保维持其在香港的殖民统治，也不愿在西藏问题上与中国新中央政府冲突。经过政府内部激烈的争论，英国政府认为"积极支持西藏完全独立，会伤害它同中国这个强大邻国的关系，因而这种政策几乎没有吸引力"，其基本态度是："一方面乐于承认并希望看见西藏自治得以维持；另一方面，不打算进一步加以鼓励和支持，也不倾向于在这个问题上采取任何主动"，避免"使印度和中国发生冲突"。表现出一种既希望西藏维持"自治"的半独立状态，又不得不从西藏撤退而确保其主要在华利益的无可奈何态度。

当西藏商务代表团访问英国寻求支持时，英国政府采取了谨慎的态度。英国外交部虽然按照官方规格接待了这个代表团，但对于该代表团提出的西藏"独立"主张却未予明确支持，认为西藏不是一个完全独立的政治实体，拒绝与他们讨论政治问题，声明同代表团的会见是非官方性质的；在经济上也没有满足该代表团的要求，拒绝向西藏提供货币贷款，只是答应说服印度政府支持西藏等。1949 年 11 月，西藏"外交局"要求英国政府尽可能从各方面帮助西藏当局抵抗中共对于西藏的进攻，英国政府仅表示"将继续对西藏表示友善和关注"，无任何实质性的承诺，也没有支持西藏当局希望英国帮助西藏获得联合国成员国席位的要求。当人民解放军进军西藏之时，美国政府要求英国政府一道向西藏提供军事援助，抵御解放军进入西藏，英国政府表示反对，强调"我们在增强抵抗中国人进攻的能力方面无能为力"；"现在英国在西藏承担的责任和义务已经移交给印度政府"；"干涉西藏的任何企图都将是徒劳无益的和不明智的"等，并在联合国提出对西藏当局请求联合国出面干预中国军队向拉

---

① 中国第二历史档案馆编：《中华民国史档案资料汇编》第 5 辑第 2 编《政治》（四），第 168—171 页。

萨进军的呼吁,暂缓采取行动的动议,对于联合国大会搁置西藏问题起了重要的作用。①

第三节 近代中印革命的互相支持

近代以来,中印两大民族同受帝国主义的侵略和压迫,分别沦为殖民地和半殖民地,共同的历史命运和斗争目标,使两国人民在反抗帝国主义压迫,争取民族独立和自由的斗争中互相携手,并肩战斗。列宁曾把20世纪初伊朗、中国、土耳其和印度革命运动的发展称为"亚洲的觉醒",认为它是加速世界历史发展进程的伟大事件。印度独立运动和中国近代革命,都是20世纪亚洲伟大的革命运动。②

早在19世纪中期,中国的太平天国运动(1851—1864)和印度民族大起义(1857—1859)同为两国人民的反帝反殖斗争,已经表现出两国人民互相支持的特征。中国人民同情印度人民的起义,人心大喜,"粤民疾视英人,互播流言,或称英属国印度已叛,英兵败迹,连丧其渠"。③ 中国当时的抗英战争也使英印当局无法集中兵力镇压印度人民的起义,对于印度人民的斗争是一种无形的支持。在英国镇压太平天国和发动第二鸦片战争的军队中有不少印度士兵,其中的有识之士曾在太平天国革命政策的感召下,掉转枪口,加入太平军队伍,参加作战,有的甚至壮烈献身。④

19世纪后期,中国资产阶级维新改良运动兴起。印度亡国的历史事实成为维新派领袖康有为、梁启超等"举印度之事以警中国"以及发动变法运动的最好实例。据林承节统计:康有为有80篇论著100处,梁启超有近百篇论著200余处提及印度。1901年11月至1903年5月,康有为曾在印度居留17个月,著有《印度游记》。他们在自己的论著中猛烈抨击和揭露英国殖民者对于印度的高压统治和种族歧视制度,深切同情和

① 陈谦平:《战后英国对西藏政策的转变及其原因》,《史学的传承——蒋永敬教授八秩荣庆论文集》,台北近代中国出版社2001年版,第191—213页。

② 关于20世纪中国与印度互相支持开展民族独立运动和革命斗争的情况,林承节著《中印人民友好关系史(1851—1949)》(北京大学出版社1993年版)做了精到的研究,作者在撰写本节时参考了林先生的研究成果,特此说明并致谢。

③ 转引自余绳武等:《一百年前中印两国民族解放运动的联系》,《人民日报》1957年5月11日。

④ 林承节:《中印人民友好关系史(1851—1949)》,第47—51页。

描述印度人民的亡国奴生活,分析和研究印度亡国的基本原因,并将对印度问题的思考与中国如何避免重蹈印度覆辙问题相联系,其结论是:在新的国际大势下,"变亦变,不变亦变","能变则全,不变则亡,全变则强,小变则亡";"若当变不变,必有人代变之者矣"。①

　　20世纪初,中国资产阶级革命派登上了政治舞台,鼓吹推翻清朝统治,建立共和政权。印度民族资产阶级领导的以抵制英货和司瓦德西(自产)运动为主要内容的民族运动再起高潮。中印两国资产阶级革命家的联系、合作进入了新的阶段,中国方面最主要的代表人物是孙中山和章太炎。孙中山是中国资产阶级革命的先行者,在领导中国民族民主革命的同时,十分关注和扶植周边被压迫民族的解放运动,帮助朝鲜、越南、印度等东方弱小民族实现独立自主是其一生的奋斗目标之一。1905年,孙中山在东京建立同盟会,创办《民报》。在孙中山的周围团聚着一大批来自中国周边被压迫民族和国家的青年学生和革命者,其中也包括很多印度人。菲律宾人彭西指出:"孙逸仙能把出现在远东许多国家里面的问题综合起来加以研究,这些问题都有共同点,孙逸仙因此成了一群来自朝鲜、中国、日本、印度、泰国、菲律宾的青年学生的热情鼓动者之一。"②

　　《民报》成为支持印度革命运动的重要阵地。章太炎任主编时,先后发表多篇文章,介绍和支持正在兴起的印度革命运动,讴歌印度革命者"精勤任恤,确固不挠"的奋斗精神,预期"印度之独立可期",表达了中国革命者对于印度独立运动成功的祝愿和期盼。《民报》还转载了许多印度报刊的文章,如1908年6月到10月,接连刊载12篇报刊文章和1份革命传单,不仅使中国人了解印度革命的情况,而且也向世界宣传印度革命者的观点。章太炎在与印度革命者的接触中,逐步形成了中印联合的思想,他认为:"东方文明之国,荦荦大者,独吾与印度耳,言其亲也,则如肺腑,察其势力,则若辅车,不相互抱持而起,终无以屏蔽亚洲";中印两国既得独立,结为神圣同盟,即可"使欧美人不利占领亚洲,使亚洲诸民族各复其国","而后亚洲殆少事矣"。③ 1907年4月,章太炎在东京和印度革命者共同发起建立了"亚洲和亲会",以中印人士为主,兼有朝鲜、越

① 林承节:《中印人民友好关系史(1851—1949)》,第56—74页。
② 尚明轩:《孙中山传》,北京出版社1981年版,第28页。
③ 《民报》第20号第102、38页。

南、菲律宾、缅甸等国人士参加,宗旨是:"反抗帝国主义,期使亚洲已失主权的民族各得独立",并规定"凡亚洲人,除主张侵略主义者,无论民族主义、共和主义、社会主义、无政府主义,皆得入会";"若一国有革命,余国同会者应互相协助,不论直接间接,总以功能所及为限"等,①该会的建立是两国革命者合作进行反帝斗争的初步尝试。

中国辛亥革命的爆发,清朝皇帝的被推翻,曾使印度革命者大受鼓舞。他们称颂辛亥革命为"中国的进步"、"中国的觉醒",视孙中山为现代中国的缔造者,奉为崇敬的世界民族英雄。第一次世界大战爆发后,印度的国外革命组织——在德国的柏林委员会、在美国的卡德尔党和国内的秘密革命组织,认为印度革命的时机已经成熟,积极筹划在印度举行武装起义。他们和孙中山进行秘密接触,请求孙中山帮助他们购买武器。孙中山曾给予他们各种形式的帮助。尤为值得一提的是孙中山对于印度秘密革命活动家拉·鲍斯的帮助。1912年12月,鲍斯因策划和实施暗杀印度总督哈定事流亡上海、东京,遭到英国殖民地当局的追捕。孙中山曾帮助他逃离上海,并介绍他求援于日本的头山满,结果鲍斯在头山满的帮助下,在东京蛰居达8年之久。②

第一次世界大战结束后,印度反英斗争以"不合作运动"的形式出现高潮。1920年9月,印度国大党决定采纳甘地提出的非暴力不合作的反英斗争策略,其主要内容是:1.退回封号、荣誉职位,并辞去地方机构的委派职务;2.拒绝出席各种官方或半官方之集会;3.逐渐从公立学校及各省立学院中领回自己的子弟;4.律师、当事人逐渐抵制英国法院,自建仲裁法庭,解决争端;5.拒绝前往美索不达米亚服劳役;6.撤回各级革新议会选举之候选人,选民拒绝对任何候选人投票,即使是原来国大党所提名的候选人;7.抵制外国货等,并强调"应使每一男女及小孩皆能有一机会表现其服从纪律与乐于牺牲的精神"等。③会议确定了甘地在国大党内的领袖地位。第一次不合作运动形成了大规模的群众性斗争,各条战线的斗争成为一个整体,猛烈冲击了英印殖民当局的统治。

刚刚经历了五四运动洗礼的中国新闻媒体对此欢欣鼓舞,作了多角

---

① 《学术月刊》1979年第6期。
② 林承节:《中印人民友好关系史(1851—1949)》,第109—110页。
③ 吴俊才:《甘地与现代印度》(中),台北正中书局1966年版,第13—14页。

度、多层次的报道和评论。大型综合刊物《东方杂志》先后发表30篇文章并出版专刊,中共中央机关刊物《向导》《前锋》也都发表文章,在当时中国的进步舆论界形成了一个宣传高潮。印度的"不合作运动"被中国人称为"新奇"和"平和"的革命运动:"以平和的不抵抗的手段对付统治者的迫压。加入此种运动者,不购英货,不与英人交际,不受英国教育,不为英人雇用,不加入英人设立的各种机关,一切均用消极态度,与英人对抗";"近来势力日益扩大,加入者日渐众多,几使英政府穷以应付。盖武力革命不难用军队压平,而此种消极的革命方法,则殆无法禁阻也。"①称颂甘地是"不合作策略的首创者","印度思想界的领袖",他鼓动的"无形的革命""歆动三万万民众来摇荡大英帝国根基"等,指出甘地的思想"代表静的文明的人格的生活","积极的主张灵的崇高与理想主义的革命"等。尽管中国的各种政治派别对于印度不合作运动的评价有所不同,但都充分肯定印度的"不合作运动"是长期以来印度人民反抗英国殖民剥削和统治斗争的必然结果和创造,是进步和正义的事业,具有深远的政治影响。对于英国当局镇压运动、逮捕甘地,表示极大的愤慨,对于"不合作运动"的被迫中止,表示惋惜。

以1925年的五卅运动为标志,国共两党共同领导的国民革命运动进入高潮。中国的反帝爱国运动得到了印度国大党、印度共产党等各种政治势力的欢呼和支持,也对印度的民族主义运动起了积极的推动作用。中印两国的民族主义政党和领袖加强了联络和相互支持。中国国民党以及广东革命政府等通过拍发电报、创办英文报纸、寄送各种宣传小册子等,向印度各政党、媒体等揭露英帝国主义在中国制造的种种惨案,介绍中国国民革命运动的情况,宣传中国国民党的政治主张。印度国大党迅速作出了反应,甘地撰文指出:"我们决不会容忍印度士兵像猎杀兔子那样射杀无辜的中国学生和平民的可耻景象出现","印度被保持在英国统治下,不仅仅是印度人民受剥削,也使大英帝国能剥削伟大的古老的中华民族",他建议中国人民也以非暴力的方法,开展反侵略斗争,并确信中国人民必能取得最后的胜利。② 9月,印度国大党通过《中国的斗争决议

①　《印度民族运动领袖甘尼地》,《东方杂志》第18卷第8期。
②　林承节:《中印人民友好关系史(1851—1949)》,第177页。

案》,强烈抗议印度政府派遣印度士兵镇压中国民族争取自由的运动。在中国的印度人士也与中国人民一起积极参加反英斗争。他们和朝鲜、越南的独立运动人士一起发表通电,以自身亡国之痛苦为例,鼓励中国朋友"要拼死反对帝国主义者,勿使中国又化为第二个印度、安南、高丽",表示"誓必出力为你们后盾"。他们还在上海参与发起组织"亚细亚民族大同盟",以联合亚洲各民族反抗世界帝国主义为宗旨等。① 当国民革命军出师北伐,中国革命面临英帝国主义武装干涉之时,印度革命者掀起了反对英印当局派遣印度士兵干涉中国革命的抗议高潮。印度国大党通过《关于印度军队在中国决议案》,"要求撤回印度军队并号召全国人民坚持不懈地促使政府接受这一要求"等。印度共产党、印度卡德尔党也都对中国革命表示热情支持的立场。1927 年 2 月,印度国大党和中国国民党代表在比利时布鲁塞尔参加世界被压迫民族大会期间,还就两党可以采取的合作步骤达成了共识。② 在两党关系的发展史上具有重要的历史意义。

1930 年初,甘地和印度国大党领导的"不合作运动",在经过数年沉寂之后,再起高潮。1 月 26 日,被国大党宣布为"独立节",国大党在全国各地举行独立宣誓大会,其誓言称:"英国在印度的政府不仅剥夺了印度人民的自由,而且毁坏了印度的经济、政治、文化与精神,所以我们认为印度必须摆脱英国的关系,达到完全自治或完全独立",该誓言深刻揭露英国统治之残暴,指出:"在经济上,印度被毁坏了,人民纳税的负担已远超过我们的收入","千千万万的财富从我们国家里压榨了带出去";"政治上,印度的地位从来不曾如此低落过,没有一项改革是真给人民以政治权力","在行政上更是愚民统治,大家只有听那些小书记、小办事员的话";

① 石源华:《韩国独立运动与中国》,第 142 页;省港罢工委员会:《工人之路》第 9 号。
② 印度国大党代表尼赫鲁和中国国民党代表廖焕星经过多次交谈,商定两党合作步骤如下:1.中国在印度设立新闻局,向印度新闻界和政治组织领导人提供有关中国问题的充分消息;2.在过渡期间,由在欧洲特别是在伦敦的中国新闻社向印方提供关于中国的消息;3.中国派代表常驻印度;4.一旦条件适宜,中国代表可访问印度,并作巡回演讲;5.中国国民党邀请印度国大党访问中国;6.中国工会大会邀请印度工会运动代表访问中国,并邀请国大党和工会代表出席在广州举行的国际劳工大会;7.印度国大党邀请中国国民党代表出席下届年会;8.在最近的将来,安排一次中印代表双边会议;9.中国代表希望有一些印度青年到中国学习并发展同中国人民及中国民族运动之间的联系等。以此协议为基础,两党代表发表了联合宣言。该协议和宣言均为两党认可。

"文化上,现行的教育制度斩断了我们的立国根基,所有的训练是要我们接受束缚";"精神上,不准我们有配带武器的自由,而亡命之徒的外国军队占领了我们的土地,使我们毫无反抗的余地,我们甚至一点也不能起而自卫,以抵抗外来的侵略,甚至连保卫身家性命防止盗贼的能力也没有","基于这种种因素所构成的暴力统治,如其长此屈服,那便是斩丧人权,违抗神意的一种罪恶",为此,庄严宣誓"愿接受国大党领导,共同来争取完全的自治"。① 此次运动规模较第一次运动更大,印度人民进行了不屈不挠的斗争。3 月 12 日,甘地率领 78 名同志,开始了历史性的食盐长征,一路行进,一路演讲,发生了重大的政治的影响。5 月 4 日,甘地被投入监狱,全印震怒,罢工斗争风起云涌,英国统治者进行了残暴的镇压,12 万人被捕。1934 年 4 月,国大党被迫宣布停止活动,运动失败。

尽管自 1927 年 4 月以后,中国国民党与印度国大党的联系已中断,但中国的新闻媒体还是以热情欢迎的态度,热烈赞扬印度民族的斗争新高潮。当时的《东方杂志》、《申报》、《国闻周报》、《大公报》等中国报刊都连篇累牍地发表了大量的文章,报道或评论印度的民族运动。甘地由此而在中国人民心中成为一个非常伟大的人物。有人称颂圣雄甘地"这个有神圣意义的名字,又在东方放出惊人的异彩,引起全世界的注意","他是当代的伟大,东方的圣洁","他仿佛是礼拜堂的钟声,他的灵感的福音回响于全印度人民的内心的底里"。② 更有人赞扬"其历史颇与我国的孙中山相仿佛","其态度静默而雄伟,其行动坚毅而勇敢,谓为消极,绝对不然,谓为软弱,尤乖真相",相信在他的领导下,"印度独立建国,迟早必实现"。③

第四节　泰戈尔和中印学会

在近代中印关系史上,文化交流活动是一个非常重要的方面,泰戈尔和中印学会在其中起了重要的作用。1924 年,印度著名诗人泰戈尔成功访问中国,将中印关系的发展推向一个新的高潮。1913 年,泰戈尔获得

① 吴俊才:《甘地与现代印度》(中),第 305—306 页。
② 《东方杂志》第 27 卷第 6 期。
③ 《大哉甘地》,《大公报》1931 年 1 月 29 日。

诺贝尔文学奖,成为亚洲获此殊荣的第一人。泰戈尔在文学上的巨大成就在中国思想界和学术界产生了很大的影响。1924 年 4 月,泰戈尔访问中国,中国文化界出现了一股"泰戈尔热"。中国报刊上充满了欢迎和赞美的文章。泰戈尔访华的主要接待人和翻译、中国著名诗人徐志摩称颂泰戈尔的访问中国如同泰山日出,"揭去了满天的睡意,唤醒了四隅的明霞","翻登了云背,临照在天空",是"东方的复活",是"光明的胜利";指出泰戈尔高超和谐的人格,"可以给我们不可估量的慰安,可以开发我们原来瘀塞的心灵泉源,可以指出我们努力的方向和标准,可以纠正现代狂放姿纵的反常行为,可以摩挲我们想见古人的忧心,可以消平我们过渡时期张皇的意气,可以使我们扩大同情与爱心,可以引导我们入完全的梦境"。① 中国的左翼作家则从另一角度对泰戈尔表示敬重,如著名的《民国日报》"觉悟"副刊载文赞美泰戈尔,是"一个人格洁白的诗人","一个怜悯弱者,同情于被压迫人们的诗人","一个鼓励爱国精神,激起印度青年反抗英国帝国主义的诗人"。② 泰戈尔先后访问中国的上海、杭州、南京、济南、北平、太原、武汉,到处发表演讲,与众多中国文化名人交流,向中国人民传递印度人民的情谊,对于恢复和加强两国人民友谊,起了不可低估的作用。直到 1956 年,周恩来总理在访问印度时再次赞颂泰戈尔,指出:"泰戈尔不仅是对世界文学作出了卓越贡献的天才诗人,还是憎恨黑暗、争取光明的伟大印度人民的杰出代表","至今中国人民还以惦念的心情回忆着 1924 年泰戈尔对中国的访问。"③

自泰戈尔访问中国后,中印文化交流得以逐步开展。20 年代后半期至 30 年代初,中国学者谭云山、徐志摩、许季上、许地山、高剑父等先后访问游学印度,尤其是谭云山长期在泰戈尔创办的国际大学任教,并曾周游全印度,著有《印度周游记》、《印度丛谈》等,对于推动中印间的相互了解起了重要作用。从 1931 年起,他与泰戈尔酝酿建立中印学会的计划。在中印两国学者和政要的热情支持下,1934 年 5 月,印中学会首先在印度成立,设在国际大学,泰戈尔任主席。次年 5 月,中印学会在南京成立,蔡元培任理事会主席,戴季陶任监事会主席。在双方的共同努力下,中印学

---

① 徐志摩:《泰戈尔来华》,《小说月报》第 14 卷第 9 号。
② 雁冰:《对于泰戈尔的希望》,《民国日报》1924 年 4 月 14 日。
③ 《新华半月刊》1956 年第 6 期。

会推动了一系列中印文化交流活动。如中国中印学会向印度印中学会赠送中国古籍,第一批有 6 万卷之多;分别在印度的大学设中国国学和中国佛学讲座,在中国的大学设印度佛学和印度文化讲座;推动中国学者陶行知等访问印度,选派留学生赴印度学习等。①

中印学会最大的成就是推动在印度国际大学建立中国学院。在谭云山教授的积极奔走下,筹集款项的工作取得了重要的进展。泰戈尔则在国际大学专门拨出一大块土地用于建设中国学院。1937 年 4 月 14 日,该学院举行成立典礼,甘地致函祝贺、尼赫鲁派女儿为代表出席,泰戈尔发表了热情洋溢的讲话,称该天是"一个伟大的日子","我久盼着这个日子的来临,为我们的人民偿还从古已许下的宿愿,就是要维护我们印度人民和中国人民之间的文化交往和友谊,这是在 1800 年前,我们的祖先以无与伦比的忍耐和牺牲奠好了基础的"。"中国和印度接壤千里,通道不计其数。这些通道不是战骑和机枪开发出来的,而是和平的使者,往来不绝,一步一步踏出来的。两国人民现在要把这些通道开阔平整起来,使之畅通无阻,以便更密切地交往。"②谭云山被任命为院长。中国学院的成立,标志着中印文化交流关系达到了新的水平,中印文化交流由此而有了一条常年开通的渠道,其意义不可低估。

抗日战争期间,中印文化交流继续得到发展。1939 年 8 月,尼赫鲁访问重庆期间,曾撰写《发展中印关系意见书》送交中国国民党中央,指出:中印两国皆在作培养国力、争取自由的奋斗,彼此可以借镜之处甚多,为此,提出七点建议,送交国民党中央,③深得中国国民党领导人的赞同。国民党中央陈立夫、朱家骅在参考尼赫鲁建议的基础上制定了《中印文化合作办法大纲》,要点是:1.交换教授讲学,担任各大学大学讲座;2.互相选送留学生;3.交换图书,分别译成中文或印文;4.交换情报,设中央通

① 林承节:《中印人民友好关系史(1851—1949)》,第 228—239 页
② 谭云山:《我的老师泰戈尔》,见林承节:《中印人民友好关系史(1851—1949)》,第 241—242 页。
③ 该备忘录的要点是:1.两国间及时地、正常地提供新闻。2.互派专家研究乡村工业与合作制发展计划。3.建立大学间的文化接触,交换书刊杂志,交换访问学者和研究生。4.两民族运动互相联络,交换情报。5.建议中国派代表列席国大党一年一度的年会;6.由于第二次世界大战的临近,印中应尽可能制定一个共同对付欧洲和世界新形势的政策,防止欧洲列强联合损害亚洲各国人民利益,当前,涉及中国的最紧迫问题,是防止英国、日本结盟损害中国利益。7.两国经济发展组织和妇女建立直接联系等。参见中国国民党特种档案 13—1 卷,台北中国国民党党史会藏。

讯社分社于加尔各答、支社于孟买;5.互相派遣考察团、访问团或观光团,或派遣专家调查、考察或联络;6.本党派代表参与印度国民党(应为国大党)本届年会;7.令中国、交通两行在加尔各答、孟买两地设置分行;8.改组并充实中印学会,我方并指定 25 个机关及团体参加合作等。① 随即,中印两方的文化交流活动大大加强。

1939 年底,著名中国画家徐悲鸿应泰戈尔之邀,赴印度国际大学讲学,历时一年多时间。其他赴印讲学访问的著名学者还有陈翰笙、常任侠、金克木、徐梵澄、吴晓铃、陈洪进等。1940 年初,太虚法师率中国佛教代表团访问印度,尼赫鲁曾会见该代表团。同年,中国回教代表团访问印度,印度穆斯林领导人真纳会见代表团。11 月,国民政府派遣戴季陶率友好访问团访问印度,并携带蒋介石亲笔函分致甘地、尼赫鲁和诗人泰戈尔。当时,尼赫鲁由于参加反战"不合作运动"已被英印当局逮捕入狱,戴季陶到尼赫鲁家表示慰问,转交蒋介石的信件和礼物。1941 年 8 月,印度独立运动家、全印妇女协会副主席卡拉黛维夫人访问重庆,蒋介石在会见时表示:"中国得到自由与独立以后,第一要务当为协助印度与朝鲜之解放与独立也。"②

同月,印度诗圣泰戈尔因病逝世,中国朝野无限哀痛。蒋介石亲发唁电,内称:"耆贤不作,声委无闻,东方义明,丧失木铎,引望南邻,无任悼念。"并撰写挽联"诗圣云亡"。国民政府主席林森也撰写挽联"文化导师"。国际反侵略运动中国分会的挽文对泰氏一生作了高度评价,称泰戈尔"是歌颂自然的诗人,也是改革现实的健将;是东方精神的号兵,也是国际主义的旗手;是印度的儿子,也是亚洲文化的卫士、世界文明的前驱;他曾为印度不合作运动而忿怒,他曾为中国反侵略战争而呐喊,他曾为东方兄弟的命运而忧思,他曾为西方朋友的学术而奔驰;泰戈尔先生而

① 《陈立夫朱家骅签呈》及《中印文化合作办法大纲草案》,中国国民党特种档案 13—1 卷,台北中国国民党党史会藏。中方指定与印度方面合作的 25 个机关团体是:教育部、中央研究院、北平研究院、中央大学、中山大学、清华大学、北京大学、南开大学、中国地质调查所、中央通讯社、中央图书馆、北平图书馆、新亚细亚学会、中国佛教会、回教救国协会、中国科学社、中国地质学会、中国地理学会、中国生物学会、中国工业学会、中国纺织学会、中华农学会、中国经济学会、中国银行、交通银行。

② 胡春惠:《中华民国对韩、印、越三国独立运动之贡献》,《中华民国历史与文化讨论集》第 2 册,中央文物供应社 1984 年版,第 430—431 页

今不在人间,可是他的精神却永远存在我们的心中"!① 11 月 19 日,由中央研究院、中央文化运动委员会、中央大学、西南联合大学、云南大学、中印学会、中国哲学会等七单位联合举行泰戈尔先生追悼大会及纪念演讲会。② 朱家骅致开会词,称:"自我国抗战军兴以来,先生屡发宣言,并致电我国政府及人民,赞助鼓励,不遗余力;因之我国人民益了然于和平之真谛,首在以抗战之大力,摧毁破坏和平之罪魁,而后始有真和平之可言。""先生人格之伟大,同情心之深厚,以及主持国际正义之精神,皆如日月丽天,万古长存,吾人如能以先生之意志为意志,共同努力,维护和平,则举世蒙福,而先生为不死矣!"③12 月 5 日,由顾颉刚先生等领衔发起建立"泰戈尔先生纪念册编辑委员会",决定编辑出版大型的纪念册,内容包括泰戈尔先生的传略、年谱、著作表、来华讲学纪事、照片、函电、自制乐谱、相关的纪念文字以及挽诗、挽词、挽联等 18 种资料。④ 这些都表达中国人民崇敬和怀念泰戈尔的心声。

1942 年 8 月,中印学会为适应战时中印关系发展的需要在重庆举行会议,修改会章,扩充会员,推举朱家骅为理事长,顾孟余为副理事长,陈立夫等为常务理事,戴季陶为监事长,陈布雷为副监事长,王宠惠等为常务监事。⑤ 戴季陶指出:"现在印度已具有独立自治之政治规模,其人口在四万万以上,以世界言之,合中印两国人口即达八万万以上,故就新亚细亚言以及就新世界言,中印文化之研究合作,实与人类之安危祸福、国际之治乱兴衰所关最大。"⑥中印学会拟定了详尽的工作计划,如举行座谈会、演讲会、组织中印学者互访、编印《中印月刊》和中印丛书、开办印文补习班、组织印度文化经济考察团、筹办印度文物展览会和中印书局等。⑦ 同时,该学会还拟定了《研究及编译工作计划纲要》。⑧

中国中印学会参与了推动中印关系发展的一系列活动。同年 11 月

---

① 朱家骅档案第 250 卷,台北中研院近代史研究所藏(以下同)。

② 《泰戈尔先生追悼大会筹备会第一次会议记录》(1941 年 10 月 31 日),朱家骅档案第 250 卷。

③ 朱家骅:《泰戈尔先生追悼会开会词》(1941 年 11 月 19 日),朱家骅档案第 250 卷。

④ 《泰戈尔先生纪念册编辑委员会第一次谈话会纪录》(1941 年 12 月 5 日),朱家骅档案第 250 卷。

⑤ 朱家骅档案第 242 卷。

⑥ 《院长关于中印学会办理之指示》(1942 年 9 月 23 日),朱家骅档案第 242 卷。

⑦ 《中国中印学会工作计划纲要》,朱家骅档案第 242 卷。

⑧ 《中国中印学会研究及编译工作计划》,朱家骅档案第 242 卷。

8 日,中印学会举行茶会招待印度驻华专员梅农夫妇,到各界政要 80 余人,宾主发表了热情洋溢的讲话,朱家骅称颂:"印度与中国乃兄弟之邦,有数千年之友好关系,从未发生过战争,学术上互相影响尤多。"梅农答称:"中印情谊之基础,全建筑在感情与文化上,故能互相了解。中印两国间虽有喜马拉雅山之阻隔,然历史上中国之伟大学者,曾不辞艰辛,跋涉万里以至印度,其所企求者不过学术而已",指出:"自二次大战爆发以来,世界上爱好自由之民族团结一致,此时中印遂得再度携手,喜马拉雅山之阻隔,已为航空所征服,此后两国交通自更便利"等等。① 同年,印度发生严重粮荒,灾民数超过千万,饿死者无数。中印学会发起组织"印灾筹振会",聘请宋美龄为名誉会长,戴季陶、朱家骅任正副会长,由中国朝野重要人物 30 余人任委员,曾举行大会,发动国民募捐,援助印度灾民,使两国人民的情谊更进一步。② 1942 年 10 月,印度印中学会也于圣地尼克坦举行大会,修改会章,扩充会员,推举泰戈尔的哲嗣罗缔·泰戈尔为主席,尼赫鲁为名誉主席。11 月 24 日,该学会第三届年会在印度国际大学中国学院举行。中国教育部、中国中印学会理事长朱家骅、监事长戴季陶、中国驻印专员沈士华、中国驻加尔各答总领事保君健等致电祝贺。会议就印中文化交流事业作出了不少有意义的决定。③ 中印的两个中印学会对于增进中印文化交流和友好关系的发展起了重要的作用。④

第五节　战时中国支持印度独立运动

印度在世界反法西斯战争中占有重要的战略地位。它不仅是英国赖以与轴心国集团抗衡、挽回南太平洋战局颓势的战略后方和根据地,而且也是缅甸失守后中国联系外界的唯一通道,对于中国抗战具有重要作用。从历史上观察,印度是西方列强在远东建立的第一块殖民地和英国侵略中国的战略根据地,印度如能获取独立,对于中国夺取抗日战争的胜利和彻底摆脱西方列强的控制,具有重要意义。同时,第二次世界大战也是印

① 《中印永远为朋友》,重庆《大公报》1943 年 11 月 9 日。
② 《印灾筹振会组织大纲草案》《印灾筹振会拟聘名誉会长及委员名单》,朱家骅档案第 249 卷。
③ 《印度中印学会第三届年会记录》(1943 年 11 月 24 日),朱家骅档案第 248 卷。
④ 林承节:《中印人民友好关系史(1851—1949)》,第 411 页。

度人民争脱英国殖民统治的极好历史时机。中印两国人民互相支持,为争取中国抗日战争的胜利和印度的完全独立而共同战斗。

抗日战争爆发后,印度国大党以及印度人民热忱支持中国的抗日战争。印度国大党主席尼赫鲁代表该党宣布:"我们的态度是完全反对日本侵略和同情中国。"9月26日被定为"中国日",国大党各级组织在印度各地举行集会,谴责日本对中国的侵略。10月,国大党全国委员会通过决议,"对于中国人民在强弱悬殊的情势下,为维持国家的完整与独立而进行的英勇抗战,表示至深的敬佩","吁请印度人民勿使用日货,作为他们同情中国的表示"。随即,印度人民踊跃募捐,"尽其所能,减轻中国人民苦难"。印度著名诗人泰戈尔带头捐献500卢比,印度国际大学举行了义演,捐款5000卢比,连居住在国外的印度人也积极响应募捐活动。印度国大党还应中国八路军朱德总司令的呼吁,派遣以爱德华大夫率领的五人医疗队来到中国,以无私的服务,为中国的抗战作出了贡献。中共领导人毛泽东和尼赫鲁互相致信,表示敬意。[①] 印度人民热情支持中国抗战的消息,对于中国人民的抗日战争是一个有力的支持。

1939年8月,印度独立运动领袖尼赫鲁访问重庆,受到中国朝野的热烈欢迎。重庆组成了由193个团体和民众代表组成的接待委员会。《中央日报》、《新华日报》、《云南日报》、《大公报》等报都发表社论,介绍他在印度民族独立运动的历史地位和战斗业绩。称颂他"一生都在努力使印度从英国统治下解放出来",是"印度民众的伟大领袖";[②]同时,他也是"我们民族的亲切朋友",他的来访"表示着伟大的印度民族是中国抗战中的巨大援助者"。[③] 蒋介石夫妇设宴招待尼赫鲁,毛泽东也致电表示欢迎,邀请他去延安访问,并对国大党派遣医疗队来华表示感谢。尼赫鲁的访问中国,既是对于中国抗战的有力支持,同时也对中国人民了解印度独立运动起了良好的作用。

太平洋战争爆发后,中国与美、英等国结成同盟国,共同进行世界反法西斯战争,这不仅使中国4年多来独力进行抗日战争的状况有了改变,也使中国的国际地位有所提高。援助印度等周边被压迫民族的独立运

---

① 林承节:《中印人民友好关系史(1851—1949)》,第258—268页。
② 《云南日报》1939年8月14日。
③ 《新华日报》1939年8月24日。

动,成为中国国民政府战时外交的重要目标之一,并被视为中国国际地位提高的重要标志。中国国民政府利用这一有利的国际条件,采取各种形式,积极援助印度独立运动。

然而,当时的英印关系却十分紧张,以甘地为首的印度国大党明确表示:如果印度不能获得完全独立,就不参加此次战争。① 英国当局对国大党的独立要求采取镇压的态度,日本人则利用印度人民强烈的反英情绪乘隙而入,它们以亚洲盟主自居,鼓吹"大亚洲主义"和"黄色人种革命",要把英美势力从亚洲驱赶出去,表示愿意以实力支持印度摆脱英国的殖民统治。② 这一阴谋虽为国大党领导人拒绝,但却吸引了以前国大党主席鲍斯为首的一批人,他们策划成立"自由印度政府",暗中与日本人接洽。印度局势有日趋恶化的可能。

在这样的形势下,蒋介石夫妇决定访问印度,其目的有三:第一,出于中国和世界反法西斯战争的需要,与英印当局商议开辟中印交通线、使印度成为援华军火的中转基地和生产基地以及中印缅联合防御等战时合作事宜,劝说印度国大党领导人暂时搁置立即实现印度独立的主张,支持英国对于德、日、意的战争;第二,利用世界反法西斯战争的有利形势,劝说甚至迫使英国放弃在印度的殖民政策。蒋介石在临行前致美国总统罗斯福的信中指出:"由于受到西方国家长期之统治,又无经济、政治、社会之平等,当地人民可能认为吾人描述日军之残酷,仅只不过宣传。他们也许认为没有理由为防卫现在统治者,对抗将来之统治者去作牺牲。如果他们要有必要之士气,忍受如中国长期经历轰炸与战争恐怖之苦难,则须使他们感到,他们自己有若干民族利益遭受危险。"呼请美国说服英国等在东方享有殖民利益的国家,"依大西洋宪章的精神,作政治上之改变,此对联合作战将有极大贡献。不然,如果敌方为本身目的,挑拨当地人民,则随战争之进展与时俱增"。③ 其三,通过访问印度,调解英印关系,提高中国在处理亚洲事务中的国际地位,潜意识中还存在着成为亚洲领袖的

① 吴俊才:《甘地与现代印度》(下),第 123—124 页。
② 石源华:《汪伪时期的"东亚联盟运动"》,复旦大学历史系中国现代史教研室编:《汪精卫汉奸政权的兴亡——汪伪政权史研究论集》,复旦大学出版社 1987 年版,第 283—285 页。
③ 《蒋委员长致罗斯福总统电》(1942 年 1 月 7 日),《先总统蒋公有关论述与史料》,中华民国史料研究中心 1985 年再版,第 422—423 页。

愿望。

1942 年 2 月 4 日,蒋介石夫妇偕同国防最高委员会秘书长王宠惠、国民党中央宣传部副部长董显光等,由英国驻华大使卡尔、英国驻华军事代表团长丹尼斯陪同,由重庆飞经缅甸腊戍抵达印度加尔各答。8 日,转乘火车抵达新德里,对印度进行正式访问。14 日,蒋介石赴拉合尔访问。16 日,再访加尔各答。21 日,返回重庆。蒋介石夫妇的访印,得到英印当局和印度各党派两方面的热烈欢迎。蒋介石在归国后的一次演讲中讲到:"我们这次往访印度,印度的政府与各党派领袖对于我们都是十分诚挚的欢迎,无论谈话之间,或其它一切行动表现都是真诚坦白,使我们十分感激!尤其是一般社会民众见了我们,如同见了他们自己的同胞国人一样,表示分外的亲爱与恳挚。"蒋介石特别提到:"当我们到新德里以后三天,尼泊尔国王知道了我们到了印度,立刻派他在印度的王子特来向我们致欢迎,并将他自己猎获的一张虎皮赠与我国政府,表示他向慕念旧之意。后来我们从新德里再到西北边省——印度与阿富汗交界的地方去视察国防要塞,看到当地的西藏人、尼泊尔人,尤其是布丹人各族长老,有许多在八十岁以上的老者,都来欢迎我们,表示格外的亲热。"他认为此为"此行所最感快慰,亦是平生最值得纪念的一件事"。①

然而,蒋介石夫妇访问印度的收效却不似预期的那么如意。蒋介石与英印总督林里斯格等会谈,在中英军事合作方面取得了若干进展:英方同意美国援华物资经印度孟买卸港,由陆路运往萨地亚,再从该地空运中国云南;表示愿意说服西藏同意修筑康印公路,经由西藏运输援华军火进入中国;同意以租借方式援助中国军火器械(包括装甲车、大炮、战车防御炮、迫击炮、机关枪和无线电器材)等,②这些对于中国的抗战都是重要的支持。但协调印英关系的使命却是毫无进展。蒋介石在与林里斯格会谈时,坦言:"今后太平洋战事,正在英、荷两国殖民地内进行,所以英、荷两国对于各殖民地内的民众——尤其是对于广大的、有历史的精神和潜伏力量的民族,一定要从速赋予实权,采取切实的方法,使其力量得以充分发挥";"如果英国能够以美国对待菲律宾者来对待印度,那印度将来

---

① 《蒋公自述:访问印度的感想与对太平洋战局的观察》,《先总统蒋公有关论述与史料》,第 377—378 页。
② 陈谦平:《1942 年蒋介石访印与调停英印关系的失败》,《南京大学学报》1991 年第 3 期。

对英国不仅可以做今日的菲律宾,效忠美国,共同抵抗倭寇到底";印度"将来必会做今日的美国对英国一样的与之同生死、共存亡,与日俱增不愿意完全脱离与英国在政治上的关系";"同盟国无论对德对日作战,印度一定可以作我们同盟国胜利的基本力量之一","在地中海、印度洋与太平洋上,发挥反侵略最大的功效",①要求英国政府立即给印度人民自由,建立自治政府,"使印人愿意作战而不为敌人所利用"。② 此番劝告为坚持殖民主义立场的英印当局断然拒绝,他们认为给印度以自治领地位"目下尚非其时","最好的办法乃将政权逐渐地、部分地交还,否则一定要引起印回间的自相残杀",不仅不同意让印度完全独立,而且连自治领地位也不愿给予印度。③ 英印当局之所以欢迎蒋介石赴印,纯然是为了利用蒋介石,说服印度各党派支持英国对德、日、意的战争,对于蒋介石的劝告非常不满,毫不客气地指出:"阁下此来有如审判官地位,将判断是否曲直,并且是袒护国民大会的,那末将使我十分感觉困难,这种印象决不利于联合作战之努力。"④双方不欢而散。

另一方面,蒋介石与印度独立运动各党派的会谈亦未取得理想的效果。印度国大党正开展要求英国立即退出印度的不合作运动,甘地致信蒋介石,声明"一个自由的印度在支持中国抗战方面,会比现在英国殖民统治者做得更好",保证在开展该项运动时将会慎重行动,每走一步都考虑不损害中国利益,不鼓励日本侵略。尼赫鲁也在会见中国中央社记者时表示:不论国大党采取何种行动,都会"竭尽全力,设法避免一切有碍中国抗战之行动",请中国方面放心。⑤ 访问期间,蒋介石会见了印度国大党领袖尼赫鲁、回教徒领袖真纳,并不顾英方的反对,会见了正被英印当局软禁的印度"不合作运动"领袖甘地,并进行长达五小时的会谈,蒋介石夫妇还广泛会见了印度政界、学界、妇女界的著名人士。这些会见加强了蒋介石与印度各党派,尤其是印度国大党之间的良好关系,并向他们表达中国无条件支持他们获取独立地位的明确立场,但对于印度独立的

---

① 《蒋公自述:访问印度的感想与对于太平洋战局的观察》,《先总统蒋公有关论述与史料》,第382—383页。
② 秦孝仪主编:《中华民国重要史料初编——对日抗战时期》战时外交(三),第357页。
③ 秦孝仪主编:《中华民国重要史料初编——对日抗战时期》战时外交(三),第354页。
④ 秦孝仪主编:《中华民国重要史料初编——对日抗战时期》战时外交(三),第356页。
⑤ 《新华日报》1942年7月14日。

步骤,蒋介石却与国大党不同。蒋介石的基本主张是:1.印度在战时先取得自治领地位,战后实现独立;2.印度放弃"不合作主义",暂停对于英印政府的攻击,积极参加反日联合战线等。国大党方面则坚持英国必须立刻将主权交还印度国民,"不合作主义"是国大党唯一的武器,不能够放弃,并要求蒋介石对于英国施加某种压力。① 中方的这一立场不能为印度国大党所接受。

尽管如此,蒋介石的访印,不仅未能促使英印关系有所好转,反而遭遇到英印双方的猜疑,陷入一种尴尬的境地。② 21 日,蒋介石在回国前夕发表《告印度人民书》,号召印度人民参加世界反法西斯阵线,强调在世界两大壁垒之间"决无中立旁观之可能",参加反侵略阵线,"系在整个反侵略阵线中之共同合作,而非单独与某一国合作与不合作问题",婉转表达了对于印度国大党"不合作主义"的批评;同时也敦促英国政府"不待人民任何之要求,而能从速赋予印度国民以政治上之实权,俾更能发挥精神与物质无限之伟力",并强调"此乃大不列颠帝国的有益无损且为最贤明之政策也"。向英国政府将了一军。③

尽管如此,蒋介石夫妇访问印度,对于推进中印关系的发展还是起了积极的作用。2 月 22 日,尼赫鲁发表演说,称颂蒋介石的访问"将影响中印两国的历史","吾人应勇往直前,以中国兄弟姐妹为楷模而鼓舞奋起"。④ 3 月 4 日,国民政府主席林森也称:"中印两国是伟大民族,同具悠久的文明","在中国过去的抗战期中,你们时常给我们同情与鼓励,这是我们永远不忘的,现在侵略的狂焰,又临到你们的大门,你们已经决定与我们并肩作战,中国人民对于你们的远见和敏断,异常钦佩,对于你们的参加和合作,异常欢迎!"⑤4 月 9 日,朱家骅以中国学会名义致函印度国民大会阿沙德主席,称蒋之访问印度,"不仅是两大民族密切合作之表现,实亦世界永久和平之始基,中印两国各拥广大之土地与人口,具有安

① 陈谦平:《1942 年蒋介石访印与调停英印关系的失败》,《南京大学学报》1991 年第 3 期。
② 对于蒋介石访问印度失败的原因,陈谦平分析了五点:英国顽固的殖民主义与帝国主义政策;印度内部严重的教派与种族冲突;印度国大党人坚持不让步;蒋介石过高估计了中国的国际地位而导致举措失当;美国政府的拒绝参与调停等。
③ 秦孝仪主编:《中华民国重要史料初编——对日抗战时期》战时外交(三),第 431—433 页。
④ 《中华民国史料长编》第 60 卷,南京大学出版社 1993 年版,第 274 页。
⑤ 陈志奇主编:《中华民国外交史料汇编》第十一卷,第 5011 页。

定世界秩序之力量,在历史上文化相互交流已有二千余年,在地理上尤唇齿相依,利害攸关,际此太平洋风云险恶,侵略者阴谋日愈之时,相信必能发挥伟大的力量,击退当前之公敌日本帝国主义,以实现吾人伸张正义与谋人类自由解放之共同理想"。① 4 月 11 日,朱家骅复致函印度回教同盟领袖真纳,表达了同样的评价。②

随后,中国官方继续支持印度独立运动。2 月 24 日、25 日,蒋介石连电美国总统罗斯福,强烈认为:"如印度政治问题不立刻解决,则危险只有与日俱增。如果英国政府等待,直到日机轰炸印度,印度士气瓦解,则为时已迟。如果等到日军进入印度之后,再来解决,无疑地,则为时更为晚矣。如日本知此真相,进攻印度,则彼等必可长驱直入,不致遭受抵抗。"③希望美国能够影响英国放弃在印度独立问题上的顽固立场。

印度时局继续恶化。4 月 10 日,印度国大党拒绝了英国战时内阁提出的解决印度问题的方案。④ 6 月 14 日,甘地致函蒋介石,指出:"印度已看到马来亚、新加坡和缅甸相继沦陷,我们必须接受悲惨的教训,全力防阻悲剧重演,但除非我们获得自由,便无能为力",着重申述印度人民获得自由之重要,保证自由印度之政府必同意同盟国家军队可留驻印度,并以印度为抵抗日人进袭之基地等,呼吁中方劝阻英印当局停止对于印度独立运动的镇压,"从印度撤退,让我们自己来照顾,让我们协助贵国"。⑤22 日,蒋介石两次电嘱正在美国的宋子文与罗斯福总统商议,最好由罗总统转达英国丘首相,"惟望美国政府对于此事勿太轻视",印度问题"能否妥善之处理,实为同盟国在东方整个战局成败之所系,盖非仅英国一国之事也"。⑥ 希望由联合国,尤其是位居领导地位的美国来"阻止此一不

① 《朱家骅致阿沙德主席函》(1942 年 4 月 9 日),朱家骅档案第 249 卷。

② 《朱家骅致真纳函》(1942 年 4 月 11 日),朱家骅档案第 249 卷。

③ 《蒋委员长致宋子文嘱转报罗斯福总统电》(1942 年 2 月 24 日),《先总统蒋公有关论述与史料》第 424 页。

④ 这个方案的主要内容是:1.立即采取步骤,在印度成立民选取机构,制定印度新宪法;2.制定印度各土邦参加上项制宪会议之法则;3.英国将有条件地接受并履行是项宪法;4.印度内部争端平息后,各省分别举行选举,新选出的省议会下院,即为各省选举中央制宪会议的唯一机构;5.当此印度面临危局,而新宪法尚未订立之时,英国政府无疑地将负起全部责任,掌管、统制、指挥印度的国防事务等,尤其是最后一款内容遭到国大党方面强烈反对。

⑤ 吴俊才:《甘地与现代印度》(下),第 136—137 页。

⑥ 陈志奇主编:《中华民国外交史料汇编》第十一卷,第 5180—5184 页。

幸情势发生"。① 显然,蒋介石是利用印度战局的紧张,策动美国出面向英国施压,促使英国改变对印度政策,支持印度的独立要求。然而,8月8日,罗斯福的复电却使蒋介石大失所望,他虽对蒋对印度局势的分析表示同意,但又表示由美国出面奉劝英国政府与印度人民存在"困难",并认为"目前最好不必采取阁下心中所拟议之行动"。② 蒋介石与印度国大党继续保持联系,并曾邀请尼赫鲁等访问重庆,这使英印当局大为不满。

印度局势进一步恶化。7月6日,蒋介石致电中国驻印外交专员沈士华,嘱密告尼赫鲁转甘地,劝告印方应极端忍耐,以增进盟国对印度之同情。③ 7月14日,印度国大党中常委通过决议,要求"英国退出印度",声明国大党确认"英国在印度的统治,必须立即结束。不仅由于异族的统治,即使再好,它的本质原就是坏的,将对被压迫的人民继续宰割。而且以一个被捆绑的印度,也决不能有效地防卫本身,致影响到目前进行中的毁灭人道的战争";"印度要自由,不仅只为了印度的利益,而且也是为了世界的安全,为了终止纳粹法西斯军国主义或其它形式的帝国主义,以及此一民族侵略另一民族"等。④ 8月8日,印度国大党全国代表大会正式批准该决议,声明"要挽救今日的危机,必须英国政权撤退,使印度独立";"一个独立的印度,将乐于参加此项保卫世界和平与阻止侵略的工作",并"乐于参加此一国际组织,在平等基础上与各国合作以解决国际问题"。⑤ 9日,英印当局正式逮捕甘地、尼赫鲁等一大批国大党领袖,向全世界宣示英国决心维护其对印度的殖民统治。11日,蒋介石致电罗斯福,指出英国此举"对盟国在远东目标,将证明为一极大挫折,且对整个作战形势必有严重影响";"如果事态任其进一步恶化,则轴心国之影响,必更为加强;盟国宣示作战之目的,世人将不再予以重视;而联合国公布之原则,其精神意义,亦将丧失殆尽矣"。呼吁美国采取有效步骤,以解决面临印度与世界之迫切问题。⑥ 另一方面,蒋介石紧急召见英国驻华

---

① 《蒋委员长致罗斯福总统电》(1942年2月25日),《先总统蒋公有关论述与史料》,第425页。
② 《罗斯福致蒋委员长电》(1942年8月8日),《先总统蒋公有关论述与史料》,第428页。
③ 陈志奇主编:《中华民国外交史料汇编》第十一卷,第5340—5341页。
④ 吴俊才:《甘地与现代印度》(下),第141页。
⑤ 吴俊才:《甘地与现代印度》(下),第149—150页。
⑥ 《蒋委员长致罗斯福电》(1942年8月11日),《先总统蒋公有关论述与史料》,第429页。

大使,阐明中国立场,劝告英国政府以"恢然大度之姿态",允许印度完全独立,"实无迫其铤而走险,掀起革命波澜之必要",并警告说"若使印度不得不用革命方式取得自由时,则英人在印之势力自然崩溃"等。[①] 同日,重庆《大公报》发表社评《为甘地等被捕之事惋惜》,紧急呼吁"赶快结束印度的悲剧,谋取合理的解决"等。中国方面的努力没有取得实效,罗斯福表示:"美国政府至今认为,此一争执,因素很多,不积极介入协调双方,也许更能有效发生影响。"[②]丘吉尔则对蒋介石提出严重抗议,指责中国干涉英国内政,宣称英国在中国的国共争端问题上"从未加以任何轻微之评判",蒋介石如再干预印度事务,"将要承担严重后果",声明他绝不接受"此项影响英皇陛下主权的调停"。[③] 蒋介石的调停活动被迫告一段落。

在以后近两年的时间里,中英间围绕着印度独立问题的交涉仍在重庆和伦敦等地进行。1944 年下半年,中国驻英大使顾维钧奉命拜会丘吉尔,指出:英国哪怕是作个姿态,就有利于盟国的共同事业,就能对各盟国全体人民以至被轴心国所占领的人民带来莫大的好处。丘吉尔仍然认为:当前最重要的事是赢得战争的胜利,印度问题很复杂,应等到胜利之后再予解决,并表示一旦战局好转,他就要采取措施,为印度问题制订最公平合理的解决方案。两人的谈话形成书面文件,蒋介石同意将印度独立问题暂时搁置。[④] 蒋介石对于印度独立问题的鲜明态度虽在战时并未帮助印度取得独立,却奠定了战后两国关系的重要基础。

第六节　战后中印关系的发展与障碍

战后中印关系一度得到了良好的发展。1946 年 9 月,经过印度人民长期斗争,英国政府同意印度建立过渡时期临时政府,由英印总督为主席,印度国大党领袖尼赫鲁为副主席并组阁,这是印度走向独立的重要步

---

① 秦孝仪主编:《中华民国重要史料初编——对日抗战时期》战时外交(三),第 476—480 页。

② 《罗斯福致蒋委员长电》(1942 年 8 月 12 日),《先总统蒋公有关论述与史料》,第 430 页。

③ 秦孝仪主编:《中华民国重要史料初编——对日抗战时期》战时外交(三),第 485—487 页。

④ 《顾维钧回忆录》第五卷,第 25—26 页。

骤。① 该临时政府极盼得到国际社会的承认与支持。中国国民政府基于支持印度独立的一贯立场,和争取印度站在西方大国一边的战略考虑,毅然决定于 11 月 18 日起将驻印专员公署升格为驻印大使馆,任谢寿衡为代办。这一举动发生了良好的国际影响。接着,美国也与印度建立大使级关系。1947 年 2 月,国民政府特派罗家伦为首任驻印大使,并于 5 月 16 日呈递到任国书,表示:"中国与印度交换外交使节,不特为印度独立进程之标志,抑且为中印更须密切合作时代之新页。"② 罗家伦成为世界各国中第一位到任的驻印大使,距离印度正式取得自治领地位早三个月,这是对印度人民争取独立地位的有力支持。印度临时政府亦将在重庆的专员公署升格为大使馆,梅农出任首任印度驻中国大使。当时国民政府与印度新独立政府间的关系相当密切,罗家伦曾说:经他手为印度帮忙的事共有 14 件,包括印度国旗采用阿育王轮、移交权力定为零时等。③

1947 年 8 月 15 日,印度正式独立。中国国民政府主席蒋介石致电印度新政府总理尼赫鲁表示祝贺:"敬祝贵国建设成功,国运昌盛。"次日,尼赫鲁复电蒋介石表示感谢,并称:"印度与中国自古以来即相互期许,相互鼓励,敝国之自由独立,将使尔我间固有之联系更形加强,两国民众将同受裨益,即全世界之和平民主及自由,亦均将因而增进。"④ 中国驻印大使罗家伦以英文赋诗《为自由印度而高歌》,赠送给印度独立大典以为庆贺,该诗最后几段称:

> 宛似印度洋后浪驱前浪,
> 民族愿望是这般无边际的飞扬,
> 陶醉在自由的精神里,
> 集合一切革命的力量。
> 陡然地不可认识的智能获得了胜利,
> 在智能里东方与西方,
> 聚首在共同的立场。

---

① 该临时政府还不是真正的民族政府,但由于尼赫鲁领导该政府外交部和联邦事务部工作,至少有关外交政策的制定权已转入印度人手中。

② 吴俊才:《印度独立与中印关系》,台北正中书局 1950 年版,第 273 页。

③ 罗家伦:《逝者如斯集》,台北传记文学出版社 1967 年版,第 40—47 页。

④ 重庆《大公报》1947 年 8 月 15 日、17 日。

好一个奇迹，
独立而用不着战争，
历史会告诉你，
那从前未有过的事情。

站在时代巨轮上的御者，
提高勇气向前，
加倍你的努力。
当你正要逼进山巅，
你一定可以达到你的理想：
崇高、美丽、尊贵、庄严。

这首诗表达了中国人对于印度独立的欣喜心情和高度评价，得到了尼赫鲁的喜爱。他致信罗家伦表示感谢，并称自己"甚为珍爱此诗，诗句优美，更爱你用那清丽的诗章宣泄出来的微妙的情绪"。① 同一天，印度驻中国大使馆举行升旗仪式，中国国民政府行政院长张群、外交部长王世杰出席仪式并致贺词，宾主共祝中印关系开创了一个新的时代。

1948 年 1 月 30 日，印度人民的领袖甘地不幸遇刺身亡，消息传出，中国人民十分震惊和悲哀。戴季陶撰写长篇挽文《圣雄甘地颂》，分列天生圣人、东西同道、怨亲平等、无明恶因、习坎重明、圣雄出世、圣雄教诫、圣雄母教、回向众生 9 篇，颂扬了甘地不平凡的一生。② 戴季陶还和朱家骅以中印学会名义致电尼赫鲁，哀悼甘地的不幸遇刺舍身，称颂甘地"不仅为印度人民之慈父，实乃世界人类之导师"，"最伟大之救主"，坚信甘地"崇高伟大仁慈之精神，必由其舍身放大光明，照遍世界，终于获致人类之普遍真正觉悟，复归于互爱互助，而印度从今以后必能显现其为世界和平柱石之伟力"等。③ 国民党中央社迅速选择甘地图片百帧，举办了"圣雄甘地专题图片展览会"。④ 2 月 28 日，中国各界举行规模宏大的甘地先

---

① 吴俊才：《印度独立与中印关系》，第 285、289—290 页。
② 戴季陶：《圣雄甘地颂》，朱家骅档案第 249 卷。
③ 《戴季陶、朱家骅致尼赫鲁电》，朱家骅档案第 249 卷。
④ 《肖同兹至朱家骅函》(1948 年 2 月 21 日)，朱家骅档案第 249 卷。

生追悼会,与会者二至三千人,[1]表达了中国人民对于甘地的崇敬和追念,也反映了两国人民友好关系的密切。

中印两国人民联系的纽带——中印学会十分活跃。战争结束后,该学会迅速决定于 1945 年 12 月底以前迁至南京。[2] 印度独立取得重大进展之时,该学会相应制定了《工作计划纲要》,内称:"中印两邦素称友好,彼此壤接长达三千里,合计人口总超过八万万,各有丰富伟大之资源,皆具卓越之文化,向来均以思想情感之熙融,进始谋取政经社教之合作,往还两千年从无争端,今仍能屹存此二兄弟之大国,实即异日亚洲繁荣世界和平之无穷力量也。"

关于研究工作,该学会提出具体计划如下:1.特聘中外知名之专家,共为中印各项事业之臻密发展而讨究,且对中印双方有志中印事业优秀之学子介绍并辅助而达成交换留学,储育今后本会工作之基本干部;2.筹组中国政经社教各门工作考察团赴印考察;3.集贤纳众定时期举行中印研究座谈会;4.延聘中外之学者公开演讲中印之问题;5.长期专聘中印之学者使能交相讲学;6.展开中印通讯之工作并行普聘通讯之人员;7.编印定期之会刊以及有关中印问题研究丛书;8.筹办中印文物之展览;9.筹开会员联谊游宴等集会;10.即谋对于国际文化有关社团机构之合作,并相进求前途之繁荣与光大;11.随时参与本国内外之各种社团而为中印事业之服务等,并决定加紧设立工作设计委员会、编译出版委员会以及驻印专员办事之机构等,从中可见该学会活动之活跃,对于推动新时期中印关系的发展起了积极的作用。[3]

1947 年 6 月 16 日,中印学会邀请印度驻华大使梅农演讲《印度独立之回顾与前瞻》,对于中国人了解印度局势和未来走向,产生了良好的影响。[4] 中印间的文化交流不断有所发展,1947 年 9 月 17 日,在双方的共同努力下,印度佛学会的"中国院"举行奠基典礼,中国政府捐助该会基金印币 1 万盾,中国驻加尔各答代总领事蔡维屏应邀主持典礼,他在申述中印传统文化的光荣交流历史后,指出:"佛教要旨如能被世人所实际采

---

[1] 《甘地先生追悼会筹备办法》,朱家骅档案第 249 卷。
[2] 《中印学会迁京办法》,朱家骅档案第 242 卷。
[3] 《南京中国中印学会工作计划纲要》,朱家骅档案第 242 卷。
[4] 《梅农大使演词摘要》,朱家骅档案第 248 卷。

用,则人类将不会有战争及敌对行为之发生",祝愿"中国院"之奠基"代表中印两大民族伟大友谊之永续"等。① 9 月 25 日,印度摩诃菩提会住持兼秘书经纳拉唐纳致书中国中印学会理事长朱家骅,感谢中方的慷慨捐助,并允将"使此屋呈现中国色彩","采用中国式装置及设备"等。② 1948年 8 月,印度宣布独立周年之际,中印学会理事长朱家骅发表谈话,并与监事长戴季陶联名致电印度政府总理尼赫鲁,表示祝贺,并邀请印度驻华大使潘尼迦演讲《印度独立的意义》,听众数百人,对于两国关系的发展起了积极的作用。③

两国间的贸易也有所发展。1946 年 5 月 17 日,印度访华贸易团团长称:印度政府考虑将原定对中国出口 80 万包印棉提高至 100 余万包。9月 26 日,印度政府商业部长也发表谈话指出:"中国与印度待 10 年或 15年后两国之工业均已获得长足之进展时,两国之商务关系亦必更有进步。"④

两国在国际事务中也进行了良好的合作。印度临时政府总理尼赫鲁曾发起召开泛亚洲会议,邀请中国、日本、朝鲜、菲律宾、蒙古、暹罗、尼泊尔、不丹等 33 个亚洲国家和地区的代表参加会议。国民政府支持该会议的召开,被邀请的中国有关团体参加了会议。1946 年 10 月,联合国第一届大会期间,中国代表团对印度提出的《南非印侨遭受歧视控诉案》深表同情。中国首席代表顾维钧在联大政治安全委员会和法律委员会联席会议讨论印度提案时,发言支持印度意见,他指出,南非联邦法律关于亚洲人民土地保有权方面之歧视规定及 1946 年所通过之压制印人法案,不惟歧视印度人民,亦歧视所有亚洲人民;印度之问题,不仅与印度、南非及亚洲有关,且亦与整个国际有关等。结果,联合国大会以 32∶15 通过了有利于印度的决议。⑤ 在 1947 年 9 月举行的联合国第二届大会上,中印两国代表团继续保持友好关系。中国代表团极力主张联合国大会主席应按地区轮流担任,推荐并积极活动让印度代表团长潘迪特夫人代表亚洲出

① 《印度日报》1947 年 9 月 18 日。
② 《经纳拉唐纳致朱家骅函》(1947 年 9 月 25 日),朱家骅档案第 249 卷。
③ 朱家骅档案第 249 卷。
④ 《武汉日报年鉴》(1947 年)外交,第 29—30 页。
⑤ 《武汉日报年鉴》(1947 年)外交,第 29—30 页。

任本届联合国大会主席。中国首席代表、外交部长王世杰为此特向马歇尔游说:潘迪特夫人十分胜任主席,中国所关心的并不是某一个具体人,只是渴望把印度保留在西方大国一边,这不但有利于中国,也有利于整个世界。马歇尔深表赞同。[①] 中国的这一举动虽未获得成功,但表明了中印两国关系的密切。

然而,新获独立的印度政府却未能将中印关系继续推向前进。英国侵华史上遗留下来的西藏问题等成为两国关系继续发展的重大障碍。印度国大党在领导印度争取独立的斗争中曾以民族主义为旗帜,与英国殖民势力进行斗争,推动了印度历史的进步,但在印度独立后,国大党奉行的狭隘民族主义思想,成为印度推行扩张和压迫其他民族的武器。[②] 尼赫鲁曾对印度外交官指示:“考虑任何问题首先得从印度的利益出发,其次才是事情本身的是非曲直。”[③]抗日战争结束后,由于中国内战频起,无暇顾及亚洲地域政治,印度决心“建立一个由印度作为神经中枢的亚洲联邦”。首先,印度继承英国殖民者的侵略传统,对于夹在中印之间的喜马拉雅山各山地小国实行各个击破。1947 年 8 月,英国撤离印度,印度首先迫使尼泊尔签订《维持现状协定》,由印度全盘继承了英国殖民者在尼泊尔享有的全部权利。1949 年 6 月,印度出兵兼并锡金(哲孟雄),借口锡金王公无法维持秩序,命令印度驻锡金行政专员接管了锡金一切政务。8 月,印度强迫不丹签署《友好条约》,全面控制了不丹,使其成为印度的保护国。[④] 这些举动对中国西藏的安全产生了严重威胁,引起西藏当局的不满和交涉。

印度新政府首先逼迫西藏当局接受印度继承英国侵藏事实。1947 年 5 月,印度临时政府驻藏代表将备忘录送交西藏地方政府,明确要求继承和保持英国在西藏享有的特权和利益。西藏当局认为印度既已脱离英

---

① 《顾维钧回忆录》第六卷,第 209—215 页。
② 尼赫鲁的狭隘民族主义思想在印度独立之前早已有之,他在《印度的发现》一书中流露了称雄亚洲的野心,他认为印度将不可避免地在太平洋地区“发挥重要影响”,“在印度洋地区,在东南亚一直到中亚细亚,印度也将成为经济和政治活动的中心”,甚至认为:“小民族国家是注定要灭亡的,它可能作为一个文化上的自治区苟延残喘,但是不是一个独立的政治单位。”
③ 比姆·桑图:《悬而未决的中印冲突》(英文版),第 35 页,转引自王宏纬:《喜马拉雅山情结:中印关系研究》,第 66 页。
④ 王宏纬:《喜马拉雅山情结:中印关系研究》,第 56—59 页。

国管辖,西藏也应从英国享有的特权下解放出来,要求与印度交涉修改过去的印藏条约,建立印藏之间的新关系,遭到印度方面的拒绝。① 1948 年 3 月,印度驻藏代表再次与西藏"外交局"谈判,要求西藏明确承诺遵守过去的英藏条约,并威胁说:"印度获得了英国所订有关印度的条约的一切权利,只是为了亲善,才来请西藏政府答复遵守条约的问题";如果不予回答"将使印度政府感到不快和对西藏本身带来危害"等。② 印度政府在与西藏当局交涉无果的情况下,于同年 11 月通知西藏当局:"印度政府继承了(英王)陛下政府对西藏的权利和义务,并将继续恪守存在的各项条约直到双方愿达成新的协议为止。"并威胁西藏如不从的话,就将断绝印藏间一切交通,迫使西藏当局暂将此事搁置。③

同时,印度新政府企图怂恿西藏独立。早在抗日战争期间,西藏地方当局在英国侵略者的怂恿下,擅自建立"外交局",并通知国民政府驻藏办事处,此后一切与西藏事务均须通过"外交局"办理,遭到国民政府的严厉批驳。但印度临时政府成立后,立即承认了这一非法机构。1947 年 3 月,尼赫鲁发起"泛亚洲会议"时,指使其驻藏代表通过该"外交局",别有用心地邀请所谓的西藏代表团参加会议,并指使其准备一面"国旗"备用。在会议开幕时,西藏被作为一个国家来对待,在会场悬挂的亚洲各国国旗中杂有西藏的"雪山狮子旗",在会场的巨幅亚洲地图上将西藏置于中国之外,初步暴露了印度染指西藏的野心。后经参加会议的中国代表强烈抗议,尼赫鲁始予更正。④ 1947 年底 1948 年初,印度政府又不顾西藏是中国领土的历史事实,以国宾之礼接待西藏地方当局商务考察团,尼赫鲁接见该代表团,并与之私下进行密谈。在印度的帮助下,该代表团还先后访问了美国和英国,企图争取美、英承认西藏独立。1948 年 12 月,中国驻印大使罗家伦致函尼赫鲁,郑重声明:印藏间"任何此种商谈,不仅中国政府不予承认,所有中国人民亦将深致痛恨"。⑤

---

① 杨公素:《中国西藏地方的涉外问题》,中共西藏自治区委员会党史资料征集委员会 1985 年版,第 28—29 页。
② 杨公素:《中国西藏地方的涉外问题》,第 30 页。
③ 杨公素:《中国西藏地方的涉外问题》,第 30—31 页。
④ S·杜德:《与尼赫鲁在外交部的岁月》(英文版)第 3 章,转引自王宏纬:《喜马拉雅山情结:中印关系研究》,第 60—61 页。
⑤ 王宏纬:《喜马拉雅情结:中印关系研究》,第 63 页。

关于西藏问题,中印间进行了一系列交涉。1943 年 1 月,中英签署新约时,虽经双方谅解,并经英王以兼印度皇帝名义承认新约适用于印度,但多年未决的西藏悬案并未得到解决。条约仅笼统规定:"双方并同意凡本约及照会未涉及之问题,如有影响中华民国主权时,应由中华民国与印度政府之代表会商,依据普通承认之国际公法原则及近代国际惯例解决之。"①此项谅解,应解释为对于西藏问题可经由中印以谈判方式解决。然而,由于印度政府企图继承英国将其边境推广至喜马拉雅山以北之传统,而中国则坚决主张和英国侵华的旧传统做一刀两断的划分,引起了一系列的纠葛。

从 1947 年春开始,国民政府外交部与印度驻华大使梅农谈判《中印通商友好条约》。10 月 14 日,外交部次长叶公超约见梅农,面交中方条约草案,其中第 29—31 条是有关西藏事务的。叶公超特别指出:1908 年的《中英续行印藏通商章程》将于 1948 年 4 月 20 日届期,中国愿与印度讨论修约问题。印度方面却采取规避不谈的态度。中国驻印大使罗家伦几次向印度政府催询,均无结果。而在此前后,罗家伦一再发现印度官方印行的地图和宣传影片上的地图都将西藏画在中国领土之外。罗家伦为此照会印度政府,指出这种错误,要求更正,印度政府却支吾其事。②

1948 年 10 月,国民政府分别照会英国、印度和巴基斯坦政府,说明1908 年的《中英续行印藏通商章程》今年期满以后,不再继续,应重订新约。英国政府声明:中国此后有关西藏问题应与印、巴政府直接商谈。巴基斯坦复文表示完全同意中方要求。印度政府却延至 1949 年 3 月 22 日始答复中国政府,主要内容:1.自印度政府成立之日起,认所有前英属印度政府与西藏所订条约的全部条约义务,皆由印度政府继承;2.印度与西藏的关系,当以 1914 年《西姆拉条约》及其通商附则为准;3.所述 1908 年之《中英续行藏印通商章程》,早已失效,无庸再提等。③ 所谓的《西姆拉条约》从未为历届中国政府承认,印度政府的这一复文暴露了它对于中国西藏的野心。当时国民政府行政院及外交部正因内战失败处在由南京至广州再至重庆的一迁再迁的过程中,未能及时驳复。11 月 18 日,正在

---

① 王铁崖主编:《中外旧约章汇编》第 3 册,第 1271 页。
② 吴相湘主编:《民国百人传》(三),台北传记文学出版社 1982 年版,第 213 页。
③ 吴俊才:《中印、中缅关系》,《中国外交史论集》,第 13 页。

败亡中的国民政府外交部以照会方式驳复了印度政府的来文,再次否认"没有任何承认根据的损害领土主权的所谓《西姆拉条约》"。①

同时,印度政府还采取了一系列侵犯中国主权的行动。1949 年 7 月 8 日至 20 日,印度政府驻藏贸易专员署煽惑西藏地方当局,制造拉萨事件,借反共为名,限期驱逐中央驻藏办事处人员出境。② 印度驻西藏代表查理森直接参与策动了该事件。他挑唆西藏"外交局"局长说:"拉萨有许多共产党的人,留他们在这里,将来会充当内应,将解放军引来",并提出不少人的名字和地址,结果导致西藏地方当局"很快就把一批所谓共产党人和国民党驻藏办事处的职员,全部限期驱逐出境"。③ 印度政府在西藏问题上的错误立场,不仅使当时的中印关系趋向恶化,而且也对未来中印关系的发展埋下了冲突的种子。④ 9 月 2 日,新华社发表题为《决不允许外国侵略者吞并中国领土——西藏》,明确指出该事件"是在英、美帝国主义及其追随者尼赫鲁政府的策划下发动的。英、美、印反动派勾结西藏地方反动当局举行这个'反共'事变的目的,就是企图在人民解放军即将解放全国的时候,使西藏人民不但不能得到解放,而且进一步丧失独立自由,变为外国帝国主义的殖民地奴隶"。严正表明了中国共产党人对于该事件的关注和态度。⑤

对于国共两党的内战,印度政府采取了不介入的态度。1945 年 9 月 26 日,印度国大党活动家萨拉特·鲍斯曾发表谈话,谴责蒋介石不接受毛泽东在重庆谈判中的条件,称蒋为"法西斯暴君",尼赫鲁深恐引起国民党误解,两次发表谈话,说明鲍斯长期在狱中不明外界情况,用这种方式谴责一个友好国家的首脑,是不正常、不适当的,并特别强调蒋介石夫妇"在过去两年半时间里,逸出常规,帮助印度的事业,甚至不惜牺牲他们自己的民族利益受到某些暂时损害"。但并不对蒋介石的国内政策表明态度,用他自己的话说:"不仅和蒋介石的中国政府保持着友好关系,而且也和他在中国的许多批评者保持着友好的关系。"1947 年 1 月 22

---

① 吴相湘主编:《民国百人传》(三),第 214 页。

② 7 月 11 日、17 日、20 日,国民政府蒙藏委员会驻藏办事处、电台、小学和测候所全体人员及家属,以及在大昭寺附近开办的甜茶馆的全体员工,被分作三批,由藏军押送经锡金转道印度回国。

③ 《西藏文史资料选辑》纪念西藏和平解放三十周年专辑,西藏人民出版社 1981 年版,第 30 页。

④ 石源华:《中华民国外交史》,第 704—705 页。

⑤ 《人民日报》1949 年 9 月 3 日。

日,尼赫鲁在给印度驻中国大使梅农的外交指导文件中指出:"在保持与蒋介石的紧密和友好的关系时,不要使自己成为内争的一方,也不要说有损任何一方的话",指示梅农抓住机会,在不刺激蒋介石政府的情况下,争取访问西北地区,"向那里的领导人解释我们的友好和平政策"。1948年4月9日,中国人民解放战争已进入战略决战的前夕,宋庆龄在香港致函尼赫鲁,内称:中印两国像是两条拉犁的牛,吃力地拖着那因殖民主义和封建主义剥削、统治造成的死沉的重负。但是这一切都快有尽头了。中国人民有强大的内在力量,能战胜困难,取得胜利。尼赫鲁复函表示同意,并称颂宋庆龄是"这个黑暗和不幸的世界上一颗璀璨的希望之心"。[①]

　　1949年初,解放战争的三大战役已经胜利结束,蒋介石在全国的失败已成定局,尼赫鲁的对华政策也由对国共内争的中立态度转向准备承认即将诞生的人民共和国。4月1日,尼赫鲁致函各省首席部长,通报中国情形:"从世界角度看,也许最重要的事件是中国共产党在中国的成功","这影响着、并将越来越大地影响着亚洲及世界的未来,对于我们印度,这是最重要的事";"某些西方强国的政策,总的说是一直支持东南亚最保守的政权,这个政策已经失败,在中国,甚至美国的大规模支持也没有造成任何不同的结果";"共产党人在中国的胜利主要是由于国民政府统治集团的分崩离析和它在各阶级群众中的极端不得人心,它不能及时吸取教训,因而就要变成历史的陈迹"等。[②] 这表明尼赫鲁已经确信中国共产党将取得全国胜利。4月23日,中国人民解放军解放南京,印度驻华大使梅农奉命没有根据国民政府的要求南迁广州,而是将使馆人员及财产造册送新政府备案,这表明印度已在为承认新中国进行准备。

　　1949年12月31日,印度政府正式宣布承认中华人民共和国,并"撤销对中华民国国民政府的承认"。[③] 1950年,两国正式建交,互派大使,中印关系进入了新的历史时期。

[①] 参见林承节:《中印人民友好关系史(1851—1949)》,第402—407页。

[②] 参见林承节:《中印人民友好关系史(1851—1949)》,第407—408页。

[③] 对于印度在亚洲民族主义国家中带头承认中华人民共和国的缘由,赵蔚文分析如下:1.悠久的宗教文化产生的亲近感;2.共同的反帝反殖斗争结下的亲密友谊;3.尼赫鲁欲将新中国"纳入正确轨道";4.体现印度不结盟的外交政策;5.防止两面受敌以及尼赫鲁的个人作用等。参见赵蔚文:《印中关系风云录(1949—1999)》,时事出版社2000年版,第5—33页。

第十二章　中国与其他周边国家和地区的关系

第一节　中国与尼泊尔的关系

尼泊尔是中国在南亚地区又一邻邦,也是中国与南亚各国交往的最为便捷的国际通道。长期以来,与中国有着友好的往来。尼泊尔的《斯瓦扬布往世书》记载说:加德满都一带原本是一个巨大的湖泊,后来,文殊师利(即文殊菩萨)从中国来到这里,劈开南方山岭,将湖水泄干,修建了举世闻名的斯瓦扬布寺,于是有了尼泊尔这个名称。这个美丽的故事神话般地反映了中尼两国关系的源远流长。①尼泊尔原意为"中间的国家",意即是处在中印之间的国家。中国史籍中分别称其为泥婆罗、尼波罗(唐)、尼博罗(元)、尼八喇(明)、廓尔喀(清)。

尼泊尔历史悠久,相传在公元6世纪前,尼泊尔人已定居加德满都一带,建立了若干古代王国。公元12世纪前后,尼境内相继出现基拉王朝、索姆王朝、塔库里王朝、李查维王朝。公元13—18世纪为马拉王朝统治时期。1769年,兴起于尼泊尔西部的廓尔喀王国战胜马拉王朝,建立沙阿王朝。中尼两国的经济文化交流和人民友好往来至少有1500年的历史。公元406年,中国著名僧人法显为寻访佛祖诞生地,曾到过尼泊尔。公元408年,尼泊尔著名僧人佛驮跋陀罗来到中国,在中国生活长达21年,与法显等合译经书8部122卷,对于佛教禅学在中国的传播和发展起过很大的作用。公元635年,唐朝的著名僧人玄奘也曾到过尼泊尔,并在

---

① 刘宏煊:《中国睦邻史——中国与周边国家关系》,世界知识出版社2001年版,第318页。

其所著《大唐西域记》中有所记载。随后,西行求法的中国僧人很多人都曾到过尼泊尔,有的还死在那里。

从唐朝开始,两国政治关系也有了一定发展。唐、宋、元、明、清各朝均有政府间的相互往来。如1383—1427年的40多年间,明朝政府与尼泊尔政府有过9次往来。尼泊尔国王向明朝贡献金塔、佛经、马、各种土特产等,明朝皇帝则向尼国王赠送玺书、彩带等。尼泊尔与中国西藏地方更是保持着密切的关系。①

18世纪开始,英国殖民者侵占印度,进而侵略尼泊尔。1791年,英国强迫尼泊尔签订不平等的通商条约,打开了尼泊尔的大门。1814年,强迫尼泊尔签订《塞哥里条约》,不仅侵占尼泊尔国南部1万平方公里土地,而且规定尼国内政和外贸均须受英国监督,把尼泊尔变为英国的保护国,并导致中尼关系的变化。1788年和1791年,尼泊尔两次侵入西藏,遭到中国军队痛击。1792年,中尼签订《努瓦科特条约》,主要内容是:尼泊尔和西藏承认中国的宗主权;尼泊尔归还所有被侵占的土地;中国补偿尼泊尔财政损失;尼泊尔与西藏发生争执,应通知中国中央政府;准许尼泊尔到西藏进行贸易;尼泊尔遭遇外来侵略时,中国必须援助尼泊尔;尼泊尔和西藏每隔五年向中央朝廷进贡等。该条约以法律形式肯定了中国与尼泊尔之间的宗藩关系,清政府以宗主国的地位处理了尼泊尔与西藏的冲突。

随后几十年藏尼边境相安无事。1855年,尼泊尔受英国操纵,再次进兵西藏,清政府出兵支援藏军,双方几经激战,互有胜负。1856年,由尼泊尔政府与西藏地方政府签订《塔帕塔利条约》,主要内容是:尼泊尔、西藏尊重中国大皇帝;西藏每年送1万卢比给尼泊尔;西藏如遭外国攻击,尼泊尔"竭力援助保卫之";西藏不对尼泊尔人征收贸易税和通行税;尼泊尔得派一高级官员常驻拉萨等。该条约虽仍承认中国对尼泊尔和西藏的宗主权,但西藏似已成为尼泊尔的附庸,而且西藏地方政府无权利对外订约,清政府对于该条约亦未予以承认。清王朝与尼泊尔的朝贡关系一直维持到1908年。② 1905年(清光绪三十一年),清政府曾遣使赴尼,

---

① 刘宏煊:《中国睦邻史——中国与周边国家关系》,第323—324页。
② 刘宏煊:《中国睦邻史——中国与周边国家关系》,第320—321页。

册封尼泊尔国务总理为"统领兵马果敢王"。民国建立后,北京政府驻藏办事长官钟颖"曾檄谕尼泊尔归附,未收效果"。[①] 但中尼之间的关系并未完全中断。1923 年,在尼泊尔人民的反英斗争推动下,英国被迫承认尼泊尔独立。1924 年,尼泊尔曾派人到中国来表示修贡愿望。[②]

1931 年九一八事变发生后,中国驻藏办事长官陆兴祺屡向政府进言,称"我国近日既失之东北,若西南方面更不知注意,则国将不国",为此,"更编订《西藏交涉纪要》一书,呈之当局,缕陈西藏内幕情形,及收复策略;而于尼泊尔一方面亦三致意焉"。遂引起国民政府对于尼泊尔问题重视。1932 年 2 月,国民政府循晚清之例,派遣驻加尔各答总领事张铭为代表,赠尼泊尔国务总理宾森塞以一等宝鼎勋章及陆军上将衔。2 月 8 日,在尼泊尔皇宫举行隆重的授勋仪式。张铭"陈述我国讲信修睦之诚意,得该国正式热烈欢迎,待以最隆重之礼节,并大赦全国,大庆三日,视为该国百年来未有之庆典,于是中尼亲善之局,得以巩固,中外观听,亦为之一新","西藏得藩篱之固,边圉获磐石之安,此中所关,亦非浅鲜矣"。[③] 时人区宗洛曾作《授勋歌》,庆贺中国近代周边外交史上的盛举:

> 喜马拉山高矗天,登临足下生云烟。环山有国三千里,中印疆圻襟袂连。
>
> 湖海元龙饶大志,宦游欣展凌支翅。时平壮士髀肉生,花间闲放游春骑。
>
> 一纸丹书下玉京,顿数西域遍传名。乘槎会有边防计,持节真为入虏行。
>
> 别有冯嫽绡幰车,也随使节赋皇华。山川到处生春色,开尽龙湫顶上花。
>
> 国王闻诏远郊迎,接得勋章在感生。愿奉汉家新正朔,不须重筑受降城。
>
> 一曲游扬奏国歌,三民主义乐声和。于今谱入胡笳里,吹出遗音塞外多。

---

① 张祝三选编:《尼泊尔国复交纪略》,上海作者书社 1935 年再版,第 3 页。
② 刘宏煊:《中国睦邻史——中国与周边国家关系》,第 320、325 页。
③ 张祝三选编:《尼泊尔国复交纪略》,第 3—4 页。

接风东阁绮筵开,共道天朝大使来。看取五云缭绕处,有人高倚凤凰台。

棋局真输一着先,庙廊当日说筹边。会同池馆荒凉久,花落花开二十年。

上邦恩诏到王宫,顷刻春生万户中。大赦特颁新庆曲,果然君乐与民同。

一朝重见汉官仪,父老相看笑民眉。夹道万人齐队伏,燕然谁勒纪功碑。

小住兼旬试玉鞍,学堂工厂遍参观。民心励得清如水,越贡珊瑚不忍看。

欲别还将小影中,甘棠遗爱足千秋。国中黎老如相忆,认取当年定无侯。

坐收南越不为功,留得清芬史册中。欲问恒河河畔水,古今淘尽几英雄。①

字里行间虽流露着一些"朝贡"时代的遗情,但还是表达了对于中尼以特殊形式复交的喜悦心情。

同年,尼泊尔国务总理由爵达塞尔继任。1934年,国民政府再次派遣中国驻加尔各答总领事梁长培为代表,赠其以一等宝鼎勋章及陆军上将衔。这些虽然都是礼仪性的虚衔,却标志着两国间关系的友好。

抗日战争期间,蒋介石夫妇访问印度,尼泊尔国王特意派人向蒋介石致敬。蒋介石在归国后的一次演讲中特别提到:"当我们到新德里以后三天,尼泊尔王知道了我们到了印度,立刻派他在印度的王子特来向我们致欢迎,并将他自己猎获的一张虎皮赠与我国政府,表示他向慕念旧之意。后来我们从新德里再到西北边省——印度与阿富汗交界的地方去视察国防要塞,看到当地的西藏人、尼泊尔人,尤其是布丹人各族长老,有许多在八十岁以上的老者,都来欢迎我们,表示格外的亲热。"他认为此为"此行所最感快慰,亦是平生最值得纪念的一件事"。

1945年11月29日,爵达塞尔退休,由其侄伯达马塞尔继任尼泊尔国务总理。次年11月,国民政府为庆贺尼泊尔国务总理就职一周年为由,

---

① 区宗洛:《授勋歌》,见张祝三选编:《尼泊尔国复交纪略》,第2—3页。

特派蒙藏委员会驻藏办事处长沈濂为专使,赴尼泊尔首都加德满都,赠伯达马塞尔特种大绶宝鼎勋章及陆军上将衔。在授勋仪式上,伯达马塞尔称颂尼中友谊源远流长,"吾国与中国之第一次接触为时极早,彼时此地之山谷尚为一片湖泽。据历史所载曼邱四系(即文殊菩萨)来自中国,并开凿喀它瓦山导水外出",对于中国的授勋极表兴奋。中国专使代表团受到尼泊尔政府热情而友好的接待,伯达马塞尔还将尼泊尔廓尔喀右手勋章授予中国庆贺专使,以示敬意。[①]

第二节 中国与锡金的关系

锡金在中国清朝称为"哲孟雄",是西藏的属地。锡金东西两端分别是尼泊尔和不丹,是印度进入中国西藏的重要通道,也是西藏的门户。英国侵占印度后,便把侵略矛头指向锡金。

1814 年,锡金与尼泊尔发生战争,英国人帮助锡金击退尼军,并修筑自印度的加尔各答至邻近西藏的大吉岭的铁路,为进一步侵略西藏作准备。1827 年,锡金再度与尼泊尔发生边界纠纷,英国乘机居间调停。事后,英国殖民者挟功劳勒索,迫逼锡金将大吉岭租借给东印度公司作为"避暑之地"。1849 年,英国殖民者又借口擅入锡境的英人被捕事件,出兵进攻锡金南部。锡王系西藏人后裔,被迫逃入西藏境内,锡国秩序大乱,英军乘机占领大吉岭以及从尼泊尔退回锡金的 640 余平方公里,称之为"英属锡金"。此举遭到锡金人的强烈反对和各种形式的抵抗。1860年、1861 年,英军两度进兵锡金,并占领锡金首府图姆朗,强迫幼王签订城下之盟。主要内容是:锡金政府不得对英国的进出口货物征收赋税,并保护所有商人和贸易人员,将违犯法律者交给英国驻大吉岭代表处理;锡金政府同意就其与毗邻国家一切纠纷向英属印度政府咨询,并不得对与英国结盟的任何国家进行侵略;当英国军队在山地进行战斗时,锡金要给予援助和提供帮助;锡金政府同意不经英国政府事先同意,不得向任何国家割让或租借锡金的任何领土等。[②] 由此,西藏的属地锡金沦为英国的

---

① 石源华:《中华民国外交史》,第 719—720 页。
② 王宏纬:《喜马拉雅山情结——中印关系研究》,第 5—6 页。

保护国,成为英国侵略中国西藏的前进基地。

1887 年,英国借口所谓西藏军队进入隆吐山,以《英锡条约》为据,向清政府屡次提出抗议,英国驻华大使华尔身(J.Walsham)多次到总理衙门交涉,指责"藏兵出境驻西金(即锡金)隆吐山阻塞商路,印督欲用兵驱逐,决不容该兵在彼过冬"。[①] 隆吐山本在中国境内,西藏地方政府完全有权在那里设防,英国的抗议完全是无理的举动。然而,清政府在英国威胁之下,却下令驻藏大臣从隆吐山撤兵,但这一命令未为西藏地方当局接受。1888 年 3 月,英军格拉汗准将率部 2000 余人,向隆吐山发动进攻。西藏地方军英勇抵抗,并一度取得胜利,但终究难敌英军,被迫退至春丕谷地。6 月以后,藏军曾组织三次反攻,试图收复隆吐山,均未成功。8 月,英军发动大规模进攻,击溃万余藏军。清政府撤换不赞成撤兵的驻藏大臣文硕,升任升泰为驻藏帮办大臣。他坚定执行清政府的妥协退让政策,一面压制藏民的反英热情,一面亲赴前线与英军代表议和。此即为第一次英国侵藏战争,1890 年 3 月,清政府被迫签署《中英会议藏印条约》,主要内容是:彻底改变锡金作为中国西藏属国的地位,使其成为英国保护国;依据英国意见划定中国西藏与锡金的边界。1894 年,签署《中英会议藏印条约补遗》,进而规定开放西藏亚东通商,英国货物免费进入西藏,打开了西藏的门户。

以锡金为基地,英国侵略者进而发动对于西藏的侵略。他们利用1890 年《中英会议藏印条约》对于藏、锡边界的含糊规定,硬指西藏境内的甲冈为锡地,要求中英派员会同勘界;后又以所谓的放弃甲冈作为边界,要求西藏当局将开放市场北移至西藏境内的帕里。1899 年,寇松出任英国印度总督,执行臭名昭著的对西藏"积极进取"政策,不仅在藏锡边境制造事端,而且试图从根本上否定中国对于西藏的主权。1903 年底至 1904 年,英军发动第二次侵藏战争。9 月 7 日,英藏签订《拉萨条约》,几乎全部接受了英方条件,使西藏也如同锡金一样,成为英国保护下的

---

① 《李文忠公全集》电稿一,第 898 页。

"缓冲国"。[1]

在英据时代,锡金成为英属印度的保护国,但在行政区划上却未将其并入印度,或其下属的省区,其地位与尼泊尔、不丹相当。然而,印度鉴于锡金所处战略地位十分重要,处心积虑图谋攫取锡金。1949年6月,独立后的印度政府借口锡金王公无力维护秩序,出兵锡金,并命令印度驻锡金专员接受锡金一切政务。这一并吞锡金的民族沙文主义行径,严重损害了印度的国际形象,当时并未为中国政府所承认,成为中印政府间的一大悬案。

第三节　中国与不丹的关系

不丹也是南亚的山地小国,自清朝乾隆年间始,一直是清政府的朝贡国。由于其宗教信仰、传统文化均与中国西藏相似,又在地理上毗连,故与西藏有着非常密切的关系。英国东印度公司在侵占印度的同时,也将魔爪伸向不丹。

1773年,英国东印度公司出兵不丹,掠夺该国的库赤贝哈尔土邦。1826年,英国又侵占了不丹的阿萨姆等地,冲突进一步加剧。1841年,英国东印度公司以商务纠纷为借口,侵占了归不丹管辖的7个山口。在不丹的抗议下,英国人允每年给予不丹1万卢比作为补偿。

1864年11月,英国出兵侵占不丹的所有山口,并占领杜瓦尔地区,引起不丹的强烈反抗。不丹军曾一度使英军几乎全军覆灭。英国军队很快大举增兵反攻。1865年11月,英军强迫不丹签署《辛楚拉条约》。据此,英国正式割占了不丹包括印藏交通贸易重镇噶伦堡在内的长250英里宽22英里的领土,作为交换,英国允诺从该地区税收中每年支付不丹5万卢比津贴。不丹在实际上成为英国的保护国,并成为英军侵略西藏的基地。

---

[1] 该条约的基本内容是:承认1890年中英条约所确定的锡金与西藏的边界;开放江孜、噶大克及亚东为商埠,不得抽税;西藏赔款50万英镑,合750万卢比,每年10万卢比,75年付清(后改为每年250万卢比,3年付清);英军驻兵丕春直至赔款付清;一律削平西藏自印度界至江孜、拉萨之炮台、山寨;西藏非经英国同意不得向任何外国转让租借土地;不许任何外国派员或代理人进入西藏等。

1949 年 8 月,印度政府与不丹签订友好条约,主要内容是:不丹同意在有关对外关系方面受印度的指导,印度承诺不干涉不丹内部行政;两国领土之间保持自由的商业贸易;不丹经印度认可,并在其协助下,得自由进口自印度到不丹的各种武器、弹药、机械、军用物资和给养等等。[①] 由此,印度将不丹置于其属国地位,给中国西南边境的安全造成了不利的态势。

第四节　中国与南洋地区的关系

所谓"南洋地区"包括马来半岛和东印度群岛等华侨集中居住的国家和地区。也泛指华侨集中居住国菲律宾、越南、缅甸、泰国等。南洋地区有众多的华侨,有的地方甚至占据人口的一半以上。

唐宋时代起,该地区的土国即向中国中央王朝朝贡。明朝郑和七下西洋,该地区是重要的途经地区,与中国有着非常密切的关系。1403 年,郑和船队访问马六甲。1405 年,国王拜里迷苏剌应郑和邀请,派遣使节前来中国,建立朝贡关系,明朝颁发封拜里迷苏剌为国王的御旨。1411 年、1414 年、1419 年、1433 年,马六甲国王四次亲率大批陪臣访问中国,双边关系更为密切。马六甲每三年派遣一次朝贡使团至中国,直至 1511 年,它与中国一直保持着非常密切的关系。[②]

随着西方殖民势力的东来,该地区先后沦为列强的殖民地。1511 年,葡萄牙人首先占领马六甲。1641 年,荷兰人取而代之。1786 年,英国势力进入该地。1826 年,将该地隶属于英属印度政府。1876 年,成为英国直辖殖民地。东印度群岛包括荷属爪哇、苏门答腊、南婆罗洲、西伯利斯,英属北婆罗洲、新几内亚、葡属帝汶等,16 世纪以来均为英、荷、葡等列强的殖民地。

列强侵占这些地区后,清政府为了保护华侨利益,先后在该地区设置总领事馆或领事馆,负责保护华侨、通商和签证事务。1877 年,在新加坡设置领事馆,1891 年升格为总领事馆,管辖英属马来殖民地各邦,驻英属

---

① 王宏纬:《喜马拉雅山情结——中印关系研究》,第 57 页。
② [美]约翰·F·卡迪:《东南亚历史发展》,第 192—193 页。

南洋各领事馆均归其节制。1893 年又在槟榔屿设立领事馆。1911 年在荷属爪哇的巴达维亚设立总领事馆,管辖荷属东印度地区,驻荷属南洋各领事馆均归其管辖。同年又在爪哇的泗水设置领事馆。

民国建立后,以孙中山为临时大总统的南京临时政府和北洋政府曾为维护南洋华侨利益与荷兰殖民当局进行严重交涉。1912 年 2 月 19 日,荷兰殖民地爪哇岛四水市华侨集会庆祝中华民国成立,竟遭荷兰武装警察武力干涉,致使 3 人死亡,10 多人受伤,100 余人被捕。华侨全体罢市表示抗议,荷兰当局出动军队镇压,逮捕人数高达一、二千。南京临时政府接报后,立即作出强烈反应。26 日,南京外交总长王宠惠"电荷外部,要求赔偿,辞极激昂"。① 28 日,南京临时政府下令沿海各省都督禁止华工赴荷属地,表示抗议。② 由于南京临时政府未为荷兰政府承认,该政府连电北京政府外交部催促与荷兰严重交涉。荷兰政府被迫同意:惩办杀害华侨的荷兰人;优礼埋葬被害华侨,抚恤家属;负责治疗受伤华侨;华侨与荷兰人享受同等待遇等。近代以来,清政府对外屈辱忍让,侨胞在海外受苦受欺,只能忍声吞气。此次中荷交涉成功,使海外侨胞第一次感受到独立的中国是自己的坚强后盾。

北京政府和随后的国民政府继续关注南洋地区的华侨利益,先后在该地区增设了不少新的领事馆。如 1920 年,在英属北婆罗洲的山打根设置领事馆。1932 年,在英属马来的吉隆坡设立领事馆。1926 年,在荷属苏门答腊的棉兰设立领事馆。1930 年,在荷属苏门答腊的巨港、西里伯斯的望加锡设立领事馆,加强这些地区的保侨、通商和其他领事事务。③

1931 年九一八事变后,中日矛盾逐渐上升为中国社会的主要矛盾,同时,日本对东南亚国家的经济渗透和政治扩张,也直接侵犯了南洋华侨的经济利益。第一次世界大战期间,由于欧美列强全力于欧洲的厮杀,日本财阀乘机向南洋地区大举倾销商品,建立所谓的"南洋拓殖会社",鼓励日本向南洋殖民,许多日本商人甚至深入穷乡僻壤推销日本商品,与华侨商人发生激烈的利益冲突。九一八事变后,日本经济南进扩张活动更为猖獗,导致资本弱小、组织散漫、经营方式落后的中国华侨商本面临深

---

① 《民主报》1912 年 2 月 26 日。

② 《民主报》1912 年 2 月 28 日。

③ 参见石源华主编:《中华民国外交史辞典》。

刻危机,纷纷破产,大有被日本取而代之的危险。这种情况成为南洋华人频频发动反日爱国运动的内在动力,抵制日本侵略,维护自身的经济利益,成为南洋华侨一种自发的爱国运动。他们往往自发地组织起来,捐钱、捐物、抵制日货等,采用各种形式,声援和支持祖国的局部抗战和抗日救亡运动。

20世纪30年代中期,南京国民政府推行"四年实业计划",加强中国与南洋诸地的经贸联系是其重要内容。当时,中国出现了以白银风潮为主要内容的金融危机,白银大量外流,对外贸易出现巨额赤字,华侨进款减少,外人投资停顿,为了拓展中国商品的出口市场,吸引华侨资本回国投资,国民政府选择南洋为突破口。1935年4月,国民政府实业部长陈公博亲自前往南洋视察,历时两个月,探寻扩大中国对南洋贸易之可能。陈公博认为:如果南洋华侨每年每人能消费中国货物一元,即中国可多出口三千万元。陈公博归国后,曾以实业部长名义致函南洋各大商埠华侨商人,希望他们推销国货,投资国内工业,并建议组织一工业贸易信托公司,政府"纯处于领导而不参加,纯用政治之力量保护而不自行谋利"。①国民政府的这一努力虽未取得明显的实效,但反映了力图开辟南洋市场的意图。

七七事变爆发后,举世惊骇,南洋华侨群情激愤,一致要求实行全国总动员,"将北方之局部抗战,发展成全国总抗战",与日本法西斯决一死战。他们高度关注国内战事的进展,"听到了祖国为独立解放战斗的怒吼,沸腾在心头的热血,几乎喷射了出来"!②在南洋各地,华侨们"每晚有无数人聚在中华会馆听新闻报告","闻胜仗就雀跃鼓舞,闻得挫败总免不了气馁悲观"。③他们建立的反日救国组织最多、规模也最大,而且以空前的规模走向组织上的高度统一,使该地区成为海外华人抗日救国运动的中心。战争初期,该地区即出现一大批颇具规模和影响力的华侨团体联合体,如以陈嘉庚为主席的"马来亚新加坡华侨筹赈祖国伤兵难民大会委员会"、以马共为背景的"马来亚华侨各界抗敌后援会"、以中共为背景的"中华民族解放先锋队"、以李清泉为主席的"菲律宾华侨援助

---

① 陈公博:《我对于南洋贸易筹划的经过》,《中华月报》1935年第7号。
② 《菲岛侨胞热烈进行救亡运动》,《新华日报》1938年2月3日。
③ 谢作民等:《抗战与华侨》,重庆独立出版社1939年版,第15页。

抗敌委员会"、以邱元荣为主席的"巴达维亚华侨捐助祖国慈善事业委员会"、杨虎城等帮助建立的"越南南圻华侨救国总会"、"暹罗华侨各界抗日救国联合会"、"缅甸华侨救灾总会"等等,各地华侨爱国救亡组织实现了地区性的联合。① 1938 年 10 月,在国民政府的推动下,南洋华侨代表大会在新加坡举行,国民政府要人致送贺电、训词 100 多件,会议决议成立"南洋华侨筹赈祖国难民总会"(简称"南侨总会"),以陈嘉庚为主席。这是一个跨国家、跨地区的华侨抗日救国联合组织,"不特各属筹款机关,可密切联系,而冶于一炉,即南洋八百万侨胞,亦可精神团结,而化为一体"。②

募捐巨款援助国内的抗日战争,是南洋华侨最大的历史贡献。据陈嘉庚《南侨回忆录》记载:抗战期间,南洋华侨每月捐输可达 1000 万元,如果将义捐存银行作纸币基金,在国内可发行四倍的纸币,即达 4000 万元。当时,中国正规军 300 个师,约 300 万人,每月食饷约 4650 万元,换言之,南洋华侨的捐资几乎可以养活 300 万抗日将士。海外华人的捐资助战,最主要的是常月捐,即逐月缴纳义务捐款,在"逃避义捐,非我族类;捐而不力,不算爱国"的号召之下,最大限度地动员侨胞长期捐款,支持祖国的抗战事业。二是特别捐,根据国内的紧急需要设定,如航空捐、救灾捐、劳兵捐、寒衣捐等。三是各种形式的义卖,如卖花、特捐月饼、义卖各种物品、纪念品等。四是献金,如节约献金、节日献金、庆功献金、红白喜事献金、做寿献金等等。八年全面抗战,海外华人的捐款总数巨大,据台湾华侨革命史编纂委员会统计为 132259 余万法币。③

物资援助是南洋华侨帮助国内抗战的又一重要举措。献机运动是最为典型的事例之一。在国民政府、国民党海外部及其航空建设协会、国民外交协会等努力下,在华人聚居区主要是南洋地区,广泛开展献机运动,献机数目达 203 架以上。④ 南洋华侨捐献的物资范围非常之广,包括救护车、运输卡车、药品、医疗器材、大米等食品、棉布、寒衣等,数量巨大。这

① 参见黄小坚等:《海外侨胞与抗日战争》,第 154—158 页。

② 陈嘉庚:《南侨回忆录》,第 57 页。

③ 参见台湾华侨革命史编纂委员会编:《华侨革命史》(下),台北正中书局 1981 年版,第 304—305 页。对此说法不一,这里仅为其中一说,但华侨为抗战捐款之尽力则是毫无疑问的。

④ 另一说将航空救国捐计算在内,达 882 架。参见黄小坚等:《海外侨胞与抗日战争》,第 248 页。

些物资急国内战争紧缺物资之急,缓和了国内军需物资的紧张程度,帮助了前线后方急需帮助的伤兵和难民,为坚持抗战奠定了重要的物质基础。[1]

　　购买战时公债和大量寄回外汇是海外华人援助国内抗战的又一重要形式。国民政府规定:凡侨胞团体承购救国公债 200 万元以上至 500 万元,或劝募 500 万元以上至 1000 万元者,明令嘉奖并颁给奖匾;凡侨胞个人承购救国公债 1 万元以上至 200 万元,或劝募救国公债 5 万元至 500 万元者,明令褒奖并颁给勋章等。[2] 广大侨胞积极承购战时救公债,从财政上支持国内抗战。华侨汇款在战时呈上升趋势,成为国民政府稳定可靠的外汇来源,在补充抗战军费的巨额消耗和稳定国内法币币值方面发挥了显著的作用。

　　投资国内经济建设也是南洋华侨人支持国内抗战的重要方式。其投资地域比较集中于西南大后方,投资行业偏重于工矿、农垦和金融等行业,比较著名的投资企业,工矿方面有中南实业有限公司、重庆制药厂、云南矿物公司、西康开发公司、中原造纸厂等,农垦方面有华新垦殖公司、华西垦殖有限公司、广西露塘垦殖公司、福建华侨兴业有限公司等,金融方面有福建实业银行、南侨银公司、华侨建设银公司、华侨信托银行、华侨实业银行、华侨兴业银行、华侨建业银行等,[3]这些投资有助于大西南的经济开发,增强祖国抗战的经济实力。

　　抵制日货,推销国货,是南洋华侨进行抗日救国斗争的又一重要手段。国民政府经济部编就《日商商标汇编》,分发海外侨商团体参考,内容涉及数十个品种,为华侨开展大规模抵制日货运动提供了依据。[4] 抗日战争爆发后,南洋各地几乎都建立了华侨抵制日货的专门机构,使日货成为过街老鼠,从另一方面沉重打击日本侵略者的经济,增强了中国的抵抗实力。[5]

　　太平洋战争爆发后,日军迅速占领了南洋各地,使这些地方的华侨和

---

[1]　军事科学院军事历史研究部:《抗日战争史》中卷,解放军出版社 1990 年版,第 317—318 页。

[2]　《输捐救国》,战争丛刊社 1937 年版,第 39 页。

[3]　参见黄小坚等:《海外侨胞与抗日战争》,第 233—242 页。

[4]　国民政府经济部档案,全宗 22,卷 237,中国第二历史档案馆藏。

[5]　军事科学院军事历史研究部:《抗日战争史》中卷,第 313—314 页。

中国内地沦陷区国人一样,成为日本法西斯的直接统治对象。由于南洋华侨曾援助国内抗日战争和参与当地军民的武装抵抗斗争,为日本占领者深恶痛绝。他们对于华侨与土著居民实行区别政策,实行野蛮的屠杀和疯狂的掠夺。在南洋各地,他们实行所谓的"大检证"、"大肃清",以极其野蛮的手段屠杀被"检证"出来的反日华侨,甚至连妇女、儿童也不放过,人数达 25 万余人。① 日本侵略者残杀华侨及当地居民的血腥暴行,激起了南洋侨胞强烈的抗日义愤,使他们将自己所受的苦难与祖国各地国的苦难紧密相连,也将自己的反日斗争与祖国的抗日战争紧密相连。

南洋各地华侨组建了各种形式的抗日武装,在马来亚有中国国民党人组织的"一三六部队"、以马共为背景的"马来亚人民抗日军"等;在菲律宾有"抗日反奸大同盟"("抗反")、菲律宾华侨抗日游击队("华支")等;在荷属印度有"西婆罗洲反日同盟会"("西盟会")、"爪哇抗日民族解放大同盟"("民大")、"苏门答腊华侨抗敌协会"("华抗")、"苏岛人民反法西斯同盟"("反盟");在缅甸有"缅甸华侨战工队";在越南有"越南华侨救国会";在暹罗有"泰国抗日义勇队"等。② 战时,他们在东南亚各地坚持敌后抗日游击战争,打击日本侵略者的猖獗气焰。反攻时,他们积极协助同盟国军队对日作战,为加速日本法西斯的灭亡,夺取世界反法西斯战争胜利,作出了贡献。

战后,中国国民政府在南洋各地恢复领事馆,包括新加坡、巴达维亚、爪哇总领事馆,槟榔屿、吉隆坡领事馆等,并围绕着南洋各地的排华风潮及保护侨胞利益进行了一系列外交活动。1946 年秋,曾派出以李迪俊为专使的荷印宣慰使团,赴南洋印尼控制下各区观访宣慰,行程 1 万公里。此行使太平洋战后与祖国失去联系的华侨重新感受到了祖国的温暖,促使荷印当局注意华侨的利益与福利,增加华侨社团与荷印之间的联系和印尼等地人民对于中国政策的了解。

---

① 《海外华侨抗战时期人口损失初步估计》,国民政府侨务委员会编:《三十五年侨务统计概要》,第 26 页。
② 参见黄小坚等:《海外侨胞与抗日战争》,第 470—487 页。

第十三章　近代中国周边外交与澳港台问题

第一节　中葡澳门问题

　　16 世纪的澳门是中国南海之滨的一个小渔港,包括澳门半岛、凼仔岛和路环岛。中葡四百年间关于澳门问题的争执与交涉,是近代中国周边外交的重要组成部分。

　　澳门自古以来就是中国的领土,16 世纪中叶以后被葡萄牙逐步占领。葡萄牙自公元 11 世纪立国,经过几个世纪的经营,成为最早在世界范围内进行殖民扩张的欧洲国家,扮演了西方殖民者在东方进行殖民扩张的开路先锋。1497 年,葡萄牙人达·伽马率领的船队成功地绕过非洲南端的好望角,跨越印度洋来到东方。

　　16 世纪初,中国沿海地区的商品经济已有了一定程度的发展,海外贸易日趋活跃。地处中国南大门的广州,当时保持着同亚、非地区近 30 个国家和地区的贸易往来。每当贸易盛季,广州城下"万里帆樯,蛮烟蜑雨,胡贾鼎来,所居成聚"。当然,这主要是由明朝政府控制的官方贸易。当时明朝政府奉行闭关自守政策,对私人贸易限制十分严厉,"禁濒海民私通海外诸国"。[①] 这种限制对遏制西方海盗的入侵起到了一定的作用,但阻碍了中国资本主义萌芽的发展,使中国长期处于封闭的状态。

　　1510 年,葡萄牙攻占印度果阿,并将其作为葡属印度殖民地的首府和继续向东扩张的基地。1511 年,占领素有太平洋门户之称的满剌加(马六甲),建立对东南亚地区的商业霸权。1514 年(明正德九年),葡萄

---

① 《明太祖实录》卷一三九,洪武十四年十月己巳条。

牙舰队达到广东珠江口西侧的屯门。以阿尔瓦雷斯为首的这支舰队,在屯门出售胡椒获得很大利益,交换了不少中国的货物,并获取了有关中国的情报。按照他们占领大西洋和印度洋沿岸地区的做法,葡萄牙人在屯门岛上立"石柱以为纪念",[①]以示占领。

1517 年,由 8 艘军舰组成的葡萄牙舰队来到中国珠江口。葡人此行的目的是要将东方贸易霸权延伸到南海和太平洋地区,企图以武力强占殖民地,建立贸易基地。舰队到达广州地区后,立即派遣特使同中国政府交涉,试图建立正式的贸易关系;同时,强占屯门(今香港新界),挖壕沟,修炮台,建立殖民据点。葡萄牙人的入侵,使得中国沿海地区遭到极大侵扰,传统的朝贡贸易秩序受到破坏。1521 年,明朝政府下令广东地方政府驱逐葡萄牙人。广东海道副使汪铉奉命攻打屯门。经过 40 余天激战,收复屯门,把葡萄牙舰队驱逐出广东沿海。此后广东地方政府宣布实行海禁,防止葡萄牙人卷土重来。

葡萄牙人在广东沿海没有立足之地,转而向福建和浙江沿海地区活动。他们同海盗和倭寇相互勾结,在东南沿海形成走私势力,先后在浙江宁波双屿港、福建漳州月港、同安浯屿港等处建立了新的殖民据点。葡萄牙人占据双屿港后,在岛上修建货栈、炮台、天主教堂、医院和学校等,侵略气焰十分嚣张。明朝政府派遣浙闽提督朱纨扫荡沿海走私势力,厉行海禁。1548 年 5 月,朱纨收复双屿港。1549 年,葡萄牙人在福建沿海的势力也被驱逐,又回窜广东沿海。这时广东已经解除海禁。1535 年后,广东地方政府将市舶司移至澳门,使之成为一个正式的贸易港口。但是规定外国商人只能临时停泊贸易,不能上岸居住,交易完成后,便要离开港口。

葡萄牙人从浙闽沿海返回广东后,改变策略。16 世纪 50 年代初,葡萄牙远东贸易船队的船长索扎通过行贿等手段,与当时的广东海道副使汪柏拉上了关系。汪柏同意葡萄牙人进入澳门贸易,并允许他们上岸搭棚曝晒被风浪打湿的货物。对此,《广东通志》记载说:

> 嘉靖三十二年(1553 年),船夷趋附濠镜者,托言舟触风涛缝裂,水湿贡物,愿借地晾晒。海道副使汪柏徇贿许之。初仅篷累数十间,

---

① 周景濂:《中葡外交史》,商务印书馆 1936 年版,第 9 页。

后工商牟私利者,始渐运砖瓦木石为屋,若聚落焉。自是诸澳俱废,濠镜为舶薮矣。①

就这样,葡萄牙人终于在1553—1557年左右,进入澳门贸易和居留。其间他们大兴土木,建造房屋。对葡萄牙人居留澳门,明政府内部大致有三种意见:第一种意见认为,可以允许葡萄牙人居留,但必须加强管理和防范,使澳门葡萄牙人成为明朝"编户","以汉法约束之";第二种意见为"遣之出境,谢绝其来","若其听顺,徙而之他",迫使葡萄牙人离开澳门;第三种意见则主张"掘其喉,绝其食,激变而剿之",用武力将葡萄牙人驱逐出澳门。② 由于当时明政府中主张对葡萄牙人采取纵容态度的人占有多数,主张驱逐葡萄牙人的意见没有被采纳。明朝政府最终确定的政策是"许葡人居澳,开展海外贸易,严防守,禁私通,加强管理"。③

在此期间,葡萄牙人逐步获得了在澳门活动的诸项权利。首先是居留权。中国政府允许葡萄牙人在澳门建造房屋并长期居住,但必须缴纳一定数量的地租。根据香山知县张璟盘报告说:"澳门为洋人所住,始自前明嘉靖年间,载在县志,每年仅纳地租银五百两。向于十一年冬至前后,照会洋官,由县派拨书差前往澳门征收……道光二十八年(1848年)以前,均已征收完解清楚。"④1848年以前,澳门一直处于香山县的管辖之下。其次是贸易权。16世纪初,葡萄牙垄断了以香料贸易为中心的东西方贸易,把澳门作为其在远东地区的国际贸易中转站。葡萄牙人大获其利,但每年向中国海关缴纳商税——"岁输课二万金",由中国海关直接征收。这说明葡萄牙人是在承认中国主权的前提下,经营澳门贸易的。三是"自治权"。随着聚居澳门的葡萄牙人不断增多,1560年,在清政府默许下,澳门建立了以总督、大法官和主教为首的葡萄牙人"自治"机构,以维持该居留地的社会秩序。

长期以来,葡萄牙人一直试图摆脱中国政府的监督,对澳门实行殖民统治,但每当其有危及中国主权的行为时,便受到中国政府的有力回击。为了保证对澳门行使主权,中国政府在望厦设县丞衙门,由县丞亲自审理

---

① 郭棐:《广东通志》卷六九《澳门》。

② 万明:《中葡早期关系史》,社会科学文献出版社2001年版,第107页。

③ 万明:《中葡早期关系史》,第108页。

④ 厉式金:《香山县志续编》卷六《海防》。

澳门发生的民事、刑事案件,同时在前山一带设立水陆哨所,驻军 2000 人,派副将把守。后又增设澳门同知衙门,派出副知府一级的官员统管澳门治安与防务事宜。① 这些措施有效地保证了中国对澳门的管辖权。万明认为:"在澳门治理形态下,居澳葡人服从中国地方政府管辖,与中国地方官府配合、合作,使澳门在明代发展迅速,一跃成为当时重要的国际贸易港口城市。同时,通过澳门这一辐射中心,使中国的大量丝绸等产品走向世界,对当时正在形成的世界市场起了重要的作用。这种治理形态可以说基本上延续了近 300 年,直到鸦片战争以后,才被完全打破。"②

葡萄牙人居留澳门,表面上承认中国对澳门的主权,暗中却极力阻挠和破坏清政府行使对澳门的管辖权,经常在行政和司法等方面制造事端。19 世纪以后,随着清政府日益腐败和英、法等西方列强势力逐步侵入中国,澳葡当局破坏中国主权的活动更加猖狂。鸦片战争后,英国强迫清政府签订《南京条约》,美国和法国强迫清政府签订《望厦条约》和《黄埔条约》,中国开始沦为半殖民地半封建国家,进一步刺激了葡萄牙人在澳门建立殖民地的野心。葡萄牙人的侵略阴谋得到了英国的支持。1703 年,英、葡两国签订《梅都恩条约》,葡萄牙实际上成为英国的附庸国。英国为了反对主要敌人西班牙和法国,并换取向葡萄牙及其殖民地输出商品和资本享受优惠条件,采取保护和支持葡萄牙及其殖民地的政策。

1843 年夏,澳葡当局乘清政府代表耆善与香港总督璞鼎查在香港就《南京条约》换文之际,向清政府提出改变澳门管理制度的外交照会。主要内容有:1.废除澳门地租;2.把三巴门以外至关闸地区划归澳门,由葡萄牙派兵驻扎;3.澳门成为各国商船贸易的自由港口;4.澳门商税应低于中英通商章程规定的税率;5.准许澳门船只参加五口通商;6.废除关于澳门房屋和船只必须经中国政府批准的规定;7.内地输入澳门的货物由澳门负责征税,中国政府不得限制输入商品的数量等,③妄图把澳门变为葡萄牙直接统治的殖民地。

在随后举行的广州谈判中,清政府被迫基本满足了葡澳当局的经济要求,主要内容是:一、澳门地租 500 两,"应饬照旧输将,未便请豁";二、

---

① 黄鸿钊:《澳门史》,福建人民出版社 1999 年版,第 13 页。

② 万明:《中葡早期关系史》,第 150 页。

③ 《筹办夷务始末(道光朝)》卷七十。

澳门三巴门以外至关闸一带,向由中国政府直接管理,"未便听其拨兵扼守",葡人"应饬仍照旧章,以三巴门墙垣为界,不得逾越";三、澳门在贸易上一向从属广州,不能让别国商船直接来澳通商;四、鉴于五口通商后,各国缴纳商税已降为值百抽五,允许澳门商税比此酌减三成,即值百抽三点五;五、澳门船只可以到五口通商;六、葡人在澳门修理房屋和船只可以不必申请;七、内地货物运销澳门,种类和数量不限。① 协议内容表明,尽管中国政府作出极大让步,但是在涉及澳门主权的问题上并没有妥协,这时澳门的地位"很像一个通商口岸,中国官员掌握财政和管辖权,不过稍微放松了一点罢了"。②

澳葡当局对此并不满意,试图以武力占领来达到其侵略目的。1845年11月20日,葡萄牙政府公然宣布澳门为"自由港",任命海军上校阿玛勒为澳门总督。1846年4月,阿玛勒就任澳门总督,不断制造事端,阻挠中国政府在澳门行使主权。根据广东地方政府1749年制定的《澳夷善后事宜条规》,在澳中国居民的管辖权属中国政府,澳葡当局无权干涉。1846年10月,阿玛勒下令将在澳门的中国商铺统一编号,征收房税、地税,对中国工人强征人头税,对停泊于澳门内港的中国民船强征每月1元的税款,甚至用武力镇压反抗的中国船民。阿玛勒声称,他拥有对澳门所有居民的管辖权,他所采取的任何行动没有与中国政府磋商的必要。1847年,阿玛勒借口中国海关南环稽查口的中国巡役侵扰船民,将其驱逐出澳门,并宣布将已没收的海关房产公开拍卖。1849年3月5日,阿玛勒又颁布公告,声称"澳门已成为自由港,葡萄牙海关业已关闭,当然不容许一个外国海关继续在澳办公",勒令中国海关停止向葡国商船征收关税,限令中国海关在8天之内撤出澳门、拱北、凼仔。③ 3月8日,阿玛勒致函两广总督徐广缙,提出"香港既不设关,澳门关口亦当仿照裁撤"。④ 徐氏当即拒绝了这一无理要求。1849年3月13日,阿玛勒亲自率领数十名葡兵强行封闭中国海关,派出炮艇和士兵在港口警戒,阻挠中国官员向商船、货物征税,推倒关前悬挂中国国旗的旗杆,驱逐中国海关

① 《筹办夷务始末(道光朝)》卷七十。
② [美]马士:《中华帝国对外关系史》第1卷,商务印书馆1963年版,第362页。
③ 《中国丛报》1849年10月号,见《中葡澳门交涉史料》第1辑,澳门基金会1998年版,第66页。
④ 《筹办夷务始末(道光朝)》卷八十。

官吏、丁役,捣毁竖立在市政厅入门处刻有《澳夷善后事宜条规》的石碑,妄图抹杀中国历来对澳门拥有主权的一切证据。

阿玛勒的倒行逆施激起了中国人民的强烈愤慨。1849 年 8 月 22 日,阿玛勒被中国爱国青年沈志亮刺死在关闸前。澳葡当局乘机挑起事端,在英国支持下,派兵进占关闸,将香山县丞赶出望厦,并捣毁县丞衙署。1851 年和 1864 年,又先后占领凼仔岛和路环岛。这样,葡萄牙殖民者依靠武力侵夺了中国对澳门的主权,并在实际上获得了对澳门的管治权。事后,葡萄牙殖民者不无得意地声称:"自从 1849 年 8 月起,殖民地的自主权成了不可侵犯的了",葡萄牙人忍受"三个世纪的苦难终于结束了"。①

1849 年 8 月,葡萄牙人在事实上获取了对澳门的管治权,但仍感到这种依靠武力建立起来的殖民统治是非法的和不巩固的。1852 年,澳门总督基马良士在致葡萄牙政府的信中称:"我坚信,中国政府一旦摆脱那可怕的敌人(指太平天国起义军),一定会反过头来对付我们,因为敌意未消",如果我们不及时清除阿玛勒事件后的不利影响,"不对驱逐中国海关赔礼道歉",我们在澳门的事业将一事无成。② 为此,葡萄牙必须同清朝政府签订一个条约,使他们对澳门的殖民统治合法化,并分享西方列强在中国攫取的各种特权。

1854 年 1 月,基马良士被任命为同清政府谈判的全权代表。7 月,清政府被迫任命恒祺和崇厚为全权代表,与葡萄牙代表进行谈判。由于葡方代表熟悉澳门情况,中方代表反对澳门近况知之甚少,致使谈判中葡方始终占据主动。后经过法国驻华公使从中斡旋,葡方同意"中国仍在澳门设官",中国同意"纳租一节,彼此具置不论"。按照总理衙门当时的理解,只要"澳门仍言明由中国设官",那就意味着"海外弹丸之地,尚为中国治理之区",主权并没有丧失。③ 1862 年 8 月,中葡签订《和好贸易章程》。该章程除有关澳门问题以外,其余所有条款和中国与其他国家签订的商约基本相同。

然而,葡萄牙人同意中国仍在澳门设官,只不过是一种欺骗手法。他

---

① [葡]德·杰塞斯:《历史上的澳门》,香港牛津大学出版社 1902 年版,第 294 页。
② 吴志良:《生存之道》,澳门成人教育学会 1988 年版,第 165 页。
③ 《筹办夷务始末(道光朝)》卷八。

们利用清政府的昏庸无知,在条约的具体条款中大做手脚。如条约第九条款规定:"仍由大清国大皇帝任凭仍设立官员驻扎澳门,办理通商贸易事务,并稽查遵守章程。但此官……均与法、英、美诸国领事等官,驻扎澳门、香港等处各员,办理自己公务,悬挂本国旗号无异。"[①]这样,中国派驻澳门的官员并非为享有管辖权的统治者,成为只是专门管理侨民贸易事务的领事官了。[②]这样,中国在条约中丧失了在澳门行使主权的权力。

1864 年 5 月,葡萄牙特使、新任澳门总督亚马廖前往北京与中国换约。葡国提前换约这一反常举动,引起了清政府的警觉。新任总理衙门大臣薛焕比较熟悉洋务,重新推敲了《和好贸易章程》中的各项条款,发现第九款关于中国在澳门设官与各国领事官驻扎澳门并无异义,要求葡方提出修改。葡方借口"条约业经该国主批准,须俟换约后方可再行商量改约之事",予以拒绝。[③] 1873 年 4 月,换约谈判遂告中断。中葡《和好贸易章程》最终没有生效。

19 世纪 80 年代,又出现了有利于葡萄牙对清政府进行外交讹诈的形势。1883—1885 年,清政府在中法战争打胜的情况下签订屈辱和约。此后,帝国主义列强在中国的侵略扩张更加猖狂。葡萄牙再次向清政府提出签约要求。1884 年,法国曾与葡萄牙秘密商定,葡萄牙为法军由澳门攻打广州提供方便,事后法国将所有澳门地界转赠葡萄牙以作酬劳。英国从自身利益考虑,也决心帮助葡萄牙取得中国政府承认葡占澳门的权利。

当时清政府为缓解财政困难,决定对鸦片实行税厘并征。但是香港每年都有大约 3 万箱的鸦片走私,造成关税的巨大损失。1885 年 5 月,清政府派遣江海道邵友濂和海关总税务司英国人赫德前往香港与港英当局谈判,港英当局提出澳门应同时实行此项办法,否则香港单独缉私,鸦片贩子必然流向澳门。由于中国政府从未出让澳门主权,对于往来于澳门的中国其他地方船只,按照国内关税征收,低于香港同类别船只的关税。英国对此早已不满,乘机提出澳门税收问题。澳葡当局也抓住时机,拿鸦片税厘并征问题争取清政府承认其对澳门的管理权。清政府出于增加财

---

① 王铁崖主编:《中外旧约章汇编》第 1 册,第 188—189 页。

② 葡文本、英文本见《海关中外条约》,参见黄鸿钊:《澳门史》,第 252 页。

③ 《筹办夷务始末(道光朝)》卷二五。

政收入的考虑,遂决定派遣赫德与澳葡当局谈判。

1886 年 7 月 21 日至 8 月 14 日,赫德先后三次前往澳门,与澳门总督罗沙磋商葡方在澳门协办鸦片税厘并征事宜。罗沙提出了一系列苛刻交换条件:清政府同意葡人永驻管理澳门;租用或割让对面山(即拱北岛,葡人称为拉巴岛)及马骝洲等 3 岛;关闭澳门附近的关卡。① 对这些涉及中国主权的无理要求,赫德竟然未经中国政府同意,擅自于 8 月 10 日与罗沙达成协议,完全接受罗沙的要求。赫德返回北京后,向清政府巧言令色、怂恿、说服清政府接受该项协议,并擅自派遣拱北税务主管、赫德的亲信、英国人金登干前往葡萄牙首都里斯本,与葡方进一步磋商。

在清政府内部,对中葡谈判存在截然不同的意见。以北洋大臣李鸿章为首的一派,急于筹集款项建立北洋海军,希望尽快实行鸦片税厘并征,对赫德的活动表示支持,声称:"赫(德)所请澳门立约以防偷漏,自是正办。"② 以两广总督张之洞为首的另一派则从维护澳门主权的立场出发,反对向葡萄牙当局让步,认为葡萄牙"诡谋难测,望驳之"。③ 总理衙门的大臣们则举棋不定。总理衙门在致赫德的电报中声明:"澳外厘卡系征收各货厘金,不止洋药一项,碍难撤回。对面山至内港之中途均系中国地方,葡国欲请驻扎,万不能行……倘彼仍执前说,只可暂行罢议。"④ 虽然中葡双方立场相差较大,后经赫德从中斡旋,又经数日磋商,1887 年 3 月 26 日,金登干代表清政府在里斯本与葡萄牙政府签订了《中葡里斯本草约》。

1887 年 7 月 13 日,罗沙作为葡萄牙特使抵达北京,与中国政府最后议定并签署条约。谈判伊始,罗沙即向总理衙门送交了一份照会,并附有关澳门属地的地图。按照葡方所绘制的地图,"属澳之地"竟然扩大到包括关闸以南的澳门半岛和青洲、凼仔、路环、大小琴岛、对面山、马骝洲等处岛屿。对此,总理衙门认定是葡人"意在蒙混多占","反复辩驳",予以拒绝。⑤ 同时特令两广总督派人到澳门进行实地调查。后两广总督张之

---

① 《帝国主义与中国海关》第 6 编,科学出版社 1959 年版,第 9—11 页。

② 《直督李鸿章致总署据邵友濂电洋药事请与澳门立约电》,王彦威、王亮辑:《清季外交史料》第 67 卷,第 45 页。

③ 《粤督张之洞致总署澳外不能撤卡电》,王彦威、王亮辑:《清季外交史料》第 68 卷,第 6 页。

④ 《总署致赫德洋药税事应从长计议电》,王彦威、王亮辑:《清季外交史料》第 68 卷,第 6 页。

⑤ 《总署奏葡约现有成议谨陈办理情形折》,王彦威、王亮辑:《清季外交史料》第 72 卷,第 23 页。

洞向清政府上奏,坚决反对签订该条约。

赫德与罗沙都担心苦心经营的中葡条约半途而废。在赫德的劝说下,罗沙被迫放弃划定澳门属地的要求,但又在中、葡、英三种文字上做了手脚。如条约中文版第二款删除了"属澳之地"和"与葡国治理他处无异"的字句,但是英文版却保留了该款的全部内容。同时,赫德则对清政府连哄带骗,极力鼓吹签约的必要性。1887 年 12 月 1 日,在对有关内容作出一定修订后,双方在北京签署了《中葡和好通商条约》。根据条约规定,葡萄牙获得了最惠国待遇,分享列强在华经商的各种特权;中国政府承认葡人拥有永驻管理澳门的权利。关于澳门地位的最关键两款为:

> 第二款 前在大西洋国京都理斯波阿所订预立节略内,大西洋国永居管理澳门之第二款,大清国仍允无异。惟现经商定,俟两国派员妥为会订界址,再行特立专约,其未经定界以前,一切事宜俱照依现时情形勿动,彼此均不得的增减、改变之事。

> 第三款 前在大西洋国京都理斯波阿所订预立节略内,大西洋国允准未经大清国首肯,则大西洋国永不得将澳门让与他国之第三款,大西洋国仍允无异。①

这一条约的签订,使葡萄牙实现了几百年来梦寐以求的侵略目标,迫使中国正式承认其"永居管理澳门"的权利,使他们用行贿、蚕食等手段占领的中国领土全部合法地置于葡萄牙的殖民统治之下,中国政府完全丧失了对澳门的行政管理权。

然而,葡澳当局并未就此止步,而是利用"澳门及属澳之地"没有划清界限,以澳门半岛为中心向四面扩展地界,引起中葡间不断交涉。1909年 7 月,中葡举行对澳门划界谈判,葡方提出的勘界方案,称澳门及其附属之地包括由关闸以南至妈阁庙的整个澳门半岛、青洲、氹仔、路环、大小横琴、对面山及附近一切岛屿与水域;自关闸以北至北山岭则为局外中立地区,划出的地域达 300 平方公里,比原居留地大 30 倍等,这一方案遭到中方拒绝,葡方遂退出谈判。此后两方未再开过澳门勘界会议。②

1887 年《中葡和好通商条约》签订后,中国政府失去了对澳门的行政

---

① 《中葡和好通商条约》,王铁崖主编:《中外旧约章汇编》第 1 册,第 522—523 页。
② 方言编著:《澳门问题始末》,文化艺术出版社 1997 年版,第 99—100 页。

管理权利。此后,包括澳门同胞在内的所有中国人要求收回澳门、恢复对澳门行使主权的呼声从未中断过。20世纪初,中国和葡萄牙的政治形势都发生了急遽变化。1910年,葡萄牙爆发民主革命,君主制被推翻,建立了共和国。1911年,中国发生辛亥革命,废除帝制,实现共和。在此历史转折时期,中国人民要求收回澳门的呼声更加强烈,期待民国政府能够在澳门问题上有所作为。从巴黎和会、华盛顿会议到北京政府推行的"修约"外交,北京政府虽然为修订帝国主义强加给中国人民的一系列不平等条约、收回国家权利,作出了一些努力,但并未涉及收回澳门问题。

1927年4月18日,国民政府在南京建立。8月13日,南京政府外交部长伍朝枢发表对外宣言,声明:"凡经前北京政府与各国所订各种不平等条约,现今再无存在之理由,当由国民政府以正当之手续,概予废除;至此等条约中规定修改期限而现已经期满者,更应即于终止,由国民政府与关系各国分别订立新约。嗣后任何条约协定,非经国民政府缔结,概不发生效力。"①1928年2月6日,国民政府训令中国驻葡萄牙公使王廷璋通知葡萄牙政府,根据1887年的中葡《和好通商条约》第46款,条约每10年为一期,到1928年4月28日,第四期届满后条约将自动失效,两国应改订以相互平等为原则的新约,一并解决澳门问题。5月11日,葡萄牙外交部长召见中国驻葡萄牙公使王廷璋,"保证葡国政府将根据与中国政府历来好感,以友谊及协调精神研究该问题,相应照会"。②7月11日,国民政府外交部照会葡萄牙驻华公使毕安祺,敦促葡国派员对旧约"重行修订,另成新约"。7月25日,毕安祺复照国民政府外交部,竭力否认中葡条约失效,但赞同修改现有关于税则和通商的条款,与国民政府签订一个新约。

1928年9月3日,南京政府派外交部唐悦良为全权代表,与葡萄牙全权代表、驻华公使毕安祺在南京开始改订新约的谈判。由于当时的国民政府已声明废除一切不平等条约,唐悦强调中国政府不能承认葡萄牙"永居管理"澳门之权,新的中葡条约必须体现这一精神。但是葡萄牙一心维持其在澳门的殖民统治,以新约不能涉及澳门问题为交涉原则,否则

---

① 洪钧培:《国民政外交史》(一),上海华通书局1930年版,第239—241页。
② 《外交部收驻葡萄牙公使王廷璋函》,《澳门专档》(四),台北中研院近代史研究所1996年版,第595页。

宁可处于无条约国的地位,公开与国民政府对抗,中葡谈判陷入僵局。由于当时南京政府迫切需要西方国家给予外交上的承认,同时希望通过与列强修约来废除全部或大部不平等条约,改善其政权形象。最后同意把澳门问题暂时搁置,首先解决一般性不平等条款问题。1928 年 12 月 19日,国民政府外交部长王正廷与葡萄牙驻华公使毕安祺在南京签订《中葡友好通商条约》。新约共 5 款,主要内容为:中葡双方相互以国内法规定关税,在关税上彼此享受不低于他国所享有的待遇;双方不得向对方国民征收高于或异于本国和他国国民的关税、内地税等。[①] 新约虽然没有提及收回澳门的问题,但并不表示中国政府放弃收回澳门主权的原则立场。

中葡新约的签订使葡萄牙暂时避开了交还澳门主权的问题,继续对澳门进行殖民统治。1937 年 7 月 7 日,卢沟桥事变爆发,日本发动了全面侵华战争,中国进行全民族全面的抗战。澳葡当局则以"中立"的身份为日寇侵华提供方便。他们一方面允许日舰停泊澳门港,任由日军假道澳门侵入内地,其时日军飞机轰炸中山县,多由澳门入侵,日本舰队补给亦从澳门采办;另一方面却极力反对中国在澳门附近设防。为此,中国广东地区军事长官余汉谋和中国国民党中央党部秘书长吴铁城等人曾多次与澳葡当局进行交涉。[②] 1940 年 9 月中旬,葡萄牙政府为使其"中立"地位得到日本人的承认,由澳门总督毛殿弩同日本南支陆军派遣军司令部代表安藤签订《日葡澳门协定》,澳葡同意"澳门远离重庆政府,与日本和新中国政府(指汪伪政权)共维邦睦",日本同意澳门"维持现状"。[③] 此后澳门正式宣布"中立",日本得以在澳门设立特务机关,刺杀抗日爱国人士,走私物资,从政治和经济上控制澳门,使澳门成为日本侵华的基地。1942 年 11 月和 12 月,澳葡当局和日伪特务勾结,在澳门暗杀了澳门华侨教育会会长梁彦明和中国国民党澳门总支部主任委员、中山县立中学校长林卓夫,这是澳葡当局对于中国抗日战争犯下的罪行之一。

---

① 王铁崖主编:《中外旧约章汇编》第 3 册,第 655—656 页。
② 《余汉谋阳电》、《吴铁城真电》、《国民政府军令部战史会档案》(二十五),中国第二历史档案馆藏。
③ 《国民政府军事委员会委员长侍从室致外交部会函》,《外交部档案》侍六,第 37304 号,中国第二历史档案馆藏。

1945 年 8 月 15 日,日本帝国主义宣布无条件投降,中国人民的爱国热情空前高涨,各界人士强烈要求收回香港和澳门。8 月 24 日,蒋介石在国防最高会议和国民党中央执行委员会会议上发表演讲,号召"完成民族主义",宣称"现在中国全国各租借地均应次第收复"。但国民政府将通过外交途径解决香港和澳门问题,不会趁受降之机采取单独行动,以免发生不测事端。① 8 月 31 日,外交部拟订了《关于收回澳门的方案》,详细阐明了澳门的历史和现状,提出了"战后澳门问题视环境之不同,可能有四种对策",即 1.要求收回;2.进行划界,澳门龙亩、沙田以南归葡;3.澳门关闸以南归葡;4.中葡两国共管澳门。外交部认为,由于澳门当时属于无条件让予管治权,因此,应予无条件收回;收回澳门的实施步骤,应首先策动舆论,制造空气,并争取美、苏赞助和英国谅解等。② 9 月 23 日,国民党《中央日报》发表长篇社论《澳门应即收回之理由》,指出:"自西力东渐以来,本国领土首先沦为异域者,实为澳门,开租借地之恶例者,亦为澳门……今则顽敌崩溃,德日投降,台湾、澎湖既已决定收回于先,广州租借地更又立约收回于后,澳门之收回,犹如瓜熟蒂落,盖属刻不容缓之事也。"文章详细列举了中国收回澳门的四项理由:1.澳门之割让,基于不平等条约,且为外人在华租借地之开端,今不平等条约业已废除,澳门理应收回;2.澳门之失,实由于积赢相承,更出于葡人欺骗,继由租借者,最后反客为主,实行占领。现联合国宪章新立,国际关系重建,基于公理正义,澳门理应收回;3.澳门之变相奴隶贸易——苦力贸易,虽表面上于 1873 年禁绝,但暗中仍在滋生蔓延,此不仅不容于国际条约,亦有悖于人道,故澳门理应收回;4.澳门政治之腐败,实为各租借地之冠。鸦片公卖,赌博公开,烟寮泛滥。此亦澳门应即收回之理由。文章还特别指出了中国收回澳门的重大意义:"澳门本身不过为一弹丸下地,中国失一澳门,不足以伤其人,中国得一澳门,不足以益其富。然为取消不平等条约计,为伸张正义计,为保障人道计,为安定中国内政计,澳门应即收回。"社论发表后不久,国民政府外交部即电饬驻葡萄牙公使,向葡萄牙政府表明中国政府收回澳门的意愿。

---

① 王俊彦:《澳门的故事》,世界知识出版社 1999 年版,第 461 页。
② 国民政府行政院档案(十八),第 1905 号,台北"国史馆"藏。

　　1945 年 10 月,张发奎为司令长官的中国陆军第二方面军到达广州,接受日军投降,曾命令中山县长张惠长和一五九师师长刘绍武等策动反葡运动。澳门同胞纷纷举行集会、游行,反对葡萄牙的殖民统治。中山县各界人士纷纷组织代表团、请愿团进入澳门,声援澳门同胞。澳葡当局以维持治安为名,封锁前山一带的边境入口,严厉取缔澳门居民的反葡活动,同时还把澳门通向内地的关闸边界向北推进了 30 米,并在闸口外设置岗亭把守。对此,国民政府采取了相应的举措。广东省政府根据有日本战犯和汉奸匿居澳门的情报,要求澳门当局立即引渡,并申明中国军队保留入澳搜捕日犯和汉奸的行动自由。11 月,广东省府当局又宣布“收回澳门”。国民党第二方面军总司令张发奎命令一五九师师长刘绍武率领军队对澳门实行严密武装封锁。接着,国民政府的陆海军接连在湾仔、前山等地进行夜间实弹演习,还进行超越澳门地区上空的夜间炮火射击,大有使用武力收回澳门之势。当时澳门的军警人数不足 1000 人,海上仅有两艘数百吨的小炮艇,香港防务也十分薄弱。[①] 澳葡当局惊恐之下,一面请求重占香港的英军帮助防守澳门,一面通过英国政府向国民政府求情。同时,向广东省府当局表示:他们将把所有在澳门的日本战犯和汉奸交由中国政府当局处置,并查封其财产;允许中国军民自由出入澳门;国民党在澳门的支部可以公开活动;应允在澳中国居民有集会、游行的绝对自由等。葡萄牙新任驻广州领事在记者招待会上表示:“澳门交还中国极有可能,为求中国领土之完整,本人极愿对此作出各种努力。”[②]1946 年2 月,刘绍武师长率一个警卫连进入澳门。这是一百多年来中国军队首次入澳,受到当地居民的热烈欢迎。刘绍武在澳门各界招待会上郑重声明:“中国领土必须完整,澳门迅速收回,才符合同胞之愿望。”[③]武装封锁澳门事件,推动了全国收回澳门运动的发展。1946 年 5 月 21 日,西康省参议会向全国发出通电,要求政府收回澳门。1947 年 4 月 17 日,广东省参议会也通电全国,敦促政府收回澳门。

　　由于此时国民政府的战略重心在于抢夺抗战胜利果实和积极准备内战,不愿因为澳门问题引发外交争端。由于香港问题和澳门问题相类似,

---

① 费成康:《澳门四百年》,上海人民出版社 1988 年版,第 424 页。
② 李汉仲:《日本投降后有关香港、澳门的一些事件》,《广东文史资料》1962 年第 3 辑。
③ 李汉仲:《日本投降后有关香港、澳门的一些事件》,《广东文史资料》1962 年第 3 辑。

英国政府担心澳门问题越闹越大,会引发连锁反应,导致中国收回香港。因此,对于中葡的紧张关系,积极进行"调停"和干预。1945 年 12 月下旬,南京国民政府解除了对澳门的封锁。1947 年 4 月,中葡两国互换《关于取消葡萄牙在华领事裁判权及处理其它事项之换文》,葡萄牙宣布放弃在华领事裁判权。当时国民政府"恐因澳门问题导致拖延该国特权之取消,遂决定以换文方式与葡解决废除该国特权",在换文中再次回避澳门问题。①

然而,中国人民要求收回澳门的运动却并未停息。1947 年 5 月,中国渔船被澳葡当局无理扣压,激起中国人民的极大愤慨,国民政府对此提出严重抗议。国民参政会第十五次大会迅速通过《及早收回旅大及澳门》议案。同时,各省市参议会也有收回澳门的决议,粤省参议会和各法团更组织了"收回澳门促进委员会",研究具体方案,准备采取实际行动。② 6 月 21 日,国民政府立法院召开第三二八次例会,会议建议外交部积极迅速向葡交涉,于最短期收回澳门。③ 然而,此时的国民政府正集中全力于内战,国民政府行政院对各省参议会要求收回澳门的电文作出如下批语:"关于收回澳门,参政会曾有此项建议,经交外交部核办。据称:目前国际形势之下,此问题一时难以解决,俟时机成熟,再提出交涉收回。"④

1947 年 9 月 22 日,澳葡总督柯维纳代表葡萄牙总统访问广州,表示愿意和中国友好相处,嗣后澳葡当局在政治、经济方面进行了一些改良,使澳门地区业已紧张的局势有所缓和。然而,直到 1949 年,南京国民政府未能收回澳门。

新中国成立以后,中国共产党创造性地运用"一国两制"方针顺利解决了澳门问题。1999 年 12 月 20 日,澳门顺利回归祖国。中国人民在实现祖国统一的道路上迈出了重要一步。

---

① 《申报》1947 年 6 月 4 日。
② 《申报》1947 年 6 月 15 日。
③ 《申报》1947 年 6 月 22 日。
④ 国民政府行政院档案(二),第 9224 号,台北"国史馆"藏。

第二节 中英香港问题

香港位于中国广东南海,面积 1061.8 平方公里,主要包括香港岛、九龙和新界三个部分。香港岛与九龙半岛南端隔海相望,面积 75.6 平方公里;九龙,即现在界限街以南地区,面积 11.1 平方公里;所谓"新界",指的是深圳河以南、界限街以北地区,以及附近 200 多个岛屿,面积约为 975.1 平方公里。在中国近代史上,中英对于香港问题的交涉,是中国周边外交的重要组成部分。

自从 16 世纪葡萄牙人侵入东方以来,英国人亦想侵入中国。但长期以来,清政府实行广州一口通商的贸易政策,形成了由海关负责、十三行垄断对外贸易的格局。英国商人经常抱怨广州的这种行商制度,希望能够像葡萄牙人一样在中国获得特殊的居留地。1637 年,英国商人联合会曾派遣威代尔率 5 艘舰船来华,不经过中国政府同意,悍然闯入珠江口,炮轰虎门,占据炮台,在广州强行进行非法贸易。以后又有若干英国商船陆续来华,对位于广州珠江口附近的香港地区逐步有所接触。1683 年,英国东印度公司"卡路林娜"号商船从澳门航行到香港岛以西的大屿岛,停留长达两个多月之久。

为了获取中国的茶叶、丝绸等商品,英国东印度公司及商人不得不以银元进行对华贸易。为改变这种不利的贸易地位,英国殖民者开始大肆贩卖鸦片,以图打开中国市场大门,同时强烈要求中国政府为他们开辟一贸易据点。1793 年 8 月,英国女王派遣马嘎尔尼使团访问中国,在北京受到清朝乾隆皇帝的接见。英国使者要求给予舟山群岛的"小海岛一处"及广州附近的"小地方一处"作为贸易基地,为乾隆皇帝断然拒绝。①

1816 年 8 月,英国政府再度派遣使团访华。英国东印度公司驻华大班斯当顿在香港瀑布湾(香港村)会合使团,对香港岛进行了实地调查,认为"从各个方面来看,无论出口入口,香港水陆环绕的地形,是世界上无与伦比的良港"。② 此后,英国鸦片趸船在台风季节就从伶仃岛移至金

---

① 魏源:《海国图志》第 77 卷,戊戌年文贤阁石印本,第 16—18 页。
② 邓开颂、陆晓敏:《粤港澳近代关系史》,广东人民出版社 1996 年版,第 50 页。

星门、急水门及香港一带。1830年,在中国从事鸦片走私的近50名英国商人联合上书英国议会,要求用武力夺取"中国沿海一处岛屿",保护他们的在华贸易。1834年,英国政府派遣律劳卑为驻华商务监督。律劳卑致函英国外交大臣巴麦尊,提出夺取香港的主张,认为"占据珠江口东面的香港,那是很有用的"。1836年,义律接任商务监督后,宣布"永久在香港设站",此后大量英国舰船只云集香港海面。①

1838年3月,钦差大臣林则徐到达广州实行禁烟,澳门和香港成为外国鸦片贩子的藏身之地。3月18日,林则徐在广州颁布文告,责令外国商人尽数呈交鸦片。3月28日,义律被迫命令英国商人向中国政府呈交鸦片,同时加紧谋划侵华战争。4月3日,他在致巴麦尊的报告中,把中国政府的禁烟运动说成是"不可饶恕的罪行",是侵犯英国人财产的行为,要求英国政府尽快派兵来华,对中国进行"迅速而沉重的打击"。② 4月16日,又致函英印总督,要求尽可能多派兵来华。1839年8月底,英舰"窝拉疑"号等两艘军舰从印度抵达香港。9月4日,英舰驶至九龙时,出其不意地向中国兵船开火,中国水师立即对侵略者"展开骇人的轰击",迫使英舰仓皇逃离。九龙之战失败后,义律采取拖延战术,企图造成暂时妥协局面。他一方面表示愿意同中国政府交涉,同时积极为英国发动侵略战争做准备,武装挑衅活动不断发生。

1840年2月,英国政府任命乔治·懿律为全权代表到中国进行军事、外交讹诈。同时,巴麦尊照会中国政府,要求将"位置适宜的沿海岛屿一处或数处,永久划让英国政府",否则英国必"相战不息"。③ 4月,英国议会正式通过对华发动战争议案。6月,在英国全权代表兼远征军总司令懿律和海军司令伯麦率领下,英国东方远征舰队到达香港洋面,英军以数艘军舰封锁珠江口,主力随即北上。7月6日,英军攻占舟山群岛的主要城市定海。8月,抵达天津附近的白河口,直接威胁北京。清朝政府被迫罢免林则徐,任命琦善为钦差大臣,到广州与英方谈判。在广州谈判过程中,义律提出了割让香港的条件。琦善不敢答应,以"天国允许外国

① 姜秉正:《香港问题始末》,陕西人民出版社1987年版,第30—31页。

② 严中平:《英国鸦片贩子策划鸦片战争的幕后活动》,《近代史资料》1958年第4期。

③ 邓开颂、陆晓敏:《粤港澳近代关系史》,第57页。

人前来此地贸易,系大皇帝恩许的一项优惠,绝无再给土地之理"。① 于是英军再次以武力相威胁。1841 年 1 月 7 日,英军攻占沙角、大角两处炮台,并于次日向中方提出占领该两处炮台及周围地区,"作为建立商馆供贸易和居住之用的场所"的要求。②

沙角、大角炮台是虎门之外广州的第一道门户。如此重地,琦善不敢同意割让,但面对英军武力又不敢再予拒绝,不得不于 1 月 11 日照会义律,以沙角为中国官兵阵亡之地,不利于英人居住为由,拒绝义律要求,同时答应奏请皇帝"在外洋给予一个居住地方"。③ 义律表示"同意接受香港海岸和港湾,以代替沙角"。④ 这是英方首次正式向中方要求割让香港岛。由于义律所提的"香港海岸和港湾",实际上是指香港岛和尖沙咀两处地方,于是琦善再次照会义律,希望英方在尖沙咀和香港之间"只择一处地方寄寓泊船",⑤ 否则很难将此奏报皇帝。显然,琦善所应允的只是向皇帝"代奏"英方的要求,其范围也并非香港全岛,而只是香港"一处",即现在的香港仔一带,且该处也并非是割让,只是准许英人"寄寓泊船"。琦善企图以澳门模式来解决香港问题,即允许英人在香港岛上的某处地方居住,属租借性质,主权仍归中国。

1841 年 1 月 27 日,琦善与义律首次会晤。义律将一份事先拟订好的载有"把香港岛和港口割让给英国"等内容的协议草案(即《穿鼻草约》)递交琦善,企图诱使其签字。琦善深感事关重大,百般拖延,直至后来被撤职查办,也未敢签字。英军则已开始了占领香港的行动。1 月 26 日,英国远征军海军司令伯麦在香港登陆,并举行升旗仪式,正式宣布占领香港。2 月 1 日,义律和伯麦联合发表公告,宣布香港岛"现已成为英国女王领土的一部分;在该岛居住的所有中国人必须了解,他们现在已是英国女王的臣民,必须对女王及其官员表示服从和敬意"。⑥

尽管琦善未在《穿鼻草约》上签字,但清政府还是以私自允许割让香

①　胡滨译编:《英国档案有关鸦片战争资料选译》(下),中华书局 1993 年版,第 525 页
②　胡滨译编:《英国档案有关鸦片战争资料选译》(下),第 526 页。
③　胡滨译编:《英国档案有关鸦片战争资料选译》(下),第 871 页。
④　胡滨译编:《英国档案有关鸦片战争资料选译》(下),第 872 页。
⑤　刘伟:《香港主权交涉史》,香港广角镜出版社 1983 年版,第 78 页。
⑥　胡滨译编:《英国档案有关鸦片战争资料选译》(下),第 911 页。

港为由,将琦善革职查办。英国政府亦对义律炮制的《穿鼻草约》极为不满,感觉所获太少。巴麦尊指责义律"背离了他已经接到的本国政府的指示",解除其一切职务,另派璞鼎查为对华全权大臣。1842 年 2 月,中国在鸦片战争中彻底失败,被迫与英国签订《南京条约》,其中第三条即是有关割让香港的内容:

> 因大英商船远路涉洋,往往有损坏须修补者,自应给予沿海一处,以便修船及存贮所用物料。今大皇帝准将香港一岛给予大英君主暨嗣后世袭主位者常远据守主掌,任便立法治理。①

1843 年 6 月 26 日,耆英与璞鼎查举行《南京条约》换文仪式。英国政府于这一天正式宣布香港为其殖民地。

九龙半岛南端,隔着狭长的海峡和香港岛的中环和湾仔相望,这里水深港宽,可停泊轮船,并且地势较为平坦,适宜居住,是香港的天然屏障,地理位置十分重要,为历代中国王朝的设防要地。香港岛割让给英国后,九龙半岛的地位岌岌可危。为了加强侦察、防卫,清政府于 1843 年设九龙巡检司,管辖范围大致包括目前香港地区的九龙和新界。

英国对九龙半岛也十分重视。鸦片战争前,英国的船只就经常在尖沙咀一带洋面活动。鸦片战争期间,义律最早向琦善提出的割让要求就包括九龙半岛的尖沙咀地区。1841 年 6 月,巴麦尊训令璞鼎查,强调要在占领香港岛的同时,对九龙半岛南端的尖沙咀地区加以"控制",并不准中国在该地区"建筑任何防御工事或工程,安放大炮",驻扎军队。② 9月 19 日,英军以"防中国军队的反攻"为借口,占领九龙炮台。1842 年 7月,又进一步在尖沙咀修建营房、炮台,并派"洋官带领洋兵驻守"。1847年,英国远东舰队司令西糜各厘公开提出占领九龙的具体目标和"理由","认为占领九龙半岛是绝对必要的,一以防止它沦入另一外国之手,二则它对日益成长的香港社会可以提供安全保证和必要的供应"。③

对于割占九龙半岛,最初的两任香港总督——璞鼎查和德庇时态度并非十分积极。璞鼎查主张对九龙半岛采取"沉默政策"。德庇时继任

---

① 王铁崖主编:《中外旧约章汇编》第 1 册,第 30—33 页。
② [美]马士:《中华帝国对外关系史》第 1 卷,第 754 页。
③ 《维多利亚书信集》第 2 卷,第 4 页,转引自姜秉正:《香港问题始末》,第 107 页。

后,继续奉行其前任的政策。他们之所以选择"沉默政策",并非出于对中国主权的尊重,完全是为其自身利益考虑。首先,对于九龙的占领,势必会引起中国政府的干预,中英之间将为此频繁发生摩擦,甚至导致中英关系恶化,对于英国在香港刚刚建立起来的殖民统治是极其不利的。其次,九龙的开发将会导致香港岛价值的衰落,从而影响香港岛的经济发展。

1856 年第二次鸦片战争爆发后,英国军界内部再次刮起割占九龙的呼声。英国政府亦认为割占九龙的时机已经成熟。香港总督包令积极支持英国军界占领九龙的建议。他致函英国政府,表示:"我赞同这种意见,占据这块对中国人没有用处的土地,不仅在于军事方面,而且在商业、保健和警备方面,对于我们具有极大的价值。"①1860 年 3 月 20 日,巴夏礼向广东巡抚兼两广总督劳崇光正式提出了"租借"九龙半岛的要求。当时的广州已处于英、法联军的占领管制之下,劳崇光未向清政府奏报就擅自答应了这一要求,并于次日签订了《劳崇光与巴夏礼协定》。该协定规定:

> 九龙半岛的在所画线(该线自九龙炮台南方附近一点起,到石匠岛的最北端止)以南的全部地方,以及石匠岛,出租给巴夏礼,作为初步措施⋯⋯为此每年付与中国地方当局租银五百两。并且协定:只要英国政府准时交付租银,中国政府便不得要求归还上述土地。②

1860 年 10 月,在中英《北京条约》签字和中英《天津条约》换文前夕,英方突然提出要在条约中增加"广东九龙司地方并归英属香港界内"的条文。清政府议和代表奕䜣屈服于英方的压力,被迫应允。10 月 24 日,中英《北京条约》正式签订,其中第六款规定:

> 前据本年二月二十八日(1860 年 3 月 20 日),大清两广总督劳崇光,将粤东九龙地方一区,交与大英驻扎粤省暂充英、法总局正使功赐三等宝星巴夏礼,代国立批永租在案。兹大清大皇帝即将该地

---

① 邓开颂、陆晓敏:《粤港澳近代关系史》,第 88 页。
② 英国外交档案 F.O.17/337。

界,付与大英君主并历代后嗣,并归英属香港界内,以期该地港埠面管辖所及,庶保无事。①

这样,九龙半岛界限街以南以及石匠岛(今昂船洲)的 11.1 平方公里的领土被割让,使又一块中国土地落入英国之手,并入香港殖民地。这使得香港的范围扩展到了中国大陆,使得香港岛与九龙之间的海域成了香港的"内海"。这对于香港已经初具规模的转口贸易的发展和成为英国在远东的重要军事基地都具有十分重要的意义。

割让九龙后,英国殖民者继续嫌"该份土地的总量是如此的小",进而把目标指向新界。1894 年中日甲午战争爆发后,香港总督罗便臣上书英国政府殖民部门,第一次明确提出展拓英占香港界址和占领香港新界问题,要求将香港边界"推至大鹏湾,从那里延伸至后海峡⋯⋯从东北面鲤鱼门海峡延伸到九龙背后的山顶,以确保女皇这块有价值的属地的安全。再者,加普礁、横澜、大屿山和所有香港三英里以内的海岛均应割让给英国,否则一旦爆发战争,本殖民地将难以防守"。②

当时,英国政府顾虑此举可能会引发法国在华南的连锁反应,暂时没有采纳。1895 年,中国在甲午战争中战败,清政府与日本签订《马关条约》,俄、德、法三国借口干涉还辽事件,大肆攫取在华经济、政治权益。1897 年 11 月,德国强占胶州湾。12 月,俄国出兵占领旅顺口与大连湾。在此形势下,英国政府迅速调整对华政策,加入到瓜分中国的行列。1898 年 3 月,英国强租威海卫。随后又得知法国向清政府提出了租借南方海口的要求,乘机威胁清政府,如果给予法国任何让与权,必须要给予英国"对等性的让与权"。③

1898 年 4 月初,在法、俄两国的联合威胁下,清政府同意法国租借广州湾。4 月 11 日,英国驻华公使窦纳乐即以法租广州湾、危及香港安全为由,正式向清政府提出展拓香港界址的要求,声称:"英国议院本意在浙江之舟山及福建一带,图占口岸以保利权,因念中国为难情形,只有就原有之香港,展拓界址。"④言下之意,如果中国政府不允许香港扩界,英

---

① 王铁崖主编:《中外旧约章汇编》第 1 册,第 145 页。
② 刘伟:《香港主权交涉史》,第 202 页。
③ 姜秉正:《香港问题始末》,第 157 页。
④ 王彦威、王亮辑:《清季外交史料》第 131 卷,第 17 页。

国将强行占领舟山等口岸。在此种情况下,清政府被迫答应其扩界要求,但以不大的小块土地面积为限。

窦纳乐立即将此"战果"报告英国政府。英国外交部遂向殖民部、海军部征询"为正当保卫香港所需要的确切边界"的意见。英国海军部提出,除了在陆路上大加展拓外,香港的四周需要建立一个英国势力范围,把香港岛周围的岛屿全部包括在租借范围内,并在北面根据地形,从深圳湾到大鹏湾划一条线,在南面以香港岛以南的北纬 21 度 48 分、东经 113 度 47 分到 114 度 26 分处为界。英国海军大臣进而主张把东经 114 度 26 分推进到 114 度 30 分处,即把大鹏湾亦包括进去。按此要求,香港的陆地面积比以前扩大了 10 多倍,水面面积比以前扩大近 40 至 50 倍。①

对于英国要求展扩如此大的面积,清政府起初予以反对,但英国毫无退让之意,甚至威胁说:"若中国能拒法租借广州湾,英亦不租九龙(半岛)。"②当时法国租借广州湾已成定局,清政府被迫屈服,但提出了四点保留意见:1.租借地内之九龙城,仍由清政府派文武官员,仍归中国管辖;2.保留靠近九龙城的原有码头一区,准中国官民使用以及"他日(建)造铁路";3.大鹏湾、深圳湾内,准许中国"兵商各船来往停泊";4.港英当局帮助中国海关稽查鸦片走私和收税。以上各点英国表示接受。③ 1898 年 6 月 9 日,中英两国签订《展拓香港界址专条》。主要内容如下:

> 溯查多年以来,素悉香港一处,非展拓界址不足以资保护。今英中两国政府议定大略,按照粘附地图,展扩英界,作为新租之地。其所定详细界线,应俟两国派员勘明后,再行划定。以九十九年为限期。又议定:所有现在九龙城内驻扎之中国官员,仍可在城内各司其事,惟不得与保卫香港之武备有所妨碍,其余新租之地,专归英国管辖。至九龙向通新安陆路,中国官民照常行走。又议定:仍留附近九龙城原旧码头一区,以便中国兵、商各船、渡艇任使往来停泊,且便城内官民任便行走。将来中国建造铁路至九龙英国管辖之界,临时商办。又议定:在所展界内,不可将居民迫令迁移,产业入官……所租

---

① 姜秉正:《香港问题始末》,第 158—159 页。
② 刘彦:《帝国主义压迫中国史》(上),第 159 页。
③ 王彦威、王亮辑:《清季外交史料》第 131 卷,第 17 页。

与英国之地内,有大鹏湾、深圳湾水面……中国兵船无论在局外,局内,仍可享用……①

《展拓香港界址专条》是继《南京条约》、《北京条约》后,中英关于香港问题的第三个不平等条约。根据《专条》规定,英国租借了沙头角到深圳湾之间最短距离直线以南、界限街以北的地区以及附近岛屿和大鹏、深圳两海湾。

第一次世界大战结束以后,各国在巴黎召开和会,中国以战胜国身份参加会议。会前,美国总统威尔逊提出了包括民族自决、各国相互保障政治自由及土地管辖权、国无大小强弱一律享有同等权利、维护世界永久和平等内容的《十四点计划》,以此来指导确立战后的国家关系。受威尔逊《十四点计划》的鼓舞,1919 年 4 月,中国代表向和会提交了《中国希望条件说帖》,其中有要求租借地归还中国和要求各国于 1924 年底将租界归还中国的内容。这是中国政府首次在全球性的国际会议上公开要求修改不平等条约和归还租借地及租界。但是由于和会为英、法等国把持,它们在中国都有租借地,不愿轻易放弃既得利益。和会主席、法国总理克理孟梭借口中国提案“不在和会权限范围之内”,推说这些事应由国际联盟以后加以考虑。

20 世纪 20 年代,东方殖民地半殖民地国家的民族解放运动出现高涨形势,帝国主义国家在这些国家和地区的特权不断受到冲击。1920 年12 月 16 日,暹罗人民经过斗争实现同美国签署条约,美国宣布放弃它在暹罗享有的领事裁判权。这一事件给中国人民以极大的鼓舞。1921 年,中国政府重申收回租借地的主张。12 月 3 日,顾维钧代表中国政府向华盛顿会议提交了废止各国在华租借地案。法国代表曾表示愿意交还广州湾租借地,但条件是各国均须同时交还在华租借地。英国答应交还威海卫租借地,但拒绝交还九龙租借地;日本答应有条件交还胶州湾租借地,但拒绝交还旅大租借地。在英、日相互虚意附和的情况下,法国改变初衷,表示对先前之承诺要“再加考虑”。中国政府所提交的议案最终不了了之。此后,国民党一大宣言、广东革命政府外交部长胡汉民《废除不平等条约告世界各国人民书》以及国民政府发表的相关宣言中,都不同程

---

① 王彦威、王亮辑:《清季外交史料》第 131 卷,第 18 页。

度地提出过废除或收回租界及租借地的要求,但是都没有实现。

太平洋战争爆发后,中英两国政府曾就香港地位问题进行过多次交涉。1942 年,中英两国举行废除不平等条约谈判,中国政府再次提出归还九龙租界地以及归还香港问题。美国曾经建议香港主权由英国交还中国,"中国自动划香港九龙之一部或全部为自由港区,在该区内不征收税捐"。[①] 但英国政府表示,此次谈判主题仅是废除英国在华治外法权,租借地不在谈判范围之内,拒绝了中国政府的要求和美国提出的建议,致使中英之间的废约谈判迟迟不能达成协议。最后中国政府作出让步,中英两国于 1943 年 1 月 11 日签订《关于取消英国在华治外法权及其相关特权条约》。条约虽然没有涉及香港归还中国的问题,但是中国政府以照会英国政府的形式声明保留日后重行提请交还九龙租借地之权。[②]

1943 年 11 月,中美英三国举行开罗首脑会议,三国就香港问题进行了商讨。美国再次提议,英国即刻将香港归还中国,然后由中国宣布其为世界贸易自由港。中国表示愿意接受这一提案。英国却坚持战后不放弃香港的顽固立场,并拒绝关于该问题的任何建议。由于英国政府企图在战后继续维持其殖民帝国的地位,对中国战后成为一个大国的设想非常不满。1944 年 9 月,英国首相丘吉尔曾以幸灾乐祸的态度评述 1944 年中国豫湘桂战场的溃退,并表示极大的遗憾。11 月 3 日,英国驻华大使薛穆对美国驻英国大使赫尔利说:他本人和英国政府都不赞成美国使中国成为一个大国的对华政策,中国将不可能实现统一,国共两党间的冲突将越演越烈,中国只会处于长期的内乱之中。薛穆进而指出,即使将来中国能够统一,那么促使其统一的政策也是错误的,一个统一的独立的中国只会在东方制造麻烦,统一中国取得成功,将意味着在未来的年代里,欧洲人的努力在东方被消灭,而白人统治将随之消失。[③] 薛穆此番话表明英国政府为何在香港问题上坚持顽固立场。

1945 年春,中国政府再次恳请美国说服英国在战后将香港归还中国,然后辟为国际自由港。4 月 5 日,赫尔利在伦敦会见英国首相丘吉尔,提出希望英国依照《大西洋宪章》精神,放弃控制香港,以压迫苏联放

① 《顾维钧回忆录》第五卷,第 15 页。
② 王世杰等:《中国不平等条约之废除》,台北 1967 年版,第 296 页。
③ 《赫尔利与薛穆的会谈记录》(1943 年 11 月 3 日),《战后世界历史长编》第 1 卷第 1 分册,第 375 页。

弃对大连的"优先权益"。丘吉尔毫不让步,宣称英国的殖民地不受大西洋宪章的约束,谁也不能迫使英国放弃香港,他决不会放弃任何一块,哪怕是一小块英国领土,"誓死不愿"归还香港,称"美国对中国之政策为一大幻想"。丘吉尔甚至傲慢地宣称:英国对任何人都无所求,因此也就无所与。[1]

1945 年 8 月,日本投降在即。为维护国家主权和尊严,国民政府更加积极地谋求收回香港。国民政府外交部在关于收回香港问题的报告中建议趁日本战败之机收回香港,至少也要收回九龙,因为"该岛控制珠江之出口,把扼广州之门户,垄断粤汉铁路商运之源泉,为华南经济中心,与闽、粤各省不能分离,应属于同一统治之下"。报告指出,1842 年南京条约割让香港,是为英国修船及贮料之用,现今该理由已不复存在,目前大战行将结束,为谋求世界永久和平,对香港这样容易导致国际摩擦的因素应予以消除,故中英两国应就此问题进行合理调整协商。至于九龙租借地,既然英国已与中国订立新约,宣布废除一切在华特权,则该地理应归还中国,现在各国租借地均已交还,唯独九龙不还,实属无理。报告建议政府立即同英国的直接谈判,商定专约,由英国政府将香港及九龙租借地同时交还中国政府。中国政府可声明永久保护英国政府及其在华投资经营,并予以贸易便利,充分利用香港及九龙为中英永久友好合作之枢纽。报告强调收回香港和九龙的意义,并提出了收回的具体行动策略:收复香港,不纯为了政治性质,且与中国战后经济发展密切相关,实为战后整个对外问题之一节,交涉之成败,关系中英及有同等情形国家之邦交及情感,故不可不善为筹划,慎重运用;可在时机成熟之际,以精兵假道广九线直袭港九,务须捷足入据港九,为外交步骤留一先着,再与英方交涉,至少以收回九龙租借地为限。只要中国举国一致,有计划、有步骤地慎重推进,外交、军事、经济、财政各部门通力配合,贯彻国策,则问题必能顺利解决,香港、九龙定可回归祖国。[2]

1945 年 8 月 15 日,日本正式宣布无条件投降。按照盟军最高统帅部第一号令的规定,香港地区应归中国战区受降。据此,中国政府迅即派遣

---

[1] [日]古屋奎二:《蒋总统秘录》第 13 册,第 181 页。

[2] 国民政府外交部欧洲司:《收回香港问题》,1945 年 8 月,见吴东芝主编:《中国外交史(1911—1949 年)》,第 635—636 页。

新一军开入新界、九龙,并准备渡海占领香港岛,接受日军投降。然而,英军却无视盟军最高统帅部的规定,强行在香港岛抢先登陆,与中国军队隔海对峙。英国首相艾德礼致电杜鲁门,表示英国政府不能接受把香港划归中国境内的说法。① 英国驻华大使薛穆也公开声称:"一个主权国家有权不顾战区的界线,重占它的领地",②并通过新闻媒介大肆渲染。8 月 20 日,英国外交大臣贝文在下院宣布,英国政府已决定派遣以海军少将哈克尔为司令官的一支英国舰队前往香港,直接接受香港日军投降。③

对此,国民政府迅速作出反应,照会英国在没有盟军最高统帅部和中国战区最高统帅的授权下,不要派遣军队占领中国战区内的任何土地,恳请美国出面阻止英国军舰驶往香港海面。英国政府也同时向美国提出:关于受降令中中国境内的解释不应该包括香港。英国首相艾德礼致电杜鲁门,告之英国舰队已向香港进发,其任务是从日军手中接管香港,要求杜鲁门指示盟军最高统帅麦克阿瑟命令日本最高指挥部保证驻香港的日本地方司令官,应在英国海军司令官到达后,向英军投降。杜鲁门竟然按其要求指示麦克阿瑟部署香港向英国投降事宜。8 月 20 日,英国驻华大使薛穆在致蒋介石的备忘录中称:美国已通知中国,由英国在香港受降。蒋介石当即致电杜鲁门询问美方态度,恳请美国不要对《波茨坦公告》和盟军最高统帅部第一号令作任何片面修改,否则会造成不良先例,在其他地方也会带来更为严重的后果,要求美国应让英国遵从麦克阿瑟原先的指令,撤回部队,取消在香港地区接受日军投降的任何企图。蒋介石还建议,如果美国政府同意英国派遣军队来港,则可让日本先向中国政府投降,美、英可派代表参加,受降后由蒋介石授权英国部队登陆并重新占领香港,并称这是中国所能作出的最大让步。杜鲁门在复电中称,香港日军投降问题主要是军事行动性质的问题,中、英两国在行动上取得军事合作是完全可行的。杜鲁门称:"英国在香港的主权是没有疑问的,倘为投降仪式而发生麻烦,似乎将抵偿不了其恶劣影响。"④蒋介石接电后,只好下令将驻守九龙的部队后撤至新界。

---

① 英国外交部档案 F.2382/1147/10。

② 《顾维钧回忆录》第五卷,第 574 页。

③ 石源华:《中华民国外交史》,第 639 页。

④ ［日］古屋奎二:《蒋总统秘录》第 14 册,第 39 页。

8月22日,蒋介石电告麦克阿瑟,他将以中国战区最高统帅的名义,授权一名英国司令官作为其代表前往香港受降。8月23日,蒋介石又将此决定电告杜鲁门,并称他还准备指派一名中国官员和一名美国官员去参加香港的受降仪式,要求英国事先与中、美两国在行动上取得必要的军事协调。杜鲁门认为蒋介石的让步十分合理,当即回电支持蒋介石所采取的审慎措施。但是英国却坚持称香港的主权属于英国,受降权也属于英国,无须经过中国政府的授权,扬言英国不能接受这种有损英国权威的解决办法,但英国欢迎中、美代表参加由英国军官主持的受降仪式,中、美代表可以中国战区最高统帅代表的资格参加,并可以证人资格在日军投降书上签字。8月27日,蒋介石召见薛穆,强硬表示:"委托英国军官接收香港之主张,必须贯彻,嘱其通知英国政府,如果不接受此委托而擅自受降,则破坏联合协定之责任在英国,余决不能放弃应有之权,且必反抗强权之行为。"[①]8月30日,英国军舰在盟军统帅麦克阿瑟的支持下,进驻维多利亚港,从日军手中接收了香港,并成立了以哈克尔为首的军政府。

在中国政府的严正抗议下,英国重新占领香港后在接受日军投降问题上稍作让步,同意哈克尔同时代表英国政府和中国战区最高统帅签字受降,但中国政府代表仅作为一般来宾在受降代表仪式上出现。1945年9月16日,哈克尔代表英国政府和中国战区最高统帅,在香港举行受降仪式,日军司令官藤田频太郎在投降书上签字。蒋介石派罗卓英参加受降仪式。对于英国将军系代表中国战区最高统帅受降一事,根本无人提及。英方完全以香港解放者的姿态出现,甚至借口为了不使居民发生"误解",禁止悬挂中国旗帜,庆祝抗战胜利。

抗战胜利后,对于中国来说,是存在收回香港的可能的。首先,中英在签署新约时,中国政府保留了收回九龙租借地的交涉权,英国在交涉过程中也一再表示愿意在战后讨论交还香港事宜;其次,美国着眼于战后自身在远东的利益,一度明确支持中国收回香港主权,抨击英国在东方的殖民体系,主张香港成为国际自由港,盟军最高统率部将香港划入中国战区受降,即反映了美国的真实意图。第三,香港在被日军占领后,英国势力已被驱逐一空,而中共领导的东江纵队深入港九敌后,坚持武装斗争,使

---

① [日]古屋奎二:《蒋总统秘录》第14册,第40页。

香港地区在日本投降时已处于中共领导的抗日武装的战略包围之中；在日本投降后，国民党新一军即迅速开进新界、九龙，渡海占领香港岛只是举手之劳，在军事态势上也对中国极为有利。此外，国民政府为收回香港作了长期的准备，行政院、外交部曾分别拟订了接管香港的各类政策性文件，对于同英国交涉过程中可能遇到的各种问题作了必要准备。在这样的情况下，国民政府如能迅速果断地出兵占领香港，接受日军投降，然后以坚决的态度与英国进行谈判，最终是有可能迫使英国作出让步，实现香港回归祖国的。香港问题之所以最终未能解决，除了英国在远东殖民地问题上的顽固和蛮横态度外，美国在关键时刻的背约和国民政府的妥协退让也是其中的重要原因。蒋介石虽然争得了名义上的委托受降权，英国却在事实上重新占领了香港、九龙。中国内战全面爆发以后，国民政府又分批撤出了驻守新界、九龙的部队，该地区重新为英国军队占领，并在1949 年新中国成立之际，封锁了香港与中国内地的交通，使收回香港成为中英之间长期悬而未决的问题。

1997 年 7 月 1 日，中国政府根据"一国两制"的方针，顺利实现了对香港恢复行使主权。

第三节　中日台湾问题

台湾自古以来就是中国的领土。它东临波涛万里的太平洋，东北与琉球群岛相接，南面隔巴士海峡与菲律宾群岛邻近，西南隔台湾海峡与中国大陆福建省的金门、厦门相望。陆地面积约 3.6 万平方公里，由三部分岛屿组成：一是台湾本岛及红头屿、火烧岛、龟山岛、彭佳屿、棉花屿等 14个附岛；二是澎湖列岛，有 64 个岛屿；三是钓鱼岛群岛，有 8 个岛屿。另外加上其他一些岛屿，共有大小岛屿一百多个。台湾的失而复得及其与日本的交涉，是近代中国周边外交的重要内容之一。

16 和 17 世纪是日本商业资本初步形成、发展的时期，日本大小封建领主与新兴商业资产阶级相互勾结，积极开展对亚洲诸邻国的侵略扩张活动。早在明朝初年，中国东南沿海即开始经常遭受日本倭寇的侵扰。16 世纪中叶以后，部分倭寇乘澎湖巡检司撤废、无兵防守的时机，窜至台湾、澎湖，企图据为进犯中国闽粤沿海的基地。1563 年，一部分在福建遭受中国军民打击的倭寇侵入鸡笼、淡水等地,烧杀劫掠,无恶不作,原来"朋聚滨海"的高山族人民被迫迁居山区,"鸡笼山人遭倭焚烧,逃居山后"。此后,每当东北风盛行之季,倭寇即由日本的萨摩或五岛出发,航至琉球、台湾,再依风势变化,进犯广东、福建。这样去而复来,为患中国沿海数十年之久。

1592年丰臣秀吉统一日本后,妄图进一步并吞整个中国,"合三国(指中国、朝鲜、日本)为一","使其四百州尽化我俗"。[①] 丰臣秀吉首先使用武力胁迫琉球国王向日本称臣纳贡。1592年,又发动侵略朝鲜的战争。1588年、1591年、1593年,他先后三次派人到当时受西班牙占领的吕宋进行恫吓活动。1593年,日本出使吕宋的原由喜左卫在归途中经过台湾,曾致书台湾高山族(称"高砂国"),企图逼迫高山族朝贡日本,结果遭到拒绝。[②] 同时,丰臣秀吉还派遣倭将钦门墩统率舰船准备侵犯台湾,后由于明朝政府加强沿海战备,重设澎湖巡检司而未能得逞。

继丰臣秀吉之后而起的德川家康幕府政权,有鉴于侵朝战争的失败,放弃了南北并进的侵略方针,集中力量图谋台湾。1609年,德川家康派遣肥前岛的有城领主有马晴信率领舰队侵犯台湾,结果遭到失败。1616年,长崎代官村山等安(又作东庵、桃庵或安东)再次率舰队侵犯台湾,亦以后援不继而再次惨遭失败。[③] 随后,日本幕府对台湾没有采取什么有力量的行动侵犯台湾。不过,仍有少数日本商人暗中从事侵犯台湾的阴谋活动。

1864年日本明治维新后,迅速走上资本主义发展轨道。由于迅速发展起来的新兴资本主义与未经改造的旧封建经济文化的相互结合,使得日本在对外关系上表现出更强的侵略性。1871年,台湾牡丹社高山族人民误杀了遭受飓风而漂流到台湾的琉球船民。日本以此为借口,积极酝酿新的侵台行动。当时日本国内矛盾十分尖锐,日本统治集团内部在"征韩"问题上的分歧几乎发展到公开破裂的地步。以西乡隆盛为首的"征韩派"相继退出政府,准备武装叛乱。以大久保利通为首的当权派,为了缓和日益尖锐的国内矛盾,决定发动侵略台湾的战争。

---

① 赖山阳:《日本外史》卷十六。
② 陈碧笙:《台湾地方史》,中国社会科学出版社1990年版,第52页。
③ 施连本:《台湾史略》,福建人民出版社1981年版,第136页。

　　1874 年 4 月 4 日,日本正式成立侵台机构——台湾都督府,以西乡隆盛之弟、陆军中将西乡从道为台湾事务都督,大藏大臣大隈重信为"台湾番地事务局"长官,同时聘请美国现役少校凯塞尔为顾问。5 月 10 日,西乡从道率日军在台湾南部的琅峤登陆,分三路进攻高山族村庄。6 月 3 日,日军侵占牡丹社,当地百姓遁入深山,随后日军以龟山为基地,建立都督府,修建医院、营房、道路等,准备久踞。清政府对日军的一系列侵台活动毫无所知,直到 4 月 19 日,英国驻华大使威妥玛致函询问日本向台湾派兵是否与中国政府商讨,方知道此事。5 月 14 日,清政府派遣福建船政大臣沈葆桢为钦差大臣、福建布政使潘蔚为帮办,率舰船兵弁驰援台湾。沈葆桢等到台后,一面积极增兵布防,一面布告当地诸"番社"各安生业,同时与日方展开会谈。

　　当时台湾南部地区流行恶性疟疾,日军死伤甚重,军费开支巨大。加之日本侵略行为太过露骨,西方列强多不支持。英国发出警告,表示不能坐视日本占领台湾,曾派军舰至琅峤炫耀武力。最初支持日本侵台的美国也有了退缩之意。军事、外交形势朝着有利于中国的方向发展。在进退维谷、内外交困的形势下,日本被迫派遣大久保利通为全权代表,到北京寻求和平解决方案。当时清政府亦同样面临内政、外交等方面的许多困难。对军备、海防废弛的整顿需要时日,新疆正在外国傀儡阿古柏盘踞之下,中法关系又因越南问题而日趋紧张。在此情况下,经过英、法、美 3 国的调停,清政府在谈判中作出让步。10 月 30 日,中日签订《台湾事件专约》三条。主要内容如下:

　　一、日本国兹此次所办,原为保民义举起见,中国不指以为不是。

　　二、前次所有遇害难民之家,中国定给抚恤银两,日本所有在该处建房等件,中国愿留自用,先行议定筹补银两,另有议办之据。

　　三、所有此事两国一切来往公文,彼此撤回注销,永为罢论;至于该处生番,中国自宜设法妥为约束,以期永保航客,不能再受凶害。①

　　日军在索取抚恤银 10 万两、修路建房费 40 万元(共计折合 78 万日元,一说折合日币 67.1650 万元)后,从台湾撤军。

　　随即,日本为争夺朝鲜半岛与中国清政府发生激烈分歧和争执。

---

① 《筹办夷务始末(道光朝)》卷九八。

1894年5月,朝鲜爆发东学党起义。朝鲜国王请求清政府派兵协助镇压。6月5日,清政府派遣直隶提督叶志超率军1500人赴朝。日本也以护送驻朝公使为名,陆续向朝鲜派兵1万余人,并占据从仁川至汉城一带的战略要地,乘机包围驻守牙山的清军。7月,护送增援清军至牙山后返航的中国北洋水师"济远"号等舰船,在牙山口外突然遭受日本海军袭击。由天津运载清朝援军的"高升"号驶近该作战海域,被日舰发炮击沉,舰上近400名中国官兵大部分牺牲。同一天,日本陆军4000多人大举进犯驻牙山清军。中日甲午战争爆发。

战争爆发后,日本各界积极主张"动员别支军队攻占台湾全岛",以为"南进的跳板"。不久,日本陆海军轻易获胜,日本举国上下一片欢腾。日本陆军部提出要求割取辽东半岛,财政部提出要求索取赔款银十万万两,海军大臣西乡从道和海军军令部长桦山资纪等人极力主张割取台湾和澎湖。日本政府在综合各方意见后,制定了十条媾和条款,并公开宣称"非有割地之全权大臣不必来日",指名要李鸿章充当全权代表赴日谈判。[①] 1895年2月,日军占领威海卫后,清政府深恐日军进一步侵犯京津,清慈禧太后遂任命李鸿章为"头等全权大臣"赴日谈判。

李鸿章赴日前首先"访问"列强驻京各国公使,请求美、英、俄等国出面干涉,促使日本放弃割地要求,但遭美、英等国拒绝。俄国公使表面上虚与周旋,暗中却企图和日本进行分赃。俄国暗示日本:若能保证其在中国东北和渤海湾周围地区享有特权,俄国将支持日本割占台湾。日本在明晓俄国真实意图后,进一步坚定了割占台湾的野心。李鸿章在争取外国干涉不成的情况下,只好不惜一切代价向日本求和。为了不承担割地的罪责,他表示只有给他割地的全权后方可赴日。慈禧太后一时装病不出,传话他"一切遵照上旨",光绪帝既不敢与慈禧太后公开决裂,又企盼清军能在辽东扭转败局。3月初,清军在辽东全面败退,光绪帝为形势所迫,传谕李鸿章"以商让土地之权"。

1895年3月14日,李鸿章在美国顾问科士达的陪同下,赴日谈判。20日,李鸿章同日本首相伊藤博文、外交大臣陆奥宗光及美国顾问端迪臣,在马关的春帆楼开始谈判。日方摆出战胜者的姿态,肆意勒索,并派

---

① 陈碧笙:《台湾地方史》,第183页。

兵攻占台湾、澎湖。24日，李鸿章在谈判后返回寓所途中，被日本暴徒刺伤。日本政府担心因此招致列强的干涉，宣布除了台湾、澎湖地区外，其它地区立即停战。4月1日，日本提出包括中国割让奉天南部、台湾、澎湖列岛，赔偿日本军费白银3亿两等内容的媾和条款。清政府指示李鸿章与伊藤博文"竭力申说"，尽量争取减少割地赔款。4月17日，李鸿章和日本代表签订了丧权辱国的《马关条约》。中国承认日本对朝鲜的控制，同意割让辽东半岛、台湾全岛及所有附属各岛和澎湖列岛给日本，赔偿日本军费白银2亿两等。

《马关条约》签订和中国割让台湾、澎湖列岛等消息传至国内，全国哗然。拒和废约、迁都再战的呼声震动整个京城。正在北京应试的举人康有为等人，发动各省前来应试的1300名举人上书光绪皇帝，要求废约拒和、迁都再战，并发出改革政治、挽救民族危机的强烈呼吁。光绪帝鉴于割地赔款的苛刻条件和中国人民的强烈抗议，曾一度拒绝批准，派总理衙门大臣拜见俄、德、法等国驻华公使，请求他们与本国政府密商相救的办法。但慈禧太后和李鸿章等人反对毁约再战，俄、德、法三国也不肯帮助中国商改条约。5月2日，光绪帝无奈之中批准了《马关条约》。台湾自此开始了长达50年之久的日本殖民统治时期。

抗日战争爆发后，收复台湾失地，逐步成为中国抗战的战略目标之一。1938年4月1日，中国国民党总裁蒋介石在中国国民党临时全国代表大会上说："恢复高、台，巩固中华"，是孙中山在世时就确定的革命对策。"因为高丽（朝鲜）是我们的属国，台湾是我们中国的领土，在地势上说，都是我们中国安危存亡所关的生命线，中国要讲求真正的国防，要维护东亚永久的和平，断不能让高丽和台湾掌握在日本帝国主义者之手。"明确提出"以解放高丽、台湾的人民为我们的职志"。[1]

1941年12月9日，即太平洋战争爆发的第二天，中国政府正式对日宣战。《宣战布告》说："兹特正式对日宣战，昭告中外，所有一切条约、协定、合同有涉及中日之关系者，一律废止。"[2]根据该布告，《马关条约》已

---

[1]　中国国民党党史会编：《抗战时期收复台湾之重要言论》，台北近代中国出版社1990年刊印，第2页。

[2]　复旦大学历史系中国近代史教研组编：《中国近代对外关系史资料选编》下卷第2册，第162—163页。

于中国对日宣战之日起失效,日本由该条约第二款所获得的对于台湾和澎湖列岛的领有权已完全失去法律上的依据。中国外交部发表声明说,中国决定战后收复台湾、澎湖、东北四省土地。

　　1943 年 11 月 21 日至 26 日,中、美、英三国政府首脑在开罗召开会议,商讨加强对日作战及战后对日本的处理,中国政府代表在会上提出了收复所有失地的要求,得到美、英两国的赞同。12 月 1 日,中、美、英三国签署《开罗宣言》,宣言称:"我三大盟国此次作战之目的,在于制止及惩罚日本之侵略。三国决不为自身图利,亦无拓展领土之意。三国之宗旨,在剥夺日本自 1914 年第一次世界大战开始以后在太平洋所夺得或占领之一切岛屿,在使日本所窃取于中国之领土,例如满洲、台湾、澎湖列岛等,归还中国。日本亦将被逐出于其以武力或贪欲所攫取之所有土地……"①开罗会议的决定,为中国政府收复台湾、澎湖提供了国际法律依据和同盟国的共同保证。

　　此后,国民政府加紧了收复台湾的一系列准备工作。首先,国民党当局积极支持并充分利用台湾当地的抗日团体,开展抗日复台工作。当时与国民政府有关的台湾抗日团体主要有三支:其一是台湾革命同盟会。1940 年 3 月 29 日,由台湾留居祖国的反日团体台湾革命青年大同盟、中华青年复土血魂团、抗日复土大同盟、台湾革命党、台湾革命民族总同盟、台湾独立革命党、台湾国民革命党等,联合组成"台湾革命团体联合会"。次年 2 月 10 日,更名为"台湾革命同盟会",总部设重庆,下设总务、组织、宣传、行动四部,并在金华、漳州设南北执行部,后改为八个地方分会。该同盟会以"保卫祖国,收复台湾"为工作目标。他们接受国民党中央党部的领导,并开展活动。② 1942 年 4 月,该会呈请中国最高当局准予成立"台湾省政府","以励人心",使 50 年失地得以归依祖国。③ 其二是台湾义勇队,成立于 1939 年春,总部设金华,后移龙岩,隶属于国民政府军事委员会政治部,下设三个区队及"台湾少年团",主要在东南各省开展抗

---

① 《国际条约集》(1934—1944),第 407 页。

② 吕芳上:《抗战时期在大陆的台湾抗日团体及其活动》,《中国近代史事论集》,台北近代中国杂志社 1994 版,第 477—485 页。

③ 《大公报》1942 年 4 月 14 日。关于"台湾革命同盟会"资料,参见中国国民党党史会编:《台籍志士在祖国的复台努力》,台北近代中国出版社 1990 年刊印,第 79—296 页。

日活动。① 其三是中国国民党中央直属台湾党部,1940 年成立筹备处,总部设香港,后先后迁九龙、桂林、韶关、赣州、泰和等地,1943 年 4 月,更名为"中国国民党直属台湾执行委员会",设漳州,吸收台籍党员 689 人,积极开展抗日复台工作。②

1944 年 1 月 4 日,国民党台湾党部呈文国民党中央党部,提出《台湾党务工作意见书》,对于收复台湾的准备工作提出五项建议:

一、台胞以漳、泉、潮、梅为最多,拟在各地以台湾工作团名义,集结内地台胞随时予以训练,加强主义认识,增进军事及航海技术,团员仍操原有职业,平时利用其各种关系推进岛内工作,总反攻时协助英美海军袭取台湾;

二、台胞团体与全国舆论均主张从速建省,以使台岛人心及工作胜利计,应在台湾党部所在地开办台湾党政人员训练班,以资收揽人才及造就人才,并利组织工作之开展;

三、为配合党政班工作及研拟各种收复与建设方案起见,先成立"台湾政治设计委员会",聘请台湾问题专家为委员,可向中央提供各种方案,亦可借此树立省政基础;

四、为明了内地台胞状况,以备协助台岛工作及将来收复进行计,拟举办内地台胞总登记,由台湾党部负责办理;

五、查台湾志愿兵征调已三十余万,分布越、缅、海南岛各地,拟选派干员参加远征军及第四战区司令部担任策动该项志愿兵工作,以为将来配合同盟国海军进攻台岛之前导。③

1 月 18 日,国民党中央党部秘书长吴铁城复函台湾党部书记长肖宜增,称意见书"所拟尚无不合,准予试行"。④

4 月 17 日,国民党台湾党部就中日《马关条约》签订四十九周年发表

---

① 薛军力、徐鲁航:《台湾人民抗日斗争史》,燕山出版社 1997 年版,第 244—250 页。关于"关于台湾义勇队"的资料,参见中国国民党党史会编:《台籍志士在祖国的复台努力》,第 19—78 页。

② 吕芳上:《抗战时期在大陆的台湾抗日团体及其活动》,《中国近代史事论集》,第 491—496 页。关于"中国国民党直属台湾党部"的资料,参见中国国民党党史会编:《台籍志士在祖国的复台努力》,第 297—408 页。

③ 肖宜增:《台湾党务工作意见书提要》(1944 年 1 月 4 日),台北中国国民党党史会藏。

④ 肖宜增:《台湾党务工作意见书提要》(1944 年 1 月 4 日),台北中国国民党党史会藏。

《告国内外同胞书》，明白指出："我国抗战之成败，当然以台湾之能否收复为断"，此乃"我四万万同胞全体的责任"，号召国人"切实注意台湾，纠正以前不大注意台湾的毛病，须研究台湾，要把台湾的一切研究得清清楚楚，然后向全国宣传，使大家都能了然于台湾的重要"，"负起全部的责任，致力于台湾的收复，俾完成抗战之使命"。① 28 日，国民党台湾党部又呈请国民党中央恢复台湾省制，内称："窃查台湾前为我国行省，台民原为中华同胞，此壮丽河山曾因马关条约而割让，我固有主权应随此次对日宣战而收回；开罗会议后，须经同盟领袖之公认，正宜掌握时机，使主权由初步收回而达完全管领；首要之图，端在政权名分，得民心，以共赴事功"，为此"似应即由政府明令宣布台湾恢复省制，始足以正内外视听，而促台胞内向，事关国土收复，国族生存大计"。② 国民党台湾党部的这些活动对于推动国民政府的收复台湾准备起了积极的作用。

早在 1943 年 9 月 6 日，孙科即致函国民党中央秘书处，并转呈台湾义勇队提出的意见书，提议在国防最高委员会设"台湾问题委员会"，或在中央党部设"台湾革命工作指导委员会"，决定台湾党务、政治、军事之全盘计划，审核其工作进度，依工作计划分配经费及工作，实施"台湾工作人才总登记"，依其才能分配工作，同时设立"台湾政治干部训练班"及"军事干部训练址"等训练机构，以准备将来设立"台湾省政府及台湾军管区"等，要求国民党十一中全会讨论决定。③ 1944 年 4 月，在各方人士的推动下，国民政府决定在中央设计局内设立"台湾调查委员会"，由陈仪任主任委员，着手编拟《台湾接管计划纲要》，呈送中央设计局签注意见，后又根据国防最高委员会颁布之《复员计划纲要》加以整理，拟定 16 项 82 条草案，于 10 月 27 日签呈国民党总裁蒋介石鉴核，1945 年 3 月 23 日"业奉总裁修正颁发"。该文件是国民党当局准备收复台湾的一个重要的准备文件，分列通则、内政、外交、军事、财政、金融、工矿商业、教育文化、交通、农业、社会、粮食、司法、水利、卫生、土地共计 16 大类。主要内容是：1.台湾接管后一切设施，以"力谋强民利益，铲除敌人势力为目的"；2.民国一切法令均适用于台湾；3.地方政制以台湾为省，接管时正式成立

① 国民党台湾省党部：《"四一七"告国内外同胞书》（1944 年 4 月 17 日），台北中国国民党党史会藏。
② 国民党台湾省党部：《请求恢复台湾省制呈文》（1944 年 4 月 28 日），台北中国国民党党史会藏。
③ 台湾义勇队：《代拟统一加强台湾革命工作，以利收复台湾案》，台北中国国民党党史会藏。

省政府,下设县(市),就原有州、厅、支厅、郡、市改组之;4.省政府应由中央政府以委托行使之方式,赋予极大的权力;5.台湾应分区驻扎相当部队,以根绝敌国残余势力;6.应由中央银行发行印有台湾地名之法币,并规定与日币兑换率;7.敌国人民所有或与台民合有之工矿商业一律接收;8.学校接收后,课程及学校行政须按照法令规定,教科书用国定本或审定本;9.原有人民团体,接管后一律停止活动,俟举办调查登记后,依法及实际情况加以调整;10.讯释政治犯,清理狱囚,应将未结之民刑案件,分别审结;11.日占时代之官有、公有土地,应于接管后一律收归国有,敌人私有的土地,应于接管后调查是否非法所得,分别收归国有,或发还台籍原业主等等。①

　　随后,又由国民党中央秘书处主持,会同中央设计局、中央训练团、东北调查委员会、台湾调查委员会商拟了东北、台湾党政干部训练办法九项,呈送蒋介石核准。10 月 2 日,由中央警察学校举办"台湾警察讲习班",12 月 22 日结业。12 月 25 日,由中央训练团举办"台湾行政干部训练班",由各机关选送学员 120 名,次年 4 月 20 日结业。1945 年 6 月,又举办"台湾银行人员调训班",这些训练班为台湾的光复与接收工作培养了不少干部。为了更好地接管台湾,该调查委员会还做了不少基本资料的收集整理和研究工作。如选译台湾现行法规,分为行政、司法、财务、教育、金融、工商交通、农矿渔牧 7 大类,印成 43 册,以供有关方面参考。编印出版了台湾概况等调研报告 19 种,还成立了行政区划、土地问题、公营企业 3 个研究会,就相关问题作成报告书。②

　　1945 年 5 月,国民党举行"六大",台湾问题成为大会关注的重要问题之一。台湾党部代表谢东闵出席大会,是台湾同胞出席国民党全国代表大会的第一人。5 月 9 日,谢东闵在第五次大会上提出两点书面质询:中央何以不设立台湾行政机构,又何以未选派一个台籍国民参政员? 对于国民党当局的复台工作提出强烈批评。并表示台湾同胞虽受敌寇重重压迫 50 多年,但无日不在奋斗,目的则在归宗祖国。但是到目前为止,中央似乎还没有注意台湾同胞的愿望,所以迄未设立行政机构,也未选派国

---

① 《台湾调查委员会一年来工作状况》(1945 年 6 月 27 日),台北中国国民党党史会藏。
② 《台湾调查委员会一年来工作状况》(1945 年 6 月 17 日),台北中国国民党党史会藏。

民参政员,不免令他们失望。希望中央能多多注意台湾问题。[①] 谢东闵领衔提出《拟请中央统一加强对台湾工作之领导案》、《拟请中央从速确定台湾法律地位案》、《拟请有关台湾事业之军政机关尽量录用台湾人案》三个提案,主要内容是:1."放宽尺度,洞开门户,以便延揽台湾人才,充实党之干部,庶人地熟悉,以利工作之进行";2."光复在即,台湾人心必大振奋,故台湾党部之工作可能突飞猛进,随时开展","经费应大加宽筹,并设特别秘密开支项目,使能因利乘势便宜行事";3."国内台湾各革命团体尚未能完全集中,拟请中央加以援助,并随时指导,使之形成抗敌巨大力量,使能协助国军光复故土,不独可以减少牺牲,并对国际观瞻收刮目相看之效,显示台湾同胞确抱重归祖国之决心"等,[②]这些提案均为大会通过,交政府办理。

第二次世界大战结束前夜,中、美、英三国首脑于 1945 年 7 月 25 日在波茨坦举行会议,26 日,签署发表敦促日本无条件投降的《波茨坦公告》,该公告第八款宣布:"《开罗宣言》之条件必将实施,而日本之主权必将限于本州、北海道、九州、四国及吾人所决定其它小岛之内。"这样,台湾、澎湖必须交归中国,由中、美、英三国以联合公告的方式正式通知日本。1945 年 8 月 15 日,日本宣布无条件投降。8 月 24 日,蒋介石在中国国民党中常会和国防最高委员会联席会议上宣布:"日本帝国主义是战败投降了,台湾、澎湖仍归还到了祖国的怀抱"。[③] 9 月 2 日,日本在东京湾签署《无条件投降书》。投降书第一款即规定:"日本接受中、美、英共同签署的、后来又有苏联参加的 1945 年 7 月 26 日的《波茨坦公告》中的条款。"台湾、澎湖必须交还给中国,已为战败的日本政府所接受。

1945 年 10 月 25 日,在台北市公会礼堂举行受降典礼。日方投降代表——台湾总督兼第十方面军司令官安藤利吉领受中国受降主官陈仪的"第一号命令",办理投降手续。然后由陈仪通过广播宣布:"从今天起,台湾及澎湖列岛已正式重入中国版图,所有一切土地、人民、政事皆已置

---

① 《中国国民党第六次代表大会第五次会议速记录》,台北中国国民党党史会藏。
② 谢东闵等:《拟请中央统一加强对台湾工作之领导案》(1945 年 5 月),抄自中国民党党史会展览照片。
③ 中国国民党党史会编:《抗战时期收复台湾之重要言论》,第 14 页。

于中华民国政府主权之下。"①50 年的愿望终于实现。广大台胞欢欣鼓舞,互相庆祝。10 月 25 日被定为"台湾光复节"。10 月 26 日,台北市民举行盛大的游行活动,接着,台湾省行政长官公署正式成立并行使职权。全省重新划分为台北、新竹、台中、彰化、嘉义、台南、高雄、台东、花莲、澎湖等县和台北、基隆、新竹、台中、彰化、嘉义、台南、高雄、屏东等九个省辖市,宜兰、花莲港二个县辖市。1946 年 1 月 12 日,国民政府行政院颁发《恢复台湾同胞国籍令》,宣布:"台湾人民原系我国国民,受敌人侵略,致丧失国籍;兹国土光复,其原有我国国籍之人民,自三十四年十月二十五日起,应即一律恢复我国国籍。"②

台湾、澎湖的复归中国,同时也得到了当时所有盟国政府的承认。1950 年 1 月 5 日,美国总统杜鲁门在关于台湾问题的声明中称:"……过去四年来,美国及其它盟国亦承认中国对该岛行使职权。"③2 月 9 日,美国国务院就台湾问题对美国参议院外交委员会的公开答复中说:"它(指台湾)已包括在中国之疆域内,成为一个省……参加对日战争的各盟国对这些步骤并未怀疑,美国政府对这些步骤也未质疑。换句话说,包括美国在内的各盟国在过去四年中,已认为台湾是中国的一部分。"④1949 年11 月 1 日,英国外交部发言人在英国下院称:"根据《开罗宣言》,中国当局在日本投降的时候对该岛加以控制,并在此后一直行使着对该岛的控制。"⑤1954 年 8 月 25 日,英国外交部仍公开承认:"《开罗宣言》说,台湾归还中国政府,这一点已经做到了。"⑥台湾已经回归中国的怀抱,是一个不容置疑的历史事实。

---

① 中国国民党党史会编:《光复台湾之筹划与受降接收》,台北近代中国出版社 1990 年刊印,第201 页。

② 中国国民党党史会编:《光复台湾之筹划与受降接收》,第 211—212 页。

③ 《合众国际社华盛顿电》(1950 年 1 月 5 日)。

④ 《美国对外关系文件》卷 14,第 497 页。

⑤ 《英国新闻处伦敦电》(1949 年 11 月 2 日)。

⑥ 《法新社伦敦电》(1954 年 8 月 25 日)。

附录一:50 年来中国周边外交政策的 历史演变(1949—2000)^①

中国是世界上拥有周边国家最多的国家,也是世界上处理周边外交问题最为复杂和困难的国家之一。^② 新中国的周边外交历来在整个外交战略中占有极为重要的地位。建设一个和平的、发展的、稳定的周边环境,是中国历届政府力图实现的基本外交目标,也是中国实现国家安全、政治稳定、经济发展乃至提升国际地位的必要前提,更是实现 21 世纪初20 年战略机遇期的重要保证。

研究新中国周边外交政策的历史演变和未来走向,不仅对于中国外交史研究具有重要的学术价值,而且对于当今周边外交的实施也有着深刻的现实意义。然而,由于历史的和现实的原因,对于新中国周边外交史的研究却是中国外交史研究的薄弱环节。海内外学术界均尚未将此作为独立的课题进行研究。就国别研究而言,学者们比较重视中国与周边大国关系的研究,如中苏(俄)关系、中日关系等,中国与南亚、中亚、东南亚、东北亚各国关系的研究虽均有成果问世,但相当不平衡,有很多空白点,也缺乏研究的深度。就综合研究而言,对于中国与周边国家关系总体的、宏观的系统研究以及中国实施周边外交政策的经验教训的研究还没

---

① 本文为纪念中华人民共和国成立五十周年而作,曾提交香港珠海书院主办的"五十年的香港、中国与亚洲"国际学术会议,2001 年 1 月,香港;发表于《当代中国史研究》2000 年第 5 期,并收入《中国外交》2001 年第 1 期,收入本书时,作者作了修订。

② 本文所指的周边国家是指与中国接壤或邻近的 28 个国家,即俄罗斯、中亚的哈萨克斯坦、吉尔吉斯斯坦、塔吉克斯坦、乌兹别克斯坦、土库曼斯坦 5 国、东北亚的日本、蒙古、韩国、朝鲜 4 国、东南亚的越南、缅甸、泰国、老挝、菲律宾、马来西亚、新加坡、印度尼西亚、文莱、柬埔寨 10 国、南亚的印度、巴基斯坦、孟加拉、斯里兰卡、尼泊尔、不丹、锡金、阿富汗 8 国,同时也包括对于中国周边环境发生重大影响,或与中国的香港、澳门、台湾地区有着特殊关系的美、英、法、葡等西方国家。

有引起学术界足够和重视。已有的研究成果,或仅作跳跃式的粗线条叙述,或只涉及周边外交的若干方面,相关论文也只涉及若干现实周边外交问题,有待作进一步的系统的综合研究。[①]

新中国周边外交政策的变化,既受制于国际格局的变迁和中国周边环境变化的影响,更决定于中国最高决策者的世界战略意识和周边外交思想。半个世纪来,中国的周边外交政策因各种因素的变动呈现着阶段性的变化。[②] 本文以当代中国周边外交政策为研究对象,综合考察中华人民共和国成立以来中国周边外交政策的历史演变,研究冷战及后冷战时代对于中国周边外交政策的影响、历届中国政府周边外交政策的利弊得失、以及中国与周边国家关系中的重大分歧、矛盾及热点问题等,研究和探求中国周边外交政策的未来走向。

一

近代以来,由于帝国主义的侵略,中国与周边国家的关系经历了由以大中华王朝为中心的朝贡体系至以列强为中心的远东殖民地或半殖民地体系的大转变,随着中国的邻国或藩属国印度、缅甸、越南、菲律宾、朝鲜等被帝国主义国家掠为殖民地或半殖民地和中国自身半殖民地半封建化的形成和深化,中国周边国家的对象发生了很大的变化,出现了帝国主义列强英、法、美、俄、日等国包围鲸吞中国的危局。由于中国人民近百年来不屈不挠的英勇奋斗和世界反法西斯战争的伟大胜利,当中华人民共和

---

① 薛君度、陆忠伟主编:《面向 21 世纪的中国周边形势》,时事出版社 1996 年版;李援朝等主编:《中国周边国家的国情与民俗》,郭观桥:《一个大国崛起的困扰》,时事出版社 1999 年版。

② 关于新中国外交史的分期,学术界目前有几种看法。第一种意见主张以中国对外战略的调整作为分期标准:1.1949 年—50 年代末为对苏"一边倒"阶段;2.50 年代末—60 年代末为"两个拳头"反两霸阶段;3.60 年代末—70 年代末为反苏"一条线、一大片"阶段;4.70 年代末以来为"全方位"阶段。第二种意见主张以中国"国家利益"演变作为分期的标准:1.50 年代初期为追求"安全利益"阶段;2.1954 年—70 年代末为追求"政治利益"阶段;3.改革开放以来为追求"经济利益"阶段;4.90 年代以来为追求"经济和政治利益并重"阶段。第三种意见主张分期的标准应综合考虑国内政治和经济、重大外交事件和国际环境变化三方面因素:1.1949—1955 年;2.50 年代中期—60 年代中期;3.60 年代中期—70 年代末;4.80 年代以来。还有一种意见主张,中国外交可分为两个阶段:1.50 年代—70 年代后期,中国外交主要维护国家安全;2.十一届三中全会以来,中国外交重点为经济建设服务等。本文对于周边外交政策研究的阶段划分接近第一种意见。《〈中国外交辉煌 50 年〉研讨会综述》,《外交学院学报》1999 年第 4 期。

国成立之时,帝国主义在远东的殖民体系已经崩溃,亚洲出现了一批新独
立国家,中国与周边国家的关系基本上进入了近代国际法意义上国家关
系体系的新阶段。

然而,帝国主义侵略和殖民统治的残余势力在亚洲依然存在,一些国
家和民族争取独立的斗争仍在进行之中,尤为重要的是,随着美苏冷战格
局的形成和不断升级,出现了东西方两大阵营对峙的局面。新中国的外
交战略面临着亲美? 亲苏? 或是中立的选择? 根据中国当时面对的国际
环境和国家安全和政治经济利益的需要,中国领导人决定了对苏"一边
倒"的外交战略,亦即实行联苏抗美的战略方针,其周边外交政策亦由总
外交战略决定,并表现出五个方面的特征。

中国周边外交政策的第一个特征,是将中苏关系位列中国与周边国
家关系之首。新中国一成立,苏联政府立即承认新政府,并实现了两国的
结盟。同属社会主义阵营的周边国家朝鲜和蒙古也迅速和中国建立了友
好关系。同时,中国积极支持越南共产党领导的抗法民族解放战争,率先
宣布正式承认越南民主共和国,与之建立外交关系,带动了整个社会主义
阵营国家对越南的承认。与苏联及社会主义阵营的周边国家结盟,成为
中国当时周边外交的基本特征。中国实施对苏"一边倒"政策,在防御美
国侵略、改善周边环境、加强安全防务、获取经济援助等方面所起的作用,
已有很多论证。本文强调的是中国在实施对苏"一边倒"政策时,仍坚持
独立自主的原则,在涉及主权的问题上据理力争。在中共建国前夕的中
苏数次高层接触中,中共领导人始终未对 1945 年 8 月国民政府与苏联政
府签署的《中苏友好同盟条约》的合法性表明态度,双方对于中长铁路和
东北部分企业的产权界定问题也发生矛盾和摩擦。[1] 新中国成立后不
久,苏方曾提议在旅顺为在日俄战争中阵亡的沙俄官兵建立永久纪念馆,
周恩来严词驳斥:日俄战争是一场在中国土地上进行的帝国主义战争,列
宁在世时曾斥责过沙皇政府的侵略行径,现在要搞这种纪念物,不符合无
产阶级国际主义原则,拒绝了俄方的无理要求。[2] 1950 年 2 月 14 日,经
过毛泽东、周恩来等中共领导人在莫斯科近两个月的艰苦谈判,签署了新

---

[1] 参见沈志华:《建国前夕中共与苏联的经济关系——苏联对华经济援助研究之一(1948—
1949)》,"1949 年的中国"国际学术会议论文,1999 年 12 月—2001 年 1 月,北京。
[2] 参见曹应旺:《中国外交第一人周恩来》,山西人民出版社 1999 年版,第 255 页。

的《中苏友好同盟互助条约》,规定立时或在确定期限内收回中国在《雅尔塔密约》及1945年8月国民政府所签署的《中苏友好同盟条约》中所丧失的除外蒙古以外的重大权益,从而彻底清除了外国在中国所享有之不平等特权,这在新中国的外交史上具有重要的意义。[①] 1958年,当苏联向中国提出建立长波电台和联合舰队两项损害中国主权的建议时,毛泽东认为这是涉及中国主权的政治问题,当即予以拒绝,并向苏方强烈表示:"要讲政治条件,连半个指头也不行!"[②]

美国并非中国的邻国,却因为其推行封锁与孤立新中国的政策和支持台湾国民党政权以及韩国、菲律宾、泰国、日本等反华势力的关系,成为中国处理周边外交问题的重要对象。支持邻国反对美国的外来侵略,成为中国周边外交政策的第二个重要特征。毛泽东等中国领导人发扬爱国主义和国际主义相结合的精神,将邻国人民的反帝斗争看作为中国自己的事业。1950年,毛泽东毅然命令中国人民志愿军入朝作战,并指出抗美援朝,保家卫国,"对中国,对朝鲜,对东方,对世界都是有利的"。[③] 抗美援朝的胜利,不仅保卫了中国的周边安全,而且产生了震惊世界的重大影响。在支持印度支那三国人民的抗法、抗美斗争中,中国领导人也将这种支持视为自己应尽的国际主义义务。毛泽东曾对越南领导人说:"你们的事就是我们的事,我们两家无条件共同对敌。"[④]中国人民为此付出了沉重的代价。美国为了构筑对于中国的军事包围圈,先后与中国周边的一系列国家、地区签署《美日安全条约》、《美菲联防条约》、《美泰共同防御条约》、《美韩共同防御条约》以及《美台共同防御条约》等针对中国的条约,毛泽东在各种不同的场合,针锋相对地指出:"亚洲的事务应当由亚洲人民自己来管,而不应由美国来管;美国对亚洲的侵略,只能引起

---

① 有论者认为,此点之重大意义"也许被忽视"了,"倘若不是中苏结盟,苏联是否如此痛快地放弃它在东北的权益,还当另说"。萧冬连:《五十年国事纪要·外交卷》,湖南人民出版社1999年版,第4页。

② 毛泽东:《同苏联尤金大使的谈话》(1958年7月22日),《毛泽东外交文选》,中央文献出版社、世界知识出版社1994年版,第330页。

③ 毛泽东:《我军应当和必须入朝参战》(1950年10月13日),《毛泽东外交文选》,第144页。

④ 马行汉:《毛泽东关于睦邻友好政策的思想和实践》,转引自中华人民共和国外交部外交史研究室编:《毛泽东外交思想研究》,世界知识出版社1994年版,第258页。

亚洲人民广泛的和坚决的反抗。"①这一重要思想成为中国人民和亚洲各国人民反美斗争的指导思想和理论武器。

早在 1946 年毛泽东就提出了关于国际关系的"中间地带"理论，指出在美苏之间存在着一个广大的中间地带，包括世界各地的许多资本主义国家和殖民地半殖民地国家或民族主义国家。② 并且认为中间地带的国家可以成为中国争取的对象和合作的朋友。新中国周边外交政策的第三个特征是将英国和日本视为"中间地带"，争取与它们恢复邦交和发展关系。英国亦非中国的邻国，但因为香港问题以及它在亚洲和中国拥有特殊经济利益而成为中国处理周边外交问题的又一重要西方国家。英国是美国在西方世界的最主要的盟国，但两国在对待新中国的政策上存在严重分歧，英国为了保护其在华巨额投资和在香港的权益，希望在新中国保存其经济利益，在西方国家中率先宣布承认中华人民共和国。为了分化帝国主义的联合反华阵线，打破美国的对华遏制政策，中国领导人对此作出了积极的反应，并根据中国自身的国家利益需要决定让香港暂时保持现状不变，这使英国感到满意。但由于中国虽然欢迎英国承认新中国，却坚持"打扫干净房子再请客"和先谈判后建交的方针，向英方提出了与台湾国民党政权彻底断绝关系、在联合国中国席位问题上不再投弃权票问题、正确对待在英国和在香港的国民党机构和中国国家财产的态度诸问题，双方意见不能一致。后来，英国在联合国中国席位问题上曾转而改有条件的弃权政策为无条件赞成政策，并做工作催促安理会各国赞成由中国取代台湾当局的席位，③但中国政府却未能抓住这个机遇，及时作出回应。当时这样做，对于中国政府来说自有其主客观原因，但如果中国政府能在坚持基本条件的基础上及时地实现与英国建交，则对中国会比较有利。英国虽然已失去了西方大国的盟主地位，但仍是欧洲资本主义国

① 毛泽东：《在中央人民政府委员会第八次会议上的讲话》（1950 年 6 月 28 日），《人民日报》1950 年 6 月 29 日。

② 1946 年 8 月，毛泽东在会见美国记者安娜·路易斯·斯特朗时谈到："美国和苏联中间隔着极其辽阔的地带，这里有欧、亚、非三洲的许多资本主义国家和殖民地、半殖民地国家。美国反动派在没有压服这些国家之前，是谈不到进攻苏联的。"《毛泽东选集》（合订本），人民出版社 1964 年版，第 1089 页。

③ 参见王建朗：《试述建国初年英国对中国在联合国代表权问题的政策演变》，"1949 年的中国"国际学术会议论文，1999 年 12 月—2001 年 1 月，北京。

家的领头羊,如果中英建交,那么西欧、北欧一批在美国压迫下,不敢与中国亲近的国家很可能会随之而来与中国建交,这对中国打破帝国主义的封锁,改善国际环境无疑是有益的。其次是日本,日本是中国重要而在历史上发生过多次战争的邻国,也是当时追随美国敌视新中国的国家,但它与美国间也存在着控制与反控制、压迫与反压迫的矛盾。中国一方面坚决反对日台签署"和平条约"以及日本政府追随美国推行反华政策,另一方面,仍将日本划入"中间地带"。毛泽东在会见日本客人时反复强调美国不仅压迫中国,也压迫日本,指责美国"排斥日本民族,奴役日本人民",主张中日两国"互相帮助","各办各的事情,在友好关系底下办事"。① 在对日政策上,中国领导人区别"日本鬼子"和"日本朋友",曾从日本人民着眼,周到安排日侨归国,宽大为怀提前释放在押日本战俘;实施"民间先行,以民促官"的方针,推动中日人士互访交流;选择贸易为突破口,在50年代曾三次签署中日民间贸易协定,②使两国的经济文化关系均有所发展,走上了和平发展的道路。

中国周边外交政策的第四个特征是,提出和坚持和平共处五项原则,③与周边的民族主义国家建立睦邻友好关系。缅甸、印度、巴基斯坦、印度尼西亚、锡兰(今斯里兰卡)、阿富汗、尼泊尔、柬埔寨等国冲破美国的压力,先后与中国建立外交关系。由于中国与这些国家在近代有着共同的遭受帝国主义侵略的命运,双边关系在总体上是友好的,但也因为历史的、边界的或民族的原因而出现一些问题和冲突。中国在处理这些问题时,执行了"修睦四邻"的原则,主张各国"根据共同的利益,谋求相互间的亲善和合作,建立友好和睦邻的关系。"1952年10月4日,中国与锡兰签署《中国向锡兰出售大米合同》和《两国贸易协定》,对突破美国对华禁运,促进中国与民族主义国家的贸易有重大意义。1954年4月29日,中国与印度签署《关于中国西藏地方与印度之间的通商和交通协定》及有关换文,使印度在中国西藏是否享有原英国殖民特权问题在平等协商

① 毛泽东:《同日本国会议员访华团的谈话》(1955年10月15日),《毛泽东外交文选》,第224页。

② 三个中日民间贸易协定分别签署于1952年6月1日、1953年11月29日和1955年春。

③ 据曹应旺著《中国外交第一人周恩来》叙述:和平共处五项原则由周恩来总理于1953年12月31日会见印度政府代表团时首次提出。次年4月29日写入中印签署的《关于中国西藏地方和印度之间的通商和交通协定》的序言中,6月,周恩来总理访问印度、缅甸,又与两国总理共同倡议把五项原则作为处理国际关系的普遍准则。

的基础上得以妥善解决,印度首次正式承认中国对西藏行使主权。1955年 4 月 22 日,中国与印度尼西亚签署《关于双重国籍问题条约》,为圆满解决了长期困扰中国与东南亚各国关系的华侨国籍问题作出了榜样等等。

不干涉别国内政,尊重周边国家人民的历史选择,是中国与周边民族主义国家和睦相处的关键所在。建国初期,有些周边国家迫于美国的压力,一时不敢承认中国,毛泽东采取了谅解的态度,对这些国家的领导人说:"彼此间可以先搞些互相帮助,互通有无,和平友好,文化交流,以改善我们两国的关系,一步一步地就会建立起邦交",并主动表示:"我们可以等待,有误会的可以慢慢解释。"①还有些国家担心中国会向外"输出革命",毛泽东反复告诉这些国家的领导人,中国不干涉别国内政,向他们承诺"不会在你们那儿宣传共产主义,也不会去推翻你们的政府","你们采取什么制度、政策和宗教,那是你们自己的事,我们不会也不应去干涉"。② 中国领导人的这些基本思想对于中国稳定和发展与周边国家的关系起了重要的作用。

中国周边外交政策的第五个特征是,中国领导人在新中国成立后,尤其是在 20 世纪 50 年代中后期,频频出访,力争参加相关国际会议,积极提出有关处理周边外交和国际问题的政治主张,产生了深远的政治影响,大大提高了新中国的国际威望。新中国成立不久,就主办了亚澳工会会议和亚洲妇女代表会议。③ 1950 年 11 月 28 日,中国代表伍修权首次在联合国讲坛亮相,严正控诉美国侵略台湾,有力地宣传了中国和平自主的外交政策。1954 年 4 月至 7 月,周恩来总理亲率阵容强大的代表团出席日内瓦会议,为争取朝鲜问题的解决尽了最大努力,对印度支那和平的实现作出了重大贡献。1955 年 4 月,周恩来总理又率团出现在印度尼西亚的万隆会议上,中国代表团本着求同存异的方针,开展了卓越的外交活

---

① 马行汉:《毛泽东关于睦邻友好政策的思想和实践》,转引自中华人民共和国外交部外交史研究室编:《毛泽东外交思想研究》,第 257 页。
② 毛泽东:《同老挝王国首相梭发那·富马亲王的谈话》(1956 年 8 月 21 日),《毛泽东外交文选》,第 244 页。
③ 亚澳工会会议于 1949 年 11 月 16 日至 12 月 2 日在北京举行,来自各国的工会代表 117 人参加了会议。亚洲妇女代表会议于 1949 年 12 月 10 日至 16 日在北京举行,来自亚洲 14 个国家的妇女代表以及部分在华日本侨民 165 人,和来自其他洲的来宾 33 人参加了会议。

动,不仅对于会议的成功作出了贡献,提高了中国的国际威望,而且也对第三世界作为一个整体力量登上世界历史舞台起了积极的推动作用。尤为值得强调的是:由中国首先提出,由中印、中缅共同倡导的处理国际关系的和平共处五项原则,即"互相尊重领土主权、互不侵犯、互不干涉内政、平等互利和和平共处的原则",成为万隆会议达成的共识,这是对当代国际关系理论的重大贡献。

50 年代中国领导人所缔造和形成的周边外交政策,既反映了当时的时代特征和局限,也体现了中国第一代领导人最基本的外交思想和原则,对于日后新中国外交事业的发展将发生重要的影响。

二

60 年代,世界进入了大动荡、大分化、大改组的新时代。美、苏力图保持两极格局,但两大阵营内部的独立自主倾向却大有发展,西欧、日本对美离心力日益增强,社会主义阵营内部出现中苏分裂对立,亚非拉民族解放运动空前高涨,第三世界力量大大增强。由于美国继续推行敌视中国的政策,驻兵韩国、日本、台湾、菲律宾,介入侵略越南战争,从东南一线威胁中国安全;苏联坚持大国沙文主义和霸权主义,以撤走专家,撕毁合同,甚至以战争威胁来达到控制中国的目的,从北线威胁中国安全,其他敌视中国的国家也乘机而起,中国的周边环境日益恶化。

面对这种形势,中共中央对外联络部部长王稼祥曾向中央提议调整对外政策,缓和紧张局势,谋求和平和有利的环境,争取时间,渡过困难,加速国内建设,但遭到否定,①并被指责为"三和一少",受到批评。② 中国领导人判断"帝、修、反"正在进行反华大合唱,决定了"两个拳头打人",即"两条线"——既反美又反苏的外交战略,由此使 20 世纪 60 年代的中

---

① 王稼祥认为:不要过分强调世界战争的危险,冲淡防止部分战争的可能性;不要强调只有打倒帝国主义才有和平共处;不要过分突出民族解放运动的地位,忽视世界和平运动的意义;在国际斗争中应有进有退,有攻有守,有争有让,不能一斗到底;避免把美帝的锋芒全集中到中国来;要设法打开中印关系僵局;对外援助应量力而行,不乱开支票等。参见萧冬连:《五十年国事纪要·外交卷》,第 9 页。

② "三和一少"即毛泽东归纳的"对帝国主义要和,对修正主义要和,对印度和各国反动派要和,对支持民族解放运动要少",并在中共中央北戴河会议上进行批判。参见《王力反思录》,第 392 页。

国周边外交政策出现了新的特征。

从对苏"一边倒"转向反对苏联修正主义成为中国周边外交政策的首要特征。中苏两党从世界形势、国际共运、美苏关系、社会主义发展道路、民族解放运动等意识形态的尖锐分歧,逐步升级为中苏间的大论战,进而发展为国家关系的全面紧张,从经济领域发展到军事领域,苏联甚至产生摧毁中国核基地的企图,两国发生了局部的边界冲突。中苏关系从友到敌的过程,有其客观原因,也存在着主观上的错误。实践证明,中共对于苏联修正主义的理论批判,不少正是其本身"左倾"思想路线的表述。邓小平事后总结说:"经过20多年的实践,回过头来看,双方都讲了许多空话",从60年代中期起,中苏关系的恶化"真正的实质问题是不平等,中国人感到受屈辱"。① 中国反对苏联大国沙文主义的斗争还是具有重要意义的。

中苏关系的决裂并没有导致中美关系的改善,美国仍将中国视为比苏联更加"好战的、侵略性的国家",中国也将美国视为中国的头号敌人。反对美国在中国周边国家和地区策动的一系列反华战争行为,仍然是中国周边外交政策的重要特征。1958年8月,中国人民解放军炮击金门、马祖,挫败了美国制造"两个中国"的阴谋。60年代中后期,中国又作出巨大的民族牺牲,坚决支持越南、老挝、柬埔寨三国人民抗击美国侵略的战争,并取得了胜利。

在此期间,中国领导人为了更有力地实施反帝反修的外交战略,又进而将"中间地带"思想发展为"两个中间地带"的思想,毛泽东明确指出:"亚洲、非洲、拉丁美洲是第一个中间地带。欧洲、北美、大洋洲是第二个中间地带。日本的垄断资本主义也属于第二个中间地带。"②这为中国制定全球战略和周边外交政策奠定了重要的理论基础。首先,在"第一中间地带",中国坚持50年代的外交传统,继续把联合和团结周边国家作为工作重点。1960年5月,周恩来总理访问了缅甸、印度、尼泊尔、越南、柬埔寨和蒙古6国。1963年底至1964年初,周恩来总理访问亚、非13国,其中就有中国周边国家缅甸、巴基斯坦和锡兰,中国提出的同非洲国家相

① 1989年5月,邓小平会见戈尔巴乔夫时的谈话,参见萧冬连:《五十年国事纪要·外交卷》,第7页。
② 1964年7月10日,毛泽东会见佐佐木更三等日本社会党人士谈话,参见张树军主编:《中南海三代领导集体与共和国外交实录》上卷,中国经济出版社1999年版,第221页。

互关系的五项原则和中国对外经济技术援助八项原则，①对于增进中国与周边邻国相互了解和团结合作起了重要的作用。60 年代初，中国曾对尼泊尔、锡兰、缅甸、印尼提供过经济援助，先后与缅甸、尼泊尔、阿富汗、柬埔寨、印尼等签署了友好条约或互不侵犯条约；与缅甸、尼泊尔、巴基斯坦、阿富汗、蒙古等国解决了历史遗留的边界问题。与此同时，中国也与印度的地区扩张主义进行了斗争，粉碎了印度政府策动西藏叛乱和干涉中国内政的阴谋，通过仁至义尽的谈判和有理有节的自卫反击战，制止了印度政府对于中国的领土要求和在中印边境的军事挑衅，在达到目的后，又迅速撤兵回国，既保卫了中国西南边境的安全，又避免了中国周边环境的进一步恶化。

　　在"第二中间地带"，中国在周边地区主要是发展与日本的关系，将与中日间的"民间往来"关系发展为"半官方往来"关系，这在现代中日关系发展史上是一个重大的进步。1959 年 3 月，中国提出中日改善关系的政治三原则；1960 年 8 月又提出中日贸易三原则，强调政治与经济不可分离的原则。② 1962 年 11 月，在双方友好人士的共同努力下，由官方代表廖承志、高崎达之助签署了五年备忘录贸易协议，使双边年贸易额达到3600 万英镑；1964 年 4 月，双方达成互设联络处和互派记者的协议，双边关系进入"半官半民"的新阶段，这对于日后中日关系的发展发生了重要的影响。

---

① 五项原则指：1.支持各国人民反对帝国主义、新老殖民主义，争取和维护民族独立的斗争；2.支持各国政府奉行和平中立的不结盟政策；3.支持各国人民用自己选择的方式实现团结和统一的愿望；4.支持各国通过和平协商解决彼此之间的争端；5.主张各国的主权应得到其他国家的尊重，反对来自任何方面的侵略和干涉。八项原则指：1.根据平等互利的原则对外提供援助，从来不把这种援助看作单方面的赐予；2.严格尊重受援国的主权，绝不附带任何条件，绝不要求任何特权；3.以无息或者低息贷款的方式提供经济援助，在需要的时候延长还款期限，以减少受援国的负担；4.对外提供援助的目的，不是造成受援国对中国的依赖，而是帮助受援国逐步走上自力更生、独立发展的道路；5.帮助受援国建设的项目力求投资少，收效快，使受援国政府能够增加收入，积累资金；6.提供自己所能生产的、质量最好的设备和物资，并且根据国际市场的价格议价，如果所提供的设备和物资不合乎商定的规格和质量，保证退换；7.对外提供任何一种技术援助的时候，保证使受援国的人员充分掌握这种技术；8.派到受援国帮助进行建设的专家，同受援国自己的专家享受同样的物质待遇，不容许有任何特殊要求和享受。

② 中日关系政治三原则：不发表敌视中国的言论，不参与制造"两个中国"的阴谋，不阻挠两国民间关系的发展。中日贸易三原则：任何协定都必须由双方政府缔结；一时不能缔结协定，在条件成熟时可以做买卖；对依赖于中国原料的中小企业，中方可以个别予以照顾。

60年代的中国周边外交政策与50年代相比,在反对美国侵略亚洲,巩固与发展与周边国家关系、团结"第二中间地带"国家等方面有很大的继承性,但在对苏方针及世界战略认识上有重大调整,反映出"四面出击"的特征。值得注意的是,这一时期中国共产党内滋长起来的"左倾"思想不可避免地渗透到外交领域,尤其是在"文化大革命"爆发后,情况更为严重,这对于中国的周边外交政策产生了恶劣的影响。过分地强调意识形态,限制了中国对外政策的选择余地;"两个拳头打人"的外交战略,不利于构筑和平稳定的周边环境;"以苏划线",区分国际事务中的敌友是非,将很多本来可以交结的朋友推至敌方;过度宣扬世界革命,甚至将"农村包围城市"的中国革命道路作为普遍真理向各国革命者强行推广,引起国际共产主义运动内部的分歧和争论;中国公开支持和报道周边一些国家共产党领导的反政府武装斗争的做法,也引起这些国家的猜疑和反对,甚至导致双边关系的紧张等等。至60年代末,中国的周边环境十分险恶,来自美苏的战争威胁日益加重。

三

60年代末、70年代初,世界格局出现新的变化。美国由于深陷越南战争泥潭,实力地位大损,内外交困,不得不采取收缩性全球战略调整。苏联趁机发动攻势,加紧扩张军备,美苏冷战呈现出"苏攻美守"的趋势。除了美、苏两强外,西欧、日本、中国以及第三世界力量日益发展起来,世界开始出现多极化的趋向。中国所处的国际和周边环境发生了有利于我国的变化,中国领导人根据新情况和自身的安全和政治经济需要,迅速作出了战略大调整。其主要的内容是:第一,提出三个世界的理论,表明中国将决定外交战略的意识形态因素退居次要地位,将国家安全利益提升首要地位;第二,结束中美间"20年交恶"的历史,利用美国借助中国对抗苏联挑战的心态,断然邀请尼克松访华,实现两国关系正常化,实现了"联美抗苏"的战略目的;第三,构筑"一条线"和"一大片"的外交总战略,加强与第三世界国家的团结,争取与第二世界国家的联合,建立包括美国在内的反对苏联霸权主义的国际统一战线。这一外交战略的大调整决定了中国周边外交政策的新特征。

反对苏联霸权主义和强烈的反苏色彩成为当时中国周边外交政策的最主要的特征,一切外交举措都以对手国的对苏态度为转移。对于中苏在这一时期激烈对抗的历史,已为众所周知。本文要强调的是中国为此付出的代价与中国对于苏联对华威胁的估量并不相符。美、苏争夺的重点始终是在欧洲,中国本可利用这一态势,扩大自身在美、苏间的外交活动空间,而在实际上却是被美国玩弄"中国牌";西欧也有联华制苏之意,更想"祸水东引",颇有重蹈"远东慕尼黑"阴谋的味道。中国虽然对于美、欧牺牲中国与苏联做交易有所警惕,也采取若干行动表示反对,却始终未能完全取得全球外交的主动权。

在此期间,作为反对苏联霸权主义的组成部分,中国还与在苏联支持下的越南地区霸权主义进行了坚决的斗争。中国曾是积极支持和援助越南抗美斗争的主要国家。1975 年 5 月,越南实现全国统一,在激烈的中苏对抗中倒向苏联一边。10 月,越南与苏联发表共同宣言,后越南加入苏联控制的"经互会",苏越实现全面合作。越南在苏联的支持下,开始在中越边境制造冲突,蚕食和侵占中国领土,提出西沙和南沙群岛的领土要求,策动大规模的排华反华风潮;并企图继承法国殖民主义的传统,控制老挝,出兵柬埔寨,策划建立所谓的"印支联邦"。还企图染指"东盟"国家,威胁这些国家的和平和安全。中国采用各种方式,包括进行反复的双边谈判和边境地区自卫反击战等,坚决反对越南地区霸权主义,鞭挞苏联在亚洲扩张势力的行径,保卫中国的国家安全,也为东南亚的安定和平作出了贡献。中国还强烈反对苏联在阿富汗的侵略干涉和军事占领行径,并从政治上和物质上支持阿富汗人民的正义斗争。

当时,中国执行以反苏为主要特征的"一条线"外交战略,在实施周边外交中所起的积极作用是显而易见的。首先,中国与日本的关系尾随中美之后迅速得以正常化。1971 年 10 月联合国大会恢复中国在联合国的一切合法权利和 1972 年 2 月尼克松访问中国,导致执行敌视中国政策的日本佐藤内阁垮台。中日关系正常化的进程大大加快。同年 9 月,田中首相访问中国,双方签署联合声明,中日正式建交,并同意将存在分歧的钓鱼岛问题等加以搁置,结束了两国间长期不正常的状况。1978 年 8 月,两国签署和平友好条约。10 月,邓小平副总理访问日本,两国关系有了进一步的发展。这是中国周边外交取得的一个重大的胜利。

同时,中国与东南亚国家的关系有了一定的发展。1967 年 8 月,由泰国、新加坡、印尼、菲律宾、马来西亚 5 国组成的"东南亚国家联盟"(下简称"东盟")在曼谷成立,他们在美国侵略印度支那三国问题上,接近美国而反对中国。然而,在中美关系有所改善,特别是苏联和越南在东南亚推行霸权主义的威胁之下,对华关系有所松动。中国的"一条线"、"一大片"的外交战略也将"东盟"各国包括在反苏阵线的范围之内,积极开展争取活动。70 年代中期,中国先后与马来西亚、菲律宾、泰国建交,与新加坡虽然没有建交,但两国交往已经开始,关系也是友好的。[①] 中国与"东盟"各国领导人频频互访,消除了互相间的猜疑和误解,并为未来中国与"东盟"进一步发展友好关系奠定了重要基础。

中国执行的"一条线"战略,处处以"反苏"为标准划线,也使中国的国家利益付出了一些不必要的代价。如在处理对日关系正常化以及中美建交的过程中,以及对一些周边国家提供经济援助过程中都有所反映,值得好好总结。中国的反苏战略在第三世界难以获得广泛的同情与支持,中国"以苏划线"的做法,使中国在第三世界的一些老朋友与中国疏远。中国为了获取第三世界国家和某些第二世界国家对于中国反苏战略的认同,曾从各个方面付出了相当沉重的代价。中国建立联美反苏战略关系的行动,也往往使第三世界的一些国家对中国发生误解,削弱了中国在第三世界内部和国际事务中的影响。

四

长期以来,中国领导人总是强调战争与革命是世界的主要潮流,"新的世界大战的危险依然存在,各国人民必须有所准备","当前世界的主要倾向是革命"。[②] "要准备打仗"成为中国各项工作的指导方针。70 年代末 80 年代初,邓小平纵观全局,特别是美苏战略态势和军事力量的发展变化,对于国际形势作出了新的科学论断,认为战争的危险依然存在,

---

① 1974 年 5 月 31 日,中国与马来西亚建交;1975 年 6 月 9 日,中国与菲律宾建交;1975 年 7 月 1 日,中国与泰国建交。1990 年 10 月 3 日,中国与新加坡建交。参见《钓鱼台档案:中国与亚洲其它国家之间的重大国事实录》下卷,红旗出版社 1998 年版,第 622—643 页。

② 毛泽东:《全世界人民团结起来,打败美国侵略者及其一切走狗!》,《毛泽东外交文选》,第 584 页。

但世界上和平力量和制约战争的力量在增长,战争可以避免,和平与发展
已成为当今世界的主题。① 中共十一届三中全会决定将国内工作的重点
转移到现代化建设上来,在外交上也改变"一条线"战略为不同任何大国
结盟的完全独立自主的战略,以创造更加和平和安定的国际新秩序。80
年代中国的周边外交政策据此发生了重大变化。

　　坚持独立自主的外交方针,不与任何大国结盟,是中国周边外交政策
区别于前30年外交的最重要的特征。80年代初,中苏关系因苏联作出
某种和解姿态而出现和缓的迹象,中美关系却因里根政府执行所谓"双
轨"对华政策,在售台武器等问题上风波迭起。1982年10月,在中国提
议下,中苏就消除障碍,实现两国关系正常化等问题进行谈判。同年,苏
联领导人勃列日涅夫逝世,中国开展"葬礼外交",主动派遣黄华为特使
赴苏,打破中苏间多年来基本没有政治交往的僵局。旋即,双方高层互访
逐渐增多。1989年5月,苏联最高领导人戈尔巴乔夫访问中国,双方发
表联合公报,宣布两党两国关系实现正常化。邓小平不断强调中国不打
美国牌,也不打苏联牌,中国也不允许别人打中国牌;中国不能坐到别人
的车子上去,谁搞和平,我们就拥护,谁搞战争,我们就反对;中国不参加
任何集团,同谁都来往,同谁都交朋友,谁搞霸权主义就反对谁;将国家主
权、安全放在第一位等,②这些基本思想使中国独立自主的外交路线与周
边外交政策更加明确和清晰。

　　1980年,邓小平将祖国统一列为80年代的三大任务之一,这既是中
国的内政问题,同时也是涉及中国周边外交的重大课题。1979年1月,
邓小平在访问美国时最早宣布:"我们不再使用'解放台湾'这个提法了,
只要台湾回归祖国,我们将尊重那里的现实和现行制度。"③中国提出用
"一国两制"的办法解决台、港、澳问题,并为此进行多方面的交涉。1982年

① 迟爱萍《邓小平新时期外交思想论析》一文考证:邓小平关于战争与和平问题的看法经历了三个
　　阶段:从1977年10月至1979认为:"战争不可避免,但可以延缓";从1980年至1984年9月认
　　为:"战争不可避免,但如果反对战争有力,争取较长的和平时间是可能的";1984年10月以后认
　　为:"战争的危险依然存在,但世界上和平力量和制约战争的力量在增长,战争可以避免。"宫力
　　主编:《邓小平的外交思想与实践》,黑龙江教育出版社1996年版,第294—296页。
② 参见邓小平:《在军委扩大会议上的谈话》(1985年6月4日),《邓小平文选》第3卷,第128页;
　　姚尧、京湘编著:《第三代领导外交实录》,中国言实出版社1997年版,第9—10页。
③ 《人民日报》1979年2月1日。

7月,英国首相撒切尔夫人访问中国,双方同意通过外交途径解决香港问题。1984年12月19日,中英在北京正式签署《联合声明》,中国政府声明,中国政府决定于1997年7月1日对香港恢复行使主权。1979年中葡建交时,曾就澳门问题达成协议,葡国承认澳门是中国的领土,双方同意在适当时候解决这个问题。1984年和1985年,中国国家主席李先念和葡国总统埃内亚斯进行互访,又就此问题进一步进行协商。1987年4月13日,双方签署联合声明,宣布1999年12月20日起中国恢复对澳门行使主权。中国与美国在台湾问题上则是继续摩擦不断,中国坚决反对任何"两个中国"和"一中一台"的政策。然而,香港、澳门问题的解决,对于台湾问题的解决起了积极的推动作用,两岸关系有所松动,经济和文化往来日益增加。

中国的"不结盟"外交新战略赋予中国周边外交政策很多新内容,中国政府在周边国家中全方位地开展外交活动,区别各种不同情况,化解各种消极因素,初步形成了安定友好的周边环境。

中日关系在80年代有了较大的发展,两国总理在此期间进行了9次互访,这在两国发展史上是史无前例的。邓小平强调:"中日两国人民要世世代代友好下去","发展同日本的关系是中国的长期国策。"[1]1983年11月,中日双方领导人共同决定发展中日关系四原则:"和平友好、平等互利、互相信赖、长期稳定",并设立"日中友好21世纪委员会",作为两国政府的"咨询机构"。两国的经济合作有了长足的发展,日本政府和银行向中国提供三批日元贷款和两批能源借款16109亿日元和10000亿日元,1989年的中日贸易总额达到189亿美元,日本成为中国的第二大贸易伙伴,位列美国之前。但两国间在"教科书"、"光华寮"、"钓鱼岛"等问题上也发生了严重的分歧和争议,中国本着既坚持原则又灵活务实的态度进行交涉,使双方的发展势头未为这些干扰所打断。

进一步发展与中国有传统友好关系的朝鲜、东南亚、南亚一些国家的关系,是当时中国周边外交政策的重要特征。中国与朝鲜保持和发展了以往的密切关系,1982年、1984年和1986年,朝鲜金日成主席、中国胡耀邦总书记、李先念主席先后进行互访,对于双边关系的发展起了良好的作用。中国也保持了与东南亚绝大部分国家的友好关系,从1980年至1989

---

[1] 《邓小平会见日本首相铃木的谈话》,《人民日报》1982年9月29日。

年10月,邓小平会见"东盟"客人达17批之多。尽管"东盟"有的国家对于中国仍有疑忌和防备之心,但互相间的交往却是日益密切,政治关系良好,经济贸易有了前所未有的发展。在南亚,中国与巴基斯坦、斯里兰卡、尼泊尔等国关系有了新的发展。巴基斯坦是中国特殊的朋友,不管该国内部如何政潮起伏,内阁怎样频繁变动,双国关系却始终友好如故,两国在政治上互相支持,经济贸易额大有增长。中国还支持斯里兰卡提出的建立印度洋和平区的建议,希望和支持阿富汗在苏军撤退后,在没有任何外来干涉的情况下,早日建立基础广泛的联合政府,实现国内和平,支持尼泊尔宣布本国为和平区的主张等等。

化敌人为朋友,变冲突为和平,是这一时期中国周边外交的又一重要特征。在70年代"一条线"外交战略的影响之下,接近或与苏联结盟的一些周边国家也都与中国处于交恶或冷淡状态。在新时期,中国积极努力改善与这些国家的关系。随着中苏关系的松动,中蒙关系开始好转。1983年,中国政府致电蒙古政府,祝贺蒙古人民革命六十二周年。旋即,中方同意恢复通过中国塘沽港转运蒙古外贸货物。次年,两国签署《中蒙边界联合检查议定书》,确定中蒙边界应是友好、和平的边界。1986年,双方签署《五年贸易协定》,两国关系得以全面改善。中越关系也出现转机,1986年底,越南共产党"六大"决定改善对华关系,但由于柬埔寨问题双方关系未能取得进展。1990年9月,中越两党最高领导人在成都举行具有历史意义的会晤,就恢复双边正常关系签署《会谈纪要》。次年11月,越南党政代表团访问中国,双方正式宣布两党两国关系实现正常化。从1978年开始,随着越南对华关系的恶化,中国与老挝的关系也逐步紧张。[①] 1989年10月和次年12月,老挝部长会议主席、人民革命党总书记凯山·丰威汉和中国李鹏总理互相进行友好访问,两党两国关系全面恢复。

曾经处于敌对状态的中印、中韩关系也在这一时期有了改善。中印关系在70年代中期开始逐步缓和,双方进行多轮谈判,边界问题虽没有取得实质性的进展,但促进了双边贸易、文化和科技合作。80年代中期以来,两国总理多次在国际场合会晤,关系进一步改善。1988年12月,

---

① 中国与老挝于1961年4月25日建交,互派大使和外交使团。中国曾经向老挝提供大量的经济援助,支持他们的抗美救国斗争和战后经济建设。

印度总理拉·甘地访问中国,这是印度总理34年来首次访华,双方同意进一步在广阔的领域中加强合作,通过和平友好的方式协商解决边界问题,努力维持边境地区的和平和安定,印度重申西藏是中国的一部分,不允许在印度的西藏人进行反对中国的政治活动等,两国关系重新回到正常发展的轨道。由于朝鲜战争的关系,韩国曾经是中国的敌国,实现中韩关系的正常化是中国发展睦邻周边关系的难点所在。70年代末80年代初,国际形势、朝鲜半岛局势以及中韩两国国内情况发生的变化,促使中韩两国迅速接近。中国在继续保持与朝鲜的传统友好关系的同时,积极对应韩国政府提出的"北方外交",发展对韩关系。中国支持南北朝鲜进行对话,促进半岛局势趋向缓和,接着又支持并促成南北双方同时加入联合国,为实现中韩建交扫清了道路。1992年8月24日,中韩两国正式建交,两国关系进入了一个新的历史阶段。①

80年代的中国周边外交政策集中反映了以邓小平为代表的中国第二代领导人的世界战略和外交思想,更多地体现了和平和发展的特色,取得了重大成就。至80年代末,中国周边地区已没有公开的敌对国家,这在新中国的历史上是前所未有的。

五

20世纪80年代末90年代初,苏联解体,东欧剧变,美苏冷战终结,新旧格局交替,各种力量重新组合,矛盾错综复杂,国际环境表现出动态性、多元性、复合性、经济性、过渡性等一系列不同于冷战时代的新特点。②

---

① 石源华:《简论中韩建交的历史背景》,《外交学院学报》1995年第1期。

② 黄仁伟、刘杰:《跨世纪国际环境与中国对外战略选择》对于冷战后国际环境的新特点概括为如下五点:动态性是指从冷战后国际环境的基本态势上看,国际社会处于动态的发展变化过程,世界局势充满了复杂的变数和矛盾;多元性是指从冷战后国际环境中的力量结构看,国际关系呈多元化的结构状态,国际格局呈"一超多强"的特征;复合性是指国际机制和国际组织的作用正在上升,全球性、地区性、次地区性机制和政治、经济、安全机制的并存与互动,在一定程度上改变了传统国家主权的绝对性和完整性,形成了国际社会某种程度上的"复合治理模式";经济性是指经济因素或市场因素对国际环境的重要性显著上升,经济依存关系越深,各种摩擦和冲突亦在更广的范围内展开;过渡性是指国际格局中"一超多强"的现状还将在相当长的一段时间内存在,真正的多极化和国际新秩序仍将是人类社会长期的努力方向和奋斗目标。上述特征给中国所处国际环境带来的复杂性是历史上各个时期所没有的。《文汇报》1998年1月26日。

1989 年 6 月,中国平息北京政治风波,美国等西方国家联合对华"制裁",中国外交面临新中国成立以来少有的严峻局面。邓小平提出了冷静观察、稳住阵脚、沉着应付、韬光养晦、有所作为的应对方针,坚决顶住西方国家的压力,打破和分化了他们的制裁,坚持走有中国特色的社会主义道路。中国第三代领导人根据邓小平的外交思想,坚持 80 年代的既定轨道,将"不结盟"的外交战略扩展为"全方位"的外交战略。江泽民在中共十五大报告中强调:中国需要一个长期的和平国际环境,特别是良好的周边环境。中国的周边外交在 90 年代被放置到特别重要的地位,中国领导人在发展与周边国家友好关系的过程中,逐渐产生了一些新的思路和做法,使中国的周边外交政策出现了新的特征。

　　首先是以和平共处五项原则为旗帜,构筑中国周边地区和平秩序的新安全观。冷战结束后,美国成为世界上唯一的超级大国,为了充当政治上的"世界领袖"、军事上的"绝对霸主"和经济上的"全球巨人",提出和推行新霸权主义和新干涉主义。美国以捍卫"人权"和西方价值观念为借口,以武力或制裁等方式干涉别国内政,以和平演变的方式将社会主义国家和第三世界实行不同社会制度的国家纳入其设定的轨道,给世界和中国的周边安全环境造成很大的负面影响。中国领导人以邓小平外交思想为指导,以和平共处五项原则为旗帜,反对旧安全观,倡议新安全观。江泽民指出:以军事联盟为基础、以加强军备为手段的旧安全观,无助于保障国际安全,更不能营造世界的持久和平;必须建立适应时代需要的新安全观,积极维护和平与安全的新途径;并具体勾画了新安全观的基本轮廓:"新安全观的核心,应该是互信、互利、平等、合作。各国互相尊重主权和领土完整、互不侵犯、互不干涉内政、和平共处五项原则以及其他公认的国际准则,是维护和平的政治基础。互利合作、共同繁荣,是维护和平的经济保障。建立在平等基础上的对话、协商和谈判,是解决争端、维护和平的正确途径。"[①]中国在实施周边外交的过程中,与各种形式的新霸权主义和新干涉主义进行了坚决的斗争,取得了一定的效果,使得新霸权主义和新干涉主义在中国周边地区的影响和为害程度远远小于欧洲、美洲、非洲等世界其他地区。

―――――――――――

① 江泽民:《在日内瓦裁军会议上的讲话》(1999 年 3 月 26 日),《人民日报》1999 年 3 月 27 日。

实施"伙伴外交",构筑与周边大国面向21世纪的战略关系框架,是新时期中国周边外交政策的又一特征。中俄关系的处理是一个成功的范例。苏联解体后,尽管两国政治制度不同,但中国立即承认俄罗斯新政府,并共同创造了一种国家关系模式,即既不是对抗,又不是结盟,也不针对第三国的"面向21世纪的建设性伙伴关系",如同江泽民所指出的:这种新型关系"应该建立在和平共处五项原则基础之上,成为不对抗、不结盟,睦邻友好、互利合作、共同繁荣的好邻居、好伙伴、好朋友"。[①] 中俄关系的新模式给亚太乃至整个世界的和平、稳定和发展带来积极的影响。

由于美国广泛参与台湾及亚洲事务,仍然是中国周边外交所面对的重要对象。美国是对华"制裁"的率先实施者和20多个参与国的领头羊,但面对中国不示弱不对抗的沉着应付,美国政府也不愿意与中国彻底决裂,执行既"制裁"又接触的政策。双方关系围绕着台湾问题、人权问题、最惠国待遇问题、经贸摩擦问题、地区安全问题等风波迭起,争吵不断。但中美间毕竟在战略上存在共同利益,在经济上互有需求,中国巨大的潜在市场也对美国有着很大吸引力,两国间的联系和合作关系依然存在,并有所发展。90年代末,江泽民主席和克林顿总统实现了互访,两国就中美关系的发展目标和框架达成共识,决定"共同致力于建立面向21世纪的建设性战略伙伴关系"。在台湾问题上,克林顿总统明确表示了"三不"政策,这使中美关系得到了恢复和发展。但美国的遏制和接触并行的政策并未改变,随着小布什总统的上台,其重点有所偏侧。中美关系的不稳定将是中国周边外交政策长期面临的难题。

比起中美关系的大起大落来,90年代中日关系的发展要平稳得多。江泽民提出以"和平友好、平等互利、相互信任、长期稳定"为发展中日关系的原则。中日间虽也存在着钓鱼岛问题、日美安保条约修改问题、日台关系问题、日本教科书问题、贸易摩擦问题、参拜靖国神社问题等分歧和摩擦,但并未影响中日关系的正常发展。1998年11月,江泽民主席访问日本,双方就21世纪中日关系的发展方向与框架达成共识,将今后的中日关系定位于共同致力于和平与发展的友好合作伙伴关系。积极发展中日友好关系,对于建设友好安定的周边环境,增强中国在东亚乃至亚太国

---

① 江泽民:《在俄罗斯国际关系学院的演讲》(1994年9月3日),《每日电讯》1994年9月4日。

际格局上和战略地位都将是有益的。

印度是亚洲的又一地区性大国。1996 年江泽民访问印度,在 80 年代双边关系发展的基础上,与印度领导人共同确定了在和平共处五项原则基础上建立面向 21 世纪的建设性伙伴关系,并签署了两个有关边界安宁的文件,为两国关系的进一步发展和和平解决边界问题创造了良好的环境。

开展高层互访,进一步发展与周边国家的睦邻友好关系,是新时期中国周边外交政策的第三个重要特征。90 年代,中国领导人以前所未有的规模、频率和阵容,国家、政府、人大、政协首脑齐头并进,频频出访,与周边国家进行高层互访,加强互相沟通,发展睦邻友好关系。2000 年一年,江泽民、李鹏、朱镕基、李瑞环四位领导人先后访问了蒙古、泰国、巴基斯坦、孟加拉、俄罗斯、马来西亚、菲律宾、新加坡、越南、韩国、日本、斯里兰卡、吉尔吉斯坦等 13 个周边国家,而俄罗斯、塔吉克斯坦、乌兹别克斯坦、哈萨克斯坦、日本、柬埔寨、越南、巴基斯坦、文莱等 12 国的元首或政府首脑访问中国,次一层次高级官员的互访次数就更加可观了。[①] 在频繁的高层接触中,中国与周边国家的关系有了进一步的发展。如中国与中亚新独立的哈萨克斯坦、吉尔吉斯斯坦、塔吉克斯坦、乌兹别克斯坦和土库曼斯坦 5 国通过高层领导人的互访,签署了一系列政治、经济、文化、边界以及在边境地区撤军的条约和协定,双方都表示要建设新的"丝绸之路",使"我们的联系将比我们的祖先更加宽广",[②]双边关系出现良好的发展势头。通过高层互访,中国不仅与所有的东盟国家建立了正常关系,而且促进了相互间政治关系和经贸关系的发展。1993 年"东盟"倡议设立"东盟地区论坛",成为除联合国外最大的跨地区安全问题协商会议。中国应邀参加"东盟地区论坛"会议,发挥了积极的作用。中国还与"东盟"建立经贸和科技两个委员会,加强了双方的合作,双方互为主要的贸易伙伴之一。1997 年底中国与东盟举行历史上首次首脑会晤,并发表联合声明,确定建立面向 21 世纪的睦邻互信伙伴关系。中国与周边国家的高层互访,也推动双方建立起各种形式的联系机制,如中俄间已经建立了

---

① 上海国际问题研究所:《2000 年国际形势年鉴》,上海教育出版社 2000 年版,第 125—183 页。
② 李鹏在塔什干演讲,《人民日报》1994 年 4 月 20 日。

经常的畅通的高层对话机制、睦邻友好的、和平的边界安全机制、发展迅速的、方式多样的经济合作机制等。这些联系机制将对疏解互相间的突发事件,沟通可能出现的认识分歧,避免不必要的意外冲突,建立长期稳定的双边关系,发挥越来越重要的作用。

审慎处理地区性矛盾与冲突,力争消弭中国周边可能出现的战乱,是新时期中国周边外交政策的第四个重要特征。90年代中国周边的不安定因素有所增长,局部冲突和战争的危机在加深,中国领导人立足和平与发展的战略总方针,谨慎处理各种矛盾和冲突。在中亚,泛突厥主义、泛伊斯兰主义、大哈萨克主义等泛滥,对于中国西北地区与中亚各国的安全和安定造成危害,成为新的不稳定因素。中国与俄国以及中亚各国通过上海五国会议机制,较好地对该问题达成共识,并采取了必要的措置。

在东北亚,朝鲜半岛问题虽在90年代出现缓和的趋势,但矛盾和冲突依然不断,是远东的"巴尔干"和"火药桶",也是中国周边外交面临的重点和难点问题。中韩建交后,中国依然与朝鲜保持传统的友好合作关系,对于南北朝鲜实行平衡政策,以和平共处五项原则处理与双方的国家关系,以平等互利原则发展与双方的政治、经济、文化往来,并积极倡导和推动解决朝鲜和平机制的朝核问题的"四方会议",支持一切有利于双方缓和紧张局势,有利于民族和解和统一,有利于东亚和世界和平的行动和建议。

在东南亚,南沙争执成为困扰中国与东南亚国家关系发展的重大障碍,[1]90年代上升为"热点"问题,争执各国间虽矛盾重重,但都视中国为主要对手,他们努力协调其内部立场,强调维护现状,大力吸引外资,加紧掠夺资源,并不断挑起事端,力图促进南沙问题国际化。1995年"美济礁事件"发生后,南沙争执进入白热化。[2] 中国在南沙问题上的总原则是:

---

[1] 南海争执,其中西沙主权争执只涉及中越两国,南沙争执则较为复杂,其主要岛礁分别为中国(含台湾)、越南、菲律宾、马来西亚所控制,海域则由中国(含台湾)、越南、菲律宾、马来西亚、印尼和文莱所分割,各方均提出部分或全部领土要求。

[2] "美济礁事件"由菲律宾政府一手挑起。美济礁自古就是中国领土。1995年初,我国在该地行使主权,建立渔业避风设施。2月8日,菲政府宣布:中国军舰进入菲拥有主权的美济礁,建设军事基地;同时,出动军舰和战斗机前往南沙海域游弋。3月20日,菲国防部宣布向美济礁及附近岛礁增兵,并在半月礁设立一批标志和避难所,代替被毁的中国设施等等,蓄意扩大事态。由于中国政府采取低调处理的办法,南沙局势才避免了进一步恶化。郭观桥:《一个大国崛起的困扰》,第188页。

坚持南沙是中国的领土,"主权属我,搁置争议,共同开发"。并具体化为四条方针:反对把南沙问题国际化;反对越、菲、马三国占领合法化;反对南沙"南极化",即把南沙视为"无主区",禁止军事行动,不提主权问题;反对南沙的主权多极化和所谓的"主权三角区",以及菲方提出的中、越、菲、马、台五方共管方案。既维护中国的领土不可侵犯,又考虑南沙群岛邻近国家的合理要求;既坚持中国的国家利益,又反对武力解决;既坚持和平谈判方式,又不能不辅之以一定的军事威慑力量;不仅着眼于南沙的领土(海),也从中国在东亚和东南亚的整体利益出发;既考虑中国当前与东盟国家发展政治经济关系的短期利益,也要考虑更多地谋求中华民族的长远利益。[①]

南亚次大陆是中国周边的又一"火药库"。印度和巴基斯坦的核竞赛以及克什米尔争执,不但严重影响两国关系的改善,也使南亚次大陆成为世界上最易发生核战争的地区,给中国周边的安定环境造成严重威胁。1998 年 3 月,印度人民党新政府上台后,公开走向"核武化",并无端渲染"中国威胁论",使两国关系发生波折。旋即,印巴两国连续进行了多次核试验,南亚核竞赛升级,引起世界关注。6 月 4 日,在中美两国外长共同主持下,安理会五个常任理事国外长在日内瓦举行会议并发表公报,不承认印、巴的核国家地位,要求两国立即停止核试验。6 日,联合国安理会通过第 1172 号决议,谴责印、巴核试验。随后,印度的对华态度有所变化。1999 年 6 月,印度外长访问中国,公开表示印度不认为中国是印度的威胁,希望发展与中国的友好关系。印度能否理智处理核试验问题,正确对待中印关系,将是中印能否成为建设性伙伴关系的关键所在。

参与多种形式的区域合作,发展和稳定良好的周边环境,是新时期中国周边外交政策的第五个重要特征。90 年代,随着中国综合国力的逐步提升和中国国际地位的增强,中国加大了参与国际事务,尤其是事关周边地区安全和经济发展的区域性合作活动的力度。除了在联合国发挥作用,并以观察员身份参加不结盟运动外,中国先后参加了上海五国会议、朝鲜半岛四方会谈、东盟地区论坛、亚欧会议、东盟 10+3 会议、亚太经合组织"APEC"会议等。还在海南岛设立永久性的非官方的"亚洲论坛",

---

① 郭观桥:《一个大国崛起的困扰》,第 208 页。

参与创建上海合作组织。这些会议和组织都成为中国开展周边外交的重要场所。近年来,江泽民主席每年都参加"APEC"会议,积极开展多边外交活动,不仅促进了该组织为亚太地区和世界经济繁荣作出贡献,而且还在会议期间与周边国家开展双边外交活动,取得了令世人瞩目的外交成就。

中华人民共和国成立50年来,中国的周边外交政策和其外交总战略一样,其演变幅度之大,其阶段性显示之明,在世界各国外交史上是少有的。从总体上说,这种演变是对不断变化的周边环境和国际环境的应对,也反映了中国的周边外交模式在曲折中日益走向成熟。

50年的实践证明,中国周边外交政策虽然经历了若干阶段性的变化,但独立自主,不屈服于任何压力,根据自身的国家利益决定自己的外交方针,构筑中国安全和发展的良好环境,是其一以贯之的基本特征,也是其未来的基本发展趋向。

当新世纪即将来临之时,中国同时面临着机遇和挑战,既有呈上升趋势的社会主义大国、发展速度最快的发展中国家、潜力最大的国内市场等优势定位,又有着综合国力远落后于世界强国、西方敌对势力企图将中国纳入其战略目标和利益规范的框架之内、中国和周边国家间一些悬而未决的领土和历史争端在短时间内难以解决的沉重压力。21世纪的中国外交周边外交政策应充分利用和发挥中国之优势,尽力攻克前进路上的道道难关,使中国与周边国家更加友好相处,实现亚洲政治经济区域的和平和繁荣,也使中国加快融入国际一体化的进度,成为世界大家庭中更为重要和起更大作用的一员。

附录二:中共十八大以来中国周边外交的历史性新进展[①]

中共十八大以来,周边外交逐步上升为中国外交全局的"重中之重"地位,取得了前所未有的巨大成就。中国领导人主动出招,好戏连台。中国周边外交一系列政策、措施、行动与倡议的出台,"有时让人产生一种前一个行动还没有被完全消化,后一个行动就接踵而至的感觉,从而形成一种心理上的冲击,也让人更清晰地感受到中国周边外交的新气象"。[②]研究十八大中国周边外交的历史性新进展,对于理解中国外交的发展全局和未来走向,具有重要意义。

一、中国周边外交的新战略

"命运共同体"、"一带一路"、"亚洲新安全观"、"亚投行"四大战略性新措施,构成了近年来中国周边外交的新战略和主攻方向。

1. 倡议建设"亚洲命运共同体"

"命运共同体"最早出现于 2011 年国务院新闻办公室发布的《中国的和平发展》白皮书。2012 年,中共十八大报告正式写入"人类命运共同体"新概念。习近平执政后,进而强调建设"命运共同体"、"亚太命运共

① 本文是作者撰写的《中共十八以来中国周边外交研究报告》节选本,刊载于复旦大学中国与周边国家关系研究中心编《中国周边外交学刊》2016 年第一辑(总第三辑)。本文参考、吸纳了作者和祁怀高合撰的《未来十年中国周边环境的新挑战和周边外交新战略》(《中国社会科学内部文稿》2013 年第 3 期)、《中国的周边安全挑战与大周边外交战略》(《世界经济与政治》2013 年第 6 期)两文的若干观点,感谢祁怀高对本文作出的贡献。

② 周方银:《中国外交走向主动将重塑周边关系》,英国《金融时报》中文网,2013 年 12 月 27 日。

同体"、"中国—东盟共同体"等,将其提升为具有战略意义的新举措,既有重要的现实意义,更有长远的历史意义。

亚洲的复杂性超过任何一个大洲,亚洲同时拥有几大宗教,不同地区的价值观念有很大差异,各国之间领土纠纷多而复杂,经济发展水平差距很大,政治制度各不相同;对于中国来说,来自周边地区的牵制和阻扰呈现增多之势,既有周边国家"内乱"或次地区紧张波及中国,也有中外间发生领土、领海争端,成为美国推行"亚太再平衡"战略的借口和抓手,给实现中华民族复兴之梦造成重大障碍。中国崛起能够走多远,在很大程度上取决于我国是否善于与亚洲国家分享发展机会,拓展合作共赢的空间。习近平对于"命运共同体"内涵作了深刻而完整的理论阐述和政策概括。①

首先,"迈向命运共同体,必须坚持各国相互尊重、平等相待"。主张"涉及大家的事情要由各国共同商量来办。作为大国,意味着对地区和世界和平与发展的更大责任,而不是对地区和国际事务的更大垄断"。强调"要尊重各国自主选择的社会制度和发展道路,尊重彼此核心利益和重大关切,客观理性看待别国发展壮大和政策理念,努力求同存异、聚同化异。要共同维护亚洲来之不易的和平稳定局面和良好发展势头,反对干涉别国内政,反对为一己之私搞乱地区形势"。

第二,"迈向命运共同体,必须坚持合作共赢、共同发展"。认为"只有合作共赢才能办大事、办好事、办长久之事"。强调"要摒弃零和游戏、你输我赢的旧思维,树立双赢、共赢的新理念,在追求自身利益时兼顾他方利益,在寻求自身发展时促进共同发展"。

第三,"迈向命运共同体,必须坚持实现共同、综合、合作、可持续的安全"。认为"当今世界,没有一个国家能实现脱离世界安全的自身安全,也没有建立在其他国家不安全基础上的安全"。强调"要摒弃冷战思维,创新安全理念,努力走出一条共建、共享、共赢的亚洲安全之路"。

第四,"迈向命运共同体,必须坚持不同文明兼容并蓄、交流互鉴"。认为"在漫长历史长河中,如亚洲的黄河和长江流域、印度河和恒河流域、幼发拉底河和底格里斯河流域及东南亚等地区孕育了众多古老文明,

---

① 习近平:《迈向命运共同体　开创亚洲新未来》,《人民日报》2015 年 3 月 29 日。

彼此交相辉映、相得益彰，为人类文明进步作出了重要的贡献。今天的亚洲，多样性的特点仍十分突出，不同文明、不同民族、不同宗教汇聚交融，共同组成多彩多姿的亚洲大家庭"。强调"要促进不同文明不同发展模式交流对话，在竞争比较中取长补短，在交流互鉴中共同发展，让文明交流互鉴成为增进各国人民友谊的桥梁、推动人类社会进步的动力、维护世界和平的纽带"。

中国积极推动使"亚洲命运共同体"成为区域内大多数国家的共识，搭建越来越多的合作共赢平台，为各国汇聚共同利益提供更多的支点，已经取得了良好的效果。泰国前副总理素拉杰评价说："亚洲命运共同体不仅仅是个概念，它更是一种哲学。它提醒我们亚洲人，我们曾经是多么分裂，被各种战争、各种制度、各种分歧所分裂；而今天，命运共同体这个具有哲学高度的概念唤起亚洲人的共鸣"，"亚洲应该迈向一个新的未来，忘却历史恩怨、追求和平发展的未来。"①

2. 绘制"一带一路"新宏图

"一带一路"是中国周边外交的又一重大战略大动作。习近平指出："一带一路""不是要替代现有地区合作机制和倡议，而是要在已有基础上，推动沿线国家实现发展战略相互对接、优势互补"。②

外交部长王毅评价"一带一路"的战略意义说："一带一路"比马歇尔计划古老得多，又年轻得多，两者不可同日而语。说古老，是因为"一带一路"传承着具有 2000 多年历史的古丝绸之路精神，要把这条友好交往、互通有无的路走下去，并让它焕发新时代光芒；说年轻，是因为"一带一路"诞生于全球化时代，它是开放合作的产物，而不是地缘政治的工具，更不能用过时的冷战思维去看待。③

中国不会通过"一带一路"谋求霸权和对外扩张，没有谋求势力范围的地缘战略意图，不做侵犯别国主权或强人所难的事，中国强调和平发展和互利共赢，实现共商、共建、共享原则，而非"一家独大，赢者通吃"。中

① 《泰国前副总理素拉杰：让"一带一路"沿线国跟上中国节奏》，《参考消息》2015 年 4 月 1 日。
② 习近平：《迈向命运共同体　开创亚洲新未来》，《人民日报》2015 年 3 月 29 日。
③ 《王毅就中国外交政策和对外关系回答中外记者问》(2015 年 3 月 8 日)，《文汇报》2015 年 3 月 9 日。

国也无意在沿线国家间搞政治结盟,"不结盟"是中国外交的基本原则之一,强调自愿参与、协商落实、积极沟通、相互尊重的特征,以"政策沟通、道路沟通、贸易沟通、货币沟通、民心沟通"为五大任务。中国也不将"一带一路"单纯视为多余资本和产品输出的机会,而是以经济合作与经贸交流为沿线国家的"最大公约数"。强调顺应世界潮流、符合沿线国家经济发展的共同愿望,不仅拉动国内经济增长,实现中国经济可持续发展的目标,而且让沿途国家搭乘中国经济发展的便车,加强基础设施建设,促进产业升级换代,共同推动中国和各国经济的发展步伐。①

"一带一路"战略还是应对和化解美国"亚太再平衡"战略的重要举措。中国不正面对抗美国"亚太再平衡"战略对中国的遏制,不走新兴大国与守成大国通过对抗实现更替的传统老路,不重犯前苏联与美国在冷战期间正面争霸招致失败的错误,积极倡导建立中美新型大国关系。②对于美国的"亚太再平衡"战略,是你做你的"霸权稳定"、"日美联盟"、"颜色革命"、"TPP",我做我的"一带一路"、"合作共赢"、"命运共同体"、"亚投行"等。你在中国近海频频搅局,我则冲破第一岛链,巡航南太平洋,进入印度洋,甚而与俄罗斯联合在西太平洋和北约门户、美国后院的地中海进行军演,展示中国的存在和海军的进步。你在中国东部海上挑起各种事端,制造紧张气氛,围堵压迫中国,我另辟新路径,向西部积极发展,在广袤的、长期不稳定的欧亚大陆,倡议建设"丝绸之路经济带",实现互联互通,合作共赢,开辟新的战略方向,进而着意在中国周边实现全方位合作和互利共赢。

在"一带一路"战略方针下,中国周边合作已经基本形成合围:北方,以中俄全面战略合作关系为核心和重点,以"上海合作组织"和"中俄蒙经济走廊"为两翼,奠定北方阵线的稳定大局;西方,建设"中巴经济走廊",作为推行"一带一路"建设的典范和样板;西南方,倡议建设"孟中印缅经济走廊",推动"一带一路"往印度洋方向发展;东南方,以中国与东盟"10+1"升级版为核心,开展各种形式的区域合作,构筑通往南太平洋的

---

① 参见李少惠、李世勇:《"一带一路"重心是经济合作与经贸交流》,《参考消息》2015 年 6 月 9 日。

② [英]菲利普·蒂芬斯认为:中美"双方都不想冷战,更不用说军事对抗了。不过,形势会变得严峻,最好的局面可能就是一种十分冰冷的和平"。参见英媒文章《中美维持"冷和平"是最佳选择》,《参考消息》2015 年 5 月 6 日。

海上网络。2015 年 5 月 27 日,国务院副总理张高丽在重庆亚欧互联互通产业国际论坛上对来自 36 个国家的客人表示:中国正与"一带一路"沿线国家一道,积极规划中蒙俄、新亚欧大陆桥、中国—中亚—西亚、中国—中南半岛、中巴、孟中印缅六大经济走廊建设。① 这六大经济走廊将成为推动"一带一路"建设的战略布点和主要骨架,对于应对美国的"亚太再平衡"和实施与周边国家的全方位合作具有重要战略意义和经济意义。

"一带一路"推行进程很快,2013 年是提出年,2014 年是布局年,2015 年是实施年。在不长的时间里,从俄罗斯的索契到蒙古的乌兰巴托,从印度到斯里兰卡、马尔代夫,从上海合作组织峰会到 APEC 北京会议、菲律宾会议,习近平主席多次就"一带一路"建设与各国领导人深入交换意见,有力推动了"一带一路"理念在国际上的理解和认同,得到了国际社会的高度关注和有关国家的积极响应,沿线国家中,已经有近 60 个国家(截至 2015 年 2 月)明确表示支持和积极参与建设,贸易投资项目迅猛发展,金融合作已经起步,人文合作陆续展开,生态环保合作已经启动,一系列合作已结出早期果实。② 据商务部公布的数据,2015 年,我国企业共对"一带一路"相关的 49 个国家进行直接投资,投资额合计 148.2 亿美元,同比增长 18.2%。我国企业在"一带一路"相关的 60 个国家新签订对外承包工程项目合同 3987 份,新签合同额 926.4 亿美元,占同期我国对外承包工程新签合同额的 44.1%;完成营业额 692.6 亿美元,占同期总额的45%。③ "一带一路"倡议"成为改革开放以来最引发各国长期关注、跟踪与研究的中国版国际发展设想,为沿线各国对外战略提供了新的重大选项",该倡议的实现,"将进一步加速欧亚大陆的复兴尤其是沿线国家的共同崛起,巩固亚洲崛起势头,开创更具包容性、开放性、平等化的全球化"。④

3. 构建"亚洲新安全观"

"亚洲新安全观"是 2014 年 5 月习近平在上海举行的亚洲相互协作

---

① 《一带一路"六大走廊"启动规划》,《东方早报》2015 年 5 月 28 日。

② 参见新华社:《"一带一路"已获近 60 国响应》,《解放日报》2015 年 2 月 4 日。

③ 《打造中国经济新增长极——党的十八大以来推进三大战略述评》,《解放日报》2016 年 2 月 21 日。

④ 王文:《"一带一路":追求国际最大公约数》,《文汇报》2015 年 2 月 27 日。

与信任措施会议第四次峰会（亚信峰会）上提出的中国周边外交的重大战略性举措。

"新亚洲安全观"是中国特色对外战略新理念的重要组成部分，是与冷战思维决裂的产物，并在与冷战思维和强权政治的碰撞中发展起来。有些美国学者鼓吹："将通过支持中国周边地区的一些较小国家（和地区）（从韩国到台湾，甚至到越南）的办法来抵消中国在力量上所占的优势。"①这显然是从冷战时代残存下来的冷战思维。习近平在第四次亚信峰会的主旨发言中，针对此种过时的冷战思维，引用哈萨克斯坦谚语"吹灭别人的灯，会烧掉自己的胡子"，坦言："反对为一己之私挑起事端、激化矛盾，反对以邻为壑、损人利己。"②为此，习主席提出了"创新安全理念"的重要命题，倡导共同、综合、合作、可持续的"亚洲新安全观"，强调"亚洲和平发展同人类前途命运息息相关，亚洲稳定是世界和平之幸，亚洲振兴是世界发展之福"，"和平、发展、合作、共赢始终是亚洲地区形势主流"，"亚洲良好局面来之不易，值得倍加珍惜"，并亲自对亚洲新安全观逐条作了精辟而细致的理论阐述和政策概括：③

共同安全，就是要尊重和保障每一个国家安全。安全应该是普遍的、平等的、包容的。不能一个国家安全而其他国家不安全，一部分国家安全而另一部分国家不安全，更不能牺牲别国安全谋求自身所谓绝对安全。要恪守尊重主权、独立和领土完整、互不干涉内政等国际关系准则，尊重各国自主选择的社会制度和发展道路，尊重并照顾各方合理安全关切。

综合安全，就是要统筹维护传统领域和非传统领域安全。应该通盘考虑亚洲安全问题的历史经纬和现实状况，多管齐下、综合施策，协调推进地区安全治理。对"三股势力"，必须采取零容忍态度，加强国际和地区合作，加大打击力度。

合作安全，就是要通过对话合作，促进各国和本地区安全。要增进战略互信，以合作谋和平，以合作促安全，以和平方式解决争端。亚洲人民有能力、有智慧通过加强合作来实现亚洲和平稳定。欢迎各方为亚洲和

① 夏立平：《论亚洲新安全观与中国》，复旦大学中国周边国家研究中心编：《中国周边外交学刊》2015 年第一辑。
② 习近平：《积极树立亚洲安全观　共创安全合作新局面》，《新华每日电讯》2014 年 5 月 22 日。
③ 习近平：《积极树立亚洲安全观　共创安全合作新局面》，《新华每日电讯》2014 年 5 月 22 日。

和合作发挥积极和建设性作用。

可持续安全，就是要发展和安全并重以实现持久安全。要聚集发展主题，积极改善民生，缩小贫富差距，不断夯实安全根基。要推动共同发展和区域一体化进程，以可持续发展促进可持续安全。

随着中国日益强大，中国领导人开始重新审视长期以来的安全政策。2015 年 5 月，中国颁布《中国军事战略》白皮书，提出"总体国家安全观"的新概念，从中国国家安全战略顶层设计层面对"亚洲新安全观"作了进一步具体的阐述，强调要统筹内部安全与外部安全、传统安全与非传统安全、生存安全与发展安全、国土安全与国民安全、自身安全和共同安全。美国智库学者蒂莫西·希思评论中国领导人关于"总体国家安全观"的说法和五个"统筹"原则时，认为它"体现了中国领导层决策集权化的趋势、对战略和政策自上而下的设计以及将所有领域都视为密不可分部分的政策观点"。①

4. 主导创设"亚投行"

"亚投行"是中国周边外交的又一战略性大举措，是中国经济从产品输出走向资本输出的标志性大事件，也是中国改善现有国际体系不合理性的一次重大"战略试水"。

"从产品输出到资本输出，这是一个国家在世界经济版图中不断'晋级'的经典路线图。当今中国，似乎也走到了这个节点。1966 年，日本经济总量超越英国，其主导的亚洲开发银行（亚行）也于当年成立。而如今，GDP 和外汇储备双双位居亚洲第一的中国也正着手推动另一家巨型开发性金融机构——亚洲基础设施投资银行（亚投行）的成立。"②明年是布雷顿森林体系创建七十周年，也是亚洲开发银行成立五十周年，在过去的半个多世纪的岁月里，各国竞争力的巨大变化未能在其中得到如实反映，造成战后快速成长的许多新兴国家的不满。③ 中国发起并主导的"亚

---

① 《美智库文章：中国国安战略更重"顶层设计"》，《参考消息》2015 年 6 月 22 日。

② 张鲲：《亚投行启动中国资本输出》，《南方窗》2014 年第 24 期。

③ 以"亚行"为例，"亚行"是亚洲最大开发性金融机构，拥有 1650 亿美元资本金，美、日是最早成员国和最大股东，两国出资各占 16.%，并各自拥有 12.82%的投票权，占居绝对主导地位。中国为"亚行"第三大出资国，资本份额占 6.46%，投票权重为 5.47%，均不及美、日两国的一半。这种地位与中国 GDP 总量全球第二、外汇储备全球第一的地位极不相称。

投行"将从布雷顿森林体系以及其他既有国际金融体系的运作中吸取教训,成为一个更完善的国际开发金融组织,"相对于竞争性,更应该成为具有补充性的国际开发金融机构"。①

"亚投行"将更多显现"中国特色"和"中国意愿"的开放式和"合作共赢"新思维。尽管美国反对中国的提议,并阻挠其他西方国家和美国的盟国加入,然而,经过中国的努力,有 57 个意向创始成员国加入"亚投行",其中包括美国传统盟友"七国集团"中的 4 个,美国的重要盟友韩国、澳大利亚也不顾美国的反对和施压,加入"亚投行"。中国学者屠海鸣指出:亚投行的出现,无论对中国,还是对亚洲、对世界都是一件大事,它是为"一带一路"建设"输血供氧"的"营养库",是发达国家参与亚洲基础建设的"逐利场",是国际金融体系中的"新一极",也是中国和平崛起进程中的一个"标志性工程"。②

中国提议建设"亚投行"是中国对现行世界金融体系进行补充性变革的一次成功尝试。中国对于"亚投行"的战略定位既是"新的一极",会引发与西方金融霸权体系的一定程度的相互竞争,发生有利新兴国家利益的变化,同时又是对既有美国主导的世界金融体系的补充和完善,并非取而代之。③ 这将为中国在走向世界强国的过程中对待既有世界体系提供一个样本。实际上,在"亚投行"启动前后,中国已经主导提议成立"金砖五国开发银行",筹备建立"上海合作组织银行",设立"丝路基金"等类似的金融机构和基金,具有同样的意义。

2015 年 6 月 29 日,《亚洲基础设施投资银行协定》在北京签署。习近平主席在会见出席签字仪式的各国代表团团长时说:协定的签署"标志着亚洲基础设施投资银行筹建迈出了具有历史意义的一步,展示了各

① [韩]韩升洙:《21 世纪的东北亚与韩中关系》,复旦大学韩国研究中心:《韩国研究论丛》第 29 辑,社会科学文献出版社 2015 年版,第 8 页。
② 屠海鸣:《亚投行是国际金融体系中的"新一极"》,《新闻晨报》2015 年 4 月 29 日。
③ 前世界银行行长和美国贸易代表罗伯特·佐利克在英国《金融时报》网撰文认为:"美回避亚投行是个战略错误。"指出:"亚投行提供了一个机会来加强美国创造和维护的国际经济体系","亚投行可以帮助世界银行和各个地区银行分析它们的管理和控制如何增加了成本、程序和延误。竞争可以是健康和有启迪作用的。美国需要从这种令人尴尬的经验中吸取教训。""中国正在提供机会来支持全球经济,并提供大量资金来支持它自己的计划。美国可能犯下的最大错误是在塑造一个不断变化的国际体系时错过这个机会,美国应该善于将新的愿景同现有秩序相联系,从而满足新的需求。"参见《美回避亚投行是个战略错误》,《参考消息》2015 年 6 月 9 日。

方对成立亚洲基础设施投资银行的庄严承诺,体现了各方团结合作、开放包容、共谋发展的务实行动"。相关成员国都表示将共同努力,"逢山开路,遇水架桥",确保亚洲基础设施投资银行成为国际金融机构中务实、高效的一员。相信在亚洲发展过程中,亚洲基础设施投资银行将发挥重要的引领作用。①

二、中国周边外交新路径

中共十八大以来,中国周边外交的主动性大大增加,比以往展现出更多的独立性,形成实施中国周边外交的新路径。如周方银所指出的:新时期"中国周边外交的目标和手段不能轻易为他国的行为所动,由他国决定中国的行为节奏,而是更多地坚持自己的战略规划。有时候,即使在不十分有利的环境下,坚定地按照自己的想法出牌,可以在一定程度上改变以被动应付为主的局面,让那些挑衅中国的国家更清晰地感到来自中国的战略压力"。以这样的新路径,"更好地实现进取与克制之间的平衡,形成一种在本地区有作为但很亲切、令人安心的中国外交形象","有助于从长期营造一个良好的周边环境,使周边地区成为中国崛起的积极推动因素"。②

1. 推行"合作共赢"的核心理念

中共十八大以来,无论是中国提出的"亚洲命运共同体"、"亚洲新安全观"等新概念、新理念,还是"一带一路"、"亚投行"等新战略、新举措,其核心理念都是"合作共赢",如习近平主席所强调的"中国发展壮大,带给世界的是更多机遇而不是什么威胁。我们要实现的中国梦,不仅造福中国人民,而且造福各国人民",③这是中国实施周边外交的主要理论依据和政策指导思想。

2015 年 3 月 23 日,王毅外交部长发表题为《构建以合作共赢为核心

---

① 《习近平会见各国代表团团长祝贺各成员国达成高质量协定　打造专业高效廉洁的亚投行》,《文汇报》2015 年 6 月 30 日。

② 周方银:《中国外交走向主动将重塑周边关系》,英国《金融时报》中文网,2013 年 12 月 27 日。

③ 习近平:《顺应时代前进潮流　促进世界和平发展》,《新华每日电讯》2013 年 3 月 24 日。

的新型国际关系》演讲,集中论述习近平主席提出的"合作共赢"的核心理念。他指出:"每一段国际关系的形成,每一个国际体系的建立,都带有鲜明的时代印记,也必须随着时代发展不断创新完善。""中国主张构建以合作共赢为核心的新型国际关系,以合作取代对抗,以共赢取代独占,不再搞零和博弈和赢者通吃那一套。这是习近平主席总揽世界大势提出的一个重要理念,是中华民族传统文化和新中国外交实践的厚积薄发,是对联合国宪章宗旨原则的继承和弘扬,也是对传统国际关系理论的超越和创新,必将对未来国际关系的发展产生重要和深远的影响。"

王毅论述"合作共赢"理念的基本内涵是:政治上,要树立建设伙伴关系的新思路,对话而不对抗,结伴而不结盟。着眼时代发展潮流,探索构建不设假想敌、不针对第三方、更富包容性和建设性的伙伴关系。经济上,要开创共同发展的新前景,真正树立起利益共同体意识,在共同发展中寻求各方利益的最大公约数。安全上,要营造各国共享安全的新局面,更有效发挥好联合国及安理会的作用,提升预防冲突能力,走出一条各国共建、共享、共赢的安全之路。文化上,要形成不同文明包容互鉴的新气象,不同文化、不同宗教平等相待而不是居高临下,相互欣赏而不是相互贬损,彼此包容而不是相互排斥。

王毅特别强调,中国不仅是合作共赢的积极倡导者,更是合作共赢的切实践行者。中国推动建立以合作共赢为核心的新型国际关系,是为了各国和各国人民共同享受尊严,共同享受发展成果,共同享受安全保障。中国外交将继续立足国情与世情,从中国与世界各国人民根本利益出发,使和平发展道路越走越顺畅,让合作共赢理念越来越深入人心。①

十八大以来,中国领导人奉行"合作共赢"的新理念,努力经略周边外交,成为中国塑造全球外交战略格局的重要内容。"做守望相助的好邻居,做互利共赢的好伙伴,做常来常往的好朋友……是和平发展的中国对发展同所有周边国家关系的期许。"实施"合作共赢",履行"大格局细落子",导致"中国对邻国经济发展的拉动作用,超过历史上任何时候;邻国对中国和平发展的地缘重要性,也超过历史上任何时候"。②

---

① 王毅:《构建以合作共赢为核心的新型国际关系》,新华网 2015 年 3 月 13 日。

② 《中国周边外交展新篇》,《新华每日电讯》2014 年 8 月 24 日。

2. 实现中美两大安全体系"兼容共存"

在中国周边实际上存在着两种不同的安全合作体系,中国、俄罗斯等国主张多边安全合作,认为参与合作的每一方都应该是平等友好的伙伴关系,不赞成并认美韩同盟、美日同盟等双边同盟体系为冷战残留的产物,但鉴于国际政治经济现实,也"兼容"美国的双边同盟合作体系的存在,不挑战美国制定的国际规则。美国则坚持双边同盟合作体系,主张以美日同盟、美韩同盟、美菲同盟、美新同盟、美泰同盟等双边同盟体系为基础,但同样鉴于国际政治经济现实,"兼容"中国、俄罗斯等大国主张的多边安全合作体系,容忍中国的发展和在地区发挥重要影响力和作用。两种安全合作体系的基础和侧重点是不同的。在目前和今后一个较长的历史时期内,中美两种安全合作体系的"兼容共存",将是中国周边国际关系和地区安全的主要特征和基本格局,也是亚洲区域合作的重要前提。

美国依靠美日同盟、美韩同盟等,实施与以北约为核心的多边同盟体系不同的双边同盟体系,在亚洲一直占有包括驻军在内的重要的政治、经济、安全的战略地位;美国在日、韩、菲、新、泰都有军事基地,美国的航空母舰在西太平洋到处游弋,美国不会轻易退出这个地区;由于美国的超级大国地位,日、韩、新、菲、泰等美国的盟国在经济贸易上与美国有着密不可分的依赖关系。另一方面,美国又在亚洲一些与美非结盟国家积极开展活动,利用越南、印尼、印度、缅甸等国对于中国崛起的不适应与恐惧心理,或他们与中国之间的争端问题,离间中国与这些国家的关系,给亚洲区域安全造成新的不确定因素。这是美国与中国周边国家关系的基本现实。

对于中国来说,美国是世界的超级大国,与中国经济发展有着至关重要的紧密关系,中美贸易在中国对外贸易中占有重要地位,中国的外汇储备绝大部分购买了美国的国债,中美之间已经形成你中有我、我中有你的紧密关系,中国虽然不可能成为美国的盟国,但是美国也不能不视中国为重要合作国家。因此,要从根本上改变现状,让美国退出东亚,既是不可能、不现实的,也是不利于中国经济发展和亚洲政治安定的。

中国不挑战美国在亚洲的既得利益,尊重美国在亚太地区的正当利益,希望美国在地区事务中更多发挥建设性作用,与美国和平共存,避免中美对抗。习近平主席率先提出"太平洋之宽完全可以容纳中美两个国家的共同发展",较为成功地实现了中美在亚洲"兼容共存"的局面。① 如朝核问题,中美两国进行了富有成效的合作,双方在朝鲜半岛无核化问题上达成了共识,避免了朝核问题产生以来朝鲜半岛局势的失控,基本确保了该地区的和平局面。然而,美国以武力威慑、经济制裁和期盼朝鲜"突变"为特点的压制朝鲜屈服的路线始终不为中国所赞成,中国倡导六方会议,主张和平对话、平衡朝鲜安全需求的立场,也不能为美国所接受,导致半岛局势不能从根本上得到解决。又如台湾问题,中美两国也进行了一定程度的合作,双方对于稳定台海局势达成了共识,在某种程度上遏制了台独势力的进一步膨胀,对于两岸关系的改善起了积极作用。然而,美国坚持对台军售,反对台湾与大陆走得过近,导致台湾局势不能从根本上得到改善。

中美之间的和平相处、互利共赢及其可能达到的合作水平和深度,将对亚洲区域安全的发展形态和实际进度,产生至关重要的影响,也是中国在21世纪的第二个十年甚至更长的时间内能否取得和平建设的安定环境的重要因素。中国目前的基本情况还是将强未强,中国在与美国共建亚洲安全的进程中,基本上处于弱势,或是在逐步增强中的弱势,从而在中美共建亚洲安全上能起的作用还是有限的,但随着中国进一步崛起,强盛程度逐步赶上或接近美国,中国所能起的作用将会发生有利于中国的变化。中国需要控制好自己行为的节奏,维持战略进取与战略克制之间的平衡,不激化美国对中国的担忧。从长远看,中美共建亚洲安全是一种必然的趋势,是有可能实现的,而且中国将会在其中发挥越来越大的作用。

3. 构建与俄、日、印地区大国新型关系

影响中国周边外交的地区大国除美国外,主要是俄罗斯、日本和印度。中共十八大以来,中国在构建与美国新型大国关系的同时,重视和加大了构建与俄罗斯、日本、印度地区大国新型关系的建设力度。中国与地区大国建设新型大国关系有三个层次目标,最低层次目标是"不对抗,不

---

① 《中国欢迎美国"重回"亚太区》,《东方早报》2014年1月10日。

冲突"，中级层次目标是"互相尊重"，最高层次目标是"合作共赢"。就目前中国与三国的合作水平来说，中俄关系已经进入最高层次目标阶段，中日关系目前处于最低层次目标和中级层次目标阶段之间；中印关系则处于中级层次目标与最高层次目标阶段之间。

　　俄罗斯是中国周边最重要的邻国，中国经济高速发展以后，一些俄罗斯人士曾对中国发展存在种种疑忌：一是中国"人口扩张论"。由于俄远东地区人口稀少，截至 2010 年 1 月仅 650 万，而相邻的中国东北地区人口达到 1 亿。部分俄罗斯人认为，中国移民大量涌入西伯利亚和远东，目的是要实现中国对俄罗斯领土"事实上的占领"。① 二是中国"军事威胁论"。中国武器装备的更新和中国军队的现代化建设，本是中国国家现代化进程中的正常现象，但俄罗斯国内有一小部分人苟同某些西方大国的所谓中国"军事威胁论"，宣扬中国军力强大后会对俄罗斯提出领土要求，或是进行军事威慑。② 三是"掠夺原材料论"。俄罗斯国内少数人对发展同中国的经济合作有所疑虑，担心俄罗斯会变成中国的"资源附庸"，大量的中国商品涌入俄罗斯，将挤垮俄罗斯的民族工业。③

　　然而，中俄共同的政治、安全、经济利益，奠定了双边关系的厚实基础。前外交部长李肇星指出："中俄关系是中国与其他大国关系中发展迅速、机制完备、覆盖面广、合作水平高的一对大国关系。双方有元首、总理和议会等高级定期会晤机制。江泽民主席、胡锦涛主席和习近平主席作为国家元首第一次出访都是去俄罗斯，这一事实具有重要的象征意义和实质意义，显示了中俄友好的特殊性。两国互为最重要的战略协作伙伴，彼此成为维护核心利益、促进发展振兴的可靠战略支撑和主要外部积极因素，这是双方基于自身战略利益的选择。"④由乌克兰事件引起的美俄之间的"新冷战"，给中俄全面战略合作伙伴关系进一步发展带来历史机遇，俄罗斯将成为"一带一路"建设的优先地区之一。乌克兰事件发生后，美欧不断升级对俄制裁，已扩大至金融、能源和军事合作领域，不仅影响欧亚政治格局，而且牵动全球秩序重构。面对美国的"亚太再平衡"威

---

①　李静杰：《跨入新世纪的中俄关系》，《俄罗斯中亚东欧研究》2007 年第 2 期。
②　钱洪良主编：《中国和平崛起与周边国家的认知和反应》，军事谊文出版社 2010 年版，第 116 页。
③　李静杰：《跨入新世纪的中俄关系》，《俄罗斯中亚东欧研究》2007 年第 2 期。
④　李肇星：《说不尽的外交——我的快乐记忆》，中信出版社 2014 年版，第 66 页。

胁,中国将中俄全面战略合作伙伴关系提升至中美关系之前,是很自然的事情。

中共十八大以来,中俄关系取得了高水平、跨越式的重大发展,习近平就任国家主席后首访俄罗斯,以后多次与普京会面,达成了中俄在一系列重大事务上的共识和协调。签署或实现了4000亿美元天然气合作项目、1500亿中俄货币互换协定等,双方在和平利用核能、大飞机制造、卫星导航、载人飞行等高科技领域合作,以及高水准军事演习、尖端武器买卖等方面实行全方位合作。

中国提出"一带一路"的战略性倡议后,两国元首商定:"将中方丝绸之路经济带建设同俄方欧亚经济联盟建设对接,从战略高度、以更广视野全面扩大和深化双方务实合作,扩大相互开放,深化利益交融,更好促进两国发展振兴,拓展欧亚共同经济空间,带动整个欧亚大陆发展和稳定。"①同时,中俄联合举行黑海和地中海军演,此次军演尽管规模很小,却是中国海军首次参与远离本土的演习,展示中俄关系的进一步提升,表明中国打造一支走出近海、穿行世界的远洋海军,得到俄罗斯的支持和帮助。② 两国领导人经常在各种场合使用"高水平和特殊性"表述中俄两国全面战略合作伙伴关系的进一步提升。

十八大以来,中日关系面临重大困境和难题,日本对于中国周边安全环境所起的负面作用主要表现为三:一是把中国作为战略和现实对手,获取主动先发制人的权利;二是拉拢美国,挑动美国对中国采取更强硬的战略举措;三是拉拢周边国家"近日疏华",渲染"中国威胁",构建所谓"制约中国的弧圈"。日本对中国的上述战略基于中日之间综合实力翻转的大背景,日本企图通过这些措施压制中国的崛起,阻止中国影响力提升的势头,借此推动国内相关领域的改革,扭转日本在中日战略竞争中的颓势。张蕴岭指出:"日本已经不具备主动犯华的实力,但日本对华采取的'组合拳'战略会增加中国维护国家安全的成本,特别是钓鱼岛争端,如

---

① 《习主席今出席红场阅兵》,《解放日报》2015年5月9日。

② 《香港经济日报》评论,中俄海军黑海和地中海联合军演,显示中国的军事力量正借"一带一路"延伸出去,而中俄加强合作,战略上抗衡美日同盟的意味也十分明显。中国国防大学乔良教授指出:"一带一路"是中国的初始全球化,中国必须有能够跨出国门远征的陆军、海军和空军,才能使"一带一路"在安全上获得可靠保障。参见《中国军舰驶入黑海引各方解读》,《参考消息》2015年5月8日。

果危机管控失败,引发军事风险极高。"①

对于中国而言,日本是中国最重要的周边大国,是中国能否实现战略机遇期延长的关键国家之一。推动中日关系实现从功能互利到政治互信和战略互惠的突破,是中国周边外交的重大目标。由于日本政府的"购岛"违反中日两国政府达成的默契,推行单方面改变现状的错误政策,我方在东海被迫反击,已经取得了阶段性的胜利。首先,我国公布了钓鱼岛领海基点,并向联合国报告、备案,正式向世界宣告中国对于钓鱼岛拥有主权的法律文件;第二,打破了日本对钓鱼岛的实际单边控制,实现了对钓鱼岛海域的常态化巡航,向世界宣示了我国在钓鱼岛的主权存在;第三,宣布设立东海防空识别圈,迫使美、日在事实上默认其存在,扩大了我国的安全预警范围,打击了日本的嚣张气焰。目前,中日钓鱼岛及东海争端仍未见底,依然时有起伏,发生局部冲突的可能性随时存在,但双方均感疲劳,冲突一线已趋和缓,有实现阶段性休战的可能。应在继续严密监视日本动向、积极应对的前提下,采取缓和策略,争取中日钓鱼岛争端实现转寰,在新的现状基础上实现"搁置",推动中日关系走上健康发展的道路。

由于一系列复杂和具体的国内国际因素的影响,中日钓鱼岛争端存在长期性、反复性的特点,美日强化同盟关系制衡中国也将成为长期趋势,但并不排除中日关系出现局部缓和,甚至出现逆转的可能。在 APEC 北京峰会前夕,中日达成"四点共识",②随后实现了两国领导人的两次会晤,表明中日关系存在着适度转暖的可能性。

印度是亚洲和世界人口排名第二的国家,也是中国重要的周边大国。两国有很多共同点,其一,综合实力都处于快速提升的过程中,对于对方崛起具有一定的包容性,印度视中国为其发展的合作对象国,中国视印度为"一带一路"沿线重要大国,发展互相关系具有一定的战略基础;其二,

---

① 张蕴岭、任晶晶:《中国周边安全形势评估报告(2014—2015)》,复旦大学中国与周边国家关系研究中心编:《中国周边外交学刊》,2015 年第一辑。

② 四点原则共识包括:双方确认将遵守中日四个政治文件的各项原则和精神,继续发展中日战略互惠关系;双方本着"正视历史、面向未来"的精神,就克服影响两国关系的政治障碍达成一些共识;双方认识到围绕钓鱼岛等东海海域近年来出现的紧张局势存在不同主张,同意通过对话磋商防止局势恶化,建立危机管控机制,避免发生不测事态;双方同意利用各种多双边渠道逐步重启政治、外交和安全对话,努力构建政治互信。

两国都希望成为多极世界的一极,对于建立国际秩序基本看法相似,印度希望中国支持印度成为联合国安理会常任理事国,中国希望印度不参加美、日制衡、遏制中国的行动;其三,两国都反对武力干涉解决国际争端,对于国际行为准则的认识具有共同性,中印在国际多边舞台共同话语较多,两国同为发展中国家,在气候变化谈判、国际金融体制改革、G20、金砖国际机制等重大问题上态度接近,步调比较一致;其四,两国边界虽有严重分歧,但没有外部势力介入,通过双边解决争端的外部干扰较小,双方经过共同努力,逐渐形成以协商解决分歧的默契和共识,形成分歧管控的"制度性保障"。

然而,两国关系也面临许多挑战:其一,"印度是一个综合实力上升较快的大国,与中国有着战略竞争的情结,与中国抗衡和竞争是印度国家发展的一个重要战略设计";其二,领土争端问题和西藏问题是涉及中国核心利益的重要分歧,印度对中国"有着挥之不去的战争失败记忆,加上中国与巴基斯坦保持特殊战略关系,印度的军力提升和军事部署有着很强的针对中国的因素,尤其是印巴的任何对抗特别是战争都会对中国的安全环境造成直接威胁",印度对华防范和猜疑并未消除,视中国为对手的心态未变;其三,印度对于中国与巴基斯坦的特殊关系,中国对美印、日印联手制衡中国利益,相互具有重大疑忌,形成战略互信缺失;其四,中印经贸关系也存在重大分歧,2014 年中印贸易额接近 700 亿美元,增长潜力巨大,印度贸易逆差 400 亿美元,成为两国经济交流进一步发展的障碍。总之,"虽然中印之间再次因领土争端发生战争的可能性极小,但印度针对中国的战略性设计对中国周边安全环境将产生不可轻视的负面影响"。[①]

中共十八大以后,中印关系取得了长足的进步。在中印共同崛起的背景下,中国充分认识中印战略关系具备的区域和全球意义,尊重印度的新兴大国地位,充分尊重印度对于印度以东阵营的主导地位以及其他南亚国家"跟随印度"的现实。两国在重大国际事务中进行了很好的合作,尤其是在推动建立与发展"金砖五国"和"上海合作组织"扩容的过程中,

---

① 张蕴岭、任晶晶:《中国周边安全形势评估报告(2014—2015)》,复旦大学中国与周边国家关系研究中心编:《中国周边外交学刊》,2015 年第一辑。

两国互相支持,使中印关系转化为对中国周边外交有利的因素。

2014 年 9 月和 2015 年 5 月,习近平主席和莫迪总理实现高调互访,将两国关系提升到一个新的阶段。莫迪在访华前开设中文微博为其访问热身,中国网民好评如潮。习近平在他的家乡西安盛情迎接莫迪访华,也获世界舆论高度重视。两国再次确认共同管控边界分歧,将解决两国边界问题视为两国关系进一步发展的重要目标。也有印度学者称,印、中两位首脑都是强势领导人,目前可能是解决历史遗留问题的最佳时间。①中国外交部积极回应:"双方对于早日解决边界问题都有积极意愿,也都付出了积极努力。早日解决边界问题是两国政府和人民的共同期待,也符合双方的共同利益。""我们愿与印方继续坚持不懈推进边界谈判进程,争取早日找到一个双方都能够接受的、公平、合理的解决方案。在最终方案达成之前,双方将继续共同努力,保持边境地区的和平与安宁,这符合两国的共同利益。"②中印在处理争议边界问题上创造了一个范例,即可以用"两轨思路"处理两国争端问题与全面发展的关系。在此基础上,两国领导人的互访,推动两国在经贸合作和战略互信方面迈上了一个新的台阶。印度不再成为中国周边外交的负能量。2015 年 7 月,中国支持上海合作组织启动印、巴加入的进程,世界媒体称,随即中国也有可能从南亚联盟观察员国家转变为正式成员国。

中共十八大以来,中国妥善应对美、日、俄、印四大国对中国周边安全和周边外交的影响,并努力与美、日、俄、印共同探索构建一条以尊重为前提、以合作为途径、以共赢为目标的新型大国关系之路,取得了相当的成效。

4. 创建周边"友邻外交"新特色③

中共十八大以来,习近平等中国领导人重视周边外交,加大了与周边国家开展"友邻外交"的力度。短短两年多的时间里,中国领导人遍访周边友好国家,"大气从容,待人以诚","在国际舞台上展现的自信坦诚的

---

① 《印高官:印渴望解决中印边界问题》,《环球时报》2015 年 2 月 1 日。

② 《外交部:早日解决中印边界问题是两国的共同期待》,中国网 2015 年 5 月 13 日。

③ 本目参见《让我们共同的世界更加美好——以习近平同志为总书记的党中央开创外交新局述评》,《文汇报》2014 年 1 月 26 日;《中国周边外交展新篇》,《新华每日电讯》2014 年 8 月 24 日。

风采、灵活务实的姿态、朴实亲民的气质,熔铸为中国魅力,折射一个底气深厚、朝气蓬勃、锐气昂扬的中国",受到周边国家和世界的欢迎。

"好邻居,金不换",中国大力推行元首外交,"走亲戚","交朋友",与周边国家领导人建立私人友谊,为中国周边外交增添了浓浓的"人情味"。习近平秉持和平发展理念,身体力行,以更加开放从容的姿态同各国开展友好往来,展现出睿智、坦诚、务实、亲和的国际形象,增强了中国周边外交的亲和力和感染力,赢得各方普遍尊重。

"意气相投","很谈得来",习近平与普京频频见面,建立了深厚的友谊和信任。当俄罗斯契索冬奥会遭遇西方国家抵制之时,习近平开创了中国国家元首出席境外体育盛事的先河,并对普京说:"按照中国习俗,邻居办喜事,我当然要专程来当面向你贺喜,同俄罗斯人民分享喜庆。"中俄关系由此进一步得到大幅提升。

习近平访问中国的全天候"铁哥们"巴基斯坦,在议会演讲中称呼巴基斯坦人民为"好朋友、好邻居、好伙伴、好兄弟",表示"不论国际风云如何变幻,中国将始终从战略高度和长远角度看待中巴关系,将巴基斯坦置于中国外交优先位置"。30 多分钟的演讲,议员们不时用他们传统的手掌击桌方式表示赞同,达 50 多次。[1]

2014 年盛夏之际,习近平对韩国进行"点穴"式国事访问,以示对两国关系高度重视,倡导两国互做"实现共同发展的伙伴、致力地区和平的伙伴、携手振兴亚洲的伙伴、促进世界繁荣的伙伴",期许"双方应该像走亲戚一样加强高层和各领域交往,重视相互核心利益和关切,及时就共同关心的问题交换意见",取得极大成功。

习近平在访问中亚国家期间,分别与四个国家领导人进行长时间"一对一"坦诚深入交流。与中亚各国领导人敞开心扉,就双边关系、治国理政经验等深入交流看法。中哈元首同乘一架专机共进早餐,促膝长谈。吉尔吉斯斯坦总统阿尔巴耶夫举行家宴招待客人,习近平穿上当地的传统服饰表达尊重。

蒙古国是习近平担任国家主席后访问的第七个邻国,亦是一次走亲戚式的"点穴"访问,习近平热情表示:"中国愿意为包括蒙古国在内的周

---

[1] 《习近平议会演讲 巴议员拍案点赞》,《新民晚报》2015 年 4 月 22 日。

边国家提供共同发展的机遇和空间,欢迎大家搭乘中国发展的列车,搭快车也好,搭便车也好,我们都欢迎。"不仅推动中蒙关系提升至全面战略伙伴关系的新高度,也在周边国家中引发热烈反应。

2014年以来,习近平每到一国访问,必发表署名文章,如在俄罗斯发表《铭记历史,开创未来》,在巴基斯坦发表《中巴人民友谊万岁》,在韩国发表《风好正扬帆》,在蒙古发表《策马奔向中蒙关系更好的明天》,在塔吉克斯坦发表《让中塔友好像雄鹰展翅》,在马尔代夫发表《真诚的朋友,发展的伙伴》,在斯里兰卡发表《做同舟共济的逐梦伙伴》,在印度发表《携手共创繁荣振兴的亚洲世纪》,在澳大利亚发表《开创中澳关系更加精彩新篇章》,在新西兰发表《共同描绘中新关系更加美好的未来》,在斐济发表《永远做太平洋岛国人民的真诚朋友》等,①"既讲'中国故事',又播'中国智慧';既凝聚共识,又解惑释疑;既讲故事讲理,又用数字说话;既搞'顶层设计',又兼'具体施工';既主题突出,又各具特色;既为出访定调,又展个人魅力",②热情、坦诚地展现中国人民对周边国家人民"亲望亲好,邻望邻好"的友好心情,并在各种场合就地取材,引用当地谚语,如"朋友要老,好酒要陈""通往和平的方式只有和平""金钱易得,朋友难求""河有源泉水才深""诚信比财富更有用"等,拉近了与各国人民之间的距离。中国的"友邻外交"创建了中国周边外交的新局面和新特点。

5. 运用"底线思维"保障中国和平发展

中共十八大以来,习近平总书记多次强调,要善于运用底线思维的方法,凡事从坏处准备,努力争取最好的结果。中国周边外交在重视顶层设计的同时,十分强调"底线思维"。中国逐步改变了周边外交的"反应"模式,即哪里出问题,就将精力投那里,被动应对,而是强调主动出牌,设置议题,不断提出新倡议和新理念,引导国际政治按照中国的章法起舞,确保中国和平发展的千秋大业得到保障和实现。

中国的"底线思维"首先用于国家领土和海洋维权。中国官方亮出的底线是"主权在我",中国在领土主权范围内的行动容不得别人说三道

---

① 《习近平的大外交》,《新华每日电讯》2014年12月19日。
② 文秀:《习近平海外署名文章的风格及特点》,中国新闻网2014年12月29日。

四。2014 年 3 月 8 日,王毅外交部长在第十二届全国人大二次会议举行的记者招待会上,声明中国"历来秉持以和为贵,以诚待人,人敬一尺,我还一丈"的基本立场,明确表示:"对于我们同一些周边国家存在的领土和海洋权益争议,我们愿意在尊重历史事实和国际法的基础上,坚持通过平等协商谈判,以和平方式妥善处理,这一点今后也不会改变。我们绝不会以大压小,但也绝不接受以小取闹。在涉及领土和主权的问题上,中国的立场坚定而明确:不是我们的,一分不要;该是我们的,寸土必保",清楚地表明了中国的"底线思维"立场。①

针对菲律宾不顾中国的反对,单方面就中菲有关南海争端问题提交国际仲裁的行径,中国外交部发布文件,从法律上反驳菲律宾无理主张,申明中国"不接受、不参与仲裁的严正立场"。强调菲律宾单方面提起仲裁的做法,"不会改变中国对南海诸岛及其附近海域拥有主权的历史和事实,不会动摇中国维护主权和海洋权益的决心和意志,不会影响中国通过直接谈判解决有关争议以及与本地区国家共同维护南海和平稳定的政策和立场"。敦促菲律宾"尽快回到通过谈判解决争议的轨道上来。中国也愿与有关各国一道,在尊重历史事实和国际法的基础上,通过谈判妥处分歧,加强合作追求共赢,共同维护南海的和平稳定"。②

"底线思维"兼具"主权在我"、"后发制人"、"适时还击"、"弹性回防"等多重含义,具有"维稳不损害权益,维权不引发冲突"的特点。关于"主权在我",为中方原则立场,始终不动摇。关于"后发制人",即中国不主动挑衅,而是在相关争索国挑起事端后,"后发制人"作出还击。如钓鱼岛问题,是日本政府推行"国有化购岛"挑起事端,中国再作出连锁反应。关于"适时还击",即对于争索国的挑衅行动,断然作出反应。对于钓鱼岛冲突,中国在坚持和平的前提下,宣布钓鱼岛中国海基线,实现中国维权巡航常态化,公布东海防空识别区,实施军地联合海上维权军演等,保护中国的主权和权益,赢得东海战略方向的战略主动权。出于同样的原由,2014 年,中国企业所属"981"钻井平台在中国西沙群岛毗连区内

① 《王毅在十二届全国人大二次会议举行的记者会上就中国外交政策和对外关系答中外记者问》,《人民日报》2014 年 3 月 9 日。
② 《中方发布立场文件 从法律上反驳菲律宾无理主张 不接受不参与"南海仲裁"》,《文汇报》2014 年 12 月 8 日。

开展钻探活动，以应对越南颁布"海洋立法"，将中国南沙和西沙均列为其管辖海域的举措，"981"钻井平台遭遇到越南船只的围攻和干扰，中国派遣公务船到现场保护作业安全，有效维护海上作业秩序和航行安全，宣示了中国维护主权、权益和管辖权的决心。同年，中国出于菲律宾、越南等国早已在南海扩建岛礁，侵犯中国主权的行径，决定进行南海岛礁建设工程，其规模之宏大，速度之快捷，态度之坚决，前所未有。一方面是中国南海主权显示的具体表现，另一方面也显现中国领导人的维权气魄，不动则已，动起来一气扩建七个岛礁，势不可挡，引起域外大国美国以及争索国的强烈反响。关于"弹性回防"，表明中国对于争端的应对有了新的特点，张弛有道，一张一弛，进退自如，掌握反击的适当节奏。如"981"钻井平台在完成钻探任务后，借台风来临之机，主动宣布撤离，使世界性的围攻舆论不攻自破。对于南沙岛礁建设，则着重解释中国进行岛礁建设之目的，强调除提供军事防卫功能外，更具民用和履行国际责任的功能，并公布填海造岛礁的进度，以较透明的方式回应外界的质疑。近期也适时宣布造岛工程结束，转入基础设施建设，应对以美国为首的国家的抗议风潮，向国际社会释放善意。然而，"弹性回防"具有阶段性和间歇性，一旦条件成熟，或维权事业需要，中国将继续推进必要的维权行为。2015 年 6 月 24 日，中国"981 钻井平台"重返南海，在海南三亚东南方向海域进行油气勘探，说明中国在自己领海进行的能源开发工程仍将继续稳步推进。

中国的"底线思维"还用于维护周边区域安全建设。王毅外长曾针对朝鲜半岛的紧张局势，表示："朝鲜半岛就在中国的家门口。在半岛问题上，我们始终有一条'红线'，就是绝不允许生乱生战。"并确信"这也完全符合半岛南北双方，以及本地区各国的共同利益"。① 中国决不容许任何国家在中国的家门口"闹事"，撬动中国的核心利益，是中国周边外交政策的重要底线。这个话既是说给朝鲜听的，也是说给美韩听的。② 如果朝鲜坚持核武政策，进行新的远程导弹和核试验，或者韩美坚持美韩军演大规模升级，或采取其他可能激怒朝鲜的举措，半岛局势恶化的可能性

---

① 《王毅在十二届全国人大二次会议举行的记者会上就中国外交政策和对外关系答中外记者问》，《人民日报》2014 年 3 月 9 日。

② 笔者曾发表《中国对朝政策须实现八个平衡》，系统阐述对于我国朝鲜半岛安全政策的基本看法，参见《世界知识》2014 年第 15 期。

依然存在。中国在朝鲜半岛有重大利益关切,中方绝不允许半岛生乱生战,希望有关各方着眼大局,谨言慎行,显示灵活,多做有利于局势缓和的事,采取实际步骤为推动六方会谈创造有利条件,应"将朝核问题重新纳入可持续、不可逆、有实效的对话解决轨道"。中国态度坚定而和解,指明了解决朝鲜半岛问题的唯一正确方向。没有国家可以取代中国所能发挥的作用。对于中日钓鱼岛问题,中国希望通过谈判和协商来解决问题,在解决问题之前,搁置争议,表现出富有弹性的立场。但是日本一意拒绝,并对中国在钓鱼岛展开的维权屡屡加以阻挠干扰。如果日本想动武的话,中国就一定会坚持捍卫,用武力还击。[①]

中国形成和实施中国周边外交的"底线思维",表明在涉及国家领土主权与海洋权益以及中国国家安全等核心利益的重大问题上,中国将给对手划出底线,实施威慑,并且在内部做好应对最坏情况的准备,决不允许个别国家勾结域外大国,蚕食中国的主权利益。[②]

6. 统筹"六大板块"和"太印两洋"

随着中国国际影响力的向外延伸和海外利益的增加,中国逐步树立了"大周边"的外交理念。本文所指"大周边"概念是相对于"小周边"概念而言的。"小周边"通常是指与中国领土、领海直接相邻的国家和地区,如俄罗斯、蒙古、东北亚、东南亚、南亚、中亚诸国。而"大周边"概念超越传统的地理范围界限,涉及同中国海上、陆上有相同战略利益需求的国家和地区。[③]

东北亚、东南亚、南亚、中亚、西亚和南太平洋地区"六大板块"应该作为中国的"大周边"地理范畴。与传统的观点相比较,增加了西亚和南太平洋地区,将其纳入中国"大周边"范畴。西亚地区是中国西部周边的战略延伸地区,该地区局势与中国的能源安全、边疆稳定和西部发展息息相关。南太平洋地区是中国东南部周边的战略延伸地区,确保澳大利亚和新西兰这两个地区领军国家的对华友好是中国海上安全的关键所在。

东北亚、东南亚、南亚、中亚、西亚、南太平洋已经成为中国周边安全

---

① 曲星:《中国外交的顶层设计与底线思维》,《国际先驱导报》2013 年 9 月 16 日。
② 祁怀高:《关于周边外交顶层设计的思考》,《国际关系研究》2014 年第 4 期。
③ 祁怀高、石源华:《中国的周边安全挑战与大周边外交战略》,《世界经济与政治》2013 年第 6 期。

环境不可或缺的"六大板块"。中国应根据不同"板块"的特点，有针对性地制定中国的周边政策。如中国的东北亚外交，以六方会谈机制化为基础，推动东北亚安全机制的构建，以地缘经济合作为切入点，推动地缘政治正向发展，推动中国倡导的多边制度与美国主导的双边同盟在东北亚的兼容共存。中国对东南亚的外交重心应由近20年来所奉行的以经济外交为主，以战略保证和谨慎被动的"搁置外交"为辅，逐步调整为经济外交与积极主动的安全战略并重。中国的南亚外交应高度重视印度崛起的战略意义，坚持中巴传统友谊，加强与美国的南亚政策协调。中国在制定中亚政策时，需综合考虑相关国家或国际组织的利益诉求，在促进中亚国家稳定和发展的前提下，实现自己的利益。中国的西亚外交，应采取"积极参与、有所作为"的"西进战略"，将以中亚、西亚、北非为核心的大中东地区塑造为中国的战略纵深区域和经济战略地带。中国的南太平洋外交既要重视发展与澳大利亚、新西兰这两个领军国家的关系，也要努力化解美、日、欧等大国或大国集团对中国南太平洋外交政策的干扰。①

中国将"六大板块"看作一个利益高度相关、互动极为频繁的整体，统筹东北亚、东南亚、南亚、中亚、西亚与南太平洋"六大板块"，打破不同"板块"之间、陆地与海洋之间的分割，形成陆地与海洋事务、中国边疆与周边区域的联动机制。中国需要统筹"东线板块"（东北亚、东南亚、南太平洋）与"西线板块"（西亚、中亚、南亚），实现较大的战略回旋余地。比如，当"东线板块"出现岛屿和海洋领土划界争端和矛盾时，中国的"西线板块"地区形势实现了某种程度的缓转，这启示我们可以通过统筹周边"六大板块"，实现战略回旋，摆脱危机，化被动为主动。②

同时，中国周边外交开始兼顾"印太两洋"，加速从传统的太平洋"一洋战略"向太平洋和印度洋"两洋战略"转变，逐步建立一个包括政治战略、经济战略、文化战略在内的"印太两洋战略"，特别是印度洋战略和南太平洋战略。

由于中国在西太平洋遭遇美日设置的"第一岛链"封锁，并存在威胁中国能源通道的"马六甲海峡困局"，印度洋和南太平洋在中国海洋战略

---

① 祁怀高、石源华：《中国的周边安全挑战与大周边外交战略》，《世界经济与政治》2013年第6期。

② 祁怀高、石源华：《中国的周边安全挑战与大周边外交战略》，《世界经济与政治》2013年第6期。

中的地位骤然上升。印度洋是世界第三大洋,连接太平洋和大西洋,贯通亚、非、欧与大洋洲,紧靠中国南海,并通过马六甲海峡和龙目海峡通向广阔的太平洋,北靠南亚次大陆并深入"世界心脏地带"中亚,西北角有波斯湾和中东,通过亚丁湾、红海、苏伊士运河通往西欧,西临非洲大陆,直至好望角,与大西洋相通,地缘战略位置非常重要。为此,美、俄、法、英纷纷进入印度洋,印度更是将印度洋视作印度的印度洋。加速经略印度洋的进程成为中国周边外交的重要使命之一。

南太平洋也是美国实施"亚太再平衡"战略的重要地区,是美澳同盟、美新同盟为主导的围堵中国的太平洋第二岛链的重要地区。因此,突破美国对中国的地缘政治围城,南太平洋地区是突破口,澳大利亚是关键。"中澳关系不同于美国对华的瑜亮情结,也迥异于中日关系的历史纠葛和现实冲突。澳大利亚在地缘政治上配合美日制华,但也有着符合本国核心利益的弃保底线","在中美日'三国演义'中,澳大利亚起着战略缓冲期的作用。"中澳、中新关系的升级,在提升中国南太平洋影响力方面具有纲举目张的意义。中国强化对于南太平洋岛国的影响力,则能"向全世界诠释中国'大块头'和南太'小不点'亲诚惠容的和谐关系——国家分大小,平等无障碍。在中国战略力量提升引发一些小国特别是邻国对中国充满猜忌的现实下,中国和南太岛国的融洽关系具有新示范效应"。[①] 加大经略南太平洋的力度成为中国周边外交的重要使命之一。

中共十八大以来,中国的印度洋外交战略和南太平洋外交战略都取得了不俗的成就。中国设计的"一带一路"战略蓝图包括这两个地区在内。2015年国家发展改革委员会、外交部、商务部联合发布的《"一带一路"愿景与行动》文件设计的五条发展路径中有两条以印度洋为终极目标,一条是丝绸之路经济带从中国至东南亚、南亚、印度洋,一条是21世纪海上丝绸之路从中国沿海港口达南海到印度洋,中国正积极推动的中巴经济走廊和孟中印缅经济走廊,共同建设通向印度洋的海陆安全高效运输大通道,是实现中国印度洋战略的关键性举措。

在双方的共同努力下,澳大利亚和新西兰加入了"亚投行",又分别

---

① 《中国在南太平洋纵横捭阖打破美国战略围困》,中国网,2014年11月26日。http://opinion.china.com.cn/opinion_4_115604.html.

在西方国家中首先与中国签署 FTA 协定，对于中国进入南太平洋，具有重要战略意义。2014 年 11 月，习近平在赴斐济出席 G20 国领导人会议时，访问澳大利亚和新西兰，提升与两国的战略合作伙伴关系，又首次对南太平洋岛国进行国事访问，在当地引起轰动。习近平与 8 个南太平洋建交国领导人举行集体会晤，共同决定建立互相尊重、共同发展的战略伙伴关系。习近平宣布支持岛国经济社会发展的一揽子计划，包括将最不发达国家 97% 税目的输华商品提供零关税待遇，今后 5 年为岛国提供 2000 个奖学金和 5000 个各类研修培训名额，在南南合作框架下为岛国应对气候变化提供支持等，还就加强农林渔业、矿产、基础设施建设、旅游等领域合作达成广泛共识，签署了一系列合作文件。习近平主席的访问，拉近了中国与南太平洋国家的距离，使中国大周边外交的布局日臻全面完善。①

三、未来中国周边外交的新课题

中国周边外交的大戏刚刚拉开大幕，更为波澜壮阔、震世惊天的大场面将在未来徐徐展开，至少有以下六大课题值得关注。

1. 建设中国特色的周边大国外交

2014 年 11 月，中共中央外事工作会议明确提出了"中国须有自己特色的大国外交"的历史性任务。会议强调我国的外交工作应有鲜明的中国特色、中国风格、中国气派，"必须坚持从我国社会主义初级阶段和发展中大国的国情出发，努力维护和用好我国发展的战略机遇期，使对外工作更好服从于全面建成小康社会、实现中华民族伟大复兴中国梦的战略大局"；"必须坚持努力建设中国特色社会主义，以经济建设为中心，把中国自己的事办好，不断增强国家的经济竞争力、文化影响力和综合实力，为实现对外工作的战略目标提供强有力支撑"；"必须坚持独立自主的和平外交方针，走和平发展道路，维护国际正义，推动国际关系民主化，倡导互利共赢，推进经济外交，共同应对全球面临的诸多挑战，促进人类文明

---

① 《习近平南太之行：诠释共同发展繁荣的亚太梦、世界梦》，新华网 2014 年 11 月 24 日。

进步事业的发展,不断开创我国对外工作新局面"。① 三个"坚持"为新时期中国周边大国外交工作指明了方向和准则。

　　未来中国周边外交首先需要构建健康的大国心态。一方面,中国历史上不缺大国情怀元素,数千年的朝贡体系曾使中国一直以为自己是天下的中心,而视周边国家和民族为"蛮夷戎狄",万邦来朝是中国人心中期盼的"盛世";另一方面,由于中国近百年来不断遭受帝国主义列强入侵,经历了太多的怨屈和欺辱,又存在着浓烈的受压迫心理阴影。这两种心态都不符合新时期大国心态的要求,中国不可能再次掉入封建式的帝国自大,重返朝贡体系的旧思想范式,也必须从受辱阴影中走出,以健全的心态应对新时代和新世界的挑战和使命。走向时代前列和世界舞台中央的中国必须不断在精神上走向强大,"这种强大决非仅仅来自领导层的意志,民间的心理成熟构成了它决定性的底蕴"。中国人的胸中应装下一盘中国与外部世界共赢的大局,勇于承担越来越多的国际义务和责任。"让公众的主流思想方式和集体视野与大国使命相匹配,这是中国社会必须打赢的一场硬仗",也是中国周边外交首先需要解决好的问题。②

　　在周边外交工作中体现大国外交特色,更多表现在中国积极参与周边治理和国际规则的重新制定。中国虽然已在成立上海合作组织,主持六方会谈,推动"10+1"、"10+3"、东亚峰会,建设"一带一路"和"亚投行"等方面,发挥了积极和主导的作用,并开始倡议"亚洲命运共同体"、"亚洲新安全观"、"核安全观"、"中国版新文明观"等创造性国际新议程,对中国周边国际治理发挥了开拓性的积极作用,但还远远不够,在很多情况下,中国往往是美国和西方设置规则的"被治理者",缺少议题设置、规则制定的话语权。中国的周边外交应在现有基础上,不断提出中国的思想、中国的方案、中国的建议,在所有重大问题上发出中国的声音,提出和阐述中国的"合作共赢"的新主张和国际关系新理论,彰显中国大国外交的新风范。

────────────

① 《中央外事工作会议在京举行》,《人民日报》2014 年 11 月 30 日。
② 参见《构建大国心态是中国的一场硬仗》(社评),《环球时报》2015 年 4 月 1 日。

2. 谋划中国"大周边外交"的顶层设计

随着中国综合国力的日益强盛和国际社会各种力量对比的变化，需要不断整体谋划中国"大周边外交"的顶层设计。

一是在远洋和深海底层、外空、极地、网络等全球公域①拓展中国的"战略新边疆"。在"全球公域新战略"的旗帜下，美国充分利用一切可用的军事资源，审慎却有选择地将巨大的人力与物力部署在海洋、外层空间、极地、网络世界等不为任何主权国家所有，但却维系着全人类安全与繁荣的区域之地。在美国的影响下，欧盟、日本、俄罗斯、印度等大国也把对全球公域的治理与控制视为自身安全的命脉。面对世界大国对全球公域的争夺，中国如何树立防范意识，加快自身能力建设？如何构建中国的公域战略，以谋求在未来新一轮的竞争中抢占先机？中国又应如何与美、欧、俄、日、印等大国密切合作，携手为全球、首先是周边公域安全治理贡献力量？这些已成为中国安全战略的重要组成部分。2015 年 7 月 1 日，全国人大通过的新国家安全法已经明确将海洋、太空、极地和网络列为中国国家安全的重要内容，这是对中国公域防卫战略和安全战略的重大突破，提出了新的历史性任务。② 中国应在东海、南海海洋领土争端中突破域外大国和某些海上邻国对中国的联合"封锁"，在确保加强和发展中国在西太平洋"自由航行"和开展经济活动的基础上，推动中国与南太平洋、东印度洋国家不断发展关系，建立前进基础，逐步在"太印"两大洋公域建设中国的"战略新边疆"。

二是实现中国周边合作全覆盖。在继续大力发展中国与东亚地区国家合作、建设"利益命运共同体"的基础上，积极"西进"亚欧大陆，实现与南亚、中亚、西亚等地区国家的"合作共赢"，将该地区塑造成为中国的战略纵深区域和经济战略地带，成为"亚洲命运共同体"的重要组成部分，

---

① 全球公域是美国为未来安全量身定做的新概念，是为顺应国际安全形势变化所推出的重要举措，也是美国促进自身安全转型、维护其霸权地位所采取的关键步骤。2010 年，美国国防部发布《四年防务评估报告》，把"全球公域"范围明确化，指出"全球公域"是指不受单个国家控制，同时又为各国所依赖的领域或区域，它们构成了国际体系的网状结构，主要包括海洋、空域、太空和网络空间四大领域。另一说法是海洋、太空、极地和网络。

② 《全局性视野构建国家安全法体系——全国人大表决通过国家安全法，习近平签署主席令予以公布》，《解放日报》2015 年 7 月 2 日。

为中国的和平发展开辟广阔的战略空间。王缉思认为,"西进"是中国内部经济再平衡所驱动的,有利于建立更为平衡的中美关系;此外,中国在西部各国的经济利益日益扩大,展现了参与大国多边协调、提高国际地位的良好机遇。①

三是构建国家安全新理念、新机制和新规则。中国已在中央层设立了国家安全委员会以取代先前的中央外事领导小组(中央国家安全领导小组),国家安全委员会在党和国家最高领导人亲自主持下,处理国家外交与安全事务,并制定相关政策,将有效整合内部外交(安全)资源,解决跨部门协调的难题和外交决策面临的复杂问题,从而确保在面对外部紧急事态时,反应迅速,决策有力。2015 年 7 月 1 日,全国人大通过新国家安全法,以国家立法的形式构建了集政治安全、国土安全、军事安全、经济安全、文化安全、社会安全、科技安全、信息安全、生态安全、资源安全、核安全等于一体的国家安全体系,将传统安全与非传统安全、内部安全与外部安全、自身安全与共同安全整合为一体,将中国安全建设推进到一个新阶段。② 今后,中国将全面落实这些新理念、新机制和新规则,进一步提升中国周边外交应对能力和管理水平。

四是在更为广阔的拉丁美洲、欧洲、非洲等地区拓展中国的海外利益,将"中国梦"与"世界梦"相联系。中国周边外交与全球外交紧密相连,互为促进,体现全方位的特点。中国周边外交是中国全球外交的基础和拓展资本,中国在拉丁美洲、欧洲、非洲等地区的活跃外交,也将推动中国周边外交的深入和取得成效。

中国"大周边外交战略"顶层设计需要在整合上述各种思路的基础上,整体进行谋划,形成未来中国周边外交的战略架构。

3. 明确对中国周边争端国和争端问题的战略定位

在中国崛起的过程中,中国与邻国之间发生分歧和争端,是一种"新常态",今后相当长的一个历史时期内将难以避免。近年来,中国与周边国家的海洋划界分歧和岛屿争端有所升级,加上域外大国的积极挑动和

---

① 王缉思:《"西进",中国地缘战略的再平衡》,《环球时报》2012 年 10 月 17 日。
② 《全局性视野构建国家安全法体系——全国人大表决通过国家安全法,习近平签署主席令予以公布》,《解放日报》2015 年 7 月 2 日。

教唆,使我国周边海域安全出现某种紧张的态势。"中日必有一战"和
"南海必有一战"的说法,广见舆论界,是不符合实况和违背中国现行战
略方针的。

　　未来的中国周边外交首先需要明确对这些与中国有争议的周边国家
的战略定位。日本是中国的重要周边大国,菲律宾、越南也是中国周边的
合作伙伴国,需要明确他们不是中国的敌国,而是"21世纪海上丝绸之
路"的重要伙伴国、合作国,有的国家还占有非常重要的地位。强调中日
关系、中越关系、中菲关系等都要世世代代友好下去,是双方化解争端、共
建海上丝绸之路的关键所在和基本出发点。

　　同时,需要界定中日钓鱼岛争端及东海划界争端、中越、中菲南海争
端等争端问题在国家战略中的定位,明确这些争端只是双边关系中的一
个重要问题、一个历史时段的问题,而不是双边关系的全部。2014年8
月27日,习近平在会见越南总书记特使黎鸿英时说:"近几年,两国关系
发展总体良好,但近期受到极大冲击,引起两国人民和国际社会高度关
注",又说"邻居之间磕磕碰碰在所难免,关键是以什么样的态度和方式
来对待和处理",这表明中央领导是将中越友好关系与中越海上冲突分
开观察和处理的。中越冲突并非中越关系的全部,双方应该并且可以通
过和平对话的方式处理解决。一时解决不了,可以"搁置争议",留待历
史条件成熟时再去解决。越南共产党总书记和习近平主席实现了互访,
中国认真说清说透利害关系,将有助于中越冲突的缓解。鉴于越南执行
在对美对华间平衡的政策,其高层存在分歧,我国通过各种方式积极进行
工作,广交朋友,有助于越南的"近华派"在越共十二大后继续执政,这将
有助于两国关系的发展,也有益于我国的长远利益。

　　中国提出建设"21世纪海上丝绸之路",可以成为解决南海争端的重
要推手。中国应大力宣传海上丝绸之路,将是一条和平、安全、合作、共赢
之路,以经济合作带动沿线国家走向全面合作。应着意宣传日本、菲律
宾、越南在"海上丝绸之路"中的定位,以实际行动使他们相信可以从共
同经营和建设海上丝绸之路的过程中,而不是从与中国的争执中,获取更
大的政治、经济、安全利益,东海、南海、黄海都是建设海上丝绸之路的重
要地区。习近平主席曾就中美关系,提出"太平洋之广阔足够中美两国
发展"的观点,起到了良好的作用;是否也可提出"东海、南海是我们共同

的家园,各国可以找到和谐共处的良策"？使我国处于舆论高地,推动争端走向稳定,和平共处,共同建设"21世纪海上丝绸之路"。

4. 注重陆海统筹、海海统筹的合理布局和运作方略

中国地大海广,中国周边陆海维权,需要注重陆海统筹和海海统筹,才能确保中国周边的安全和稳定。

首先,是陆海统筹。中国近代历史上曾发生过塞防与海防之争,说明像中国这样的大国需要陆海防兼顾。目前,除中国与印度、不丹陆地边界未划定外,中国陆地边界相对稳定,有利于更多注重于海防建设,"一带一路"倡议"西进"战略,无疑将减轻东部海疆的压力。

其次,是海海统筹,中国除渤海为中国内海外,黄海、东海、南海均与他国有所分歧和争端,再加上台海的特殊领域,可称为"四海"。同时,还应该打通图们江入日本海的通道,建设珲春深水港,从而加大中国在日本海的存在和发展,形成"五海联动"。一处紧张,可在他处动作,减轻矛盾点的压力,平衡各方势力,形成有利于我国的战略布局。

目前,黄海局势稳定,中韩海域划界谈判已经开始,双方基本保持积极友好合作状态,应争取中韩黄海海域划界谈判取得历史性进展,为东海、南海的海域划界作出榜样。日本海基本风平浪静。台海之间由于台湾实行"总统"换届,存在一定的不确定性,但目前尚无大的动静。中国与周边国家海域和岛屿冲突矛盾主要集中在东海与南海。南海是现阶段中国与周边国家海域冲突的关键地区。乌克兰危机之后,美国为巩固其在同盟国中的地位,挽回其在乌克兰问题上的失分,同时也是为了牵制中国,在南海问题上对菲、越等国鼓动、打气。日本为转移在东海的压力和围困中国,也大肆鼓动和以实力支持菲律宾和越南加紧向中国挑衅,使得南海局势不断紧张。菲律宾抓捕我国渔民迄今未释放,越南曾发生严重骚扰我西沙"981"钻井平台事件,目前又在中国填海扩岛问题上兴风作浪,人为制造紧张氛围。

应把南沙问题和西沙问题分开处理。在西沙问题上,应坚持西沙不属于争议领土的主张不动摇(西沙"981"钻井平台已经取得阶段性胜利)。严防西沙问题南沙化,充分利用海洋执法力量优势,在西沙海域构筑军警民船共同防御的体系,将越南入侵的船只拦截在传统海域之外。

在南沙问题上,则要牢牢把握《联合国海洋法公约》和《南海各方行为宣言》的诠释权,充分利用这些法律和文件为中国国家利益服务;其次要加强外交公关,营造有利于我国的国际环境,积极争取各国政府理解和支持;再次要深刻认识到争取舆论和各国民意的重要性,充分利用国际广播和网络争取各国民众的理解和支持。

中国还宜在日本海有所动作,加大批判日本侵略军1938年破坏图们江出海口罪行的力度,将此作为日本侵华战争的遗留问题对待。努力尽早启动打通图们江入海通道,在那里对日本形成一定的威慑和压力,将大大减轻东海和南海的压力。尽管中国在日本海并无领海,但可以利用目前难得的国际机遇,尽快启动并实施打通图们江出海通道,不仅解开阻碍长吉图战略实施和大图们江开发建设的"地理死穴",推动东北亚区域合作,同时,可在中国渤海、黄海、东海、南海四海域之外增加我在日本海的存在与活动,就象美国在南海没有领海,却可以要求自由航行权,干预南海事务一样。中国启动打通图们江通道的活动,将大大便于中国海军进入日本海,起到牵制美国和日本的作用。一是可以增强通过日本海进入西太平洋的强度和力度,二可使日本首尾难顾,不能顺利实现其东北战略向西南战略的转移;三是可以干扰美国的"亚太再平衡"战略,减轻南海和东海对我之压力。

5. 推行"双轨思路",和平解决中国与周边国家的争端

2014年8月9日,王毅外长在出席中国—东盟(10+1)外长会议时表示,中方赞成并倡导以"双轨思路"处理南海问题,即有关争议由直接当事国通过友好协商谈判和平解决,南海的稳定和和平则由中国与东盟国家共同维护,这实际上是主张以"双边+多边"的模式来处理南海问题。

除此以外,"双轨思路"还有更深层的含义,可以广泛使用于应对中国与周边国家之间发生的分歧和争端。60年代初,毛泽东在谈到中印边界冲突时曾经讲过,对于中印友好关系与中印边界争端来说,是九个指头和一个指头的关系,[①]高屋建瓴,显现了大国领袖的气度和智慧,不仅为

---

① 中共中央文献研究室编:《毛泽东年谱(1949—1976)》第4卷,中央文献出版社2013年版,第29、176、201页。

今天处理中印边界问题留下重要而必要的空间,而且也为处理周边海洋争端及重建海上丝绸之路提供了重要的思想武器。这个基本分析依然适用于处理今天中国与周边国家的分歧和争端。中国有那么多周边国家,互相间发生分歧与争端在所难免。除中外海域和岛屿争端外,中国与印度有陆地边界分歧,与日本有历史问题的分歧,与缅甸有建设水电站和铜矿的分歧,与斯里兰卡有港口建设的分歧等等,而且旧的分歧和争端得以解决或缓解后,新的矛盾和分歧还会不断发生,这是邻居相处的常态,难以避免。从战略上说,这些分歧和争端一般均由国家利益争端而起,有些也因某些国家政府更迭、政策变化引起,但比起中国与这些国家的长远利益和双边友好关系来说,应该都只是"一个指头"的关系。中国如果实行"双轨思路",将化解这些分歧争端与建设全面双边友好关系适当分开处理,超越争端,绕道争端,务实推进双边合作,并在务实合作中淡化、化解这些争端,共同建设"亚洲命运共同体"。如果双方在这些分歧和争端问题上死扣不放,必将导致双边关系走入迷途,甚至死胡同。

6. 大力建设周边外交人脉工程①

2015 年,新加坡卓越的政治领导人李光耀仙逝,引起世界的关注和悼念。习近平主席致电悼念李光耀,称他是"中国人民的老朋友",这是中国领导人对于国际政界故友的最高评价。② 李光耀的逝世标志着一个时代的结束。在长期的中国与周边国家关系发展过程中形成的知华派、亲华派,已经实现了世代替换。中国老一辈领导人和周边国家老一辈领导人都陆续谢世,或退出政治舞台。新一代领导人大部为战后出生的新人,他们没有参加世界反法西斯战争的亲身经历,对于当今国际形势和国

---

① 本目内容参见石源华:《中国周边外交须多"老朋友"》,《世界知识》2015 年第 13 期。

② 曾有人统计,经《人民日报》称呼为"中国人民的老朋友"的国际友人多达 600 余人,大部分是各国政要,其中相当大部分是周边国家的政治领导人。中国老一辈领导人毛泽东、周恩来、邓小平以及后继者江泽民、胡锦涛等曾经与周边国家领导人胡志明、金日成、西哈努克、田中角荣、大平正芳、伊东正义、布托父女、叶利钦、金大中、李光耀等建立了良好的个人友谊,对于双边关系发展、区域合作和世界和平作出了卓越的贡献,成为中国推行周边外交的传统和特色之一。如李光耀曾与中国几代领导人亲密交往,不仅是中新建交的创始人和中国与东盟各国关系的开拓者,而且对于改善两岸关系和发展中美关系,也作出了独到贡献,成为中国人民永远怀念的"老朋友"。

际问题的观察也与前人有所不同,中国与周边国家领导人之间历史上形成的交谊和联络渠道出现了断层,这对于中国与周边争端问题的解决和周边外交的开展将造成一定程度的难度和负面影响,对于周边海洋争端的解决也将造成极大困难。

积极开展民间外交,建设周边外交人脉工程,尤其是加强各国知识阶层和青少年的交流,建立民间友好的深厚基础,将是中国周边外交的一项长期的任务。中国与周边国家需要在第一渠道和第二渠道的不断交往中,着意培养新的知华派和亲华派,这将是未来处理好各种可能发生的周边海洋争端及其他争端的重要缓冲力量。

2013 年 10 月,中共中央周边外交工作会议提出了"亲、诚、惠、容"的周边外交新理念和"合作共赢"的国际关系新原则,要实现这些新理念和新原则首先需要建设中国周边人脉工程。不管是"一带一路"的推行,"亚洲新安全观"的实施,还是"亚投行"、"上合行"、"金砖行"以及"丝绸之路基金"的建设,关键都在于人。中国急需与周边国家建立良好的人脉关系,才有希望将中国的宏大计划付诸实施。中国已经与巴基斯坦建立了"全天候"的良好关系,不论该国哪个党派上台,都能持续发展中巴友好关系。习近平主席重视周边国家人脉工程的建设,已经与普京总统、纳扎尔巴耶夫总统等建立了良好的个人关系,这些私谊对于中国与这些国家的双边关系发展以及国际事务合作将起到非常积极的作用。

然而,中国周边外交也面临一些新问题,周边有些国家的国内政局一经变动,就会影响双边关系的正常发展,一些已经签约的协议便会遭遇挑战,出现反复,使中国无端遭遇重大经济损失。中国领导人与周边国家政治领导人要建立起类似老一辈领导人之间那样的"老朋友"关系,还有待努力。交结和培育更多的"中国人民老朋友",建设中国周边外交人脉工程,将成为当今中国周边外交的历史性任务之一,需要予以高度的关注和刻意的努力。

在政府层面,中国政治领导人应与周边国家政治领导人,包括执政党、在野党等在内的各界著名人士建立起基于各自国家利益基础上的广泛而密切的关系,形成一大批能够与中国实现"合作共赢"的"老朋友"。真心实意地与周边国家建立"命运共同体",应是中国"交友"的战略目标,实行"亲、诚、惠、容"的重要理念,着力进行感情投资,应是中国"交友"的主要方法。

其次,应积极开展民间外交,尤其是加强知识阶层和青少年的交流,建立民间友好的深厚基础。越是与中国有分歧和争端的国家,越是有政府层面冲突和纠葛的国家,越要积极深入开展民间外交,以民间外交来推动和助力政府外交的实施。中国需要在与周边国家第一渠道和第二渠道的不断交往中,着意培养民间的"老朋友",这将是未来处理好各种可能发生的争端和提升双边关系发展水平的重要缓冲力量和推进动力。

习近平总书记曾精彩描述中国应有的周边交友之道,强调:"要坚持睦邻友好,守望相助;讲平等,重感情;常见面,多走动;多做得人心、暖人心的事,使周边国家对我们更友善、更亲近、更认同、更支持,增强亲和力、感召力、影响力。"只要坚定地遵循此道而行,"本着互惠互利的原则同周边国家开展合作,编织更加紧密的共同利益网络,把双方利益融合提升到更高水平,让周边国家得益于我国发展,使我国也从周边国家共同发展中获得裨益和助力",①诚心诚意对待周边国家,必定能赢得更多的老朋友、新朋友、好朋友,使中国的朋友和伙伴遍周边、遍世界。

---

① 《习近平在周边外交工作座谈会上发表重要讲话强调:为我国发展争取良好周边环境,推动我国发展更多惠及周边国家》,《人民日报》2013 年 10 月 26 日。

附录三：主要参考资料

档案资料

中国国民党特种档案（越南档、韩国档、泰国档、马来档、琉球档、菲律宾档、缅甸档、印度档），藏台北中国国民党党史会。

国民政府行政院档案，藏台北"国史馆"。

国民政府档案，藏台北"国史馆"。

蒋中正档案，藏台北"国史馆"。

朱家骅档案，藏台北中研院近代史研究所。

国民政府档案，藏中国第二历史档案馆。

上海市政府档案，藏上海市档案馆。

中共上海区委及江浙区委档案，藏上海市档案馆。

资料汇编

《筹办夷务始末（道光朝）》，台北文海出版社，1988年。

《筹办夷务始末（咸丰朝）》，中华书局，1979年。

《筹办夷务始末（同治朝）》，台北文海出版社，1988年。

《光绪朝东华录》，中华书局，1958年。

《清光绪朝中日交涉史料》，台北大通书局，1984年。

《清季外交史料》，北平外交史料编纂处，1934年。

《清实录越南缅甸泰国老挝史料摘抄》，云南人民出版社，1985年。

《清季中日韩关系史料》，台北中研院近代史研究所，1972年。

《帝国主义与中国海关》，科学出版社，1959年。

《澳门专档》，台北中研院近代史研究所，1996年。

《中葡澳门交涉史料》，澳门基金会，1998年。

《中俄关系史料》(东北边防、外蒙古),台北中研院近代史研究所,1959—1960 年。

《中法越南交涉档》,台北精华印书馆,1962 年。

王铁崖主编:《中外旧约章汇编》,三联书店,1982 年。

世界知识出版社编:《国际条约集》(1934—1944),世界知识出版社,1961 年。

世界知识出版社编:《国际条约集》(1945—1947),世界知识出版社,1959 年。

世界知识出版社编:《反法西斯战争文献》,世界知识出版社,1955 年。

世界知识出版社编:《中美关系资料汇编》(一),世界知识出版社,1957 年。

世界知识出版社编:《日本问题文件汇编》,世界知识出版社,1955 年。

人民出版社编:《朝鲜问题文件汇编》,人民出版社,1954 年。

褚德新、梁德主编:《中外约章汇要(1689—1949)》,黑龙江人民出版社,1991 年。

秦孝仪主编:《中华民国重要史料初编——对日抗战时期》,台北中国国民党党史会,1981 年。

陈志奇主编:《中华民国外交史料汇编》,台北渤海堂文化事业有限公司,1996 年。

复旦大学历史系中国近代史教研组编:《中国近代对外关系史资料选辑(1840—1949)》,上海人民出版社,1977 年。

程道德等编:《中华民国外交史资料选编(1911—1919)》,北京大学出版社,1988 年。

程道德等编:《中华民国外交史资料选编(1919—1931)》,北京大学出版社,1985 年。

万仁元、方庆秋主编:《中华民国史资料长编》,南京大学出版社,1993 年。

薛衔天、黄纪莲等编:《中苏国家关系史资料汇编(1917—1924)》,中国社会科学出版社,1993 年。

李嘉谷编：《中苏国家关系史资料汇编（1933—1945）》，社会科学文献出版社，1996年。

薛衔天编：《中苏国家关系史资料汇编（1945—1949）》，社会科学文献出版社，1996年。

中国社会科学院近代史研究所翻译室编译：《共产国际有关中国革命文献资料（1919—1928）》，中国社会科学出版社，1981年。

中国第二历史档案馆编：《中国国民党第一、二次全国代表大会会议史料》，江苏古籍出版社，1986年。

本委员会编：《在日办理赔偿归还工作综述》，中国驻日代表团日本赔偿及归还物资接收委员会，1949年。

李玉贞译编：《中苏外交文件选译》（《近代史资料》总79号、80号），中国社会科学出版社，1991年。

胡滨译编：《英国档案有关鸦片战争资料选译》，中华书局，1993年。

［日］金正明编：《朝鲜独立运动》，东京原书房，1967年。

吕一燃编：《北洋政府时期蒙古地区历史资料》，黑龙江教育出版社，1999年。

中国史学会编：《中国近代史资料丛刊·中法战争》，上海人民出版社，1961年。

黄国安等编：《近代中越关系史资料选编》，广西人民出版社，1988年。

中国国民党党史会编：《台籍志士在祖国的复台努力》，台北近代中国出版社，1990年。

中国国民党党史会编：《抗战时期收复台湾之重要言论》，台北近代中国出版社，1990年。

中国国民党党史会编：《光复台湾之筹划与受降接受》，台北近代中国出版社，1990年。

专著

［美］马士·宓亨利：《远东国际关系史》，上海书店出版社，1998年。

王绳祖主编：《国际关系史》，世界知识出版社，1995年。

黄定天：《东北亚国际关系史》，黑龙江教育出版社，1999年。

宋成有：《东北亚传统国际体系的变迁——传统中国与周边国家及民族的互动关系述论》，台北中研院东北亚区域研究演讲系列6，2002年。

步平等编著：《东北国际约章汇释（1689—1919）》，黑龙江教育出版社，1987年。

［美］马士：《中华帝国对外关系史》，商务印书馆，1963年。

徐义生主编：《中国近代外债史统计资料》，中华书局，1962年。

马大正主编：《中国边疆经略史》，中州古籍出版社，2000年。

梁为楫、郑则民主编：《中国近代不平等条约选编与介绍》，中国广播电视出版社，1993年。

吕一燃主编：《中国近代边界史》，四川人民出版社，2006年。

陈洁华：《21世纪中国外交战略》，时事出版社，2001年。

楼耀亮：《地缘政治与中国国防战略》，天津人民出版社，2002年。

薛君度、陈忠伟主编：《面向21世纪的中国周边形势》，时事出版社，1996年。

李援朝等主编：《中国周边国家的国情与民俗》，东方出版社，1996年。

郭观桥：《一个大国崛起的困扰》，时事出版社，1999年。

李玉等主编：《中国与周边及"9.11"后的国际局势》，中国社会科学出版社，2002年。

郝文明主编：《中国周边国家民族状况与政策》，民族出版社，2000年。

刘宏煊主编：《中国睦邻史——中国与周边国家关系》，世界知识出版社，2001年。

高伟浓：《走向近世的中国与"朝贡"国关系》，广东高等教育出版社，1993年。

［美］波赖：《最近中国外交关系》，上海正中书局，1935年。

刘彦：《最近三十年中国外交史》，上海太平洋书店，1930年。

刘彦：《帝国主义压迫中国史》，上海太平洋书店，1931年。

张忠绂：《中国民国外交史》（一），台北正中书局，1945年。

洪均培：《国民政府外交史》（一），上海华通书局，1930年。

外交学会：《外交大辞典》，中华书局，1940年。

黄正铭等:《中国外交史论集》(一、二),台北中华文化出版事业委员会,1957年。

丁名楠等:《帝国主义侵华史》第1卷,人民出版社,1973年。

杨公素:《晚清外交史》,北京大学出版社,1991年。

吴东之主编:《中国外交史——中华民国时期(1911—1949)》,河南人民出版社,1990年。

张圻福主编:《中华民国外交史纲》,人民日报出版社,1995年。

石源华:《中华民国外交史》,上海人民出版社,1994年。

石源华主编:《中外关系三百题》,上海古籍出版社,1991年。

石源华主编:《中华民国外交史辞典》,上海古籍出版社,1996年。

石源华主编:《中国十外交家》,上海人民出版社,1999年。

石源华主编:《民国外交官传记丛书》,河北人民出版社,1999年。

石源华主编:《民国外交家丛书》,福建教育出版社,2015年。

石源华:《中华民国外交史新著》(三卷本),社会科学文献出版社,2014年。

《顾维钧回忆录》,中华书局,1983—1994年。

《王世杰日记》,台北中研院近代史研究所,1990年。

[越]胡志明:《胡志明全集》,越南外文出版社,1962年。

[法]戴高乐:《战争回忆录》(中译本),世界知识出版社,1981年。

[英]丘吉尔:《第二次世界大战回忆录》,商务印书馆,1975年。

[美]杜鲁门:《杜鲁门回忆录》,三联书店,1974年。

[南斯拉夫]卡德尔:《卡德尔回忆录》(中译本),新华出版社,1981年。

[俄]维特:《维特回忆录》,商务印书馆,1976年。

曹锡珍:《中苏外交史》,世界知识出版社,1951年。

胡礼忠、金光耀、沈济时:《从尼布楚条约到叶利钦访华——中俄中苏关系300年》,福建人民出版社,1994年。

王永祥:《雅尔塔密约与中苏日苏关系》,台北东大图书公司,2003年。

李斋芳:《中俄关系史》,台北联经出版事业公司,2000年。

复旦大学历史系编写组:《沙俄侵华史》,上海人民出版社,1986年。

薛衔天:《中苏关系史(1945—1949)》,四川人民出版社,2003年。

厉声:《中俄伊犁交涉》,新疆人民出版社,1995年。

何汉文:《中俄外交史》,中华书局,1935年。

蒋介石:《苏俄在中国——中国与俄共三十年经历纪要》,台北黎明文化事业股份有限公司,1981年。

吴相湘:《帝俄侵略中国史》,台北正中书局,1954年。

王聿均:《中苏外交的序幕——从优林到越飞》,台北中研院近代史研究所,1978年。

《苏联对新疆之经济侵略》,台北阳明山庄,1959年。

栾景河主编:《中俄关系的历史与现实》,河南大学出版社,2004年。

[苏]苏联科学院远东研究所:《十七世纪中俄关系》,商务印书馆,1978年。

[苏]雅科夫列娃:《1689年第一个俄中条约》,商务印书馆,1973年。

[苏]巴尔苏科夫:《穆拉维约夫——阿穆尔斯基伯爵》,商务印书馆,1974年。

[俄]马洛泽莫夫:《俄国的远东政策》,商务印书馆,1977年。

[苏]瓦·崔可夫:《在华使命:一个军事顾问的笔记》,新华出版社,1980年。

[苏]切列潘诺夫:《中国国民革命军的北伐:一个驻华军事顾问的札记》,中国社会科学出版社,1981年。

[苏]A·N·卡尔图恰娃:《加伦在中国(1924—1927)》,中国社会科学出版社,1983年。

[苏]鲍里索夫:《苏中关系(1945—1980)》,三联书店,1982年。

张大军:《外蒙古现代史》,台北兰溪出版社,1983年。

李毓澍:《外蒙古撤治问题》,台北中研院近代史研究所,1976年。

张启雄:《外蒙古主权归属交涉》,台北中研院近代史研究所,1995年。

陈崇祖:《外蒙古近世史》,台北文海出版社,1965年。

谭惕吾:《内蒙之今昔》,商务印书馆,1935年。

[苏]兹拉特金:《蒙古人民共和国史纲》,商务印书馆,1972年。

[日]信夫清三郎:《日本外交史》,商务印书馆,1980年。

[日]远山茂树:《日本近现代史》,商务印书馆1992年。

［日］古屋奎二：《蒋总统秘录》，台北中央日报社，1976年。

［日］今井武夫：《今井武夫回忆录》，上海译文出版社，1978年。

［美］戚罗贝著，薛寿衡译：《中日纠纷与国联》，商务印书馆，1937年。

王芸生：《六十年来中国与日本》，三联书店，1979年。

朱宗玉：《从甲午战争到天皇访华——近代以来的中日关系》，福建人民出版社，1996年。

吴廷璆主编：《日本史》，南开大学出版社，1994年。

赵建民、刘予苇等编：《日本通史》，复旦大学出版社，1989年。

吴相湘：《第二次中日战争史》，台北综合月刊社，1973年。

林金茎：《战后中日关系之实证研究》，台北中日关系研究会，1984年。

张政烺等：《五千年来的中朝友好关系》，开明书店，1952年。

徐亮之：《中朝关系史话》，新北自由出版社，1952年。

杨通方：《中韩关系史论》，中国社会科学出版社，1996年。

杨昭全、何彤梅：《中国—朝鲜·韩国关系史》，天津人民出版社，2001年。

杨昭全：《中朝边界史》，吉林人民出版社，1993年。

编写组：《中朝关系通史》，吉林人民出版社，1996年。

王明星：《韩国近代外交与中国》，中国社会科学出版社，1998年。

宋祯焕：《沙俄侵略朝鲜简史》，台北韩国研究学会，1993年。

［韩］姜万吉：《韩国近代史》（中译本），东方出版社，1993年。

邵毓麟：《使韩回忆录》，台北传记文学出版社，1980年。

［韩］闵石麟：《中韩外交史话》，重庆东方出版社，1942年。

［韩］金九：《白凡逸志》，民主与建设出版社，1994年。

［美］尼姆·韦尼斯，［朝］金山：《在中国革命的队伍里》，香港粤海出版社，1977年。

石源华：《韩国独立运动与中国》，上海人民出版社，1995年。

石源华：《中国共产党援助朝鲜独立运动纪事（1921—1945）》，中国社会科学出版社，2000年。

石源华主编：《韩国传统文化的反思与新探》，韩国教育出版社，2002年。

石源华:《中韩文化协会研究》,世界知识出版社,2007年。

石源华:《大韩民国临时政府驻华代表团研究》,社会科学文献出版社,2009年。

石源华:《韩国独立运动与中国关系论集》(上下卷),民族出版社2009年。

石源华:《韩国独立运动与中国关系编年史(1919—1949)》(三卷本),社会科学文献出版社,2011年。

石源华主编:《韩国独立运动研究新探——纪念大韩民国临时政府创建90周年》,社会科学文献出版社,2010年。

张启雄编著:《琉球认同与归属论争》,台北中研院东北亚研究所,2001年。

谢必震:《中国与琉球》,厦门大学出版社,1996年。

米庆余:《琉球历史研究》,天津人民出版社,1998年。

吴俊才:《东南亚史》,台北正中书局,1976年。

[美]约翰·F·卡迪:《东南亚历史发展》,上海译文出版社,1988年。

马晋强主编:《当代东南亚国际关系》,世界知识出版社,2000年。

赵和曼主编:《东南亚手册》,广西人民出版社,2000年。

梁英明等:《近现代东南亚史》,北京大学出版社,1994年。

吴凤斌主编:《东南亚华侨通史》,福建人民出版社,1993年。

陈嘉庚:《南侨回忆录》,新加坡怡和轩,1946年。

黄小坚等:《海外侨胞与抗日战争》,北京出版社,1995年。

吴景宏:《中菲关系论丛》,新加坡青年书局,1960年。

刘芝田:《中菲关系史》,台北正中书局,1979年。

桂华山:《菲律宾狱中回忆录》,马尼拉中国印书馆,1947年。

黄滋生等:《菲律宾华侨史》,广东高等教育出版社,1987年。

梁上苑等:《菲律宾华侨抗日游击支队》,香港广角镜出版社,1980年。

廖宗麟:《中法战争史》,天津古籍出版社,2002年。

郭振铎、张笑梅主编:《越南通史》,中国人民大学出版社,2001年。

黄铮:《胡志明与中国》,解放军出版社,1987年。

蒋永敬：《胡志明在中国》，台北传记文学出版社，1972年。

凌其翰：《在河内接受日本投降内幕》，世界知识出版社，1984年。

朱偰：《越南受降日记》，商务印书馆，1946年。

朱云影：《孔子学说对越南文化的影响》，台北复兴书局，1981年。

朱云影：《中国文化对日韩越的影响》，台北黎明文化事业公司，1981年。

贺圣达：《缅甸史》，人民出版社，1992年。

杜聿明：《远征印缅抗战》，中国文史出版社，1990年。

伊明德：《云南北界勘察记》，台北文海出版社，1970年。

张凤岐：《云南外交问题》，商务印书馆，1937年。

朱振明：《当代泰国》，四川人民出版社，1993年。

梁源灵：《泰国对外关系》，广西人民出版社，1998年。

金克木：《中印人民友谊史话》，中国青年出版社，1957年。

林承节：《中印人民友好关系史（1851—1949）》，北京大学出版社，1993年。

王宏纬：《喜马拉雅山情结：中印关系研究》，中国藏学出版社，1998年。

赵蔚文：《印中关系风云录（1949—1999）》，时事出版社，2000年。

陈谦平：《抗战前后之中英西藏交涉》，三联书店，2003年。

吴俊才：《甘地与现代印度》，台北正中书局，1966年。

吕秋文：《中英西藏交涉始末》，台北商务印书馆，1974年。

杨公素：《中国西藏地方的涉外问题》，中共西藏自治区委员会党史资料征集委员会，1985年。

牙含章：《达赖喇嘛传》，人民出版社，1984年。

张祝三选编：《尼泊尔国复交纪略》，上海作者书社，1935年。

周景濂：《中葡外交史》，商务印书馆，1936年。

万明：《中葡早期关系史》，社会科学文献出版社，2001年。

张天泽：《中葡早期通商史》，香港中华书局，1988年。

黄鸿钊：《澳门史》，福建人民出版社，1999年。

费成康：《澳门四百年》，上海人民出版社，1988年。

邓开颂、陆晓敏：《粤港澳近代关系史》，广东人民出版社，1996年。

姜秉正:《香港问题始末》,陕西人民出版社,1987年。

刘伟:《香港主权交涉史》,香港广角镜出版社,1983年。

陈碧笙:《台湾地方史》,中国社会科学出版社,1990年。

施连本:《台湾史略》,福建人民出版社,1981年。

薛军力、徐鲁航:《台湾人民抗日斗争史》,燕山出版社,1997年。

楼子芳:《抗日烽火中的台湾义勇队》,台北世界综合出版社,2003年。